中华传统文化经典

中华姓氏起源通史

廖康强 ○ 著

中国商业出版社

图书在版编目（CIP）数据

中华姓氏起源通史/廖康强著．—北京：中国商业出版社，2013.12（2020.8 重印）

ISBN 978-7-5044-8230-3

Ⅰ.①中…Ⅱ.①廖…Ⅲ.①姓氏—研究—中国Ⅳ.①K820.9

中国版本图书馆 CIP 数据核字（2013）第 212599 号

责任编辑：于印辉

中国商业出版社出版发行
010-63180647　www.c-cbook.com
（100053　北京广安门内报国寺 1 号）
新华书店经销
三河市宏顺兴印刷有限公司
* * * *
710 毫米×1000 毫米　16 开　31 印张　535 千字
2014 年 7 月第 1 版　　2020 年 8 月第 2 次印刷
定价：58.00 元
* * * *
（如有印装质量问题可更换）

前言

作为一个拥有五千年文化积淀的泱泱古国，中国文化可谓博大精深，深不可测。而中国文化最为精髓的部分当属中国独特的姓氏文化。中国人的姓氏虽然只是简单的一个或两个字，但就是这简单的一两个字却能够包含一个家族的兴衰成败，如此别样的文化，是不是让人多了几分思考，耐人寻味呢？

"姓"字由"女"和"生"字组成，古姓多"女"旁。而姓氏的起源可以追溯至人类原始社会的母系氏族时代，所以许多古姓多为女字旁或底，如姜、姚、姬等。氏则是姓的分支，子孙繁衍，一族分成若干支，散居各地，每一支都有一个特殊的记号作为标志，这就是氏，后来，姓和氏就几乎没有什么差别了。古人的姓名相比现代人要略显复杂，大体分为姓、名、字、号四项。如今，现代人对于命名，已然没有古代人那么讲究，除少数人还保留字和号外，普通人只有一个名字，并且多为一字或两字。而在《中华姓氏起源通史》一书中收录的姓氏达504个，基本包括了当下中国的常见姓氏。

《中华姓氏起源通史》从整体上分为两章。第一章从姓氏的源头讲起，讲述关于姓氏来源、郡望与堂号、姓氏与人口迁徙、姓氏的演变与发展和中华姓氏的当代形态以及中华姓氏文化的价值和意义，让读者通过此书详尽理解姓氏文化。第二章则主要详细介绍百家姓的基本情况，通过对姓氏的寻根问底、帮助读者认祖归宗，理解各姓氏的来龙去脉。全书解说详细，史料丰富，通俗易懂，读者可以通过此书更加深入地理解中国姓氏文化。

如今，由于现代社会生活的诸种因素造成中国人姓氏观念的淡化，这似乎成为一种不可避免的趋势，"姓名合一"的现象今后也还会继续发展。但

是，作为中国文化数千年历史结晶与传承的姓氏无论如何也不会消亡。中华姓氏的悠久绵长与丰富内涵，中华姓氏所体现的中华民族的人生观、自然观、价值观、审美观，以及所体现的中国文化的统一性、连续性、人文精神与对民族、对故土的亲和感和认同感等，这在世界各民族的姓氏中都是独一无二的。中华姓氏必将伴随着中华文化的发展而生生不息，绵绵流长。当然，姓氏的表现形式与观念或许还会有新的改变。但是编者希望通过编写这本《中华姓氏起源通史》，让人们在认识自己姓氏历史文化的同时，更能深入了解中国姓氏文化的历史以及社会意义和价值。相信读者也定能从中受益。

第一章 姓氏的起源与发展 / 1

一、姓氏的起源 / 1

二、姓氏来源的类别 / 2

三、郡望与堂号 / 3

四、姓氏与人口迁徙 / 4

五、姓氏的演变与发展 / 7

六、中华姓氏的当代形态 / 8

七、中华姓氏文化的价值和意义 / 9

第二章 中华姓氏 / 10

1. 赵 / 10	13. 蒋 / 25	25. 孔 / 40	37. 柏 / 53
2. 钱 / 11	14. 沈 / 26	26. 曹 / 41	38. 水 / 54
3. 孙 / 13	15. 韩 / 28	27. 严 / 42	39. 窦 / 55
4. 李 / 14	16. 杨 / 29	28. 华 / 43	40. 章 / 56
5. 周 / 15	17. 朱 / 30	29. 金 / 44	41. 云 / 57
6. 吴 / 17	18. 秦 / 32	30. 魏 / 45	42. 苏 / 58
7. 郑 / 18	19. 尤 / 33	31. 陶 / 46	43. 潘 / 59
8. 王 / 20	20. 许 / 34	32. 姜 / 47	44. 葛 / 60
9. 冯 / 21	21. 何 / 35	33. 戚 / 48	45. 奚 / 61
10. 陈 / 22	22. 吕 / 37	34. 谢 / 49	46. 范 / 62
11. 褚 / 23	23. 施 / 38	35. 邹 / 50	47. 彭 / 63
12. 卫 / 24	24. 张 / 39	36. 喻 / 51	48. 郎 / 64

49. 鲁／65	81. 乐／95	113. 计／126	145. 梅／156
50. 韦／66	82. 于／95	114. 伏／126	146. 盛／157
51. 昌／67	83. 时／97	115. 成／127	147. 林／158
52. 马／68	84. 傅／98	116. 戴／128	148. 刁／159
53. 苗／69	85. 皮／99	117. 谈／129	149. 钟／160
54. 凤／70	86. 卞／100	118. 宋／130	150. 徐／161
55. 花／71	87. 齐／101	119. 茅／131	151. 邱／162
56. 方／71	88. 康／102	120. 庞／132	152. 骆／163
57. 俞／72	89. 伍／103	121. 熊／133	153. 高／164
58. 任／73	90. 余／104	122. 纪／134	154. 夏／164
59. 袁／74	91. 元／105	123. 舒／135	155. 蔡／165
60. 柳／75	92. 卜／106	124. 屈／136	156. 田／166
61. 酆／76	93. 顾／107	125. 项／137	157. 樊／167
62. 鲍／77	94. 孟／108	126. 祝／138	158. 胡／168
63. 史／78	95. 平／109	127. 董／139	159. 凌／169
64. 唐／79	96. 黄／109	128. 梁／140	160. 霍／170
65. 费／80	97. 和／111	129. 杜／141	161. 虞／171
66. 廉／81	98. 穆／112	130. 阮／142	162. 万／172
67. 岑／82	99. 萧／113	131. 蓝／143	163. 支／173
68. 薛／83	100. 尹／114	132. 闵／144	164. 柯／173
69. 雷／84	101. 姚／115	133. 席／145	165. 昝／174
70. 贺／84	102. 邵／116	134. 季／145	166. 管／175
71. 倪／85	103. 湛／117	135. 麻／146	167. 卢／176
72. 汤／86	104. 汪／118	136. 强／147	168. 莫／177
73. 腾／87	105. 祁／119	137. 贾／148	169. 经／178
74. 殷／88	106. 毛／119	138. 路／149	170. 房／179
75. 罗／89	107. 禹／120	139. 娄／150	171. 裴／179
76. 毕／90	108. 狄／121	140. 危／151	172. 缪／180
77. 郝／91	109. 米／122	141. 江／152	173. 干／181
78. 邬／92	110. 贝／123	142. 童／153	174. 解／182
79. 安／93	111. 明／124	143. 颜／154	175. 应／182
80. 常／94	112. 臧／125	144. 郭／155	176. 宗／183

177. 丁／184	209. 芮／212	241. 宁／237	273. 索／262
178. 宣／185	210. 羿／212	242. 仇／237	274. 咸／263
179. 贡／186	211. 储／213	243. 栾／238	275. 籍／264
180. 邓／187	212. 靳／214	244. 暴／239	276. 赖／265
181. 郁／188	213. 汲／214	245. 甘／240	277. 卓／266
182. 单／189	214. 邴／215	246. 钭／240	278. 蔺／266
183. 杭／190	215. 糜／216	247. 厉／241	279. 屠／268
184. 洪／190	216. 松／217	248. 戎／242	280. 蒙／269
185. 包／191	217. 井／217	249. 祖／243	281. 池／269
186. 诸／192	218. 段／218	250. 武／244	282. 乔／270
187. 左／193	219. 富／219	251. 符／245	283. 阴／271
188. 石／194	220. 巫／220	252. 刘／245	284. 鬱／272
189. 崔／195	221. 乌／221	253. 景／246	285. 胥／273
190. 吉／196	222. 焦／222	254. 詹／247	286. 能／274
191. 钮／197	223. 巴／222	255. 束／248	287. 苍／274
192. 龚／198	224. 弓／224	256. 龙／249	288. 双／275
193. 程／199	225. 牧／224	257. 叶／249	289. 闻／276
194. 嵇／200	226. 隗／225	258. 幸／250	290. 莘／277
195. 邢／201	227. 山／226	259. 司／251	291. 党／277
196. 滑／201	228. 谷／226	260. 韶／252	292. 翟／278
197. 裴／202	229. 车／227	261. 郜／252	293. 谭／279
198. 陆／203	230. 侯／228	262. 黎／253	294. 贡／280
199. 荣／204	231. 宓／229	263. 蓟／254	295. 劳／281
200. 翁／205	232. 蓬／229	264. 薄／255	296. 逢／282
201. 荀／205	233. 全／230	265. 印／255	297. 姬／283
202. 羊／206	234. 郗／231	266. 宿／256	298. 申／284
203. 於／207	235. 班／232	267. 白／257	299. 扶／285
204. 惠／208	236. 仰／233	268. 怀／258	300. 堵／285
205. 甄／209	237. 秋／233	269. 蒲／259	301. 冉／286
206. 麴／209	238. 仲／234	270. 邰／259	302. 宰／287
207. 家／210	239. 伊／235	271. 从／260	303. 郦／288
208. 封／211	240. 宫／236	272. 鄂／261	304. 雍／289

305. 郜 / 290	337. 向 / 317	369. 师 / 346	401. 游 / 376
306. 璩 / 291	338. 古 / 318	370. 巩 / 347	402. 竺 / 377
307. 桑 / 292	339. 易 / 320	371. 库 / 348	403. 权 / 378
308. 桂 / 293	340. 慎 / 321	372. 聂 / 349	404. 逯 / 380
309. 濮 / 294	341. 戈 / 321	373. 晁 / 350	405. 盖 / 381
310. 牛 / 295	342. 廖 / 322	374. 勾 / 351	406. 益 / 382
311. 寿 / 295	343. 庾 / 323	375. 敖 / 352	407. 桓 / 383
312. 通 / 296	344. 终 / 324	376. 融 / 353	408. 公 / 384
313. 边 / 297	345. 暨 / 325	377. 冷 / 353	409. 万俟 / 385
314. 扈 / 298	346. 居 / 326	378. 訾 / 355	410. 司马 / 386
315. 燕 / 299	347. 衡 / 327	379. 辛 / 356	411. 上官 / 387
316. 冀 / 299	348. 步 / 327	380. 阚 / 357	412. 欧阳 / 388
317. 郏 / 300	349. 都 / 328	381. 那 / 358	413. 夏侯 / 390
318. 浦 / 301	350. 耿 / 329	382. 简 / 358	414. 诸葛 / 391
319. 尚 / 302	351. 满 / 330	383. 饶 / 359	415. 闻人 / 392
320. 农 / 302	352. 弘 / 331	384. 空 / 360	416. 东方 / 393
321. 温 / 303	353. 匡 / 332	385. 曾 / 361	417. 赫连 / 394
322. 别 / 304	354. 国 / 333	386. 毋 / 362	418. 皇甫 / 395
323. 庄 / 305	355. 文 / 334	387. 沙 / 363	419. 尉迟 / 396
324. 晏 / 306	356. 寇 / 335	388. 乜 / 364	420. 公羊 / 397
325. 柴 / 307	357. 广 / 336	389. 养 / 365	421. 澹台 / 398
326. 瞿 / 308	358. 禄 / 337	390. 鞠 / 366	422. 公冶 / 399
327. 阎 / 309	359. 阙 / 338	391. 须 / 367	423. 宗政 / 400
328. 充 / 310	360. 东 / 339	392. 丰 / 368	424. 濮阳 / 401
329. 慕 / 310	361. 欧 / 340	393. 巢 / 369	425. 淳于 / 402
330. 连 / 311	362. 殳 / 341	394. 关 / 370	426. 单于 / 403
331. 茹 / 312	363. 沃 / 342	395. 蒯 / 371	427. 太叔 / 404
332. 习 / 313	364. 利 / 342	396. 相 / 372	428. 申屠 / 405
333. 宦 / 314	365. 蔚 / 343	397. 查 / 373	429. 公孙 / 406
334. 艾 / 315	366. 越 / 344	398. 后 / 374	430. 仲孙 / 407
335. 鱼 / 316	367. 夔 / 345	399. 荆 / 374	431. 轩辕 / 408
336. 容 / 317	368. 隆 / 346	400. 红 / 375	432. 令狐 / 409

433. 钟离 / 410
434. 宇文 / 412
435. 长孙 / 413
436. 慕容 / 414
437. 鲜于 / 415
438. 闾丘 / 416
439. 司徒 / 417
440. 司空 / 418
441. 亓官 / 419
442. 司寇 / 420
443. 仉 / 421
444. 督 / 422
445. 子车 / 423
446. 颛孙 / 424
447. 端木 / 425
448. 巫马 / 426
449. 公西 / 427
450. 漆雕 / 428
451. 乐正 / 429
452. 壤驷 / 429
453. 公良 / 430
454. 拓拔 / 431
455. 夹谷 / 432
456. 宰父 / 433
457. 谷梁 / 433
458. 晋 / 434
459. 楚 / 435
460. 阎 / 436
461. 法 / 437
462. 汝 / 437
463. 鄢 / 438
464. 涂 / 439
465. 钦 / 440
466. 段干 / 441
467. 百里 / 442
468. 东郭 / 443
469. 南门 / 444
470. 呼延 / 445
471. 归 / 446
472. 海 / 446
473. 羊舌 / 447
474. 微生 / 448
475. 岳 / 449
476. 帅 / 450
477. 缑 / 451
478. 亢 / 452
479. 况 / 453
480. 后 / 454
481. 有 / 455
482. 琴 / 456
483. 梁丘 / 457
484. 左丘 / 458
485. 东门 / 459
486. 西门 / 460
487. 商 / 460
488. 牟 / 461
489. 佘 / 462
490. 佴 / 463
491. 伯 / 464
492. 赏 / 465
493. 南宫 / 465
494. 墨 / 466
495. 哈 / 467
496. 谯 / 468
497. 笪 / 469
498. 年 / 469
499. 爱 / 470
500. 阳 / 471
501. 佟 / 472
502. 第五 / 473
503. 言 / 474
504. 福 / 475

附录 / 477

附录一　如何利用五行理论起名 / 477

附录二　如何利用易经八卦起名 / 479

附录三　如何利用五格剖象法取名 / 480

附录四　如何理解姓名与四柱八字的关系 / 483

第一章　姓氏的起源与发展

一、姓氏的起源

无论古今，姓名成为人们在社会交往中用来代表个人的符号。姓，指的是某一群人（氏族、家族）共用的名；名，则是个人独用的姓。姓氏的作用就在于把一氏族的人与另一氏族的人区分开来。姓与氏，在先秦时代是有区别的。姓产生于母系氏族社会，以母系为主，起"明血缘"、"别婚姻"的作用。氏是姓的延伸分支，到父系氏族社会，姓氏成为父系氏族或部落的标志。到了奴隶社会，"氏族以别贵贱"，只有贵族男子才能称氏。

1. 姓的起源

《百家姓》、《三字经》与《千字文》并称"三百千"，是中国古代幼儿的启蒙读物。然而提到《百家姓》，我们不得不提到它的排序，"赵钱孙李"之所以成为《百家姓》前四姓，是因为百家姓形成于宋朝的吴越钱塘地区，故而宋朝皇帝的赵姓、吴越国国王钱氏、吴越国王钱俶正妃孙氏以及南唐国王李氏成为百家姓前四位。后世则大多以"赵、钱、孙、李、周、吴、郑、王……"这样的顺序来背诵百家姓。中国姓氏文化源远流长，每一种姓都包含其独特的、丰富的文化内涵，而且每一种姓都有其代表人物，没有贫、富、贵、贱、高、低之分。

姓，按商务印书馆所编权威之《新华字典》解释为"表明家族系统的字"；按外语教学与研究出版社出版的《现代汉英词典》（*A Modern Chinese - English Dictionarry*），用英文的解释为 familyname, surname, clanname。"姓"是一个集合名词，是家族的标识，或表示与某个大家族的某一血缘关系更为亲近的部分。《左传》说"因生以赐姓"，意味着姓是个人血缘关系归属的标志，亦即其所属的血亲氏族的标志。汉字"姓"为左右结构，左从"女"右为"生"，从"女"而生。在母系社会，子女只知其母，不知其父，母姓为后代惟一能确定的尊亲，正如《白虎通·三纲六纪》所云："古元时，未有三纲六纪，人民但知有母，不知有父"。原始氏族既然是母系氏族，则姓作为氏族的标志，也就等于是母系或女性血缘关系的象征。

姓因母传，亦因女显，故"姓"从女从生。由于相同的缘由，一些古老的姓字也都含有"女"字偏旁。如传说黄帝姓姬；炎帝姓姜；少昊姓嬴；舜姓姚（又说姓妫）；禹姓姒；周人姓姬；齐人姓姜；秦人姓嬴。由于姓因母传，因此，古代文献中记载了不少古老氏族因始祖母（女性始祖）感天生子而得姓的神话。如据说禹的母亲修己是莘氏族的女子，她由于吞吃了薏苡这种植物而怀孕生禹，因此禹的氏族就以苡的同音字姒为姓；又据说商人始祖契的母亲简狄，她和妹妹在河边洗澡，捡起一只玄鸟（燕

子）下的蛋吃了，从而怀孕生下了契，故商人以子为姓（子就是蛋或卵的意思，现在人们仍俗称鸡蛋为鸡子）。吃薏苡和吃鸟卵当然不会导致怀孕生子，这只是神话，但这些神话却反映了母系氏族时代人们只知其母不知其父因而姓因母传的历史真相。

从母系社会到父系社会后，姓氏制度发生了根本的变化，人们逐渐习惯继承父亲的姓，以父系方式把姓氏传递给下一代。在汉族地区，普遍采取婚后从夫居婚姻制度，即妻子随丈夫居住在男方的家庭中，女人在婚后就自动丧失了其原有的娘家的姓，而改为从夫姓了，一位姓李的女子嫁给一位姓王的男子，人们不会再称她李小姐，而是称为王夫人，或被称为王李氏。在血统因男系而传的社会中，女子亦有姓，只是姓并不因女性而显而已。

2. 氏的起源

历来中国人先有"姓"后有"氏"。事实上，氏是"姓"的分支。我们已经知道，"姓"指的是某一群人（即氏族）共用的族号，全体氏族的成员都是以这个族号作为自己的姓。但后来子孙繁衍，人丁兴旺，这些氏族都分成许多支，逐渐散居各地，相互之间的关系逐渐疏远了，所以每一个分支又给自己另外设定了一个名称，这就是"氏"。这样，每个分支的成员就既有一个姓，又有一个氏了。比如说商族人的姓是"子"，后来又分成了"殷"、"时"、"来"、"宋"、"空同"等氏，他们都是商族人，只是居住在不同的地方。

那么，古人是怎样给自己起"氏"的呢？受当时历史文化条件的限制，许多部族在氏名选择上，大多以"图腾"而生。有的以植物作为自己的氏，有的以动物作为自己的氏，或以其他作为自己的氏族代号。因此为某个氏族所指的动物或植物，自然而然成为这个氏族的"图腾"。同一图腾氏族的成员禁止通婚，图腾成为用以区别婚姻界的标志。较早的氏族有：狼氏、熊氏、龟氏、鹿氏、燧人氏、有巢氏、少昊氏、西陵氏、神农氏、蜀山氏……进入战国时代后，姓氏基本合而为一，大多数人便只称姓而不称氏了，"氏"这个字也就失去了往日的意义。它往往跟在姓的后面，表示某一个姓这个姓的家族成员。如"张氏兄弟"、"王氏兄弟"、"刘氏兄弟"……即指姓张的兄弟、姓王的兄弟、姓刘的兄弟……

周代是中国姓氏大发展的一个重要时期，姓氏制度见于记载者较多。周代姓氏有完整的制度。命氏之法，诸侯以所受封国为氏，卿大夫以所赐采邑为氏，或以职官为氏。诸侯之子称公子，孙称公孙，公孙之子以祖字为氏，此外还有以居地为氏的。春秋时，贵族男子不称姓，只称氏。由于贵族身份、封地常有变化，氏也随之变化。战国时期社会大变革，姓氏制度也出现混乱。到秦汉时期，姓氏合一，姓基本确定。随着民族之间的融合，不少兄弟民族改从汉姓，或自命汉姓，还有帝王赐姓、奴随主姓、妇随夫姓等复杂现象。

中国人习惯继承父亲的姓，以父系方式把姓氏传递给下一代。随着社会的发展，姓名又被陆续赋予了许多新的内涵，形成了中国特有的姓氏文化。

二、姓氏来源的类别

随着人类社会的文明进步和人口的繁衍增长，姓氏日益增多，且姓源也日益复杂甚至发展到"姓随人便"的程度。例如，在革命战争年代地下工作者改用化名，一些著名作家和艺术工作者取用艺名，独生子女成婚后兼用夫妻双方姓氏为后代取名等。另外涉外婚姻中兼用中外姓氏的比比皆是。

凡此种种因素必然导致中国姓氏日益丰富多彩。中国的姓氏来源及其类别千头万绪、五花八门，但若从现代生活的角度和科学体系来看，可归纳为四大特点。

第一，地域性。这是以人类出生居住生活的地方作为姓氏的来源，如以国为氏、以邑为氏等即属此类。

第二，纪念性。这是以先祖或部族的名字、徽号、谥号作为姓氏来源，如以字为氏、以名为氏、以族为氏、以谥为氏、以爵为氏等皆属此类。

第三，职业性。这是以先祖所从事的工作、官职、技艺等作为姓氏来源，如以官为氏、以技艺为氏、以事为氏、以职为氏等皆属此类。

第四，历史性。这是以先祖或部族崇拜的图腾或与生活、生存发展紧密相关的事物等作为姓氏来源。古老的姓氏及少数民族的姓氏大多属于此类。

三、郡望与堂号

1. 郡望的源由与含义

郡，古代行政区建置名称，即我国古代自春秋至隋唐时地方行政区划名，然而其辖境历代不同：秦以前，郡辖于县；秦朝时，县辖于郡，汉因之；魏晋以后，郡上设州，郡辖于州而辖县；隋唐后，州、郡互称；宋元时，设州府；明代则废郡；清沿明制，郡或为府之别名。

郡号则为各姓氏早期祖宗发祥之地，即系族根源的标记。北魏孝文帝以鲜卑族人主中原，施行汉化，令胡人改汉姓，奖励汉胡通婚，中原士族，撰谱录，记所承以自贵，标郡号，明所出以别异族。冠郡号于姓氏之上，谓之郡姓，实乃永志世袭，以示不忘本源之意，如江夏黄、汝南廖、太原王、颖川陈等。

秦始皇废封建设郡县，虽然摧毁传统封建制度，但并不意味着秦以后就不存在等级制度，反而，新的社会等级制度的符号应运而生，"郡望"就是在新的历史条件、社会背景下，产生的标志社会地位、家族血缘以区分贵贱的手段。

秦汉之后，虽已无世袭贵族，姓氏合一且普及化、平民化，但在漫长的历史发展过程中，有些家族由于世代居住某地，人才辈出，或由于功勋而加官封爵，荫及后世，从而积累了巨大的经济财富和文化威望，成为一方的豪门大族，这种家族由于在当地为人所仰慕瞩望，故称为"郡望"。顾名思义，郡望就是一郡之望族的意思。因此，郡望是显姓世族的标志，它将同一姓氏中的豪门与寒门、世族与庶族区分开来。

2. 堂号的源由与含义

堂号和郡望同样是中国姓氏文化中的特有范畴，也是中国人进行寻根问祖时不可不先熟悉的一个概念。堂号是什么呢？简单地说，堂号就是祠堂的名称、称号。祠堂又称为家庙，是中国人供奉祖先神位、祭祀祖先神灵和举办宗族事务的公共场所。

中国人是世界上最早有祖先崇拜传统的一个民族。在每个家族中，往往都会设置

一个场所来供奉已去世的祖先的神主牌位,所以,旧时的每个家族都会有本家族的祠堂,并给它取一个名号,目的是让子孙们每每提起自家的堂号,就会知道本族的来源,记起祖先的功德和功绩。历来每个姓氏、每个宗族、每个家族,都有自己的堂号。堂号的历史悠久,应用广泛,在中国宗法社会中有非常重大的意义和作用。

各姓的堂号虽然很多,但也并非随便乱取的。每一个家族的堂号,往往都有其非常深刻的含义。根据取名的依据和其用意不同,堂号又可以分为如下几种类型:

以地名作堂号。地望也称为郡望。魏晋之后,门阀世族的威风不再,但是历史上豪门大族的后裔,仍然喜欢以某位杰出的同姓祖先的地望来命名堂号。例如:李氏"陇西堂"、王氏"太原堂"、杨氏"弘农堂"等。

以宗族典故作堂号。这类取堂号的方法,在各姓中非常流行,也非常有意思。一个堂名,就是一个非常动人的故事。当然,这个故事必须与本姓祖先有关,而不是讲他姓人物。如王姓的"三槐堂"、刘姓的"藜照堂"、吴姓的"三让堂"。这些故事,往往都极富教育意义,能使族人缅怀先祖,激励斗志,奋发图强。

以祖先名号、事迹命名作堂号。这种堂号在各姓中很常见,但相对要少于前几种。其方法是将某一祖先的具有特殊含义的称号作为本族的祠堂号,如东汉名将冯异,辅佐光武帝平定天下,被世人称作"大树将军",冯氏便有了"大树堂";东汉东莱太守杨震,夜拒贿金,以"天知、地知、你知、我知"羞退来人,杨氏后代则为先祖美德自豪,便有了"四知堂";晋代著名文学家、辞赋家、散文家陶渊明,在其居所前植柳五株,自号"五柳先生",陶姓后代一支,就以"五柳堂"为堂号。

以道德伦理作堂号。这种取堂名的方法,是将一些教育族人劝善惩恶的词语作为祠堂名称。这类堂号在各姓氏中较为普遍,而且往往各姓共用。如"敦厚堂"、"敦睦堂"、"敬本堂",几乎各姓都有。

近年来,随着中国社会改革开放的加剧和全球华人寻根热潮的兴起,许多大陆宗祠纷纷被恢复,族谱被续修,因此,堂号再一次被人们抬了出来。不过,今日的堂号,已经没有了宗族主义的负面作用,有的只是给人们寻根问祖、缅怀先祖、激励后人的积极意义。特别是对于加强中华民族的向心力和凝聚力以及对于中华民族的大团结和早日实现统一大业,堂号都必将产生其巨大的促进作用。

四、姓氏与人口迁徙

中国人历来十分重视自己的姓氏,在没有非常特殊原因的情况下是不会轻易改变的。因为这是后人祭奠和传承祖先文化的方式。如今,从中国的姓氏和人口分布的关系来看,我们可以发现,人口少的姓氏具有非常强的地域性,只存在于某些地区,甚至只有一个地方才有。但人口多的姓却遍布各地,人口最多的几个姓甚至深入少数民族聚居地以及海外等地区。

姓氏在初步形成时,一般只限于具有共同血缘关系的宗族之间,且分布的范围并不太广。如今,每个姓氏几乎遍布整个中国乃至世界各地,这种情况产生的主要原因是人口迁徙导致的。另外,汉族及其祖先华夏诸族有慎终追远的传统,只要有可能,都会记载本家族的起源和迁移过程。如今的家（族）谱中几乎都有本族的世系表（图），追溯到本族的"始祖"和"始迁祖"。相较之下，由于年代久远、史料缺乏，加上附会的成分，"始祖"和从他开始的世系往往模糊不清，而从"始迁祖"开始的世系和迁移路线、年代却大多确切可考。可见一姓一氏人口的范围无不与迁移有关，如今的姓氏分布是历代人口迁移的结果。

人口迁移的方式很多，而对不同姓氏的影响也不尽相同，下面列举最重要的六种方式：

1. 分封产生的迁移

华夏诸族发祥于中原，大致即今天的河南、山西南部、陕西东部、山东西部、河北西南、安徽西北等黄河中下游地区，而华夏特有的姓氏也大多集中在这一区域。夏、商、周三代实行分封制，国君将本族子弟和贵族、大臣分封到各地，后人大多在当地定居，他们的姓氏也随之分布到各地。例如：明太祖朱元璋将自己的二十几个儿子都封为王，分居各地。一方面，明朝对宗室在政治上严格控制，不让他们离开封地，不得从事任何职业，连科举也不能考，但另一方面又给予优厚待遇，只要长大成人，都能获得爵位和俸禄。有一位亲王竟创造了一项有100个儿子获封爵位的纪录，在诸王的封地中留下了大量朱姓人口。

2. 强制性迁移

为了巩固自己的政权，加强首都或特定地区的经济实力，或者为了打击敌国，削弱或消灭反抗势力，历来统治者都曾实施强制性的迁移，用行政或军事手段，将某些地方的人口迁徙至某个指定地区，也包括将被贬斥的官员、俘虏或罪犯流放安置到边远地区。这类措施相传在上古三代就已实行，夏朝最后一位国君桀就被推翻的商朝放逐到巢。

首都的建立和迁移也必然伴随着大批宗室、高官和富户从各地迁至首都，或从旧都迁至新都一带。例如，明朝初年，朱元璋曾将各地富户和工匠迁入南京，而到他的儿子明成祖朱棣即位后，他则选择于1421年迁都北京，这对其强化明朝统治起到了非常积极的作用。

在迁徙中，往往有少数民族入主中原的时候，而他们则往往会将本民族人口迁至其他各个地方，以巩固本族的统治地位。如清朝入关后，满族就将八旗部署在全国各地，各省城一般都建有专供满族军民居住的满城。辛亥革命后，多数满人改用汉姓，但稍加分析就不难发现这些散处各地的满族姓氏，如关，改自关尔佳氏；叶，改自叶赫氏。

还有一类迁移往往使后代不愿意去记录，如明、清时都曾将一些罪犯流放到云南、贵州和西北边疆，其中有些人留下了人口众多的家族。但对于祖先这样的出身和来源，家谱中往往不愿记载，或者不愿记载其迁移的真正原因。

3. 因战乱引起的迁移

中国历史上有几次大规模的南迁，都是源于中原地区的战乱。从秦汉开始，黄河中下游一直是政治、经济和文化的中心。唐以后虽然经济重心逐渐南移，但除了分裂时期外，政治中心基本还在北方。正因为如此，皇室、贵族、高官、名流、富商以及世家大族均聚居于北方。但无论是异族入侵、权力斗争，还是民众暴动，往往都以夺取首都为其目标，所以大规模的、持续多年的战乱大多发生于北方。在这种形势下，北方民众就会纷纷选择迁往各地避难，其中最主要的迁移方向还是生存和开发条件都较好的南方。

早在公元初的两汉之际，就有不少人为躲避战乱而南迁，最远的则是从海路迁到交趾（今越南）。东汉末年至三国初前期，上百万人从中原地区迁至江淮之间、长江以南、汉中盆地和四川盆地。但相比之下，以后三次南迁的规模更大、持续时间更长，以致北方的大姓几乎都有人迁移，并且在南方定居下来。

第一次是永嘉之乱后的南迁，发生在西晋末永嘉年间，从4世纪初一直延续了一百多年，南朝期间余波不绝。由于晋朝在建康（今南京）重建，北方的上层人物和世家大族大多有人南迁，所以史书中可考的南迁姓氏就相当多。

第二次是755年安史之乱后的南迁。安禄山在幽州（今北京）发动叛乱后，先后占据唐朝的东都洛阳和首都长安，北方则又出现南迁大潮。安史之乱平息后，北方藩镇割据，战乱不断，持续到唐末五代，所以大多数南迁人口依然选择在南方定居。而这次南迁的范围较上一次更广，江西成为主要的迁入地，移民大量迁入福建、湖南，有的则迁入两广和海南岛。至此，北方的汉族姓氏几乎已遍布南方各地。

第三次是北宋末期靖康之乱后的南迁。由于金兵由北向南全面推进，以后宋金边界又固定在淮河一线，加上到北宋末年人口已达1亿，南方平原地区的人口已相当饱和，南迁人口较前两次更加深入丘陵和偏远地带，更多人口迁入四川、福建、两广。临安（今杭州）是当时首都所在，加上江南经济发达，生活优裕，吸引了大批北方移民定居。

4. 生存性的迁移

生存性的迁移自古以来就在进行，随着人口的增加和生存压力的加剧，就算不发生战乱，大批农民也在不断由中原迁往周边，由平原迁往山区。但在战乱以后，某些地区出现了人口真空，或者出现了大量无主荒地；或者原来封禁的地区对民众开放；就会出现大规模的移民潮。如明清期间，江西是一个主要的移民输出地，其中相当大一部分是迁入湖广（今湖北、湖南）。到清初，四川受战乱影响，人口稀少，清政府采取鼓励迁入的政策，大批移民从湖广等地涌入四川，形成"江西填湖广，湖广填四川"的移民潮流。如今四川和重庆大部分人是当初移民的后代，他们的姓氏大多可以追溯到湖北、湖南，或进一步追溯到江西。

5. 少数民族的内迁和姓氏的"汉化"

由于中原长期处于经济文化发达的地位，对周边人口具有巨大的吸引力，少数民族的内迁则一直都在进行。而这类改变一般是逐渐进行的，一般在统治者大力倡导甚至强制推行的情况下，就会集中进行。如北魏孝文帝在迁都洛阳的同时，下令鲜卑族全部改汉姓，本族拓跋改为元姓。其他少数民族均纷纷改姓。

在南方，随着大批汉人的南迁，当地民族在政治、经济和文化方面都处于劣势，连数量上的优势也逐渐丧失。在民族歧视的影响下，留在原地或迁入汉族聚居区的少数民族家族只能改用汉姓。为了改变自己的非汉族身份，还要在家谱中编造一段根本不存在的迁移史，证明本家族是来自中原的汉族。也有一些非汉家族采用了汉族中没有甚至罕见的姓，如蒙古族姓萨，傣族姓刀，有的将本民族的姓直接译为多音节的姓。

6. 移居海外

在古代，中国曾经一度成为全亚洲乃至全世界的经济、文化中心，至此，许多国家尤其是东亚国家受中国文化影响最为深刻，例如朝鲜、越南都曾是中原王朝的郡县，且中文曾经一度成为它们唯一的文字或官方语言。这些国家的一部分人口本就是中原移民的后裔，仍保留着原来的姓氏。如朝鲜和韩国的郑、柳、车、赵、王、李姓等，如郑氏都以河南荥阳为郡望，与中国的郑氏并无不同。

华人由于种种原因，迁往全世界各地。从明代中叶起迁往东南亚各地和近代迁居世界各地的华人，一般都保留着其原来的姓氏。即使在加入当地国籍，改用当地语言的姓名后，一般还采用本姓，或者另有一个中文姓名。改革开放以来国门大开，一方面有大批新移民迁往世界各国，另一方面有不少海外华人寻根访祖，恢复与故乡或本家族的联系。如今，世界上大概没有一个国家找不到中国的姓氏。

五、姓氏的演变与发展

战国之际，社会剧烈变动，旧贵族纷纷没落，有的甚至沦为奴隶。这时标示贵族身份的氏，已无存在的必要，而平民也开始由无姓到有姓。后世之姓，大约有以下几种来源：

1. 以氏为姓。氏族社会晚期到夏、商时代，分支氏族的标号有的也成为后起之姓，如姬、姜、姒、风、己、子、任、伊、嬴、姚等。

2. 以国名为姓氏。夏、商二代均封侯赐地，西周初年更是实行大封建，大大小小的诸侯国遍布九州，这些国名便成为其国子孙后代的姓氏。如程、房、郑、吴、秦等。

3. 以邑名为姓氏。如周武王时封司寇忿生采邑于苏（今河北省临漳县西），忿生后代因此姓苏。

4. 以乡、亭之名为姓氏。如嬴姓秦国的始祖非子的支孙封在邑乡（今山西省闻喜县邑城），得邑氏，至六世孙被周禧王封为邑侯，采食解州（今山西运城县、闻喜县一带）。

5. 以居住地为姓氏。如齐国公族大夫分别住在东郭、南郭、西郭、北郭，这四郭便成了姓氏。

6. 以先祖的字或名为姓氏。如周平王的庶子字林开，其后代姓林。

7. 以排行为姓氏。如春秋鲁国有孟孙氏、叔孙氏和季孙氏。

8. 以官职为姓氏。如西周的职官司、司马、司空后来均成为姓。

9. 以技艺为姓氏。商朝有巫氏，是用筮占卜的创始者，后世便以此为氏。

10. 古代少数民族融合到汉族中带来的姓。如慕容、呼延等。

11. 以谥号为姓氏。如庄氏原为楚庄王之后，康氏原为周武王之弟康叔之后。

12. 因赐姓、避讳而改姓。如南明隆武帝把国姓"朱"赐给了郑成功，闽台百姓称郑成功为"国姓爷"。

六、中华姓氏的当代形态

随着中国社会改革开放,人们的思想得到极大的解放,虽然目前中国依然传承着父系姓氏的传统,但是由于现代社会独生子女政策的种种原因,使得目前社会出现父母双方均为独生子女,其孩子的爷爷、奶奶与外公、外婆都非常希望孩子能跟他们姓的尴尬情况。据某媒体报道,江苏省苏州市就有一个姓"点"的小孩,其原因就是双方家长均为独生子女,而双方父母又各持己见。最后,家长们商量给孩子取一个新姓——"点",他们的理由是:姓名其实是一个人的特定符号,突破传统姓氏是完全可行的;"点"字下有四点,分别代表他们全家(爷爷、奶奶、外公、外婆)四个姓,"点"字上为占有的"占"字,姓"点"即表明这个孩子为"全家四姓共同占有"。

如今,许多人已经不仅将姓名作为一个人的代号,更多人则将姓名作为其张扬个性特点的方式,随着网络的发展,网络语言越来越多地融入到人们日常的生活当中,年轻的父母为了避免让自己的孩子或者自己的姓名与他人重复,他们选择了极为个性化的姓名,如今微博盛行的年代,有的小孩的姓名则叫@,取其音近"爱他"。

根据中国人的传统,姓是祖先所传,名为父母所授,名字不合意,或可自取一个,但这个姓是万万不能变更的。而如今,人们却可以对祖先传承下来的姓氏采取如此轻率的"否定",不但可以弃之不传,而且居然可以另造一个,这可能对于一些注重传统文化的人士来讲是无法理解的吧!中国的姓氏制度自先秦发展至今,已经发生了非常深刻的变化。且不说经过秦汉姓、氏合一,由氏成姓,姓氏世系已难以考辨;也不说历史上因民族融合,少数民族与汉族的姓氏互相转化混淆,或因避讳、避祸、避事、音讹、省文、复音姓氏单音化等改为新姓,致使中国的姓氏变得相当错综复杂。对于中华姓氏未来的走向,当今社会的人们则需要进行深入的观察和思考。

首先,现代社会生活的诸种因素促成了中国人姓氏观念的淡化,这似乎成为一种不可避免的趋势,"姓名"合一的现象今后也还会继续发展。但是,作为中国文化数千年历史结晶与传承的姓氏无论如何是不会消亡的。中华姓氏的悠久绵长与丰富内涵,中华姓氏所体现的中华民族的人生观、自然观、价值观和审美观,以及所体现的中国文化的统一性、连续性、人文精神与对民族和故土的亲和感及认同感等,这在世界各民族的姓氏中都是独一无二的。中华姓氏必将伴随着中华文化的发展而生生不息,绵绵流长。当然,姓氏的表现形式与观念或许还会发生新的改变。

其次,姓氏不应该进行简化。随着中国改革开放的推进,简化字的使用成为我国文字改革的重要内容,但国家在公布简化字的同时,也提出姓氏可以不简化。然而这一重要原则并未得到人们的重视,以致在社会上姓氏普遍被简化,甚至随意简化,造成姓氏混乱。例如将傅、詹、潘、戴、蔡随意"简化"成付、占、泮、代、菜,让姓氏失去了其原有的含义,导致如今姓"傅"的人、姓"戴"的人似乎越来越少,而姓"付"、姓"代"的人却越来越多。殊不知,这些随意将傅、戴改为"付"、"代"的人士,不但彻底割断了本姓家族历史文化,而且"付"、"代"的字义实在比不上"傅"、"戴"深刻高雅。

七、中华姓氏文化的价值和意义

中华民族是一个长期稳定发展的多民族共同体。历史证明，中华民族文化中的优秀精神是极具生命力的、是崇高的人类文化精神。中华民族文化源远流长、博大精深，其之所以能够顽强地发展并延绵至今而不衰，究其原因，在于它的统一性和连续性。中国姓氏文化的传承则具有深远的意义。

首先，中华姓氏具有文化价值。从基因学和遗传学的角度，可以认为同为炎黄子孙。通过寻根问祖，既是为祀祖尊宗，求得祖先佑护，也让人们自身明白，与祖先血脉相连，祖先曾经的苦难与辉煌，一定会通过血脉，流传到现在。

其次，中华姓氏具有历史价值。作为姓氏文化中的家谱是一种特殊的历史文献，是记载同宗同族的血缘集团，世系人物和事迹等方面情况的历史图谱，它成为我国珍贵文化遗产的一部分。

再次，中华姓氏具有现实价值。千百年以来，中华文化并没有因为战争而消失，大多是通过姓氏家族得以保存，有姓氏则有家庭，有家庭则有家族，有家族则会形成家族文化与家族精神。姓氏文化成为中国民俗传统文化之缩影，在姓氏文化里，人们可以读到政治、经济、教育、道德，又可以读到祖先之生存状态、处世哲理和价值观念，还可以读到本族吾民之生灭盛衰、悲欢离合，可以增强民族自尊心和自豪感，从中受到教育和启迪。通过姓氏文化和敬宗尊祖教育，继承祖先忠贞爱国、为国家为民族的英勇献身精神，弘扬中华民族崇拜祖宗和孝道为第一人品思想，维护和发展中华姓氏文化。

最后，中华姓氏具有经济价值。如今身居海外或者功成名就的人士，越来越多地关注寻根问祖的姓氏文化，他们大多的举动是回老家修祠堂、修订家（族）谱，这样既有利于增进同姓氏之间的血缘亲情，扶贫济困，发展经济；还有利于发展海内外炎黄子孙的同胞亲情，热爱祖国、热爱家乡、投资家乡，发展地方经济以及有利于促进个人、家族、企业及民族的经济发展。

第二章 中华姓氏

1. 赵

姓氏：赵
祖宗：造父
分类：以国为氏
姓氏起源：

（1）赵氏出自嬴姓，形成于西周，祖先伯益，始祖造父。伯益为颛顼帝裔孙，被舜赐姓嬴。造父为伯益的九世孙，是西周时著名的驾驭马车的能手，他在桃林一带得到八匹骏马，调训好后献给周穆王。周穆王配备了上好的马车，让造父为他驾驶，经常外出打猎、游玩，有一次西行至昆仑山，见到西王母，乐而忘归，而正在这时听到徐国徐偃王造反的消息，周穆王非常着急，在此关键时刻，造父驾车日驰千里，使周穆王迅速返回了镐京，及时发兵打败了徐偃王，平定了叛乱。由于造父立下大功，周穆王便把赵城赐给他，自此以后，造父族就自称为赵氏。周穆王传位周幽王时，因幽王无道，造父的七世孙叔带离周仕晋，从此赵氏子孙世代为晋大夫。到战国初年，叔带的十二世孙赵襄自联合魏氏、韩氏三家分晋，建立赵国。至他的孙子赵籍时，正式获得了周烈王的承认，与韩、魏两家并列为诸侯。公元前 222 年，赵国为秦国所灭，其王室贵族和平民百姓纷纷以国名为姓，自称赵氏。

（2）赵氏出自他族改姓。如汉朝时有赵安稽，本匈奴人；唐朝时有赵曳天，本南蛮人；五代时有赵国珍，本牂牁（今广西、贵州一带）蛮族人。

郡望：

（1）天水郡：西汉时置郡。此支赵氏，其开基始祖为赵襄王太子、代王赵嘉。

（2）涿郡：汉高帝时置郡。此支赵氏为颍川赵氏分支，其开基始祖为西汉颍川太守赵广汉之后裔。

（3）南阳郡：战国时秦国置郡。此支赵氏为天水赵氏分支，其开基始祖为东汉太傅赵嘉。

（4）颍川郡：秦时置郡。此支赵氏，其开基始祖为赵王迁后裔西汉京兆君尹赵广汉。

堂号：

（1）半部堂：五代后周时期，赵普助赵匡胤发动"陈桥兵变"建立宋朝。宋太祖赵匡胤于是封赵普为宰相。赵普又提出了"杯酒释兵权"的方法削减地方武装，巩固了中央集权，想方设法，把天下治理得很好。宋太祖就问："爱卿，你怎样把国家治得这么好的?"赵普回答说:"我不过是靠了半部《论语》罢了!"赵普死后,家人整理他的书箱,果真什么宝贝也没有,只有他活着的时候常读的一部《论语》。

(2) 琴鹤堂:宋朝时殿中侍御史赵忭是个清廉爱民的好官,人称"铁面御史"。他在当成都知府的时候,一清如水。他看到人民安居乐业,就高兴地弹琴取乐。他养了一只鹤,时常用鹤毛的洁白勉励自己不贪污;用鹤头上的红色勉励自己赤心为国。他穷得什么东西都没有,只有一琴一鹤。

(3) 其他:赵氏还以"天水"、"孝思"、"谷治"、"萃涣"等为堂号。

迁徙分布:

秦代,真定人(今河北正定)赵佗曾任南海郡龙川县令,后为南海尉,于秦末兼并桂林、南海和象三郡,建立南越国,汉高祖时受封为南越王。此后,赵佗的子孙繁衍于今广东、广西一带。东汉末年,京师遭董卓之乱,洛阳人赵达避难迁往江东。唐高宗总章年间,中原人赵端随陈政、陈元光父子入闽开辟漳州。五代时,刘䶮在广州建立南汉政权,洛阳人赵光裔、光逢、光胤三兄弟因此而在南海安家;开封人赵廷隐、赵崇韬父子因仕后蜀而在四川成都定居。南宋初,开封人赵用贤随宋高宗赵构南逃,移居江苏常熟,郑州人赵蕃移居江西上饶。南宋灭亡后,宗室赵氏散逃至澎湖、潮阳等地,后在闽、粤一带发展繁衍。从清朝康熙年间开始,闽、粤赵氏陆续有人迁居台湾,后又有不少赵氏移居海外,分布于欧美及东南亚一些国家和地区。

历史名人:

赵匡胤(927—976):本为后周大将,他率兵发动历史上著名的"陈桥兵变"事件,代周为帝,建立宋朝,立国320年之久,使赵姓的宗族声望达到了最为辉煌的时期。

赵之廉(1829—1884):清代杰出书画家、篆刻家。其书、画、篆刻对后世均产生深刻影响,与任伯年、吴昌硕并称为"清末三大画家"。

2. 钱

姓氏:钱

祖宗:钱孚

分类:以官为氏

姓氏起源:

(1) 钱姓的来源确实与钱有关。相传,钱姓是一个由掌管钱财的官名"钱府上士"而来的姓氏。宋人郑樵《通志·氏族略》将钱氏列入"以官为氏"类,说:"颛顼帝曾孙陆终生彭祖,彭祖裔孙孚,周钱府上士,因官命氏。"因此,这一官职起源于周代,乃是负责钱财的管理和调度。彭祖的子孙孚任职时就拿了官名当作自己的姓,从此便有了钱姓。之后,其子孙后代沿袭这一称呼,世世姓钱。从钱姓的来源上看,钱姓是由彭姓分化而来,与彭姓有着共同的祖先。钱姓和彭姓常常自认为一家人,曾有着遇难相帮、互不通婚等共同的约定。事实上,钱姓的祖籍为下邳(今属江苏),与彭姓的发源地彭城(今江苏徐州)并非在同一处。但是,钱姓人一向把彭城作为郡望,其原因也正是由于与彭姓同源的缘故。钱姓之人,最早聚居在下邳一带。下邳位于现今江苏徐州的附近。徐州古称彭城。下邳、彭城两地非常接近,也一定程度上证明了钱、彭两姓间的密切关系。后来,钱姓逐渐南迁,分布到长江以南各地区,至今在江南吴兴、武进一带还有许多钱姓人家。广东、福建一带,甚至在海外许多华人聚集的地方也有一定程度上的分布。

(2) 据《史记·楚世家》记载,陆终是颛顼的曾孙,他的妻子怀孕三年,剖腹产,生出6个儿子,"三曰彭祖"。彭祖是有名的大寿星,《世本》说他"姓籛,名铿,在商为守藏史,在周为柱下史,年八百岁"。他的后裔彭孚,在西周任钱府上士(钱府,掌管钱财的官署;上士,官名,周代士有上士、中士、下士,彭孚则以官职为姓氏,就是钱氏。因西周建都于镐京(今陕西西安),彭孚必在京为官,故钱姓形成于陕西。

郡望:

(1) 下邳郡:东汉置郡,治所在下邳。辖地北至江苏邳县,南至安徽嘉山,东至江苏涟水、淮安。

(2) 彭城郡:西汉改楚国为彭城郡,不久复为楚国。东汉时又改为彭城国,治所在彭城。

(3) 吴兴郡:三国置郡,治所在乌程。相当今浙江临安、余杭一线西北,兼有江苏宜兴县地。

堂号:

吴越堂:钱是五代吴越开国君王。他在后唐时只是一名偏将。但是他深通兵法,善于打仗,打败了王郢,消灭了黄巢,剿平了刘汉宏。皇帝因他战功累累,升他为镇海节度使。这时董昌造反,他又剿平了董昌,皇帝就封他为越王,后来又封他为吴王。到了梁太祖时,则封他为吴越王。

迁徙分布:

钱氏早期除部分分布于今山东、河南等省外,主要是在江南发展繁衍。秦朝有御史大夫钱产,其子孙居下邳。西汉徐州人钱林,因王莽专政,弃官隐居于长兴陂门里。钱逊,因避王莽乱,徙居乌程。唐初,光州固始人陈政、陈元光父子入闽开辟漳州,有中原钱姓将佐随往,在福建安家落户。宋元时期,钱氏发展到今广东、四川、安徽、湖南等省。明清时期,今上海、云南、湖北等省市均有钱氏的聚居点。从清代开始,居住在闽、粤及沿海的钱氏陆续有人迁至台湾,后又有徙居海外者。唐末杭州临安人钱,任镇海节度使,896年击败董昌,居今浙江及江苏西南部、福建东北部地区,于907年被后梁封为吴越王,他自称吴越国王,在位期间,曾征发民工,兴修钱塘江及太湖水利工程,促进了当地农业经济的发展。吴越国公传五主84年,末代国君为钱之孙钱叔,于978年献所据之地归北宋,被封为邓王。这是中国历史上唯一的钱氏政权。

历史名人:

钱(852—932):五代政治家,吴越国的创立人,907—932年在位。居梁时被封为吴越王。在位期间,曾征发民工,修建钱塘江海塘。又在太湖流域,普造堰闸,以时蓄洪,不畏旱涝,并建立水网区的维修制度,促进了这一地区的农业经济。

钱起（722—780）：唐代大诗人，字仲文，吴兴人，天宝年间考中进士，为"大历十才子"之一，与朗士元齐名，世称"钱朗"。著有《钱考功集》。

3. 孙

姓氏：孙
祖宗：惠孙
分类：以王父字为氏
姓氏起源：

（1）出自姬姓，为康叔的后代。据《元和姓纂》所载，周文王弟八子康叔为卫国国君，其九世孙叫惠孙，惠孙有个孙子乙，字伍仲，伍仲以祖父的字命氏，就是孙氏。因此他又叫孙仲。孙仲的子孙世居汲郡，是为河南孙氏。

（2）出自芈姓，为春秋时楚国令尹孙叔敖之后。孙叔敖时楚国期思人，字孙叔，在他任楚令尹时，因教化民众，曾在期思（今河南省淮滨）开发水利有功，而深得楚人的拥护，其子孙便以他的字命氏，也称孙氏。

（3）出自妫姓。春秋时期，陈（为武王灭商后所封的妫姓国）厉公的儿子叫陈完，因事逃到齐国后，改姓田，田完的五世孙无宇次子田书，为齐国大夫，因有功被齐景公赐姓孙氏。后来齐国内乱，孙书的后人出奔吴国。吴将孙武，其后也。是为山东孙氏。

郡望：

（1）汲郡：晋置郡。此支孙氏，为孙氏世居之地，为晋名隐士孙登之族所在。
（2）乐安郡：东汉置郡。此支孙氏为兵家之圣孙武之族所在。
（3）陈留郡：西汉置郡。治所在陈留。
（4）太原郡：战国秦庄襄王时置郡。此支孙氏为富春孙氏之分支，其开基始祖为孙明的十一世孙福。
（5）富春郡：秦置郡。此支孙氏为乐安孙氏之分支，其开基始祖为孙武次子孙明。

堂号：

（1）平治堂：因为孙叔敖把楚国治理得民富国强。
（2）乐安堂：因为田书伐莒有功，被封于乐安。
（3）富春堂：大军事家孙武带着自己的13篇兵法见吴王，吴王用他为将。孙武带兵西大破强楚，北威齐、鲁，战功赫赫。吴王把他封到富春，因叫富春堂，和乐安堂同宗。
（4）映雪堂：晋朝时候御史大夫孙康，幼时家贫，买不起油点灯，冬天下了大雪，他在院子里映着雪光读书，最终成了大名。

迁徙分布：

出自姬姓的孙氏，世居汲郡。出自安乐的孙氏，到孙武时逃至吴国。其后裔一支留居太原，一支徙居清河，一支徙居汝州郏城。在唐代中原孙氏曾两次向福建移民。唐之前，孙氏世居河南陈留，唐僖宗时孙利定居于江西宁都，传至孙承事，迁居福建长汀河田。其后裔孙友松再迁至广东紫金县,其后孙殿朝又迁至翠亨村,孙殿朝既孙中山的高祖。他的孙子孙敬贤有三子:长子达成、次子学成、三子观成。达成娶妻杨夫人,生三子:长子德佑、次子德彰、三子德明。德明就是中国伟大的革命先行者孙中山先生。据史料记载,台湾的孙氏皆来自福建泉州,而泉州孙氏系唐末自光州迁入。孙氏不仅在国内分布相当广泛,而且海外不少国家均有孙氏后代。

历史名人:

孙武(前545—前470):春秋末期伟大的军事家,齐国人,应用了五行相生相克的原理,编撰成《孙子兵法》,成为当时以至此后战争中具有指导意义的兵学盛典。

孙膑(约前380—前320):战国时期军事家,孙武后裔。受庞涓暗害,受膑刑,故称孙膑,著有《孙膑兵法》。

孙思邈(581—682):唐初著名的医学家,著有《千金要方》、《千金翼方》,后被世人尊为药王。

4. 李

姓氏: 李
祖宗: 利贞
分类: 以官为氏
姓氏起源:

(1)出自嬴姓,为颛顼帝高阳氏之后裔。尧时,皋陶曾担任大理(掌管刑狱的官)的职务,其子伯益被赐为嬴姓,后子孙历三代世袭大理的职务,其子孙按照当时的习惯,以官为氏,称理氏。理氏改为李氏的说法有两种。一种说法是:商纣时,皋陶后裔理征,在朝为官,因直谏得罪了商纣王,而被处死,其妻契和氏带着儿子利贞逃难时,因食李子充饥,才得以活命,故不敢称理,便改姓李氏。另一种说法是:据《姓氏考略》记载,周之前未见有李氏,自从有老子姓李,名耳,为利贞的后裔,因祖上世代为理官,理、李两字古音相通,便也以李为氏。显然,李氏是源于李耳而称姓的。

(2)出自他族改姓。三国时,诸葛亮平哀牢夷后,赐当地少数民族赵、张、杨、李等姓。鲜卑族有复姓叱李氏,汉化后,改为汉字单姓李氏。是为洛阳李氏。

(3)出自他姓改李氏。据有关资料所载,唐开国元勋有诸将徐(徐氏、安氏、杜氏、郭氏、麻氏、鲜于氏)等16氏,因立功从唐国姓,赐予李氏。

郡望:

(1)陇西郡:战国时置郡。此支李氏,其开基始祖为秦司徒李昙长子李崇。

(2)赵郡:汉时置郡。此支李氏,其开基始祖为秦太傅李玑次子李牧。

(3)中山郡:汉高帝置郡。此支李氏为赵郡李氏分支,其开基始祖为李玑第三字李齐。

(4)广汉郡:汉时置郡。此支李氏为陇西李氏之后,其开基始祖为李尚(李广之父)。

堂号：
陇西堂：因为李氏望出陇西郡故名。
迁徙分布：
李氏自商末至东周的二百年间一直居住在豫东。西汉时，李氏有一支迁往今山东境，大约自东汉开始，有李氏族人陆续徙居西南，分布于川、滇一带，其中有的融入白、苗、壮等民族中。魏晋南北朝时，李氏已是全国的大姓，中原的崔、卢、李、郑并称四大名门望族，但在唐以前主要是在北方发展。唐朝是中国封建社会的鼎盛时期，李氏作为国姓，最为显贵。

唐代李氏南迁主要有三次：第一次是在唐朝初期，李氏部分人南迁，其中河南的李氏有的于唐高宗时随陈政、陈元光父子入闽开辟漳州。第二次是"安史之乱"时，有不少李氏子孙迁往南方。第三次是五代时，因动乱，李氏有迁往福建莆田、晋江等地定居的。从明末开始，闽、粤李氏陆续有人移居台湾。

李氏迁徙至海外，始于明朝初年，去琉球国的都是福建人，琉球国派往明、清的通事有许多人姓李，皆系自福建移居琉球的华人。在中国历史上，李姓称帝称王者多达60余人，先后建立有大成、西凉、凉、吴、魏、唐、楚、后唐、南唐、大蜀、西夏和大顺等政权。

历史名人：
李白（701—762）：唐代著名浪漫主义诗人，他在中国文学史上占有极其重要的地位。其代表作有《蜀道难》、《梦游天姥吟留别》、《静夜思》等。被世人称作"诗仙"。

李清照（1084—1155）：南宋女词人。李清照所作之词，前期多写其悠闲生活，后期多悲叹身世，情调感伤，有的也流露出对中原的怀念。论词强调协律，崇尚典雅、情致，提出词"别是一家"之说，反对以作诗文之法作词。

5. 周

姓氏：周

祖宗：周文王

分类：以国为氏

姓氏起源：
（1）周姓的最早出现，可追溯到远古的黄帝轩辕氏。据《姓氏考略》所载，相传黄帝时就有一名叫周昌的大将，至商代又有一名叫周任的太史，这两个人的后代均以周为姓氏。

（2）出自姬姓，其始祖为周文王。黄帝的儿子后稷，姓姬。后稷是古代周族的始祖。周公东征胜利后，大规模分封诸侯，其中姬姓国就有53个。这些姬姓国的后人大多改以国名、地名及祖父名号为姓氏。公元前256年周为秦国所灭后，其中有相当一部分周宗室子孙及周朝遗民以周为氏。如周平王之后，这一支通常被认定是我国周姓来源的主要部分。

（3）由他氏改姓或他族改姓为周的。如唐玄宗时，有姬氏因避帝名讳，故而改姓

周。元时，有苏氏改姓周的。唐末有叫成纳的，后梁时赐姓周。北魏时有鲜卑皇族普氏改姓周。南北朝时，代北复姓贺鲁氏自北魏孝文帝迁都洛阳后，改汉字单姓周氏。

郡望：

(1) 汝南郡：汉时置郡。此支周氏为周平王少子烈的后代，其开基始祖为周平王少子姬烈裔孙周跋扈邕。

(2) 沛郡：汉时置郡。此支周氏，其开基始祖为汉代汾阴侯周昌。

(3) 陈留郡：西汉时置郡。此支周氏为汉代周仁之后，其开基始祖为晋代的周震。

堂号：

(1) 细柳堂：汉文帝六年冬，匈奴6万兵马侵犯汉朝。文帝令周亚夫驻兵细柳。几日后，文帝御驾前往慰劳官兵。走近细柳军营，只见甲兵森严，官兵个个持刀执戟，张弓挟箭，如临大敌。当令门岗传报，说是车驾到来。营兵却直挺挺地站着，一丝不动，并喝令车驾停住，说："军中闻将令，不闻天子令!"文帝亲自来到营门，又被哨兵拦住，文帝只好交出天子的符节，让哨兵进帐回报。亚夫验了证件，才下令开门放入车驾。一面嘱咐："营内不准跑马。"车驾和随从骑兵只好按辔徐行。进入营门，亚夫才不慌不忙地出帐迎接，文帝慰问后，一出营门，兵士仍关上营门，严整如故。文帝回头看了看，高兴地说："这才是真将军呀！像亚夫这样的将军，和他练的兵，才使敌人无缝可钻呀！"

(2) 爱莲堂：北宋著名哲学家周敦颐，一生清正廉洁且一生最爱莲花。他把莲花比成君子，夸它虽然从污泥里钻出来，但一尘不染，虽然整天在清洁的水里洗濯，但一点儿也不妖艳。它的香又清又远，它的直不会发枝或拖秧，我爱它这君子的品质。

迁徙分布：

周氏早期主要在河南发展繁衍。居住在河南临汝的周氏，部分人于秦代迁往沛郡，西汉大臣周昌、周勃、名将周亚夫即属此支。东汉末年，京师遭董卓之乱，汝南安城周氏有一支迁居今安徽庐江。西晋永嘉年间，中原士族随晋室同渡，有一支周氏迁往姑熟。唐高宗总章年间，陈政、陈元光父子入闽开辟漳州，随行人员中有周姓将校，这是当时周姓入福建最早者。唐僖宗时，河南周氏族人又有随王潮、王审知入闽的。南宋大臣周必大，自称其先祖为郑州管城人。汝南周氏有一支直接迁往福建宁化石壁乡，还有一支徙居永定。从清朝康熙、乾隆年间开始，闽、粤周氏陆续有人移居台湾，后又有不少人到海外发展。

唐代元和年间，除沛国周氏、长安周氏为周赧王的后代，河南周氏为鲜卑族改姓外，大都是西汉汝坟侯周仁的后裔。周仁五世孙周燕，子孙繁盛，分衍出许多支脉，如周燕之子周忠因任太山太守而在当地定居，形成太山周氏。

历史名人：

周敦颐（1017—1073）：北宋著名哲学家，根据陈抟的《无极图》，著《太极图说》，理学大师朱熹曾推崇他为理学的创始人。著有《爱莲说》。

周瑜（175—210）：三国时吴之名将，联合刘备共同抵抗曹操数十万大军，火烧赤壁，大败曹军，创造了以弱胜强的著名战例。有"既生瑜，何生亮"之叹。

周恩来（1898—1976）：中华人民共和国第一任总理，为了党和人民的事业，鞠躬尽瘁,无私地奉献出自己的一切,建立了丰功伟绩,赢得了中国人民以及世界人民的爱戴和尊敬。

6. 吴

姓氏:吴
祖宗:泰伯
分类:以国为氏
姓氏起源:

(1) 出自舜帝有虞氏。

(2) 是颛顼帝的名臣吴权的后裔。

(3)《通志·氏族略》记载:"泰伯封于吴,子孙以国为氏。"即吴国始祖泰伯、仲雍的后代。

(4) 吴姓出自夏代著名弓箭手吴贺。这其中又以第一支的影响最大。传说泰伯兄弟本该在古公亶父去世后继承王位,但是,他们认为弟弟季历的儿子姬昌(即后来的周文王)有君王之材,就把继承权让给季历,然后由季历传给姬昌。为了断绝别人拥立他们的念头,泰伯、仲雍便逃到偏远的东吴荆蛮地区,断发文身,与当地人一起生活。这便是历史上著名的"泰伯让王"的故事。泰伯来到荆蛮,自号"句吴"和"攻吴"。荆蛮人被他的义举感动,纷纷前来投靠,有千余家之多。吴国就在这个基础上逐渐发展壮大起来,建都于吴(今江苏苏州)。由此还可知,吴姓与周姓原本是一家。从泰伯开始,传到十九世孙寿梦时,开始称王,国势日渐强盛,领土不断扩张,直至浙江嘉湖和安徽等地。古代的吴国即是吴姓的发源地。历史上著名的"卧薪尝胆"的故事中被越王勾践攻灭的吴王夫差,正是泰伯的后裔。吴国当时的属地范围,在今江苏无锡一带,并由此不断向四处延伸,发源于江、浙一带的吴氏,此后很快繁衍到邻近的齐鲁之间,并扩散至山东境内,据《元和姓纂》记载,凡山东吴姓汉人,大多是寿梦第四子季札的后代。另有一种说法指出舜的妻子被封在虞地,而虞与吴音相近,其子孙因此得姓。

郡望:

(1) 延陵县:西晋时分曲阿县置县。

(2) 濮阳郡:晋代时改东郡置国,西晋末改为郡。此支吴氏,其开基始祖为广平侯吴汉的裔孙吴遵。

(3) 陈留郡:西汉时置郡。此支吴氏是季扎的后裔,为东汉吴恢之族所在。

(4) 长沙郡:秦时置郡。此支吴氏系季札之后,其开基始祖为西汉长沙王吴芮。

堂号:

延陵堂:季札是吴王寿梦的第四子,以贤德著称,寿梦想让他继承王位,他坚决不接受,寿梦只好把他封在延陵。他的三个哥哥先后为吴王,临死时要传位给他,他仍然不接受。因此他被后人奉为"至德第三人",又因其封邑在延陵,故时人称其为"延陵季子"。

迁徙分布：

吴国灭亡后，夫差的太子吴鸿被流放到江西，夫差后代繁衍于江苏、浙江、安徽、山东、河南境内的一些地方。隋唐时期，吴氏已广泛分布于大江南北。唐高宗时有吴姓将佐随陈政、陈元光父子入闽开辟漳州，唐僖宗时，有吴姓将佐随王审知入闽，皆在福建安家落户。宋明以后，吴氏称雄于东南，其中季札的第五十三世孙吴宣是后蜀驸马，家族显赫一时。吴宣的第五世孙吴吉甫是吴氏入粤始祖。

吴氏迁居台湾始于 1291 年，入台第一人是元朝礼部员外郎吴光斗，他奉命率 6000 人乘船"往使琉球"。明朝末年以后，福建、广东沿海吴氏有许多人前往澎湖、台北、高雄等地谋生和创业的。发展至今，其中最为显赫的一支是吴伯雄家族。吴伯雄曾任台湾国民党中央常委、台北市市长等要职，其家族号称吴氏"全台第一家"。吴氏大约于元代迁入香港。

吴氏向海外拓展，最早是到日本。吴人东渡日本在公元前 450 年左右，其中有一支演变成日本皇室。吴氏在东渡日本时，还有大批吴姓人南迁，进入今越南地区。其中季札的第五十世孙吴权于 939 年称王，建立了越南历史上最早的独立王朝——吴朝。南越政权最后一任总统吴庭艳即吴权之后。现在越南有二百多姓，吴姓为第六大姓。东汉时有吴凤进入朝鲜，发展至今，吴姓则为朝鲜 143 个姓氏中最常见的 20 大姓之一。明代以后，吴姓还有移民南洋，迁至马来西亚、菲律宾、印度尼西亚、新加坡以及泰国、缅甸等国，近代，又有人旅居欧美等地。

历史名人：

吴道子（约 680—759）：唐代著名画家。被后人奉为"画圣"。其画线条遒劲雄放，变化丰富，一变古来沿袭的高古游丝描的细笔，发展了线描的艺术方法，故表现出来的物象富有运动感、节奏感，被人们称为"吴带当风"。

吴承恩（1501—1582）：明朝小说家。淮安府山阳县（今江苏省淮安市淮安区）人。著有《西游记》传世。吴承恩一生创作丰富，但是由于家贫，又没子女，作品多散失。

7. 郑

姓氏： 郑

祖宗： 郑桓公

分类： 以国为姓

姓氏起源：

郑姓的历史已有三千多年，它来源于《唐书·宰相世系表》记载：周宣王把他的弟弟友封于槿林（今陕西华县东），建郑国，友即郑桓公。周幽王时，桓公任司徒，见幽王无道，便向当时的智者太史伯询问自保之计。太史伯说，在洛水以东，黄河、济水以南的虢、邻两诸侯之间有一大片土地，交通便利，物产饶富，可以在那里安置家室和财产。桓公便依计而行，可惜还没来得及安顿好，就在"犬戎之难"中被杀害了。此后，桓公的儿子郑武公帮助周平王巩固了东周，因功被赏了虢、邻之间的土地，在那里建立了新的郑国。由此，郑氏子孙便在此发展繁衍起来，世袭郑公称号。公元前375年，郑被韩所灭。郑国遗族从此散居于京（今河南荥阳京襄城）、制（今荥阳西）、祭（今河南郑州东）和陈（今河南淮阳）、宋（今河南商丘）之间，为纪念故国，便纷纷改为郑姓。郑国的最后一位国王郑幽公生公子鲁，鲁七世孙郑当时在汉代任大司农。郑当时之五世孙郑稚汉末自陈迁至河南开封，从此定居在那里。晋时置荥阳郡，逐成为荥阳开封人。此后，天下郑姓言源流者，皆曰出自荥阳。郑姓人中自古有"天下郑姓出荥阳"或"荥阳郑氏遍天下"的说法，所以，郑姓主要发源于今河南中部一带，这里在古代曾是荥阳郡的管辖范围。现在，河南中部还有一个荥阳市。

郡望：
(1) 荥阳郡：三国时置郡，治所在荥阳。
(2) 洛阳：我国古都之一。汉、魏故城在今洛阳市白马寺东。
(3) 水北岸：隋、唐故城在汉城西18里。
(4) 高密郡：西汉时置郡，治所在高密。相当今山东高密一带。
(5) 雍州：东汉时置郡，治所在长安。
(6) 陇西郡：战国时置郡，治所在狄道。
(7) 南阳郡：战国秦置郡，治所在宛县。

堂号：
(1) 博经堂：东汉郑玄，博览群经，几千人从远方来拜他为师。西汉时期的读书人大都专治一经，郑玄却独自力主博通。
(2) 安远堂：汉宣帝时，郑吉为侍郎，那时外侮屡屡来犯，郑吉打败了车师，使日逐投降。于是皇帝提他当司马。为了西方国境的安全，又派他为西域都护，封安远侯。

迁徙分布：
郑氏最早的发源地是今河南省新郑县。战国时被韩国所灭，便散迁到河南东部及山东、安徽等地。秦时，十九世孙郑袭迁司州河南洛阳。二十七世孙郑其举族迁回荥阳。秦汉以后，郑姓已迁入邻近地区，主要以今山东、安徽、陕西、山西等境为其分布的主要地区。其后二十九世孙郑宾居山东高密。三十一世孙郑众之子安世迁居咸阳。因汉武帝令"强宗大族，不得聚居"，有二十四世孙南迁至浙江会稽山阴。郑姓大举南迁始于"永嘉之乱"之时。西晋永嘉二年，"中原板荡，衣冠始入闽者八族"，其中第四姓即为郑姓。唐初，河南郑氏又有随陈政、陈元光父子移居福建者。唐末，又有河南故始郑氏随王潮、王审知入闽。明清之际著名民族英雄郑成功的先祖即是此次入闽的。郑氏移居台湾，始于郑成功；播迁至海外，始于清朝，现分布于泰国、菲律宾、印度尼西亚、马来西亚、加拿大、美国等国家。

历史名人：
郑板桥（1693—1765）：清朝书画家，善画兰竹，秀丽苍劲，亦工书法，所创"板桥体"独具风格，号称"三绝"，是"扬州八怪"之一。
郑成功（1624—1662）：明末名将，唐王赐姓朱名成功，授总统使、诏讨大将军，时人称"国姓爷"。

郑和（1371—1433）：明朝航海家，本姓马，小字三宝，回族。明入宫为宦官，后从燕王起兵，有功，赐姓郑，曾奉命率舰队七下西洋，途经三十余国，最远曾达非洲东岸、红海和伊斯兰圣地麦加。

8. 王

姓氏：王
祖宗：系出姬姓
分类：其他
姓氏起源：

（1）出自姬姓，为周文王之后。后衍化为三支王姓族派。一是周文王第十五子毕公高的后裔，因本来是王族，所以他们以王为姓。二是东周灵王太子姬晋，因直谏被废为庶人，世人称为"王家"，此后便以王为姓。三是魏国信陵君无忌，魏被灭后，其子孙被称为"王家"，随以王为姓。

（2）出自妫姓，为齐王田力的后代。舜的后裔妫满被周武王封于陈，传至公子完，避难逃到齐国，改姓田，其裔孙田和成为齐国国君，史称"田氏代齐"，齐被灭后，其后人以王为姓。

（3）出自子姓，为殷商王子比干之后。比干被杀后，其子孙为了纪念他，改为王姓。

（4）由北方他姓改王姓而来。如鲜卑族可频氏、乌桓族回纥阿布思族。

（5）出自赐姓或冒姓的王姓。如战国燕王丹的玄孙喜被王莽赐姓王。

郡望：

（1）太原郡：战国秦庄王置郡。此支王氏，其开基始祖为东汉司徒王允。
（2）京兆郡：三国魏时置郡。此支王氏，出自姬姓毕公高之后。
（3）天水郡：西汉置郡。此支王氏，出自殷商王子比干之后。
（4）中山郡：汉置郡。此支王氏，其开基始祖为北魏中山王王睿。
（5）陈留郡：西汉置郡。此支王氏，其开基始祖为妫姓齐王建之孙安。
（6）河东郡：秦置郡。此支王氏，出自殷商王子比干、周灵王太子晋及周平王太孙赤之后。
（7）河南郡：汉置郡。此支王氏，出自鲜卑族可频氏王氏之后。

堂号：
王姓堂号有"三槐"、"槐阴"，其中"三槐堂"比较有名。

迁徙分布：
王姓早期主要在北方发展繁衍。周灵王后裔王元为避秦乱，迁于琅邪，后徙至临沂。河内王氏，其先为太原人，世居祁县，后徙平州，又迁至河内温县。魏公子无忌之孙卑子悼，悼生贤，西汉时徙居霸陵，遂为京兆人。

王氏迁往江南，始于西晋末年。唐僖宗时，河南故始人王潮、王审知入闽，王审知被封为闽王，同时王氏还有迁居四川、安徽、江西者。北宋末，中原人多次大规模南流,其中不少王氏族人迁徙至浙江、江苏一带定居。宋末元初,居住在福建的一支王氏迁往广东,其后裔散处广东、广西各地。明末开始,王氏陆续有人迁往台湾。王姓移居海外,始于明清之际,主要分布在欧美及东南亚一些国家和地区。

历史名人:

王实甫（约1260—1336）:著名戏剧家,一生创作杂剧达14种之多。其最杰出且最著名的作品《西厢记》,在中国戏曲史上占有极其重要的地位。

王昭君（前52—前19）:西汉元帝时宫女,为人正直贤贞,因不愿贿赂画工毛延寿,入宫数年不见帝,竟宁元年请嫁出塞,与匈奴和亲。王昭君与西施、杨贵妃、貂婵为中国古代四大美女。

王羲之（303—361）:东晋书法家,山东琅邪临沂人,独创圆转流利的书法风格,被后人奉为"书圣"。

王安石（1021—1086）:为"唐宋八大家"之一,北宋时期著名政治改革家、文学家,江西抚州人。他主张"变风俗,立法度"实行变法。他的诗以雄健峭拔著称。

9. 冯

姓氏: 冯

祖宗: 毕公高

分类: 以邑为氏

姓氏起源:

（1）出自姬姓,是周文王昌之后。据《元和姓纂》、《后汉书》等记载,周文王第十五子毕公高后裔毕万,西周时,在晋为大夫,当时晋献公陆续灭了许多小国,其中包括毕万的一支孙被封于冯城,其后子孙以邑为姓氏,称冯姓。史称冯氏正宗,为河南冯氏。

（2）出自归姓,是冯简子之后。据《世本》记载,春秋时郑国有大夫冯简子,因封邑在冯而得氏。后冯邑被晋国所夺,成为魏氏子弟长卿的封邑,长卿的后裔也称冯氏。是为河南冯氏。

郡望:

（1）始平郡:晋时置郡,治所在槐里。

（2）杜陵县:此支冯氏,为上党冯氏分支,其开基始祖为冯唐之弟冯骞。

（3）颖川郡:秦时置郡,治所在阳翟。

（4）上党郡:战国韩置郡,此支冯氏,其开基始祖为战国时韩上党太守冯亭。

（5）长乐郡:后魏置郡。

（6）京兆郡:汉时置郡,治所在长安。

（7）弘农郡:西汉置郡,治所在弘农。

（8）河间郡:汉高帝置郡,治所在乐城。

堂号:

（1）颖川堂:以望立堂。

(2) 上党堂：以望立堂。
(3) 京兆堂：以望立堂。
(4) 弘农堂：以望立堂。

迁徙分布：

战国时有冯亭，入赵，拒秦战死，其宗族分散，有的留上党潞县，有的在赵，冯氏子孙有许多为将相。至西汉文帝时，车骑都尉冯唐徙居安陵，其弟冯骞自上党徙居京兆杜陵。此外，先秦时代，冯氏已有徙居今山东者。三国以前，冯氏还有迁至今四川的射洪、中江、渠县等地及湖北公安者，东晋末，冯氏还有徙居和龙者。唐玄宗时著名宦官高力士，本为冯盎之曾孙，后为宦官高延福收养，改姓高，此为冯姓改为高姓者。唐末黄巢起义时，中原冯氏有一支避难南迁福建宁化石壁，宋代分出上杭、漳州、武平等支脉，至宋末元初，上杭冯氏有的又南迁至广东的平远、潮州、揭阳，后再迁至丰顺、梅州等地。清康熙至乾隆年间，广东、福建的冯氏有数支移居台湾，此后，冯氏又远播海外。

历史名人：

冯梦龙（1574—1646）：明末小说家，通经学，善诗文，尤以小说、词曲见长，辑有时代话本集《喻世名言》、《警世通言》、《醒世恒言》，合称"三言"。

冯玉祥（1882—1948）：近代爱国将领。1933年任抗日同盟军总司令，多次击败日寇，收复许多失地。1948年在黑海，因乘船失火，受伤身死。

10. 陈

姓氏： 陈
祖宗： 妫完
分类： 以国为氏

姓氏起源：

(1) 出自妫姓，其始祖为妫满，也为虞舜之后裔。据《通志·氏族略》所载，周武王灭商以后，追封前代圣王的后人妫满于陈，妫满为陈侯，称胡公满，胡公满传至十世孙妫完，陈国内乱，厉公的儿子出奔到齐国，以国为氏，称陈氏。

(2) 出于陈国公族后裔。陈国在妫满死后，其子孙有以国为氏，就是陈氏。除胡公满的子孙陈完这一支主系外，还有三支。一是陈哀公之子留，避居陈留。二是陈湣公之长子陈衍，避居阳武户牗乡。三是陈湣公次子全温之后陈孟琏，居于固始，其后因无子，便以颖川陈寔为嗣子，遂融入颖川陈氏。

(3) 出自白永贵之后。隋初有白永贵改姓陈，其后裔也多改陈姓，是为万年之陈氏。

(4) 刘矫的后裔也有改陈姓的。

(5) 南北朝时，鲜卑族一支三字姓侯莫陈氏随北魏孝文帝南迁洛阳后，实行汉化政策，改复姓为汉字单姓，称陈氏。

郡望：

（1）颖川郡：秦时置郡。此支陈氏，其开基始祖为齐王建三子陈轸。
（2）广陵郡：西汉置国。此支陈氏，出自汉武帝之子刘胥之后所改陈姓后裔。
（3）河南郡：汉高帝置郡。此支陈氏，出自匈奴族陈氏。
（4）武当郡：北魏置郡。这一支出自陈寔之后。
（5）冯翊郡：汉武帝置郡。此支陈氏，出自陈宣帝之子沅陵王陈叔兴之后。
（6）京兆郡：汉时置郡。此支陈氏，出自唐代迁居京兆的陈寔后裔陈忠之后。

堂号：

三恪堂：恪是尊敬的意思，又为客人的意思。周武王灭纣后，把黄帝之后封于蓟，帝尧之后封于祝，帝舜之后封于陈，称为三恪。表示他们是周朝的客人，不是臣子，格外地尊敬他们。

迁徙分布：

自陈国内乱后，陈氏家族有几次外迁，分别为陈留、阳武户牖乡和固始。唐朝初期和中期，中原陈氏有两次南迁福建。一是唐高宗总章二年（669年），朝廷派陈政率兵镇压福建南部的"蛮獠啸乱"，陈政卒后，其子陈元光代父领兵，平定局势后，设置了漳州郡。因之被后人称为"开漳圣王"，其子孙称为"开漳圣王派"。二是颖川陈实后裔陈忠之子陈邕，受宰相李林甫排挤，迁至福建同安，其后子孙兴旺，在福建发展成为"太傅派"陈氏。

陈氏入粤，始于南宋。陈氏入台，始于明末，福建同安人陈永华于明末随郑成功入台湾，为陈氏入台始祖。陈氏迁入越南的历史也比较久远。李朝女皇李昭皇之夫陈煚，于1228年创建越南陈朝，传8世13王，历时175年。陈氏移居日本，始于明初，大都是明太祖朱元璋派去的水手，此后有的在琉球群岛落户。明清以后，闽粤等沿海地区的陈氏，有许多人出海谋生。例如，陈臣留率亲族百余人迁居马来西亚和新加坡。另有一些人迁至菲律宾、泰国、印度尼西亚和美、英、法、澳大利亚等国家。

历史名人：

陈平（？—前178）：西汉大臣，少时家贫，好读书，后归刘邦，他多次用计，使刘邦脱离逆境，转危为安，与张良齐名，史称"良平"。

陈寿（233—297）：西晋著名史学家，著有《三国志》，最初名叫《三国志通俗演义》。明初小说家罗贯中的《三国演义》，就是由《三国志》演变而来。

11. 褚

姓氏： 褚
祖宗： 子瑕
分类： 以地为氏
姓氏起源：

褚姓源于姬姓，出自周王朝邑地褚，属于以居邑名称为氏。据史籍《姓氏寻源》记载，西周时期，有一个叫"褚"的地方（今河南洛阳），在史籍《左传》中更明确

地提到是洛阳县南部有一处褚氏亭,在史籍《后汉·郡国志》上也记载着洛阳有褚氏渠,两书同时认定都是"周有褚地,居之者以为氏"。

在褚地居住之著民中,有以居邑名称为姓氏者,称褚氏。

郡望:

河南郡:秦朝时期名为三川郡。今河南省。

堂号:

河南堂:以望立堂。

迁徙分布:

褚姓郡望河南郡,汉高帝置。在今天河南省洛阳市一带。

历史名人:

褚契(生卒年待考):字武良,褚氏后裔。晋代任安东将军,后徙居曲阿(里庄西褚村),褚契成为江苏省丹阳褚姓的始祖。

褚廷璋(?—1797):字左莪,号筠心,长洲(今江苏苏州)人。乾隆二十八年(1763年)进士,官至翰林院侍读学士,以事降主事,乞归。精通音韵之学。著有《西域图志》、《西域同文志》、《筠心书屋诗钞》等。

12. 卫

姓氏: 卫

祖宗: 康叔

分类: 以国为氏

姓氏起源:

上古周文王第九子康叔被封于卫(今河南省淇县),并接管旧殷都朝歌七族的遗民,建立了卫国。到春秋战国时,卫国被秦国兼并。卫国公族子孙就以故国名为姓,世代相传姓卫。

据《辞源》记载:卫,古国名。周武王弟康叔封地。至懿公为狄所灭。戴公野处漕邑,文公又什居楚丘。秦始皇既统一全国,独置卫君,为附庸。至二世元年废;卫,姓。周文王子康叔封于卫,子孙以国为氏。

郡望:

(1)据《广韵》记载:"周文王子康叔封于卫,后因氏焉。望出河东、陈留。"

(2)秦置河东郡,现在山西省夏县。

堂号:

(1)陈留堂:以望立堂。

(2)河东堂:以望立堂,亦称蒲坂堂、太原堂、并州堂、平阳堂。

(3)辽东堂:以望立堂,亦称扶余堂、襄平堂、辽阳堂、凌东堂。

迁徙分布:

卫姓出于姬姓,起源于河南。卫姓从河南发祥地向外发展,有一支逐步迁移到河东郡,发展成为望族,因此卫姓郡望河东。按照周文王第八子周武王的弟弟,被封在康地，称"康叔"，后来转封卫地，国都在殷商旧都朝歌，管理商朝的遗民。后来卫国又迁往今天的河南濮阳。卫国被秦所灭后，卫国贵族子孙便以国名"卫"为姓。因此，卫姓出于姬姓，起源于河南，望居河东郡（秦代初置。在今天山西省黄河以东、夏县一带）、陈留郡（秦始皇置陈留县，汉代改置陈留郡。在今天河南省开封地区）。

历史名人：

卫康叔（生卒年待考）：名封。是周武王的同母弟。周公旦把武庚所统治的殷朝遗民，封给康叔。定居在黄河和淇水之间的商朝故都朝歌这个地方。周公旦担心康叔年纪太小，不足以胜任，乃作《康浩》、《酒浩》、《梓材》以示告诫，所以到了他的封国，很快就能安抚其人民，人民也非常的欢悦。后周成王拔举康叔为周司寇，赏赐宝贵的祭器给卫国，以彰显他的美德。

13. 蒋

姓氏：蒋

祖宗：伯龄

分类：以国为氏

姓氏起源：

蒋姓出自姬姓，是周王朝的后代。周公旦的第三个儿子伯龄，被封在蒋地（今河南固始东北蒋集，另一说今河南光山县西），建立了蒋国。春秋时为楚所灭，伯龄的子孙即以国名为姓，称蒋氏。后来子孙中有人迁往乐安（今山东邹平），并在那里发展为望族。五代时期，汉代名士蒋诩的后人蒋显出任四明监盐官，住在宁波城内的采莲桥，其后代日益兴盛，这便是蒋氏的南迁的开始。据考证，天下无二蒋，汉代以后的蒋氏人家，都是出自江苏的宜兴一家，其始祖为山亭侯蒋澄。中国现在的蒋姓人家，绝大部分都是从宜兴繁衍出来的。

郡望：

乐安郡：东汉永元十年（96年）改千乘郡置国，治所在临济（今山东青县高苑镇西北）。相当于现在山东省博兴高青、桓台、广饶、寿光县等地区。三国魏时改为郡，治所移至高苑（今山东省博兴西南）。

堂号：

（1）钟山堂：后汉时有秣陵尉蒋子文在山中剿匪时牺牲了。他生前说过"我的骨头轻，死后一定成神"。到了三国时代，吴国孙权在建康（今南京）建了国都。一天，孙权到钟山堂游览，果然看到了死去了好久的秣陵尉蒋子文，骑着白马，拿着鹅毛扇子，孙权于是就在钟山上给他盖了庙，封他为蒋侯，专门派人奉祀他。蒋氏因以"钟山"为号。

（2）九侯堂：西汉时蒋诩忠于汉室，王莽篡汉后要他做臣子，他坚决不干，就被王莽杀害了。光武帝中兴汉室后，蒋诩已死，光武帝就把他的九个儿子都封为侯。蒋氏因以"九侯"为号。

迁徙分布：

先秦时期，蒋氏主要在今河南境内发展繁衍。自楚灭蒋后，蒋氏除部分仍留居河南外，大部分外迁。其中，有一支首先于汉时已迁居陕西省境内，又一支于东汉迁往山东东莱郡，另一支于南朝宋时迁往义阳羡县（今属江苏）。西汉哀帝时，又杜陵人（今陕西长安县东南）蒋翊被封为兖州（今属山东）刺史，其子孙东汉初渡江散居江南各地，其中一支徙居阳羡（今江苏宜兴），一支徙居毗陵（今江苏常州）之滆湖，一支迁至今浙江奉化之三岭。东汉建武年间，蒋横九个儿子避难四方，待帝省悟后，九子皆随地封侯，即：公华侯颖、会稽（今属浙江）侯郑、临江（今四川忠县）侯川、临湖侯曜、临苏侯浙、浦亭侯巡、九江（今属江西）侯稔、云阳（今陕西淳化西北）侯默、函亭（今属江苏）侯澄。可见，自蒋横以后，其子孙便多散居在我国南方的浙江、四川、湖北、湖南、江西、江苏等地。唐初，陈政、陈元光父子入闽开辟漳州，有河南蒋姓将佐随从，后在福建安家落户。宋代，蒋氏已有移居今广东者，如南宋理宗时进士蒋科为电白人（今广东高州县东北）。元末，永嘉人（今浙江温州）蒋允文避乱移居闽中。元、明时期，福建、广东的蒋氏已发展成为大族。蒋氏入台最早者是明末跟随郑成功收复台湾的蒋毅庵，此后福建泉州等地的蒋氏又有一些人徙居台湾，有的又进而远播海外。蒋姓是我国历史上一个比较典型的南方姓氏。

历史名人：

蒋介石（1887—1975）：名中正。早年入保定军校学习，后留学日本，加入同盟会。辛亥革命时，依附沪军都督陈其美。后在上海经营交易所失败，投靠孙中山。1924 年，孙中山确定联俄、联共、扶助农工三大政策，改组国民党，蒋介石表示拥护，得到孙中山信任派去原苏联学习。回国后，任黄埔军校校长，兼国民革命军第一军军长。1926 年制造了"中山舰事件"和"整顿党务案"，排斥共产党人，取得国民党中央常委会主席、组织部长、国民革命军总司令等职。1927 年在上海发动"四一二"反革命政变，在南京建立国民党政府，任军委会委员长、中央政治局会议主席，掌握了军政大权。1948 年他召开国大会议，通过宪法，他被推选为总统。1949 年冬，他率领国民党部分高级官员和残余部队退至台湾。1975 年 4 月 5 日，在台北病势，终年 88 岁。

14. 沈

姓氏： 沈

祖宗： 晡季

分类： 以国为氏

姓氏起源：

（1）沈姓出自姬姓，以国为姓，是黄帝后裔。沈本是上古国名，最早是夏禹子孙的封国。周初时，武王死后，由年幼的成王即位，周公旦（文王第四子）摄政。三监不服，与武庚（商纣王之子）勾结，联合东方夷族反叛，后被周公旦所灭。季载（文王第十子）因平叛有功，被周公举荐为周天子的司空，后成王将其叔叔季载封于沈国，又名聃国。季载又称冉季载。聃又写作冉,古时,冉、沈读音相同。春秋时,沈国为蔡国所灭,季载之后子逞逃奔楚国,其后子孙遂以原国名命姓,称沈氏。

(2) 沈姓出自芈姓,是颛顼帝后裔。春秋时,楚庄王之子公子贞被封在沈邑,其后遂以封邑名命姓,称沈姓。

(3) 沈姓出自少昊金天氏,以国为氏。少昊金天氏裔孙台骀氏之后有人建立沈国,春秋时,为晋国所灭,子孙遂以沈为氏。

郡望:

(1) 吴兴郡:三国时置郡,治所在乌程(今浙江吴兴南,晋义熙初移今吴兴)。相当于现在浙江省临安、余杭、德清一线西北一带地区,兼有江苏宜兴县地。

(2) 汝南郡:汉高帝时置郡,治所在上蔡(今河南省上蔡西南)。相当于现在河南省颍河、淮河之间,京广铁路西侧一线以东,安徽茨河、西淝河以西、淮河以北地区。

堂号:

梦溪堂:宋朝时沈括博学能文,累官翰林学士三司使。他对天文、历算、方志、音乐、医药无所不通。他制造了浑天仪、景表、浮漏等天文仪器,开创了隙机、浑圆两术和弧矢、割圆术的先河。著有《梦溪笔谈》。沈氏因以"梦溪"为号。

迁徙分布:

沈姓起源于今河南、安徽两省间地。春秋时,沈国被蔡国灭掉后,季载的后代子逞逃奔楚国,其孙沈尹戌,初隐居于零山,后仕楚为左司马。尹戌之子沈诸梁,世袭做司马,食采于叶(今河南叶县)。秦时,子逞之子沈平封竹邑(今安徽符离集)侯。沈平之子沈遵徙居九江寿春(今安徽寿县)。东汉时有沈戎举家徙居会稽乌程吴兴(今浙江吴兴县),此为沈姓南迁之始。魏晋南北朝是沈姓大举南迁之时。至唐代,沈姓已散居今江苏、浙江、江西、湖北、湖南、四川等地。唐初,中原有沈姓将佐随从陈政、陈元光父子领军入闽开辟漳州,在福建安家落户,其子孙散居龙溪、漳浦、南靖、长泰、诏安等地,唐末,王潮、王审知兄弟入闽,又有中原沈姓族人随同迁往。南宋初有吴兴人沈启承官至汀州府知府,其子沈廷辅,随父入闽,后迁居福建省建阳县。沈廷辅有八子,分居宁化、龙岩、长汀、清流、延平、连城、上杭等地,其后又有人徙居广东的大埔、梅州等地。明末,沈斯庵徙居今台南县善化镇,为沈姓移居台湾之始。清乾隆、嘉庆年间,福建漳州、泉州及广东沈氏,又有多支迁往台湾,进而又移居海外。沈姓历代也是一个比较典型的南方姓氏。

历史名人:

沈约(441—513):南北朝梁文学家、史学家、声律学家。他是《二十四史》中《宋书》的作者。他首创"四声"之说(把每个字分为平、上、去、入),指出如何运用声调变化,使得诗歌动听,讲求声律对仗,推动诗歌走向格律化,在文学史上是一个重要的创新。著有《晋书》、《四声谱》等书。今天的国语注音符号,就是以《四声谱》演变而来。

15. 韩

姓氏：韩
祖宗：韩武子
分类：以国为氏
姓氏起源：

(1) 出自姬姓，以邑为氏或以国为氏，为唐叔虞后裔。曲沃武公灭掉了周成王之弟所建立的韩国，封其小叔叔姬万于韩，称为韩武子，武子曾孙韩厥以封邑为氏，称韩氏。韩厥七世孙建立韩国，公元前230年被秦所灭后，其宗室子孙遂以国为氏，称韩姓，并大都聚居于颖川郡。

(2) 韩氏周代晋国的始祖唐叔虞的后代。唐叔虞是周成王的弟弟，叔虞儿子被称为晋侯。晋侯的后代毕万，曾被封在韩原。毕万的后代就用封邑为名"韩"作为姓氏。

(3) 以国为姓。韩国为战国七雄之一，开国君主是春秋时晋国大夫韩武子的后代虔。韩被秦灭后，韩国国君的后代，有的就以国名"韩"为姓。

(4) 以少数民族的复姓改为韩姓。后魏，鲜卑族有二字姓"大汗"氏，孝文帝改革时，以"汗"与"韩"音相近，改单姓韩。

(5) 以人名为姓。传说，上古时黄帝有子昌意，昌意生子韩流，其后有韩经，尧时为仙人，韩经之后遂为韩姓。

郡望：

(1) 颖川郡：秦王政时置郡，治所在阳翟。
(2) 南阳郡：战国秦昭王三十五年置郡，治所在今河南南阳市。

堂号：

(1) 泣杖堂：汉朝时候，韩伯愈最孝。一次他犯了错，母亲用拐杖打他，他的眼泪像下雨一样掉下来。母亲很奇怪地问："我过去打你，你都是欢欢喜喜地接受，今天为什么掉泪呢？"伯愈"哇"地一声哭了出来，对母亲说："娘呀！过去您打得疼，我知道母亲健康有力，所以喜欢；今天杖落在我身上，我一点儿感不到疼了，我知道母亲体力衰弱了，所以难过得掉泪。"

(2) 昌黎堂：唐朝大文学家韩愈，河北昌黎人。他一生从事古文运动，反对骈体文的华而不实，主张恢复秦、汉时的散文体。历史上称他"文起八代之衰"。

迁徙分布：

秦灭韩，"尽其地为颖川郡"，并以韩国旧都阳翟为治所，此后，"颖川"便成为韩氏发展繁衍中心。秦汉时期，韩氏迁居于今江苏、浙江、四川、山东、甘肃、河北、北京及北部一些地方。其中，韩襄王子孙韩王信于西汉初逃到匈奴，其子颓当、孙婴于汉文帝时归汉；西汉末年，颓当的玄孙韩骞，避王莽之乱，徙居南阳堵县。唐宪宗时，河北昌黎人韩愈被贬为潮州刺史，是为韩氏入广东最早者。唐朝末年，河南固始韩氏随王潮、王审知入闽，在福建安家落户，清代康熙年间，大陆韩氏已有迁入台湾者，此后，有的向海外发展，移居新加坡等东南亚国家及欧美一些国家。

历史名人：

韩信（约前231—前196）：西汉初期官至大将军，封为楚王，后贬为淮阴侯。著名军事家。他智勇双全，治军严明，辅佐刘邦平定天下，屡建奇功，运筹帷幄于千里之外，有"韩信点兵，多多益善"之颂。与张良、萧何并称"兴汉三杰"。著有《兵法》三篇。

韩愈（768—824）：唐朝文学家、思想家，"唐宋八大家"之首，首开宋明理学之先河。他是古文运动的倡导者，他被称为"百代文宗"，作品都收在《昌黎先生集》里。

16. 杨

姓氏： 杨
祖宗： 伯侨
分类： 以国为氏
姓氏起源：

（1）出自姬姓。周成王封弟弟叔虞于唐，人称唐叔虞。唐叔虞的儿子燮继位后，因唐地有晋水，就改称晋侯。周宣王之子尚父，幽王时被封为杨侯，春秋时晋国灭杨，杨成为晋国羊舌肸的封地。晋武公（燮的第十世孙）时封次子伯侨于杨，称杨侯，成为杨姓人的受姓始祖。伯侨之孙突食采于羊舌，为羊舌大夫，称羊舌氏。突之孙肸，字叔向，又称叔肸，因戴晋有功，被分封于杨氏邑，其子伯石以邑名为氏，称杨氏。公元前514年，晋灭羊舌氏，伯石有子逃往华山仙谷，遂居华阴，称为杨氏，史称杨氏正宗。

（2）出自赐姓。三国时，诸葛亮平定哀牢夷（湖南、贵州的僚族分支）后，赐当地少数民族为赵、张、杨、李等姓。

（3）出自他姓改杨姓。如福建林姓迁居广东梅州后改姓杨。《北史》记载，杨义臣本姓尉迟，后改杨氏。

（4）出自他族改姓。如北魏孝文帝迁都洛阳后，施行汉化，有代北三字姓莫胡卢氏改为杨氏。

郡望：

（1）弘农郡：西汉时置郡，治所在弘农（今河南灵宝北）。东汉至北周，曾一再改名恒农郡。

（2）天水郡：西汉时置郡，治所在平襄（今甘肃通渭西北）。

（3）河内郡：楚汉之际置郡，治所在怀县（今河南武陟县西南）。此支杨氏，其开基始祖为韩襄王将领杨苞。

堂号：

（1）关西堂：东汉时有关西人杨震，博览明经，被人称为"关西孔子"。

（2）四知堂：杨震当荆州刺史时，非常清廉。有一次，有个人在夜里带着黄金到杨震的家里行贿。杨震坚决不受，并严厉地斥责了那个人。那个人还是不死心，笑着

对杨震说:"现在是深夜,地点在您的府上,绝不会有人知道的,请您收下吧!"杨震义正词严地说:"天知、地知、你知、我知,怎么说没人知道呢!快滚出去!"杨氏因以"四知"为堂号。

迁徙分布:

杨姓的发源地在今山西省境内。杨姓族人在隋唐以前,除集中繁衍于今河南、山西、陕西三省间地以外,还有以甘肃天水为中心的一线和以湖南、江西为中心的又一线。此后便逐渐向今河北、山东、内蒙古、安徽、湖南、浙江、福建、广东、四川、贵州、云南、广西等地发展,直至遍布全国各地。

历史名人:

杨业(932—986):又名继业。北宋名将,曾败契丹十万之众于雁门关。963年,宋大举攻辽,他被迫接受主帅潘美和监军王倪之命,孤军奋战。

杨贵妃(719—756):名玉环,字太真。祖籍蒲州永乐(今山西永济),生于蜀郡成都(今四川成都)。她先为寿王李瑁的王妃,后为公爹唐玄宗李隆基的贵妃。她与西施、王昭君、貂蝉并称为中国古代四大美女,四大美女享有"闭月羞花之貌,沉鱼落雁之容"。其中"羞花",说的就是杨贵妃。

17. 朱

姓氏: 朱

祖宗: 曹挟

分类: 以国为氏

姓氏起源:

(1) 出自曹姓,是颛顼帝后裔。相传颛顼帝有个孙子叫陆终,生有6个儿子。其中,第五个儿子叫安,姓曹,封在曹(今山西东定陶县西南)。周武王灭商后封弟弟振铎在曹国,称为曹叔振铎;改封曹安的苗裔曹挟在邾国,称邾子挟,附庸于鲁国邹县。春秋时,传至仪父,见齐桓公称霸诸侯,便附从于齐,进为子爵之国,亦称邾娄。战国时,邾国被楚国所灭,其公族子孙遂以国名"邾"为氏,后又有人去邑以朱为氏,称朱氏。

(2) 朱虎是舜帝时的大臣,他的后代有以朱为姓的。

(3) 宋国的开国君主宋微子启(商纣王的庶兄)有裔孙朱晖,原以国名为氏,称宋氏。春秋时,诸侯灭宋,其后裔逃至砀(今江苏砀山县),改宋氏为朱氏。

(4) 南北朝时,北魏孝文帝南迁洛阳后,有鲜卑族复姓浊浑氏、朱可浑氏改为汉字单姓朱氏。

郡望:

(1) 吴郡:东汉时置郡,治所在吴县。此支朱氏,为沛郡一世祖朱诩之后。

(2) 沛郡:汉高帝时改泗水郡置郡。此支朱氏,其开基始祖为西汉大司马朱诩。

(3) 凤阳郡:隋时置郡。此支朱氏,为沛郡一世祖朱诩之后。

(4) 河南郡:汉高帝时改秦三川郡置郡。此支朱氏,主要为北魏时期浊浑氏、朱可浑氏所改的朱氏后代。

堂号：

（1）白鹿堂：宋朝时，大理学家朱熹曾在白鹿洞书院讲学，所以称为"白鹿堂"。

（2）居敬堂：朱熹讲学时主张"循序渐进、居敬持志"八个字的教学原则。循序渐进在教学方法上先易后难，由浅入深。居敬持志的意思是教师不但教书，而且育人；不但言教，而且身教，教师的一言一行都要以身作则，做学生的榜样，所以叫"居敬堂"。

（3）折槛堂：汉代时有槐里令朱云。当时奸臣张禹，欺君害民，作恶多端。但由于皇帝信任他，谁也不敢招惹他。朱云却上朝奏本，请杀张禹，这一下触怒了皇帝，立即叫刽子手拉朱云到午朝门外去斩首。朱云却面不改色，侃侃地向皇帝摆出张禹的罪恶事实，大讲诛奸臣才能保住社稷的道理。刽子手来拉他去执刑，朱云却双手攀着金殿的门槛，道理还是讲不完。刽子手用力拉朱云，朱云却仍不放门槛，结果把殿槛扳断了，刽子手和朱云都倒在地上，皇帝被朱云的忠心和不怕强权的精神感动得醒悟过来，释放并奖励了朱云，把张禹交大理寺查办。过后大臣要派工人修理殿槛，皇帝意味深长地说："别修了！留着它可以使我时刻检讨自己，也勉励大家都要像朱云一样敢于向我提意见。"

迁徙分布：

朱姓发源于今河南、安徽及江苏省境内。西汉朱质有二子：朱禹、朱卓。朱禹在东汉后期的党锢之祸中被杀，其子孙避难逃到丹阳（今属安徽）。朱卓后裔由于任官的原因，主要是在今陕西、河南、湖北等省境内发展繁衍。魏晋以前，朱姓已繁衍到北方河南、山东、安徽等主要地区。唐末有朱葆光迁居湖南。东晋时有朱玮自河南南阳徙居南康（今属江西），其后朱熹侨寓建阳（今属福建）。朱熹之孙朱铨回迁庐陵（今江西吉安），朱铨的第五世孙朱章甫于南宋末年避乱徙居吉安府安福县（今属江西），后又迁至广东兴宁宁中乡竹丝湖立业，成为朱氏兴宁竹丝派一世祖。朱章甫的三儿子朱泗于元代徙居罗浮（今广西东兴各族自治县东）徐田，此后，子孙繁衍，分布于今广西、广东的许多地方。居住在闽、粤等沿海地区的朱氏，从明代开始陆续有人移居台湾，进而又有人远徙东南亚及欧美等国家和地区。朱姓在历史上一直是我国南方的大姓之一。

历史名人：

朱元璋（1328—1398）：明朝开国皇帝。元末农民起义，他参加了郭子兴领导的红巾军，后来统领了这支起义军。1368年，他率军攻克大都（北京），并推翻元朝，建立明朝，号称明太祖。其后共传12代17帝，立国277年。

朱温（852—912）：后梁太祖，五代梁王朝建立者。最初曾参加黄巢起义军，后来降唐，被唐僖宗赐名全忠，在称帝建立后梁时，又改名为晃。907年代唐称帝，后被其子朱友珪所杀。

18. 秦

姓氏：秦

祖宗：伯禽

分类：以国为氏

姓氏起源：

（1）出自嬴姓，为颛顼帝后裔，以国名为氏。相传颛顼帝有个孙女叫女修，有一天，她捡到一只燕子蛋，吃下去后便怀孕了，生下儿子大业。大业之子大费（伯益）辅佐大禹治水有功，帝舜赐他姓嬴。伯益的后人有个叫大骆的，他的庶子非子被周孝王封在陇西秦亭为附庸国，让他恢复嬴姓，称为秦嬴。秦国后来成为战国七雄之首并进一步统一了中国。秦灭后，王族子孙以国名作为姓氏，称为秦氏。

（2）出自姬姓，为文王后裔，以邑为氏。周公旦之子伯禽的后裔食采于秦邑，其后有以邑为姓，称秦氏，史称秦姓正宗。

（3）古代大秦人来中国，有的就以"秦"为氏。大秦即罗马帝国。东汉、晋朝时大秦皆曾遣使来中国通好，有留居不归者，以"秦"姓传之。古时西域称中国为秦，后来西方国家通称中国为支那，即"秦"音之变。

郡望：

（1）天水郡：西汉元鼎三年置郡，治所在平襄。

（2）太原郡：战国秦庄襄王四年置郡，治所在晋阳。

堂号：

（1）三贤堂：因孔门七十二大贤中有秦祖、秦商、秦非、秦冉四位。三，不是普通的说一二三，而是指多数的意思。

（2）乐善堂：孔子因为看到七十二大贤中，姓秦的竟占了四位，夸奖秦氏好道乐善，所以又叫"乐善堂"。

（3）养真堂：秦氏好道乐善，能注重养真（本性的善），所以又叫"养真堂"。

（4）忠孝堂：秦琼的后人因为秦琼是唐朝开国元勋，既忠且孝，因名"忠孝堂"。

（5）淮海堂：宋代词人秦少游的后人因为秦少游著有《淮海集》传世，所以叫"淮海堂"。

（6）五礼堂：清刑部尚书秦蕙田，立朝30年，刚介自守，著有《五礼通考》，因此称"五礼堂"。

迁徙分布：

先秦时期，秦氏主要分布于今河南、陕西、山东、湖北、河北等省。西汉初，汉高祖刘邦采纳娄敬的建议，迁徙关东大族充实关中，秦氏有一支自鲁徙居扶风茂陵。这支秦氏人丁兴旺，官宦众多，西汉时有秦袭等五人同时任郡守一级的官，故世号"万石秦氏"。秦末有秦同，从刘邦击项羽有功，被封为彭侯，是支山东秦氏于西汉处有迁至今江苏者。两汉至南北朝时期，秦氏还分布于今甘肃、四川、山西等省。宋、元、明时期，秦氏有迁至今广西、安徽、贵州、福建、北京、上海等省市者，历清至近现代，秦氏分布地更广，还有不少人移居海外。

历史名人：

秦九韶（1208—1261）：南宋杰出的数学家。著有《数书九章》，对"大衍求一术"和"正负开方术"有深入的研究，世称"秦九韶程序"。

秦观（1049—1100）：字少游，北宋词人。与黄庭坚、晁无咎、张耒并称"苏门四学士"。他的词轻婉秀丽，多写男女恋情和身世感伤之事，历来被推为婉约派的代表作家。著有《淮海集》、《淮海居士长短句》等作品传世。

19. 尤

姓氏： 尤

祖宗： 聃季

分类： 赐姓、避难改姓

姓氏起源：

据《梁溪漫录》记载，尤姓是从沈姓分出来的，五代时，王审知在福建称闽王，闽人避讳音，把沈字的水旁去掉，改为尤姓。如此说来，尤姓自然源出沈姓，其来源当然也跟沈姓一样，是黄帝的后裔。另据《元和姓纂》记载，沈姓是源自周文王的第十子聃季，所以尤姓的最早发源地应是两千多年前的沈国（河南省汝南县东，以及安徽阜阳县西北一带地方）。尤姓的始祖也当然是沈姓始祖聃季了。

郡望：

（1）吴兴郡：周朝始置县，三国时期吴国宝鼎元年（266年）置郡，治所在乌程（今浙江吴兴），取吴国兴盛之意，其时辖地在今浙江省临安至江苏省宜兴一带。东晋朝义熙初年（405年）移至吴兴（今浙江吴兴），当时辖地在今浙江省临安市、湖州市、余姚市、杭州市、德清县一线西北、兼有江苏宜兴一带县地。隋朝仁寿二年（602年）因地濒太湖而改名湖州。唐朝时期亦曾改湖州为吴兴郡。

（2）南阳郡：春秋战国时期称南阳的地区颇多。鲁国的南阳指泰山以南、汶水以北地。晋国的南阳指太行以南、黄河以北地区。战国时期魏国的南阳，一部分属韩国，伏牛山以南、汉水以北地亦称南阳，分属韩、楚两国。秦朝时期秦昭襄王三十五年（前272年），为秦国夺取楚国之地而设置南阳郡，治所在宛城（今河南南阳），后秦国大将白起在秦昭襄王四十四年（前263年）进攻韩国克取了南阳，使韩国本土与上党郡被分隔。两汉之际，南阳郡辖二十六个县，其时辖地在今河南熊耳山以南叶县内乡之间和湖北省大洪山以北应山郧县之间的大部分地区，后逐渐缩小。隋朝开皇三年（583年）被废黜，隋大业三年（607年）复置。唐朝初期又被废黜，唐天宝初年（742年）曾改邓州南阳郡为良穰县（今河南邓县）治所。元、明、清诸朝，南阳府治皆在南阳，即汉朝的宛县、今河南省南阳市。

（3）汝南郡：西汉高祖刘邦四年戊戌（前203年）置郡，治所在上蔡（今河南上蔡），其时辖地在今河南省颍河、淮河之间、京广铁路西侧一线以东、安徽省茨河、西淝河以西、淮河以北，包括偃城县、上蔡县、平舆县、项城县一带地区，治所在上蔡

(今河南上蔡)。东汉时期(25—220)移治至平舆(今河南平舆)。

堂号:

(1)吴兴堂：以望立堂。

(2)南阳堂：以望立堂。

(3)汝南堂：以望立堂。

迁徙分布：

如今，尤姓在全国分布较广，尤以福建多此姓，约占全国汉族尤姓人口的28%，河北、河南、江苏、北京等省市亦多此姓，上述五省市尤姓约占全国汉族尤姓人口的76%。

历史名人：

尤思礼（生卒年待考）：尤姓的得姓始祖，闽王王审知的女婿，唐熹宗册封为驸马。今福建省南安市省新镇南厅有唐都尉驸马尤氏、郡主王氏墓（俗称驸马墓）。

尤叔保（生卒年待考）：常州无锡（今属江苏）人，宋代书画家、富翁。为人正直，以书画名世。晚年颇雄于财，其园亭池馆，为一时绝胜。

20. 许

姓氏： 许

祖宗： 文叔

分类： 以国为氏

姓氏起源：

(1)出自姜姓，以国为氏，是炎帝神农氏后裔。许氏与齐氏同祖，为上古四岳伯夷之后。"四岳"（尧舜时四方部落首领）是由姜发展出来的四支胞族，他们和姬姓部落结成联盟，跟"子姓"商族平行发展。以姬姓和姜姓部落为主的盟军打败了商纣王，建立了姬姓国——西周。周成王时，大规模地分封诸侯，其中商的旧地也分封了一些姬姓诸侯国和姜姓诸侯国，许国正是被周分封的姜姓诸侯国之一，其始祖为文叔，也称为许文叔。春秋时，许国称为楚国的附庸，战国初期被楚所灭。许国亡国后，子孙以国为氏，称许氏，史称许姓正宗。

(2)传说尧帝时许由的后代也称许氏。许由相传是尧舜时期的高士贤人，居住在箕山。他死后被葬于箕山，后人称为许由山。四千多年前活动于颖水流域的箕山之下，正是当年许国之地。

郡望：

(1)汝南郡：汉高帝时置郡，治所在上蔡（今河南上蔡西南）。此支许氏，其开基始祖为秦末隐居不仕的高逸之士许猗。

(2)高阳郡：东汉桓帝时置郡，治所在高阳（今河北高阳县东）。此支许氏，为汝南许氏分支，是十六国许据的五世孙高阳太守许茂之族所在。

(3)河南郡：汉高帝时改秦三川郡置郡，治所在雒阳（今河南洛阳市东北）。此支许氏，为文叔直系后裔。

(4) 太原郡：战国时秦庄襄王置郡，治所在晋阳（今山西太原西南）。此支许氏，为汝南许氏分支，是东汉末年大名士许劭之后。

(5) 会稽郡：秦始皇时置郡，治所在吴县（今江苏苏州市）。此支许氏，其开基始祖为东汉著名文学家许慎之后。

堂号：

(1) 洗耳堂：尧帝时有一位高士叫许由。尧老时，想把天下禅让给他，他不肯接受，跑到箕山脚下去种地；尧又请他出任九州岛长，他就跑到颍水边去洗耳朵，认为尧说的话污了他的耳朵。许氏因以"洗耳"为堂号。

(2) 得仁堂：伯夷、叔齐在周灭商后，耻食周粟，饿死在首阳山。孔子夸他"求仁而得仁"。许氏因以"得仁"为堂号。

(3) 训诂堂：汉代时有许慎，字叔重，博览经籍，当时人夸他说"五经无双许叔重"。他著有《说文解字》，集古今经学和训诂的大成，到现在还是研究文字学必备的工具书。

迁徙分布：

许氏的发源地在今河南省许昌东。春秋战国时期，许国为郑、楚等国所逼，曾多次在今河南及安徽北部一带迁都。许国被楚灭后，除部分迁居今湖北荆山及湖南芷江等地外，多数许姓就地繁衍或北上迁徙。许姓北上最初迁徙之地为冀州高阳（今河北高阳），后有许氏复迁回河南宝丰等地。秦汉之际许姓已遍布河南、河北两省的大部分地区。此后，北方许姓主要分布于今河南、河北、安徽、陕西、山西等广大地区。许姓南迁始于魏晋南北朝之时。唐初，陈政、陈元光父子奉命入闽，有河南许姓将佐随同前往，在福建安家落户。唐僖宗时，侍御史许爱镇守漳州招安，后入晋江石龟。唐代以后，许姓已大举南迁繁衍于今江苏、浙江、湖北、福建、广东等省地。宋末元初，许氏有一支徙居广东。明代，福建人许冲怀、许申移居台湾，此后许氏又多次向台湾迁徙，进而又有许氏移居海外者。迁往湖南、广东、广西、福建的许氏，有的融入侗、壮、布依、土家等少数民族。

历史名人：

许衡（1209—1281）：元朝理学家。元世祖即位后，与刘秉忠等定朝仪官制，为元统治者策划"立国规模"。与刘因、吴澄并称为元朝三大理学家。

21. 何

姓氏： 何

祖宗： 韩安

分类： 其他

姓氏起源：

(1) 出自姬姓，为周文王之后。相传黄帝是少典之子，本姓公孙，因居于姬水之滨，故而改为姬姓，其后裔后稷被周人尊为始祖。后周成王（周文王之子）弟唐叔虞裔孙韩王安为秦所灭，子孙避难逃亡至江淮一带，当地人因"韩"、"何"音不分，后

误写为何，子孙沿用。

（2）唐代的"昭武九姓"之一有何氏。隋唐西域阿姆河、锡尔河流域各氏族统称为"昭武九姓"，即康、史、安、曹、石、米、何、火寻和戊地。

（3）出自冒姓或赐姓。如汉时有叫何苗的，其本姓朱，冒姓何。北魏孝文帝迁都洛阳后，鲜卑复姓贺拔氏为单姓何氏。五代吐谷浑亦有何氏，吐谷浑亦作吐浑，为鲜卑的一支。元末吐蕃宣抚使锁南之子铭入明，被朝廷赐姓何氏，其后也有以何为姓的。

郡望：

（1）庐江郡：秦代九江郡在楚汉之际分出一部分为庐江郡。相当于今安徽省庐江一带长江以北地区。

（2）东海郡：秦时置郡，治所在郯（今山东郯城北）。

（3）陈郡：秦时置郡，西汉改为淮阳国，东汉改为陈国，治所在陈县（今河南淮阳）。

（4）郫县：秦时置郡。此支何氏，其开基始祖为西汉大臣何武。

（5）扶风郡：汉武帝太初元年置右扶风，为三辅之一。此支何氏，其开基始祖为汝阴（今安徽阜阳）何氏六世孙何比干及平舆（今属河南）汉吏何并。

堂号：

水部堂：南朝何逊，官尚书水部郎，诗文很有名，著有《何水部集》。

迁徙分布：

西汉至两晋时期，何氏分布于今河南、安徽、山东、江西、四川、广东、湖北、江苏、陕西、湖南等地区。西晋末年，中原何氏有移居福建者，即永嘉入闽八族之一。唐代，中原何氏又有两次入闽：一是唐高宗时，光州固始人何嗣韩随陈元光入闽，在福建安家；二是唐僖宗时，又有固始人随王潮、王审知入闽。此后，何氏又有多次迁徙。南宋淳祐年间，何逊基由螺阳迁居温陵、浔江，后隐居清源洞。宋代，何氏还有一支自庐江迁往福建、南京、江西，至宋末元初，有一支由武平经江西寻邬、定南、龙南入广东翁源，另一支由武平入广东东蕉岭、大埔、梅县，再分支各地。明末，何斌在台湾担任荷兰人的通事，是为何姓最早入台者。清代，福建何氏又有不少人移居台湾，有的又进而远徙东南亚及欧美一些国家和地区。

历史名人：

何景明（1483—1521）：明朝文学家。与李梦阳主张文仿秦汉，诗宗盛唐，称"复古派"。与梦阳、边贡、徐祯卿并称"四杰"，也是明代著名的"前七子"之一，与李梦阳并称文坛领袖。

何承天（370—447）：南朝宋大臣、著名天文学家、无神论思想家。博通经史，精历算，曾考定"元嘉历"，改平朔为定朔，使日月食必在朔望，对后世历法变革有很大影响。

22. 吕

姓氏：吕
祖宗：大岳
分类：以国为氏
姓氏起源：

（1）出自姜姓，以国为氏，其始祖为吕侯即吕尚，又称姜子牙。相传上古部族首领神农氏炎帝，因居姜水流域，以之为姓，称姜姓。后来姜姓羌人发展出四支胞族既"四岳"，吕部族就是其中一支。该部落的首领在夏时被封为吕侯，建姜姓诸侯国吕国（在今河南南阳）。春秋时，吕国被楚国所灭，其后子孙以国为氏，称吕氏，史称吕姓正宗。古时，在今河南新蔡，又有一吕国，史称东吕，其为南阳吕国分出的一支。春秋时，东吕为宋所灭，其后裔也以国为氏，称吕氏。

（2）出自魏氏。春秋时晋国有吕氏，系从魏氏分化而来。

（3）出自少数民族改姓。南北朝时北魏孝文帝迁都洛阳后，实行汉化，原鲜卑族之代北复姓叱吕氏、叱丘氏改为汉字单姓吕氏。五代后周时又改代北三字姓俟吕陵氏为汉字单姓吕氏。

郡望：

（1）河东郡：秦时置郡。此支吕氏，为春秋晋国大夫吕锜之后。

（2）淮南郡：汉高帝时置郡。此支吕氏以寿县吕氏著称，其开基始祖为吕谦。

（3）东平郡：汉时置郡。此支吕氏以寿张（今谷阳）吕氏著称，大概为吕尚十九世孙康公吕贷之后。

（4）金华县：东汉设长山县，隋改金华县。此支吕氏为淮南寿县吕氏支分。

（5）晋江县：唐时置郡。

堂号：

（1）渭滨堂：商朝末年，吕尚（姜子牙）在渭水滨钓鱼隐居。周文王访贤聘他为宰相。他帮助周文王、周武王打下了周朝八百多年基业的基础。

（2）东莱堂：南宋吕祖谦，官著作郎兼国史馆编修，著《东莱博议》，对春秋三传有独到的见解。

迁徙分布：

吕姓播迁频繁，分布较广泛。南阳吕国灭亡后，部分遗民被迁至今湖北蕲春。新蔡吕国亡国后，遗民主要分布于今河南南部及安徽北部。齐国吕氏在康公失国前已散居韩、魏、齐、鲁之间，其后子孙有在陕西、甘肃发展繁衍的。两汉时期，吕氏还分布于今河北、山西、内蒙古等地方。东汉末年，西阳人吕范，避乱移居寿春（今安徽寿县）。

三国时，蜀汉不韦人吕凯、魏任城人吕虔均有后裔徙居河东（今山西永济县西南）。南北朝时，今浙江、江苏的许多地方均有吕姓居民。北宋初，吕氏有一支徙居福建，分布于泉、漳二州，后有部分移居广东。自清代康熙年间开始，闽、粤吕氏有多

支移居台湾，进而又有一些吕氏远徙海外，分布于新加坡、菲律宾、马来西亚、印度尼西亚、泰国、文莱、越南、美国、加拿大等国家。

历史名人：

吕洞宾（796—？）：号纯阳子，神话人物，唐代八仙之一，曾隐居终南山等地修道。被道教全真教尊为北五祖之一。

吕不韦（前292—前235）：战国末期卫国著名商人，后为秦国丞相，政治家、思想家，卫国濮阳（今河南滑县）人。吕不韦是阳翟（今河南省禹州市）的大商人，故里在城南大吕街，他往来各地，以低价买进，高价卖出，所以积累起千金的家产。他以"奇货可居"闻名于世，曾辅佐秦庄襄王登上王位，任秦国相邦十三年，其门客有三千人。吕不韦组织门客编写了号称"一字千金"的《吕氏春秋》（又称《吕览》，这是杂家思想的代表作）。公元前235年吕不韦被迫饮鸩自尽。

吕雉（前241—前180）：字娥姁，通称吕后，或称汉高后、吕太后等。单父（今山东单县）人。汉高祖刘邦的皇后（前202—前195在位），高祖死后，被尊为皇太后（前195—前180），是中国历史上有记载的第一位皇后和皇太后。同时吕雉也是封建王朝第一个临朝称制的女子，掌握汉朝政权长达十六年。《史记·吕太后本纪》（项羽和吕后不是皇帝，但是司马迁仍将他们列入记录皇帝政事的"本纪"）是《史记》中唯一一篇单独为女性作的传记。

23. 施

姓氏： 施

祖宗： 施父

分类： 以国为氏

姓氏起源：

（1）上古夏朝时，有个诸侯国叫施国（在今湖北恩施县境），国亡以后，其公族子孙就以国名为姓，世代相传姓施。

（2）古代春秋时，鲁国有个大夫叫施父，他的后代便以施为姓，世代相传。

郡望：

吴兴郡：后汉置郡，现浙江省湖州市。

堂号：

吴兴堂：以望立堂。

迁徙分布：

施氏是一个多民族、多源流的姓氏，在当今姓氏排行榜上名列第九十七位，属于大姓系列，人口达2584000余，占全国人口总数的0.16%左右。施氏族人发祥于周王朝时期的鲁国，即今山东西南部一带。宋、元、明600余年间，施姓人口主要向东南地区迁移，苏、浙、赣、闽为当时施姓聚集地区。

历史名人：

施耐庵（1296—1371）：名子安。元末明初钱塘人（一说苏州人）。编著有《志馀》、《水浒传》等。《水浒传》,写北宋末宋江等被逼上梁山起义的故事,在民间广为流传,影响颇大。成为我国古典长篇小说四大名著之一。

24. 张

姓氏:张
祖宗:张挥
分类:赐姓和避难改姓
姓氏起源:
(1)出自黄帝之后挥。据《新唐书·宰相世系表》记载:"黄帝少昊青阳氏弟五子挥为弓正,始制弓矢,子孙赐姓张氏。"由此可知,曾经是重要武器弓的发明者挥,其后有以张为姓氏的。为河北张氏。

(2)出自黄帝姬姓后代,据《通志·氏族略》记载,春秋时,晋国有大夫解张,字张侯,其子孙以字命氏,也称张氏。又载,张氏世仕晋,公元前403年韩、赵、魏三家瓜分晋国后,除部分留在原地外,大部分随着三国迁都而迁移。为山西、河北、河南之张氏。

(3)出自赐姓或他姓、他族改姓。世居云南的南蛮酋长龙佑那,于三国时被蜀相诸葛亮赐姓张,以后其子孙便以张为氏。魏国大将张辽本姓聂,后改为张氏。还有一些少数民族改姓张氏的。

郡望:
(1)清河郡:汉时置郡。此支张氏,世居武城,其开基始祖为汉留侯张良裔孙张歆。

(2)范阳郡:三国魏黄初七年(226年)改涿郡置郡。此支张氏,其开基始祖为东汉司空张皓之子张宇。

(3)太原郡:战国时置郡。此支张氏,其开基始祖为北魏平东将军、营州刺史张伟。

(4)京兆郡:汉时置郡。此支张氏,其开基始祖为西汉御史大夫张汤。

堂号:
(1)百忍堂:唐朝的时候,张公艺九世同居,这对当时的世风影响很大。唐高宗亲自到他家请他介绍和睦相处且不分家的经验。张公拿起笔来写了100个"忍"字呈给高宗。高宗甚是佩服,奖励了张公100尺绸缎。

(2)张姓堂号还有"清河"、"金鉴"、"孝友"、"亲睦"等。

迁徙分布:
分布在各地的张氏,大都有分支始祖及迁徙原因。河东张氏,出自晋司空张华裔孙咤子,自范阳徙居河东张氏;始兴(今广东韶关市东南莲花岭下)张氏,亦出自晋司空张华之后,随晋南迁,至君政,因官居于韶州曲江;冯翊(今陕西大荔县)张氏,出自东汉司空张皓少子纲,东汉时任广陵太守;吴郡(今江苏苏州市)张氏,出自张嵩第四子睦,东汉时任蜀郡太守,始居吴郡;清河东武城(今河北清河县东北)张氏,

出自汉留侯张良裔孙司徒张歆,歆弟协,生魏太山太守岱,自河内徙清河,传自彝,为后魏侍中,隋末徙魏州昌乐;河间(今属河北)张氏,为汉北平文侯张仓之后,世居中山义丰;魏郡(今河南安阳市)张氏,世居平原。

晋代有中原张氏迁至福建;唐高宗总章年间,陈政、陈元光父子奉命入闽,有中原张姓军校随从;唐僖宗中和年间,王潮、王审知入闽,又有河南固始人张睦随同迁往,后被封为梁国公,福建张氏,大致以居住地分为鉴湖、金坡、板桥等派,此后有的又迁往广东,均称其始祖来自河南光州固始。从清初开始,闽、粤张氏陆续有人移居台湾,进而又有不少人到海外谋生。移居海外的张氏,现主要分布在新加坡、印度尼西亚、泰国、菲律宾、美、英、法、澳大利亚、巴拿马等国家和地区。

历史名人:

张良(约前250—前186):西汉谋臣,安徽亳县人。刘邦称他"运筹帷幄之中,决胜千里之外"。

张骞(约前164—前114):西汉外交家,陕西城固人。曾两次出使西域,建立起我国与中亚各国的友好往来。

张衡(78—139):东汉科学家、文学家,河南南阳人。他在天文上一改"盖天说",提出"浑天说",绘制星象图,发明"浑天仪"、"地动仪"等。

25. 孔

姓氏: 孔
祖宗: 父嘉
分类: 赐
姓氏起源:

孔氏的起源可以上溯到历史传说时期。远古皇帝时代已经有孔姓,因当时有个史官,叫孔甲,著《盘盂》一书,但是因为孔甲之后没有孔姓世系资料,所以一般认为孔姓源于子姓,而源于子姓之孔又有三种说法:

(1)根据宋代《广韵》记载,契是商族的始祖,为子姓,历经十四代,传到成汤,灭下桀,建都于亳。成汤是一个圣明的君主,其子孙中有一支以商族的姓"子"以他字中的"乙"组合起来定为姓氏就是孔氏。

(2)据唐人林宝《元和姓纂》记载,西周初期,由殷纣王的哥哥微子启建立的宋国,为子姓。微子启死后,其弟衍继位。其曾孙的玄孙正考父,是宋国上卿。其子名嘉,字孔父,史称孔父嘉。春秋时期孔父嘉后代,以孔为氏,就形成了这支孔氏。

(3)另据《姓考》等书的记载,春秋时期郑国(今河南新郑)有出自姬姓的孔氏,卫国(今河南滑县东)有出自古佶姓的孔氏,陈国(今河南淮阳)有出自妫姓的孔氏。

郡望:

(1)鲁郡:是在西汉初由原有的秦郡改置而来的,相当于今天的山东曲阜、滕县泗水等地。三国魏及晋时改为郡。汉朝初年,改右内式置京兆尹,因为其地属畿辅,所以不称郡。相当于今天陕西秦岭以北、西安以东、渭河以南等地。三国魏时改称京兆尹郡。

（2）河南郡：是汉高祖改秦三川而设置的。大约在今天的河南省黄河以南洛水下游、贾鲁河上游地区以及黄河以北的原阳县。

（3）会稽县：秦始皇二十五年（前222年）置郡，相当于今天的江苏省长江以南，浙江省仙霞岭、牛头山、天台山以北和安徽水阳江流域以东及新安江、率水流域等地。

堂号：

"阙里堂"、"至圣堂"：这两个堂都是因孔子而命名的。孔子生于阙里，是历史上的"大成至圣"。

迁徙分布：

孔姓最初的发源地之一应该是在今天的河南商丘一带。到孔父嘉的后代因为避祸逃奔到鲁国，并且在鲁国定居下来，可以算是孔氏的第一次东迁了。这次东迁意义巨大，以至于后世鲁地竟成了孔氏繁衍的居住地。宋、明时期，北方的山西、辽宁等省，南方的江苏、云南、贵州、四川等省均有孔氏之族。清代以后，孔氏不仅遍布全国各地，而且有不少人移居海外。如今美国、加拿大以及东南亚、西欧一些国家都有孔姓华人。

历史名人：

孔子（前551—前479）：名丘，字仲尼，东方文化的代表之一，儒家思想的创始人，春秋鲁人。生有圣德，学无常师，相传曾问礼于老聃（老子，道家思想的创始人），学乐于苌弘，学琴于师襄。初仕鲁，为司寇，摄行相事，鲁国大治。后周游列国13年，不见用，年68，返鲁，晚年致力于整理古代经典。有弟子3000人，身通六艺者72人，开平民教育先河，后世尊为至圣先师。亦称为孔子。

26. 曹

姓氏： 曹

祖宗： 振铎

分类： 以国为氏

姓氏起源：

（1）源于黄帝姬姓后代。公元前11世纪，周文王之子，周武王之弟叔振铎被封于曹，建都陶丘，成为始封之君，也就成为曹氏的始祖。

（2）由邾姓改姓为曹。提起曹氏姓源，往往同朱氏联系起来。这是因为朱姓源于周时的邾国，而邾国本来是曹姓所建。颛顼帝的玄孙陆终生有六子，其中第五子安被周武王封在邾国。古代邾国贵族一直以国为氏。后来邾为楚所灭，安的子孙，一部分改姓朱，一部分则改姓曹。这两支曹姓子孙都发源于山东省境内，所以，早期的中国曹姓人均来自山东。

（3）古代曹国人来中国后以曹为姓。古代的曹国，大约在今乌兹别克共和国撒马尔罕的北方和东北方一带。《北史》、《隋书》等书记为昭武诸国之一。当时，有曹国人来中国，有的以曹为姓，传之后世。

郡望：

（1）谯国郡：亦称谯国、谯郡。

（2）彭城郡：西汉时设置，东汉时改为彭城国。大约在今天的山东微山县，江苏徐州市、沛县东南部。

堂号：

清靖堂：又称"无为堂"，西汉曹参，在萧何死了以后，继萧何为宰相。他一本萧何时的办法，所谓"萧规曹随"。"省刑法，薄税敛，无为而治"。老百姓因此歌颂他说："载以清靖，民以宁一。"

迁徙分布：

今曹姓主要集中分布于河南、河北、四川三省，大约占全国曹姓总人口的30%。其次分布于江苏、安徽、山东、湖北、湖南，五省的曹姓又集中了31%。

历史名人：

曹操（155—220）：字孟德，安徽亳州人，东汉末年著名的政治家、军事家、诗人。曹操是个被历史误会、且被《三国演义》丑化的人物。有人说他本姓夏侯，但复旦大学历史系最新研究，曹操的父亲曹嵩并不姓夏侯，只是宦官曹腾从宗族其他兄弟那里过继来的养子，依然是曹家人。建安元年，他统一中国北部。其子曹丕称帝，追尊曹操为武帝。

曹丕（187—226）：即魏文帝。三国时曹魏政权的建立者，曹操之子。他还被尊为当时文坛领袖，精于诗歌创作，其代表作为《燕歌行》，另著有《典论·论文》一书。

曹植（192—232）：著名诗人。三国时曹操之子，曹丕之弟，以诗文著称于世，他的《七步诗》时至今日仍广为流传。曹丕之孙为魏国皇帝。其后裔曹霸，武卫将军，又极善画马。

27. 严

姓氏： 严

祖宗： 严忌

分类： 以庄为氏

姓氏起源：

严姓源于庄姓，战国时期，楚国一位君王叫侣，死后溢号庄王。他的子孙便以庄为姓，相传到东汉时，汉明帝叫刘庄，他不让别人姓名与他相同，令姓庄的人改为姓严。

郡望：

（1）天水郡：汉天水郡治所在平襄（今甘肃省通渭县西北）。东汉一度改为汉阳郡，移治冀县（今甘谷东南）。魏恢复天水原名。西晋移治上邽（今天水市）。隋唐天水郡即秦州。

（2）冯翊郡：汉武帝置左冯翊，三国魏改置冯翊郡，治临晋（今陕西省大荔县一带）。

（3）华阴郡：古代县名。春秋时为晋国之地，汉代时置华阴县（因在华山之北故名华阴）。治所在今陕西省华阴县东，南朝宋时移治今陕西省勉县西北。唐天宝元年（742年）改华州置华阴郡，治所在郑县（今陕西省华县），乾元元年（758年）复为华州，故城在陕西省华阴县东南。

堂号：

（1）天水堂：据《千家姓》记载，古代严氏家族在天水郡。

（2）此外，严姓的主要堂号还有："富春堂"、"调山堂"、"古秋堂"、"钤山堂"、"宜雅堂"、"四录堂"、"尺五堂"、"海云堂"等。

迁徙分布：

今日严姓尤以湖北、江苏、浙江等省居多，上述三省严姓比之全国汉族严姓人口逾半。

历史名人：

严彭祖（生卒年待考）：东海郡下邳县（今江苏邳州市之下邳故城）人。西汉经学家。与颜安乐同学于眭孟习《春秋公羊传》，其后有《春秋公羊传》严氏学及颜氏学。宣帝时，他被立为博士。其后任河南郡（治雒阳，即今洛阳市区）太守、太子太傅等职，为人廉直且不事权贵。

严佛调（117—197）：东汉临淮郡考城县（今江苏盱眙铁山寺）人。中国第一位大和尚。与安息国（今伊朗）优婆塞都尉安玄共译《法镜经》二卷、《阿含口解十二因缘经》一卷，师任笔受。中平五年（188年），在洛阳译出《濡首菩萨无上清净分卫经》等书，此外，又撰有《沙弥十慧章句》一书。

28. 华

姓氏： 华

祖宗： 考父

分类： 以封地为氏

姓氏起源：

华姓源于封地，春秋时期，宋戴公子考父，受封于华，他的子孙便以封地名为姓，世代相传姓华。

郡望：

（1）武陵郡：即湖南省常德市。

（2）平原郡：始建于西汉高祖时期的西汉初年（前206年），治所在今山东省平原县西南。

（3）沛郡：也称沛国郡、沛县，始建于汉朝初期。西汉建立后，汉高祖刘邦将家乡泗水郡改为沛郡，治所在相县（今安徽濉溪）。

堂号：

（1）武陵堂：以望立堂。

（2）平原堂：以望立堂。

（3）沛国堂：以望立堂。

（4）本仁堂：据《萧山渔临华氏宗谱·序》记载：华氏"原姓宋，实微子（商朝末君纣王的同父异母兄长）之裔，食采于华（今河南商丘以东至江苏铜山以西一带地区），西周时，宣王姬静遂因地赐华氏。华、宋二姓，万世难婚。"这段文字说明华氏源流和华、宋不通婚的原因。

迁徙分布：

华姓目前主要集中分布于江苏、吉林、陕西、河南、浙江，这五省华姓大约占华姓总人口的54%，其次分布于江西、广东、安徽、福建、上海，这五省市的华姓又集中了24%。目前全国形成以东方江浙、东北吉林、西北陕西、中原河南、南方广东为中心的五块华姓分布区。

历史名人：

华佗（约145—208）：沛国谯（今安徽亳州）人，东汉末医学家。精内、妇、儿、针灸各科，曾用麻沸散使病人麻醉，为世界医学史上最早之全身麻醉，首创五禽戏，后为曹操所杀。

华罗庚（1910—1985）：江苏金坛人，世界著名的数学家。他是中国解析数论、矩阵几何学、典型群、自守函数论与多元复变函数论等多方面研究的创始人和开拓者。

29. 金

姓氏： 金

祖宗： 少昊

分类： 以人或赐姓为姓

姓氏起源：

（1）出自少昊金天氏。相传少昊是上古五帝之一，是黄帝的己姓子孙，少昊死后被尊为西方大帝；按照古人的五行学说，西方属金，所以少昊又有金天氏的称号。他的后裔则以金为姓，称金氏。

（2）出自匈奴休屠王太子金日磾之后。汉代，匈奴休屠王的儿子叫日磾，在汉武帝时，归顺于汉室。由于他曾铸铜人像（又称金人）以祭天，后被赐姓"金"氏，称金日磾，从此他的子孙便统统姓金。

（3）为刘姓所改。唐末五代时，吴越国（十国之一）开国之王钱镠的"镠"与"刘"为同音字，为了避嫌，便将吴越国中的刘氏改为金氏。

郡望：

（1）彭城郡：西汉地节元年改楚国为彭城郡。东汉章和二年改为彭城国，治所在彭城。南朝宋改为郡。

（2）京兆郡：汉太初元年改右内史置京兆尹，为三辅之一，治所在长安。三国辖区改为京兆郡。

堂号：

丽泽堂：宋朝的时候金履祥最长濂洛之学，皇帝召他任国史馆编修，没到任就死了。他曾在丽泽书院讲学，所以称"丽泽堂"。

迁徙分布：

金姓来源较多，最早的一支源于上古时的少昊。宋明时期，南方的金氏除在今浙江、江苏一带发展外，还分布于今江西、安徽、湖南、湖北、福建、广东等省；北方的河南、河北、辽宁等省也都有金氏的聚居点。从清朝嘉庆年间开始，闽、粤金氏陆续有人迁至台湾，此后，有的迁往海外，侨居于新加坡等国家。

历史名人：

金日磾（前134—前86）：西汉大臣。匈奴休屠王太子，归汉。其后世代代官宦，且多为侍中。金姓历代名人中地位最为显赫者。

金农（1867—1763）：清代书画家兼诗人，扬州八怪之一。他嗜奇好古，精于鉴别，善书法，喜画梅、竹、佛像、人物等。

30. 魏

姓氏： 魏

祖宗： 毕公高

分类： 以邑或国名为氏

姓氏起源：

（1）出自姬姓，以邑为氏或以国名为氏。周文王第十五子毕公高受封于毕，其孙毕万在毕国被西戎攻灭后，投奔到晋国，成为大夫。因功，被赐魏地为邑，其后子孙以邑为氏，称为魏氏。公元前445年，毕万的后代魏斯建立魏国，公元前225年被秦所灭后，亡国的魏国王族以国名为氏，形成魏姓最重要的一支。史称魏姓正宗。

（2）外姓改姓魏。战国秦昭襄王时有国相、穰侯、昭襄王母宣太后异父弟魏冉，本楚人，芈姓，后改姓魏；南宋蒲江人有魏了翁，庆元进士，本高氏，后改姓魏；明代有昆山人唯校，其先世本李姓，弘治进士，后改姓魏。

郡望：

巨鹿郡：秦始皇二十五年（前222年）置郡，治所在巨鹿（今河北平乡西南）。相当今河北白洋淀、文安洼以南，南运河以西，高阳、宁晋任县以东，平乡、威县以北，山东德州、高唐、河北馆陶之间地。汉代至北魏因袭沿用。

堂号：

九合堂：春秋时晋有大夫魏绛。山戎向晋请和，绛向晋君说和有五利。于是晋便和附近的少数民族山戎等缔结了友好条约。八年之中，晋国九合诸侯，称为霸主，都是魏绛的功劳。魏姓因巨鹿为望，故也以"巨鹿"为其堂号。

迁徙分布：

魏氏早期主要在今山西、河南、山东省境内发展繁衍，也有部分定居于今湖北、

湖南省境。

历史名人：

魏徵（580—643）：唐代名臣，太宗时，任谏议大夫，敢犯颜直谏。提出"兼听则明，偏信则暗"、"君，舟也，民，水也。水能载舟，亦能覆舟"等治世名言。曾谏二百余事。

魏源（1794—1857）：清末著名的思想家、史学家、文学家。与龚自珍同为今文经学派，主张抵御外来侵略。曾编撰《海国图志》，提出"师夷长技以制夷"的著名思想，倡导改革变法。他是中国最早放眼看世界的杰出人物之一。

31. 陶

姓氏： 陶

祖宗： 尧帝

分类： 以居地为氏

姓氏起源：

陶氏来源于居地，上远古时期的尧帝，初居于陶，以制陶为业，后封于唐，为唐侯，故称陶唐。他的子孙有以居地为姓者，相传姓陶。

郡望：

（1）济阳郡：战国时期为魏国城邑，西汉时期改置为济阳县，治所在今河南省兰考县东北部。

（2）丹阳郡：丹阳又称润州、丹杨郡，是我国十分古老的地名，所指的地方迭有变动。

（3）浔阳郡：西晋朝永兴元年（304年）置浔阳郡，治所在浔阳（今江西九江）。

堂号：

（1）济阳堂：以望立堂。

（2）浔阳堂：以望立堂，亦称九江堂、江洲堂、河阳堂。

（3）丹阳堂：以望立堂，亦称润州堂、丹杨堂。

迁徙分布：

陶姓最初是以山东定陶为发祥地。如今，陶姓多分布于江苏、上海、浙江三省市，三省市陶姓约占全国汉族陶姓人口的23%。

历史名人：

陶行知（1891—1946）：原名文濬。安徽歙县人，著名教育学家。早年留学美国，回国后，从事教育事业，推进平民教育运动，发表中华教育改进改造全国乡村教育宣言、创办晓庄学校、生活教育社及山海工学团、育才学校和社会大学，培养出不少革命人才。著有《中国教育改造》、《古庙敲钟录》、《斋夫自由谈》、《行知书信》、《行知诗歌集》等。

32. 姜

姓氏：姜
祖宗：炎帝
分类：以居邑名为姓
姓氏起源：
姜姓源于烈山氏，出自炎帝神农氏出生地姜水，属于以居邑名为姓。据史籍《姓纂》记载："炎帝生于姜水，因氏焉，生太公，封齐，为田和所灭，子孙分散，后为姜姓，因天水上邽县，汉初以豪族徙关中，遂居天水。"根据《水经渭水注》的解释，是"岐水东迳姜姓城，南为姜水"，也就是岐水的一部分称为姜水。至于岐水，则在今陕西省的岐山县西面，作为"三皇"之一的神农氏炎帝出生于陕西岐山西南方的姜水河畔，即以姜为姓，子孙世代相传。又据《元和姓纂》中记载，炎帝神农氏，因生于姜水（今陕西岐山），而以姜为姓。神农氏的后裔姜太公，即吕尚，齐国的创建者，因辅佐周王朝得天下而被封于吕，所以才从封地为姓。战国时期，姜姓齐国被田和所灭，吕尚的后代分散到各地，有姓吕姓者，也有姓姜姓者。

姜姓与姬姓、姒姓等20个古姓均起源于公元前两千多年前的母系氏族社会，是中国最古最早的姓氏之一。与姜同为神农氏后裔的还有齐氏、甫申氏、吕姓、纪姓、许姓、向姓等姓氏。姜姓族人共尊炎帝为得姓始祖。

郡望：
（1）天水郡：西汉朝元鼎三年（前441年）置郡，治所在平襄（今甘肃通渭），其时辖地在今甘肃省通渭县、秦安县、定西县、清水县、庄浪县、甘谷县、张家川县及天水市西北部、陇西东部、榆中东北部一带地区。
（2）广汉郡：秦朝时期为古蜀郡之雒县。

堂号：
稼穑堂：神农教民稼穑，所以叫稼穑堂。

迁徙分布：
汉代居住在今山东、河南的姜氏在西汉以前已发展成为关东大族，至西汉作为关东大族迁至关中，此后定居天水（今属甘肃）。东汉有姜诗，广汉（今四川谢洪县南）人，发展成较为著名的一支。这说明汉代已有居住于今江苏、四川的。唐代出现了九真（今越南清化省）姜氏。

历史名人：
姜尚（前1156—前1017）：字子牙，东海人，又名吕尚，是商末贵族的首领，周初齐国的始祖。武王伐商时为军师，立了战功，被封在齐国。他尊重当地风俗习惯，简化政治制度，发展农业和渔业生产。使齐国成为西周的重要封国。民间称其为"姜太公"。
姜夔（1155—1221）：南宋词人、音乐家。字尧章，号白石道人，饶州人。工诗，词尤有名，精通音乐。代表作《扬州慢》。感时伤事，情调较为低沉。词集《白石道

人歌曲》有名。一生未仕。

33. 戚

姓氏：戚
祖宗：孙林父
分类：以封邑为姓
姓氏起源：
戚姓来源于封地：春秋时期，卫国大夫孙林父，受封于戚邑（今河南仆阳市戚城），其子孙以封邑为姓，相传姓戚。
郡望：
东海郡：亦称郯郡、海州。
堂号：
东海堂：以望立堂，亦称海州堂。
迁徙分布：

公元前205年，楚汉相争，彭城（徐州）一战，刘邦战败，西逃至定陶，夜宿戚家寨（在戚姬庙东，今无）戚员外家。戚员外见刘邦相貌堂堂，将来必富贵，就把其女儿戚姬许配给他。戚姬姿容艳丽，袅袅婷婷，刘邦一见倾心，遂当晚拜堂成亲。戚姬后来生有一子名如意。公元前202年2月，刘邦在定陶称帝，建都洛阳，后迁长安，接戚姬及其子入宫。如意聪明伶俐，刘邦说他酷像自己，甚是宠爱。如意10岁时，封为赵王。刘邦晚年，疏吕后而宠戚姬，当时，戚夫人常随刘邦外出打仗，而令吕后守候宫中。刘邦以太子刘盈性格软弱，欲废之而改立赵王，因大臣固争，而未能如愿，由是吕后嫉恨戚姬及赵王。刘邦死后，刘盈即位，吕后为皇太后，独揽大权。她下令将戚姬囚禁。剪去她的头发，颈上再给她戴上铁锁，穿上罪人衣服，罚她舂米。戚姬儿子虽封为赵王，但远在河北不得相见。她常常一边舂米，一边悲歌："子为王兮母为虏，终日舂薄暮，常与死为伍，相离三千里，当使谁告汝。"吕后为绝后患，遣使召回赵王，欲杀之。惠帝知母后意，乃亲自迎赵王入宫，同起居共饮食吕后未得其便。一日惠帝晨起出射，赵王年幼，不能早起。吕后闻其独居，使人携毒酒强迫赵王饮下而毒杀之。接着以酷刑加戚姬，断其手足，挖其双眼，又熏聋双耳，药哑喉咙，扔到厕所里，称之为"人彘"。惠帝知是戚姬，悲痛欲绝，病年余不能起，使人对母后说："这不是人做得出来的事。我为太后之子，太后所为如此，我将何以治天下。"从此纵情酒色，不问政事。戚姬被害，戚家被剿，为避族灭之祸，戚姓人曾改姓齐，迁徙别居。汉文帝刘恒即位，为戚姬昭雪，并在戚家寨修庙宇，超度亡魂，戚家人才复原姓。

当今戚姓的人口不多，在大陆和台湾均未进入前一百大姓。春秋时候，卫国大夫孙林父受封于戚城（今天的河南省濮阳），其支系子孙就世代以封地名"戚"为姓。戚亡国以后，其子孙后代逃至山东省东海郡，并且逐步在当地发展成为望族，因此，戚姓世称东海郡（秦时置郡，治所在郯。今山东省郯城北）。

历史名人：

戚继光（1528—1588）：安徽定远人，现山东半岛一带。字元敬，号南塘，晚号孟诸。明朝杰出的军事家、民族英雄。其先祖为明朝开国将领戚祥，曾任朱元璋亲兵，洪武十四年（1381）最终病逝，授世袭明威将军。著有《纪效新书》、《练兵实纪》、《莅戎要略》、《武备新书》等著作。

34. 谢

姓氏： 谢
祖宗： 申伯
分类： 以国为氏

姓氏起源：

根据《元和姓纂》上记载，谢姓源于姜姓，是炎帝后代。周宣王的王后姓姜，是一个以贤德著称的王后，申伯就是姜后的兄弟，以国舅的身份被封于谢，后来这一家人在失去爵位之后，子孙也按照当时的习惯，以国为氏，称为谢氏。《诗经·大雅》的"崧高"中曾有这样一段话盛赞申伯的名望："禀禀申伯，王赞之事，子邑子谢，南国是式。"当时周天子的都城是在洛邑，谢国的位置正在洛邑的南方，也就是现在河南省唐河县之南，因此，谢国被称为"周之南国"。这个地方是谢姓最早的发源地。另外，根据《旧唐书·文苑传》上记载，谢偃的祖先孝政，本来姓直勒氏，后来改姓谢，他的子孙也称为谢氏。

郡望：

（1）陈留郡：西汉置郡，治所在陈留。相当于今河南东至民权、宁陵，西至开封、尉氏，北至延津，南至杞县。

（2）陈郡：秦始置郡，西汉时改为淮南国，东汉章和二年改为陈国，治所在陈县。献帝时改变郡，隋开皇初废。

（3）会稽郡：秦始皇二十五年于原吴、越地置郡，治所在吴县。西汉相当于今江苏省长江以南、茅山以东、浙江大部及福建全省。顺帝时移至山阴。此支谢氏为陈郡谢氏分支。

堂号：

安晋堂：因谢安命名。晋朝时的谢安名望很高，朝廷屡次请他做官他都不干，一直到了40岁那年才当了司马。在为官的过程中表现出高风亮节，拜为尚书仆射加后将军。在淝水之战中携其侄谢玄大败符坚，使晋朝转危为安，得此堂号。

迁徙分布：

（1）夏商时期谢国比较弱小，居于姜水流域（今陕西境内）。

（2）西周末期，申伯被改封为谢，以加强西周对南方的统治。任姓灭谢国后，国人有一部分留在当地，大部分外逃，但都以国为姓，即谢氏。

（3）西周末至春秋时期，谢氏除了大部分分布在今河南外，还有一支迁至山东，一支迁至湖北，还有一支迁至湖南，迁至四川，后又分为三支：一支于三国时迁至蜀

郡,至晋代有部分迁至陕西;一支迁至云南永昌,后发展为当地大姓;还有一支迁至四川彭水一带及贵州北部。隋唐时被称为东谢蛮、西谢蛮、南谢蛮,后大多融入布依族、水族和苗族。汉代谢氏的聚居地又增加了会稽郡、江西九江、章陵等处。其中会稽郡的谢氏人丁兴旺,已相当有名望。

(4)晋代,成郡谢氏发展成为名门大族,其中最著名的是阳夏谢氏,以及由此迁出的康乐谢氏。西晋末年,黄河流域战乱频繁,中原人大量迁往江南,阳夏人谢衡因避战乱迁往会稽始宁东山,在此繁衍,成为谢氏最重要的一支。谢衡极其后代在东晋至南朝时期多数都很著名。

历史名人:

谢清高(1765—1821):今广东梅州市人,清代旅行家、航海家,有中国的马可·波罗之称,他航海返国,后流寓澳门,今存《海录》一书。

谢灵运(385—433):陈郡阳夏人,南朝著名画家、文学家,后移居会稽,谢玄子孙,曾任永嘉太守等职。博览全书,文学称"江左第一"。其诗歌创作开创了新风。开创了文学史上的山水诗派,有许多佳句被后人传诵。

35. 邹

姓氏:邹

祖宗:正考公

分类:以邑为氏

姓氏起源:

邹姓的来源有两支,一支是源自大约三千年以前春秋时代的邾国(又称邹国),另一支源于同一时期的宋国。第一支邹氏,据《姓氏考略》上记载,邹姓出自邾娄国,是颛顼帝后代。邾娄国,亦称邾国,是周武王伐纣而得天下之后,封给颛顼帝的后裔的采邑,附属于鲁国,到了战国时期,被鲁穆公改号为邹。邹后来被楚国所灭,颛顼的子孙分散各地,就以故国号为姓氏,有的姓了邹,有的把原来的"邾"字去邑留朱,以朱为姓。因此,三千年以前的邹、邾(朱)两姓,都是同一家人。望族出于范阳。邹国的邹姓是发源于现在山东省的邹县东南一带。第二支邹氏,根据《元和姓纂》上的记载,邹氏出自子姓,他们的始祖是宋愍公的后代正考公,正考公食采于邹邑,生儿子叔梁纥,就称为邹氏,齐国有邹衍、邹忌。而根据《史记·殷本纪》的记载,宋国则是殷商的后代,他们在纣王立国之后,被周武王封在宋地,以奉殷汤之祀。后来宋愍公的后代正考公食采于邹,传到叔梁纥的时候,就以国为氏姓了邹,齐国的名士邹衍和邹忌就是这一家的子孙。

郡望:

范阳郡:三国魏黄初七年置郡,其治所在蓟县。相当于今北京市昌平、房山及河北省涿县一带。

堂号:

(1)碣石堂:战国时期的邹衍,深通阴阳、盛衰、兴亡之道。燕昭王招贤,专门建造了碣石宫来招待邹衍。

（2）讽谏堂：战国时期的邹忌，看到齐威王不喜欢别人向他提意见，于是以巧妙的方式规劝他。齐威王接受了他的意见，下令：凡是对他提出意见的人可以得到不同的奖赏。一开始大家都争着给他提意见，两个月以后，提意见的人很少了，三个月以后，提意见的人几乎没有了，大家把能提的意见都提完了。齐威王收集了这些意见，改正了自己的错误，把国家治理得很好。这就是邹忌讽谏的结果。所以邹氏又称"讽谏堂"。

（3）范阳堂：秦汉时期，邹氏人有一支从今山东境内迁至范阳，后发展成为望族，所以邹氏人以"范阳"为堂号。

迁徙分布：

邹姓在全国的分布如今主要集中于江西、湖北、湖南三省，大约占全国邹姓总人口的38%，其次分布于四川、广东、福建、江苏、重庆、吉林、贵州，七省市的邹姓又集中了37%。江西为邹姓第一大省，大约占全国邹姓总人口的14%。全国形成了以赣、鄂、湘为中心的邹姓聚集区。

历史名人：

邹容（1885—1905）：四川巴县人，近代中国民主革命烈士，1903年著有《革命家》，宣传革命，号召推翻清朝政府，建立中华共和国。《苏报》刊文介绍，影响盛大。1905年死于监狱中。有《邹容文集》。

邹伯奇（1819—1869）：清代科学家，字特夫，广东南海人。精通天文、历法、算术。把数学应用于实际，总结我国关于几何学方面的经验，写成比较完整的几何学著作《格术补》。用数学方法表述了反光镜、透镜等的成像规律以及关于眼镜、望远镜、显微镜等光学仪器的基本原理。另外还著有《赤道星图黄道星图》等。

36. 喻

姓氏： 喻

祖宗： 俞柑

分类： 以赐为姓

姓氏起源：

喻姓源于俞姓：远古黄帝时代，有个医官叫俞柑，他就是喻姓的祖先。俞柑的后代相传姓俞，3000多年前到南宋时，俞姓的后代有个叫樗，聪明好学，举为进士，精通世故，无所不知，皇帝喜欢他，就将喻姓赐给他，他的子孙就相传姓喻。

郡望：

（1）扶风郡：周朝时期置郡，其时辖地在今陕西省兴平县、咸阳市一带地区。

（2）苍梧郡：汉朝时期置苍梧郡，治所在广信（今广西梧州），其时辖地兼有湘、粤各一部。南北朝时期仅辖今梧州一带。隋朝时期改为封州。唐朝时期改为梧州，尔后一直沿用至今。

（3）南昌郡：亦称南昌府，汉朝时期豫章郡治。

（4）江夏郡：西汉高祖时设置，治所在安陆（今湖北云梦），其时辖地在今湖北省安陆市、钟祥县、潜江市、阳县东部，以及河南光山县、新县西部、信阳市东部、淮河南部一带地区。

（5）严陵郡：唐朝的严州治所在今桐庐西北，严州以严子陵居此而得名严陵郡。宋朝时期以睦州为严州，治所在建德（今浙江建德）。明、清两朝为严州府。民国时期的建德县治在旧府治。1958年西迁今浙江建德。

（6）钱塘郡：秦朝时期始置钱溏县，治所在灵隐山麓，其时辖地在今浙江省杭州市及以西一带。

（7）河东郡：今山西省。

堂号：

（1）扶风堂：以望立堂。

（2）江夏堂：以望立堂。

（3）苍梧堂：以望立堂。

（4）南昌堂：以望立堂。

（5）严陵堂：以望立堂。

（6）钱塘堂：以望立堂。

（7）河东堂：以望立堂。

（8）安州堂：以望立堂。

（9）遗仁堂：出自汉朝喻猛的传说。喻猛，字骄孙，和帝时为苍梧太守，以清白为治，皇家褒奖，百姓爱戴。被人称为交趾遗仁，梧守之流风可尚。后来喻氏家人就以"遗仁"为堂号来怀念此人。

迁徙分布：

远祖起源于春秋时期，据说是郑国贵族的后裔。东汉时期，苍梧太守谕猛改"谕"为"喻"姓。到了东晋时期，喻猛的后裔谕归也改姓"喻"姓，从此，史书上再也没有出现过谕姓，到了晋代，全都改成了"喻"姓。据《姓苑》载，南宋建炎进士俞樗，就是俞树的十六世孙。博学多才，又有误解人之目，皇帝因而赐为喻。谓其晓喻一切。主要分布在江西、湖南、江苏、浙江。在宋朝时候，宋朝人俞樗，进士出身，多才多艺，是梁俞药的后代。被皇帝赐姓为喻，是现在喻姓的主要一支，分布在江西、湖南、湖北、四川、重庆、河南、陕西、云南、贵州、广西、广东、安徽等地。喻姓在发展过程中，逐渐形成了河东（秦初置。在今天山西省黄河以东、夏县一带）、江夏（汉高帝置。今天湖北省武汉一带）、南昌（汉代豫章郡治，隋为洪州治，五代南唐及明、清为南昌府治，均为今江西省南昌市）三大郡望，在当地发展成为望族，因此，喻姓世称河东望，江夏望，南昌望。

历史名人：

喻皓（？—989）：宋代建筑学家，中国的古建筑不像西方用石头建造，而是木建筑，在世界上称为一绝。喻皓写的《木经》是木建筑史的重要文献。喻皓在当时的京都开封造了一座高塔，刚造好时是歪的，许多人嘲笑他，可是十多年过去却慢慢直了，原来喻皓考虑到了当地风大的因素。

37. 柏

姓氏：柏
祖宗：柏翳
分类：以先祖名字为氏
姓氏起源：

柏姓源于嬴姓，出自远古舜帝时候的贤人柏翳（伯益），属于以先祖名字为氏。据《史记·秦本经》中记载："大费拜受佐舜，调训鸟兽，鸟兽多训服，是为柏翳，舜赐嬴姓。"柏翳，就是大费，又称伯益，为舜帝执政时期的司徒，专职负责畜牧之事，因功被舜帝赐姓为嬴，此后柏翳便有了两个姓氏，即嬴姓和柏氏。柏翳就是柏氏的始祖，距今已有四千多年了。据古书记载，伯益是位非常了不起的人物，他帮助舜帝驯养鸟兽，教人们将牛、羊、猪、狗、鸡、鹅驯养后，物质生活的来源就更有了保障。

伯益还曾积极帮助大禹治水，也立下大功。在伯益的后裔子孙中，形成了两支主流姓氏，其中一支称柏氏，世代相传至今。

郡望：

（1）平原郡：始建于西汉高祖时期的西汉初年（前206年），治所在今山东省平原县西南。辖境相当于今山东省平原、陵县、禹城、齐河、临邑、商河、惠民、阳信等地。东汉以后，或为国，或为郡。北魏时期废黜。隋、唐两朝时期曾以德州为平原郡，治安德，即今山东省陵县。

（2）魏郡：秦、汉之际刘邦置郡，治所在邺县（今河北临漳），其时辖地跨今冀、鲁、豫三省之界。五胡十六国时辖地在今河南省北部内黄县、临漳县、浚县、河北省大名县、魏县、成安县、山东省冠县之间一带地区。北周末年迁治到安阳。隋朝时期改为相州魏郡。唐朝时期改为相州邺郡（今河南安阳），而魏郡之名则移给魏州。

（3）济阳郡：战国时期为魏国城邑，西汉时期改置为济阳县，治所在今河南省兰考县东北部。济阳县在唐朝初期并入冤句县。晋朝惠帝时将陈留郡的一部分划出来设置济阳郡，治所在济阳，其时辖地在今河南省兰考县、山东省东明县以及定陶县一带地区，距今河南省正阳县不远。晋惠帝后来将陈留郡的一部分划出来设置济阳郡，治所在济阳，辖地在今河南省兰考县、山东省东明、定陶两县一带地区，距今河南省的正阳县不远。东晋后期晋室南渡后，济阳郡被废黜。

堂号：

（1）平原堂：以望立堂。
（2）魏郡堂：以望立堂。
（3）济阳堂：以望立堂。
（4）咸阳堂：以望立堂。
（5）忠恕堂：柏氏宗祠主堂号，源出魏郡。

迁徙分布：

如今，柏氏族人在全国分布较广，尤以湖南、山东、安徽等省为多。

历史名人：

柏常（生卒年待考）：黄帝时有地官（司徒），帝颛顼有师傅柏亮父，帝喾有师傅柏昭。帝尧时，柏皋封在柏（今在河南舞阳县东南），号柏成子。柏，神话传说中的蜀王。《汉·扬雄·蜀王本纪》："蜀王之先名蚕丛，后代名曰柏，后者名凫，此三代各数百岁，皆神化不死。"

柏良器（生卒年待考）：唐朝人，他的父亲被安禄山杀死，他立志报仇，少年从军，打了六十多场仗，当上将官时，才24岁，以后更立下大功，做了大官。

38. 水

姓氏： 水

祖宗： 共工氏

分类： 以官为氏

姓氏起源：

（1）远古大禹治水，他氏族人很多当了水工（治水的工程人员）。大禹带领水工到会稽山（在浙江绍兴县东南）治水后，留下一个水工（禹的庶孙）居住在会稽，便以水为姓，他和子孙就世代相传姓水。

（2）来源于复姓水丘氏。据《姓范》记载：张澍云"当指水为姓。如河氏、淮氏、湖氏之类。浙江鄞县多水姓。或水丘氏所改"。

郡望：

（1）吴兴郡：周朝始置县，三国时期吴国宝鼎元年（丙戌，266年）置郡，治所在乌程（今浙江省湖州市），取吴国兴盛之意，其时辖地在今浙江省临安至江苏省宜兴一带。

（2）临安府：亦称临安郡、临安县。

堂号：

（1）吴兴堂：以望立堂。

（2）临安堂：以望立堂。

迁徙分布：

今浙江省的杭州市、宁波市鄞州区、兰溪县、余姚市，甘肃省的兰州市、漳县、定西县、榆中市、陇西县、广河县，陕西省的西安市、咸阳市旬邑县，河南省的郑州市、洛阳市宜阳县、三门峡市、安阳市、沁阳市、漯河市，辽宁省的沈阳市，山东省的诸城市、微山湖市，河北省的保定市，北京市，上海市，安徽省的合肥市、芜湖市、马鞍山市、临泉县，湖北省的随州市、枣阳市、洪湖市，江苏省的南京市、徐州市，山西省的朔州市，江西省的南昌市，广东省的广州市、韶关市，台湾省，新疆维吾尔自治区的乌鲁木齐市，重庆市，新西兰、澳大利亚等地，均有水氏族人分布。

历史名人：

水佳胤（生卒年待考）：字启明，乡漠子，天启进士，任礼部郎。精通典故，熟谙兵法，升任建宁兵备参议。奉令平靖白莲教之乱，活捉了教主王森。又奉令平靖粤寇，以锐不可当之势，肃清了 60 余股贼寇。后以左迁归隐句章卒。后人为了纪念他的功德，在蓟州建造了水督庙。

39. 窦

姓氏：窦
祖宗：少康
分类：以纪念祖上为氏
姓氏起源：
上古夏帝太康在位时，荒废政事，不理民情，沉湎于游乐田猎，远去洛水的南面打猎，他的五个弟弟和后络也跟随去。此时，有穷国的君主羿由于人们不能忍受太康这种所作所为，就在黄河北岸抵御太康回国。太康的五个弟弟和他们的母亲（即后缗），就到洛水转弯流进黄河的地方去躲避和等候太康，等了 100 多天，不见太康回来，他们也被有穷国人发现管制起来了。这时，后缗怀孕临近产期，就逃出自窦（地穴），奔归有仍，生下少康。太康失位后，弟中康（一作仲康）即位；中康死后，子帝相即位；帝相死后，子少康即位。大概为了纪念祖上这个历史事件，少康就给他的杼、宠两个儿子姓窦，世代相传。

郡望：
（1）扶风郡：周朝时期置郡，其时辖地在今陕西省兴平县、咸阳市一带地区。
（2）河南郡：秦朝时期名为三川郡。今河南省。
（3）清河郡：西汉高祖刘邦五年（前 202 年）置郡，后屡改为国，汉元帝永光年间（前 43—前 39）后期为郡，治所在清阳（今河北清河）。
（4）观津县：汉朝时期置蓚县，属渤海郡。今地在河北省观津县南五公里一带地区。

堂号：
（1）扶风堂：以望立堂。
（2）河南堂：以望立堂。
（3）观州堂：以望立堂。
（4）清河堂：以望立堂。

迁徙分布：
如今，窦氏族人在全国分布较广，尤以江苏省为多，占全国窦氏人口的 20% 左右。

历史名人：
窦宪（？—92）：字伯度。东汉平陵人，是窦融曾孙，领兵出塞 3000 余里，大破匈奴，登燕然山，刻石纪功而还，拜大将军，总揽大权。和帝既长，愤其骄纵，与中常侍郑众等合谋，迫令其自杀。

窦建德（573—621）：隋朝漳南人。聚众起事，据河北诸郡，称夏王，建号五凤。隋大业十四年炀帝南游江都，为宇文化及所杀，时王世充在洛阳自称郑王，奉越王侗为帝，建德亦奉朝命。世充旋杀侗自称帝，建德亦称夏帝。唐武德三年，李世民（秦

王）击世充。建德出兵救世充。四年，战败被俘，斩于长安。年48岁。

40. 章

姓氏：章
祖宗：姜子牙
分类：源于姜姓
姓氏起源：
章姓源于姜姓：上古周朝的开国功臣，姜子牙的后代齐大公支孙封国于鄣（在今山东章丘县）。到战国时，鄣国被齐国所灭，其子孙以国名去邑为姓，相传姓章。
郡望：
（1）武都郡：春秋时期置武都郡，战国时期的楚国改置为梁州郡（今陕西汉中）。
（2）京兆：亦称京兆郡、京兆尹，实际上"京兆"不是一个郡，而是中央政府所在的地域行政大区称谓，"尹"为其太守。
（3）豫章郡：亦称南昌府、南昌郡。
（4）河间郡：亦称河间府，现在河北省献县。
（5）全城郡：即今甘肃省中部地区，郡治即今兰州市。
（6）莱山：今山东烟台莱山机场内马鞍山。
堂号：
（1）武都堂：以望立堂。
（2）豫章堂：以望立堂。
（3）京兆堂：以望立堂。
（4）河间堂：以望立堂。
（5）全城堂：以望立堂。
（6）莱山堂：以望立堂。
（7）复生堂：源出宋朝时期的章王容，他追思怀念其亡母，其挚情感动万物，连枯竹亦复苏，于是章氏遂有"复生"堂号。
迁徙分布：
章姓在全国分布较广，尤以湖北、浙江、江西等省多此姓。
历史名人：
章茂（生卒年待考）：明朝文官，他读书多，文章好，有才气，举为状元，当了礼部尚书的大官，为国家、为百姓办了许多好事，得天下人称赞。
章学诚（1738—1801）：清朝文官，乾隆皇帝时举为进士，做的官称为"国子监典籍"。他自己已在历史学、地方志学上开一代学风，被尊为学术界的领袖。

41. 云

姓氏：云

祖宗：缙云

分类：以官为氏

姓氏起源：

云姓是个古老的姓氏。《路氏》记载，颛顼的后代之中有云氏。而根据《姓氏考略》记载，云姓是缙云氏的后人，望族出于琅琊、河南。据后世学者考证，缙云氏是黄帝时人，也是以官为氏。缙云，是黄帝时一种官名，分别管理一年四季之事，其中夏官的官名叫作缙云氏，传到后来，就以"云"为氏，一直沿用至今。另外一支云姓，在《魏书·官氏志》上记载，曾有牒云氏改为云氏。

郡望：

（1）琅琊郡：亦称琅琊国、琅岈郡、琅玡郡。

（2）河南郡：秦朝时期名为三川郡。今河南省。

堂号：

（1）琅琊堂：以望立堂。

（2）河南堂：以望立堂。

迁徙分布：

云姓起源于妘姓，后来又去"女"为"云"姓。春秋时有诸侯国鄢国，后来被楚国所灭，后代子孙以国名为姓，共分出四个姓："云"、"鄢"、"芸"和"员"。另一支云姓起源于南北朝民族大融合时期，当时，有鲜卑族代北牒云氏族，随北魏孝文帝南迁，定居洛阳，后代改姓"云"姓。有关云姓的来源，跟人类所赖以结束野蛮生活的火，有着极为密切的关系。据《路史》载："颛顼后妘姓之分有云氏。"至于《姓氏考略》上所指的那位云姓始祖缙云氏，据考证则是比祝融更早的黄帝时之人，也是以官为氏。缙云，是黄帝时的一种官名，黄帝以云名官，分别管理一年四季之事，其中夏官的官名就叫作缙云氏。当时掌管夏令事宜的缙云氏，究竟是什么人尚未知其详，但是他的后代却纷纷以缙云两个字为自己家族的姓氏，传到后来，再省略为一个云字，使得中国在五千年来，一直都有这个姓氏。云姓后来迁往琅琊郡，并逐步发展成为当地望族。据《姓氏考略》记载："缙云氏之后，望出琅琊（秦始皇置郡。相当于今天山东省东南部诸城、临沂、胶南一带），河南（汉高帝时置郡。在今河南省洛阳市一带）。"

历史名人：

云定兴（生卒年待考）：隋朝人，官至大将军。因纵勇为非，坐罪夺官，与妻子俱没为官奴。炀帝嗣位，闻定兴具有巧思，召至东京，襄办营造。定兴见宇文述得宠，曲意谀媚，特购集珍珠，络成宝帐，奉献与述。述喜出望外，兄事定兴，荐使督造兵器，且与语道："兄所作器仗，悉合上意。惟始终不得好官，无非为长宁兄弟，尚未处死哩。"定兴愤然道："此等俱无用物，何不劝上一体就诛。"忍哉定兴！

云景龙（生卒年待考）：字良遇。宋朝时许州（今河南省许昌）人。乾道中知慈州、莅政严明，幽枉必达。兴学劝农，谨身节用。强梗肃然，而又不为权势所屈。人心顺服，社会安定。后去官，祖饯者为之流泪。

42. 苏

姓氏：苏
祖宗：昆吾
分类：以国为氏
姓氏起源：
据《元和姓纂》记载，苏姓家族是颛顼祝融氏后代，陆终生儿子昆吾，被封于苏，就是邺西苏城。而根据《苏洵族谱·后录》记载，苏氏先祖出于高阳，高阳的儿子叫称，称的儿子叫老童，老童生重黎及吴回，重黎为帝喾火就是祝融，后代为司马氏。而他的弟弟吴回生有陆终，陆终生子六个，次子昆吾就是苏姓的始祖。

郡望：
（1）武功郡：战国时期孝公置，治所在今陕西眉县东。
（2）扶风郡：汉武帝太初元年置右扶风，为三辅之一。三国魏时改为扶风郡，治所在槐里。
（3）蓝田县：秦置县，在今陕西省蓝田县。
（4）河南郡：汉高帝二年置郡，治所在雒阳。相当于今河南省黄河以南洛水、伊水下游及黄河以北原阳县。
（5）河内郡：春秋时期初汉之际置郡，治所在怀县。相当于今河南省黄河以北，京汉铁路以西地区。

堂号：
（1）河内堂：以望立堂。
（2）武功堂：以望立堂。
（3）扶风堂：以望立堂。
（4）蓝田堂：因县立堂。
（5）洛阳堂：以望立堂。
（6）芦山堂：北宋的时候，苏芦山发明了世界上第一台天文钟水运气象台，集观测天体、演示天象与自动报时于一体，比欧洲人发明的时钟表早了六百余年，被誉为中国时钟的祖师、世界钟表之父。苏氏以"芦山"为堂号。

迁徙分布：
苏氏最初的发源地，在今河南临漳县的西方。到了周朝初年，官拜大司寇的苏忿生被周天子封于河内，所以这个家族也迁到今甘肃省河内地方。

历史名人：
苏轼（1037—1101）：北宋文学家。眉州眉山人。字子瞻，号东坡居士。苏洵的儿子。嘉祐进士。曾因反对王安石变法出为杭州通判，元丰二年又因作诗得罪朝廷而入狱。哲宗亲政时出任知州，其后多次被贬，元符三年病死于常州。与父洵弟辙称"三苏"。他写的文章挥洒畅达，为"唐宋八大家"之一；他的诗雄放清新，与黄庭坚并称"苏黄"；他的词豪放，与辛弃疾合称"苏辛"。他的书法为宋四家之一。著有《东坡七集》、《东坡乐府》、《东坡易传》、《东坡书传》等。

苏辙（1039—1112）：北宋散文家，眉州眉山人，字子由。嘉祐进士。与父洵兄轼称"三苏"，"唐宋八大家"之一。政治态度与苏轼一致，文学上的成就不如其兄。

苏曼殊（1884—1918）：文学家。原名玄瑛。后为僧，号曼殊。广东香山人，留学日本，漫游南洋各地，能诗文，善于作画，精通英、法、日、梵诸文，曾任报刊翻译及学校教师。与柳亚子等人交往。参加南社。其诗多伤感情调，小说运用浅近文言描写爱情故事，表现出浓郁的颓废色彩。翻译过雨果、拜伦的作品。另著有《梵文典》、《苏曼殊全集》。

43. 潘

姓氏：潘
祖宗：季孙
分类：以国为氏
姓氏起源：

潘氏来源有三支：

第一支潘氏出自姬姓，是周文王的后代。据《元和姓纂》上记载，周文王的第十五个儿子毕公高，他的儿子季孙，食采于潘这个地方，他的后代子孙因而以地为氏，称为潘氏。望族出于广宗、河南。季孙的采邑潘地，就在现在的陕西省的北部。

第二支潘氏出自华姓。根据《姓氏寻源》记载，潘氏是楚国公族华姓的后代，是以字为氏，祖宗是潘崇。潘氏家族在楚国较有权势，楚成王时，潘崇任太子商臣的师傅。商臣即位为穆王，封潘崇为太师。潘崇的子孙就"以父王字为氏"，而称潘氏。这支潘氏的姓源可追溯到上古的颛顼帝高阳氏，发源于今安徽、江苏、浙江一带。

第三支潘氏是由改姓而来。北魏时少数民族中有破多罗氏，改为"潘"氏，其子孙亦称潘氏。

郡望：

（1）广宗郡：东汉永元五年（93年）置县，治所在今河北威县东。隋仁寿元年（601年）避太子广讳，改名宗城。十六国后，赵为建兴郡治；北魏为广宗郡治。此支潘氏，出自潘勖之后，其开基始祖为晋代广宗太守潘才。

（2）河南郡：汉高帝二年（205年）改秦三川郡治郡。此支潘氏，多出自鲜卑破多罗氏之后，其开基始祖为潘威。

堂号：

（1）黄门堂：晋代潘岳为河阳令，累官黄门侍郎，诗作最好，和陆机合称"潘陆"。

(2) 潘氏又以"荥阳"为其堂号。

迁徙分布：

潘氏主要分布在今河南荣泽县西南地区。

历史名人：

潘耒（1646—1708）：清初学者，博涉经史及历算声韵之学。曾参与纂修《明史》。

潘平格（1610—1677）：明清之际思想家，强调在日用实际上去求真理，提出"浑然一体"、"见在真心"的理论。著有《求人录》。

潘岳（247—300）：即潘安，以其文学才华及"美姿容"而著名。在文学方面，长于诗赋，文辞华靡，为当时形式主义的代表人物。与陆机齐名。其《悼亡赋》为后世所传颂。

44. 葛

姓氏： 葛

祖宗： 葛伯

分类： 以国为氏

姓氏起源：

葛氏有南北二支源流。传说葛氏出自葛天氏。据《风俗通》记载，葛氏乃上古葛天氏的后代。据考证，北方葛氏是传自葛伯之后。据《通志·氏族略》记载，夏朝时诸侯有一位葛伯，他的子孙以国为姓，称为葛氏。而《孟子·滕文公》也记载，当时汤居在亳这个地方，与葛伯为邻。此外，《魏书·官氏志》还记载，后魏时有贺葛氏曾改为葛氏。葛氏的子孙在《姓氏考略》也有记载。葛国是三千多年前的一个诸侯国，他们的子孙"以国为氏"而姓葛，古代的葛国就在现在的河南省上蔡县东北的一片地方。我国有南方和北方不同宗的葛氏。而江南葛姓是东汉初年由洪氏分出来的，南北两支葛氏没有血缘上的关系。

郡望：

(1) 张掖郡：张掖位于中国甘肃省河西走廊中部。

(2) 顿丘郡：汉朝初期置顿丘县，其时辖地在今河南清丰西南一带地区。

(3) 梁郡：今河南商丘县以南一带。而《百家姓》上注说是顿丘郡，就是今天的河北清丰县西南一带。

(4) 颖川郡：战国时期秦国灭韩国后，以所得韩地于秦王嬴政十七年（前230年）置颖川郡，治所在阳翟（今河南禹县），其时辖地在今河南省许昌一带地区。东魏时期迁治颖阴（今河南许昌）。隋、唐两朝为许州颖川郡。

(5) 句容县：汉武帝元朔元年癸丑（前128年）置县，即今江苏省句容县。起初隶属部郡，西汉朝元封元年壬申（前109年）改其为隶属丹阳郡。

堂号：

(1) 张掖堂：以望立堂。

(2) 梁国堂：以望立堂。
(3) 顿丘堂：以望立堂。
(4) 颍川堂：以望立堂。
(5) 句容堂：以望立堂。

迁徙分布：
如今，葛氏族人在全国分布甚广，以浙江、江苏等省为多，这两省葛氏占全国葛氏人口的35%左右。

历史名人：
葛洪（284—364 或 343）：字稚川，自号抱朴子。晋朝句容人。家贫好学，始以儒术知名，后好神仙导养之法。著有《抱朴子》，除言神仙外，论炼丹多涉及物质构成的奥秘。又精医学，著有《金匮药方》100 卷，《肘后备急方》4 卷；碑、诔、诗、赋 100 卷。

葛长庚（生卒年待考）：字如晦，号海琼子。南京琼州人。博学多闻，工书善画，尤精梅竹。开设命馆太一宫，封为紫清真人，为道教南宗五祖之一。晚号神霄散吏。著有《琼海集》、《罗浮山志》。

45. 奚

姓氏： 奚
祖宗： 奚仲
分类： 以王父字为氏

姓氏起源：
上古夏禹时代，车正（造车官员）奚仲，受封于邱（今江苏州市境），他的儿子便以父名为姓，世代相传姓奚。

郡望：
(1) 东汉置谯郡，现在安徽省亳州市。《姓源》记载："夏车正奚仲迁于邱，其后遂称奚氏。"望出谯国。
(2) 北海郡：汉朝时期景帝中元二年（前 148 年）分齐郡置郡，治所在北海（一说营陵，今山东昌乐），其时辖地在今山东省潍坊、烟台一带地区。隋、唐两朝的北海郡即青州，治益都，其时辖地在今潍坊等一带地区。

堂号：
(1) 谯国堂：以望立堂。
(2) 北海堂：以望立堂。

迁徙分布：
古时，奚姓在谯国郡发展成望族，世称谯国望。近代，奚姓已遍布全国，在江浙地区有奚姓村落。

历史名人：
奚仲（生卒年待考）：夏禹之臣。初黄帝做车，少昊加牛，奚仲加马，乃命奚仲为

车正。造不同式样的车,安装不同的标志,以别尊卑等级。

奚鼐(生卒年待考):唐朝易水人。著名制墨专家。所制的墨不但黑而发亮,而且有香味,在墨上印有"奚鼐"或"庚申"二字。他的弟弟、儿子也因制墨著名,南唐赐他姓李。他的孙子李庭硅制的墨更好,世称"李庭圭墨",畅销各地。

46. 范

姓氏:范
祖宗:士会
分类:以邑为氏
姓氏起源:

范氏的始祖是迄今四千年以前的圣君唐尧,是一个以地为姓的姓氏。范氏,根据《元和姓纂》上的记载,是帝尧的裔孙刘累后代,尧的一支子孙,历经虞舜、夏、商、汤诸朝,称为唐杜氏,入周被改封于杜,不久被周宣王所灭,当时杜伯的儿子就跑到晋国,被任为士师,并因官命氏改姓为士,待到他的曾孙士会的时候,做了晋国的上卿,食采于范,于是士会的子孙也按照当时的习惯,"以邑为氏"而姓范。而《通志·氏族略》上也记载,范氏是帝尧的裔孙刘累之后,出自伊祁氏,自虞舜以上为陶唐氏,夏朝为御龙氏,商朝为豕韦氏,周朝为唐杜氏,周室衰落后,投奔晋国,称为范氏。古代的高平,就是现在的山西省高平县,位置在晋城县的北方,曾是范氏祖先的采邑,我国范氏人家就发源于此。望族居于高平郡,今山东省金乡县西北。

郡望:
(1)南阳郡:战国秦昭王三十五年置郡。汉时相当于今河南熊耳山以南叶县、内乡间和湖北大洪山以北应山、陨县间地。
(2)高平郡:历史上设此郡共三处:其一为西汉置高平县,北魏正光五年置郡。其二为东汉章帝置高平县,晋太史元年改山阳郡置高平郡。其三为北周改高都郡置高平郡。

堂号:
(1)南阳堂:以望立堂。
(2)高平堂:以望立堂。

迁徙分布:

西周成王时,迁于杜。4世纪中叶,范氏迁入魏。西汉以前部分范氏迁至南方。汉代至南北朝时期,范氏分布更为广泛。据范氏族谱记载,唐僖宗乾符元年,由于中原战乱,河内人范坤举家18口徙居浙江杭州,后移江苏南京,再徙福建宁化黄竹径,是为范氏入闽始祖。至宋代,范氏称盛于福建,人才济济。此后,范氏除在闽南一带发展繁衍外,又分出广东海阳、嘉应、梅州、大埔、长乐、陆丰、饶平等支派。从明末开始,闽、粤范氏陆续有人移居台湾,有的迁至海外。宋代以前的范氏名人,大多出自今河南。

历史名人:

范蠡(前536—前448):字少伯,又称范伯、邸夷子皮、陶朱公。楚国宛三户

（今河南南阳）人。春秋后期越国著名政治家、军事家、谋略家。精通韬略，足智多谋，拜为大夫，封上将军。

范增（前277—前204）：今安徽桐城人。秦末著名楚王重臣，政治家、谋略家。是秦朝（前221—前206）末期农民战争中霸王项羽的主要谋士。封历阳侯，项羽尊称他为"亚父"。

47. 彭

姓氏：彭
祖宗：彭祖
分类：以国为氏
姓氏起源：
（1）彭氏为祝融之后，以国为氏。相传陆终为古祝融之后，生有六子，三曰彭祖，帝尧封彭祖于彭（今江苏徐州市），为大彭氏国。大彭氏国于商朝被灭后，子孙以国为氏，就是彭氏。彭祖原姓籛名铿。据说他年轻时做了一碗野鸡肉羹献给上帝，上帝吃得高兴，就赐他长寿。他经历夏商两代，活了八百多岁，所以人们称他彭祖。商朝时，商王派人向他讨教长寿的秘诀，他却回答说："我幼年时父母双亡，从小就身体不好。长大后，又碰上犬戎入侵，流落西域一百多年。我从年轻时到现在，已经死了49个妻子，失去了54个儿子，经历的人生忧患实在太多，精神上大受影响。像我这样的人，本来就先天不足，后天又保养不好，所以现在身体弄得如此干瘦枯槁，恐怕快要不久于人世了，哪里还谈得上什么延年益寿的方法呢？"说完就长叹一声，飘然而去。

（2）祝融之后有八姓：己、董、彭、秃、妘、斟、曹、芈。周灭之。彭为八姓之一。

郡望：
（1）陇西郡：战国秦昭襄王二十八年（前279年）始置郡，治所在狄道（今甘肃临洮南）。三国时移治襄武（今甘肃陇西南）。
（2）淮阳郡：汉高帝时置淮阳国，为同姓九国之一，都于陈（今河南淮阳），惠帝后时为郡，时为国。隋大业及唐天宝、至德时又曾改陈州为淮阳郡。
（3）宜春县：汉置宜阳县，隋复改宜春县。

堂号：
（1）可祖堂、长寿堂：都是说的彭铿（即彭祖）的故事。彭铿封于彭，他的道值得后人学习（古典文学"其道可祖"），人称"彭祖"。彭祖活了800多岁，商朝末年他就当了守藏史，到了周朝又当柱下史，所以又叫"长寿堂"。
（2）彭姓又以"陇西"为其堂号。

迁徙分布：
春秋时彭氏已向西、向南迁徙。此后至晋代，由于战乱及官职周迁等原因，彭氏又有迁于今山东、陕西、甘肃、江西、四川、福建等省者。唐玄宗时，为避安史之乱，彭构云迁居彭州宜春（今属江西）。彭构云五世孙彭玕居于庐陵吉水之山口村，其子

孙分布于今吉安市、吉安县、永丰县、吉水县、峡江县、安福县、永新县、泰和县。彭珏六世孙彭嗣元迁居分宜县。彭嗣元八世孙彭跃、次子彭延年定居于广东揭阳之浦口村，是为彭氏入粤始祖，后分出漳州、泉州等支派。其中彭延年第三子彭锐的裔孙彭君达于明朝迁入广东梅州，是为梅州彭氏始祖。自清代开始，闽、粤彭氏有移居台湾者，此后，有的又迁徙至东南亚及欧美地区。

历史名人：

彭祖（生卒年待考）：尧的臣子篯铿。陆终氏第三子，帝颛顼之孙，历虞夏至商，相传活了七八百岁。因封于彭城，故称为彭祖。后世用以比喻长寿。

彭越（？—前196）：西汉初昌邑（今山东省金乡西北）人，字仲。常渔钜野泽中。秦末聚众起兵。楚汉战争时，将兵三万余归刘邦，攻占梁地（在今河南省东南部），屡断项羽粮道。不久率兵从刘邦击灭项羽于垓下（今安徽省灵璧南），封梁王。后因被告发谋反，为刘邦所杀。

48. 郎

姓氏： 郎
祖宗： 费伯
分类： 以邑为氏
姓氏起源：

上古周朝时，鲁懿公的孙子费伯率领军队驻扎郎城（在今山东省鱼台县东），费伯的子孙就在郎城定居下来，并以邑名为姓，世代相传姓郎。

郡望：

（1）中山郡：中国古代称"中山"者有四：①战国时期原为中山国的都城（今河北定县），一度为魏所灭，复国后迁灵寿（今河北平山），周赧王十九年（前296年）为赵国所灭；秦朝时期归属于巨鹿郡。②西汉高祖刘邦初年（前206年）设置中山郡（今河南登封），汉景帝执政时期改回为中山国，治所在卢奴（今河北定县），其辖地在今河南省登封市西南部与河北省正定县之间一带，包括今河北定州、安国、唐县、新乐、无极、满城、完县、望都和保定一带；南北朝时期后燕以为都城；隋朝开皇初年（581年）废国置郡。③宋朝时期以定州为中山府，治所在安喜（今河北定县）。④宋朝时期的香山县；民国十四年（1925年）孙中山逝世后，民国政府将其改为中山县，今为广东中山市，孙中山故里在中山市南部的翠亨村。

（2）魏郡：秦、汉之际刘邦置郡，亦称魏国郡，治所在邺县（今河北临漳），其时辖地跨今冀、鲁、豫三省之界。五胡十六国时辖地在今河南省北部内黄县、临漳县、浚县、河北省大名县、魏县、成安县、山东省冠县之间一带地区。北周末年迁治到安阳。隋朝时期改为相州魏郡。唐朝时期改为相州邺郡（今河南安阳），而魏郡之名则移给魏州。

堂号：

（1）中山堂：以望立堂。

(2) 魏国堂：以望立堂，亦称魏郡堂、临漳堂。

迁徙分布：

郎姓望出中山郡（汉高祖置郡。相当于今天河北省北部正定县一带）、魏郡（汉高祖时置郡。相当于今河北省魏县、河南省浚县、山东省冠县之间地区）。

历史名人：

郎士元（生卒年待考）：字君胄。工诗，擅长五律。与钱起齐名，时人喻称："前有沈宋，后有钱郎。"《中兴问气集》时说，郎诗比钱诗"稍更闲雅"。他作《送彭将军》诗："双旌汉飞将，万里独横戈。春色临边尽，黄云出塞多。鼓声悲绝漠，烽戍隔长河。莫断阴山路，天骄已请和。"工于发端，很有气势。

郎廷佐（？—1676）：清朝奉天广宁人。曾任江西总督。对于江西瓷器的制造进行改良，仿古制造传统名牌产品，畅销各地。世称郎窑。

49. 鲁

姓氏： 鲁

祖宗： 伯禽

分类： 以国名为姓

姓氏起源：

鲁氏的得姓，在众多的古籍中都有记载，其得姓始祖是周公旦的儿子伯禽。周公死后，其子伯禽先前已受策封，是为鲁公。鲁公伯禽初受封到鲁国（今山东省曲阜市）。鲁国从周公开始，到顷公一共传了三十多代，由于鲁国固守周的旧制度，春秋以后果然逐渐衰落了。到了战国时，鲁国被楚国的考烈王灭掉。被迫迁居下邑（指国都以外的所属城邑），其公族子孙就以国名为姓，世代相传姓鲁了。

郡望：

(1) 扶风郡：周朝时期置郡，其时辖地在今陕西省兴平县、咸阳市一带地区。

(2) 新蔡郡：原为周朝吕国的地域，即今河南省新蔡一带。

堂号：

(1) 扶风堂：以望立堂。

(2) 新蔡堂：以望立堂。

(3) 三异堂：源出东汉宰相鲁恭，鲁恭以德化为治，天下出现三异："虫不入境、野鸟化为家禽、童子有仁心。"

迁徙分布：

起初鲁氏多分布于山东省。当时的鲁国，拥有非常广大的封地，包括现在山东省滋阳县东南，以及江苏省沛县，安徽省泗县的一带。早期的鲁姓人大多集中在这些地区。到了战国时期，鲁国被楚国灭掉，被迫迁居下邑（国都以外的所属城邑），鲁姓人士也就逐渐向其他地区繁衍，出现在今浙江绍兴等地。

历史名人：

鲁班（前507—前444）：春秋末期鲁国人，我国古代著名的建筑工匠，他不仅能建筑"宫室台榭"，而且在征战频繁的年代，曾造"云梯"、"勾强"等攻城、舟战的器械。相传他创造了"机关备具"的"木马车"；发明曲尺、墨斗等多种木匠工具；还发明了磨子、碾子等，他的确是少有的勤劳、机巧的匠工，受到社会普遍的赞扬，称他是"机械之圣"。对后世影响巨大，几千年来，一直被奉为木工、石工、泥瓦匠等工艺部门共同祖师，称他为"鲁班爷"。

鲁迅（1881—1936）：原名周树人，浙江绍兴人，伟大的无产阶级文学家和革命家。文学著作有《呐喊》、《彷徨》、《野草》等。他的评论文章深刻地剖析了当时黑暗的社会和政治，对其进行了无情的揭露，由此遭到了当时反动政府的仇视。同时，他的诗作也非常出色，像"寄意寒星荃不察，我以我血荐轩辕"的诗句，充分表现了其满腔救国家于危难中的爱国热诚。他虽然没有加入共产党，但却是中国共产党最亲密和最可信赖的朋友。

50. 韦

姓氏： 韦

祖宗： 韦伯

分类： 以国为姓

姓氏起源：

韦氏是以国为姓。根据有关历史文献所载，夏朝中兴少康当政时，封大彭氏的别孙于涿韦，涿韦国又称韦国，商时称韦伯，周襄王时始失国，迁居彭城，子孙以国为姓，称韦氏。史称韦氏正宗。这就是河南韦氏。由此可见，四千多年前韦氏和彭氏同出一祖。

郡望：

京兆郡：汉初元年设置京兆尹，相当于郡太守，为三辅之一，治所在长安。相当于今之陕西秦岭以北、西安市以东、渭河以南、华阴以西。三国魏时改称京兆郡。

堂号：

（1）扶阳堂：西汉的韦贤是邹鲁的大儒，本始初年官至宰相，封扶阳侯，是为此号。

（2）京兆堂：三国以后，韦氏盛于今陕西省境内，故韦姓有以"京兆"为其堂号郡望。

迁徙分布：

韦姓的发源地虽在河南境内，但自称韦氏已居彭城，即今江苏境内。其早期的迁播情况大致如下：韦伯遐二十四世孙孟为汉初太傅，辞位后移居鲁国邹县；孟四世孙贤为汉相，后迁杜陵。这就是说，早在汉代，韦氏就已经分布在河南、山东、山西、河北等地了，而且有韦氏南迁。三国以后，韦氏盛于今陕西省境内，唐朝时韦姓在陕西省境内得到了大举繁衍，以至于盛唐时期的韦氏大多在陕西省。与此同时，也有一些韦氏移居到今江苏、四川、安徽等地，多为京兆郡望的分支。韦氏的大举南迁却是在晚唐以后。唐代以后，韦氏才遍及大江南北。总之，历史上的韦氏是一个典型的北方姓氏。

历史名人：

韦昌辉（1823—1856）：壮族，广西桂平人，太平天国运动领导人之一。被洪秀全封为北王，1851年金田起义时任后护又副军师，领右军主将，十二月被封为北王，六千岁。因对杨秀清素怀不满，1856年督师江西时，得洪秀全密诏，带3000人回天京，利用洪、杨矛盾残杀杨的部队及家属，引起公愤，被洪秀全处决。

韦孟（生卒年待考）：彭城人，第一个出现于史籍上的有影响的人物。西汉诗人，他精通鲁诗，其子孙传至韦贤，五世都是邹鲁的大儒。当时有韦学之说。今存有著作《在邹诗》、《讽谏诗》。

51. 昌

姓氏： 昌

祖宗： 昌意

分类： 以祖名为姓

姓氏起源：

黄帝娶了个叫嫘祖的妻子，嫘祖生下儿子，取名昌意。黄帝七十七年令昌意降居四川若水，娶蜀山氏女昌仆为妻，生子颛顼。后来昌意又将家族迁往中原，建立昌意城，位于今河南南乐县西北一带。颛顼的子孙，就以祖父的名字中的昌作为姓，世代延传。

郡望：

（1）汝南郡：西汉高祖刘邦四年（前203年）置郡，治所在上蔡（今河南上蔡），其时辖地在今河南省颍河、淮河之间、京广铁路西侧一线以东、安徽省茨河、西淝河以西、淮河以北，包括偃城县、上蔡县、平舆县、项城县一带地区，治所在上蔡（今河南上蔡）。东汉时期（25—220）移治至平舆（今河南平舆）。

（2）东海郡：亦称郯郡、海州。东海郡在历史上有三处：①治所在郯邑（今山东郯城），后置郯县，属徐州刺史部。②东晋时期置于海虞县（今江苏常熟）的东海郡，后移治所到京口（今江苏镇江），其时辖地在今山东省费县、临沂县、江苏省赣榆县南部、山东省枣庄市、江苏省邳县东部和江苏省宿迁县、灌南县北部一带地区。③南北朝时期的东魏及后来的隋、唐诸朝时期，以海州为东海郡，治所在朐山（今江苏连云港海州镇），其时辖地在今江苏省东海县以东、淮水以北一带地区。

堂号：

（1）双芝堂：湖北省仙桃堂号来历："永公者，（昌永）宋靖康时，金人内犯，永守义不屈。宋祖特赐状元，后迁太常寺丞。其时祠内产芝二根，此后世以双芝名其堂者也。"

（2）茂荫堂：江西省萍乡、湖南醴陵、贵州广顺堂号。

(3) 高勋堂：出自南梁昌义之的典故。
(4) 敦伦堂：安徽省六安市。
(5) 汝南堂：湖南省桃江、益阳，湖北省江夏等地。

迁徙分布：

昌姓多居于河南，并且在汝南郡、东海郡发展，逐渐形成望族，世称汝南望（汉高帝置郡，在今天河南省中部偏南和安徽省淮河以北地区），东海望（秦时置郡，治所在郯，今山东郯城北）。

历史名人：

昌意（生卒年待考）：昌氏得姓始祖，为黄帝二十五子中的一位，为嫘祖所生，其后代以昌为姓。

昌仆（生卒年待考）：又名昌妪，上古时人，颛顼之母。《史记·五帝本纪》载："昌意娶蜀山氏女曰昌仆，生高阳。"

52. 马

姓氏： 马
祖宗： 赵奢
分类： 其他

姓氏起源：

(1) 战国时赵王有子叫赵奢，以善于用兵著称。因功卓著被赵惠文王封在马服，称为马服君，死后便葬于封邑，其子孙最初以"马服"两字为其姓氏，后省去"服"字，遂有马氏。世居邯郸。史称马姓正宗。

(2) 出自他姓改马姓。如汉代有汉戚人马宫，本姓马矢，至马宫以仕学显，改姓马。

(3) 出自他族改姓。西域人马庆祥，迁居临洮狄道（今甘肃省境内），遂以马为氏。蒙古人月乃和，因其祖在金末为凤翔兵马判官，遂改姓马氏，取名祖常。马祖常之后亦为马氏。金元以后，为回族大姓。

郡望：

扶风郡：汉太初元年置右扶风，为三辅之一。三国时改扶风郡，治所在槐里（今光平东北）。

堂号：

铜柱堂：汉伏波将军马援征交址，胜利后，在交址立铜柱表功。到了唐朝，马援的后裔马总做安南都护，在原汉立铜柱的地方又立了两根铜柱，铸上了唐朝的威、德，说明自己是伏波将军的后裔。到了五代时马希范也立了铜柱。

迁徙分布：

赵奢之子牧，亦为赵将，住在邯郸。公元前222年，秦国灭赵国，将牧之子迁徙至陕西咸阳。马兴后人马何罗徙扶风茂陵（今陕西兴平东北）。从此，扶风茂陵成为马氏的发展繁衍中心。两汉至南北朝时期，马氏除在扶风茂陵成为望族外，还分布于今河南、河北、山东、湖北、四川、甘肃、江苏、浙江等地。唐朝末年，王潮、王审知入闽，有河南马氏随同前往，在福建安家落户。许州人马殷，少为木工，应募从军，随秦宗权部将孙儒入扬州，转从别将刘建峰攻取潭州。896年，刘建峰被部下所杀，马殷被推为主，被唐任为潭州刺史，后进武安军节度使，于907年被后梁封为楚王，建立楚国，历时45年。宋代以后，闽、粤地区马姓逐渐增多；至明代，马氏遍布福建；至清代，有的移居台湾，进而又远徙东南亚及欧美等地区。

历史名人：

马钰（1123—1183）：宋代进士。传说，大定年间他遇重阳子王嘉，授以道术，与妻孙氏同时出家，孙先仙去。钰后游莱阳，入仙宫羽化，赐号丹阳顺化真人。

马致远（1250—1324）：元代著名的杂剧和散曲作家，他与关汉卿、白朴、郑光祖被誉为"元曲四大家"，他的作品大都清丽高雅，意境高远。

53. 苗

姓氏： 苗

祖宗： 贲皇

分类： 以地名为姓

姓氏起源：

相传春秋时期，有个贵族叫贲皇，逃至晋国，晋国国君待他很优，让他享用苗邑那里的物产，后来贲皇的子孙就以地名为姓，世代姓苗。

郡望：

（1）东阳郡：西汉时期置郡，三国时期孙吴国宝鼎元年（266年）再分会稽郡置东阳郡，郡治在今浙江省金华分城区，其时辖地在今浙江省金华市一带。

（2）伊犁：伊犁得名于著名的伊犁河，那是一块古老而神奇的土地，历史悠久，文化发达，民族众多，自古就同新疆和内地息息相关。远在汉朝，伊犁就以"伊列"之名载入史籍《汉书》。西魏废帝元年（552年），历史上著名的突厥汗国在伊犁河城建立。

堂号：

（1）东阳堂：以望立堂。

（2）伊犁堂：以望立堂。

（3）惠化堂：源自唐朝潞州壶关人苗晋卿事。唐李固的《幽闲鼓吹》中，曾记苗晋卿一事。苗公落第归乡，途中遇一老人，自称知未来事。苗公于是问道："我应举已久，有一第之分吗？"老人答道："何止此，大有来头，只管再问。"苗公道："我久困于贫变，但求一郡守，能够得到吗？"老人道："更向上。"苗公问："那么按察使呢？"老人道："更向上。"苗公惊异，再问："为将为相吗？"老人答道："更向上。"苗公发怒，说："将相更向上，难道能做天子？"老人笑道："真者不能得，假者即可得。"苗公以为事属怪诞，惊出一头汗。后来苗公果然出将入相，唐德宗驾崩，苗公以首辅居摄政三日，应了老人"真者不能得，假者即可得"的预言。可见命皆前定，安知人间

没有第二个苗公？苗氏堂号"惠化堂"由此而来。

迁徙分布：

苗氏主要分布在河南省开封一带。

历史名人：

苗晋卿（685—765）：唐朝名人，唐肃宗在位时当了宰相，治理百姓不用残暴的办法，而是出于好心，耐心地教化百姓，施与恩惠，人民都感激他，他做宰相七年，内政安宁。

苗发（？—778）：是苗晋卿的儿子，从小用功读书，年轻时成为著名诗人。那时是唐大历年间，他和另外的卢纶等诗人，一起被称为"大历十才子"。

54. 凤

姓氏： 凤

祖宗： 訾高

分类： 以官名为姓

姓氏起源：

凤姓来源于官名：远古黄帝的曾孙帝喾，以凤鸟氏为历正（官名），就是专管历法天文，以指导人们按照季节时令耕田种地和收获的官。他的子孙便以凤为姓，世代相传。

据《左传》记载："高辛氏时，凤鸟氏为历正。凤盍以官为氏。望出平阳、邰阳。"

郡望：

（1）平阳郡：历史上的平阳郡有二：①即今山西省临汾市。②即今山东省邹城市。

（2）邰阳郡：传说为周族远祖至公刘所居地。汉朝时期置邰阳县，据史籍《百家姓》中所注：邰阳郡，其时辖地在今陕西省武功县一带地区。

堂号：

（1）平阳堂：以望立堂。

（2）邰阳堂：以望立堂。

（3）励众堂：源自明朝凤翕如任汉阳通判兼知县，叛军攻汉阳，太守弃印逃跑，唯凤翕如不忍城破使百姓受害，聚众固守，终得保全事。凤氏堂号"励众堂"源出于此。

迁徙分布：

据《左传》记载，凤姓皆以官为姓氏，望族出于平阳（三国魏置郡，在今山西省临汾县西南）、邰阳（汉置邰阳县，《百家姓》注邰阳郡在今陕西省武功县西南）。

今广西壮族自治区的柳州市，辽宁省的沈阳市，湖南省的桃源市、岳阳市，重庆市，安徽省的桐城市、枞阳县、宣城市、巢湖市、泾县，陕西省的商州市、汉中市，湖北省的恩施市，上海市的浦东区，河南省的开封市，江苏省的苏州市，吉林省的吉林市，云南省的大理市、楚雄州、红河州等地，都有凤氏族人分布。

历史名人:

凤纲(生卒年待考):汉朝时渔阳人。传说他常采百草花以水渍封泥之,自正月开始,到九月末止采制,埋100天,煎9次火。刚死者以药纳口中,可救活。他常服此药,至数百岁不老,后"成仙"去向不明。

凤翕如(生卒年待考):字邻凡。明朝时吴县人。以贡生人官。崇祯末任汉阳通判,摄县事。张献忠来攻,太守弃印而逃。他动员官兵和全城居民,奋力死守。贼不能克,退去。卫城卫民有功,升衡州知府。卒于官。

55. 花

姓氏: 花
祖宗: 花季陆
分类: 其他
姓氏起源:

花姓和华姓同出一源,后来到了唐朝时,字意稍微有了些区别,花更多地当名词用,指客体的花朵,华更多地当形容词用,形容光华。所以花姓和华姓这时也渐渐有了区别。

郡望:

(1) 东平郡:西汉宣帝甘露二年(前52年),改大河郡为东平国。
(2) 开封:战国时属于魏国。汉时置县。

堂号:

(1) 东平堂:以望立堂。
(2) 开封堂:以望立堂,亦称汴梁堂、大梁堂、汴京堂。

迁徙分布:

花姓在全国分布较广,尤以辽宁省多此姓,其一省之花姓约占全国汉族花姓人口的69%。从山西省洪洞县大槐树迁民之花姓后代分布于苏、鲁、豫、皖、冀等地。

历史名人:

花木兰(412—502):改易男装代父从军的孝女。西汉初亳(今安徽亳县,一说今河南商丘东南)人。古乐府有木兰诗咏其事。

花润生(生卒年待考):福建邵武人,明代官吏。永乐二年进士,中第二甲九十一名,任古田知县,有政声,擢提学金事。工诗文,有《介轩集》。

56. 方

姓氏: 方
祖宗: 方叔
分类: 以字为氏
姓氏起源:

方姓出自姬姓,以字为氏。西周后期宣王时有大夫方叔,因功受封于洛(今河南洛阳），他的子孙以他的字为氏，称方氏。史称方姓正宗。

郡望：

河南郡：西汉高祖二年（前205年）改奉三川郡置郡，治所在雒阳（今河南洛阳市东北）。

堂号：

正学堂：明朝方孝儒，洪武初为汉中教授，蜀献王聘他做世子的老师。建文时候，入京做侍讲学士，名他的书室叫"正学堂"，人们称他"正学先生"。燕王朱棣夺位，强迫方孝儒写即位诏，他坚决不写，结果被杀殉国。

迁徙分布：

方氏主要分布在北方的一些地区。从清初开始，方氏陆续有人移居台湾，后来又有人到海外谋生。

历史名人：

方腊（？—1121）：北宋末浙江农民起义领袖，1120年他利用明教发动起义，最后建立政权，自号圣公。北宋朝廷曾九次招安，他拒绝投降，坚持斗争，后战败被俘，英勇就义。

方以智（1611—1671）：明清之际著名的思想家、科学家。他对天文、地理、历史、物理、生物、医药、文学、音韵等均有研究。认为宇宙都是物质的，并提出了"合二为一"的合理命题。是"明季四公子"（陈贞惠、吴庆箕、侯方域、方以智）之一。

57. 俞

姓氏： 俞

祖宗： 俞跗

分类： 以人为氏

姓氏起源：

俞姓源于姬姓，出自黄帝属臣跗之后，属于以物事称谓为氏。据《通志·氏族略》和《史记》等记载，黄帝时有名医跗，其医术高超，精于腧经之治，为中国传统中医经脉理论的奠基人。腧，为"脉之所注"，就是人们俗称的"穴道"、脉之端口，故而大家皆称名医跗为腧跗。在古代，"腧"与"俞"二字相通，后简笔写作俞跗。

在俞跗的后裔子孙中，为光大先人的经典医术，多称为俞跗氏，后省文简化为单姓俞氏，世代相传至今，是非常古老的姓氏之一。

郡望：

（1）河东郡：秦置河东郡，治所在安邑（今山西省夏县西北），辖晋西南地区。东晋移治蒲坂（今山西省永济蒲州镇，按即刘裕灭后秦时）。隋唐为蒲州河东郡。隋又分蒲坂置河东县为治所。明并河东县入蒲州。

（2）河内郡：古以黄河以北为河内，以南、以西为河外，这是晋国人的观点。楚汉之际置河内郡，辖今豫北的西部，治所在怀县（今河南省武陟西南）。西晋移治野王

（今沁阳）。隋于野王为河内县。隋唐河内郡即怀州。元怀庆路。明清怀庆府。河内县之名不变，常为治所。民国政府时，改河内县为沁阳。

（3）河间郡：汉有河间郡（或河间国），治乐城（今河北献县东南）。北魏时置郡，移治今河北省河间、献县。隋唐时为瀛州河间郡。北宋后期升河间府，治河间（今河间）。元为河间路。明清为河间府。据《周礼疏》记载：黄帝臣有俞柑，当为俞姓之始。望出河间。

（4）江陵郡：汉代设置江陵县，为南郡治所。南朝齐改置江陵郡，辖境在今湖北省江陵及川东一带。937年，南唐以金陵府为江宁府。北宋与清亦为江宁府。江宁又为县名，或在城区，或在郊区。清与上元县同为江苏省城。民国废府及上元，以江宁县为省会。国民党政府建都南京，又移江宁于市郊。

堂号：

"流水堂"、"江陵堂"、"高山堂"、"春在堂"、"正气堂"、"思本堂"等。

迁徙分布：

俞姓在全国分布甚广，尤以安徽、浙江、江苏等省多此姓，上述三省俞姓约占全国汉族俞姓人口的70%。

历史名人：

俞大猷（1504—1580）：字志辅，别号虚江。明朝福建晋江人。官至福建总兵。大猷精通兵法，嘉靖三十年（1551年）后，倭寇侵扰我国东南沿海，俞与戚继光率兵攻击，屡立战功，同称抗倭名将。其部被称为俞家军。著有《正气堂集》十六卷。也是杰出的爱国诗人。

俞樾（1821—1907）：字荫甫，号曲园。清朝浙江德清人。潜心研究经学，旁及诸书，以高邮王念孙、引之父子为宗。曾主讲苏州紫阳、上海求志各书院，主讲杭州诂经精舍至30余年。著有《春在堂全集》，其中以《群经平议》、《诸子平议》、《古书疑义举例》尤著名。

58. 任

姓氏： 任

祖宗： 禹阳

分类： 以国为氏

姓氏起源：

（1）出自黄帝少子禹阳后裔，以国为氏。相传黄帝少子禹阳被封在任国，其后裔以国为氏，姓任。

（2）出自风姓。任，为风姓之国，实太皞氏（即上古的伏羲氏）之后，战国时灭亡，居者以国为氏。

郡望：

乐安郡：东汉永元七年（95年）改千乘郡置国，治所在临济（今山东省高清县高苑镇西北）。三国魏改为郡，移治高苑（今山东博兴），南朝移治千乘（今山东广饶），

隋初废。

堂号：

水蕹堂：东汉时候任棠有奇节，不肯做官，隐居教授。太守廖参去访问他，他一句话不说，只拔了一棵蕹，端了一杯清水放在桌上，自己抱着小孙子坐在门下。太守明白了他的意思："一杯水是要我太守为官必须一清如水；拔一棵大蕹是告诉我要为人民办好事，必须把财大势大的土豪拔除；抱着幼孙当户，是要我留心照抚孤儿。"

迁徙分布：

先秦时期，任氏已迁往今湖北、山西、陕西省境。任氏在汉代已分布于今四川、河南的许多地方，同时，今江苏、浙江、甘肃等省也有任氏的存在。

历史名人：

任昉（460—508）：南朝梁著名文学家，仕宋、齐、梁三代。当时以表、奏、书、启诸体散文擅名，而沈约以诗著称，时人号曰"任笔沈诗"。藏书多至万余卷，与沈约、王僧儒并称为三大藏书家。

任仁发（1254—1327）：元朝水利专家、画家。他曾主持修吴淞江、大都通惠河、青浦、练湖和海堤工程。善画马，其鞍马与赵孟頫齐名。其代表作为《二马图》。

59. 袁

姓氏： 袁

祖宗： 伯爰

分类： 以祖上为姓

姓氏起源：

陈胡公妫满的十一世孙有个叫诸的，字伯爰，其孙涛涂，以祖父的字命氏，称爰氏，春秋时世袭陈国上卿。由于当时"爰"字和"袁、辕、榬、溒、援"等字音同，所以后来的子孙就分别以这六个字为姓。正如《袁枢年谱》所云"一姓有六字五族之异"。

郡望：

(1) 汝南郡：汉时置郡。此之袁氏为陈郡袁氏分支，其开基始祖为袁安。

(2) 彭城郡：西汉时置郡。此之袁氏出自陈郡，为袁生之后。

(3) 襄阳郡：东汉时置郡。此之袁氏出自汝南郡，为袁术之后。

堂号：

(1) 卧雪堂：东汉袁安没做官的时候，客居洛阳，很有贤名。一年冬天，洛阳令冒雪去访他。他院子里的雪很深，洛阳令叫随从扫出一条路才进到袁安屋里。袁安正冻得蜷缩在床上发抖。洛阳令问："你为什么不求亲戚帮助一下?"袁安说："大家都没好日子过，大雪天我怎么好去打扰人家？"洛阳令佩服他的贤德，举他为孝廉。这就是"卧雪堂"的由来。

(2) 守正堂：袁安为人严谨，后来做了楚郡太守。当时楚王谋反，株连了数千人。袁安处理这个案子时，审清问明，释放了4000多人。后来外戚窦氏擅权，袁安守正不屈,所以又叫"守正堂"。

迁徙分布:

袁氏早期主要是在河南发展繁衍,其发展中心为陈郡,尤其是汝南。秦汉时期袁氏已向外地播迁。由于战乱、官职调迁等原因,陈郡袁氏与汝南袁氏又派生出许多支脉,如袁干的后裔有一支徙居彭城(今江苏徐州),还有一支徙居河东(今山西永济西南);袁绍的后裔有一支徙居东陵东光(今属河北);袁术的子孙分散于江、淮间,有一支居住在襄阳;袁涣的后裔有一支徙居京兆(今陕西西安),又有一支徙居华阴。南宋有史学家袁枢为建安人(今福建建瓯),说明南宋以前,已有袁氏徙居福建。据《袁氏族谱》记载,袁安第三十八世孙袁志君因任广东布政使,自江西信丰迁至广东东莞温塘茶园定居,为广东袁氏开基始祖,其后裔分居兴宁、梅县、惠阳等地。闽、粤袁氏于清代开始陆续有人移居台湾,有的又徙居新加坡、印尼及其他国家。

历史名人:

袁枚(1716—1797):清代著名文学家,是当时著名诗歌理论家,论诗主张性灵,反对形式主义和拟古。著有《随园诗话》。与薛士铨、赵翼并称"江右三大家"。

袁崇焕(1584—1630):广东东莞人,祖籍广西梧州。明末著名军事家、文学家、抗清(后金)名将、民族英雄。己巳之变,后金实施反间计,最后被崇祯帝以通敌谋叛等罪名处死。

60. 柳

姓氏: 柳

祖宗: 柳下惠

分类: 封地为姓

姓氏起源:

古代春秋时,鲁国有个士师叫展禽,即柳下惠,受封于柳下(在今河南濮阳县柳屯),其子孙便以封地为姓,相传姓柳。

郡望:

秦置河东郡:现在山西省夏县。《广韵》记载:"鲁展禽食采于柳,后因为氏。"望出河东。

堂号:

河东堂:以望立堂。

迁徙分布:

柳姓尤以山东、四川、湖北、湖南等省居多。

历史名人:

柳宗元(773—819):字子厚,唐朝河东人。唐宋八大家之一,也称柳河东。柳宗元是中唐时期著名的文学家和哲学家,与韩愈齐名,并称"韩柳",诗文皆工,尤擅长散文,峭拔矫健,寓意深刻。后人因其在文学上的卓越成就,故建柳侯祠和他的衣冠墓,以示纪念。传世著作《柳河东集》,也称《唐柳先生集》。

柳公权（778—865）：字诚悬，唐朝京兆华原人。著名书法家，擅长楷书，结体劲媚，法度谨严。世称"颜筋柳骨"。所书碑刻，传世有《送梨帖跋》、《玄秘塔》、《金刚经》、《神策军碑》。

61. 鄠

姓氏：鄠

祖宗：子于

分类：以邑为姓

姓氏起源：

上古时，周武王建立周朝后，将他的弟弟子于封于鄠邑，享用那里的物产，鄠姓由此产生。鄠邑位于今陕西户县一带，古时那里农作物和桑叶都盛产，是个好地方。武王的这个弟弟受封后就称为鄠侯，他的后代以鄠为姓，散居各地。因为鄠侯太喜欢醉酒，周朝朝廷觉得由他治理鄠邑不合适，在周成王执政时，就改变了周武王的命令，不让他当那里的首领了。鄠侯的儿孙们就约好，以后不管到哪里，都姓鄠。

郡望：

京兆：亦称京兆郡、京兆尹，实际上"京兆"不是一个郡，而是中央政府所在的地域行政大区称谓，"尹"为其太守。

堂号：

京兆堂：以望立堂。

迁徙分布：

鄠氏远祖始于西周王朝，据《通志氏族略》上记载，周文王的第十七子，受封于鄠地（今陕西户县），封为侯爵，称鄠侯。其子孙后代就世代以国号"鄠"为姓氏。因此，鄠氏出自周朝王室，起源于姬姓。古时鄠邑的农作物和桑叶都盛产，是个好地方。鄠氏子孙世代繁衍于京兆北部一带。唐朝时期，京城建于长安，是当时鄠氏族人聚集最多的地方。据典籍《辞海》的注释，鄠侯之地古名为"鄠"，位于长安西南，涝水东岸，夏时扈国，秦为鄠邑，汉置鄠县，即今陕西省户县。这便是全国鄠氏最早的发源地。追溯中国的历史，在周朝以前没有这个"鄠"字，至周文王分封第十七子鄠侯之后，"鄠"字开始出现，只有两种意思：一是姓氏，二是地名。"鄠"字三千年以来在笔画和结构上没有发生过任何变化，是相当古老的姓氏。虽然鄠氏人口比较少，在中国历史上也比较低调，但是作为鄠氏的人应引以为豪的是：鄠氏代表了姬姓血脉的"纯正"。

历史名人：

鄠舒（生卒年待考）：春秋时人，曾经在潞国当过首领，而被记入史书。

鄠去奢（生卒年待考）：宋代有名的道家，从小就信奉老子、庄子的学说，并对道术很有兴趣，所以青年时就为道家，隐居茅山，人们多时不见他，传说他已成仙。

62. 鲍

姓氏：鲍
祖宗：裔叔牙
分类：以封邑为姓

姓氏起源：
古代春秋时，远古大禹的后裔叔牙，受封为鲍邑（在今山东丙城县）的首领，其子孙便以封邑为姓，世代相传姓鲍。

郡望：
（1）上党郡："上党"在字面意思指山上的高地，"上与天为党也"，故名。
（2）泰山郡：西汉高祖七年（前200年）设泰山郡，其时辖地在今山东省泰安县一带。
（3）东海郡：亦称郯郡、海州。
（4）河南郡：秦朝时期名为三川郡。

堂号：
（1）东海堂：以望立堂。
（2）河南堂：以望立堂。
（3）上党堂：以望立堂。
（4）泰山堂：以望立堂。
（5）清懿堂：常言道："皇族有太庙，百姓有祠堂。"鲍氏"清懿堂"是为颂扬鲍氏历代烈女贞妇而建的纪念馆，是中国少有的"女祠"。古代祠堂的修建，注入了浓厚的封建思想。在封建社会里，男为天，女为地，妇女的地位是绝对低下的。为了做到克勤克俭，恪守孝道，完成大礼的孝道，许多妇女"功名成就"而成了烈女和贞妇。其实这都是对妇女精神的一种压迫和对其幸福生活的剥夺。因此，男祠要大于女祠。修建女祠的原因，更是令人潸然泪下。

迁徙分布：
鲍姓目前主要分布于浙江、山东、青海、江苏，这四省大约占全国鲍姓总人口的46%，其次分布于湖北、安徽、河北、河南，这四省的鲍姓又集中了23%。

历史名人：
鲍叔牙（约前723或前716—前644）：即鲍叔，春秋时齐人。与管仲交，知管仲贤。鲍叔牙事公子小白，管仲事公子纠，射小白中钩，及小白立，为桓公，鲍叔牙遂进管仲，相桓公九合诸侯，而成霸业。管仲尝说："生我者父母，知我者鲍子也。"故后世言人之相知，必称管鲍。

鲍廷博（1728—1814）：字以文。清朝安徽歙县人。家中藏书极富。乾隆南巡时，廷博进献家中藏书600余种。又校刊"知不足斋丛书"30集，每集8册，收书200余种，在清代丛书中，以精善见称。著有《花韵轩咏物诗存》。嘉庆十九年（1814年）逝世。终年86岁。

63. 史

姓氏：史
祖宗：仓颉
分类：以官为氏
姓氏起源：

(1) 出自黄帝时创造文字的"史皇"仓颉。仓颉之后，衍生了仓氏、史氏、侯氏、侯冈氏、夷门氏、仓颉氏。仓颉为史官，人称史皇氏，其后有一支以官为氏，称史氏。

(2) 隋唐时代"昭武九姓"之一。古西域康国支系有史国，居史城，为"昭武诸国"之一，史国有人来中原居住，遂以国名为氏。

(3) 为突厥族阿史那氏所改。北魏阿史那部，有归附唐朝者，改姓史氏。

郡望：

(1) 健康郡：十六国前凉置郡，治所在今甘肃高台西南。北朝魏废。

(2) 宣城郡：晋太康二年（281年）置郡。治所在宛陵（今安徽宣城）。

(3) 高密郡：西汉本始元年（前73年）改胶西郡置国，治所在高密。西晋复置国，南朝宋改为郡，治所在桑犊城（今山东潍坊市东）。

(4) 京兆郡：汉太初元年（前104年）改内右史置京兆尹，为三辅之一。治所在长安。

堂号：

忠烈堂：明朝末期，史可法以兵部尚书、大学士督师扬州抗清。当扬州城危的时候，史可法给老母亲和妻子写了遗书，因为自己没有儿子，命副将史德威做他的儿子，并交代说："我死后，就把我埋在孝陵的旁边。"城破以后，可法自刎不死，他又命史德威杀他。德威哭着不肯杀，结果被清兵俘虏。被俘后，清人劝他投降，他坚决不屈，壮烈殉国。

迁徙分布：

史氏以官为姓，先秦列国都有史官，因而在春秋战国时期，史氏就广泛地分布于全国各地。西汉时有鲁国人史恭，其孙史丹自鲁（今山东曲阜）徙居杜陵（今陕西长安县西北）。史丹曾孙史崇，东汉初举家迁至溧阳（今江苏高淳县固城镇）。史丹裔孙东汉史苞的后代，于西晋末年的永嘉之乱时迁至河西健康（今甘肃高台县）。史丹后代又有一支迁至高密（今属山东），还有一支留居京兆（今陕西西安）。此外，西汉末有沛国人（今江苏沛县）史岑，又有史立因罪迁合浦（今广西合浦县东北）；东汉时，史通平迁至青神县（今属四川）。今河南开封、洛阳、民权皆有史氏；唐五代时，今湖南、浙江、山西等省有史氏；宋代，今江西、河北有史氏；至明代，史氏还分布于今湖北、安徽、福建、广东、贵州、云南等地，且遍布江南。清代以后，史氏还有迁往海外者，侨居于新加坡等国家。

历史名人：

史可法（1601—1645）：抗清名将。在兵困扬州时，他拒降固守，奋战到底，不幸英勇就义。

史鱼（生卒年待考）：春秋时卫国史官，以正直著称。临死时，还劝卫灵公进贤（蘧伯玉），去佞（弥子瑕）。后人称为"尸谏"。他秉笔直书，堪称史家楷模。

史籀（生卒年待考）：周宣王时书法家，相传他造有籀文（即大篆）。他提出"和实生物，同则不继"的唯物主义命题。

64. 唐

姓氏： 唐
祖宗： 唐叔虞
分类： 以国为氏
姓氏起源：

尧死后，舜封他的儿子丹朱为唐（今河北省唐县）侯。到周武王时，唐侯作乱被成王所灭，唐国之地就被改封给成王之弟唐叔虞，原来帝尧的后裔则被迁往杜国，称唐杜氏。唐杜氏的后裔有以国为氏的，称唐氏。另外唐叔虞的子孙也以国为氏，后来就姓唐。同时周昭王时，曾封丹朱之后在鲁县为唐侯，被楚灭后，其子孙也姓唐。春秋时，又有一支姬姓唐诸侯国，被楚昭王灭后，其后人也称为唐氏。以上这四支唐氏，均源自轩辕氏。

郡望：

（1）晋昌郡：晋永和中置郡，治所在长乐（今陕西石泉县）。此支唐氏，其开基始祖为十六国前凉凌江将军唐郓。

（2）北海郡：汉时分齐郡置郡，治所在营陵（今山东昌乐东南）。

（3）鲁国：西汉初改薛郡置鲁国，治所在鲁县（今山东曲阜）。晋改为郡。

堂号：

（1）晋阳堂：因郡立堂。

（2）晋昌堂：因郡立堂。

（3）鲁国堂：因郡立堂。

（4）北海堂：因郡立堂。

（5）禅让堂：因唐尧开禅让之功而得。

迁徙分布：

早期的唐氏，主要分布于魏、楚、晋、秦，如战国时魏有唐雎、楚有唐昧。西汉时，唐雎之孙唐厉徙居沛国（今江苏沛县）；东汉时唐翔在丹阳（今安徽当涂县东北）定居；晋代唐熙定居凉州（今甘肃武威），其子唐辉又徙居晋昌（今山西定襄县西北）；南朝齐时有三吴地区农民起义首领唐寓之曾攻占钱塘（今浙江杭州），称帝，国号吴。由此可见，南北朝时期唐氏已广泛地分布于大江南北的许多地方。唐朝时有河南固始唐氏移居福建。宋代有晋昌唐氏随宋室南渡，定居江西宁都，后迁广东潮阳、

大埔，又有迁梅州及广西者。清代，闽、粤唐氏有的移居台湾，进而又有人远徙海外，如当代有"航运业大王"之称的印尼华人唐裕。

历史名人：

唐寅（1470—1523）：明朝著名文学家、书画家，字伯虎，号六如居士。自放名山大川，筑桃花坞以居，毕生致力于绘画，且能诗文，与祝允、徐祯卿、文徵明并称"吴中四才子"，与沈周、仇英、文徵明合称"明四家"。著作有《六如居士全集》、《画谱》等。

唐蒙（生卒年待考）：西汉官吏。武帝时，他出使夜郎国（现在的贵州省），以厚礼，说服夜郎侯多同归属汉邦，设犍为郡，从此贵州不再是夷地了。

65. 费

姓氏： 费
祖宗： 季友
分类： 以封地为姓
姓氏起源：

古代春秋时，鲁桓公的儿子季友为大夫，被封为费邑的首领，其子孙便以封地为姓，相传姓费。

郡望：

（1）江夏郡：西汉高祖时设置，治所在安陆（今湖北云梦），其时辖地在今湖北省安陆市、钟祥县、潜江市、阳县东部，以及河南光山县、新县西部、信阳市东部、淮河南部一带地区。

（2）琅玡郡：亦称琅琊国、琅琊郡。春秋时期的齐国有琅琊邑，在今山东胶县南琅玡台西北，有越王勾践迁都至此之说。

堂号：

（1）江夏堂：以望立堂。
（2）琅琊堂：以望立堂。

迁徙分布：

如今，费姓在全国分布较为广泛，尤以河北、上海、江苏、安徽、浙江、湖北、河南等省市多此姓，上述七省市费姓约占全国汉族费姓人口的85%。

历史名人：

费震（生卒年待考）：明朝鄱阳人。洪武初以贤良征为吉水知州。宽惠得民，升为汉中知府。岁遇灾荒，盗贼四起。费震发仓粟十余万斗贷民，到秋收时还仓，盗贼闻知，皆来归正。

费茂公（生卒年待考）：字谨与。清朝长白山东巴海人。顺治间从攻山东、江南，取劳山，拔苏州，自入关以来，大小百余战，身受创伤无完肤，而锐气不少挫。官至盛京工部侍郎。

66. 廉

姓氏：廉
祖宗：大廉
分类：其他

姓氏起源：

远古黄帝的玄孙叫大廉，大廉的后代便形成了廉姓。黄帝有个儿子叫昌意，昌意有个儿子叫颛顼，颛顼有个孙子就是大廉。还有，元朝时，维吾尔族中有一人叫布鲁海牙，他与元朝政府友善，元朝廷封他为肃政廉访使的时候，正好他儿子降生，人们恭贺他官拜廉访使，他就给儿子取名叫廉希元。廉希元的后人与汉人一起生活，友好相处，形成一支廉姓。

郡望：

河东郡：古代河东郡有四：①指今整个山西省。②秦朝初期（前221年）置郡，治所在安邑（今山西夏县），其时辖地在今山西省夏县、临汾市、万荣县、永济市、闻喜县一带地区。东晋时期移治到蒲坂（今山西永济蒲州镇）。隋、唐两朝为蒲州河东郡。隋朝时期又分蒲坂，置河东县为治所。在明朝被并河东县，划入蒲州。③唐朝时期有河东道，又设河东节度使，道治在蒲州，节度使治所在太原（今山西太原）。④宋朝时期有河东路，治所在并州（太原府，今山西太原），其时辖地北以内长城为限，而兼有今陕西东北角。大金国时期分为河东南路、河东北路，南路的治所在平阳（今山西临汾），北路的治所在太原府，其时辖地在今山西省黄河以东夏县一带地区。明朝时期并河东县入蒲州。

堂号：

河东堂：以望立堂。

迁徙分布：

今天津市的宁河县、河西区，山东省的费县、滕州市、平邑县、临沂市费县、文登县、青岛市即墨县、济南市平阴县、菏泽市单县、济宁市邹城市、利津县，河北省的承德市围场区、安平县、涞水县、武安县、唐山市迁安市、保定市、石家庄市，黑龙江省的哈尔滨市通河区、尚志市延寿县、哈尔滨市、绥化市，河南省的郑州市、卢氏县、沁阳县、商丘市睢阳区、南阳市新野县、洛宁县、鹤壁市，辽宁省的丹东市、沈阳市、海城市、大连市、朝阳市、葫芦岛市、本溪市桓仁县，海南省，内蒙古自治区伊克昭盟、海拉尔市、兴安盟，山西省的长子县、永济市、和顺县、襄汾县、朔州市，江苏省的盐城市，陕西省的西安市，云南省的宣威市，湖北省的恩施市，吉林省的长春市、吉林市，江西省的上饶市波阳县、余干县，安徽省的明光市，浙江省的长兴县，广东省的珠海市，湖南省的沅陵县，福建省的莆田市，韩国等地，皆有廉氏族人分布。

历史名人：

廉洁（生卒年待考）：字子庸，一字子操（或字子曹），春秋末期卫国人，孔子弟

子，为孔门72贤人之一。

廉颇（生卒年待考）：战国时赵国将领，惠文王时，率军大破齐兵，拜为上卿。后曾多次带兵打败齐、魏等国的军队，以勇敢善战闻名于诸侯。公元前260年，秦、赵为争夺上党，在长平（今山西省高平北）大战，他统率大军，筑壁坚守，相持三年，秦军不能取胜。后赵王中秦反间计，改用赵括为将。赵括只知纸上谈兵，招致惨败，赵军40万人被俘，遭活埋。公元前251年，廉颇又率军大破燕兵，任相邦，受封为信平君。赵悼襄王时，他年事已高，悒郁不得志，愤而投奔魏国，居大梁（今河南省开封），后来又离魏赴楚，老死于楚国寿春（今安徽省寿县）。

67. 岑

姓氏：岑

祖宗：姬渠

分类：以国名为姓

姓氏起源：

周武王建立周朝时，分封了一大批功臣和贵族，其中有他的堂弟叫姬渠，被封在"岑"这个地方，就在现今陕西韩城那一带。岑国的公族子孙，世代就以国名为姓，形成岑姓。

郡望：

南阳郡：即汉朝的宛县、今河南省南阳市。

堂号：

南阳堂：以望立堂。

迁徙分布：

岑氏主要分布地河南省一带。

历史名人：

岑参（约715—770）：唐朝江陵人。官拜刺史。工于诗歌，长于七言歌行。现存诗360首。对边塞风光、军旅生活以及少数民族的文化风俗有亲切的感受。风格与高适相近，后人多并称"岑高"。

岑春煊（1861—1933）：原名春泽，字云阶。广西西林人，先后任广西布政使、甘肃布政使、陕西巡抚、山西巡抚、四川总督、两广总督、福建宣抚使粤汉铁路督办。二次革命后，被推为护国军都司令，旋又被推为军务院抚军副长，摄行抚军长职权。民国六年广东军政府改组，被举为七总裁之一，并任主席总裁。民国九年10月，通电辞职，后隐居上海，不再过问政治。著有《乐斋漫笔》。

68. 薛

姓氏：薛
祖宗：奚阳
分类：以国名为姓

姓氏起源：

薛姓出自黄帝的任姓，奚仲之后裔。相传黄帝共有25个儿子，分别得12个姓。其中有一子叫禺阳的，因被封在任（今山东省济宁市），得任姓，传至十二世孙奚仲在夏禹时任车正（官名），传为车的创造者，居于薛，称薛侯。春秋时，奚仲后人薛公子登在楚国做官，薛人迁往下邳（今江苏邳县西南），楚怀王赐以沛地为食邑，其后以原国名"薛"为姓氏，称薛氏。

郡望：

（1）河东郡：秦初（前221年）置郡，治所在安邑县（今山西夏县西北）。此之薛氏，其开基始祖为魏时光禄大夫薛齐。

（2）新蔡郡：晋时置郡。治所在今河南新蔡县。

（3）沛郡：汉高帝置郡，治所在今安徽濉溪县西北。东汉改为国。

（4）高平郡：因泰始元年（205年）改山阳郡置郡，治所在昌邑（今山东巨野南）。南朝宋移治高平（今微山县西北），北齐移治任城，隋开皇初废。

堂号：

忠谏堂：汉朝时候，沛人薛广德为御史大夫，敢于直谏。元帝要做楼船供自己玩乐，广德脱帽子谏阻，如果元帝不听，他打算光着头向皇帝车轮上碰。结果皇帝采纳了他的谏议。

迁徙分布：

战国时薛氏已迁往今湖北、湖南、江苏、河南、河北省境内。三国时蜀郡太守薛齐降魏，迁家于河东汾阳（今山西万荣西），世号"蜀薛"，薛齐长子薛懿有三子：长子恢，号"北祖"；次子雕，号"南祖"；三子兴，号"西祖"。另外，三国时已有薛氏徙居于今甘肃境内。西晋末年出现永嘉之乱，大批中原士族随晋室南渡，河东人薛推迁至江南，传至薛贺，于南朝梁天监年间徙居福建晋安。唐末，河南薛氏又有随王潮、王审知入闽者。自南宋开始，福建薛氏又分衍出广东海阳、五华、兴宁、梅州等支派。从清康熙时始，闽、粤薛氏陆续有迁入台湾者，此后，有的又远播海外。

历史名人：

薛仁贵（614—683）：唐朝名将。农民出身，善骑射。太宗时，应募从军，屡立战功，后又率军大败九姓突厥于天山，军中有"将军三箭定天山"的赞歌。

薛道衡（540—609）：隋代名臣、著名诗人。其诗词藻华艳，多数边塞诗比较雄壮。《昔昔盐》中的"空梁落燕泥"句，为后人所传诵。

69. 雷

姓氏：雷

祖宗：方雷

分类：以国为氏

姓氏起源：

相传方雷是炎帝神农氏的九世孙，因战功被黄帝封于方山（在河南中北部的嵩山一带），建立诸侯国。其子孙以国为氏。

郡望：

冯翊郡：秦朝时期置郡，汉武帝太初元年（前104年）设置同名行政区左冯翊，与右扶风和京兆伊合称"京畿三辅"，其时辖地在今陕西省大荔县一带。

堂号：

谦让堂：东汉雷义和同郡陈重是好友。太守举陈重孝廉，陈重要让给雷义，太守不允。刺史举雷义茂才，雷义又要让给陈重，刺史不听，雷义遂装疯披发而去。

迁徙分布：

在晋以前，雷氏已分布于南方的安徽、江西、四川、湖北等省。现在福建、广西、湖南、广东、山西等省均有雷氏人居住。雷姓是汉族大姓之一。

历史名人：

雷义（生卒年待考）：最早出现于史书的雷姓名人。东汉时代为官，与同郡人陈重情笃，被誉为交友的典范，人称"胶漆自谓坚，不如雷与陈"。

雷敩（生卒年待考）：南朝宋时药物学家，以著《炮炙论》三卷著称。此书7种。其中有的制药法，至今仍被沿用。

雷发达（1619—1693）：明末清初时建筑工匠。他曾参与过北京故宫太和殿等工程的重建。其后代也继承其业，在工部样房主持宫廷的营造工作达200余年。他有许多成果，如北京圆明园和颐和园中大部分建筑均为雷氏设计，并被通称为"样式雷"。

70. 贺

姓氏：贺

祖宗：庆封

分类：由他姓所改

姓氏起源：

贺姓出自姜姓，是为避帝王名讳所改的姓氏。春秋时，齐桓公（姜姓）有个孙子叫公孙庆克，他的儿子庆封以父名命氏，称为庆氏。庆封在齐灵公时任大夫，在庄公时与崔杼曾为上卿，执掌国政。后两人再升为左右相国。因崔杼家内发生内乱，庆封以弑君罪灭掉崔氏，独霸朝政。于是庆封把政事交给儿子庆舍处理，自己只管吃喝玩乐，引起了朝堂上下对庆氏的不满，后庆封的亲信卢蒲癸和王何，趁庆封外出之机，杀死了庆舍，庆封见势不妙，便逃到了吴国。吴王将朱方封给庆封，庆氏宗族闻讯赶来相聚，从此，庆氏比在齐国时还要富裕。至西汉末，子孙徙会稽山阴，东汉时传至庆仪为汝阴令，其曾孙庆纯官拜侍中，为避汉安帝的父亲刘庆的名讳，"庆"字改为同义的"贺"字。庆纯改为贺纯。史称贺姓正宗，为江苏贺氏。

郡望：

（1）会稽郡：秦始皇二十五年（前222年）于原吴、越地置郡，治所在吴县（今江苏苏州市）。顺帝时置山阴。此支贺氏，其开基始祖为汉庆纯。

（2）河南郡：汉高祖二年（前205年）改秦三川郡置郡，治所在雒阳（今河南洛阳市东北）。此支贺氏，其开基始祖为后魏贺兰氏、贺赖氏改为贺氏之后裔。

（3）广平郡：汉景帝中元六年（前149年）分邯郸郡置郡，治所在广平（今河北鸡泽东南）。此支贺氏，其开基始祖有二说：其一，为汉庆纯之后；其二，为后魏贺兰氏、贺赖氏改为贺氏之后裔。

堂号：

（1）会稽堂：以望立堂。

（2）河南堂：以望立堂。

（3）广平堂：以望立堂。

迁徙分布：

如今，贺氏分布甚广，尤以湖南、山西两省多此姓，这两省贺氏就占全国汉族贺氏人口的30%以上。

历史名人：

贺知章（659—744）：越州永兴人（今浙江萧山），唐代著名诗人。证圣进士，后还乡为道士。好饮酒，与李白、张旭等关系密切，时称"醉中八仙"。能诗，又工书法，尤善草隶，其诗今存20首，其《回乡偶书》传诵颇广。他高寿85岁，为贺氏名人中的寿星。

贺循（260—319）：会稽山阴人（今浙江绍兴）。晋代时官至光禄大夫，他与顾荣同为支持司马睿的江南士族领袖。善属文，博览群籍，尤精《礼》传。朝廷疑滞皆咨之，辄依经礼而对，为当世儒宗。

71. 倪

姓氏： 倪

祖宗： 邾武公

分类： 以国名为姓

姓氏起源：

倪姓来源于封地。春秋时期，邾武公将次子封于郳（在今山东滕县境），建立了郳国，其子孙以国名为姓，亡国后为了避仇，改郳为倪。

郡望：

千乘郡：春秋时期齐国有封邑名为千乘，因齐景狩猎于境内的青田而得名。西汉

时期改置为郡,治所在千乘县,故城在今山东省高青县高苑镇北部,其时辖地在今山东省北部博兴、高青、滨县等一带地区。东汉时期曾一度改为乐安国。

堂号:

(1) 千乘堂:因郡立堂,亦称乐安堂。

(2) 自立堂号:经锄、锄经、带经、怡德、世德、承德、合一、贞一、建本、报本、崇本、爱日、宁远、永思、集义、继善、乐善、雍睦、遗安、培德、种德、敬业等。

迁徙分布:

倪瓒在全国分布甚广,尤以江苏、湖北、上海等省市为多,上述三省市之倪姓约占全国汉族倪姓人口的60%。

历史名人:

倪瓒(生卒年待考):字元镇,号云林。元朝江苏无锡人。善画山水,多为水墨之作。以天真幽淡为宗,对后人水墨山水画有很大的影响。与黄公望、王蒙、吴镇并称为"元末四大家"。家有清闷阁,藏法书名画甚多。著有《清闷阁集》。

倪映典(1885—1910):字炳章,安徽合肥人。岳王会会员。清光绪三十四年(1908年)在安徽任炮兵管带,与熊成基计划在安庆运动新军起义。事被清吏侦知,后南下广州,继续从事革命活动。宣统元年(1909年)同盟会南方支部成立,任运动新军总主任。宣统二年率新军在广州起义,壮烈牺牲。年仅25岁。

72. 汤

姓氏: 汤

祖宗: 子履

分类: 以谥号命氏

姓氏起源:

成汤,帝喾(传说中古代部族首领)之子契的十四世孙子履,又名天乙。他在夏朝末年一举成为商族的首领,由于爱护百姓,施行仁政,深得民众的拥护,以至于周围的一些小国也慕名前来归附,其势力便迅速强大起来。他本居于亳,是夏朝的方伯,专管征伐之事。夏末时,帝桀残暴无道,国内日趋动荡不安,他见其形势,便产生了代夏的雄心。于是开始实行灭夏的计划。他先灭掉了商附近的一个小国葛国,紧接着,经过11次的出征,灭掉了夏王朝的三个重要同盟国家豕韦、顾、昆吾,之后再一举灭夏,把夏桀放逐到南巢,这样,履就建立了中国历史上第二个奴隶制国家商朝,定都于亳。由于他能够撝裁毂,死后被谥为成汤。其后子孙中有一支以谥号命氏,成为汤氏,为河南汤氏。

郡望:

(1) 中山郡:汉高帝置郡,景帝改为国,治卢奴(今河北定县)。

(2) 范阳郡:三国魏黄初七年(226年)改涿郡置郡。治所在涿县(今河北涿县)。

堂号：

玉茗堂：是因为明朝汤显祖命名的。他在朝做吏部主事，性格直爽，看到皇帝不采纳忠臣的谏议，还往往把提意见的人治罪，于是决定冒死奏本向皇帝提抗议，于是被罢了官。他回到家里，一面继续奏本抗议，一面编写剧本，著有《玉茗堂集》。

迁徙分布：

汤姓在全国的分布如今主要集中于湖南、江苏、福建、湖北四省，大约占全国汤姓总人口的45%，其次分布于四川、浙江、安徽、广东、江西，这五省的汤姓又集中了27%。湖南为汤姓第一大省，占汤姓总人口的17%。全国形成了长江流域地区高比率汤姓分布带。

历史名人：

汤显祖（1550—1616）：明朝著名戏曲家、文学家。因触怒权贵，被劾归里。之后居家二十余年，精心研究词曲，专事著述，写成《紫钗记》、《还魂记》（即《牡丹亭》）、《南柯记》、《邯郸记》。在戏曲史上，他与关汉卿、王实甫齐名，在中国以至世界文学史上都有着重要的地位，被誉为"东方的莎士比亚"。

汤天池（生卒年待考）：祖籍徽州，生于清顺治、康熙年间。铁画家（铁画是用铁铸成线条，再焊接而成的一种美术作品。主要是借鉴国画的水墨、章法、布局，线条简明有力，苍劲古朴）。相传，他受邻居萧云从的影响较大，是铁画的创始人。

73. 腾

姓氏： 腾

祖宗： 错叔绣

分类： 国名为姓

姓氏起源：

周武王将自己的弟弟错叔绣封在滕地，错叔绣于是建立了滕国，即今山东省滕县。滕国的公族子孙，以后就以国名为姓，世代姓滕。

郡望：

（1）南阳郡：即汉朝的宛县、今河南省南阳市。

（2）清河郡：元朝以后辖地在今河北省清河市及枣强县、南宫县各一部分、山东省临清县、夏津县、武城县及高唐县、平原县各一部分。

堂号：

（1）南阳堂：以望立堂。

（2）清河堂：以望立堂。

迁徙分布：

根据《广韵》记载，滕姓望族居于南阳郡，就是现在的河南省南阳县附近。

历史名人：

滕抚（生卒年待考）：字叔辅，北海剧人，汉朝顺帝的大将。初仕州郡，稍迁为涿

令，有文武才用。太守以其能，委任郡职，兼领六县。风政修明，流爱于人，在事七年，道不拾遗。滕抚性方直，不交权势，宦官怀怨。及论功当封，太尉胡广时录尚书事，承旨奏黜抚，天下怨之。卒于家。

滕胄（生卒年待考）：汉顺帝时著名文人，北海郡剧县（今山东省昌乐县）人，滕胤之父。博学善属文，孙权待以宾礼，每有军政书疏，常托滕胄修饰润色。曾任京兆尹，但不幸早卒。

74. 殷

姓氏：殷
祖宗：盘庚
分类：地名为姓
姓氏起源：

上古商朝开国君王商汤，传到第十代君主盘庚时，将国都迁于殷（在今河南安阳小屯村），后称殷商。武王伐纣以后，盘庚的子孙分散，有些就以国都的地名为姓，世代相传姓殷。

郡望：

（1）陈郡：亦称陈国郡，秦朝时期置郡。

（2）汝南郡：西汉高祖四年（前203年）置郡，治所在上蔡（今河南上蔡），当时其时辖地在今河南省颍河、淮河之间、京广铁路西侧一线以东、安徽省茨河、西淝河以西、淮河以北，包括偃城县、上蔡县、平舆县、项城县一带地区。东汉时期移治至平舆（今河南平舆）。

（3）琅琊郡：亦称琅琊国、琅岈郡、琅玡郡。春秋时期的齐国有琅琊邑，在今山东胶南县琅琊台西北，有越王勾践迁都至此之说。

（4）东海郡：亦称郯郡、海州。

（5）雁门郡：战国时期赵国赵武灵王置郡，秦朝、汉朝沿用，治所在善无（今山西右玉），其时辖地在今山西省河曲、五寨、宁武、代县一带。

（6）弘农郡：弘农郡始建于西汉武帝元鼎四年（前113年），治所在弘农县（今河南灵宝函谷关城），其时辖地在今天的河南省内乡以西、宜阳以西的洛、伊、浙川等流域和陕西省洛水、杜川河上游、丹江流域及华山以南的地区。

（7）冯翊郡：秦朝时期置郡，汉武帝太初元年（前104年）设置同名行政区左冯翊，与右扶风和京兆伊合称"京畿三辅"，其时辖地在今陕西省大荔县一带。

堂号：

（1）汝南堂：以望立堂。
（2）琅琊堂：以望立堂。
（3）东海堂：以望立堂。
（4）雁门堂：以望立堂。
（5）弘农堂：以望立堂。

(6) 陈国堂：以望立堂，亦称陈郡堂。
(7) 左冯翊堂：以望立堂，亦称冯翊堂。

迁徙分布：
现今殷姓主要分布于云南、江苏，这两省约占全国殷姓人口的44%，其次分布于安徽、山东、湖北、河北，这四省又集中了20%。殷姓的第一大省为云南，大约占全国殷姓人口的31%。全国形成了以西南云南、东部苏皖为中心的殷姓聚集区。殷姓分布很广，但不均衡。

历史名人：
殷兆镛（1806—1883）：字补金，号谱经。江苏吴江人。道光年间进士。英法联军侵陷大沽，进犯天津，他力主抗战，屡次上疏，请"黜邪谋，决大计"。著有《齐庄中正堂集》。

殷希彭（1900—1974）：原名同寿，字希彭。河北安国人。保定河北医学院毕业后，赴日本留学，获病理科医学博士学位。回国后，任河北医学院病理科教授。抗日战争爆发后，参加国民革命军第八路军。解放后任中国人民解放军总后勤部副部长，被授予少将军衔。1974年12月5日在北京病逝。终年74岁。

75. 罗

姓氏： 罗
祖宗： 祝融
分类： 以国为氏

姓氏起源：
罗姓出自妘姓，为颛顼帝之孙祝融之后裔。"妘"为中国古代最早的姓氏之一。祝融，名黎，为帝喾时的火官（掌管民事），后人尊为火神。甚有功，能光融天下，帝喾便命曰祝融。祝融的后裔分为八姓，即己、董、彭、秃、妘、曹、斟、芈等，史书称为"祝融八姓"。到了周朝，有子孙被封在宜城（今湖北省宜城县），称为罗国。公元前690年，罗国被楚国所灭，于原地另置鄢国，祝融氏的子孙就逐渐向南迁移，最初迁居枝江（今湖北省南部，长江沿岸的枝江县），至周末又南迁至湖南长沙，遂以国名"罗"为氏。

郡望：
(1) 豫章郡：楚汉之际置郡，治所在南昌。相当今江西省地，南朝陈时包有今江西锦江流域、南昌市清江等县地。
(2) 长沙郡：战国秦置郡，治所在临湘（今湖南长沙市）。相当于今湖南东部、南部和广西全州，广东连县、阳山等地。西汉改郡为国，东汉仍改为郡。
(3) 襄阳郡：东汉建安分南郡、南阳两郡置郡名，治所在襄阳（今襄樊市）。相当于今湖北襄阳、南漳、宜城、当阳、远安等县地。

堂号：
豫章堂：罗氏郡望豫章。宋朝时候，豫章人罗从彦是大儒程颐、程颢的再传弟子。

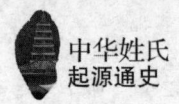

他谨慎地遵守老师的教训,隐居不愿做官,传朱熹的理学,著有《尊尧录》。人们称他"豫章先生"。

迁徙分布:

罗姓是我国的大姓之一,汉代主要分布在今山西、陕西、河北、河南、山东、安徽、浙江、江苏等地。自清代开始,居住在广东梅县、大埔及福建宁化等地的罗氏,曾多次向台湾迁徙,还有一些人迁往南洋的文岛(印尼)等国家。

历史名人:

罗贯中(约1330—约1400):元末明初杰出小说家,今山西太原人。他一生相传作过"十七史"演义,现存有《三国志通俗演义》、《隋唐两朝志传》、《残唐五代史演义》、《三遂平妖传》等,其中代表作《三国演义》(简称)被称为"中国古代四大名著"之一。

罗聘(1733—1799):清代著名画家,为江苏甘泉(今江都)人。画人物、佛像、山水、花果、梅、兰、竹等,无所不工。其笔调奇创,超逸不群,别具一格,为"扬州八怪"之一。其子允绍、允缵,均善画梅,人称"罗家梅派"。

76. 毕

姓氏: 毕

祖宗: 姬高

分类: 以国名为姓

姓氏起源:

毕姓来源于封地:上古周武王建立周朝后,将自己的弟弟姬高封于毕(在今陕西咸阳县西北),后来建立了毕国,人称姬高为毕公高。他的子孙就以国名为姓,世代相传姓毕。

郡望:

(1)扶风郡:周朝时期置郡,其时辖地在今陕西省兴平县、咸阳市一带地区。

(2)东平郡:西汉宣帝甘露二年己巳(前52年),改大河郡为东平国。

(3)河南郡:秦朝时期名为三川郡。现今河南省。

(4)河内郡:古以黄河以北为河内,以南、以西为河外。

(5)太原府:亦称太原郡。战国时期秦国庄襄王四年乙卯(前246年)置郡,治所在晋阳(今山西太原),其时辖地在今山西省五台山和管涔山南部、霍山北部一带地区。

堂号:

(1)扶风堂:以望立堂。

(2)东平堂:以望立堂。

(3)河南堂:以望立堂。

(4)河内堂:以望立堂。

(5)太原堂:以望立堂。

迁徙分布：

毕姓在全国分布较广，尤以山东、河南、黑龙江等省多此姓，上述三省之毕姓约占全国汉族毕姓人口的70%。

历史名人：

毕宏（742—756）：唐朝朝京光人，寓居于蜀。善画山水，古松奇石，著名当世。杜甫《戏韦偃为双松图歌》中有"天下几人画古松？毕宏已会韦偃少"的诗句。

毕昇（约970—1051）：北宋人。活字印刷术的发明者。他还研究过木活字版，活字可以多次使用。成为世界最早的活字印刷。

77. 郝

姓氏： 郝

祖宗： 帝乙

分类： 以地为氏

姓氏起源：

郝姓出自子姓，其始祖为帝乙。相传契为商的始祖，他曾助禹治水有功，被舜任为司徒，掌管教化，居于商（今河南南）。相传其母因吞玄鸟（燕）卵而生下他，故被赐姓子。商族后来不断地壮大，终于在契的十四代孙汤的领导下，推翻了夏桀的统治，建立商朝。据《通志·氏族略》及《名贤氏族言行类稿》记载，殷商在第二十七代天子帝乙即位时，将他的儿子子期封于太原郝乡（今山西太原），其后子孙也以地为氏，称郝氏。

郡望：

太原郡：战国秦庄襄王四年（前246年）置郡，治所在晋阳（今山西太原西南）。秦时相当今山西五台山和管涔山以南、霍山以北地区。北魏复为郡，相当今阳曲、交城、平遥、和顺间的晋中地区。

堂号：

晒书堂：晋朝时候，每年七月七日富豪之家就把衣服拿到太阳下晒，以防发霉或虫蛀。郝隆为桓温南蛮参军，他脱了衣服，跑到太阳下摩着肚皮晒太阳。人家问他干什么，他说："晒书啊！我的书都在肚子里。"

迁徙分布：

始于商末的郝姓，传了一千多年，至汉代仍是以今山西太原一带为其繁衍地区。就是到了宋代，郝姓虽说已分布于北方大部分地区，但主要还是以中原地区为其繁衍的中心地带。至于郝姓南迁，也是比较晚的，一直到宋代，南方一些地方才出现了郝姓人家。这也是导致明、清两代，郝姓仍以我国北方分布居多的主要原因。总之，郝姓是我国一个比较典型的北方姓氏。

历史名人：

郝懿行（1755—1823）：今山东栖霞人，清代著名的经学家、训诂学家、嘉庆年间进士。他曾官至户部主事，长于名物训诂考据之学，于《尔雅》用力最久，撰《尔雅

义疏》、《山海经义疏》，援引各书，考释名物，订正讹谬。另著有《易说》、《书说》、《郑氏礼记笺》、《春秋说略》、《竹书纪年校正》等书。

郝摇旗（？—1663）：明清之际李自成农民起义军的一员猛将，初在军中当旗手，故而得名。闯王死后，与李锦等联合抗清，在湖南、广西大败清军。后因在军中受歧视，退回湖北，在攻打四川巫山时被俘牺牲。

78. 邬

姓氏： 邬
祖宗： 求言
分类： 以封地为姓
姓氏起源：

邬姓源于封地，春秋时期，陆终第四子求言，受封于邬（在今河南偃师县），其子孙以受封地名为姓。

郡望：

（1）太原郡：秦置太原郡，现在山西省太原市。
（2）豫章郡：亦称南昌府、南昌郡。
（3）抚州郡：现今江西抚州。
（4）崇仁县：隋朝开皇九年（589年），废巴山郡及所领七县，以旧巴山西宁新建三县地置崇仁县，县域东南抵宁都界150余公里，西南抵永丰界45公里，迄今已有1400多年历史，素有"抚郡望县"之称。

堂号：

（1）太原堂：以望立堂。
（2）豫章堂：以望立堂。
（3）抚州堂：以望立堂。
（4）崇仁堂：以望立堂。
（5）颍川堂：以望立堂。

迁徙分布：

邬姓主要分布在山西省以西一带。

历史名人：

邬彤（生卒年待考）：唐朝书法家，尤擅草书，怀素师从之。

邬景和（1506—？）：明代驸马都御邬克诚，字信叔，乐安人。宋宁宗时，以布衣至阙，上《易说》。

邬大昕（生卒年待考）：字东启。宋朝河源人。任广州金判时，发现东洲与黄木湾之间，交通不便，便立即计划施工，将鹿步湖岸凿开，使两地十余里的水路畅通无阻，便利来往行人和交通运输。后当地居民在鹿步湖建大昕庙以示纪念。

79. 安

姓氏：安
祖宗：昌意
分类：以国为姓

姓氏起源：

远古黄帝有个儿子叫昌意，他的次子叫安，封于西戎，后来建立了安息国（在今伊朗高原），他的子孙就以国为姓。到汉武帝时开始派使者至安息国以后，中国与安息国始有往来，安息国王传位太子安清时，他不愿当国王，而想当高僧，于是他就出家为僧。于东汉桓帝建和二年（148年），回到中国河南洛阳，宣传佛教，随后定居下来，他的子孙也就世代相传姓安。

郡望：

（1）凉州：为汉武帝刘彻所置的十三刺史部之一。
（2）姑臧：治所在今甘肃省武威市。
（3）武陵郡：汉置武陵郡，现在湖南省溆浦县。
（4）河内郡：古以黄河以北为河内，以南、以西为河外。

堂号：

（1）凉州堂：以望立堂。
（2）姑臧堂：以望立堂，亦称武威堂。
（3）武陵堂：以望立堂。
（4）河内堂：以望立堂。

迁徙分布：

安姓在全国的分布主要集中在河北、安徽、山东、辽宁四省，大约占全国安姓总人口的45%，其次分布于河南、黑龙江、山西、甘肃、陕西、贵州，这六省的安姓又集中了37%。河北为安姓第一大省，占安姓总人口的13%。全国形成了以渤海湾地区为中心，向西抵甘肃和向南达安徽的延伸形状、高比率安姓分布带。

历史名人：

安清（生卒年待考）：字世高。安息国太子。原来他已经继承了王位，但为了能回到中原来，就将王位让给他的叔叔，出家为僧，信奉佛教。精通梵语，念经修行。于东汉桓帝建和二年回到河南洛阳来宣传佛教。他定居下来后，为了传教的需要，他又攻读汉语，译梵本为汉语，译《修行道地经》等30余部，皆属小乘。

安重荣（？—942）：字铁胡，五代后晋朔州人。后唐时任振武巡边指挥使。后归后晋石敬瑭，任成德军节度使。石敬瑭投降契丹后，起兵反之，次年战败被杀。但他这种民族气节，得到了后世的景仰。

80. 常

姓氏：常
祖宗：卫康叔
分类：以国为氏

姓氏起源：

常姓是以邑为氏，为卫康叔后裔。据《元和姓纂》及《通志·氏族略》记载，周武王灭商后，封其弟（文王幼子）于康邑，世称康叔封。后周公（武王之弟）又将原来商都周围地区和殷民七族封给康叔，建立卫国。卫国于公元前254年沦为魏的附庸，又于公元前209年为秦所灭。周初，周公大肆分封诸侯，诸侯又分封采邑。卫康叔把他的一个儿子封于常（今山东滕县东南）。卫国灭亡后，其后代有的则以国为氏姓卫。

郡望：

（1）河内郡：楚汉之际置，治所在怀县（今河南武涉西南），相当今河南黄河以北，京汉铁路（包括汲县）以西地区。

（2）武威郡：汉元狩二年（前121年）以原匈奴休屠王地置郡，治所在武威（今甘肃民勤东北）。元鼎后相当于今甘肃黄河以西、武威以东及大东河、大西河流域地区。东汉移治姑臧（今甘肃武威）。

堂号：

知人堂：唐朝常何，贞观时为中郎将。太宗要百官上书议论国事，常何是武人，不会写，只好请门客马周代写了三十多条。太宗看了很高兴，表扬常何写得好。常何不愿偷功，就告诉太宗说："我不识字，这是门客马周代写的。"太宗马上封马周为监察御史，并表扬常何知人，赐予绸缎三百匹。

迁徙分布：

常姓发源于今山东西部，最初，常姓是以此地繁衍起来的。战国末年，常姓主支便繁衍于今河南、河北南部等地，并已散居于大江南北。现在常姓于北方的山西、山东、河南、陕西、河北、甘肃分布最广，江苏、四川、浙江次之。

历史名人：

常志美（1610—1670）：清代山东伊斯兰教学者。他精通波斯文，注意研究宗教哲学。有阿拉伯文经稿著述之外，还重视讲授波斯文的经典教义，后来发展为中国伊斯兰教寺院经堂教育中的山东学派，影响甚广。

常遇春（1320—1369）：明朝名将，今安徽怀远人，曾为朱元璋建立明朝立下汗马功劳。擅长骑射，力大无比自称能率十万之众横行天下，军中号称"常十万"。1369年在攻克开平（今内蒙古闪电河北岸）凯旋途中暴卒，追封开平王。

81. 乐

姓氏：乐
祖宗：乐父衎
分类：以先祖名为氏
姓氏起源：
源于子姓，出自春秋初期宋戴公的儿子公子衎，属于以先祖名字为氏。据《姓纂》记载："宋微子之后，戴公生公子衎，字乐父，子孙以王父字为氏，南阳。"另外，在《姓氏急就篇》中也有同样的记载："乐氏之先，与宋同姓；戴公生乐父衎，是称乐氏。"乐氏，曾在中国早期历史上神气万分，出现在三千年前的春秋初期，是宋国王族的后裔，发源于河南省商丘地区。在周宣王姬静执政时期，宋国国君为宋戴公子撝，他有个儿子叫子衎，字乐父。子衎生子倾父泽，倾父泽又生子夷父须，夷父须，叫子夷父，字须，他以祖父子衎之字"乐父"命姓，称乐氏，其后裔在历史上的著名人物就是乐羊和乐毅，世代相传至今，史称乐氏正宗。
郡望：
(1) 南阳郡：今河南省南阳市。
(2) 河内郡：古以黄河以北为河内，以南、以西为河外。
堂号：
(1) 南阳堂：以望立堂。
(2) 河内堂：以望立堂。
迁徙分布：
乐氏一族早先在河南省南阳郡发展成望族，世称南阳望、河内望。
历史名人：
乐毅（生卒年待考）：战国时赵国灵寿人（今河北省灵寿县西北），战国中期燕国著名军事将领。公元前284年，他统帅燕国等五国联军攻打齐国，连下70余城，创造了中国古代战争史上以弱胜强的著名战例。他的作战指导方略和政治思想对当时和后世都有着极其重要的影响。

乐进（？—218）：字文谦，三国时魏国曹操手下猛将。擅打仗，最早投奔曹操，为帐前吏。后随曹操讨吕布，攻张绣，战袁绍，多有战功。与张辽共破孙权。

82. 于

姓氏：于
祖宗：邘叔
分类：以地名为姓
姓氏起源：
古周武王建立周朝时，把自己第三个儿子封在邘邑，就是今河南省沁阳县西北台镇一带。那位王子便被称为邘叔，是属于分封同姓而去做邘邑首领的。邘叔的子孙，后来就以地名为姓，并且去掉右边的耳旁，世代姓于。

郡望：

（1）河南郡：秦朝时期名为三川郡。

（2）东海郡：亦称郯郡、海州。

（3）河内郡：古以黄河以北为河内，以南、以西为河外。

（4）京兆：亦称京兆郡、京兆尹，实际上"京兆"不是一个郡，而是中央政府所在的地域行政大区称谓，"尹"为其太守。

（5）广陵郡：即江都郡。

堂号：

（1）河内堂：以望立堂。

（2）京兆堂：以望立堂。

（3）黎阳堂：以望立堂。

（4）河南堂：以望立堂，亦称三川堂。

（5）广陵堂：以望立堂，亦称江都堂。

（6）东海堂：以望立堂，亦称郯郡堂、海州堂。

（7）忠肃堂：明朝忠臣于谦，任兵部尚书。瓦剌犯大同，明英宗被俘。徐珵力主迁都，于谦为了振兴国家，坚决反对。为了避免瓦剌以明英宗要挟中原，于谦就拥明景帝即位，打败了瓦剌。不料明英宗回来后，听信谗言杀了于谦。多年后才平反昭雪，谥号"忠肃"。

（8）救民堂：明朝时候于仲宽，为永新知县。那时南乡龙仁和为乱，带兵的将军要把南乡人全都杀光，好报他的战功，仲宽坚决反对，南乡人很是感激他，生了男孩多用仲宽的姓当儿子的名，永远纪念。

迁徙分布：

河南省沁阳市北部一带，是古邘国所在地，也是于姓的发源地。在邘国灭亡后较长的一段时间里，于姓基本上都生活在今河南省境，迁徙基本是以河南境内为主，如方城、午汤、许昌、伏牛山等地。秦汉时期，于姓人开始以河南为中心缓慢向周边迁徙，北迁山西、河北、东迁安徽、山东，西迁陕西、甘肃，此期于姓主要是以中国北方的中原地区为繁衍播迁的中心，并形成三大郡望，即河南、东海、河内，由此，东迁入山东的于姓也开始兴旺起来。魏晋南北朝时期，长期的军阀纷争割据，造成"白骨露于野，千里无鸡鸣"的惨状，于姓人跟随逃难大军，大举南迁至东南广大地区，五胡乱华，促进了民族间的交流与融合，而战争又使中原地区成为兵家必争之地，为躲避战乱，处于河南南部的于姓则就近南下湖北，后辗转于四川、湖南。隋唐时期，由于国家统一，战乱减少，也由于于氏家族的恋家思想，于姓迁徙有等于无，却繁衍昌盛起来，于姓相继在北方形成了几处大的望族。北宋末年，金兵攻陷东京汴梁（今河南省开封），并掳走徽、钦二宗，有于姓人随往黑龙江。南宋后期，于姓开始由浙入闽，由闽入粤。元末农民起义军四起，社会动荡不安，江南人口锐减，由于山西表里山河的特殊优越位置，所受影响不大，朱明王朝建立，迁山西人到人口萧条处，则山西于姓也为明朝洪洞大槐树迁民姓氏之一，其分别迁山东、河南、河北、陕西、江苏等地。此前有河南于姓迁顺天府（今北京市）。清代，河南、河北，尤以山东的于姓人为多，闯关东谋生并定居。至此于姓人已遍布全国各地。

历史名人：

于谦（1398—1457）：浙江钱塘（今杭州）人，明朝大臣，成祖年间进士，曾历任监察御史、巡抚、兵部右侍郎。他任巡抚河南、山西期间，平反冤案，赈济灾荒，颇得民心。英宗时，宦官王振专权，朝廷腐败。蒙古瓦剌贵族也率军来犯，明军出兵阻击，全军覆没，英宗被俘，举国上下为之震动。一些朝臣主张南逃避敌，于谦力排众议，誓死保卫京师，并拥成王为帝（景帝）。后瓦剌军破紫荆关直逼京师，他亲自督战，击毙也先，大败瓦剌军。后官加少保，总督军务。英宗被释放后，于景泰八年发动"夺门之变"，夺回帝位。于谦被捕下狱，以"意欲谋逆"罪被叛处死刑，史称"行路嗟叹，天下冤之"。宪宗成化时，于谦被复官并赐祭，葬于西湖三台山麓。

于慎行（1545—1607）：明山东东阿人，字可远，更字无垢。隆庆进士。万历初历翰林院修撰，充日讲官。因劾张居正夺情，引疾归。后起官，历侍讲学士、礼部左右侍郎，累迁至礼部尚书。万历三十三年（1605年），起掌詹事府，后二年兼东阁大学士，入阁，寻病卒。在史馆以读书为事，明习典制，贯通百家，与冯琦同为文学名臣。其诗文弘丽，一时推为大手笔。著有《读史漫录》、《谷城山馆诗文集》。

83. 时

姓氏： 时

祖宗： 微子启

分类： 封地为姓

姓氏起源：

时姓源于宋姓，上古武王灭商建立周朝后，为追念先圣先王的功德，周武王封商王子微子启于商丘，建立了宋国，宋国公族子孙便以国名为姓，相传姓宋。传至春秋时，宋国有个大夫名来，受封为时邑的首领，他的子孙便以封地为姓，相传姓时。所以说，时姓出自商子姓。

郡望：

（1）陇西郡：秦置陇西郡，现在甘肃省临桃县。

（2）陈留郡：今河南开封。

（3）巨鹿郡：亦称钜鹿郡，汉朝以后辖地在今河北省平乡县以北及晋县一带。

（4）抚州郡：现江西抚州。

堂号：

（1）陇西堂：以望立堂。

（2）陈留堂：以望立堂。

（3）抚州堂：以望立堂，亦称豫章堂。

（4）钜鹿堂：以望立堂。三国时期的时浒，本居陇西郡洮河之边，后率儿子时苗

从陇西郡迁往河北省钜鹿郡居住,以居住地为望开创了"钜鹿堂"。而其子时苗,因官封安徽寿春县令,上任之时带了一头牛前往。时苗在任时清廉勤勉,离开之时那头牛生一小牛,时苗因小牛属于当地资产,因此不肯带小牛离任。寿春人民为了表示对时苗的尊敬,特地在寿春建立了一座留犊祠,至今尚在。时苗的后裔为了纪念先祖时苗,形成了现在的"留牛堂"和"寿春堂"号。

（5）留牛堂：同钜鹿堂、寿春堂。

（6）寿春堂：同钜鹿堂、留牛堂。

迁徙分布：

如今,时姓在全国分布较广,尤以河南、山东为多,二省时姓约占全国汉族时姓人口的66%。

历史名人：

时少章（1199—?）：字天彝,号所性。宋朝金华人。拜吕祖谦为师。博读经史,对子史尤精,谈经论史,多出新意。乡贡入大学,年逾50,登宝祐进士。历任教授山长、史馆检阅、保宁节度掌书记等职。著有《易诗书论孟大义》、《所性集》等著作。

时大彬（1573—1648）：明末宜兴人。制作陶壶名家,所制壶具朴雅坚致的特色。初仿供春,喜做大壶。后游娄东,闻陈眉公等论茶,改做小壶。前后诸家,并不能及。其壶以柄上拇痕为标识,畅销各地。

84. 傅

姓氏： 傅

祖宗： 大由

分类： 以地为氏

姓氏起源：

傅姓出自姬姓。黄帝裔孙大由（唐侯丹朱之子）封于傅邑,故其子孙便以地为氏,也称傅氏。

郡望：

（1）北地郡：战国秦置郡,治所在义渠（今甘肃宁县西北）,西汉移治马陵（今甘肃庆阳西北）,东汉移治富平（今宁夏吴忠西南）。东汉末地入羌胡。

（2）清河郡：汉高帝置郡,后屡改为国,元帝永光后为郡,治所在清阳（今河北清河东北）。东汉改为国,移治甘陵（今山东临清东）。

堂号：

兴商堂：商武丁时刻想振兴自己的国家,但缺乏贤人帮助。一天夜里,他梦到圣人来到他的面前。这位圣人说,治国的本领很大。于是武丁就画了那圣人的像,叫许多人去找,结果在傅岩找到了一位泥水匠人,他果然帮助武丁振兴了商朝。

迁徙分布：

傅姓形成于商朝都城殷,早期主要是在北方发展繁衍。明代,傅氏已遍布江南各省。清代,有部分满洲贵族改姓傅；闽粤有傅氏移居台湾,另有徙居海外者。

历史名人：

傅山（1607—1684）：明清大学问家，字青主。他不但博通经史诸子和佛道之学，并兼工诗文、书画、金石，还精通医学。其思想突破儒家正统之见，开清代子学研究的风气。其著作有《霜红龛集》、《荀子评注》等，医学上有《傅青主女科》和《傅青主男科》等书。

傅善祥（？—1856）：近代中国历史上第一位女状元。1853年，太平天国定都天京，不久开"女科"，考中鼎甲第一名，她是东王杨秀清政务上的得力助手。

85. 皮

姓氏： 皮
祖宗： 樊仲皮
分类： 以父名为氏
姓氏起源：

春秋时，周卿士樊仲皮的后代，以父名为姓，相传姓皮，他的子孙便以父名为姓流传至今。

郡望：

（1）天水郡：西汉置天水郡，现在甘肃省通渭县。

（2）下邳郡：秦朝时期在今江苏睢宁西北一带设下邳县。据《姓谱》记载："出郑大夫子皮。"望出下邳。

堂号：

（1）天水堂：以望立堂。

（2）下邳堂：以望立堂。

（3）鹿门堂：湖北洪湖、仙桃、潜江、嘉鱼等。

迁徙分布：

皮氏望居下邳（今江苏邳县下邳故城）、天水（今天甘肃天水、陇西以东地区）。

历史名人：

皮日休（834或839—902？）：字袭美，唐朝时襄阳人。曾隐居鹿门山，自号鹿门子，又号醉士、酒民。咸通八年（867年）进士任太常博士。性情高傲，善于诗文。撰《鹿门隐书》60篇，多讥刺时政。与陆龟蒙友好唱和，时称"皮陆"。乾符中黄巢起义军入长安，授日休翰林学士，后以讥刺被杀。著有《皮子文薮》、《松陵唱和诗集》等书。

皮锡瑞（1850—1908）：字鹿门，一字麓云。举人出身。他景仰西汉《尚书》今文学大师伏生，署所居名"师伏堂"，学者因称师伏先生。而后在学堂、书院研讲学术。所言皆贯穿汉、宋，融合中西，宣扬保种保教，纵论变法图强，听者无不动容。其讲义及答问，均刊于《湘报》中。晚期长期任教，并任长沙定王台图书馆纂修。所著《五经通论》、胪列心得，示学人以途径；《经学历史》则是经学的入门书。他主讲经当实事求是，不当党同妒真，对各家持论公允，为晚清经学大家之一。著有《师伏

堂丛书》、《师伏堂笔记》、《师伏堂日记》等。

86. 卞

姓氏：卞
祖宗：卞随
分类：以封邑名为氏
姓氏起源：

卞姓源于姒姓，出自夏王朝名士卞随，属于以封邑名为氏。据《庄子·让王》和《吕氏春秋·离俗》的记载，在夏、商之际，有个叫卞随的贤士，因不满夏桀的荒淫暴虐统治而隐居到稠（今陕西高陵泾渭二河合流处）。汤与大宰伊尹计确定了谋攻伐夏桀之时，曾想方设法找到了卞随，与之商量伐桀之事，卞随却拒不回答。至公元前十六世纪"鸣条之战"，商汤战胜了夏桀后，建立了商王朝，再一次找到卞随，要让天下给卞随。卞随认为自己遭遇到了最大的麻烦，说："我因反对夏桀暴虐而避隐，其一直谋求算计我，认为我是蔑视他的贼。而如今汤王您战胜了夏桀而要让位于我，后世人则必以我为贪其位也。我生于这样的乱世，难道就都是些无道行之人与我交往吗，我不能再忍受这样的无聊骚扰了。"遂自投稠水而死，令商汤非常感慨。之后，卞随的后裔子孙，就以先祖名字为姓氏，称卞氏、随氏，形成了较早的卞、随二氏一族。

郡望：

（1）济阴郡：汉景帝中元六年（144年）置济阴国，汉元帝初元元年（前48年，一说汉武帝建元三年）改为济阴郡，治所在定陶（今山东定陶），其时辖地在今山东菏泽附近南至定陶、北至濮城地区。东汉元帝初元元年（前48年）改为济阴郡，辖地在今山东省定陶县一带。

（2）济阳郡：战国时期为魏国城邑，西汉时期改置为济阳县，治所在今河南省兰考县东北部。济阳县在唐朝初期并入冤句县。晋朝惠帝时将陈留郡的一部分划出来设置济阳郡，治所在济阳，其时辖地在今河南省兰考县、山东省东明县以及定陶县一带地区，距今河南省正阳县不远。晋惠帝后来将陈留郡的一部分划出来设置济阳郡，治所在济阳，辖地在今河南省兰考县、山东省东明、定陶两县一带地区，距今河南省的正阳县不远。东晋后期晋室南渡后，济阳郡被废黜。

堂号：

（1）济阴堂：以望立堂。
（2）济阳堂：以望立堂。
（3）证璞堂：出自《韩非子·和氏》中著名的"卞和献玉"故事之典。

迁徙分布：

卞氏族人在全国分布较广，尤以江苏、四川、黑龙江、河南、山东等省为多。

历史名人：

卞随（生卒年待考）：夏朝末年人，卞氏的得姓始祖。当时汤打算伐桀，去找卞随商量。卞随说："这事与我无关!"汤灭夏后，要把天下让给卞随。卞随说："当初你已经定好伐桀的计划。你还假模假样地找我商量，目的是把谋反的罪责推给我；现在你已经得了天下，又扬言要让给我，只是为标榜自己没有独占天下的野心。我真不幸！交了你们这帮不讲道义的朋友。"卞随觉得生不逢时，竟然投河自尽了。

卞和（生卒年待考）：春秋时楚国人。荆（今襄樊南漳）人，一作和氏。和氏璧的发现者。因献玉而闻名古今。据《韩非子》记载，卞和在荆山得一玉璞（南漳县巡检山区，现有玉印岩，传为卞和得玉处），献给厉王，厉王使人鉴别，说是石头，有欺君之罪，断其左足。到武王（约前740年）即位，卞和再次献玉，武王使人鉴别，仍说是石头，又断其右足。后来文王即位，卞和抱玉恸哭于荆山下，文王派人去问他为什么哭。他说："宝玉而名之曰石，贞士戮之而漫（欺骗），此臣之所以悲也。"文王令人剖璞，果得宝玉。因此称"和氏璧"。卞和以功封为零阳侯。《史记·卷八十一》所说的"完璧归赵"故事中的"璧"，即是卞和所献之宝玉。

87. 齐

姓氏：齐
祖宗：姜太公
分类：以国为氏
姓氏起源：
齐姓源于姜姓，他的始祖为姜太公子牙，是炎帝之后，发源于山东省营丘（临淄）。姜太公封齐的故事，流传很广。姓姜名尚，字子牙，以国名为姓，称为吕尚。当时商朝几代君主不昏即暴，所以，吕尚虽满腹经纶，却毫无用武之地。吕尚年过七旬，仍在寻找显示才华的良机。这时，西方周围的西伯姬昌广招贤士，吕尚听说到此消息，便决定赶去，但他没有马上去，而是天天在渭水直钩下钓。有一天，西伯昌外出打猎，进行占卜，说此行将得一位辅国贤才。西伯昌听说吕尚非等闲之辈，必有天才。于是躬身前往，来到渭水之滨，上前同他攀谈。西伯昌听了吕尚很有见地的谈吐很有风度，即恭请吕尚同坐一车，亲自执鞭驾驶，回到宫中，封为国师，号称"太公望"。太公望为西伯昌出了许多好主意，使周的实力和声望大大提高。西伯昌死后，周武王尊吕尚为"师尚父"，对他更是言听计从。在吕尚的辅佐下，周武王终于推翻了商朝，建立了周朝。春秋末年，齐国国势衰危，君权逐渐为大臣田氏所取代，姜姓的后裔有以国为氏，称为齐氏。

郡望：
（1）汝南郡：汉高祖置郡。相当于今河南省中部偏南和安徽省淮河以北地区。
（2）高阳郡：本战国时高阳邑。北魏置青州高阳郡，在今河北省高阳县一带。
（3）中山郡：战国时为中山国，被赵国所灭。汉高祖置中山郡，相当于今河北省北部地区。

堂号：
简礼堂：周朝初期，把姜太公封到齐国。过了五个月，子牙来朝廷汇报工作。宰相周公问他："你们国家这么快就绪了？"子牙答道："我简其君臣，礼其从俗。"意思

是简化君臣之间的交往,一切礼仪从俗。周公听了赞扬说:"推行政策法令,如果过于烦琐,人民就不敢接近你;只有平易近人,人民才能真心拥护你。"

迁徙分布:
齐姓主要分布在河南省中部偏南和安徽省淮河以北地区,以及河北省北部地区。

历史名人:
齐周华(1698—1767):清代旅行家,字巨山,天台人。因病跛不谐于俗,自号独孤跛仟。好游览,足迹遍及天下。青年时为保吕留良而受酷刑。著有《名山藏副本》等。

齐天觉(生卒年待考):宋代学者,字莘夫,青阳人。家贫,好读书,倦则倚几而卧,三十年未曾睡觉。经史子集,无不精通。曾任温州天富知监,后迁知襄阳、宣城二县,再改赣州金判。

齐白石(1863—1957):著名书画家,原名纯芝,字渭清,后改名璜,改字濒生,号白石。湖南湘潭人。1953年被授予"人民艺术家"称号。

88. 康

姓氏: 康

祖宗: 姬叔

分类: 以谥号为氏

姓氏起源:
康姓源于姬姓。周武王灭商后,把同母幼弟姬叔封在康,故称康叔。武王死后,成王即位,因年幼,由周公摄政,三监(管理商朝旧臣封地的管叔、蔡叔和霍叔)不服,勾结武庚(商纣王后裔)和东方夷族反叛,后被周公平定。之后,便大规模地分封诸侯,把原来商都周围地区和殷民七族分封给当时素负贤名的康叔统治,并改封康叔为卫君,建立卫国,故又被称为卫康叔。康叔把卫国治理得很好,声誉日益上升,到周成王亲政时被举为司寇,权位高于其他诸侯。他死后谥号为"康",其后便以谥号为康氏。史称康姓正宗。

郡望:
(1)京兆郡:即首都长安直辖区。相当于今陕西省西安市至华县一带。
(2)东平郡:汉时改大河郡为东平国,治所在无盐(今山东省东平东)。南朝宋时改为郡。

堂号:
(1)会稽堂:唐朝时有康志睦,身材魁梧,善于骑马射箭,官大将军。后来讨平张韶,升平卢节度使,又平了李同捷的叛乱,加检校尚书右仆射,封为会稽郡公。康姓因以"会稽"为号。
(2)康氏还以"京兆"为堂号。

迁徙分布:
康氏族人最早分布在河南省的东部、山东省的西部和河北省的西南部一带。如今,康姓尤以安徽、四川、甘肃、山东、陕西等省居多，这五省的康姓约占全国汉族康姓人口的63%。

历史名人：

康有为（1858—1927）：我国近代著名维新派领袖。1895年联合会试举人上书朝廷，被称为"公车上书"。1898年依靠光绪帝发动了维新运动，但遭镇压，逃亡日本。民国六年（1917年）7月和张勋拥清朝废帝溥仪复辟，12天后失败。其著作有《新学伪经考》、《孔子改制考》、《大同书》等。

康广仁（1867—1898）：康有为之弟。参与维新变法，戊戌政变时被捕入狱，与谭嗣同等同时在北京菜市口被杀，为"戊戌六君子"之一。

89. 伍

姓氏：伍
祖宗：伍参
分类：以名为姓
姓氏起源：

伍姓源于芈姓。根据《玄女兵法》记载，黄帝为部落首领时，其下有大臣名伍胥，他是后来成为楚国望族的伍姓的始祖。春秋时期，楚庄王有个宠臣叫伍参，是伍胥的后裔。公元前597年，楚庄王北上与晋国争霸。楚庄王见晋军势大，主张撤军，但伍参不同意，接着他仔细分析了楚军的有利条件和晋军的弱点，终于说服楚庄王同意出战，结果楚军大获全胜。于是楚庄王就封伍参为大夫，伍参便以名为姓，成为伍氏，其后沿袭伍姓。

郡望：

（1）安定郡：汉武帝置，相当于今甘肃省平凉地区及宁夏西部。
（2）武陵郡：汉高祖置，治所义陵，在今湖南省溆浦县南。

堂号：

孝友堂：孝是指对父母孝，友是指对兄弟友爱。春秋时的伍员，字子胥，他的父亲是楚平王的太傅；哥哥伍尚是楚国大夫，父子都是忠臣。平王听信谗言，把他的父亲和哥哥都杀了。伍员逃到吴国，帮助吴王伐楚，一举歼灭楚国。当时楚平王已死了多年，伍员就掘开他的坟墓，打了他的尸骨三百多鞭，报其父兄之仇。

迁徙分布：

伍姓主要分布在湖南省溆浦县南和甘肃省平凉地区及宁夏西部一带。

历史名人：

伍祐（生卒年待考）：字祐之，宋代宁化人，大中祥符年间进士，曾任太常博士。他任楚州团练推官期间，重新营建了州里久已废弃的盐场，每年收入颇丰，人称"祐盐场"。

伍隆起（生卒年待考）：新会人，宋代名将。宋末，他率义军与元将张弘范力战不屈。后来，他手下的叛将谢文子杀了他，持首级投降了张弘范。当时的宋朝宰相陆秀

夫十分惋惜，命人刻木为首以葬。后又派人抓到谢文子，杀之以祭祀伍隆起。

伍福（生卒年待考）：字天锡，明朝时临川人，正统年间举人，历任咸宁教喻、陕西安察副使。伍福风格高迈，诗文典雅，兼工书法，其编著的作品有《咸宁县志》、《陕西通志》、《苹野纂闻》、《三吴水利论》、《南山居士集》、《云峰清赏集》。

90. 余

姓氏：余
祖宗：由余
分类：以先祖名字为姓
姓氏起源：

根据《风俗通》记载，余姓为由余之后，世居歙州，为新安大族，望出下邳、吴兴。春秋时期，秦国有个臣医叫由余，他的祖先是晋人，避乱于西戎。由余本来在西戎为官，后奉命出使秦国，见秦穆公贤德大度，就留在秦国为臣。他为穆公谋划征伐西戎，使秦国成为西方霸主。他的后代以其名字为姓，有的姓由，有的姓余，同出一宗。

郡望：

（1）新安郡：晋太康元年（208年）改新都郡置郡，治所在始新（今淳安西）。相当于今浙江淳安以西，安徽新安江流域、祁门等地。

（2）下邳郡：东汉永平十五年（72年）改临淮郡置国，治所在下邳（今江苏睢宁西北），辖地北至江苏新沂、邳县，南至安徽嘉山，东至江苏涟水、淮安和靖江市。南宋时改为郡。

堂号：

（1）清严堂：宋代余元一，是朱熹最喜欢的门人，最讲仁义礼智信五常，号"清严"。

（2）忠惠堂：宋时余天锡是宰相史弥远的家庭教师。沂王无后，命天锡在王族里找一个比较有贤德的幼儿做儿子。天锡给他找来了贵庄，就是后来的宋理宗。理宗即位，封天锡为奉化郡公，死后谥"忠惠"。

迁徙分布：

如今，余姓在全国分布广泛，尤以四川、广东、江西、云南、河南、湖北、安徽等省多此姓，上述七省余姓约占全国汉族余姓人口的77%。

历史名人：

余栋臣（1851—1912）：我国著名的反洋教英雄。1890年、1898年曾两次在四川举行反帝起义，焚教堂，打击反动教士，影响30余县，震动朝野。

余象斗（生卒年待考）：福建建安人，著名的通俗小说编著者和刊行者，经他编著和刊行的小说有《四游记》、《列国志传》、《全汉志传》、《三国志传评林》、《东西晋演义》、《大宋中兴岳王传》等。

91. 元

姓氏：元
祖宗：元铣
分类：以姓改氏
姓氏起源：
（1）上古商朝时，有位大史叫元铣，他的子孙便以元为姓。
（2）元姓改自拓拔姓，春秋时，后魏本姓拓拔，至孝文帝更为元氏。
（3）元姓改自玄姓，北宋时，因赵匡胤的父亲叫玄朗，就下令天下凡姓玄的都改成元姓，不能与其父亲同姓。
（4）据《魏书官氏志》记载："后魏纥骨氏、是云氏均改为元氏。"
郡望：
（1）河南郡：汉置河南郡，即秦三川郡地，治雒阳（现在河南省洛阳市）。隋有豫州河南郡，唐为洛州河南府，辖境都远小于汉河南郡。元为路，明为府。今河南省洛阳市。
（2）雁门郡：战国时赵国置郡，相当于现在山西省代县一带。此后多以雁门为郡、道、县建制戍守。雁门关之称，始自唐初。因北方突厥崛起，屡有内犯，唐驻军于雁门山，于制高点铁裹门设关城，戍卒防守。雁门郡为北魏元姓皇族发源之地。
堂号：
河南堂：以望立堂。
迁徙分布：
元氏的最初发祥地在黄河流域的河南、河北两省一带。望族居于河南郡，就是现在的河南洛阳市，此外，湖南、江西等地皆有元姓家族的分布。
历史名人：
元宏（467—499）：即北魏孝文帝拓跋宏。386年，拓跋珪在北方建立北魏政权（386—556）日益强大，尽占长江以北地区，成南北朝对峙之势。传至孝文帝拓跋宏，迁都洛阳，将皇族拓跋姓改成了元姓，自己也改名为元宏，其他庶族仍为拓跋氏。他加速了北方少数民族封建化的过程，推动了当时社会经济的发展。
元稹（779—831）：字微之，唐朝时河南（今洛阳市）人。元和元年（806年），对策举制科第一。任左拾遗。早期反对权贵宦官，但后转而依附宦官。元稹是白居易的好友，共同提倡新乐府，两人齐名，世称"元白"；诗称元和体。著有《元氏长庆集》100卷，今存60卷。所作传奇《会真记》，记张生与崔莺莺之事，为后来《西厢记》所本。终年52岁。

92. 卜

姓氏：卜
祖宗：启
分类：以职业为姓
姓氏起源：

上古由巫师专管占卜，他们的后代就以职业为姓，世代姓卜。巫师在上古是极为重要的人物，一般由氏族部落首领，或首领的亲族，或智者、长者担任。所有大事举行前，都要预卜是否吉利，如打猎、战争、婚丧等，由巫师解释卜卦的含义，传达上天的意志。卜者也就是巫者，是人和神的中间人，叫神人。卜卦时往往举行歌舞仪式。卜姓起源最早的记载是，上古夏的开国君主"启"，手下有姓卜的巫师。启就是大禹的儿子。

郡望：

（1）西河郡，治所在今山西离石。
（2）武陵郡，治所在义陵（今湖南溆浦南）。
（3）河南郡，治所在雒阳（今河南洛阳东北）。

堂号：

（1）武陵堂：以望立堂。
（2）河南堂：以望立堂。
（3）西河堂：闽粤始祖卜弼裔孙的堂号为"西河堂"，望出西河，《史记·仲尼弟子列传》中记载："子夏居西河教授，为魏文侯师。"子夏就是卜商。卜商后代迁出山东的卜阡富，生八子，卜弼正是他的第八子。卜氏居闽，裔传粤，世系清晰。

迁徙分布：

卜姓在全国分布较广，尤以安徽、广西、广东、内蒙古多此姓，上述四省之卜姓约占全国汉族卜姓人口的67%。卜姓人口较多，约占全国汉族人口的0.07%。

历史名人：

卜商（前507—?）：春秋末温（今河南省温县）人，晋国学者。字子夏，孔子得意门人，为72著名弟子之一，以文学见称。孔子死后，卜子夏在孔墓守孝三年，之后即到西河（今河津一带）设教讲学，传播儒家思想，足迹遍布汾阳地区（南起河津、万荣，北至文水、交城），一直生活了55年。培养了不少治世人才。其著名的弟子有春秋战国时的吴起、李悝、公羊高、谷梁赤、段干木、田子方、禽滑厘等。其著作有《卜子书》、《子夏易传》、《圣门十六书》、《周易卜商传》，与子游等人合著《论语》。

卜偃（生卒年待考）：春秋时晋国人，为晋献公掌卜大夫。所有大事举行前，都要由他预卜是否吉利。如《左传·哀公九年》记载，狐偃劝晋文公出兵送襄王归周朝，文公命卜偃占了一卦，得到"大有之睽"，卜偃解释："吉，遇'公用享于天子'之卦。……天子降心以逆（迎）诸侯，不亦可乎！"晋侯于是采取了行动。

93. 顾

姓氏：顾
祖宗：勾践
分类：以封号为氏
姓氏起源：

顾氏出自越王勾践的后裔。相传，大禹死后葬于会稽，他的儿子启在山上建立宗庙祭祀他。夏帝少康后来又把庶子无余封在会稽主持禹的祭祀，并建立越国，建都会稽（今浙江绍兴）。其后人以国名命氏，称为越氏。春秋末年，越国常与吴国交战，公元前494年被吴国打败。越王勾践卧薪尝胆，发愤图强，后终于公元前473年攻灭吴国，并向北扩展，成为霸主。战国时公元前306年为楚所灭。经秦至汉，传至勾践的七世孙摇，曾担任过今福建北部和浙江南部地区的闽越族首领，因助刘邦灭项羽有功，受封为东海王，因都东瓯，俗号东瓯王。后来封自己的儿子为顾余侯，子孙留居会稽，其支庶子孙以其封号的第一字为氏，称顾氏。史称顾姓正宗。

郡望：

（1）会稽郡：秦始皇二十五年（前222年）于原吴、越地置郡，治所在吴县（今江苏苏州市）。相当于今江苏长江以南，茅山以东，浙江省大部分及福建全省。顺治时移治山阴（今浙江绍兴）。

（2）武陵郡：汉高祖置郡。治所在义陵（今湖南溆浦南）。相当于今湖北长阳、五峰、鹤峰、来凤等县，湖南沅江流域以西，贵州东部及广西三江、龙胜等地。

堂号：

三绝堂：唐朝顾恺之，才绝、画绝、痴绝（痴是专心画画，好象呆子），时人称他有三绝。

迁徙分布：

如今，顾姓在全国分布甚广，尤以江苏、浙江等省为多，上述两省之顾姓约占全国顾姓人口的60%。

历史名人：

顾炎武（1613—1682）：著名思想家、学者。学识渊博，于国家典制、郡邑掌故、天文仪象、河漕、兵农以及经史百家、音韵训诂等，都有研究。晚年治经侧重考证，开清代朴学风气，对后来考据学中的吴派、皖派皆有影响，为我国历史上最受尊敬的学者之一。他的代表作有《日知录》、《天下郡国利病书》、《肇域志》、《音学五书》等。

顾恺之（346—407）：东晋画家。多才艺，工诗赋、书法，尤精绘画。多作人物肖像及神仙、佛像、禽兽、山水等。画人注重点睛。笔迹周密，紧劲连绵如春蚕吐丝。他和陆探微并称"顾陆"，号为"密体"，以区别南朝梁张僧繇、唐吴道子的"疏体"。他对中国画的发展有着深远的影响。

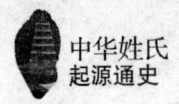

94. 孟

姓氏： 孟

祖宗： 庆父

分类： 以避罪为姓

姓氏起源：

孟姓的得姓始祖为鲁桓公的庶子庆父。庆父是个品行极坏的人，与其嫂、鲁庄公夫人哀姜私通；因哀姜没有子嗣，他与哀姜密谋，欲立哀姜妹妹叔姜所生之子子开为鲁君继承人。庄公死后，其小弟季友按照庄公的意愿立庄公之子开，就是缗公。后来，庆父又派人杀死缗公，欲自立。因此，鲁国人非常恨他，都说："庆父不死，鲁难未已。"庆父非常害怕，逃到莒国。季友用贿赂求莒送归庆父，庆父在归国途中自杀。这时任鲁相的季友，让庆父的儿子公孙敖继承庆父的禄位。因庆父在庶子中排行老大，而"孟"字在兄弟排行次序里代表最大的；又为避讳弑君之罪，所以改为孟。

郡望：

（1）根据《姓源韵谱》记载，孟姓郡望主要有洛阳、平陆县、东海郡、巨鹿郡、武康县、安平县、江夏郡等。

（2）洛阳，东汉、三国魏、西晋、五代唐先后定都于此。新莽、唐、五代梁、晋、汉、周、北宋、金都以此为陪都。

（3）江夏郡是西汉高祖时设置，相当于今天的湖北安陆、钟祥、潜江、钙阳等以东，以及河南光山、新县以西、信阳以东、淮河以南。这支孟氏，是三国时孟宗之族的所在地。

堂号：

三迁堂：相传孟子幼时家靠墓田，孟子就学埋坟、哭丧的事。孟母为了教育好儿子，就迁到集市旁边住。孟子又学叫卖东西的声音，孟母只好又迁。最后迁到学校旁安家，孟子学习礼让进退，孟母高兴地说："这里可以使我的儿子成为好人了。"由于孟母三迁，注意家庭教育，使孟子成为圣人。

迁徙分布：

孟姓在全国主要集中分布于山东、河南、河北，这三省的孟姓大约占孟姓总人口的46%。其次分布于安徽、江苏、辽宁、山西、黑龙江、江苏、辽宁、山西、黑龙江这四省又集中了28%的孟姓人口。山东为孟姓第一大省，约占孟姓总人口的21%。全国形成以鲁豫冀、东北为中心的两大块孟姓聚集区。

历史名人：

孟子（前372—前289）：名轲，字子舆，邹国（今山东邹城）人，战国时代著名的思想家，是儒家的代表人物。作为一个伟大的思想家，孟子的思想有其阶级与时代的局限性，然而积极方面影响深远。他的民本思想就成为后来的改革者、革命者的理论依据。"威武不能屈、富贵不能淫、贫贱不能移"的气节人格激励着历代仁人志士不畏权贵，为真理正义而斗争。他还强调教育的重要性。所以，客观地研究孟子及其思想，对于我们新文化的建设者是具有积极意义的。

95. 平

姓氏：平
祖宗：子诺
分类：封地为姓
姓氏起源：
战国时期韩国君韩哀侯，将子诺封于平邑（今山西临汾市一带），他的子孙便以封地为姓，相传姓平。
郡望：
河内郡：现在河南省黄河以北地区。
堂号：
河内堂：以望立堂。
迁徙分布：
平姓望居河南省沁阳一带。今河南、江苏、浙江、山东、陕西、山西、内蒙古、福建、湖南、江西、广西、广东、香港等各省区，都有平姓族人分布。
历史名人：
平当（？—前4）：字子思，汉朝时平陵人。以明经为博士。对于夏禹治水的情况颇有研究，因此成帝封他为骑都尉，负责开河筑堤，防治水患。哀帝即位后，升他为丞相，赐爵关内侯。到了第二年，又要给他升官加薪，由于自己生病而拒绝了。他说："我的官位已经够高了，薪俸已经够了，给子孙留的财产太多，会使他们过奢侈生活！"
平刚（1878—1951）：贵州贵阳人。清光绪二十三年（1897年）中秀才。光绪二十六年与张态、彭述文创设乐群学堂。中国同盟会贵州分会会长，后被推组织贵州军政府，兼任枢密院事，并被选为全权代表，赴武昌商讨组织中央政府。民国元年（1912年）任临时参议院议员。民国二年，国会成立，任参议院秘书长，并任同盟会中央总务干事。响应孙中山，参加护法运动。其著作有《感遇诗集》、《平氏谱录》、《贵州革命先烈事略》等。

96. 黄

姓氏：黄
祖宗：陆终
分类：其他
姓氏起源：
黄姓是中国古老的姓氏之一，其主根在古黄国（今河南信阳地区潢川县），黄姓起源有三支。
（1）黄姓出自嬴姓。帝舜时代，东夷部落的首领叫伯益，是"帝颛顼之苗裔"，

因帮助大禹治水有功,被帝舜赐姓嬴氏。传说伯益的后裔有十四个,既徐氏、郯氏、莒氏、终黎氏、运奄氏、菟裘氏、将梁氏、黄氏、江氏、修鱼氏、白冥氏、蜚廉氏、秦氏、赵氏,合称嬴姓十四氏。其中黄氏大约于商末周初在今河南潢川建立黄国,因被周朝封为子爵,又称黄子国。春秋时期,楚国称霸,只有黄国和随国敢于抗衡。公元前648年,黄被楚灭。亡国后的黄国子孙,以国名为氏,就是黄氏。

(2) 黄姓出自金天氏之后。台骀是上古时期少昊金天氏的苗裔,世代为水官之长,颛顼时受封于汾川,后世尊为汾水之神。春秋时,台骀的后人曾建立沈、姒、蓐、黄诸国,后来全被晋国灭掉了。其中黄国公族子孙以国为姓,成为黄姓。

(3) 黄姓起源于中国古代南方的蛮族。《新唐书》中有"邕管(在广西境内)蛮有黄姓。唐黄少卿、少高、少温是也"。其实,此支黄氏乃是黄国遗民的后裔。

郡望:

(1) 零陵郡:西汉时置郡。此支黄氏为三国黄盖之族所在。

(2) 巴东郡:东汉时置郡。此支黄氏,出自东汉蜀将黄权之后。

(3) 西郡:在今甘肃永昌一带,为酒泉黄衍之后。

(4) 会稽郡:秦时置郡。此支黄氏,出自东汉黄昌之后。

堂号:

(1) 宽和堂:汉代黄霸为河南太守。当时的官吏都非常严肃,黄霸为政独尚宽和。宣帝时,他任廷正(司法官),因事被关于监狱。从官到民一齐为他呼冤,终于平反昭雪。

(2) 江夏堂:后汉黄香,小时候死了母亲,他对父亲最孝,夏天用扇子把父亲的席子扇凉,冬天把父亲的被褥暖热。人夸他的孝:"天下无双,江夏黄童!"

迁徙分布:

黄姓最早的发源地应在今河南省潢川县西部一带。如今,黄姓人口在广东省最多,约占全国黄姓人口总数的19%。

历史名人:

黄宗羲(1610—1695):明清之际著名的思想家、史学家。所著《明儒学案》、《宋元学案》为中国历史上系统的哲学思想专著,开辟了清代史学研究的风气,是明末清初三大思想家之一。

黄慎(1687—1768):清代画家,善画人物,兼工花鸟、山水,是"扬州八怪"之一。

黄庭坚(1045—1105):北宋文学家。其诗与苏轼并称"苏黄",开创了江西诗派,他也是宋代四大书法家之一。

97. 和

姓氏：和
祖宗：羲和
分类：以姓为氏
姓氏起源：

上古尧帝时，有个叫羲和的贵族，做掌管天文历算的官。尧帝时人们已对农业很是讲究，而农业又与天文四季有很大关系，所以羲和是个非常重要的官员。他地位高，家庭也很昌盛，他的后人都以他为荣，就取他名字中的一个和字作为姓。

郡望：

（1）代郡：亦称代国。战国时期赵武灵王始置代郡。秦朝时期先为代郡，后为代县。汉朝初期为代国，后改回为代郡，治所在桑乾县（今山西宁武），东汉时期移郡治至高柳（今山西阳高）。晋朝时期移郡治到代县（今山西代县），晋永嘉后期废黜，其时辖地在今河南省蔚县西南一带。北魏时期亦置代郡，但治所在平城（今山西大同）。

（2）汝南郡：西汉高祖刘邦四年（前203年）置郡，治所在上蔡（今河南上蔡），其时辖地在今河南省颍河、淮河之间、京广铁路西侧一线以东、安徽省茨河、西淝河以西、淮河以北，包括偃城县、上蔡县、平舆县、项城县一带地区，治所在上蔡（今河南上蔡）。东汉时期（25—220）移治至平舆（今河南平舆）。

（3）西陵郡：三国时期孙吴黄武元年（222年），改东汉朝时期所置的夷陵为西陵郡，后来也称宜都郡，治所在宜昌（今湖北宜昌）。

堂号：

（1）代国堂：以望立堂，亦称代郡堂。
（2）汝南堂：以望立堂。
（3）西陵堂：以望立堂。

迁徙分布：

今辽宁省抚顺市，山东省的泰安市、新泰市，云南省的大理白族自治州、丽江纳西族自治县、西双版纳傣族自治州，河南省的南阳市、浚县、上蔡县、平顶山市、焦作市、沁阳市、唐河县、滑县、商丘市睢县、太康县、汝南县、社旗县、开封市、安阳县、周口市、洛阳市孟县，四川省资阳市、射洪县，山西省榆次市、忻州市、晋城市，广西壮族自治区来宾市，陕西省的澄城县、蒲城县、铜川市、长安县，黑龙江省尚志市，河北省邯郸市、邱县、唐县、乐亭县，广东省茂名市等地，皆有和氏族人分布。

历史名人：

和洽（生卒年待考）：三国魏汝南平人，字阳士。东汉末，举孝廉，不就。率亲旧依刘表。后归曹操，为丞相掾属。魏国既建，-为侍中、郎中令。魏文帝即位，为光禄勋，封安城亭侯。魏明帝时，进封西凌乡侯，拜太常。为官清贫廉洁有操守，最后以售田宅自给，卒谥简。

和峤（？—292）：西晋汝南西平人，字长舆。有盛名。袭爵上蔡伯。起家太子舍人，累迁颍太守。为政廉洁。以贾充荐，入为中书令。晋武帝深器之，预定灭吴大计。恒以储君机为忧。惠帝立，拜太子少傅，迁光禄大夫。家富性吝，杜预谓其有钱癖。卒谥简。

98. 穆

姓氏：穆

祖宗：与夷

分类：以谥号为氏

姓氏起源：

穆姓出自子姓，以谥号为姓。"穆"是古代帝王诸侯死后的谥号，是布德执义，中情见貌的意思（贤良、和气之意）。春秋时，宋国有国君宋宣王，他死后由其弟和继位，执政九年，临死时遗诏传位给宋宣王的儿子与夷，而让自己的儿子离开宋国，到郑国去做事。和死后，与夷继位，即宋烈日殇公，因和为君主时贤良和气，所以给和加谥号"穆"字，史称宋穆公。后来，宋穆公的支庶子孙就以祖上的谥号为姓，称穆姓。

郡望：

(1) 河南郡：汉高祖时置郡。相当于现在河南省洛阳市一带。

(2) 汝南郡：汉高祖时置郡。相当于现在河南省中部偏南和安徽省淮河以北地区。

(3) 河内郡：古以黄河以北为河内，以南、以西为河外。

堂号：

(1) 河南堂：以望立堂。

(2) 汝南堂：以望立堂。

(3) 河内堂：以望立堂。

迁徙分布：

如今中国穆氏族人广泛分布在北京、天津、河北、山东、山西、内蒙古、湖南、广东、云南、四川等地。

历史名人：

穆宁（生卒年待考）：唐朝时的文官，官职叫秘书监。他在朝廷做官一板一眼，奉公守法，而且家教很严，让儿子从小熟读孔子的礼法，并要求儿女一言一行不可失礼。他和当时另一个叫韩休的，都以家教严厉出名，所以便有了成语"韩穆二门"，形容有家教的人家。

穆修（979—1032）：宋代人，进士，他的文章简洁明了，且具有很强的说服力，用词典雅。当时著名文人欧阳修最提倡这种文风，所以对穆修的文章赞不绝口。

99. 萧

姓氏：萧
祖宗：南宫长万
分类：以封地命姓
姓氏起源：

春秋时期，宋国有一员猛将叫南宫长万，在攻打鲁国时被俘，鲁庄公把他囚禁在后宫中，几个月后才把他放回宋国。公元前682年秋的一天，宋闵公同南宫长万在后宫博戏（古代的一种赌局），闵公的宠姬也在旁边观看。长万看着她们说："还是鲁宫的美女漂亮，天下诸侯没有比做鲁君更快活的了！"闵公一向以这几个姬妾的姿色自矜，听了这话非常不高兴，就嘲笑长万说："像你这种当俘虏的人怎么懂得美不美呢？"这一下触到南宫长万的痛处，他顿时恼羞成怒，一拳就把闵公打死了。接着他又杀死大夫仇牧和太宰华督，另立公子游为君。宋国公子纷纷逃往萧邑（今安徽萧县）。萧邑大夫是宋国始祖微子启的后裔，名叫大心，他把这些公族子弟及他们的随从组成一支军队，又到曹国请来援军，遂杀了南宫长万及其同党，平息了这次内乱。闵公的弟弟宋桓公即位后，把大心封在萧为附属国，称为萧叔。萧国后来被楚国所灭，大心的后世子孙遂以封地命姓，称萧姓。

郡望：

兰陵郡：西晋时从东海郡分出一部分，置兰陵郡，治所在丞县（今山东省枣庄市峄城镇）。隋时废此郡。

堂号：

定汉堂：汉代陪臣萧何，从汉高祖刘邦在沛县起兵反秦，到建立汉朝即皇帝位，始终帮助汉高祖，功居第一，位列丞相，汉朝一切律令典制，都是萧何定的。

迁徙分布：

如今萧姓在我国分布较广，尤以四川、湖南、江西、湖北、山东、广东等省多此姓，六省萧姓约占全国汉族萧姓人口的69%。

历史名人：

萧何（前257—前193）：西汉大臣。秦二世元年（前209年）佐刘邦起义。刘邦率军入咸阳时，诸将皆忙于分取府库财物，萧何则收取秦王朝的文献档案，掌握了全国的山川险要、郡县户口及当时社会状况。楚、汉矛盾激化时，他说服刘邦暂作战略退却，以保存汉军实力。楚汉战争中，他荐举韩信为大将，自以丞相身份留守关中，输送士卒、粮饷。汉朝建立后，他协助刘邦、吕后消灭韩信、英布等叛乱；推行与民休息政策，又参照《秦律》，制定《汉律》九章。

萧统（501—531）：南朝梁文学家昭明太子。梁武帝之子，天监元年立为太子。少时读遍儒家经典。及长，参与朝政。善诗赋，曾招才学之士，广集古今书籍三万多卷，研讨儒事文学，兼探佛理。辑《文选》三十卷，选出上至周代，下迄梁朝各种文体的代表作编辑而成，为我国现存最早的文章总集，对后世文学创作颇有影响。

萧朝贵（约1820—1852）：太平天国领导人之一。参加领导金田起义，任右弼又正军师，领前军主将，封西王八千岁。在攻打长沙时，中炮阵亡。

100. 尹

姓氏：尹
祖宗：少昊
分类：以地名为氏
姓氏起源：

尹姓出自少昊的后代，以邑为姓。据《通志氏族略》记载，据说少昊为古代东夷族的首领，号金天氏。东夷族以鸟为图腾，相传他曾以鸟名为官名，设有工正和农正。管理手工业和农业，少昊之子为工正，主制弓矢，被封于尹城，世称尹殷。子孙世掌其官职。殷的后代多用封邑名"尹"作为姓氏，周朝时尹氏子孙的封地一直在尹这个地方，为河南尹氏和山西尹氏。

郡望：

（1）天水郡：西汉元鼎三年置郡，治所在平襄（今甘肃境内），西晋移到今天水市所在地。北魏时相当于今天水、秦安、甘谷等市县地。此支尹氏为晋时尹纬之族所在。

（2）河间郡：汉高帝置郡，治所在乐城，平帝时相当于今河北献县、交河、武强等一部分地区。其后或为国，或为郡。此支尹氏，为东汉尹敏的后裔所开基。

堂号：

和靖堂：宋时尹淳是程颐的学生，终生不应科举，赐号"和靖居士"。金兵攻陷洛阳，他的全家被害，只剩他一人流落至四川，以布衣任太长少卿，不久改任礼部尚书、侍讲。

迁徙分布：

宋元时，有大批尹姓迁徙，广泛分布于南方地区。明朝洪武、永乐年间，尹姓由山西洪洞大槐树徙于河南、河北、江苏、天津等地广人稀之处。清代，有尹姓渡海入台，进而入居海外者。如今尹姓以山东、湖南、湖北、四川等省居多。

历史名人：

尹继善（1695—1771）：著名的政治家，满州镶黄旗人，雍正进士，历任江苏巡抚、云贵、川陕、江南等地的总督，为世宗、高宗所倚重。后官至军机大臣。

尹洙（1001—1047）：河南府治人，北宋著名的文学家，他的文章内容多为讨论西北军政，风格简古，摆脱了宋初的华靡之风，著有《河南先生文集》传世。曾上书反对与金人议和。

101. 姚

姓氏：姚
祖宗：舜帝
分类：以封地为氏
姓氏起源：
姚氏的来源有三：
（1）姚姓出自妫姓。相传五帝之一的舜有生于若水、居于地丘的后代，因生在姚墟，其后子孙便以地为氏，称为姚氏。又相传在为帝之前，四岳曾向帝尧推荐过陶唐氏，舜继承王位后曾把自己的两个女儿嫁给他，让他们居住在妫河边。他们的子孙有留在妫河边居住的，便以妫为姓。武王灭商后，找到了帝舜的后裔妫满，武王把他的大女儿嫁给妫满，并且封他于陈。传至年仲敬氏时因避王莽乱居于吴郡，改姓为妫。传五世后，复改为姚姓。
（2）姚姓出自子姓。据记载，春秋时有姚国，为商族的后代，他的子孙便以国为氏，称为姚氏。
（3）他族改为姚姓。据相关史料所载，西晋时有羌族首领姚戈重，本是汉时西羌烧当氏的后人，他们自称帝舜的后代，故而改姓姚。
郡望：
（1）吴兴郡：三国吴宝鼎元年置郡，治所在乌程。相当于今天的浙江临安、余杭、德清一线西北，兼有江苏宜兴等地。
（2）南安郡：东汉中平五年分汉阳置郡，治所在今天的甘肃陇西渭水东岸，相当于今天的甘肃陇西县东部以及定西、武山等县。隋初废。
堂号：
（1）圣仁堂：舜帝是至仁圣明的帝王。
（2）姚姓又以郡望"吴兴"和"南安"作为他们的堂号。
迁徙分布：
如今，姚姓在全国的分布主要集中于安徽、广东、江苏三省，大约占姚姓总人口的25%，其次分布于浙江、河南、四川、河北、湖北、湖南，这六省又集中了33%的姚姓人口。安徽成为当代姚姓第一大省，居住了姚姓总人口的8.6%。全国形成了以皖苏浙、粤湘为中心的两个姚姓高聚集区域。
历史名人：
姚思廉（？—637）：唐初史学家，江苏吴兴人，后迁入关中，为今陕西西安市人。编著《梁书》50卷、《陈书》30卷。他的孙子姚寿博涉经史，有才辩，武后时他任地官尚书，姚寿弟姚班自幼聪明好学，官至户部尚书，亦善经史，撰有《汉书绍卷》40卷。
姚崇（650—721）：唐初著名政治家，他本人及其家族在政治方面很有成就。姚崇官至宰相，曾任武则天、玄宗朝宰相。为官清廉，深得众望，后来宋璟继他为相，史

称"姚宋"。姚崇曾孙姚合,元和进士,官终秘书监。因曾授武功主簿,世称姚武功。他开创的诗体也称武功体。姚崇玄孙姚璹,长庆进士,湖、常二州刺史。

102. 邵

姓氏:邵

祖宗:姬百

分类:以邑为氏

姓氏起源:

邵氏源于姬姓,是周文的后代。据《尚友录》记载,周如公姬百的后代,加邑旁为邵氏。据《通志·氏族略》上记载,召、邵原本是一姓,召本来是一个地名,是周如公的食邑,齐国有召忽,汉代有召欧,又有南阳太守召信臣。而根据《千家姓查源》上记载,召、邵出自周朝。周文王的庶子姬百,曾受封于召这个地方,号称召公,后来建立燕国,他的子孙中就有的用受封地名"召"作为姓氏,也有的加邑旁以"邵"作为姓氏,这就是邵氏的起源。古代的召邑就在今天的陕西省岐山的西南部。望族居于博陵郡,即今河北省保定县一带。

郡望:

(1) 博陵郡:东汉本初元年置郡,治所在博陵。西晋置国,治所在安平。相当于今河北安平、深县、饶阳、安国等地。

(2) 汝南郡:汉高祖四年置郡,治所在上蔡。相当于今天的河南颖河、淮河之间,京广铁路西侧一线以东,安徽西淝河以西,淮河以北地区。东汉移至平舆。

(3) 安阳县:西汉置县,治所在今河南安阳西南。西晋置县,治所在今天的河南安阳西南。

堂号:

(1) 安乐堂:宋时邵雍,好《易》理,把他的居所命名为"安乐窝",自号"安乐先生"。顾颐称赞他有内圣外王之学。

(2) 邵姓又以博陵为堂号。

迁徙分布:

邵氏主要分布在今河北安平、深县、饶阳、安国等地。

历史名人:

邵晋涵(1743—1796):今浙江余姚人,清代著名的经学家、历史学家,他曾参与纂修《继三通》、《八旗通志》等书。又从《永乐大典》中辑录《旧五代史》,并博采《册府元龟》、《太平御览》等书,按照原目,编排成册,使《旧五代史》失而复得,列入正史。他还擅于经学,以郭璞《尔雅注》为宗,兼采汉人旧著,撰有《尔雅正义》,成为训诂学的重要著作。如今的《四库全书》史部典籍,多出自他手。

邵信臣(生卒年待考):东汉时任南阳太守,九江寿春人。曾历任零陵、南阳太守。在南阳任职期间,曾利用水泉兴修水利工程,组织民众开沟筑坝数十处。他与杜诗一前一后,在南阳都有惠政。被人称为"邵父杜母",以表达对他们的敬爱。

103. 湛

姓氏：湛
祖宗：大苏裨谌
分类：以国名为氏
姓氏起源：

湛姓源于姒姓，出自夏王朝早期大禹氏族后代，属于以国名为氏。上古夏朝时，有个斟灌氏国，是大禹氏族中的一支建立的诸侯国，其地在今山东省寿光县东北四十里斟灌店。太康失国后，东夷族人寒浞又代羿称王。派遣浇率兵攻灭斟灌氏国。原斟灌氏族人为避害，便约定把原国姓斟灌二字合并，各取一半，合成一个湛字，即去斗去藿为姓，遂成湛氏。子孙沿袭，传延至今，已有四千余年。

这在《百家姓》中有注释："湛，系出姒姓，夏同姓诸侯斟灌氏，其后子孙去斗去藿，合二字为湛氏。"

郡望：

（1）豫章郡：亦称南昌府、南昌郡。
（2）浔阳郡：亦称河阳郡，西晋朝永兴元年（304年）置浔阳郡，治所在浔阳（今江西九江）。

堂号：

（1）豫章堂：以望立堂。
（2）河阳堂：以望立堂，亦称浔阳堂。

迁徙分布：

今重庆市黔江区、涪陵区，山东省登州市、文登县、济南市、邹城市，广西壮族自治区玉林市、桂林市、灌阳县、北海市，贵州省福泉县，广东省高州市、河源市、乐昌市、增城市，湖北省汉川市、孝昌县、黄梅县，安徽省寿县，河南省平顶山市宝丰县、信阳市，湖南省岳阳市汨罗县、平江县、长沙市，北京市，上海市，辽宁省沈阳市、辽阳市，江西省赣县，内蒙古自治区，河北省唐山市，陕西省旬阳县、三原县，福建省莆田市，美国西雅图市，日本国神户县等地，皆有湛氏族人分布。

历史名人：

湛若水（1466—1560）：字元明，号甘泉，广东增城甘泉都，学者称甘泉先生。明弘治十八年（1505年）进士，历官南京吏、礼、兵部尚书。湛若水是明代著名的学者，从陈宪章游，是陈白沙弟子中成就最著者。湛若水与王守仁皆以理学著名而分庭抗礼。他学识渊博，著作丰富，工书法，生平著作及诗文积逾千卷。

湛贲（生卒年待考）：唐朝诗人。南朝宋长史茂之十二世孙。本家毗陵，后为宜春人。贞元中登第，尝以江阴县主簿权知无锡县事，后为毗陵守。

104. 汪

姓氏：汪
祖宗：汪芒
分类：以封地为氏

姓氏起源：

汪姓源于汪芒氏。据《通志·氏族略》记载，汪姓是汪芒氏后代，商朝时有汪芒国，子孙以国名为姓，后来改复姓为单姓汪。另外，据《姓氏考略》记载，汪姓出自春秋时期，鲁成公的支子，食采于汪，后代以地为姓氏，就是汪氏。上古时汪芒国，国君叫防风氏，后被大禹处死，国人迁居湖州的山里，称汪芒氏。战国时楚国灭越，汪芒氏也被攻破，后来逃至安徽南部的歙县一带，改称汪氏。古代的汪芒国在今山西省临汾县一带。望族居于平阳郡，就是今山西省临汾县西南部。

郡望：

（1）平阳郡：三国时魏分河东郡置治所在平阳，相当于今天的山西霍县以南的汾河流域及其以西地区。

（2）新安郡：晋时由新都郡改置，相当于今天的浙江淳安以西、安徽新安江流域、祁门等地。隋代歙州置，后来移到了现在的歙县。

（3）六桂郡：就是"六桂联芳"的誉称，分布在古代的泉州。治所在地闽县，相当于今天的福建全省。后来改为闽州。唐代景云年间改武荣州置县。

堂号：

（1）越国堂：唐代汪华封越国公。

（2）忠勤堂：明代汪广泽封为忠勤伯。

（3）另外，汪氏还有堂号"平阳"、"六桂"。

迁徙分布：

如今，汪姓在全国主要集中分布于安徽、湖北两省，大约占汪姓总人口的42%。其次分布于浙江、四川、江苏、江西、云南、湖南，这六省又集中了29%的汪姓人口。安徽是汪姓第一大省，约占汪姓总人口的30%。全国形成以安徽为中心沿长江向四周逐步递减的汪姓分布特征。

历史名人：

汪伦（生卒年待考）：唐朝泾州（今安徽泾县）人，大诗人李白游泾县桃花潭时，他热情招待，李白因赋《赠汪伦》诗，有"桃花潭水深千尺，不及汪伦送我情"的诗句。

汪藻（1079—1154）：字彦章，饶州德兴人（今江西德兴），著名南宋文学家。宋崇宁进士，擢中书舍人，累拜翰林学士。宋绍兴元年（1131年），除龙图阁直学士知湖州。八年，升显谟阁学士。历知徽州、宣州，贬居永州。宋绍兴二十四年逝世，终年75岁。《宋史》有传。著有《浮溪集》三十六卷、《浮溪文粹》十五卷。

105. 祁

姓氏：祁
祖宗：祁奚
分类：以封地为氏
姓氏起源：
（1）祁姓是来源于黄帝其中一子祁豹，他的子孙以祁为姓，世代相传。
（2）祁姓是来源于封地。春秋时期，晋国有个大夫名奚，受封于祁（今山西祁县），人们称他为祁奚，他的子孙便以封地名为姓，世代相传。
郡望：
（1）太原府：秦置太原郡，现在山西省太原市。
（2）扶风郡：周朝时期置郡，其时辖地在今陕西省兴平县、咸阳市一带地区。
堂号：
（1）太原堂：以望立堂。
（2）扶风堂：以望立堂。
迁徙分布：
如今，祁姓在全国分布较广，尤以江苏多此姓，约占全国汉族祁姓人口的44％。
历史名人：
祁午（生卒年待考）：春秋时人，晋国大夫。祁奚之子。晋悼公四年（前570年），代其父为中军尉。晋平公时，曾率军至曲沃逐栾盈。
祁盈（生卒年待考）：春秋时晋国人，祁午子，晋顷公时大夫。家臣祁胜、邬臧易妻淫乱，盈将二人收捕。祁胜通过贿赂荀跞向晋侯进言，诬陷祁盈，祁盈遂为晋侯所杀。

106. 毛

姓氏：毛
祖宗：毛公
分类：以封邑为氏
姓氏起源：
（1）毛姓出自姬姓，以国为氏。周武王灭商后，封弟弟叔郑（文王第八子）于毛国（今陕西岐山、扶风一带），世称毛公。清道光年间（1821—1851）在陕西岐山出土的西周晚期青铜器班殷、毛伯敦、毛公鼎等均为毛国的遗物。其中，"毛公鼎"为现存铭文最长的青铜器，铭文共497字，记述了周宣王告诫和褒奖其臣下毛公厝之事。这说明西周晚期陕西毛国还存在。毛公子孙在周朝世袭卿士，称为毛氏。
（2）毛姓出自姬姓，以封邑名为氏。周文王的第九子伯聃被封在毛邑（今河南宜阳县东北一带），世称毛伯聃，为周成王的六卿之一，任司空，掌管建筑工程。毛公的

后代就以封邑名"毛"命姓,称毛姓。

郡望:

(1) 西河郡:汉时置郡,治所在平定(今内蒙古东胜县境)。东汉时移治离石(今山西离石)。

(2) 荥阳郡:三国魏时分河南郡置郡,治所在今荥阳。

(3) 河阳县:汉时置县,治所在今河南省孟县西。

(4) 北地郡:战国时秦国置郡,治所在义渠(今甘肃省宁县西北),西汉移治马岭(今甘肃庆阳西北),东汉移治富平(今宁夏吴忠西南)。

堂号:

舌师堂:战国时平原君有食客毛遂。秦国攻赵,平原君向楚国求援,毛遂跟着平原君出使楚国。平原君和楚王谈判,直到中午未能达成出兵援赵的协议。毛遂就拔剑胁迫楚王,晓以利害,遂签订了楚国出兵援赵的条约回赵。平原君夸奖毛遂说:"毛先生三寸舌抵百万之师!"毛氏因以"舌师"为堂号。

迁徙分布:

如今,毛氏分布较广,尤以浙江多此姓氏,约占全国毛氏人口的3%,广西、四川、湖南也多毛氏,这四省毛氏占全国毛氏人口的60%以上。

历史名人:

毛泽东(1893—1976):字润之,湖南湘潭韶山人,中国共产党、中国人民解放军和中华人民共和国的主要缔造者和领导者。1921年7月出席党的第一次全国代表大会。1927年9月领导湘赣边界的秋收起义,10月率领部队上井冈山,建立了全国第一个农村革命根据地,开辟了以农村包围城市、武装夺取政权的革命道路。在1935年1月召开的遵义会议上,批判了王明的"左倾"错误,确立了他在全党的领导地位。1946—1949年领导人民进行了解放战争,推翻了国民党的统治,建立了中华人民共和国。建国后先后担任中华人民共和国主席、全国政协第一届委员会主席。1976年9月9日在北京逝世,享年83岁。

107. 禹

姓氏: 禹

祖宗: 大禹

分类: 以祖名为姓

姓氏起源:

禹姓以祖字为姓,相传大禹在治水时,在持续三十年的治水过程中,他三过家门而不入。后因治水有功,被舜选为继承人。舜死后,他继位担任部落联盟领袖。禹的后代子孙就以祖上的名字命氏,称禹氏。

郡望:

(1) 陇西郡:战国时期秦国秦昭襄王二十八年(前279年)置郡,因在陇山之西而得名,治所在狄道(中国甘肃临洮),其时辖地在今甘肃省东乡县以东的洮河中游、武山以西的渭河上游、礼县以北的西汉水上游及天山市东部，包括今甘肃省兰州市、临洮县、巩昌县、秦州市一带。

（2）琅琊郡：亦称琅琊国、琅玡郡、琅玡郡。春秋时期的齐国有琅琊邑，在今山东胶南县琅琊台西北，有越王勾践迁都至此之说。

堂号：

（1）琅琊堂：以望立堂。

（2）陇西堂：以望立堂，亦称陇右堂。

（3）十起堂：大禹治理天下，勤政爱民，吃一顿饭间因有公事急待处理而放下碗十次；洗一回头因有公事要把头发绾起来三次。历史上称"一馈十起，一沐三握发"。

（4）惜阴堂：因大禹珍惜光阴而命名。

迁徙分布：

江苏阜宁县，甘肃省古浪县，湖南省双峰县、邵东崇山铺、团山县，河南省泌阳市、滑县、柘城市、荥阳市汜水县，云南省通海县、昌宁县，安徽省和县、砀山县、萧县芦屯村，浙江省宁波市余姚梁弄镇，贵州省黎平县、兴仁县，重庆市永川县，山东省莱州市、临沂市西南庄村、蒙阴县、泰安市岱岳区、禹城市，四川省宜宾市，湖北省的钟祥市，广西壮族自治区崇左县，辽宁省新民市，韩国丹阳郡等地，皆有禹氏族人分布。

历史名人：

禹显（生卒年待考）：金朝人。以战功授义胜军节度使，兼沁州招抚副使。率领200士兵驻守襄垣。元帅集步骑数千前来攻城，四次不能拔，后因内变，城破被俘，不屈而死。

禹之鼎（1647—1716）：清代画家。康熙年间任鸿胪序班。他以善画供奉内廷。尤工写照，秀媚古雅，为当代第一。许多名人小像都出于他的手笔。

108. 狄

姓氏： 狄

祖宗： 炎帝

分类： 以国为氏

姓氏起源：

狄氏源于参卢氏，为炎帝后裔。他们的始祖叫作孝伯，又叫考伯。发源于山东省境内。孝伯是炎帝姜氏的后裔，因为在参卢居住，所以又叫作参卢氏。周成王封他于狄城（今天的山东省高青县南），他在那里建立了狄国。这个国家灭亡以后，国人便以国为氏。

郡望：

（1）天水郡：西汉时置郡。治所在平襄（甘肃通渭）。

（2）太原郡：战国时期秦国庄襄王四年（前246年）置郡。治所在山西太原。

（3）东海郡：在历史上有三处。①治所在郯邑（山东郯城），后置郯县。②置于

海虞县（江苏常熟）的东海郡，后移治所到京口（江苏镇江）。③以海州为东海郡，治所在朐山（江苏连云港海州镇）。

堂号：

（1）天水堂：以望立堂。

（2）太原堂：以望立堂。

（3）东海堂：以望立堂。

（4）梁公堂：狄仁杰两度为唐朝宰相，逝世后被武则天追封为梁国公，始有此堂号。

迁徙分布：

狄氏起源于中国北方地区，主要分布在江苏溧阳和山东、辽宁、吉林、黑龙江等省。

历史名人：

狄仁杰（630—700）：字怀英，唐朝太原人。高宗时期任大理丞。后又做过豫州刺史、洛州司马。天授二年，被酷吏来俊臣诬陷下监狱，后来他秘密地叫他的儿子伸冤才得以免罪。但还是被贬为彭泽令。到了神功元年（697年）又恢复了他的职位。他身居要职时举荐了许多有才能的人，例如张谏之、敬晖、姚崇等，都是中兴名臣。他有很好的判断人才的能力。死后被追赠为梁国公。

狄青（1008—1057）：字汉臣，宋朝汾州西河人。擅长骑马射箭。宝元初年，任延州指挥使，他非常勇猛，而且善于谋略，范仲淹等人对他很是看重。范仲淹给他讲解《左氏春秋》，狄青于是开始读书，不久以后就精通兵法。因为他表现突出，被擢升为枢密副使。一生之中打过25战。其中以皇祐四年上元夜袭击昆仑关一战最为著名。嘉祐二年逝世，享年49岁。

109. 米

姓氏： 米

祖宗： 米芾（芈芾）

分类： 以国为氏

姓氏起源：

米姓出自少数民族。据《通志·氏族略》记载，米氏，就是西域米国人。隋唐时期迁入中原，子孙就以原来的国名为姓。唐代有供奉歌者米嘉荣，五代有米至诚。望族出于陇西高平。而据《姓氏考略》记载，米姓出自西域康居支庶，称为米国，后来迁入中原，子孙遂以米为姓。宋代的米芾认为米姓是楚国之后。古代的陇西在今陕西东南一带。

郡望：

（1）京兆郡：即首都长安直辖区。

（2）陇西郡：战时秦昭襄王置。

（3）高平郡：西晋泰始元年（265年）将汉代原有的山阳郡改为高平郡。

堂号：

（1）鹿门堂：宋代礼部员外郎米元章号"鹿门居士"。

（2）宝晋堂：米元章好洁，所居曰"宝晋斋"。

（3）海岳斋：米元章又号米南宫，书法与苏轼、黄庭坚、蔡襄并称"四大家"，自号"海岳外史"。

迁徙分布：

米氏主要分布在今甘肃省兰州巩昌县一带。

历史名人：

米芾（1051—1107）：北宋书画家，初名黻，字元章，号襄阳漫士、海岳外史。吴（今江苏苏州）人，定居润洲（今江苏镇江）。历任知雍丘县、涟水军、太常博士、知无为军，宋徽宗时召为书画学博士，官至礼部员外郎，人称米南宫。举止癫狂，人称米颠，行草得王献之笔意，用笔俊迈，与蔡襄、苏轼、黄庭坚并称"宋四家"。画山水人物，多用水墨点染的泼笔法，自成一家。存世书法有《苕溪诗》、《蜀素》、《虹县诗》、《向太后挽词》等，其著作有《书史》、《画史》、《宝晋英光集》等。

米友仁（1086—1165）：米芾长子，人称小米，南宋书画家，一名尹仁，小名寅哥、鳌儿，字元晖。宣和间应选入掌书学，高宗时官至兵部侍郎、敷文阁直学士。其画继承米芾传统，用泼笔法画烟峦云树，别具风格，运笔草草，自称"墨戏"。存世书画有《潇湘奇观》、《云山得意》等。

110. 贝

姓氏： 贝

祖宗： 召公康（姬康）

分类： 以地名为氏

姓氏起源：

（1）以国命名。贝姓出自姬姓，是文王庶子姬奭之后。召公康移封于蓟，其支庶子孙食采于河北巨鹿水，建立了国，为燕国附庸，其子孙遂以国名为姓，后去邑为贝氏。这一支贝姓，望出河北清河（今河北清河）。

（2）以地名命姓。因世居贝丘的人，以地名命姓，遂为贝姓，成为贝姓的一支。贝丘在今山东博兴县东南。

郡望：

清河郡：汉高祖五年（202年）置郡，治所在清阳（今河北省清河县东南）。

堂号：

清河堂：以祖籍地为堂号，今广西、广东两地贝氏春节对联横批"清河堂"，有时也写"东武第"、"丰谷第"。

迁徙分布：

贝姓主要分布在今河北省清河至山东省博兴、临清一带地区。

历史名人：

贝琼（1314—1379）：明朝文学家，字廷琚，浙江崇德人。博览群史，工诗能文。明初召修《元史》，官国子助教。与张美和、聂铉齐名，时称"成均三助"。著有《清江贝先生文集》。

贝泰（生卒年待考）：明代太学士，字宗鲁，金华人。少以文行闻，永乐举人。累官国子祭酒，前后在太学四十余年，六馆之士，翕然从化。后致仕卒。

111. 明

姓氏： 明
祖宗： 明氏
分类： 以祖名为氏
姓氏起源：

（1）明氏出自谯明氏。燧人氏为部落首领的时候，他的部下有一个叫明由的，因为才能而很受燧人氏看重，是谯明氏的后裔，为"四佐"之一。明由的后代便以祖上的名字作为姓氏，得明姓。

（2）明氏出自姬姓。是春秋时期虞国公族的后代。秦国丞相百里奚的儿子名叫视，字孟明，是一个将军，取得过很多战争的胜利，打败了晋国的军队，为秦国的西部称霸打下了基础。孟明死后，他的后代就用他的名字"孟明"作为姓氏，后来改姓明。其成为明氏的一支。

（3）明氏出自北魏时的鲜卑族。北魏时候由一支鲜卑族姓斗眷氏，孝文帝迁都洛阳的时候改姓明。

（4）明氏由旻氏改明姓。元末的红巾军领袖本来叫旻玉珍，后来因为信奉明教而改姓明。他的子孙后代于是也改姓明。

郡望：

（1）吴兴郡：三国时置郡，相当于今天的浙江省临安至江苏省宜兴一带。治所在乌程，相当于今天的浙江省吴县。

（2）平原郡：西汉的时候开始置郡，相当于今天的山东省西部平原县一带。

（3）河南郡：汉高祖置郡。在今天的河南省洛阳市一带。

堂号：

廉慎堂：晋朝时期有一个朝廷命官叫作明汲的，开始任县里的主簿，廉（廉洁）慎（细心）爱民。一年他们县遭了荒年，他于是下令打开仓库赈灾。家中有死了人的葬不起，他就给人家买棺材埋葬。因此人们拥护他，提升当了县令。他的著作有《家训》。

迁徙分布：

明氏家族的望族居住在吴兴、平原（今山东省平原县）一带。

历史名人：

明克让（525—594）：字弘道。隋朝平原人。少好儒雅，博涉书史，三礼论，他都有钻研。天文历法、占卜他深有研究,各得其妙。他先在梁朝做官,后又在周朝做官,累迁司调大夫。文帝受禅后,被拜为率更令,进爵为侯。对当朝的实事,他经常发表有见地的议论。其有《孝经义疏》、《古今地带记》、《续名僧记》等。

明玉珍(1331—1366):元朝随州人,元末农民大起义时,他率众加入红巾军徐寿辉的部队,与元朝的军队交战,战争中他的眼睛受到伤害。后来攻打重庆,攻陷了成都。后来徐寿辉被害,明玉珍以刘桢为参谋建立了以大夏为国号的国家。明玉珍身高八尺,身形魁梧,勤俭节约,爱好文学,礼贤下士,与明太祖关系很不错,经常书信往来。他在位五年后就逝世了,年仅35岁。

112. 臧

姓氏: 臧
祖宗: 臧
分类: 以封地为氏
姓氏起源:

臧姓是以封地名命氏的姓氏。据《通志·氏族略》记载,臧姓出自春秋时期,鲁国的鲁孝公的儿子,受封于臧,他的后世子孙便以其受封地名作为姓氏。历史上臧的所在地位于今天的山东省境内。

郡望:

(1)东海郡:亦称郯郡、海州。

(2)郯城县:郯城县历史悠久,在氏族社会末期,境内已有人群定居,时境为"东夷"之地,太昊氏为东夷一著名酋长,少昊氏为黄帝族向东发展的一支,与夷族杂居于此,称"炎"地。

堂号:

(1)东海堂:以望立堂。

(2)郯城堂:以望立堂,亦称下邳堂。

迁徙分布:

臧姓主要分布在今山东兖州东南部。

历史名人:

臧中立(生卒年待考):宋代名医,他在元丰年间来到鄞南胡,每天治愈数千名病人。

臧克家(1905—2004):曾用名臧瑗望,笔名少荃、何嘉,是诗人闻一多先生的高徒。被誉为"农民诗人"。他是近代著名的诗人、作家、编辑学家。主要作品有《老马》、《运河》、《自己的写照》、《乱莠集》等。

113. 计

姓氏：计
祖宗：未知
分类：封国名命姓
姓氏起源：
夏商时有计国（在今山东胶县西南），是夏禹后人的封国，计国被周人灭后，禹的后人就以封国名命姓，遂成计氏。
郡望：
太原郡：战国时秦庄襄王四年置郡，治所在晋阳。秦时相当于今山西五台山、霍山以北等地区。
堂号：
晋鉴堂：南宋时候，简州知州计有功在临时首都向皇帝献了自己写的《晋鉴》，要皇帝以东晋偏安当镜子，去恢复中原。后来被提举两浙平盐公事。
迁徙分布：
计姓主要分布在中南地区。
历史名人：
计衡（生卒年待考）：宋代朝奉大夫，字致平，绍兴进士。历监察御史，出守池州，转朝奉大夫，居官多善政。游太学时，上书言天下大计，高宗嘉之。及卒，家无余资，时称清白吏。
计礼（生卒年待考）：明代刑部郎中，字汝和，浮梁人。天顺进士。善画菊，落笔皆用草书法。时云："林良翎毛夏昶竹，岳正葡萄计礼菊。"

114. 伏

姓氏：伏
祖宗：侯植
分类：以赐为姓
姓氏起源：
赐为伏姓。北周时，有个人名叫侯植，武艺绝伦，跟随魏孝武帝西迁，甚得宠幸，赐姓为侯伏氏。后来侯伏氏从孝文帝大破沙苑，又受赐姓为贺屯氏，因而侯植的后人形成侯伏氏和贺屯氏两支。孝文帝建都洛阳后，两支皆改姓，为伏姓和贺姓。
郡望：
高阳郡：本是战国时高阳邑。北魏置青州高阳郡，位于河北省高阳县一带。
堂号：
藏授堂：伏胜，字子贱，春秋时博士，历史上称之为"伏生"。秦始皇焚书坑儒时，伏生把《尚书》藏在墙壁里。到了汉高祖灭了秦以后，伏生扒开墙头，见书发霉损坏了一些，还剩21卷。伏生便在齐、鲁一带聚徒讲授。汉文帝时，他已90多岁了，文帝派太常史掌故错跟伏生学《尚书》，由伏生的女儿口授，记录下来。就是如今的《尚书》。

迁徙分布：

据《郡望百姓家》记载：伏氏望出京兆郡。又据《元和姓纂》记载，伏氏望出太原、高阳。

历史名人：

伏羲（生卒年待考）：即太昊，本姓风。传说他有圣德，像日月之明，故称太昊。教民结网、打猎、饲养畜禽以充庖厨，故又称包。他始画八卦，造书契，建都于陈。在位115年。

伏胜（前260—前161）：字子贱，汉朝时济南人。原来是秦国的博士，世称伏生。文帝时求能治《尚书》者，伏生是时九十余岁，老不能行，文帝便使错前求教，得29篇即今之古文《尚书》是也。自己撰有《尚书大传》。

115. 成

姓氏： 成

祖宗： 姬昌

分类： 以国名郕为姓

姓氏起源：

成姓出自姬姓，是周文王姬昌的后代，发源于今山东宁阳。西周初年，周武王封其弟、文王第五子叔武，建立郕国。其后代以国名郕为姓，后人去邑为成姓。

郡望：

（1）东郡：东郡始建于秦始皇五年（前242年），取原魏国之地置东郡，包括河北大名府、山东东昌府及长清县以西一带地区。

（2）弘农郡：汉武帝元鼎四年（前113年）设郡，相当于今河南省内乡以西，陕西省柞水以东及华山以南地区，治所在弘农县（今河南省灵宝县北）。

（3）上谷郡：战国时期，赵国公子嘉自立为代王，驻军上谷。秦始皇二十五年（前222年）秦国灭赵国后置上谷郡，治所沮阳（今河北怀来），其时辖地在今河北省西北部一带地区。

堂号：

（1）东郡堂：以望立堂。

（2）弘农堂：以望立堂。

（3）上谷堂：以望立堂。

（4）永敬堂：春秋时期，成回是孔子的再传弟子。直接拜子路为师。成回处世接物永远保持恭敬。子路问他，他说："人为善者少，为逸者多。行年七十岁时常恐行节之亏，是以恭敬待大命。"子路点头说："你真是君子啊！"

迁徙分布:

成氏族人在全国分布较广,尤以湖南省为多,占全国成氏人口的40%以上。

历史名人:

成公(生卒年待考):汉代学者,自己隐去姓名,常诵经,不交世利,世人称为成公。汉成帝出游,遇见成公,成公不行礼。成帝说:"朕能富贵人,能杀人,子何逆朕?"成公说:"陛下能贵人,臣不做陛下之官;陛下能富人,臣不受陛下之禄;陛下能杀人,臣不犯陛下之法。"帝不能屈,使郎官二人就受《政事》12篇。

成遵(1308—1359):字谊叔,元朝穰(今河南邓州市)人,元统进士,授翰林国史编修官,拜监察御史。是岁言事并举劾凡70余事,皆揭发时弊,执政者恶之。出为陕西行省员外郎,累官中书左丞。为官清正,所至有声绩。后因用事者唆使人诬告成遵受赃,竟遭杖死,朝中内外为其鸣冤。

116. 戴

姓氏: 戴

祖宗: 戴公

分类: 以谥号"戴"为氏

姓氏起源:

戴姓源于子姓,出自商朝纣王之庶兄微子启的谥号,属于以谥号为氏。据史料记载,周公旦在平定"管、蔡、霍三监之乱"后,封商纣王之庶兄微子启(子姓)于商的旧都(今河南商丘南),建立宋国,建都商丘。宋国第十一位君主,有子名钩,为宋国司空,逝世后谥号为"戴子武公",其子孙则以谥号"戴"为氏。

微子启逝世后,其弟仲衍嗣位为宋公。传至宋国的第十一位国君子(前799—前766在位),逝世后被谥为戴公。宋戴公传位于宋武公子司空,其子以谥号"戴"为氏,形成戴氏一族。

郡望:

(1)谯国郡:亦称谯国、谯郡。东汉朝建安年间(196—220),将沛郡分出一部分设置了谯郡,治所在谯县(今安徽亳州),仍隶属豫州刺史部所辖之沛郡,其时辖地在今安徽、河南两省之间的一带地区。三国时期辖地在今安徽,河南两省的灵璧县、蒙城县、太和县、鹿邑县、永城县间一带地区。

(2)广陵郡:即江都郡。原为战国时楚国广陵邑。秦朝时期置广陵县,在今江苏扬州西北一带。

(3)清河郡:西汉高祖刘邦五年(前202年)置郡,后屡改为国,汉元帝永光年间(前43—前39)后期为郡,治所在清阳(今河北清河)。东汉改为国,移治甘陵(今山东临清),其时辖地在今河北省清河县至山东省博兴县、临清县一带地区。元朝以后辖地在今河北省清河市及枣强县、南宫县各一部分,山东省临清县、夏津县、武城县及高唐县、平原县各一部分。

堂号：

（1）广陵堂：以望立堂。

（2）清河堂：以望立堂。

（3）谯国堂：以望立堂。东周时期，宋国贵族戴云升迁居谯郡，其后代留居于此，以谯郡为郡望，谯国堂号源此。

（4）独步堂：源自后汉戴良的事迹。戴良有高才，议论与一般不同。他曾经说："我独步天下，谁能与我比？"举他为孝廉，他拒不接受。再请他做司空，他仍然不干。州官郡官强迫他出任，他就跑到山里躲起来。

迁徙分布：

戴氏在全国的分布主要集中于安徽、湖北、江苏三省，大约占戴姓总人口的34%，其次分布于湖南、四川、广东、重庆、浙江、贵州，这六省市又集中了36%的戴姓人口。而分布在广东焦岭县一支戴氏后裔迁往台湾屏东，其后分布于高雄、桃园、新竹等地。

历史名人：

戴名世（1653—1713）：安徽桐城人，清代史学家，曾任翰林院编修。他刊行有《南山集》，其中有许多明朝正史以外的史事，触怒了清王朝，以"大逆"罪被杀，为清朝四大文字狱之一。

戴震（1724—1777）：安徽休宁人，清著名的思想家、学者。他博闻强记，对天文、数学、历史、地理都有研究。他精通古音，立韵类正转旁转之例，创古音九类二十五部之说及阴、阳、入对转的理论，对经学、语言学有重大贡献，为一代考据大师。后人编有《戴氏遗书》。

戴进（1388—1462）：明代著名画家，钱塘（今杭州）人，善画山水，境界深远妙处，多出己意。兼工人物、佛像，运笔顿挫有力，设色纯熟有神采，人推明代院体中第一手，有"浙派"之称。

117. 谈

姓氏： 谈

祖宗： 微子

分类： 以国为姓

姓氏起源：

周武王建立周朝后，为追念先圣先王的功德，封殷帝乙长子微子于宋，传国三十六代至谈君，被楚国灭亡，子孙以国为姓，相传姓谈。

郡望：

（1）梁郡：又称梁国、梁国郡，始建于西汉高祖刘邦五年己亥（前202年），此之前叫砀郡，治所在淮阳（今河南商丘），下辖八县，其范围包括今河南商丘、虞城、民权及安徽砀山、山东曹县诸地。三国曹魏时期始改为梁郡，南北朝宋国定为梁郡，移治下邑（今安徽砀山）。北魏时期又回故治，隋朝开皇初年（581年）废黜，后曾以

宋州为梁郡。唐朝时期为睢阳郡。

（2）广平郡：汉置广平郡，现在河北省鸡泽县。

（3）弘农郡：汉武帝元鼎四年（前113年）设郡，相当于今河南省内乡以西，陕西省柞水以东及华山以南地区，治所在弘农县（今河南省灵宝县北）。

（4）丹阳郡：丹阳又称润州、丹杨郡，是我国十分古老的地名，所指的地方迭有变动。明、清两朝以至民国，现今的丹阳只是个县级建制的城市，位于今江苏省溧阳市旁边，紧依长江，隶属于江苏省镇江市。

堂号：

（1）梁国堂：以望立堂。

（2）广平堂：以望立堂。

（3）弘农堂：以望立堂。

（4）丹阳堂：以望立堂。

迁徙分布：

如今，谈氏族人在全国分布以江苏省最多，其一省之谈氏占全国谈氏人口45%以上。

历史名人：

谈迁（1593—1657）：字孺木。清朝海宁人，明季诸生，入清隐居不出，好审古今治乱，尤熟于历代典故。其著作有《国榷》、《枣林集》、《北游录》、《西游录》、《枣林杂俎》、《枣林外索》、《海昌外志》等书。

谈恺（1503—1569）：字守教。明朝无锡人。官至都御史，降仇赣贼李文彪和海寇徐壁溪，平壁溪贼寇、峒寇，擒剿大罗山贼。

118. 宋

姓氏： 宋

祖宗： 微子

分类： 以国为姓

姓氏起源：

周朝时宋国公族的后代，以国为姓，世代姓宋。建立宋国的人叫微子，他原本是商朝的王族。商朝由一位上古的伟人汤建立，只是商朝传到纣王时，变得腐败，于是周武王推翻商纣，建立周朝。周武王对商朝王族很是敬重，尤其微子，他是个品德高尚的人，常劝阻纣王，但纣王不听。微子受封在商丘，在那儿供奉汤王香火，并建立宋国。他的后代就以国为姓。

郡望：

（1）宋姓郡望主要有京兆郡、西河郡、广平郡、敦煌郡、河南郡、弘农郡、扶风郡、乐陵郡、江夏郡等。其中，西河、广平、敦煌、河南、扶风为古代宋氏五大郡望。

（2）京兆郡：汉武帝太初元年设京兆郡，下辖十二县。三国时魏置郡，治所在长安（今陕西西安市）。大约在今天的陕西秦岭以北，西安市以东、渭河以南的地方。此支宋氏，为后汉侍中宋弘之族所在。

堂号：

玉德堂：宋朝时期，宋祁和胞弟宋痒一同中了进士。宋祁礼部考试第一，官至兵部尚书，著《玉楼春词》，有"红杏枝头春意闹"的名句，人们叫他"红杏尚书"。人称"二宋"或"大宋"、"小宋"。

迁徙分布：

宋氏主要集中分布于山东、河南、河北、黑龙江四省，大约占宋姓总人口的43%，其次分布于辽宁、四川、湖北、江苏、山西、吉林、湖南、安徽，这八省又集中了34%的宋姓人口。山东居住了宋姓总人口的14%，为宋姓第一大省。全国形成了冀鲁豫、川鄂、黑吉辽三块高比率的宋姓区域。

历史名人：

宋玉（约前298—约前222）：战国时楚国鄢人，辞赋家，文学家。一说是屈原的弟子，曾为楚顷襄王大夫。流传的作品有《九辩》、《风赋》、《高唐赋》、《登徒子好色赋》等。因《九辩》首句为"悲哉秋之为气也"，故后人常以宋玉为悲秋悯志的代表人物。传说其人才高貌美，遂亦为美男子的代称。又由于他的《登徒子好色赋》记载有：谓宋玉东邻有一女子，姣好为楚国之冠，她登墙窥视宋玉三年，而宋玉不与之交往。所以，后人以"宋玉东墙"或"宋墙"喻指貌美而多情的女子。后人也用"宋才潘面"（宋玉的才华，潘岳的容貌）来比喻才华出众、仪容俊美。宋玉故宅世称"宋玉宅"，宋玉宅中的亭子世称"宋亭"。

宋慈（1186—1249）：南宋人，曾任广东、湖南等提点刑狱官，办案着重实地检验，他所编写的《洗冤集录》，是世界上最早的法医学专著，对法医学的发展做出了重大贡献。

119. 茅

姓氏： 茅

祖宗： 茅国公

分类： 以国为姓

姓氏起源：

上古周期时，周公第三子茅叔封于茅，并建立了茅国（在今山东省金乡县西北）。到春秋以后，茅国被邹国灭亡，茅国公族子孙就以国名为姓，世代相传姓茅。

郡望：

（1）东海郡：汉置东海郡，亦称郯郡、海州。现在江苏省邳州市。

（2）陈留郡：秦王嬴政二十六年（前221年）置陈留县，汉武帝元狩元年（前122年）改置陈留郡，治所在陈留（今河南开封）。

（3）晋陵郡：又名延陵、毗陵、常州。

堂号：

（1）东海堂：以望立堂。

（2）陈留堂：以望立堂。

（3）晋陵堂：以望立堂。

迁徙分布：

今江苏省南通市、吴江市，浙江省杭州市，山东省济南市、郯城县，福建省福清市、莆田市、仙游县、尤溪县、大田县、沙县等地，皆有茅氏族人分布。

历史名人：

茅焦（生卒年待考）：秦朝时齐人。秦太后与嫪毐私通，事发，始皇车裂嫪毐，迁太后阳宫，下令：敢以太后事谏者杀。先后杀谏者27人。齐客茅焦冒死进谏，始皇觉悟，下殿接之，爵以上卿。即迎太后归咸阳，复为母子如初，尊立茅焦为仲父。

茅以升（1896—1989）：字唐臣，江苏镇江人。土木工程学家、桥梁专家、工程教育家、中国科学院院士、美国工程院院士、中央研究院院士。20世纪30年代，主持设计并组织修建了钱塘江公路铁路两用大桥，成为中国铁路桥梁史上的一个里程碑，在我国桥梁建设上做出了突出的贡献。

120. 庞

姓氏： 庞

祖宗： 毕公高

分类： 以封地为姓

姓氏起源：

庞姓来源于封地，是周文王子毕公高后代，受封于庞，其子孙便以封地为姓，相传姓庞。

郡望：

（1）始平郡：西晋时期置郡，治所在槐里（今陕西兴平），其时辖地在今陕西省兴平市一带地区。

（2）南安郡：西汉时期置县，治所在狄道（今甘肃陇西）。

（3）南阳郡：春秋战国时期称南阳的地区颇多。明、清诸朝，南阳府治皆在南阳，即汉朝的宛县、今河南省南阳市。

（4）谯国郡：亦称谯国、谯郡。东汉朝建安年间（196—220），将沛郡分出一部分设置了谯郡，治所在谯县（今安徽亳州），仍隶属豫州刺史部所辖之沛郡，其时辖地在今安徽、河南两省之间的一带地区。三国时期辖地在今安徽、河南两省的灵璧县、蒙城县、太和县、鹿邑县、永城县间一带地区。

（5）高阳郡：战国时期为高阳邑，东汉桓帝时期（147—167）置郡，治所在高阳（今河北高阳），其时辖地在今河北省高阳县一带。

堂号：

（1）南安堂：以望立堂。

(2) 南阳堂：以望立堂。
(3) 谯国堂：以望立堂。
(4) 始平堂：以望立堂。
(5) 高阳堂：以望立堂。

迁徙分布：

如今，庞氏族人在全国分布广泛，在广东湛江吴川，山西省翼城县，广东省清远市阳山县、化州市木贤乡、湛江市坡头区坡头镇朱依村，尤以廉江市那良村人口较多，有一万多人，四川省的绵阳市盐亭县等地皆有分布，尤以广东、山东、广西为多，此三省之庞氏占全国庞氏人口的60%以上。

历史名人：

庞涓（？—前342）：战国时魏国人。与孙膑同学兵法，仕魏惠王为将军。自以能不及孙膑，乃召膑入魏，施以刖刑，后膑设计得归，为齐威王师，后魏与赵攻韩，韩告急于齐，齐出师直走大梁，涓闻之，去韩而归，与孙膑战于马陵道。膑使人砍大树，白而书之曰：庞涓死此树下。涓夜至，齐伏兵起，万弩俱发，庞涓战败，自刭而死。

庞统（179—214）：字士元。汉末襄阳人。弱冠往见司马徽，徽有知人名，称统当为南州士之冠冕。统叔德公称之为凤雏。刘备领荆州，与诸葛亮并为军师中郎将。劝备取蜀，进军锥县，中流矢卒。年仅36岁。

121. 熊

姓氏： 熊

祖宗： 鬻熊

分类： 以父字为氏

姓氏起源：

据《世本》、《古今姓氏书辩证》及《元和姓纂》等所载，黄帝的子孙在商末有个叫鬻熊的，很有学问，做过周文王的老师。其子事文王，曾孙熊绎以王父字为氏，成熊姓。周成王分封先王功臣时，封熊绎于荆楚，建都于丹阳（今湖北秭归东南），建立了楚国。春秋战国时期，楚国一度强大起来，势力扩展至中原，为春秋五霸之一。公元前223年，楚灭于秦。楚君的后人多以熊为姓，称为熊氏，史称熊氏正宗，即湖北熊氏。

郡望：

(1) 江陵郡：原为春秋时楚国郢都（今湖北江陵西北纪南城）。汉代设置江陵县，为南郡治所。南朝齐改置江陵郡，在今湖北省江陵及川东一带。

(2) 豫章郡：亦称南昌府、南昌郡。隋为洪州台，五代南唐及明（初为洪都府治）、清为南昌府治，均为今江西省南昌市。

(3) 秭归县：秭归县是楚文化发祥地，历史悠久。据考古发掘资料，在距今七千年以前，县境东邻朝天嘴一带就有人类定居生活。

堂号：

（1）江陵堂：以望立堂。

（2）兰溪堂：以望立堂。

（3）秭归堂：以望立堂。

（4）南昌堂：以望立堂，亦称豫章堂。

（5）射石堂：古时有一位善于射箭的人叫熊渠。有一次他夜间走路，老远就看到前面有一只老虎趴在那里。他拿箭就射，老虎却一动不动。他走近一瞧，果然中了，而且箭头射进去几寸，用手拔也拔不出，原来是一块大石头。谷治、萃涣等为堂号。

迁徙分布：

如今，熊姓主要分布在湖北、江西、四川、湖南等省，上述四省之熊姓约占全国汉族熊姓人口的66%。

历史名人：

熊成基（1887—1910）：民主革命烈士，今江苏江都人。1904年入安徽练军武备学堂学习，加入岳王会，进行反清革命活动。1907年徐锡麟起义失败后，流亡日本。1910年初，在哈尔滨谋刺清海军大臣载洵，被捕后就义。

熊伯龙（1616—1669）：清初无神论者，字汉侯，号塞斋，别号钟陵，汉阳（今属湖北）人。历国子监祭酒、内阁学士，熟悉西方天文算学，通佛学、魏晋玄学和宋明理学。曾编著《无何集》，将王充《论衡》中驳斥谶纬神学的言论分类编排，从儒学立场对传统宗教迷信进行了批判。他认为"天不故意造作"，"灾异非天谴告"，人的生死是自然之道，人死不能为鬼神。

122. 纪

姓氏： 纪

祖宗： 炎帝

分类： 以国名为姓

姓氏起源：

上古周武王建立周朝后，为追念先圣先王的功德，封炎帝的一个后代于纪（在今山东寿光县东南），建立了纪国，到春秋时，纪国被齐国所灭，纪国王族子孙就以国名为姓，世代相传姓纪。

郡望：

（1）平阳郡：历史上的平阳郡有二：①即今山西省临汾市。②即今山东省邹城市。

（2）天水郡：西汉朝元鼎三年（前441年）置郡，治所在平襄（今甘肃通渭），其时辖地在今甘肃省通渭县、秦安县、定西县、清水县、庄浪县、甘谷县、张家川县及天水市西北部、陇西东部、榆中东北部一带地区。

（3）高阳郡：战国时期为高阳邑，东汉桓帝时期（147—167）置郡，治所在高阳（今河北高阳），其时辖地在今河北省高阳县一带。

堂号：

（1）平阳堂：以望立堂。

（2）天水堂：以望立堂。

（3）高阳堂：以望立堂。原是黄帝孙子颛顼的名字（黄帝→昌意→高阳），汉朝时设有两个高阳县，一属幽州涿郡，一属徐州琅邪郡。晋武帝泰始元（265年）立高阳为郡国，管辖地区在河北省高阳县一带。

迁徙分布：

唐、宋期间，纪氏族人逐渐向沿海一带迁移。明、清时候，更进一步向台湾岛迁移，逐渐发展成大姓。台湾的纪姓族人，位居台湾诸姓的第七十五位，也属大姓之列。台湾纪氏的开基始祖，据考证，是福建泉州人纪受华。他于乾隆末年（1795年）渡海而来，并在当时的港东中里开垦定居。台湾纪姓以台中某地最为旺盛，大约有半数纪姓台湾籍人士聚居于此；其次，则为彰化、南投和澎湖等地；另外，新竹、苗栗、嘉义、台南等地也有一部分。

历史名人：

纪信（？—前204）：汉朝赵城人。楚汉相争时为刘邦部将。汉王军驻守荥阳，筑起甬道，连于河运，用以运取敖仓之米。汉三年（前204年），项王屡次出兵侵夺汉的甬道所运粮米。后因助刘邦逃跑而被项王所杀。

纪昀（1724—1805）：字晓岚，晚号石云。清朝河间人。乾隆进士，授编修。官至协办大学士，加太子太保，他贯通儒籍，旁及百家，任《四库全书》总纂，校订整理，每书悉作提要，冠诸卷首。未著录者则为存目。主持编纂工作20余年，一生精力，备注于此。著有《阅微草堂笔记》等书7种。

123. 舒

姓氏： 舒

祖宗： 黄帝

分类： 以国名命姓

姓氏起源：

舒姓出自姬姓，以国名命姓。春秋时，江淮一带有舒、舒庸、舒蓼、舒鸠、舒龙、舒鲍、舒龚等小国，这些小国都是周武王灭商后，分封皋陶后裔时所建封国，号称"群舒"。群舒先被徐国所灭，后又复国，襄公二十一年，又灭于楚。群舒的公族后代就以原国名为姓，称舒姓。

郡望：

（1）京兆郡：即首都长安直辖区。相当于现在陕西省西安市至华县一带。

（2）巨鹿郡：亦称钜鹿郡，秦始皇二十五年（前222年）置郡，治所在巨鹿（今河北平乡），西楚霸王项羽在此地大破秦朝军队主力。其时辖地在今河北白洋淀、文安洼以南，南运河以西，高阳、宁晋任县以东，平乡、威县以北，山东德州、高唐、河北馆陶之间地。汉朝至北魏因袭沿用。汉朝以后辖地在今河北省平乡县以北及晋县一带。

(3) 平阳郡：历史上的平阳郡有二：①即今山西省临汾市。②即今山东省邹城市。

(4) 京北郡：也成为邓城府、邓城县，今湖北省襄樊市襄阳区。

堂号：

(1) 京兆堂：以望立堂。

(2) 平阳堂：以望立堂。

(3) 京北堂：以望立堂。

(4) 巨鹿堂：以望立堂，亦称钜鹿堂。

(5) 阆风堂：宋朝时，舒岳祥任承直郎。宋朝灭亡后，避居奉化，不做元朝的官，读书于阆风台，著有《阆风集》二百余卷传世。

迁徙分布：

如今，舒姓在全国分布较广，尤以四川、湖南、江西、湖北为多，上述四省之舒姓约占全国汉族舒姓人口的83%。

历史名人：

舒庆春（1899—1966）：老舍，现当代作家。字舍予，另有笔名絜青、鸿来、非我等。满族，北京人。出生在一个贫民家庭。1918年北京师范学校毕业后任小学校长和中学教员。1924年赴英国任伦敦大学东方学院汉语讲师，阅读了大量英文作品，并从事小说创作，1926年加入文学研究会。1930年回国后任齐鲁大学、山东大学教授。抗日战争爆发后南下赴汉口和重庆。1938年中华全国文艺界抗敌协会成立，他被推选为理事兼总务部主任，主持文协日常工作。在创作上，以抗战救国为主题，写了各种形式的文艺作品。1946年应邀赴美国讲学一年，期满后旅居美国从事创作。解放后回国，历任全国人大代表、中国文联副主席、中国作家协会副主席、北京市文联主席等职。著作丰富，被誉为"人民艺术家"。

舒绣文（1915—1969）：现代戏剧、电影女表演艺术家。参加中国第一部蜡盘录音有声电影《歌女红牡丹》的配音工作。抗战后参加拍摄了优秀影片《一江春水向东流》。她演出的影片还有《民族生存》、《热血忠魂》、《新旧上海》、《野火春风》、《李时珍》等20多部。演出的话剧有《原野》、《雷雨》、《复活》、《虎符》、《红旗飘飘》等。

124. 屈

姓氏： 屈

祖宗： 屈瑕

分类： 以先祖姓名为氏

姓氏起源：

(1) 夏代时有屈骜，曾经被夏王启讨伐。他是屈氏的祖先。

(2) 以封地命姓，屈姓出自芈姓，其始祖是春秋时楚国莫敖。春秋时，楚武王的儿子瑕，官至莫敖，位于令尹之下，楚武王封瑕于屈地（今湖北秭归），把屈作为瑕的食采之邑，故史称屈瑕，或莫敖瑕。屈瑕的后代以封地命姓，遂称屈氏。战国时，屈氏、景氏、昭氏成为楚国公族中有势力的大宗。

（3）北魏孝文帝时，有代北复姓屈男氏、屈突氏改为屈姓。其后子孙亦称屈氏。

郡望：

（1）临海郡：三国时期孙吴国太平二年（丁丑，257年）置郡，其时辖地在今浙江省东部沿海、象山港以南地区。

（2）河南郡：汉高帝时置。相当于今河南省洛阳市一带。

堂号：

汨罗堂：因屈原命名。战国时屈原，博闻强记，明于治乱，在楚国官至三闾大夫。楚怀王很尊重其才。后来因为被奸臣靳尚和郑贵妃说他的坏话，被贬到江南。他写了《渔父词》，表明自己的爱国之心，自投汨罗江而死。

迁徙分布：

屈姓主要分布在河南省洛阳一带。

历史名人：

屈原（约前340—前278）：名平，战国时楚国人，是中国文学史上第一位大诗人。创作了《离骚》、《天问》等20多篇不朽的诗篇。其"路漫漫其修远兮，吾将上下而求索"等诗句流传千古。他因遭奸臣诬害，政治抱负得不到施展，眼看楚国将陷于秦国铁蹄之下，于五月初五投汨罗江而死，后来，人们就定这一天为端午节，作为人民纪念这位伟大诗人的传统节日。

屈大均（1630—1696）：明末清初文学家。他以继承屈原精神为己任。其诗感伤时事，揭露清军暴行。著有《翁山诗文集》等书。清初，他的著作被列为禁书。他与陈恭尹、梁佩兰合称为"岭南三大家"。

125. 项

姓氏：项

祖宗：公子燕

分类：以国名为姓

姓氏起源：

（1）项姓出自芈姓，为楚国王族后裔。春秋时期，楚国公子燕受封于项城（今河南项城县），建立了项国。后来，项国被齐国所灭，其子孙遂以国名"项"命姓，称项姓。

（2）周代有项国，其地在今河南项城一带。项国是周的同姓（姬姓）诸侯国，公元前647年被楚国所灭，项国国君的子孙便以国名为姓，称项氏。

郡望：

辽西郡：战国时燕国初设辽西郡。秦汉两代沿袭。相当今河北省乐亭以东、辽宁省大凌河以西地区。

堂号：

圣师堂：春秋时项橐七岁为孔子之师。

迁徙分布：

项姓主要分布在河北省、辽宁省一带。

历史名人：

项羽（前232—前202）：秦末农民起义领袖，名籍，字羽。楚贵族出身。力能扛鼎，力气过人。从叔父项梁在吴中起义，项梁败死后领其军。破釜沉舟，于钜鹿击败秦军主力，坑杀秦降卒二十余万。入关后，自立为西楚霸王，继与刘邦争天下，战无不利。公元前202年，被刘邦困于垓下，后突围至乌江，自刎而死。

项昕（生卒年不详）：元朝人。为人勤奋好学，喜词章，工绘画。因母病为庸医误投药而死，十分悲痛，乃立志学医，以医名世撰《脾胃后论》。

126. 祝

姓氏：祝

祖宗：黄帝

分类：以国名为氏

姓氏起源：

祝姓源于姬姓，出自西周武王给一支黄帝族后裔的封地，属于以国名为氏。据史籍《元和姓纂》、《新唐书·宰相世系表》等记载，西周武王封一支黄帝族后裔于祝地（今山东禹城，一说为山东长清祝阿故城），后建有祝国（今山东济南），为子爵小国，亦称铸国、祝柯国、祝阿国、东阿国。据《太平寰宇记》中记载："古祝国，黄帝之后。按古东阿，齐为柯，汉为祝阿县，属平原郡。平原郡故城，在今丰齐县东北二里，宋属太原郡。隋开皇十六年，改属齐州。唐天宝元年，改为禹城县，以县西南三十里有废禹息故城为名，在今州西北八十五里。"祝国在西周末期、春秋初期即为齐国所吞灭，其地成为齐国之邑。祝国子孙们遂以国名为氏，称祝柯氏，后分衍为单姓祝氏、柯氏，世代相传至今。

郡望：

（1）河南郡：秦朝时期名为三川郡。

（2）晋阳郡：春秋末期，赵简子家臣董安于始筑晋阳城，在今太原西南晋源镇。

（3）太原府：亦称太原郡。

堂号：

（1）太原堂：以望立堂。

（2）河南堂：以望立堂。

（3）晋阳堂：以望立堂。

迁徙分布：

祝姓发源于今山东长清，西周、东周两代祝姓除繁衍于其发源地外，因仕宦等原因，逐渐进入今陕西、河南等省。

历史名人：

祝融（生卒年待考）：帝颛顼的孙，名重黎，为高辛氏火正。以谆耀敦大，光明四海，故命之曰祝融。共工氏作乱，帝命重黎杀而不尽。帝以庚寅日杀重黎，以其弟吴回代重黎，复居火正为祝融，遂平共工氏。后世把他尊为火神。

127. 董

姓氏：董
祖宗：董父
分类：以赐为姓
姓氏起源：

董姓源于己姓。相传颛顼（传说中古代部族首领）的己姓（颛顼之孙叫吴回，吴回之子陆终，陆终的大儿子名樊，赐己姓，封在昆吾国。）之后裔飂（音刘）有个儿子叫董父，相传他对龙的习性很有研究，帝舜就任命董父为豢龙氏，让他专门养龙。在董父的精心驯养下，许多龙学会了表演各种舞蹈，帝舜非常喜欢，就封董父为鬷川（今山东定陶北）侯，还赐他以董为姓氏，于是他的后代便以董为姓。

郡望：

（1）陇西郡：战国秦昭襄王二十八年（前279年）置郡，治所在狄道（今甘肃临洮南）。

（2）济阴郡：汉景帝中元六年（前144年）分梁国置国，后改为郡，治所在定陶（今山东定陶县西北）。相当于今山东菏泽附近，南至定陶、北至濮城地区。

堂号：

良史堂：春秋时候，董狐是晋国的史官，他写史求实存真，不怕权势。晋灵公被弑，董狐在史书上写道："赵盾弑其君。"孔子夸奖他是良史。

迁徙分布：

现今，董氏以河北、山东、山西、云南、辽宁、浙江等省最为集中，冀、豫、晋这三省就占董氏总人口的31%，滇、鲁、辽、浙、川、鄂这六省又占38%，而冀州地区居住了董氏总人口的10%，河北省为董氏人口第一大省。

历史名人：

董仲舒（前179—前104）：西汉哲学家，今文经学大师。汉武帝举贤良文学之士，他对以"天人三策"，提出"罢黜百家，独尊儒术"的建议，为汉武帝采纳，此后两千余年封建社会以儒学为正统的先声。其学以儒家宗法思想为中心，杂以阴阳五行说，把神权、君权、父权、夫权贯串在一起，形成封建神学体系。提出"天人感应"说和"三纲五常"说。

董解元（生卒年不详）：金朝时戏曲家。他根据唐人元稹的《莺莺传》创作了《西厢记诸宫调》，为后来元曲作家王实甫创作《西厢记》提供了条件。

128. 梁

姓氏：梁

祖宗：梁康

分类：以国名为姓

姓氏起源：

周平王执政时，封一位叫"康"的贵族为梁山的首领，康来到此地后建立了梁国，此地就是今陕西韩城一带。人们因此称康为梁康，梁康的后代，就以国名为姓，世代姓梁。

郡望：

（1）安定郡：西汉元鼎三年设置，相当于今天的甘肃景泰、靖远、会宁、平凉、泾川、镇原及宁夏中宁、中卫、同心、固原等地。东汉移至临泾（今甘肃省镇原东南），东晋又移治安定（今甘肃省泾川北一带）。这支梁氏，其开基始祖是春秋时晋国大夫梁益耳。

（2）扶风郡：汉武帝时的太初元年（前104年），设置右扶风，是三辅之一。三国魏时改名置郡，今陕西省麟游、乾县以西，秦岭以北一带地区。这支梁氏，出自汉时安定梁氏的分支。

（3）天水郡：西汉元鼎三年设置，今甘肃省通渭、静宁、泰安、定西、清水、庄浪、甘谷、张家川等县及天水市西北部、陇西东部、榆中东北部。这支梁氏，出自氐族梁氏。

（4）河南郡：秦朝时期名为三川郡。今为河南省。

（5）下邳郡：东汉永平十年时（72年）将临淮郡改为下邳国，南朝宋时改为下邳郡，治所在下邳（相当于今江苏省睢宁县西北一带地区）。

（6）西河郡：汉代元朔四年（前125年）置郡。今陕西、山西两省之间黄河沿岸一带地区。

堂号：

（1）仪国堂：宋时右丞相梁克家，风度修整，原则性强，虽近亲、权、幸（权是大官，幸是宠官），也按原则办事，好人赖以保全。被封为仪国公。

（2）安定堂：梁姓人在得姓以后的发展中，东汉时，居住在安定（今甘肃省平凉西北）在东汉的几十年中是梁姓最为风光的时候。因此，就形成了郡望安定，即如今所称的安定堂。

（3）梅镜堂：台湾省的梁姓，不论是河洛，还是客家，绝大多数都属于"梅镜堂"，是宋朝名相梁克家的后裔。梁克家是距今八百年以前的福建晋江人，很显然，今天台湾岛上的梁姓省籍人士，不管"唐山"的祖籍是福建或广东，他们的根源，都可以初步追溯到福建省的晋江。

迁徙分布：

梁姓在全国的分布如今主要集中于广西、广东两省，大约占梁姓总人口的53%，其次分布于河南、四川、河北、山东，这四省又集中了17%。

历史名人：

梁冀（？—159）：东汉权臣，字伯卓。安定（今甘肃泾川）人，外戚出身，世家大族，先祖时曾协助汉光武帝刘秀建立东汉，其父亲为梁商，有一妹，是汉顺帝的皇后。永和元年（136年）成为河南尹。因质帝当面称梁冀为"跋扈的将军"，次年即被他所毒杀，另立15岁的桓帝。此后他更加专擅朝政，结党营私，且大封梁氏一门为侯为官。

梁肃（753—793）：安定（今甘肃省泾川）人，唐代文学家，官至右补阙、太子侍读、翰林学士等职。代表作品有《过旧园赋》、《常州刺史孤独及集后序》、《兵箴》等。

梁颢：郓州须成（今山东省东平）人，北宋官至右司谏。

梁楷：东平（今属山东省）人，南宋画家，擅画人物、山水、道释和花鸟。

129. 杜

姓氏： 杜

祖宗： 杜康

分类： 以人为氏

姓氏起源：

相传黄帝时候有个叫杜康的，他善于造酒。他的后代就以杜为姓。

郡望：

（1）杜姓郡望主要有京兆郡、襄阳郡、濮阳郡等。其中，京兆郡最为著名。

（2）京兆郡是汉太初元年改右内史设置的，执掌相当于郡太守，是三辅之一。相当于今天的秦岭以北、西安市以东、渭河以南的地方。三国魏时改称京兆郡。

堂号：

杜氏的堂号主要有"诗圣堂"或"少陵堂"。由来是唐代大诗人杜甫自号"少陵野老"，而历史上称他为"诗圣"。

迁徙分布：

杜姓如今主要集中于河北、河南、辽宁、湖北四省，大约占杜姓总人口的31.5%。其次分布于山东、四川、广西、山西、安徽、甘肃、广东七省区，大约占杜姓总人口的34%。河北居住了杜姓总人口的9.4%，为杜姓第一大省。全国形成了冀豫鲁鄂、川甘、辽宁三大块杜姓人口聚集区。

历史名人：

杜甫（712—770）：字子美，自号少陵野老，世称"杜工部"、"杜老"、"杜少陵"等。汉族，湖北襄阳人，生于河南巩义，盛唐时期伟大的现实主义诗人。他忧国忧民，人格高尚，他的1400余首诗都被保留了下来，诗艺精湛，在中国古典诗歌中的影响非常深远，备受推崇。后世诗人有"最尚杜工部之系心国民"之语。759—766年间曾居成都，后世有杜甫草堂纪念之。杜甫被世人尊为"诗圣"，其诗被称为"诗史"。杜甫

与李白合称"李杜",为了跟另两位诗人李商隐与杜牧即"小李杜"区别开来,杜甫与李白又合称"大李杜"。

杜牧(803—852):字牧之,号"樊川居士",号称杜紫薇。京兆万年(今陕西西安)人,晚唐诗人。晚唐时期唐代文学家,后人称杜甫为"老杜",称杜牧为"小杜"。

130. 阮

姓氏: 阮

祖宗: 皋陶

分类: 以国为氏

姓氏起源:

阮姓是以国为氏,是皋陶氏之后。商代有阮国,是商的诸侯国,其地在今甘肃省泾川县境内。商末,西岐诸侯王姬昌灭阮国,原阮国王族相约以国名为姓,成为阮姓。后来,阮姓族人为避仇杀,分散到了各地。据《通志·氏族略》记载:阮氏,商之诸侯,国在岐渭之间。周文王"侵阮徂共"(《诗经·大雅》),灭阮国,原阮国王族子孙以国为氏。

郡望:

(1) 陈留郡:春秋时留邑为郑国地,后被陈国所得,故曰陈留。

(2) 太原郡:战国时秦国初置,治所晋阳,在今山西省太原市。

(3) 九阮郡:战国时期为林胡之地,即北方游牧民族所居之地,为赵武灵王赵雍(前340—前295)所扩攘,赵武灵王赶走了林胡、吞并了北狄的分支楼烦,夺得大片优良牧场,成为北方草原的霸主,九阮遂成为赵国的边地。

堂号:

(1) 太原堂:以望立堂。

(2) 九阮堂:以望立堂,亦称九原堂、五原堂。

(3) 竹林堂:三国时候,阮籍为竹林七贤之一,曾官至步兵校尉。

迁徙分布:

阮氏主要分布在山西省太原一带。

历史名人:

阮瑀(约165—212):东汉文学家,"建安七子"之一,字元瑜,陈留尉氏(今河南尉氏)人,为曹操司空军谋祭酒,管记室,能诗,善作书檄,明人辑有《阮元瑜集》。

阮籍(210—263):三国时魏国文学家、名士,字嗣宗,陈留尉氏(今河南尉氏)人,"竹林七贤"之一。他博览群书,尤好老庄,著有《阮嗣宗集》。他所创作的八十余首《咏怀》诗,颇为有名。

131. 蓝

姓氏：蓝

祖宗：秦子

分类：以地名命姓

姓氏起源：

蓝姓出自嬴姓，为伯益之后。梁惠王三年，受命为蓝（即蓝田，今陕西蓝田县）君，他的后代遂以地名命姓，称蓝姓。蓝姓现多作兰姓，其实蓝姓与兰姓不是一宗。兰姓出自姬姓，是春秋时郑国公族的后代。

郡望：

（1）中山郡：战国时为中山国，被赵国所灭。秦代属于巨鹿郡。汉高祖时设置中山郡，汉景帝时改为中山国。相当于现在河北省北部地区。

（2）东莞郡：晋武帝时置郡。相当于现在山东省沂水、莒县一带。

（3）汝南郡：汉高帝时置郡。治所上蔡，在今河南省上蔡县西南。

堂号：

戒君堂：春秋时期楚昭王时，伍子胥为报楚平王杀父之仇，率领吴军攻破楚国郢都。楚昭王仓皇出逃到成臼河边。这时有一条船离开岸边，昭王认得船上是蓝尹亹及其妻儿，就大声喊："快让我上船！"没想到蓝尹亹毫不理睬。昭王又大叫了好几次，蓝尹亹才回答说："自楚立国以来，从没一个国君丢弃过国都，现在楚国灭亡都是你的错，你还过河干什么呢？"昭王没有办法，只好从陆路逃到随国。后来昭王在秦国的帮助下回国复位，这时蓝尹亹又来求见。昭王一听说他来了，顿时大怒，要把他抓起来。令尹子西在旁劝阻说："他敢来总有道理，先听听他怎么说吧。"昭王于是派人去问，蓝尹亹回答说："上一任令尹子常就是因为积怨太多，引起国人不和，所以败给吴军。现在大王还想走他的老路吗？我在成臼河不救大王，是为了惩诫大王，希望大王有所改变。我现在来就是看看大王改了没有，大王若仍不愿改，楚国就完了，既然如此，我这条命又有什么值得顾惜的呢？"昭王为了警诫自己，于是重新任用了蓝尹亹。

迁徙分布：

如今，蓝姓在全国分布较广，尤以广西、广东等省多此姓，上述两省之蓝姓约占全国汉族蓝姓人口的86%。

历史名人：

蓝采和（生卒年不详）：唐末逸士，传说中八仙之一。他常穿着破烂蓝衫，一脚着靴，一脚跣露，夏天则在衫内加絮，冬天则卧于雪中。每行歌于城市乞索，持大拍板。常醉踏歌："蓝采和，世界能几何？红颜一春树，流年一掷梭。"后于濠梁酒楼上饮酒，有五色云覆其上，饮毕，乘云鹤去。

蓝玉（？—1393）：明朝人，常遇春妻弟。隶属常遇春麾下，每战皆先登陷阵，屡立战功，封为凉国公。后恃功专恣，为太祖所恶，以谋反罪诛死，坐累列侯功臣、文

武大吏以至偏裨将士2万余人。

132. 闵

姓氏：闵

祖宗：子开

分类：以祖名为姓

姓氏起源：

周朝时，鲁国君庄公之子子开后为君，被称为泯公，后他的子孙就取闵字作为姓，世代相传。

郡望：

(1) 鲁郡：亦称鲁国、鲁国郡。

(2) 陇西郡：秦置陇西郡，现在甘肃省临洮县。

堂号：

(1) 陇西堂：以望立堂。

(2) 鲁国堂：以望立堂。

迁徙分布：

今江苏省泰州市、仪征市、苏州市、如皋市、扬州市、扬中县，辽宁省锦州市、辽阳市、彰武县，山东省费县，安徽省宿州市、六安市金寨县、宁国县，河北省博野县，上海市，北京市通州区，陕西省商洛市，湖北省武汉市武昌区、黄陂区、安康市、汉川市、仙桃市、孝昌县、房县、通城县，江西省南昌市、永修县、九江市、赣县、德安县，浙江省嘉兴市、桐乡县、湖州市吴兴区，贵州省贵阳市、瓮安县、毕节市、锦屏县，四川省泸州市、新都县，河南光山县、许昌市、桐柏县，香港特别行政区，陕西省商洛市，重庆市的彭水县，台湾省台北市、台中市、台南市、高雄市，内蒙古自治区等地，皆有闵氏族人分布。

历史名人：

闵子骞（前536—前487）：名损。春秋鲁国汶上（山东济宁）人。为孔子弟子七十二贤人之一。以孝悌闻，以德行称。为人持重少言语，言必有中。为费邑宰，有政声。历代追封"费侯"、"费公"、"琅琊公"、"畿圣"。世人称之为"笃圣"。他幼年丧母，受后母虐待，冬天后母所生两个孩子身穿絮着棉花的棉衣，而他和亲弟弟衣内絮的是芦花。他父亲得知后，要把后母休掉，他劝阻说："母在一子单，母去四子寒。"父亲听从了他的劝告，后母因此非常羞愧，从此善待他们兄弟与自己的亲生子一样。闵子骞顺事父母，友爱兄弟，被列为中国历史上二十四孝之一。

133. 席

姓氏：席
祖宗：籍谈
分类：由籍所改
姓氏起源：
春秋时期，晋国有大夫籍谈，因为他负责管理晋国的典籍，所以便以籍作为自己的姓氏。他的第十三代后人，是秦末项羽的后代，叫作籍镶，项羽名籍，籍镶为了避项羽的讳，于是将籍改为席，他的后人也跟着改成了席姓。后来项羽战败自杀，籍氏不用改姓避讳了，于是有一部分恢复了族姓，有一部分却沿袭了席姓，形成了席姓的一支。

郡望：
（1）安定郡：西汉的时候设置此郡。相当于今天的甘肃省平凉地区以及宁夏西部地区。
（2）襄阳郡：东汉朝建安十三年（戊寅，198年）分南郡、南阳两郡各一部分置襄阳郡，治所在襄阳（今湖北襄樊襄城区），其时辖地在今湖北省襄樊市、南漳县、宜城县、当阳县、远安县等一带，治所在襄阳（今湖北襄樊襄城区）。

堂号：
（1）安定堂：以望立堂。
（2）襄阳堂：以望立堂，亦称襄樊堂。

迁徙分布：
席氏望族居住在定郡（今天的甘肃省故原）。

历史名人：
席旦（生卒年待考）：字晋仲，诗人，宋朝河南人，七岁能作诗，元丰年间中进士，他曾上书谈论当时时局，并对战守提出实际可行计划，神宗看了以后，认为切中时弊，采纳了他的意见，从此一帆风顺，官至吏部侍郎，显谟阁直学士，曾先后两度任成都知府，颇有政声，加升述古殿大学士。

134. 季

姓氏：季
祖宗：季友
分类：以字命姓
姓氏起源：
季姓出自姬姓。春秋时，鲁庄公的弟弟季友平定了庆父之乱，子孙以他的字命氏，称为季孙氏，在鲁国执政。季友的孙子季孙行父执政时，举贤任能，分财济贫，受到国人爱戴，谥号季文子。季孙氏后来简称季氏。季文子、季武子、季平子三代执掌国

政,当时几代鲁君都昏庸无能,以致出现了当时民众只知道有季氏,不知道有鲁君的情况。季氏后人以季为姓。

郡望：

(1) 渤海郡：西汉时期从巨鹿、上谷之地分出渤海郡,治所在浮阳(今河北沧州东关),其时辖地在今河北省、辽宁省之间的渤海湾一带。

(2) 鲁郡：西汉初年将秦朝原有的薛郡改为鲁国。相当于现在山东省曲阜、泗水一带地区。寿春县：战国时属于楚国。楚考烈王迁都于此,命名为郢。秦代时置寿春县。相当于今安徽省寿县一带地区。

(3) 寿春县：战国时期原属于楚国。楚考烈王迁都于此,命名为郢。秦朝时置其为寿春县,辖地在今安徽省寿县一带地区。

堂号：

(1) 渤海堂：以望立堂。

(2) 鲁国堂：以望立堂。

(3) 寿春堂：以望立堂。

迁徙分布：

如今,季氏族人在全国分布甚广,尤以江苏、浙江为多,这两省季氏约占全国季氏人口的55%以上。

历史名人：

季布(生卒年不详)：汉初著名游侠,楚国人。楚国有谚语说："得黄金百斤,不如得季布一诺",有"一诺千金"之誉。楚汉战争时,为项羽部将,汉朝建立后,被刘邦追捕,后得赦免,任河东太守。

季厚礼(生卒年不详)：明代孝子,以孝行著称。其子季立,其孙季廷春皆效之,人谓其"一门纯孝"。

135. 麻

姓氏： 麻

祖宗： 麻婴

分类： 以人名为氏

姓氏起源：

(1) 春秋时齐国有个大夫名叫麻婴。他的后代子孙便以他名字中的麻字命姓,称麻姓。

(2) 周代时,楚国有熊姓大夫食采于麻(今湖北麻城),其后代子孙以封邑命姓,称麻姓。据《风俗通》记载,麻婴即为楚大夫之后。

郡望：

上谷郡：公元前222年秦灭赵后置郡。在今河北省西北部怀来县一带。

堂号：

金紫堂：宋朝时有麻希孟,年90岁。当时太宗召见天下年老的人,所以麻希孟就到了金殿之上。他向皇帝提出了许多建议，多被采纳。后来太宗赐给他金（当官的印）紫（印上的带子），赐他工部侍郎一职，他辞退不做。

迁徙分布：

今内蒙古自治区巴彦淖尔市，四川省凉山州西昌市、成都市，陕西省陕北、关中、蒲城县、宝鸡市，甘肃省漳县、崇信县，河南省的新乡市、濮阳市、洛阳市、偃师县、项城县，山东省兖州市、昌邑市、东阿县、临沂市、沂南县、诸城市、胶南市、潍坊市安丘县、莱西市、邹平县，江苏省淮安市盱眙县，山西省大同市，黑龙江省齐齐哈尔，辽宁省朝阳市，浙江省杭州市、嘉兴市、滨州市、绍兴市嵊州市、缙云县、台州市、丽水市、玉环县、宁波市北仑区、宁海县、上虞县、义乌市、乐清县、温州市，重庆市江津区、万盛区，云南省昆明市，福建省厦门市，宁夏回族自治区固原县，广西壮族自治区南宁市江南区、宁明县，吉林省大安县、永吉县，河北省遵化县、定州市，贵州省松桃县，湖南省怀化县、桃江县，安徽省阜阳市、宿州市肖县，海南省，北京市，上海市，台湾省，香港特别行政区，澳门特别行政区等地，皆有麻氏族人分布。

历史名人：

麻九畴（1183—1232）：金代文人。他勤奋好学，博通五经，尤精于春秋，正大初年，特赐进士，官至应奉翰林文字。为了研究易经，他熟读邵尧夫的《皇极书》。后来研究医学时，他又习读张子和的著作。他所作之文章精密奇健，诗词工致豪壮。著有《知几文集》。

麻贵（生卒年不详）：明代宁夏总兵。由舍人从军，万历年间积功为宁夏总兵。因抗倭有功，累迁至右都督，镇守辽东。他智勇兼备，果毅骁捷，善于用兵，东征西讨，屡立战功，时称良将。

136. 强

姓氏： 强

祖宗： 公孙强

分类： 以先祖名字为姓

姓氏起源：

强姓源于姜姓，是上古炎帝的后代。春秋时，齐国公族中有个叫公孙强的，他的后人便以祖上的名字为姓，称强姓。郑国大夫强鉏即公孙强裔孙，其后自此皆姓强。

郡望：

（1）天水郡：西汉时置郡。相当于今甘肃省天水、陇西以东地区。

（2）丹阳郡：秦代时叫鄣郡，汉武帝时更名叫丹阳郡。相当于今安徽省宣城地区。

堂号：

（1）天水堂：以望立堂。

（2）丹阳堂：以望立堂。

迁徙分布：

强氏历史源远流长，他们的历史可以追溯到大约三千年以前的春秋时代，只是在南北朝之时，氐裔的强氏特别地表现出色罢了。《姓苑》一书记载说："左传郑大夫强鉏之后，望出丹阳。"这一支强氏的始祖强鉏，在春秋时期的郑国，也是一位风云人物。由此看来，强氏是有两个主要的来源，一支出自春秋时期的郑国大夫强鉏，另一支则出自南北朝时表现出色的氐族。前者主要繁衍地区是安徽省境内（古之丹阳），后者则活跃于陕西省境内，算起来都是源自北方一个姓氏。唐朝末年天下大乱，再度造成了民族的大迁徙，一向活跃于北方的强氏，也由此播迁到南方各地。宋明之际，江、浙一带的强氏纷纷崭露头角，其中又以宋代浙江钱塘的强家，最为锋芒毕露。

历史名人：

强鉏（生卒年不详）：春秋时期，郑国大夫。当时郑国大夫祭仲专政，厉公派雍纠去杀他，后来事情败露，强鉏与公子阏的同党祭仲杀死了雍纠。厉公即位后，追查原来的事，强鉏被判刖刑（把脚砍掉）。君子说强鉏不能卫其足。

强伸（生卒年不详）：金朝人，膂力过人。天兴初任中京元帅府签事，刚到任三日，就有敌兵来围，东西北三面皆树起了大炮。强伸用衣帛做成旗帜立在城上，率士兵赤身而战，领壮士5000人往来救应，所至必捷。坚守3个月后，因粮尽兵散，城不能守，转战至偃师，力尽被俘，不屈而死。

137. 贾

姓氏： 贾

祖宗： 唐叔虞

分类： 以国为氏

姓氏起源：

贾姓源于姬姓，为贾伯之后。据《元和姓纂》及《新唐书·宰相世袭表》记载，西周时，周成王的弟弟唐叔虞，因"桐叶封弟"的缘故，在周公灭唐（今山西翼城西）后，被封于唐，包括以前夏代建都地区（今山西夏县北），并赏给怀姓九宗。自此，唐叔虞成了后世唐、何、杨、温、韩等许多姓氏的始祖。燮即位后，改称晋侯，是为晋国。在周公分封唐叔虞于唐后不久，唐叔虞的少子公明又被成王之子康王封于贾（今山西襄汾西南），名义上是唐国的一个附庸，号为贾伯。春秋时期，贾国为晋所灭，贾伯公明的后裔以国为氏，称贾氏，是为山西贾氏。

郡望：

武威郡：汉元狩二年（前121年）以原匈奴休屠王地置郡，治所在武威（今甘肃民勤东北）。元鼎后相当今甘肃黄河以西、武威以东及大东河、大西河流域地区。东汉移治姑臧（今甘肃武威）十六国时前凉、后凉、南凉、北凉皆建都于此。

堂号：

至言堂：汉时贾山博览群书，给朝廷奏本谈治乱之道，借秦的灭亡做比喻，名为《至言》。此外还有"武威堂"。

迁徙分布：

贾氏在全国主要集中分布于河北、河南、山西三省，大约占贾姓总人口的45%，其次分布于山东、甘肃、黑龙江、四川、陕西，这五省的贾姓又集中了25%。河北居住了贾姓总人口的18%，为贾姓第一大省。全国形成了北部豫冀晋、南部四川两块高比率贾姓区域。

历史名人：

贾思勰（472—499）：今山东益都人，北魏农学家，曾任北魏高阳郡（治所在今山东淄博市临淄西北）太守。他曾以文献中收集到的资料和访问老农及自己观察、实验的心得，著成《齐民要术》一书。

贾谊（前200—前168）：洛阳（今洛阳）人，西汉政论家、文学家。他18岁时就以能读诗书、善文章而为郡人所称道。文帝时，被推荐为博士，又迁太中大夫，后为梁怀王太傅。他曾多次上书，批评时政，建议用"众建诸侯而少其力"的办法削弱诸侯王势力，巩固中央集权。他主张重农抑商，"驱民而归之农"，并力主抗击匈奴贵族的攻掠，所著政论有《陈政事疏》、《过秦论》等。

138. 路

姓氏： 路

祖宗： 玄元

分类： 以封赐为姓

姓氏起源：

远古帝喾高辛氏之孙玄元，有功于唐尧，受封为路中侯，其后子孙便以路为姓，世代相传。

郡望：

（1）内黄郡：汉置内黄郡，今河南省内黄县。

（2）阳平郡：汉朝置郡。治所在元城（今河北大名）。

（3）陈留郡：秦王嬴政二十六年（前221年）置陈留县，汉武帝元狩元年（前122年）改置陈留郡，治所在陈留（今河南开封）。其时辖地在今河南省东部至民权县、宁陵县、西至开封市、尉氏县、北至延津县、南至杞县一带地区。

（4）襄城郡：南北朝时北魏于县境置钟离、襄城、陈阳、石马诸县，分别属南襄州、西淮安郡和襄城郡，今城关镇为当时的襄城县治，以后历为州治、县治。治所在襄城（今河南襄城）。

（5）安定郡：汉武帝西汉元鼎三年（前114年）置郡，治所高平（今宁夏固原）。辖境相当于今甘肃省平凉地区景泰、靖远、会宁、平凉、泾川、镇原及宁夏中宁、中卫、同心、固原等地及宁夏回族自治区西部。

（6）东阳郡：西汉时期置郡，三国时期孙吴国宝鼎元年（266年）再分会稽郡置东阳郡，郡治在今浙江省金华分城区，其时辖地在今浙江省金华市一带。

（7）河南郡：秦朝时期名为三川郡。

(8) 京兆：亦称京兆郡、京兆尹，实际上"京兆"不是一个郡，而是中央政府所在的地域行政大区称谓，"尹"为其太守。

(9) 颍川郡：战国时期秦国灭韩国后，以所得韩地于秦王嬴政十七年（前230年）置颍川郡，治所在阳翟（今河南禹县），其时辖地在今河南省许昌一带地区。

堂号：

(1) 阳平堂：以望立堂。

(2) 内黄堂：以望立堂。

(3) 陈留堂：以望立堂。

(4) 襄城堂：以望立堂。

(5) 安定堂：以望立堂。

(6) 东阳堂：以望立堂。

(7) 河南堂：以望立堂。

(8) 京兆堂：以望立堂。

(9) 颍川堂：以望立堂。

迁徙分布：

如今，路氏族人在全国分布较广，尤以河北、山东、安徽、河南等省多此姓，这四省之路氏占全国路氏人口的70%左右。

历史名人：

路雄（生卒年不详）：阳平人，北魏大将。因从军征伐立下大功，官至伏波将军，奉车都尉。

路隋（775—835）：阳平人，唐代大臣。举明经第。历迁左补阙、侍讲学士、中书舍人、翰林学士，文宗时，以中书侍郎同中书门下平章事（位同宰相），监修国史。后出任镇海军节度使。其著作有《平淮西记》。

139. 娄

姓氏： 娄

祖宗： 大禹

分类： 以地名为氏

姓氏起源：

娄姓源于姒姓，大禹后代。大禹的儿子启建立夏朝，传至第五代王为少康。周武王灭商后，追封先代贤王的后裔，把少康的后裔东楼公封于杞（今河南杞县），遂为杞国。春秋时，杞国在周围大国的压力下被迫东迁，后来定居于淳于（今山东安丘县东北）。杞君有一支子孙封在娄邑（今山东诸城县西南），遂以地名为姓，称娄姓。

郡望：

(1) 谯国郡：也称谯国、谯郡。东汉朝建安年间（196—220），将沛郡分出一部分设置了谯郡，治所在谯县（今安徽亳州），仍隶属豫州刺史部所辖之沛郡，其时辖地在今安徽、河南两省之间的一带地区。三国时期辖地在今安徽，河南两省的灵璧县、蒙城县、太和县、鹿邑县、永城县间一带地区。

(2) 东阳郡：西汉时期置郡，三国时期孙吴国宝鼎元年丙戌（266年）再分会稽郡置东阳郡，郡治在今浙江省金华分城区，其时辖地在今浙江省金华市一带。

堂号：

(1) 谯郡堂：以望立堂。

(2) 东阳堂：以望立堂。

迁徙分布：

今河南省新乡市延津县、开封市通许县、许昌市长葛县、许昌市禹州市、鄢陵县、原阳县、信阳市明港区、濮阳市、漯河市临颍县、商丘市睢县、平顶山市叶县、漯河市、永城市，贵州省遵义市、仁怀县、桐梓县、安顺市、余庆县、兴仁县，陕西省安康市岚皋县，河北省沧州市、唐山市玉田县，浙江省瑞安市、杭州市萧山区、金华市、龙泉县、台州市、东阳市、绍兴市，山东省济南市平阴县、栖霞市、泰安市新泰县、五莲县、日照市、滕州市、莱州市、诸城市、临沂县、邹城县、章丘市、荣城市、聊城市东阿县，江苏省南京市、徐州市、邳州市、如皋县、苏州市、泰州市、铜山县、连云港市赣榆县、兴化县，黑龙江省绥芬河市，重庆市万盛区，江西省九江市、临川县，湖北省荆州市、孝感市，安徽省合肥市、天长县、明光市、泗县、宿州市、滁州市、巢湖市，云南省昆明市石林区、保山市龙陵县，吉林省敦化市、河口市、集安市，湖南省浏阳市、娄底市、沅陵市、张家界市、常德市桃源县、台湾省、香港特别行政区等地，皆有娄氏族人分布。

历史名人：

娄坚（1567—1631）：明代诗人。经明行修，工诗善书，时人合唐时升、陈嘉燧、李流芳及娄坚诗刻，谓之曰《嘉定四先生集》。

娄妃（？—1519）：明代上饶人娄谅之女，嫁宁王朱宸濠为妃，有贤德。宁王起兵谋反，娄妃屡谏不听，兵败被杀。临终前叹曰："昔商纣听妇人之言而亡，吾不听妇人之言而死。后悔晚矣！"清代人蒋士铨写《一片石》、《第二碑》两传奇，哀悼此妃。

140. 危

姓氏： 危

祖宗： 郎（饕餮）

分类： 源出于三苗族

姓氏起源：

危氏源于三苗族：相传上古时帝尧因儿子丹朱行为不检，故而把帝位禅让给舜。当时居住在河南南部至湖南洞庭湖、江西鄱阳湖一带的三苗部族比较强大，他们也反对禅让。丹朱就联合三苗起兵，与舜争夺天下。舜派大禹领兵镇压，禹在丹水一带打败了三苗，三苗君主被杀，丹朱不知所终。叛乱被平息后，舜帝将三苗族人迁徙到西北的三危山（甘肃敦煌东）一带居住。三苗后裔遂以危为姓，称危氏。另外，明初文学家危素之祖本姓黄，他改姓危后，其后人亦称危氏，成为危姓的一支。

郡望：

（1）汝南郡：汉高帝置，治所上蔡，在今河南省上蔡县西南。

（2）临川郡：三国时吴国置，在今江西省抚州市一带。

堂号：

（1）汝南堂：以望立堂。

（2）临川堂：以望立堂。

迁徙分布：

江西省南丰县、抚州市、南昌市、临川市、南城县、靖安市、上饶市、赣州市瑞金市、永丰县、九江市、玉山县、萍乡市、安徽省东至县、庐江县、四川省绵阳市、福建省光泽县、邵武市、福州市、厦门市、龙岩市、浦城县、武平县、泉州市、三明市宁化县、明溪县、湖北省武汉市蔡甸区、咸宁市崇阳县、武汉市黄陂县、仙桃市、潜江市、荆门市、天门市、湖南省浏阳市、醴陵市、望城县、新邵县、娄底市、益阳市、双峰县、广西壮族自治区南宁市、广东省广州市花都区、梅州市、浙江省杭州市、衢州市、台湾省台北市、山东省苍山县、德州市武城县、贵州省贵定市、天津市、重庆市、北京市、香港特别行政区、河南省密县、陕西省韩城县等地，皆有危氏族人分布。

历史名人：

危仔昌（生卒年不详）：后梁南城人。乾符年间江淮盗贼横行，危害乡里。危仔昌聚集丁众，立壁垒保护乡里，大破寇盗，保护了当地居民的生命财产安全。朝廷因此召他做官，他历任虔州防御使、信州刺史。后来他投奔吴越，子孙都在吴越当了官。

危稹（1158—1234）：宋朝临州人，字逢吉，淳熙年间进士。他因为文章出色而被洪迈、杨万里所赏识，被荐为秘书郎。后因触怒当朝宰相，被贬出知潮漳二郡，俱有名绩。

141. 江

姓氏：江

祖宗：伯益

分类：以国名为姓

姓氏起源：

江姓源于嬴姓，为颛顼裔孙伯益之后。相传帝颛顼有个孙女叫女修，有一天，她捡到一只燕子蛋，吃下去以后就怀孕了，生下儿子大业。大业娶少典氏女子女华为妻，生下了伯益。伯益因辅佐大禹治水有功，帝舜时就赐他嬴姓，这样，伯益就成了古代嬴姓各族的祖先。伯益传至十几代，经夏、商，至西周时，伯益的后裔受封于江，春秋时被楚国所灭，子孙就以国名为氏而姓江。

郡望：

（1）济阳郡：西汉治济阳县，治所在今河南兰考县东北。晋惠帝时，置济阳郡，治所在济阳，相当于今河南兰考东境、山东东明南境。东晋后此郡废。此下距今河南省境德正阳县不远。此支江姓，其开基始祖为东汉江德。

（2）淮阳郡：汉高祖十一年（前196年）置淮阳国，为同姓九国之一，都于陈（今河南淮阳），惠帝后时为郡，时为国。成帝时相当于今河南淮阳、鹿邑、太康、柘城、扶沟等县地。东汉章和二年（88年）改为陈国。隋及唐又曾改陈州为淮阳郡。

（3）六桂：即为"六姓"联芳德誉称，分布在古时的泉州。泉州，隋开皇九年（589年）改丰州始置郡，治所在闽县（今福州市），相当今福建全省。后改为闽州。

堂号：

忠廉堂：宋时上高尉江灏，因勤王功升建浦丞。因统义兵捕盗有功，历任柳州、象州两州知府，为官又忠又廉。另外还有"济阳"、"淮阳"、"六桂"等堂号。

迁徙分布：

江氏在全国主要集中分布于广西、广东、江西、安徽四省区，大约占江姓总人口的49%，其次分布于福建、台湾、江苏、浙江、湖南、湖北，这六省又集中了33%。广西为当代江姓第一大省，居住了江姓总人口的23%。全国形成了以长江流域及其以南地区多江姓，以北少分布局面。

历史名人：

江淹（444—505）：南朝文学家，曾历仕宋、齐、梁三代。以文章称于世，世称江郎。是辞赋作家，亦是南朝骈文中最有成就的作家之一。其作品《谐建平王书》、《报袁叔明书》、《与交友论隐书》均为当时名篇。晚年诗文无佳句，时人谓之才尽，遂有"江郎才尽"之典故。

江永（1681—1762）：清代著名经学家、音韵学家，他长于比勘，深究《三礼》，通中西历算。所著《古韵标准》一书，对研究中国古韵有重要创见。其学以考据见长，开皖派经学研究的风气。

142. 童

姓氏： 童

祖宗： 老童

分类： 以祖名为姓

姓氏起源：

童姓源自上古，是黄帝的后代。黄帝之孙叫颛顼，颛顼有个儿子叫老童。老童天生一副好嗓子，说话唱歌时，嗓音就像钟磬一样宏亮清越，又有音乐的韵味。他的后世子孙就以祖上名字中的"童"字命姓，称童姓。

郡望：

（1）雁门郡：战国时赵国置郡。相当于现在的山东省代县一带。

（2）建昌县：东汉时置建昌县，属豫章郡。故城在今江西省南城县。

（3）渤海郡：西汉时置郡。相当于现在河北省、辽宁省渤海湾沿岸一带。

堂号：

（1）雁门堂：以望立堂。

(2) 渤海堂：以望立堂。
(3) 建昌堂：以望立堂。

迁徙分布：
童姓主要分布在山东代县、江西省南城县、以及河北省、辽宁省渤海湾沿岸一带。

历史名人：
童钰（1721—1782）：清代诗画家。少时放弃学业，专功诗、古文。与同郡刘文蔚等并称"越中七子"。善山水、兰竹、木石，写梅尤为著名，著有《二树山人集》。

童贯（1054—1126）：宋代太师。受徽宗宠信，因镇压方腊起义军，进封太师。金将粘罕南侵，童贯为河北宣抚，逃奔入都。钦宗即位后，被人弹劾，诏其数十大罪，诛死。

143. 颜

姓氏： 颜
祖宗： 邾颜公
分类： 以祖宗的字为氏

姓氏起源：
颜姓出自曹姓，源于西周。黄帝之孙叫颛顼，颛顼的玄孙叫陆终，陆终生有六子，其中第五子叫安，周武王时分封前代圣王后代，把安的后代苗裔邾子挟封于邾，建立邾国。邾子挟的五世孙名夷父，字颜，又称邾颜公。邾国被楚国灭掉后，颜公的支庶子孙有人以祖父的字为姓，称颜姓。

郡望：
（1）鲁郡：亦称鲁国、鲁国郡。西汉初年置鲁国，三国时魏晋改为鲁郡。相当于今山东省曲阜、泗水一带。
（2）琅琊郡：也称琅琊国、琅岈郡、琅玡郡。春秋时期的齐国有琅琊邑，在今山东胶南县琅琊台西北，有越王勾践迁都至此之说。

堂号：
（1）鲁国堂：以望立堂。
（2）琅琊堂：以望立堂。

迁徙分布：
颜姓在全国的分布主要集中于湖南、广西、湖北三省区，大约占颜姓总人口的33%，其次分布于山东、福建、四川、江苏、广东、台湾、浙江、江西，这八省的颜姓又集中了48%。湖南居住了颜姓总人口的12%，为颜姓第一大省。全国形成以湘鄂桂为中心向四周散布的颜姓分布状。

历史名人：
颜真卿（709—785）：唐朝开元年间（713—741）进士，累官至监察御史。因忤逆杨国忠被贬魏平原太守，他预料安禄山必反，早为之备。天宝十四年（755年）安禄山反，他与从兄果卿共起兵，附近十七郡响应。乱平后，他入京为官，连遭谗言，屡被贬黜。后为刑部尚书，封鲁郡公，世人称之为颜鲁公。肃宗、代宗在位时，他数次为正义而言，为大臣所不喜。德宗在位时，李希烈自称天下都元帅，攻陷汝州，颜真卿受命前往劝谕，后持节不屈，终被李希烈杀害，终年76岁。颜真卿善正、草书，笔力沉着雄浑，为世所宝，称为"颜体"。故宫博物院藏有其66岁作《竹山连句》墨迹。后人辑有《颜鲁公文集》。

144. 郭

姓氏：郭
祖宗：姬姓后裔
分类：系自姬姓
姓氏起源：
郭姓出自姬姓，古代"郭"与"虢"字相通，郭氏即为虢氏，为黄帝姬姓后裔。周武王时封文王弟虢叔（一说虢仲）于西虢，虢仲（一说虢叔）于东虢。周平王时，郑武公功灭郐和东虢，建立郑国，都今河南新郑，此时平王也不得不认可，并名正言顺地将虢叔之地分封给郑武公。周平王的做法引起诸侯王的不满，于是，位于南方的楚国，从楚庄王时起不断发动对周的战争，兼并了周围许多国家。被分封给郑国的虢叔之地就是其中之一。周平王不得不将东虢叔的裔孙序封于阳曲作为补救。由此，号曰"虢公"。因虢、郭音同，又称"郭公"，其后代遂有郭氏。西虢，亦称成虢，在西周灭亡之后，也向东迁移，建都上阳，史称南虢。后被晋国所灭。西虢东迁时，还有虢国支族留居原地，史称小虢。后被秦所灭。这些虢国的后代，均以郭为姓。

郡望：
（1）太原郡：战国时置郡。此支郭氏，为汉郭全之族所在。
（2）华阴县：汉时置。此支郭氏为太原郭氏分支。
（3）冯翊郡：三国时置郡。此支郭氏为太原郭氏分支，其开基始祖为东汉冯翊太守郭孟儒。
（4）汾阳县：西汉时置。此支郭氏为华阴郭氏分支，其开基始祖为郭子仪。

堂号：
尊贤堂：战国时燕昭王招贤，郭隗对他说，你要招贤，先从我开始。你对我当贤人尊重，比我贤的人就会找我来了。于是昭王给他建了宫室曰金台，并把他当作老师来尊重。于是乐毅、邹衍、剧辛及其他有才能的人皆来归附燕国。燕国于是强大起来。

迁徙分布：
如今，郭氏以河南、河北、山东、湖北、四川等省最多，上述五省郭姓约占全国汉族郭姓人口的46%。

历史名人：
郭子仪（697—781）：唐朝名将。中唐安史之乱爆发后，任朔方节度使，率军收复洛阳、长安两京，功居平乱之首，封汾阳郡王。德宗时被尊为尚父，也称之为郭令公。
郭守敬（1231—1316）：元代科学家，为元代杰出的天文学家、水利学家和数学

家，他主持编制了《授时历》，施行达 360 年，为我国历史上施行最久的历法。

145. 梅

姓氏：梅
祖宗：梅伯
分类：以封地命姓
姓氏起源：

梅姓出自子姓，为汤王后裔。殷商时，商王太丁封他的弟弟于梅（今安徽亳州东南），为伯爵，世称梅伯。商纣王时，梅伯在朝中任卿士。他忠直敢谏，对纣王的荒唐行径多次提出批评，结果触怒纣王被废黜，后又以酷刑杀死。周武王灭商以后，又封梅伯的后裔于黄梅，号忠侯，其支庶子孙便以封地命姓，称梅姓。

郡望：

(1) 汝南郡：汉高帝时置。今河南省中部偏南和安徽省淮河以北地区。

(2) 宣城郡：即古宣州（今安徽宣城），是秦、汉时期的吴国地名。

(3) 文山州：云南文山州境地古代属古巴国。

(4) 北海郡：汉朝时期景帝中元二年（前148年）分齐郡置郡，治所在北海（营陵，今山东昌乐），其时辖地在今山东省潍坊、烟台一带地区。

堂号：

(1) 汉中堂：在秦朝，有梅徽避乱迁陕西汉中，子孙发展后建祠称汉中堂。

(2) 内江堂：明朝洪武年间战乱，有梅氏一支迁四川内江，子孙建祠堂称内江堂。

(3) 麻城堂：两汉时期，梅观颐偕李氏为避王莽之乱，迁湖北麻城，子孙建祠称麻城堂。

(4) 文山堂：以望立堂，亦称盘龙堂、群舸堂、越寓堂、胖舸堂、马关堂。

(5) 宛陵堂：宋朝时宣城（古名宛陵）人梅尧臣，世称宛陵先生，任尚书都官员外郎。工诗，与欧阳修为诗友，著有《宛陵集》。

迁徙分布：

梅姓发源于湖北黄梅，早期聚居于河南汝南，经历代迁徙，现以云南、浙江、江西、安徽、江苏、河南为多，人口约占全国汉族梅姓人口的74%。

历史名人：

梅兰芳（1894—1961）：现代著名京剧表演艺术家。出生于京剧世家，工青衣，兼演刀马旦。在长期的舞台实践中，对京剧旦角的唱腔、念白、舞蹈、音乐、服装、化妆各方面都有所创造和发展，形成自己的艺术风格，世称梅派。与尚小云、程砚秋、荀慧生并称四大名旦。代表戏曲有《贵妃醉酒》、《霸王别姬》等。1961年逝世，终年67岁。

梅文鼎（1633—1721）：清代天文数学家。以学识为康熙赏识。他曾系统地考察古今中外历法，指出《明史》历志初稿谬误五十余处；又介绍欧洲数学，综合研究中西历算，对后世颇有影响。一生著作达八十余种，富有科学价值。

146. 盛

姓氏：盛
祖宗：召公奭
分类：以国为氏
姓氏起源：

盛姓源于姬姓，出自汉朝时期奭氏族人，属于避讳改姓为氏。该支盛氏，得姓于西汉晚期，是由奭氏所改。西周初年，有名臣召公奭（姬奭），他是周武王姬发的弟弟，在周武王病逝后由周成王姬诵即位后，与周公旦一起，尽心竭力地辅佐周成王，平定了武庚叛乱、平定了东夷、淮夷、徐夷等，为稳定和进一步发展作出了巨大贡献。在召公奭的后裔子孙中，就有一支以先祖的名字为姓氏，称奭氏，世代相传。到了西汉元帝刘奭即位（前48年）之后，由于其名为"奭"，天下百姓必须避其名讳，包括字讳与音讳，因此奭氏族人遂改为盛氏，世代相传至今，史称盛氏正宗。据《姓谱》上记载："北海太守奭伟，避元帝讳，改姓盛。"在《后汉书·西羌传》中也有记载："东海盛包，其先姓奭，避元帝讳改姓盛"。盛氏族人大多尊奉召公奭为得姓始祖。

郡望：

（1）蔡州：也称为蔡郡。秦朝时期把原来的蔡、沈二国之地改置为三川郡。汉朝时期又改为汝南郡（今河南上蔡）。东晋朝时期将治所移至悬瓠城（今河南汝南）。隋、唐两朝改为蔡州，一度曾名为豫州；隋朝时期改汉朝的溱州置蔡州，其治所在隋朝时期名为上蔡县，唐朝时期名为汝阴县，均在今河南省汝南县，其时辖地在今河南省汝南县一带地区。南北朝时期也曾置蔡州，治所在蔡阳，其时辖地在今湖北省枣阳市西南部一带地区。

（2）汝南郡：汉高祖四年（前203年）置郡，治所在上蔡。相当于今河南颖河、淮河之间，京广铁路西侧一线以东，安徽西淝河以西，淮河以北地区。东汉移至平舆。

（3）梁郡：也称为梁国、梁国郡，始建于西汉高祖刘邦五年己亥（前202年），此之前叫砀郡，治所在淮阳（今河南商丘），下辖八县，其范围包括今河南商丘、虞城、民权及安徽砀山、山东曹县诸地。

（4）广陵郡：即江都郡。原为战国时楚国广陵邑。秦朝时期置广陵县，在今江苏扬州西北一带。

堂号：

（1）广陵堂：以望立堂。
（2）汝南堂：以望立堂。
（3）梁国堂：以望立堂。
（4）蔡郡堂：以望立堂，亦称蔡州堂。

迁徙分布：

目前，盛姓的第一大省为湖南，大约占全国盛姓人口的15%。湖南、浙江、安徽、江苏是盛姓的主要分布区，这四省盛姓大约占全国盛姓人口的52%。其次分布于上海、

山东、河南、湖北、陕西、吉林，这六省市盛姓大约又占26%。全国基本形成了西起湖南、东达长江三角洲的一大块盛姓聚集区。

历史名人：

盛彦师（生卒年待考）：唐朝虞城人。少仕侠，隋末李密有功封葛国公，授武卫将军。平王世充，徐园朗反，诏为安抚大使，战败被执。园朗令作书招其弟举虞城叛，彦师不从，园朗壮而置之，后得还。以他罪诛。

盛度（970—1040）：字公量。宋朝余杭人。奉使陕西，因览疆域，参质汉书故地，绘为西域图以献，真宗称其博学。盛度一生好学，居家外出，手不释卷，善于作文，曾奉诏编续《通典》、《文苑英华》。其著有《愚谷》、《银台》、《中书》、《枢中诸集》等书。以疾致仕，卒谥文肃。

147. 林

姓氏： 林

祖宗： 比干

分类： 以先祖的字为氏

姓氏起源：

林姓是一个有着悠久历史的姓氏，相传由商朝末年的名臣比干而来。比干原是商朝王室成员，在商纣王时担任少师之职，以忠正敢言知名。纣王昏庸无道，他多次进言匡谏，后来因此获罪，被剖心而死。夫人陈氏为躲避官兵追杀，逃难于长林石室，生子名坚，因生于林被周武王赐以林为姓，史称林坚，被林姓人尊为受姓始祖。除上述一支外，林姓还有其他的来源。相传东周时，周平王有庶子名开，字林。子孙以他的字为姓，姓林。后来，他又生子英，英生茂、庆等。因周平王建都洛阳，这支林姓也起源于今洛阳所在的南郡，谱书也因此称他们为河南林姓。另外，北魏时，鲜卑族中有丘林等姓，在孝文帝改姓运动中也改姓林，并注籍为河南洛阳人。以上三支林姓是当今林姓的主要血统所出。

郡望：

（1）西河郡：据《姓氏考略》记载：汲氏望出濮阳、西河、清河。汉代置郡。相当于今山西、陕西二省之间黄河沿岸一带。

（2）济南郡：汉朝时期高祖刘邦设有济南国。

（3）下邳郡：秦朝时期在今江苏睢宁西北一带设下邳县。

（4）南安郡：西汉时期置县，治所在狄道（今甘肃陇西）。

（5）晋安郡：也称为南安郡。东汉中平五年（戊辰，188年）分汉阳郡置南安郡，治所在狄道（今甘肃陇西渭水南岸）。

堂号：

（1）济南堂：以望立堂。

（2）下邳堂：以望立堂。

（3）南安堂：以望立堂。

(4) 晋安堂：以望立堂。

迁徙分布：

林坚子孙在博陵一带发展繁衍。至林载时，子孙也在这一广大范围中生活，甚至迁徙、移居。西周末年，林苌、林材等人迁徙而来到东周国都。秦汉时代，在鲁国林雍后人，迁到齐郡县居住，后因齐郡更名济南郡，故称为济南郡人或者称为"济南林"。林懋任下邳郡太守，迁居下邳郡。任满后，便在郡中的梓桐乡定居下来。后来，这支从"济南林"分衍而出的林姓人便被称为"徐州林"或"下邳林"，而林颖或林懋就是林姓始祖。

历史名人：

林则徐（1785—1850）：1839 年，"禁毒英雄"在广州"虎门"一把大火烧出个醒世的中国，给沉睡的国人当头棒喝，一生清正廉洁，忧国忧民，以禁断鸦片的爱国之举而留名清史，同时也主张努力学习西方的先进技术，是近代中国睁眼看世界的第一人。

林森（1868—1943）：早年参加同盟会，中华革命党，1919 年任南京临时参议院议长，1932 年至 1943 年 8 月担任中华民国国民政府主席。

148. 刁

姓氏： 刁

祖宗： 竖刁

分类： 以祖名为姓

姓氏起源：

春秋时齐国大夫竖刁之后。《韵会》"刁氏出渤海齐大夫竖刁之后"。齐国大夫竖刁为齐桓公宠臣，曾与管仲一起辅佐齐桓公建立霸业。管仲去世后，竖刁专权。他的后代子孙便以祖上名字为姓，成为刁氏。

郡望：

(1) 弘农郡：汉武帝元鼎四年（前 113 年）设置。相当于今河南内乡以西、陕西省柞水以东及华山以南地区。治所在弘农（今河南省灵宝县）。

(2) 渤海郡：西汉时置。在今河北省、辽宁省的渤海湾沿海一带。

(3) 河西郡：最早的河西郡是战国末期魏国所设，其境约在今日山西、陕西一带。

(4) 上郡：古翟国属地，秦朝时期设为上郡。

堂号：

(1) 弘农堂：以望立堂。

(2) 渤海堂：以望立堂。

(3) 河西堂：以望立堂。

(4) 上郡堂：以望立堂，亦称翟国堂。

(5) 藏春堂：宋朝时候刁约，做学问、做文章都很刻苦。开头做馆阁校理、后进使馆、又当扬州知府。辞官回来，在润州安家，号"藏春堂"。东坡送他的诗有"春

在先生杖履中",意思是连你的拐杖、鞋子都饱藏着春天的温暖。

迁徙分布：

如今，刁姓在全国分布较广，尤以贵州、湖南多此姓，二省汉族刁姓约占全国汉族刁姓人口的64%。

历史名人：

刁光（生卒年待考）：唐代画家，长安人，天复中避地入蜀。善画湖石、花卉、猫兔、鸟雀，工花水，孔嵩、黄筌皆师其笔。

刁彦能（约890—约957）：唐末五代时上蔡（今属河南）人。好读书，能诗。初隶吴节度使王茂章，后茂章判吴投吴越，他不从，得徐温嘉许，擢为军校，事温子知训于广陵。知训欲害徐知诰（李昇），他多次设法庇护，使免于难。知诰代吴建南唐，入为环卫。历官至建州留后、昭武军节度使。

刁协（？—322）：字玄亮，渤海饶安（今河北盐山西南）人。祖刁恭，乃魏齐郡太守，刁协曾在成都王司马颖、赵王司马伦、长沙王司马乂下任职，后跟随东瀛公，官至颍川太守。晋元帝南渡期间，任尚书左仆射。朝廷的典章制度，都由刁协制定。为镇东军咨祭酒、长史。元帝时为抑制王导兄弟权势，任刁协为尚书令。永昌元年（322年），王敦以诛刘隗为名，带兵攻打建康。晋元帝派刘隗、刁协、周顗领兵抵抗。兵败后，刁协在出逃途中被部下所杀。

149. 钟

姓氏： 钟

祖宗： 简狄

分类： 以地名为氏

姓氏起源：

据《名贤氏族言行类稿》和《新唐书宰相世系表》等所载，相传上古帝喾的妃子中有一个叫简狄的，因捡到一只燕子蛋，简狄吃了以后生下了契。后来契辅助大禹治水有功，被封于商。传至商纣王时，有一庶兄名启，被封于微，见商朝管理不好，上书商王，商王又不听，于是出走。周武王灭商后，微子投奔周武王，后来他被封于宋，称宋桓公，他的儿子敖在晋国任职，敖的孙子伯宗为晋国大夫，因勇于直言遭人嫉恨而被害。他的儿子州犁逃到楚国，任楚太宰，食采钟离，他的后人于是就以地名为氏或单称钟氏。代代相传。

郡望：

（1）颖川郡：秦王政十七年置郡。以颖水得名，治所在今河南禹县。相当于今河南登封、宝封以东，尉氏以西，密县以南，叶县、武县以北的地区。

（2）竟陵郡：秦置郡，治所在今湖北潜江西北，西晋时封江夏郡置，治所在石城。南朝宋时相当于今湖北钟祥、天门、京山、潜江、沔阳等地。

堂号：

（1）颖川堂：以望立堂。

（2）竟陵堂：以望立堂。
迁徙分布：
钟氏在全国的分布如今主要集中于广东、江西、四川、广西四省区，大约占钟姓总人口的65%。其次在湖南、福建、重庆、浙江，这四省市的钟姓又占了19%。广东居住了钟姓总人口的26%，为钟姓第一大省。全国形成了两广、湘赣闽、川渝三个钟姓聚集中心区。
历史名人：
钟子期（生卒年待考）：春秋时期楚国人。精音律。相传伯牙鼓琴，他能分辨是志在高山还是志在流水，因此被伯牙引为知音。他死后，伯牙在他的墓前弹了一次琴后就不复鼓琴。

钟离春（生卒年待考）：战国时期齐国人，她可以说是中国历史上第一个以才取胜的王后。其相貌奇丑无比，40岁了还没有嫁人。于是她自己去见齐宣王，陈述齐国危难的状况，提出解决问题的方法，后被齐宣王采纳，并立为王后。

150. 徐

姓氏： 徐
祖宗： 若木
分类： 以国为姓
姓氏起源：
徐氏的姓氏来源纯正，主要源于嬴姓。是玄孙伯益之子若木的后裔。相传有一个孙女叫女修，因食燕子蛋而怀有大业。大业娶少典氏女子女华为妻，生下了伯益。伯益因辅佐大禹治水有功，帝舜除了正式赐他嬴姓以外，还把本族的女子姚氏嫁给他，姚女后来生了两个儿子，其中小儿子叫若木，因为他的父亲有功，所以封他于徐，建立徐国。徐国历经了夏、商、周三个朝代，都是作为诸侯而存在的。周穆王的时候传到了徐国的32世孙徐君偃，他很聪明，对百姓又好，所以深得百姓的爱戴，国力不断强大。当时周穆王喜欢云游四方而经常不问国家大事，诸侯埋怨他的很多，徐君偃于是产生了想要取代周穆王的野心。他自称为徐偃王，率领各国联军向周国进军，周穆王知道这个消息后马上返回京城，调兵前去镇压。徐偃王只好收兵而逃，他躲进了彭城一带的山中。由于他很得民心，跟着他到了山中的百姓很多。这座山后来就叫作徐山，徐州也因此而得名。周穆王也因此不得不封他的儿子宗于徐，称为"徐子"，继续管理徐国。春秋时期，徐国被楚国打败，国力从此日渐消退，周敬王八年的时候，徐国被吴国所灭，徐国的后裔就称为徐氏，以国为姓，代代相传。
郡望：
（1）东海郡：秦时置郡，治所在今天的山东境内。西汉时相当于今天的山东费县、临沂、江苏赣榆以南，山东枣庄、江苏灌南以北的地区；东魏及隋唐相当于今江苏东海县以东、淮水以北的地区。

（2）高平郡：今泰始元年改山阳郡置郡，治所在今天山东巨野南部。其后屡有

迁居，其中北周时曾改高都郡置高平郡，治所在高都，相当于今天山西晋城、高平等地。

（3）高宛郡：秦朝置郡。汉建安初分琅岈、齐郡置郡。治所在今山东省境内。

（4）琅琊郡：也称为琅琊国、琅岈郡、琅玡郡。春秋时期的齐国有琅琊邑，在今山东胶南县琅琊台西北，有越王勾践迁都至此之说。

堂号：

（1）东海堂：以望立堂。

（2）高平堂：以望立堂。

（3）高宛堂：以望立堂。

（4）琅琊堂：以望立堂。

迁徙分布：

如今，徐姓尤以江苏、广东、浙江、四川、山东、江西、安徽人数最多，上述七省的徐姓约占全国汉族徐姓人口的65%。

历史名人：

徐霞客（1587—1641）：南直隶江苏人，杰出的旅行家和游记文学家，其足迹遍布大江南北，其观察所记，按日记载，后人编辑而成《徐霞客游记》。

徐渭（1521—1593）：山阴人，明杰出的文学家、书画家，自称书法第一，长于行草。擅长水墨花竹、山水、人物。与陈道复并称"青藤白阳"。其著作有《徐文长全集》、《南词续录》等。

151. 邱

姓氏： 邱

祖宗： 姜尚

分类： 以地为氏

姓氏起源：

邱姓源于姜姓，为姜太公后裔。西周初年，太师吕尚（姜姓，吕氏，名望）因辅佐武王灭商有功，被封于齐，建齐国，都营丘（今山东淄博市东北旧临淄），号称齐太公，俗称姜太公。其子孙中后有以地为氏的，称为丘氏。史称丘姓正宗。

郡望：

（1）河南郡：汉高祖二年（前205年）改秦三川郡置郡，治所在雒阳（今洛阳市东北）。

（2）吴兴郡：三国吴宝鼎元年（266年）置郡，治所在乌程（今浙江吴兴南）。

（3）扶风郡：治所在槐里（今陕西省兴平东南）。

堂号：

文庄堂：明朝人邱濬，官礼部尚书，文渊阁大学士。他熟悉当代典故，著《大学衍义补》，内容包括政治、经济、文化、教育、司法、军事等方面，博采前人议论，加按语抒发自己的意见。代表作有《邱文庄集》。

迁徙分布：

邱氏望出河南，称"河南衍派"。尤以四川、湖南、广东、湖北等省多此姓，四省邱姓约占中国汉族邱姓人口的50%。

历史名人：

邱处机（1148—1227）：自号长春子，是道教全真道北七真之一，他19岁时在宁海拜王重阳（嚞）为师而出家为全真道士。王重阳死后，他潜修于龙门山，形成龙门道派，被成吉思汗召见于雪山，尊为神仙，他死后又被元世祖忽必烈褒赠"长春演道主教真人"封号。代表作有《摄生消息论》、《大丹直指》等。

152. 骆

姓氏： 骆

祖宗： 公子骆

分类： 以名为氏

姓氏起源：

周武王建立周朝后，封开国功臣姜太公于齐，建立了齐国，齐太公之后有公子骆，其子孙以名为姓，世代相传姓骆。

郡望：

（1）内黄郡：治所在今河南省内黄县。

（2）会稽郡：秦始皇二十五年（前222年）于原吴、越地置郡，治所在吴县（今江苏苏州），辖境包括有江南、浙江省大部及皖南一部。今为浙江省绍兴市。

（3）河南郡：秦朝时期名为三川郡。

（4）谯阳郡：也称为洛阳郡，主要是指今河南省的洛阳地区。

堂号：

（1）内黄堂：以望立堂，也称为相土堂、殷城堂。

（2）会稽堂：以望立堂，也称为山阴堂、绍兴堂。

（3）河南堂：以望立堂，也称为三川堂、河内堂。

（4）谯阳堂：以望立堂，也称为洛阳堂、白马堂、东都堂、成周堂。

迁徙分布：

如今，骆姓在全国分布较广，尤以广东、贵州、北京等省市多此姓，上述三省市之骆姓约占全国汉族骆姓人口的60%。

历史名人：

骆俊（？—197）：字孝远。后汉乌伤人。有文武才干，少为郡吏，擢拜陈留相。时值袁术借号，群贼并起，骆俊动员军民组织起来，加强防御，贼不敢犯。后袁术军众饥困，就向骆俊求粮，骆俊不应，袁术大怒，就秘密使人将骆俊刺杀。

骆宾王（619—687）：唐朝婺州义乌人。勤奋好学，七岁能赋。与王勃、杨炯、卢照邻以文章齐名，号为"初唐四杰"。历任武功、长安主簿。代表作有《骆丞集》。

153. 高

姓氏：高
祖宗：慕容云
分类：出自他姓

姓氏起源：

高姓出自他族或他姓改姓。如魏时，鲜卑族有楼氏，后改高氏。十六国时，后燕皇帝慕容云自称为高阳氏后裔，遂改姓高，称高云，其后裔有改复姓为单姓，称高氏。高丽羽真氏，后有改高氏的。南北朝时，先后有元氏和徐氏改姓为高氏。北齐文宣帝姓高名祥，当时有元景安、元文遥本鲜卑族，随汉姓元，因有功于北齐，高洋赐他们"高"姓；又北齐时重臣，高隆之，本姓徐，因其父与高欢交厚，遂改为高氏。

郡望：
(1) 渤海郡：西汉置郡。此支高氏，其开基始祖为东汉渤海太守高洪。
(2) 渔阳郡：战国燕将秦开击退东胡后置郡。以渔水之阳得名。
(3) 广陵国：汉时置。此支高氏，为吴丹阳太守高瑞之后。

堂号：
厚余堂：孔子弟子高柴，做费城宰（今之县长）。孔子评他：柴也愚。朱熹注愚是知不足而后知有余。

迁徙分布：
如今，高姓人口主要分布在山东、河北、江苏、安徽、浙江北部、湖北东部、甘肃西部、东北三省、内蒙古东部等地区。

历史名人：

高渐离（生卒年待考）：战国末年时燕人，擅长击筑，燕太子丹派荆轲谋刺秦王政（即秦始皇），到易水送行，他击筑，荆轲和歌。后因在筑内暗藏铅块扑击秦始皇，不中被杀。

高鹗（约1738—约1815）：清朝文学家，汉军镶黄旗人，以续《红楼梦》后40回流世传名。

154. 夏

姓氏：夏
祖宗：夏禹
分类：以国为氏

姓氏起源：

夏姓出自姒姓。相传帝尧时，鲧的妻子女志因梦里吃了薏苡而生禹，故帝尧便赐禹以姒为姓。后来，禹治理了水患，指导百姓兴修沟渠，发展农业，还领兵平定了三苗之乱，使人民安居乐业。为了表彰他的丰功伟绩，舜封他于夏（今河南登封县东），后来还把帝位传给他。夏禹死后，其子启继位，建立了中国历史上第一个奴隶制国家——夏朝。夏立国400多年，共传13代16王。后因夏帝桀暴虐无道而被商汤推翻，夏王族便以国为氏，称为夏氏。

郡望：

（1）会稽郡：秦始皇二十五年（前222年）于吴、越地置郡，治所在吴县（今江苏苏州市）。西汉时相当于今江苏长江以南。

（2）谯国郡：也被称为谯国、谯郡。

（3）高阳郡：战国时期为高阳邑，东汉桓帝时期（147—167）置郡，治所在高阳（今河北高阳），其时辖地在今河北省高阳县一带。

（4）鲁郡：也被称为鲁国、鲁国郡。

堂号：

（1）会稽堂：以望立堂。

（2）谯国堂：以望立堂。

（3）高阳堂：以望立堂。

（4）鲁国堂：以望立堂。

迁徙分布：

如今，夏氏族人分布以江苏、浙江为多，这两省夏氏人口占全国夏氏人口的40%左右。

历史名人：

夏昶（1388—1470）：明代著名画家。他不仅擅长绘画，而且善书能诗；其诗词清丽，书工正楷，其画擅长写竹石，当时推为第一。徐沁《明画录》说夏昶"写竹时称第一，名驰绝域，争以兼金购求，故有'夏昶一箇竹，西凉十锭金'之谣"。

夏圭（生卒年不详）：南宋杰出的画家。早年工人物画，后以山水画著称。并与马远同时，号称"马夏"。画风洒脱，糅合李唐、范宽与米芾的画法，用秃笔带水作大斧劈皴，构图多作半边或一角之景，时称"夏半边"。

155. 蔡

姓氏： 蔡

祖宗： 蔡叔度

分类： 以国为姓

姓氏起源：

周灭商后，封文王第五子叔度于蔡，让他与管叔、霍叔一起监管殷的遗民，称为"三监"。武王死后，周成王年纪太小，周公旦（武王的弟弟，又称周公）因此临朝摄政。管叔、蔡叔、霍叔都非常嫉妒周公摄政，便联合武庚反叛，周公讨伐武庚，事后处死管叔，并将蔡叔放逐。后成王改封蔡叔度的儿子胡于蔡，称蔡仲。春秋时，因受楚的逼迫，多次迁移。蔡平侯时迁新蔡（今属河南），称上蔡；昭侯迁州来（今安徽凤台），称为下蔡。蔡国传23代，历24君，立国600多年，公元前447年被楚国攻灭，

子孙散居楚（今属湖北）、秦（今属陕西）、晋（今属山西）、齐（今属山东）等各国，以国为姓氏，称蔡氏。

郡望：

济阳郡：晋惠帝时分陈留郡置郡，治所在济阳。

堂号：

（1）九峰堂：宋朝蔡仲默，少年时跟朱熹学习，才30岁就放弃科举，专攻理学。隐居九峰，人称"九峰先生"。

（2）龙亭堂：东汉蔡伦发明造纸，对文化事业的发展，立了极大的功，封龙亭侯。

迁徙分布：

蔡姓在我国分布广泛，尤以广东、浙江、江苏、四川等地多此姓，四省蔡姓约占全国汉族蔡姓人口的44%。

历史名人：

蔡伦（61—121）：东汉宦官。他总结西汉以来用麻质纤维造纸的经验，改进造纸术，采用树皮、麻头、破布、旧鱼网为原料造纸，时称"蔡侯纸"。被后世称为我国造纸术的发明人。

蔡邕（133—192）：东汉时著名文学家、书法家。他博学多才，爱好辞章，精通音律。熹平四年（175年）以定"六经"文字而著称，世称"熹平石经"。是东汉四大画家（其他为刘褒、赵岐、张衡）之一。又工隶书，创"飞白"书。

156. 田

姓氏： 田

祖宗： 陈完

分类： 为陈氏所改

姓氏起源：

田姓源于妫姓，妫满之后，为陈氏所改。相传帝舜当天子之前，帝尧把两个女儿嫁给他，让他们在妫汭河边居住，他们的祖孙有留在妫汭河一带的，便是妫姓。周武王灭周后，建立了周朝，便追封前代圣王的后人，找到了帝舜的后裔妫满（为帝舜之子商均的第三十二代孙）。武王封妫满为陈侯，史称胡公满、陈胡公。春秋时期，陈桓公的弟弟在陈桓公死后杀死了太子免，自立为陈历公。太子免的两个弟弟欲报杀兄之仇，就趁陈历公去蔡国时把他杀了，兄弟二人相继为国君，就是陈庄公和陈宣公。陈宣公晚年打算立宠姬所生的儿子为太子，就把先前所立的太子御寇杀掉。陈历公的儿子叫陈完（为妫满的第十代孙），他同御寇的交情甚好，御寇被杀后他怕被株连，便逃到齐国。齐桓公就将他封于田地。陈完因为逃到齐国，不愿用原来的国名为氏，遂以采地为氏，改称田氏。传至田和任齐国相国时，他将康公放逐到海上，自立为君，于是，姜姓齐国成了田氏齐国。这就是历史上有名的"田氏代齐"。

郡望：

（1）雁门郡：战国始置郡。此支田氏，其开基始祖为唐太尉田承嗣。

(2) 京兆郡：汉时置京兆尹，为三辅之一。此支田氏，为西汉大臣田蚡之族所在。
(3) 河南郡：汉时改秦三川郡置郡。此支田氏，其开基始祖为北宋右谏大夫田瑜。

堂号：

贫骄堂：战国时期，田子方是魏文侯的老师，一次子方在路上遇到太子，太子急忙下车拜见子方，子方不还礼。太子问道："是富贵的人可以骄傲？还是贫贱的人可以骄傲呢？"子方答道："只有贫贱的才能骄傲！诸侯骄傲，就要失去他的国；大夫骄傲就要失去他的家；贫贱的人如果自己的行为不合当官的心，说话当官的也不听，就到别的国家去，像丢掉破鞋子一样。富贵的人怎么能和他们一样呢？"

迁徙分布：

田氏发源于今山东省境。宋末迁至广东海阳，后徙达埔，为大埔开基始祖。明清之际，田姓便播及大江南北。总之，从历史上看，田姓基本上是一个比较典型的北方姓氏。

历史名人：

田光（？—前227）：燕国著名侠士，他结识燕太子丹后，曾把荆轲推荐给太子丹以谋刺秦王政，太子丹要田光保证不泄密，田光便抽刀自尽，让太子放心，又激励了荆轲。

田文（生卒年不详）：战国时，齐国大臣。他轻财下士，门客三千，号"孟尝君"，为"战国四君子"之一。

157. 樊

姓氏： 樊

祖宗： 仲山甫

分类： 以封地为姓

姓氏起源：

上古汤王灭夏建立了商朝。商朝王族的后代传到商纣王时，分为七大族，其中有一族姓樊。纣王残暴昏庸，被周武王打败。周武王就将商朝七大族都迁往山东、山西一带居住，并没有改变他们的姓氏，姓樊的继续相传姓樊；源于周武王曾孙子，叫仲山甫，为国立功，被封为樊地（今河南济源市）的首领，其子孙就以封地为姓，相传姓樊。

郡望：

(1) 上党郡："上党"从字面而言指山上的高地，"上与天为党也"，故名。秦置上党郡，今山西省长子县。
(2) 南阳郡：春秋战国时期称南阳的地区颇多。今河南省南阳市。

堂号：

(1) 上党堂：以望立堂。
(2) 南阳堂：以望立堂。

迁徙分布：

樊氏是当今常见姓氏，分布较广，尤以陕西、河南、江西等省为多，这三省樊氏

占全国樊氏人口的50%左右。

历史名人：

樊迟（前515—？）：名须，字子迟。春秋时鲁国人（一说齐国人）。孔门七十二贤之一，继承孔子遗愿兴办私学。樊迟在各个朝代均享有较高礼遇。唐赠"樊伯"，宋封"益都侯"，明称"先贤樊子"。

樊哙（前242—前189）：汉朝时沛人。少以屠狗为业。长成随刘邦起义。鸿门之宴，项羽欲杀刘邦，哙面责羽，邦得脱走。灭秦后，与张良谏刘邦不要贪图咸阳宫室安乐，遂封存重宝财物府库。以军功封舞阳侯。

158. 胡

姓氏： 胡

祖宗： 胡公满

分类： 以人为氏

姓氏起源：

据《元和姓纂》等记载，胡氏的姓源可以追溯到上古圣君虞舜的妫姓后裔。这样说来，其胡姓始祖，应当是三千多年前被周武王封为陈地的胡公满。胡公满是虞舜第三十三代孙，周武王东床快婿，被封为陈侯。由此可见，中国胡氏的先祖是正统的虞舜后裔，黄帝子孙，并非后来入侵中原的"五胡"后代。

郡望：

（1）淮阳郡：汉高祖十一年（前196年）置淮阳国，为同姓九国之一，都于陈（今河南淮阳），惠帝后时为郡，时为国。成帝时相当今河南淮阳、鹿邑、太康、柘城、扶沟等县地。东汉章和二年（88年）改为陈国。隋及唐又曾改陈州为淮阳郡。

（2）安定郡：西汉元鼎三年（前114年）设置，相当于今天的甘肃景泰、靖远、会宁、平凉、泾川、镇原及宁夏中宁、中卫、同心、固原等地。东汉移至临泾（今甘肃省镇原东南），东晋又移治安定（今甘肃省泾川北一带）。这支梁氏，其开基始祖是春秋时晋国大夫梁益耳。

（3）新蔡郡：原为周朝吕国的地域，即今河南省新蔡一带。

（4）洛阳郡：以今河南洛阳城为中心的河洛地区，历史上被称为"河南"，与"河东"、"河内"相对应，是华夏民族最早的政治活动中心。

（5）义阳郡：三国时期曹魏国置郡，治所在今湖北省枣阳县东南。西晋时期改置为义阳国，其时辖地在今天河南省新野县南部一带地区。

（6）庐陵郡：庐陵郡始建于东汉朝兴平元年（194年），治所在石阳（今江西吉水，一说在江西吉安）。三国时期孙吴国移治到高昌（今江西泰和），其时辖地在今江西省永新、峡江、乐安、石城以南地区。到了唐朝时期，又改名为吉州。

（7）弋阳郡：隋置弋阳郡，武德三年（620年）改为光州，郡治在今河南省潢川县。

（8）定城郡：郡治在今河南省信阳市。

堂号：

（1）淮阳堂：以望立堂。

（2）新蔡堂：以望立堂，也称蔡州堂。

（3）洛阳堂：以望立堂。

（4）义阳堂：以望立堂。

（5）弋阳堂：以望立堂。

（6）定城堂：以望立堂。

（7）安定堂：以望立堂，源出安定郡，始建于西汉。

（8）庐陵堂：庐陵堂胡氏的始迁祖是胡公霸，即胡杲。

（9）澹安堂：得名源于宋朝胡诠所著的《谭安集》。

（10）绩溪堂：绩溪堂胡氏因为近代出了大学者胡适而斐声中外。据记载，他们是宋太祖开宝二年（969年）迁来的，始迁祖是胡昌翼的儿子胡延正。绩溪胡氏一度祭祀胡公满，后来又改祀胡昌翼。胡适自己也说，他在孩提时参加过始祖昌翼公一千岁的纪念祭典。

迁徙分布：

如今，四川、湖北、江西、安徽、浙江、山东、湖南多胡姓，上述七省胡姓约占全国汉族胡姓人口的65%。其中四川省约占全国汉族胡姓人口的13%。

历史名人：

胡适（1891—1962）：现代学者，安徽绩溪人。原名嗣穈，学名洪骍，字希疆，后改名胡适，字适之，笔名天风、藏晖等。现代著名学者、诗人、历史学家、文学家、哲学家。因提倡文学改良而成为新文化运动的领袖之一，胡适是第一位提倡白话文、新诗的学者，致力于推翻两千多年的文言文，与陈独秀同为五四运动的轴心人物，对中国近代史产生了深远的影响。曾担任国立北京大学校长、台湾中央研究院院长、中华民国驻美大使等职。胡适兴趣广泛，著述丰富，在文学、哲学、史学、考据学、教育学、伦理学、红学等诸多领域都有深入研究。1939年还获得诺贝尔文学奖的提名。

159. 凌

姓氏： 凌

祖宗： 姬昌

分类： 以官职为氏

姓氏起源：

凌姓源于姬姓，是周文王姬昌后裔。文王的第九个儿子康叔被封在卫，建立了卫国。康叔的儿子有的在周朝做官，官职为凌人，是周礼天官之属，为掌冰室之官，是一个负责保存贮藏冰块的官职，他的后人就以他的官职作为姓氏，于是产生了凌氏。

郡望：

（1）河间郡：西汉置郡。在今河北省中部河间县。

（2）渤海郡：西汉置郡。在今河北、辽宁两省渤海湾沿岸一带。

堂号：
（1）渤海堂：以望立堂。
（2）河间堂：以望立堂。
迁徙分布：
凌姓的望族居住在渤海（今天的河北沧县）。
历史名人：
凌统（189—237）：字公绩。三国时期吴国余杭人。十五岁时就拜为别部司马，征伐江夏时，他作为前锋。曾经与周瑜等在乌林将曹操打败。升迁为校尉。凌统虽然在军营中做了大官，但是他严格要求自己，对待下属非常礼貌，不贪财，重义气，有国士之风。后从征合肥，魏将张辽突然赶到，凌统护卫孙权冲出重围，将士死伤很多，凌统也受了重伤。不久死去。孙权很伤心。

凌十八（1819—1852）：广东信宜人。农民出身。道光三十年（1850年）春，洪秀全在家乡发动起义。任用王晚为军师，凌十八为先锋，率众数千人。咸丰元年率部进攻广西桂林和玉林，打算前往浔州参加金田起义。后来因为前进道路受阻，未能与太平军主力会合。广西巡抚周天爵驻守在浔州，派按察使杨彤如和总兵李能臣率军进攻，王晚在战争中牺牲，凌十八率众回到广东化州，后来又回到罗定地区活动。咸丰二年两广总督叶名琛派军将他们打败，凌十八被捕就义。

160. 霍

姓氏： 霍
祖宗： 姬叔处
分类： 国名为姓
姓氏起源：
霍姓出自姬姓，是周文王后代。周文王第八子，周武王的弟弟叔处，是武王同母兄弟。武王临朝执政后，封叔处于霍（今山西霍县西南），建立霍国，人称霍叔。周武王灭商后，既想让商代贵族得到安居，但又提防他们叛乱，就将商代的一部分贵族迁居到山东、山西一带，并封自己的亲族到那里，以便监督，霍叔就负有这种责任。当时霍叔、管叔、蔡叔共同负责监督之责，被称为"三监"。到周成王时，霍叔随同管叔和蔡叔勾结武庚叛乱，失败后被废为庶，由他的儿子继任霍君。霍国于公元前661年被晋献公灭掉。霍君的后人遂以原国名为姓，称霍姓。

郡望：
（1）霍州：霍州即今山西省霍州市。
（2）太原郡：秦庄襄王四年（前246年）置郡。今山西省太原市一带。
（3）河东郡：秦时置郡。今山西省黄河以东夏县一带。
（4）蜀郡：秦国灭古蜀国后，置蜀郡。今四川省成都及温江地区。
堂号：
（1）太原堂：以望立堂。

（2）河东堂：以望立堂。
（3）霍州堂：以望立堂，亦称彘水堂。
（4）蜀郡堂：以望立堂，亦称成都堂。

迁徙分布：
霍氏由其发源地山西向外迁徙的历史始于秦汉之际，他们最初向河南、河北、山东等地迁徙。到了一千多年前的宋朝时期，就有霍氏迁徙到广东、海南、江苏和福建等地。

历史名人：
霍去病（前140—前117）：山西省平阳（今临汾）人，西汉大将，18岁时就以善于骑射而为人知晓，20多岁就开始带兵打仗，由于战功显赫，被汉武帝刘彻封为骠骑大将军。但可惜的是英年早逝。

霍元甲（前140—前117）：字俊卿，祖籍河北省东光安乐屯（属沧州地区），世居天津静海小南河村，为精武体育会创始人，近代著名爱国武术家。

161. 虞

姓氏： 虞
祖宗： 虞舜
分类： 以国为姓
姓氏起源：
虞姓来自舜帝。远古舜帝有一个称号叫有虞氏，所以舜帝又被称为虞舜。虞舜就是虞氏的始祖。大禹治水有功，于是舜帝将帝位禅让给大禹，大禹就把舜帝的儿子封在虞这个地方，并且建立了虞国，他的子孙就将虞作为自己的姓。

郡望：
（1）济阳郡：晋惠帝时将陈留郡的一部分划出来，设置济阳郡。今河南省兰考县一带。
（2）会稽郡：秦朝时设置。今江苏省东南部以及浙江省绍兴一带。治所在吴县，也就是今江苏省苏州市。
（3）陈留郡：秦代设置陈留县，汉代改设陈留郡。今河南省开封地区。

堂号：
（1）济阳堂：以望立堂。
（2）会稽堂：以望立堂。
（3）陈留堂：以望立堂。

迁徙分布：
虞姓的望族居住在会稽和陈留。

历史名人：
虞世南（558—638）：字伯施。唐朝时期余姚人，隋朝时期为秘书郎，唐朝时期为秘书监。年少的时候与兄长世基一起跟从顾野王学习。唐太宋曾经夸赞他："德行绝好，忠直绝好，博学绝好，文词绝好，书翰绝好。"擅长于书法，师承沙门智永。偏重于行草，晚年专攻正楷，与欧阳询齐名。一起被称为"欧虞"。贞观十二年逝世，终年80岁。编撰《北堂诗抄》160卷。

虞允文（1110—1174）：字彬甫，南宋人。绍兴二十二年（1152年）进士，历任中书舍人、直学士院等职。关心朝廷大事，经常提出有用的建议。终年64岁。

162. 万

姓氏：万

祖宗：芮伯

分类：以字为氏

姓氏起源：

万姓源于姬姓，是以祖父的字作为姓氏。周朝有大夫受封于芮国（今陕西大荔县朝邑城南，姬姓诸侯国，公元前640年为秦所灭），史称芮伯。春秋时，传至芮伯万，曾一度官至周王朝司徒，但后因芮伯万宠姬太多，便被母亲芮姜赶出国去，住在魏城（今山西芮城），其子孙以祖父的字"万"为氏。

郡望：

(1) 扶风郡：汉武帝太初元年（前104年）置右扶风，为三辅之一。三国魏时改为扶风郡，治所在槐里（今陕西兴平东南）。相当于今陕西麟游、乾县以西，秦岭以北地区。西晋移治池阳（今陕西泾阳西北）。

(2) 河南郡：秦朝时期名为三川郡。今为河南省。

(3) 槐里县：汉高祖三年（前204年）始置。唐朝"安史之乱"爆发后，此地置"兴平军"，因该军平叛安史之乱有功，故于唐至德二年（757年）以该军之名命名为兴平县，取"兴旺平安"之意，县名沿袭至今。

堂号：

(1) 扶风堂：以望立堂。

(2) 河南堂：以望立堂。

(3) 槐里堂：以望立堂。

迁徙分布：

如今，万氏尤以江西、江苏、湖北等省多此姓，这三省万氏族人占全国万氏人口的40%以上。

历史名人：

万斯同（1638—1702）：清代著名史学家，博通诸史，尤精明史。他讲求志节，坚决不愿在清朝为官。康熙年间，应邀以布衣参修《明史》五百卷，皆其手定。其代表作为《历代年表》。

万树（1630—1688）：清朝文学家、戏曲作家。在词的格律方面，造诣很深。编有《词律》20卷，为填词者所推重。又有杂剧、传奇20余种。

163. 支

姓氏：支
祖宗：支父
分类：以先祖名字为氏
姓氏起源：

支姓源于子姓，出自尧、舜时期的隐士子州支父，属于以先祖名字为氏。据《高士传》记载：尧舜时有个叫支父的人。支父，全称为子州支父，是传说中的隐士，子姓，名州，字支父。他是一个博学渊源的人。在子州支父的后世子孙中，便以其字为姓氏，称支氏，是非常古早的姓氏之一。

该支支氏族人多尊奉子州支父为得姓始祖，且不与大月氏国支氏、析支国（党项）支氏、黄支国支氏、条支国支氏族人合谱。

郡望：
（1）琅琊郡：也称之琅琊国、琅岈郡、琅玡郡。
（2）邰阳郡：治所在今陕西省武功县西南。

堂号：
（1）琅琊堂：以望立堂。
（2）邰阳堂：以望立堂。

迁徙分布：

在古代，支姓的望族大多聚居在琅琊，今山东临沂就有不少姓支的人家。支姓主要居住在河北省衡水市、保定市、石家庄市和张家口市，有支家庄、支麻申、支家村等村庄。河南周口市商水县马营村、漯河市，有老支村、中支村、小支村、小列庄、老挝镇等。贵州六盘水市也有不少支姓分布。

历史名人：

支谦（生卒年不详）：字恭明，三国时期高僧，月支国优婆塞人，体形细长黑瘦。汉末来中国，他的祖父法度在东汉灵帝时，率国人数百移居中国，支谦同来，至洛阳，受业于支谶的门人支亮。他懂得多种西域文，精通梵语，博览经籍，曾翻译数十种佛经重要典籍。因其博学超众，曾被吴主孙权拜为博士。

支遁（314—366）：本姓关，陈留（今河南省开封）人，25岁出家，东晋佛教学者。与谢安、王羲之等交游，好谈玄理，是般若学六大家之一，宣扬"色即是空"。

164. 柯

姓氏：柯
祖宗：柯庐
分类：以名为姓
姓氏起源：

柯姓出自姬姓，始成于春秋。吴国有个叫柯庐（卢）的人，是吴王的儿子。他的

后代就用他名字中的"柯"字作为自己的姓氏，遂成柯姓。

郡望：

（1）济阳郡：晋惠帝时，将陈留郡之一部分置济阳郡。在今河南省兰考县一带。

（2）钱塘县：秦时置县，属于会稽郡。后汉时为吴郡治所。在今浙江省杭州市。

（3）齐郡：西汉初年将临淄郡改为齐郡。相当于今山东省临淄一带。

堂号：

（1）济阳堂：以望立堂。

（2）钱塘堂：以望立堂。

（3）齐郡堂：以望立堂，也称为临淄堂、青州堂。

迁徙分布：

柯姓主要分布在河南和浙江、山东一带。

历史名人：

柯九思（1290—1343）：元朝人。勤读书，能诗文，善书画。尤精画枯木、墨竹、师法宋代文同、苏轼。又善于鉴别古代钟鼎器物。元朝宫廷所藏书法名画，多由其鉴定。

柯维骐（1497—1574）：明朝历史学家。专心研究宋代历史。合《宋史》、《辽史》、《金史》为一书，以宋朝为正统，附以辽、金，积20年之力撰成《宋史新编》。对元人所修宋史的错误和疏漏，多有补正。

165. 昝

姓氏： 昝

祖宗： 晋单（昝单）

分类： 以先祖名字为姓

姓氏起源：

昝姓源于子姓，出自商王朝初期土正晋单，属于以先祖名字为氏。晋氏，是一个非常古老的姓氏，出自商汤时期五卿之一的晋单，时任职掌水土之职的土正。殷商王朝以五行命官。在西周时期改称冬官正，就是后世所称的大司空，掌管冬官府司，成为周王朝的六卿之一、先秦时期的三公之一。"晋"字，在上古时期是"出人意表、特别、竟、乃"的意思，亦写作"旵"，表示为太阳忽然破云出现，义通"旸"，是夸赞某人做某事时常常出人意料，精彩之极。在秦始皇统一汉字时期，被宰相李斯规范为"晋"字，后在西汉时期有笔误者，写作"昝"，完全是"晋"的伪俗字。

在晋单的子孙中，有以先祖名字为姓氏者，称晋氏，是非常古老的姓氏之一，后笔误为昝氏，以讹为正，世代相传至今，正确读音仍作 qián，不可读作 zǎn 或 cǎn。

郡望：

（1）太原府：也称太原郡。

（2）彭城郡：彭城郡原为西汉时期的楚国所置。

堂号：

（1）太原堂：以望立堂。

（2）彭城堂：以望立堂。

迁徙分布：

今河北省滦县有昝辛庄、昝岗、昝家庄，山西省大同市有几个昝氏集中的村庄（昝娘城村），山东省兖州、商河、禹城、临沂市莒南县、高密市、淄博市，江苏省徐州市、江宁市、海门市，四川省双流县、广元市、嘉川县、蓬溪县、旺苍县，湖北省十堰市、房县，陕西省泾阳县（庆家村、柴焦村、架王村、皮刘村、北潘村）、三原县（城关镇）、韩城市（昝村镇）、扶风县，河南省南阳市，江西省泰和县，安徽省阜阳市太和县李兴镇、安庆市，甘肃省甘南州临潭县，云南省文山州丘北县、曲靖市，黑龙江省的讷河市，北京市，辽宁省，吉林省，上海市崇明县，新疆维吾尔自治区温泉县卡昝河（卡昝科学考察保护区），青海省乐都县等地，皆有昝氏族人分布。

历史名人：

昝学易（生卒年待考）：明朝万历年间举人。本性至孝，为照料 80 多岁的父亲，几次任官不受。他因恐父亲年老一人睡床不暖，就与父亲同床共枕共被睡了 8 年，直到父亲去世。最后授他金谿知县，未上任卒。

昝殷（生卒年待考）：唐代医学家。撰《产宝》一书，后增辑成《经效产宝》三卷，是现存最早的妇产科专著。另著有《食医心鉴》三卷，为营养学专著。

166. 管

姓氏： 管

祖宗： 管叔

分类： 以封地为姓

姓氏起源：

管氏来源于周文王的第三子。武王灭商以后建立了周朝，把叔鲜封在管，建立了管国，让他与蔡叔度一起管理商朝遗民。武王死后，由年幼的成王即位，因为成王年纪太小，就由周公旦主持朝政。管叔和蔡叔认为周公旦的统治不利于周王朝，于是联合发动了叛乱，很快就被周公旦平息。管叔于是被杀，管叔死后，他的后代就用以前他的封地名"管"作为姓氏。

郡望：

（1）平原郡：西汉初期设置平原郡。今山东省西北部平原县一带。

（2）晋阳郡：本来是春秋时期晋国的都城，后来改为赵国的晋阳邑。汉代的时候在此置县，作为太平郡的治所。今山西省太原市。

堂号：

（1）平原堂：以望立堂。

（2）晋阳堂：以望立堂。

迁徙分布：

如今，管氏尤以江苏、山东等省多此姓，这二省管氏占全国管氏人口的60%以上。在云南省德宏傣族自治州，傣族同胞中管氏族人有很多，是一个很庞大的大家族。

历史名人：

管仲（前723—前716）：名夷吾。春秋时期齐国人，和鲍叔牙是好朋友，他把鲍叔牙当成自己的知音。后来经过鲍叔牙的推荐到了齐国任宰相，帮助齐桓公建立霸业，他执政四十余年，实行改革，使齐国不断富强，使齐桓公成为五霸之首。著有《管子》86篇。

管宁（158—241）：三国时学者，北海郡朱虚人，游学天下，学问很高。东汉末，黄巾起义，他逃避到辽东，聚众讲《诗》、《书》三十年之久。后归故里，魏文帝想让他为太中大夫，他没有答应。魏明帝让他出来做光禄勋，他又没有同意。著作有《姓氏论》。

管道升（1262—1319）：元代著名女画家。吴兴人。被封为魏国夫人，也叫作管夫人。善于画梅兰竹和山水。她在书法上也很有成就，擅长于书写行楷。

167. 卢

姓氏： 卢

祖宗： 姜尚

分类： 以赐为氏

姓氏起源

卢姓出自姜姓，为炎帝（传说中上古姜姓部族首领，因居于姜水流域而得氏，由姜姓发展出来的四支胞族——四岳，他们与姬姓周族结成联盟，最后终于打败了商纣王，灭了商朝）神农氏之后裔。

郡望：

（1）范阳郡：三国魏时改涿郡置郡，治所在涿县（今河北涿县）。西晋改为国，北魏复改为郡。

（2）河南郡：汉高祖时改秦三川郡置郡，治所在雒阳（今河南洛阳市东北）。

堂号：

专经堂：东汉卢植，少年时和郑玄一块儿拜马融为师。马融在讲坛上设绛纱帐，帐后设女乐，在帐前讲书。卢植只专心听讲，几年从没看女乐一眼。

迁徙分布：

卢氏主要集中分布于广西、广东二省区，占卢姓总人口的35.6%。其次分布于河南、浙江、湖南、安徽、河北、甘肃，这六省的卢姓又集中了29%。全国形成了以两广为中心向四周散发的卢姓聚集地区。

历史名人：

卢芳（生卒年不详）：东汉曾被封为代王，他在新莽末年，自称为武帝曾孙刘文伯，联合三水地区羌、胡贵族起兵，后被匈奴单于立为帝。建武十六年投降东汉，被封为代王。

卢照邻（生卒年待考）：唐朝诗人。被誉为"初唐四杰"之一，所作诗多忧苦愤激之词，以《长安古意》最为有名。

168. 莫

姓氏：莫
祖宗：莫敖
分类：源于官职
姓氏起源：
莫姓源于芈姓，出自春秋时期楚国莫敖之官职，属于以官职称谓为氏。芈姓为祝融八姓之一，出自颛顼。其后裔在西周初期建有芈姓大国，即荆国，后改称楚国。据宋真宗大中祥符元年（1008年）由陈彭年、丘雍等奉旨在前代韵书的基础上编修而成的典籍《大宋重修广韵》中记载，春秋时期，楚国有莫敖之职，也称之为莫嚣，是与令尹地位相同的官职，并行执掌楚国之国政。在《淮南子·修务训》中则称"莫敖"为"莫嚣"，指出其原为楚国最高行政官职，军、政两事一把抓。到楚武王熊通开始称王时，莫敖之职仍然存在，后来楚武王嫌其官位太重，改以令尹为重臣，与莫敖相互制约。

郡望：
（1）江陵郡：汉代时置县，南齐时改置为江陵郡。在今天的湖北省江陵县及川东一带。
（2）河间郡：汉高祖的时候置郡，因为地处黄河与永定河之间而得名。相当于今天的河北省中部河间县一带。
（3）巨鹿郡：亦称钜鹿郡，秦始皇二十五年（前222年）置郡，治所在巨鹿（今河北平乡）。

堂号：
（1）河间堂：以望立堂。
（2）江陵堂：以望立堂。
（3）钜鹿堂：最早的莫氏堂号。

迁徙分布：
莫姓的望族居住在钜鹿（今河北平乡）、江陵（今湖北江陵）。

历史名人：
莫邪（生卒年待考）：春秋时期楚国人。楚王命令干将铸剑，铁汁不下，于是妻子莫邪问："铁汁不下，怎么办？"干将回答说："古时候的铸剑大师欧冶铸剑，铁汁不下，于是让女人担任炉神，很快就成功了。"莫邪听到这，立即蹿入火中，铁汁流出，于是铸成两把利剑。雄的叫干将，雌的叫莫邪。后人经常用干将、莫邪来比喻锋利精美的剑。

莫修符（生卒年待考）：唐朝文人。光化二年（898年）任融州刺使。他所写《桂

林风土记》，具有很高的文化价值，文才非常好。被誉为世传的佳作。

169. 经

姓氏：经
祖宗：共段叔
分类：避难为姓

姓氏起源：

经姓出自京姓，春秋时期郑武公的小儿子共段叔被封于京，简称京叔段，他的后裔便以被封的邑名作为自己的姓氏，于是有了京氏。到了汉代的时候，有一个音乐家叫作京房，元帝的时候被捉，投入监狱，后在监狱中死去。他的后代为了避免仇杀，于是将京姓改为经姓。

郡望：

（1）荥阳郡：三国时期魏国将当时的河南郡的一部分划出来设置了荥阳郡，相当于今河南省郑州地区。

（2）平阳郡：三国时期魏国将当时的河东郡的一部分设置成平阳郡，相当于今山西省临汾一带。

堂号：

（1）荥阳堂：以望立堂。

（2）平阳堂：以望立堂。

迁徙分布：

如今经姓人口虽不多，但分布极广，西至四川、重庆，北至内蒙古，东北至黑龙江、辽宁，东至浙江、福建、江苏、山东，南至广西以及中部地区的河北、河南、安徽等省份都有经姓族人居住。

历史名人：

经承辅（生卒年不详）：字兰谷，明朝江都人。品格高尚，孝行很好，他在小的时候父亲死了，他于是在家中孝顺母亲，抚养弟弟长大成人。隐居于山中，栽梅花、种竹子，成天在田中耕作，除了耕田外就是教育孩子，与世隔绝。77岁的时候因年高而逝世。

经元善（1840—1903）：号莲珊。清朝时期人。家中非常富裕，性情善良，喜欢施舍别人。光绪八九年时，直隶发生水灾。他从上海来到天津从事救济活动，募款达几百万两白银。先后获得清朝奖励十几次。盛宣怀督办电报的时候，他入股30万两白银。不久就被任命为上海电报局总办。中日甲午战争以后在上海首先创办了女学堂。光绪二十六年一月，慈禧太后想废黜光绪帝，遭到各地地方巡抚的反对。经元善以候选知府的身份联合维新人士蔡元培、黄炎培等人，一共1231人签名上书总理衙门，要求清廷放弃这种打算。清廷于是以"叛逆"的罪名，下令将其逮捕。他逃亡澳门，清政府向澳门总督交涉，要求引渡。葡萄牙总督于是将他软禁于澳门大炮台。后因为各方的反对而罢休。义和团失败后，他返回上海。存世的著作有《居易初集》。

170. 房

姓氏：房
祖宗：丹朱
分类：以封地为氏
姓氏起源：
房氏出自陶唐氏，是尧的后代。尧有个儿子开始被封于丹水，人们称他为丹朱。因为他没有治理天下的能力，尧就把帝位让给了舜。舜又把丹朱封到房（今河南遂平县），建立房国，为房侯。丹朱的儿子陵，以父封地为姓，称房陵，其后遂为房姓。房姓望族居清河（今河北清河县东）。今房姓称清河郡，出于此。

郡望：
（1）清河郡：汉高祖五年（前202年）置郡。今河北省清河至山东省临清一带地区。
（2）济南郡：汉代有齐郡之地设置济南郡，治所在东平陵。今山东省临淄一带。
（3）河南郡：汉高祖二年（前205年）将秦朝三川郡改为河南郡。今河南省洛阳市一带。

堂号：
（1）清河堂：以望立堂。
（2）济南堂：以望立堂。
（3）河南堂：以望立堂。

迁徙分布：
据《郡望百家姓》记载，房氏望出清河郡。又据《姓氏考略》记载：房氏望出清河、济南、河南。

历史名人：
房彦谦（547—615）：隋代名官，字孝冲，清河人。通涉五经，工草隶，累迁长葛令，甚有惠化，察天下能第一，超授司马，卒追赠徐州都督。
房玄龄（579—648）：唐代司空，临淄人。幼警敏，博综典籍，属善文。书兼草隶。年十八举进士。后居相位十五年。在职时，夙夜勤勉。不以己长望人，虽卑贱皆得尽所能。

171. 裘

姓氏：裘
祖宗：未知
分类：来源很多
姓氏起源：
（1）由仇氏改过来。据史料记载，有一支裘姓本来是仇姓，后来为了避免仇杀而

改成了裘姓。

（2）来源于邑名。春秋时期的卫国有个大夫被分封在裘邑，他的后人于是用裘作为自己的姓氏。

（3）来源于官职名。相传周朝有官名为裘官，职责是负责制作皮质。他的后代于是以这个官名作为姓氏。

郡望：

渤海郡：西汉时期设置，在今天的河北省、辽宁省的渤海湾沿岸。

堂号：

（1）渤海堂：以望立堂。

（2）敦睦堂：来源于一个和睦的家庭。宋朝时期的裘承询一家，居住在云门山的前面，他们一家相处得很和睦，从来不闹分离。十九代没有分过家。

迁徙分布：

裘氏望族居住在渤海郡（今河北省境内）。

历史名人：

裘安邦（？—1832）：清朝徐州总兵。字古愚，号梅林，会稽人。嘉庆年间进士。喜好文学，能作诗。他很关心老百姓的生活，爱民如子。他去世以后襄阳的老百姓很怀念他，为他建立了石碑庙宇纪念他，每年都举行仪式祭奠他，看到他的石碑，没有一个不流泪的，因此人们也把这块石碑叫作"堕泪碑"。

裘万顷（？—1219）：字元量，宋朝时期新建人。著名诗人、进士。对待父母很孝顺，学问也很大。做过江西南西路安抚司干官（幕僚）。

172. 缪

姓氏： 缪

祖宗： 秦缪公

分类： 以谥号为姓

姓氏起源：

缪姓源于嬴姓。春秋时，秦国有秦穆公（秦缪公），是春秋五霸之一。秦穆公原名任好，在位三十九年，死后谥号为"缪"，因为古代"缪"、"穆"二字同音，所以秦缪公又常常写作秦穆公。他的支庶子孙就以他的谥号为姓，称缪姓。

郡望：

兰陵郡：晋元康元年（291年）时，从东海郡分出了一部分置兰陵郡。相当于今山东省枣庄及滕县东南一带。

堂号：

（1）兰陵堂：以望立堂。

（2）尽忠堂：晋朝时候缪播在惠帝时任太弟的中庶子。太弟当了皇帝后就封他为给事黄门郎，后又升中书令。他和胞弟缪胤尽忠报国。

迁徙分布：

缪氏起源于春秋时期，有两个主流，一是秦缪公的后代，二是以官职称谓为氏。在古代，缪氏望族大多出自兰陵郡。

历史名人：

缪袭（186—245）：三国时魏文学家。有才学，官至光禄勋。著述颇多，已散佚。代表作为《魏鼓吹曲》十二首。

缪希雍（1546—1627）：明代医药学者。精通医术。著有《本草经疏》、《本草诸方》等书。

173. 干

姓氏： 干

祖宗： 干犨

分类： 以名为氏

姓氏起源：

(1) 以国为姓。古代有干国（在江苏扬州一带）。春秋时被吴国所灭，国人便以国名为姓，遂成干氏。

(2) 春秋时，宋国有一大夫叫干犨，他的后代子孙以他的名字中"干"字为姓，称为干氏，成为干姓的一支。

(3) 周武王之子邘叔之后，本作邘，后去邑作干，成为干姓。

(4) 以邑为姓。《姓氏考略》记载："吴有干隧之地，故多干姓，殆以邑为氏。干隧，战国时地名，越王擒吴王夫差之所，在今江苏吴县西北。"

(5) 北魏纥干氏改为干氏。见《魏书·官氏志》。又三字姓厘若干氏改为干姓。

郡望：

(1) 荥阳郡：秦朝时期置郡，其时辖地在今河南省原阳市。

(2) 颍川郡：战国时期秦国灭韩国后，以所得韩地于秦王嬴政十七年（前230年）置颍川郡。

(3) 扶风郡：周朝时期置郡，其时辖地在今陕西省兴平县、咸阳市一带地区。

堂号：

(1) 荥阳堂：以望立堂。

(2) 颍川堂：以望立堂。

(3) 扶风堂：以望立堂。

迁徙分布：

干姓望族居颍川（今河南长葛、许昌一带）、荥阳（今河南荥阳县）。

历史名人：

干将（生卒年不详）：春秋末年吴国庐时人。著名冶金匠，工于铸剑。吴王曾命他铸造宝剑。三年，铸成雌雄各一，雄为干将，称为"吴干之剑"。

干宝（286—336）：字令升。晋朝新蔡人。著名史学家，卓学博览，好阴阳五行术

数。元帝时，被朝庭召为著作郎，编修国史。他所著《晋记》，直而能婉，评为良史。他编著的《搜神记》被评为"鬼之董狐"。此外，他还著有《春秋左氏义外传》和《注周易周官》等数十篇。

174. 解

姓氏：解
祖宗：解良
分类：源于古代地名
姓氏起源：

（1）以采食之地为姓。周武王的儿子唐叔虞有儿子良，良生活采食于解，所以称为良解。他的子孙后代于是以良的采食之地作为姓氏，成为良氏。

（2）来源于古代地名。春秋时期周王朝的京畿分为大解和小解。居住在这两个地方的人后来便以解为姓。

郡望：

（1）雁门郡：战国时期赵国赵武灵王置郡，秦朝、汉朝沿用，治所在善无（今山西右玉），其时辖地在今山西省河曲、五寨、宁武、代县一带。

（2）平阳郡：三国时期魏国置郡，治所在平阳，即今山西临汾县西南。

堂号：

（1）平阳堂：以望立堂。

（2）雁门堂：以望立堂。

迁徙分布：
解姓的望族居住在平阳（今天的山西临汾县）和雁门（今天的山西代县）。

历史名人：

解处中（生卒年待考）：五代时期南唐画家，江南人。擅长于画竹，尤其喜欢画雪中的竹子，经常冒着风雪到野外写生。人们对他所画的竹子评价颇高。

解潜（生卒年待考）：宋代镇抚使，在绍兴做官时大力发展农业，招募人来耕种荒田，收成很好，绍兴的屯田就是从这个时候开始的。后来因为疾病而死。

175. 应

姓氏：应
祖宗：应侯
分类：以国为氏
姓氏起源：

（1）应姓出自姬姓，周武王姬发之后。武王克商后，封其第四子于应（今河南鲁山县），为应侯。建立应国。应侯的子孙以封国为姓，遂为应氏。

（2）历史上西域人的姓氏中，也有应氏。应姓望族居汝南（今河南汝南县东南60

里）。

郡望：
（1）汝南郡：汉高祖置郡。在今河南省中部偏南和安徽省淮河以北地区。
（2）颍川郡：战国时秦置。在今河南省许昌市一带。
（3）淮阳郡：西汉汉高祖刘邦十一年（前196年）置淮阳国，为同姓九国之一，都城在陈州（今河南淮阳），汉惠帝后改为郡，其时仍为国，至汉成帝时辖地在今河南省淮阳市、鹿邑县、太康县、柘城县、扶沟县一带地区。东汉朝章和二年乙酉（88年）改为陈国。隋朝大业年间（605—618）及唐天宝、至德年间（742—758）又曾多次改陈州为淮阳郡。

堂号：
（1）汝南堂：以望立堂。
（2）颍川堂：以望立堂。
（3）淮阳堂：汉初，应曜在淮阳山里隐居，不愿出来做官。汉高祖派大臣来请他和商山四皓一起到朝廷为官，应曜坚决不去。后来商山四皓被太子刘盈请去露了一下面。当时的人说："商山四皓不如淮阳一老！"

迁徙分布：
应姓主要分布在河南省中部偏南和安徽省淮河以北地区。

历史名人：
应用（生卒年待考）：后周书法家，江南人。善写细字，微如毛发，尝于一钱上写《心经》；又于一粒芝麻上写《国泰民安》四字。

应子和（生卒年待考）：宋代诗人，尝有句云"西岸夕阳红，烛炬短烧红，风过花落红"，时人谓为"三红"秀才。后登淳西进士。

176. 宗

姓氏： 宗
祖宗： 宗伯
分类： 以官为氏
姓氏起源：
四岳之后，以职官命氏。四岳，尧时官名，司掌四时、方岳。四岳的后代，在周朝时，有人为宗伯官，掌握邦国祭祀典礼之职。也称太宗、上宗，相当于后来的礼部尚书。太宗伯，辅佐天子管宗室之事，为六卿之首。周代有世袭宗伯者，其子孙以祖上官职命姓，称为宗氏。

郡望：
（1）京兆：即首都长安直辖区。在今陕西省西安市至华县一带。
（2）河东郡：秦始皇时置。在今山西省黄河以东夏县一带。
（3）彭城郡：彭城郡原为西汉时期的楚国所置。
（4）南阳郡：春秋战国时期称南阳的地区颇多。鲁国的南阳指泰山以南、汶水以

北地。晋国的南阳指太行以南、黄河以北地区。即今河南省南阳市。

堂号：

(1) 河东堂：以望立堂。

(2) 南阳堂：以望立堂。

(3) 京兆堂：以望立堂。

(4) 彭城堂：以望立堂。

迁徙分布：

宗姓主要分布在陕西省西安市至华县一带。

历史名人：

宗泽（1060—1128）：宋代抗金名将。靖康元年任河北义兵都督总管，用岳飞为将，屡败金军。

宗无鼎（生卒年待考）：清代书画家。嗜梅花，堂有西梅一株，时人谓之宗郎梅。擅画山水，工诗。有《芙蓉新柳堂集》。

宗臣（1525—1560）：明代稽勋员外郎。嘉靖进士。文章与李樊龙、王世贞齐名，为嘉靖七子之一。

177. 丁

姓氏： 丁

祖宗： 宋丁公

分类： 以谥号为姓

姓氏起源：

丁姓出自子姓。春秋时宋国有大夫宋丁公，死后其子孙以谥号为姓氏，称丁氏。

郡望：

济阳郡：战国时为魏邑，西汉置县，治所在今河南兰考东北。晋惠帝时，将陈留郡之一部分设置济阳郡，治所在济阳。

堂号：

(1) 驯鹿堂：后汉丁茂，小的时候死了父亲，家里很穷。他对母亲最孝，母亲死后，他自背了土筑坟，又栽了松柏在墓旁。白鹿从山上到墓旁守护墓。太守举他为孝廉，拒不受。

(2) 丁姓又以"济阳"为其堂号。"萃涣"等为堂号。

迁徙分布：

如今，丁氏以江苏、福建、湖南、湖北、安徽、山东、江西、浙江、贵州、吉林、辽宁等省多此姓，这十一省的丁氏族人约占全国丁氏人口的70%以上。

历史名人：

丁敬（1695—1765）：清代杰出篆刻家，善鉴别，爱好金石文字。诗、书、画俱工。尤擅以切刀法刻印，苍劲质朴，别具面目，开创"浙派"，为"西泠"八家之首。

丁汝昌（1836—1895）：北洋水师提督。甲午战争爆发后，在黄海海战中受伤后仍指挥作战，后退守威海卫，当日军海陆围攻威海卫时，他拒绝投降，自杀身亡。

178. 宣

姓氏：宣
祖宗：周宣王
分类：以先祖谥号为姓
姓氏起源：

据史籍《风俗通义》记载，上古周王朝时期，姬静是西周君王周厉王姬胡之子，周厉王在位时被立为太子。周厉王执政时期（前878—前841），横征暴敛，加重了对劳动人民的剥削，同时还剥夺了一些贵族的权力，任用荣夷为卿士，实行"专利"，将社会财富和资源垄断起来。因此，招致了贵族和国内平民的极大不满。周厉王还不断南征荆楚，西北方面又出征游牧部落，西北戎狄特别是猃狁不时入侵。周厉王与周边的其他民族也有矛盾。曾臣服于周的东南淮夷不堪承受压榨，奋起反抗。周厉王为压制国人的不满，任用卫巫监视口出怨言的人，发现就立即杀死，这些举措使得国内各项矛盾越来越尖锐。周厉王十八年（前841年），终于引发了国人暴动，人民包围了王宫，周厉王仓皇逃出镐京，越过黄河逃到周朝边境之地彘邑（山西霍县）不敢回朝，最后于周公共和十四年（前828年）死于彘邑。周厉王出逃后，周召公（召穆公虎）、周公（周定公）管理朝政，史称"共和执政"。自周厉王十八年（周公共和元年）开始，中国有了明确的纪年历史。在周厉王十八年（前841年）国人发生暴动时，太子姬静仓皇逃入周召公府宅避藏，结果被国人们发现，赶来包围了府宅，要周召公把他交出来。周召公尽力劝说国人饶恕太子，国人在激愤之下拥入宅中搜捕。周召公赶入内室，将自己的儿子与太子对换了服装，忍痛将儿子推出来交给国人。国人们不辨真假，当即将假太子杀死后离去。姬静就冒充周召公的儿子生存了下来。周厉王逝世后，周公、召公利用神灵迷信平服了众怒，扶持姬静继位。姬静在位四十六年，逝世后的庙号为宣王，史称周宣王。其支庶后裔子孙中有以先祖谥号为姓氏者，称宣氏，史称宣氏正宗。

郡望：

(1) 东郡：东郡始建于秦始皇五年（前242年），取原魏国之地置东郡，包括河北大名府、山东东昌府、及长清县以西一带地区。

(2) 濮阳郡：濮阳古为帝丘；春秋时期卫国轩都，因地在濮水之北，故名，地在今河南省濮阳西南，古黄河南岸。秦、汉之际为濮阳县，属东郡，其时辖地在今河南省濮阳县。

(3) 始平郡：西晋时期置郡，治所在槐里（今陕西兴平），其时辖地在今陕西省兴平市一带地区。

(4) 宣城郡：即古宣州（今安徽宣城），是秦、汉时期的吴国地名。

堂号：
(1) 始平堂：以望立堂。
(2) 东郡堂：以望立堂。
(3) 濮阳堂：以望立堂。
(4) 宣城堂：以望立堂。

迁徙分布：
宣氏早期主要在河南、陕西、山东等地居住，汉朝以后在东郡（治今河南濮阳）、始平郡（今陕西兴平）形成望族。随着战乱和迁徙等原因，宣氏族人逐步在东南沿海地区播迁，在浙江宁波、嘉兴、诸暨，安徽天长，江苏江阴等地均有分布。

历史名人：
宣温（生卒年待考）：字彦学。明朝会稽人。勤奋好学，精通经史，洪武中被诏，上询以治国之道，被授之为四川参政。

宣侠父（1899—1938）：原名尧火，号剑魂。浙江诸暨人。民国九年（1920年）在台州浙江省立甲种水产学校毕业后，赴日本留学，入北海道帝国大学习水产专业。著有《西北远征记》、《入伍前后》。

179. 贲

姓氏： 贲
祖宗： 县贲父
分类： 以先祖名字为氏

姓氏起源：
据《名贤氏族言行类稿》贲氏起源于春秋鲁国，鲁国在鲁庄公执政时期，有一个贵族叫县贲父，是鲁庄公的亲信大夫。在县贲父的后裔子孙中，有以先祖名字为姓氏，称贲氏，世代相传至今，史称贲氏正宗之一。

郡望：
宣城郡：即古宣州（今安徽宣城），是秦、汉时期的吴国地名。

堂号：
(1) 宣城堂：以望立堂。
(2) 占星堂：清道光年间，西门贲天第三十六世孙贲垂绅改"四勿堂"为"占星堂"。

迁徙分布：
贲氏主要分布在山东和胶东半岛一带。

历史名人：
贲赫（生卒年待考）：汉朝时将军。汉高祖刘邦打下天下建立汉朝后，将有功劳的开国大臣封为诸侯王，但有些诸侯王受封后，自己养了些军队，又造刘邦的反，贲赫就帮刘邦平息这些叛乱，有功劳而被封为侯爵。

180. 邓

姓氏：邓
祖宗：邓侯
分类：以国为姓
姓氏起源：

（1）邓姓出自姒姓（夏的始祖大禹为姒姓）。相传夏朝时帝仲康有子孙封在邓国（今河南邓州一带），邓君的后世子孙便以国为氏，称邓氏。

（2）邓姓出自子姓（商族的始祖契为子姓）或曼姓。商王武丁封他的叔父（曼季）于邓国曼城，是为曼侯，称曼氏，曼氏后来又改封邓国（此邓国在今河南省孟县的西南），经西周、春秋延续了六百多年。西周时，邓国是周朝南方较为重要的一个异姓侯国，但因与楚为敌，于公元前678年被楚国灭掉。邓侯子孙为纪念故国，便纷纷改姓邓，史称邓姓正宗。

郡望：

（1）南阳郡：战国秦时置郡，治所在宛县（今河南南阳市）。此支邓氏以居新野而著称，其开基始祖为邓况。

（2）安定郡：西汉时置郡，治所在今高平（今宁夏固原）。此支邓氏，其开基始祖为汉末武威太守邓晋生。

（3）高密国：西汉置郡，治所在高密（今山东高密南）。此支邓氏，其开基始祖为东汉太傅、高密侯邓禹。

（4）平阳郡：三国魏置郡，治所在平阳（今临汾西南）。此支邓氏，其开基始祖为西晋邓攸。

（5）长沙郡：战国秦置郡，治所在临湘（今长沙市）。此支邓氏，其开基始祖为东晋荆州刺史邓粲。

（6）陈郡：秦时置郡，治所在陈县。此支邓氏，为晋代广州刺史邓岳之族所在。

堂号：

平寿堂、谦恕堂：后汉时邓训为郎中，谦（谦逊不骄傲）恕（对人宽恕）下士（以礼待下属），士大夫都归附他，所以叫"谦恕堂"。邓训用恩惠和信义对待羌胡，少数民族都感激他，喜欢他，都来通好。朝廷封他寿平侯。

迁徙分布：

如今，邓氏最集中的地方是中原地区、长江流域及沿海一带，其中江西、湖南、河南为最，四川、广东、福建、江苏次之。

历史名人：

邓世昌（1849—1894）：清海军名将，1894年中日甲午战争爆发后，在黄海海战中，虽弹尽舰伤，仍下令加快速度猛撞敌舰"吉野"，不幸被鱼雷击中，与全舰官兵250人一同壮烈牺牲。

邓石如（1743—1805）：清代杰出书法家、篆刻家，其书法以篆字成就最高。篆

刻，突破陈规，自开面目，世称"邓派"，也称"皖派"。

181. 郁

姓氏：郁

祖宗：郁华

分类：以王为氏

姓氏起源：

（1）相传大禹的老师叫郁华，郁华为郁姓的始祖，其后代子孙称郁氏，遂成郁姓。

（2）古代有郁国，春秋时成为吴国大夫的封邑，其后代子孙亦称郁氏。

（3）历史上西域有郁立国，国人或有以郁为姓。

（4）历史上有郁夷县、郁秩县、郁致县，有以地名郁为姓者。

郡望：

（1）黎阳郡：西汉置黎阳县，北魏改置郡。在今河南省中部浚县一带。

（2）鲁郡：也称为鲁国、鲁国郡。

（3）太原府：也称为太原郡。

（4）高平郡：原为高平县（今宁夏固原）。

（5）胶东郡：西汉时期设置胶东郡，之后有时是国，治所在即墨（今山东平度）。

（6）富阳县：即今位于浙江省西北部的富阳市。

堂号：

（1）黎阳堂：以望立堂。

（2）鲁国堂：以望立堂。

（3）胶东堂：以望立堂。

（4）高平堂：以望立堂。

（5）太原堂：以望立堂。

（6）富阳堂：以望立堂。

迁徙分布：

郁氏族人在全国分布较广，尤以江苏、上海、浙江等省市为多。

历史名人：

郁采（生卒年待考）：明正德年间进士，授刑部主事，后迁任裕州同知，时遇战乱灾荒，盗贼四起攻打裕州，他率领州民抵抗，连战数日后城陷，巷战而死。

郁达夫（1896—1945）：原名郁文，字达夫，幼名荫生、阿凤，浙江富阳人，中国现代著名小说家、散文家、诗人。其代表作有《沉沦》、《故都的秋》、《春风沉醉的晚上》、《过去》、《迟桂花》等。

182. 单

姓氏：单
祖宗：姬臻
分类：其他

姓氏起源：
(1) 上古周朝时，周成王封少子臻于单邑（在今河南省孟津县境），他的子孙便以封地为姓，世代相传姓单。
(2)《魏书官氏志》记载：可单氏、阿单氏、渴单氏，后改为单氏。

郡望：
(1) 河南郡：秦朝时期名为三川郡。民国时期建为河南省。
(2) 南安郡：西汉时期置县，治所在狄道（今甘肃陇西）。东汉朝中平五年（188年）分汉阳郡再置郡，治所亦在狄道（今甘肃陇西渭水南岸），其时辖地在甘肃陇西县东部及定西、武山县一带地区。

堂号：
(1) 南阳堂：以望立堂。
(2) 南安堂：以望立堂，源出自周成王之三子，曰名孝镛氏字单，封单叔为南安郡王，"南安郡"取南疆长治久安之意，单叔之后以字号赐封地为姓，后代遂成为单氏。

迁徙分布：
当代单姓的第一大省为江苏，大约占全国单姓人口的13%。单姓主要分布在江苏、山东、安徽、吉林、黑龙江，这五省集中了单姓人口的59%。其次分布在河南、河北、辽宁，这三省又集中了单姓人口的20%。全国形成了以东苏鲁皖、北黑为中心的两块单姓分布区。

历史名人：
单超（？—160）：后汉河南人。桓帝初为中常侍，帮助桓帝铲除异己，稳固江山立了大功，被封为新丰侯。常侍预谋获封者有五，世谓之五侯。自是权归宦官，朝政日乱。后拜车骑将军卒。

单煦（生卒年待考）：字孟阳。宋朝平原人。中进士后，知洛阳县。勤政为民，成绩显著，升任昌仆知州，累官光禄大夫。煦友爱，他15岁时，兄单熙殴人致死，他劝兄逃跑，愿自己顶罪代死。当平原知县伍刚查明原因后，十分感动，免了单熙的死刑。

183. 杭

姓氏：杭
祖宗：杭徐伯
分类：以先祖姓名为氏
姓氏起源：
汉代东乡侯、长沙太守杭徐，本姓抗，因古代"杭"、"抗"二字通用，他的后代子孙便以杭为姓，称杭姓。
郡望：
（1）余杭郡：原为秦代会稽郡所辖的余杭县。东汉时分属吴郡。南朝陈设置钱唐郡，隋代改名为余杭郡。在今浙江省境内，有余杭山，近太湖。
（2）丹阳郡：汉武帝元狩二年（前121年）置丹阳郡。今安徽省宣城一带地区。
堂号：
（1）余杭堂：以望立堂。
（2）丹阳堂：以望立堂。
（3）东乡堂：后汉时有个叫航徐的人。他最初是当宣城长，把山林中的蛮夷全部迁到县城附近，境内遂无盗贼。后来他升为中郎将，因攻破泰山的盗贼，被封为东乡侯，迁长沙太守。杭氏因以"东乡"为堂号。
迁徙分布：
如今，杭氏族人在丹阳群居村落为全州杭甲、延陵杭甲、柳茹、开发区华甸、陵口下栅口、司徒东王和云阳镇等。
历史名人：
杭世骏（1695—1773）：清代雍正年间举人。乾隆初召试鸿博，授编修。曾上书四条议论时事，改任御史。博闻强记，于经史词章之学，无所不通。著有《礼例》、《史记考异》、《榕城诗话》、《道古堂诗文集》等书。
杭淮（1462—1538）：明代中丞。廉明平恕，以志节著称，与其兄杭济并负诗名，著有《双溪集》。

184. 洪

姓氏：洪
祖宗：共工氏
分类：由共改姓
姓氏起源：
为上古炎帝神农氏之后——共工的后代。共工本姓共氏，从黄帝时起就担任了治理天下水利的官职，被人们尊为水神。颛顼帝时，共工起兵争天下，后失败。传说他失败后一怒之下撞倒了西北方支撑天地的不周山。到大禹时，共工氏又起了不臣之心，大禹镇压了他们后，就把他们放逐到了江南蛮荒之地，共工氏的后人在江南定居后，为了让后世子孙记住他们的祖先做过水神，就给共字加上水旁，以此作为自己的姓氏，这样就形成了洪姓。

郡望：

（1）敦煌郡：汉武帝元鼎六年置。在今甘肃省河西走廊西端。

（2）宣城郡：晋时置郡。治所在宛陵（今安徽省定城）。

（3）豫章郡：汉代将秦代的九江郡改为豫章郡。在今江西省南昌、九江一带。

堂号：

双忠堂：宋代洪皓，以礼部侍郎的身份出使金国。金人扣留了他，他坚决不屈服。被扣15年中，他经常暗自派人向宋朝廷汇报金国的情况，人们把他比作苏武。他的儿子洪迈，又以翰林学士的身份出使金国，金人强迫他称"陪臣"（诸侯的大夫朝见天子，自称陪臣），他坚决拒绝，因此被金人拘留。他们父子都为了祖国恪尽忠诚，人称"父子双忠"。

迁徙分布：

洪氏主要分布在今江西省南昌、九江一带。

历史名人：

洪秀全（1814—1864）：清广东花县人。原名任坤。1843年创立了农民革命组织"拜上帝会"，自称是"天帝"次子。代表作有《原道救世歌》、《原道醒世训》等。1851年，在广西桂县与杨秀清、冯云山、萧朝贵、韦昌辉、石达开等起义，建号太平天国，洪秀全称天王。太平天国十四年，洪秀全病逝，不久，天京陷落，起义失败。

洪适（1117—1184）：宋代名医。洪皓之子，少时聪慧。与弟洪遵、洪迈同中博学宏词科，时称"三洪"。以文章著称于时，好收藏金石拓本，并以据订正史传的讹误。

185. 包

姓氏： 包

祖宗： 伏羲

分类： 以人名为氏

姓氏起源：

包姓源于风姓，为上古传说中的部落酋长太昊（伏羲）的后代。太昊创制八卦，教民捕鱼、畜牧，以充庖厨，故又名庖牺或庖羲。据《路史》载："包羲氏后有包氏。"

郡望：

（1）丹阳：即秦朝的鄣郡。汉武帝元狩二年（前121年）更名为丹阳郡，相当于今安徽省宣城地区。

（2）上党：战国时，韩国初置上党郡，秦灭韩后因之。治所在壶关（今山西省长治市北）。西汉时移治长子（今山西省长子县）辖镜相当于今山西省境内沁水以东地区。

堂号：

孝肃堂：都是根据包拯命名的。宋时包拯，除龙图阁大学士，知开封府，迁右司郎中，是著名的清官。他立朝刚毅，贵戚宦官无不敛手，男女老少皆知其名。死后谥忠肃。

迁徙分布：

丹阳包氏居住在新桥、皇塘、里庄、运河、麦溪、全州、珥陵等地。包氏入闽始祖字十郎，号纯白，讳始仁。祖籍山西上党（今山西长治），先祖数次南迁后落籍于江西建昌府南城包家坊。旧谱相传，纯白"始贡于宋孝宗隆兴间，得选汀州教授。'又'尝权知上杭县事，解组后遂退隐小陈坑而奠宅焉"。上杭南部边陲汀江西岸的小陈坑（今下都乡新寨村），从此成为闽杭包氏的发祥之地。

历史名人：

包咸（生卒年不详）：字子良，后汉会稽曲阿人。少为诸生，师事博士右师细君，学习《鲁诗》、《论语》。光武即位，举为孝廉，封郎中，迁大鸿胪。明帝即位，以咸有师傅恩，特加赐俸禄，咸皆散于诸生之贫者。永平八年（65年）病逝，终年71岁。

包拯（999—1062）：字希仁，北宋庐州合肥人，天圣五年（1027年）进士。仁宗时任监察御史，主张"练兵选将，务实边备"，以御契。后任天章阁侍制、龙图阁直学士。官至枢密副使。知开封府时，执法严峻，不畏权势。他为官之时，贵戚官宦都不敢为非作歹，连童稚妇女也知道他是"包青天"。他刚正不阿，为民申冤，惩治权贵，树立了清正廉洁官员的榜样。他官至礼部侍郎，嘉祐七年（1062年）逝世，终年63岁，谥孝肃，著有《包孝肃奏议》十卷。明人以他断案的民间传说写成《包公案》一书，流传甚广。

186. 诸

姓氏： 诸

祖宗： 闽越王

分类： 以先祖姓名为氏

姓氏起源：

诸姓来源于越王的后裔。西汉初期，有人名为无诸，他是战国时期越王勾践的后代。秦朝末期，他率领部将帮助刘邦取得了战争的胜利，汉朝建立以后，他被封为闽越王。他的后代以他的名字作为姓氏，形成诸姓。

郡望：

（1）涿郡：汉高祖时置郡。此支赵氏为颖川诸氏分支，其开基始祖为西汉颖川太守赵广汉之后裔。

（2）琅琊郡：也称为琅琊国、琅岈郡、琅玡郡。

堂号：

琅琊堂：以望立堂。

迁徙分布：

今江苏省无锡市江阴县、苏州市、昆山市，浙江省绍兴市、杭州市、嘉兴市、余杭市、湖州市，安徽省蚌埠市，广东省河源市，江西省的吉安市等地，均有诸氏族人分布。

历史名人：

诸燮（生卒年不详）：字子相，明代余姚人，嘉靖年间（1522—1566）进士。历官兵部主事、邵武同知，俱有惠政。曾守山海关，忠贞为国。精理学，一洗陈言。

诸御己（生卒年不详）：春秋时楚国之耕者。庄王筑屋台，垒土千重，大臣因谏而死者七十二人。御己弃耕入谏，楚王遂解层台而罢民役。楚人歌之曰："薪乎莱乎？无诸御己，讫无人乎！莱乎薪乎？无诸御己，讫无人乎！"此处将复姓诸御氏并入单姓诸氏。

187. 左

姓氏： 左

祖宗： 左彻

分类： 以国为氏

姓氏起源：

左姓源于嬴姓，出自上古时期的左国，属于以国名为氏。据《姓考》及《吕览》记载："古有左国（今山西吕梁方山），以国为氏，黄帝臣左彻为其后。"据说，左彻为远古时期左国之嫡裔，由于左国其他立国之人无传，其后裔子孙遂承袭以先祖之国名为姓氏，世代称左氏至今，故左氏族人多奉左彻为其得姓始祖。

郡望：

济阳郡：晋惠帝时将陈留郡之一部分置济阳郡，南渡后废，其故地在今河南省兰考县一带。

堂号：

（1）济阳堂：以望立堂。

（2）传经堂：孔子作《春秋》，左丘明为了传《春秋》作了《左传》，详细解释了《春秋》的内容。

迁徙分布：

如今，左氏族人在全国分布较广，尤以河北、山东、江苏、四川多此姓，这四省之左氏约占全国汉族左氏人口的59%。

历史名人：

左丘明（约前502—约前422）：春秋时鲁国人，后人因其目盲，称之为盲左。相传他曾任鲁太史，为《春秋》作传，成《春秋左氏传》，简称《左传》；又作《国语》。先儒以为左丘明好恶同于圣人，故孔子作春秋为素王，丘明为素臣。述夫子之志而作传，是为左氏春秋。

左思（约250—305）：字太冲，西晋临淄（今淄博市）人，官秘书郎，貌陋口讷

而博学能文。司空张华辟为祭酒，贾谧举为秘书。谧诛，归乡里专事著述，曾作《三都赋》，十年始成，豪贵之家，竞相传写，洛阳为之纸贵。其诗至今仅存14篇，以《咏史》八首最为著名。南朝梁钟嵘诗品说他"文典以怨，颇为精切，得讽喻之致"。原有集，已佚，后人辑有《左太冲集》。

188. 石

姓氏：石
祖宗：石碏
分类：以先祖名字为氏
姓氏起源：

石姓源于姬姓，出自春秋时期康叔六世孙卫靖伯之孙公石碏，属于以先祖名字为氏。据《元和姓纂》及《春秋公子谱》等记载，春秋时期康叔的六世孙卫靖伯之孙公石碏，又称石碏，是卫国的贤臣，有大功于卫国，世为卫大夫。战国史学家左丘明在《春秋左氏传》中称赞石碏说："石碏，纯臣也，恶州吁而厚与焉。大义灭亲，其是之谓乎！"石碏在此次变故中表现的大智大勇、大义灭亲，为后世君子们所称道。

石厚的儿子、石碏之孙骀仲，后来以祖父的字命氏，称石氏，史称石氏正宗。

郡望：

（1）武威郡：西汉朝元狩二年（前121年）在原匈奴休屠王的地域置郡，治所在武威（今甘肃民勤），为凉州的州府所在，历史上曾称"西凉"、"姑臧"。今甘肃省黄河以西、武威以东的地区。

（2）渤海郡：西汉时期从巨鹿、上谷之地分出渤海郡，治所在浮阳（今河北沧州东关），其时辖地在今河北省、辽宁省之间的渤海湾一带。

（3）平原郡：始建于西汉高祖时期的西汉初年（前206年），治所在今山东省平原县西南。

（4）上党郡：战国时期韩国置郡，秦国灭韩国后承之，治所在壶关（今山西长治），其时辖地在今山西省长子县。西汉朝时期移治到长子（今山西长子），其时辖地在今山西省境内沁水东部地区即今山西省长治市一带。

（5）河南郡：秦朝时期名为三川郡。

堂号：

（1）河南堂：以望立堂。
（2）渤海堂：以望立堂。
（3）平原堂：以望立堂。
（4）武威堂：以望立堂。
（5）上党堂：以望立堂。

迁徙分布：

如今，石氏分布以四川、河北、山东、陕西、辽宁、河南等省为多，这六省石氏约占全国汉族石氏人口的63%。

历史名人：

石涛（1641—1707）：清代著名的画家，凡山水、人物、花果、兰竹、梅花，无不精妙。且能熔铸千古，独出手眼。其画风，早脱前人窠臼，为清初画坛革新派的代表人物。

石达开（1831—1863）：清末太平天国杰出的军事将领。天京事变后，回京辅佐天王，因不被信任，负气出走，转战数省。1863年5月兵败大渡河，自投清军，6月于成都被杀。

189. 崔

姓氏： 崔
祖宗： 季子
分类： 以邑为氏
姓氏起源：

崔姓出自于西周时期的齐国，有将近三千年的历史，曾经长期是山东望族和中国著姓。根据多种古籍的记载，崔氏出自姜姓。齐国是西周初周武王分封的重要诸侯国之一，建都于临淄（今山东淄博市），开国君主是吕尚。吕尚本姓姜，因为他的先祖被封于吕（今河南南阳），从其封姓，故称为吕尚。吕尚的儿子丁公伋，是齐国的第二代国君，他的嫡子叫季子，本应继承君位，但却让位给弟弟叔乙（即乙公得），而自己则住到食采地崔邑（今山东章丘县西北），后来以邑为氏，就是崔氏。

郡望：

（1）清河郡：汉高祖所设，相当于今河北清和及枣强、南宫一部分，山东临清、夏津、武城及高唐、平原各一部分地区。东汉时改为国。

（2）博陵郡：在三国魏正始三年设置，西晋时置为国，相当于今河北安平、饶阳、安国等地。

（3）荥阳郡：由三国时河南郡分设。西晋时也被设置为国，相当于今河南省黄河以南，东至朱仙镇、西至荥阳南至密县，以及黄河以北的原阳县地。

堂号：

噤李堂：噤李是指使李白不能够开口吟诗。传说唐朝崔颢游黄鹤楼，在楼上题了一首诗，文情俱佳。后来李白也游黄鹤楼，见到崔颢的诗，便不敢在上面题诗了，只是吟道："眼前好景道不得，崔颢题诗在上头！"

迁徙分布：

崔氏主要集中分布于中原地区，其中山东、河南、河北三省的崔姓占崔姓总人口的42%。其次分布于辽宁、山西、黑龙江、江苏、陕西、吉林，这六省的崔姓又集中了32%。全国形成了关内冀豫鲁、关外黑吉辽两块崔姓聚集地区。

历史名人：

崔骃（？—92）：东汉文史学家，涿郡安平（今属河北省安平县）人。少与班固、傅毅齐名，曾为府掾，后改主簿，著有《达旨》等，有"儒家之林大才子"之称。其

子崔瑗，官至济北相。为著名书法家，工章草，其书"点画精微，神变无碍"，人称"草贤"，著有《草书势》。

崔琰（？—216）：字季珪，清河东武城（今山东武城东北）人。东汉末年曹操部下。太祖破袁氏，辟琰为别驾从事。曹操征并州，留琰傅曹丕于邺。魏初，拜尚书。主曹丕为太子。操贵其公亮，迁中尉。建安二十一年，曹操加魏王，以为意指不逊。罚琰为隶，后赐琰死。

190. 吉

姓氏：吉
祖宗：伯儵
分类：以帝王赐姓为氏
姓氏起源：

吉姓源于姞姓，出自远古黄帝给裔孙伯儵的赐姓姞，属于以帝王赐姓为氏。姞姓，是中国最古老的姓氏之一。据《唐书·宰相世系表》记载，远古黄帝有个裔孙叫伯儵，受封于南燕国（今河南延津、汲县一带），赐姓姞，称伯儵，后来建有姞姓燕国，史称南燕国。在《左传》中，称南燕国为燕国，称召公奭的封国为北燕国。在早期的历史文献中，南燕国的史事记载要较之北燕国早得多，频见记述。

在姞伯儵的后裔子孙中，有省去"女"偏旁简化为吉字者，世代称吉氏相传至今，是非常古老的姓氏之一。

郡望：

（1）冯翊郡：秦朝时期置郡，汉武帝太初元年（前104年）设置同名行政区左冯翊，与右扶风和京兆伊合称"京畿三辅"，其时辖地在今陕西省大荔县一带。

（2）洛阳郡：今河南洛阳城为中心的河洛地区。

堂号：

（1）冯翊堂：以望立堂。

（2）洛阳堂：以望立堂。

迁徙分布：

今湖北省枣阳市、广水县、钟祥市，山东省日照市五莲县、章丘市、潍坊市寿光县、博兴县、临沂市沂水县，河南省郑州市荥阳市、洛阳市洛宁县、孟津县、偃师市、濮阳市南乐县、南阳市、唐河县，四川省华蓥市、绵竹市、南充市、广安市岳池县，河北省唐山市、巨鹿县、沧州市，广东省五华市、紫金县、深圳市南山区、东莞市虎门区，广西壮族自治区桂林市、玉林市、贵港市、百色市，江苏省南京市、连云港市灌南县、扬州市宝应县、无锡市、江都县、苏州市、安东县、金湖县、高邮县、盐城市兴化市、响水县、滨海市、金湖县，湖南省浏阳市、永州市新田县、株州市炎陵县，山西省沁水县，青海省的互助县，陕西省商洛市商州区，贵州省毕节市，云南省通海市、镇雄市，海南省东方县、昌江县、乐东县，重庆市潼南县、合川县，北京市，上海市，天津市，香港特别行政区，台湾省的高雄市等地，皆有吉氏族人分布。

历史名人：

吉士瞻（生卒年不详）：字梁容。梁朝莲勺人，事武帝，为官清正廉洁，所至有名绩，家无余积。

吉鸿昌（1895—1934）：字世五。河南扶沟人。著名抗日将领。早年入伍，在西北军冯玉祥部历任旅长、师长、军长和宁夏省政府主席等职。民国十九年（1930年）蒋介石、冯玉祥、阎锡山中原大战后，任国民党第二路军副总指挥。民国二十年（1931年）九月因反对蒋介石反共内战和卖国投降政策，被蒋强令出国。1932年2月回国，同年加入中国共产党。1933年5月联合冯玉祥、方振武等在张家口组成察绥民众抗日同盟军，任同盟军第二军军长兼北路前敌总指挥。失败后，在北平、天津等地从事抗日活动。1934年11月19日，在天津法租界国民饭店被捕。24日在北平（今北京）英勇就义。年39岁。

191. 钮

姓氏： 钮

祖宗： 钮滔

分类： 以人为氏

姓氏起源：

《晋书》记载，古代东晋时期的钮滔，著书立说，宣扬封建迷信，是个县令，被称为钮姓的祖先。

郡望：

吴兴郡：汉代设置，治所湖州（今浙江省湖州一带）。

堂号：

钮姓的主要堂号有："理德堂"（状元厅）、"本仁堂"等。

迁徙分布：

钮姓是当今较少见的姓氏，人数不多，分布分散，今北京、天津之武清，河北之尚义、定县（今定州市姜钮庄）、河南之义马，山东之平度，山西之太原、阳高、洪洞，辽宁之清原，内蒙古之乌海，浙江之湖州，江苏之武进、六合，江西之崇江，安徽之蚌埠等地有此姓。另外，在黑龙江、四川、广东、上海、云南、广西等地有钮姓分布。现江苏吴江市尚有宅里桥村钮家汇，举村钮姓。

历史名人：

钮衍（生卒年不详）：字公裕。明朝常熟人。授德安知府。郡内有人装妖作怪，危害人民，诈骗财物。钮衍经过调查核实后，依法论罪，严重者处斩。为民除害，百姓称赞。

钮琇（生卒年不详）：字玉樵。清朝吴江人。原为贡生，由于博学多闻，勤政爱民，关心百姓，多办实事。写有杂记多种，反映新人新事，写得生动感人，颇有唐人小说遗风。还有《临野堂集》留传于世，影响深远。

192. 龚

姓氏：龚
祖宗：姬和
分类：以国名为姓

姓氏起源：

龚姓出自姬姓，为共伯和之后。西周后期，有一个王室贵族叫姬和，被封于共，为伯爵，称为共伯和。当时，周厉王在"国人暴动"中被赶出国都，然后诸侯便推举他代行天子的权力，史称"共和行政"，这也是中国历史有确切纪年的开始。共国在春秋时被灭后，其子孙以国名为姓氏，称共氏。

郡望：

（1）武陵郡：汉高帝置郡，治所在义陵（今湖南溆浦）。东汉移治临沅（今湖南常德市西）。

（2）六桂：即为"六姓联芳"之誉称，分布于古时的泉州。

堂号：

中隐堂：宋朝时龚宗元任句容县令。他在破案、挖掘藏犯、追捕逃犯上，像神仙一样。有一次，为政酷苛的杨弘（隋文帝的弟弟）奉旨到各地视察。但当他到句容边境时，却对人说："这里已被龚先生治理得很好啦。我再去，不是徒找麻烦打扰他吗？"于是没入境就到别处去了。龚宗元官至都员外郎。退休后建了一座"中隐堂"。

迁徙分布：

龚姓主要集中分布于湖南、江苏、湖北、四川四省，大约占全国龚姓总人口的43%，其次分布于河南、江西、贵州、重庆、上海，这五省市的龚姓又集中了26%。湖南为龚姓第一大省，占龚姓总人口的13%。全国形成了长江流域地区高比率龚姓分布带。

历史名人：

龚遂（生卒年不详）：是见于史籍记载的第一位龚姓名人。西汉时任渤海太守，敢于谏净。渤海临郡饥荒时，曾开仓借粮。后世把他和黄霸作为封建"循吏"代表，称为"龚黄"。

龚自珍（1792—1841）：龚姓历史上最杰出的人物。清代著名的思想家、文学家。博览群书，通晓经学、文字学、历史、地理等各方面学识。为今文经学派的重要人物。道光年间举为进士，官至礼部主事。当林则徐赴广东查禁鸦片时，他曾预见英国可能侵犯，建议加强战备。其诗、文有较高成就。

193. 程

姓氏： 程
祖宗： 程伯休父
分类： 以邑为氏

姓氏起源：

程氏先祖是祝融氏重黎的后代子孙。根据《元和姓纂》记载，程氏是颛顼的后裔重黎的后代，祖先是程伯休父。根据《万姓统谱》记载，程伯休父在朝廷担任大司马之职，并且被封食采于程，即今河南洛阳东部，他的后代就以邑为氏，称为程氏，与司马氏同出一源，望族出于广平、安定。程氏得姓大约有四千年的历史。另外，根据《左传》记载，春秋时期，晋国大夫程郑，是荀氏的支子（非正妻生子），荀林父的弟弟荀欢采邑于程，即今山西省新绛县东北，他们的后世子孙亦以程为姓。因此程氏又有一支出自荀氏。

郡望：

（1）广平郡：汉景帝中元元年（前149年）分邯郸郡置郡，治所在广平（今河北鸡泽东南）。相当于今河北任县南和、鸡泽、曲周、永年及平乡西北肥乡东北一部分地区。东汉废入巨鹿郡，三国魏初复置郡。

（2）河南郡：汉高祖二年（前205年）改秦三川郡置郡，治所在阳（今河南洛阳市东北）。相当于今河南黄河以南洛水、伊水下游，双自河、贾鲁河上游地区及黄河以北原阳县。

（3）安定郡：西汉元鼎三年（前114年）置郡，治所在高平（今宁夏固原）。相当于今甘肃景泰、靖远、会宁、平凉、泾川、镇原及宁夏中宁、中卫、同心、固原等县地。隋初废。

堂号：

明道堂、伊川堂、立雪堂：都是根据宋时的程颐、程颢立的。程颐、程颢兄弟二人都是大儒周敦颐的学生。程颐人称"伊川先生"，程颢人称"孟子以后一人而已"。因为他二人能继承孔孟的传统，故称"明道堂"。二程讲学，见于《宋史·杨时传》，宋代杨时在下雪天拜谒著名学者程颐，程颐瞑目而坐，杨时不敢惊动，在旁边站立等待。程颐醒来，门前积雪已经一尺深了。后来用"程门立雪"形容尊师重道，恭敬受教，故名"立雪堂"。

迁徙分布：

如今，分布在河南、安徽、湖北、四川和山东等省的程姓要占到全国程姓的60%。其中河南最多，据说程姓在全国形成98派，其中河南有18派，派系最多。

历史名人：

程邃（1607—1692）：安徽歙县人，清代著名篆刻家、画家、篆刻取法秦汉，喜用大篆入印，朴厚苍浑，为"皖派"代表作家之一。画工山水，善用干笔渴墨，苍茫简远，自成风格。

程长庚（1811—1880）：安徽潜山人，清代著名京剧演员，演老生，艺术上熔徽调、汉调、昆腔于一炉，对京剧老生唱腔和表演艺术的形成，贡献很大。

194. 嵇

姓氏：嵇
祖宗：季抒
分类：以国为氏
姓氏起源：
上古夏朝君主少康，将王子季抒封于会稽，遂以稽为姓。到汉朝初年迁到礁郡的嵇山，便又改为嵇姓。
郡望：
（1）河南郡：秦朝时名为三川郡。民国时期建为河南省。
（2）谯郡：亦称谯国、谯郡。今安徽省亳州一带。
堂号：
（1）河南堂：以望立堂。
（2）谯国堂：以望立堂。
迁徙分布：
今江苏省苏州市、昆山市、扬州市、建湖县、南京市、吴江县、淮安市、淮阴市、涟水县、无锡市、盐城市射阳县、连云港市灌南县、金湖县、阜宁市、涟水市、高邮县、响水县、镇江市、上海市、北京市、重庆市、天津市、黑龙江省满洲里、山东省潍坊市、莱阳市、日照市莒县、高密市、青岛市、江西省丰城市、东乡县、浙江省宁波市、杭州市、衢州市、湖州市德清县、温州市、瑞安县、广东省韶关市、新丰县、陕西省西安市未央区、辽宁省大连市、沈阳市、湖北省武汉市、咸宁市、宜昌市、京山县、河南省的灵宝县、台湾省、安徽省安庆市、滁州市、山西省的晋城、河北省衡水市、唐山市、承德市、石家庄市、冀州市、广西壮族自治区富川县、桂林市荔蒲县、吉林省长春市、内蒙古自治区赤峰市、甘肃省庆阳市等地，皆有嵇氏族人分布。
历史名人：
嵇康（224—263）：三国时魏国文人。当时的文人喜爱高谈阔论，讲究有个姓，爱喝酒、作诗、弹琴。有七个人最有才气，被称为"竹林七贤"，嵇康即是其中之一。
嵇绍（253—304）：嵇康的儿子，战乱中为了保护王上被杀，血溅在惠帝衣服上，就有成语"嵇侍中血"形容忠义壮烈。

195. 邢

姓氏：邢
祖宗：韩宣子
分类：以封地为姓
姓氏起源：
春秋时期，晋大夫韩宣子之族人封于邢丘（在今河南温县东），其族人子孙便以封地名为姓世代相传姓邢。
郡望：
河间郡：汉为河间国，治所在乐城（今河北省献县）。北魏时置郡，治所在今河北省河间西南。
堂号：
邢姓的主要堂号有"河间堂"、"守雅堂"、"三礼堂"、"德行堂"等。
迁徙分布：
如今，邢姓在全国分布较广，尤以河北、河南等省为多，上述二省之邢姓约占全国汉族邢姓人口的31%。
历史名人：
邢峙（生卒年不详）：字士峻。南北朝时北齐的文士，精通"四书""五经"，为人方正纯厚，有儒者风度。举孝廉，官国子助教，以经入授皇太子。
邢契莘（1887—1957）：浙江嵊县（今峰州市）人。清宣统二年（1910年）考取清华第一期官费留学美国，入麻省理工大学选修造船造机系。

196. 滑

姓氏：滑
祖宗：滑伯
分类：以国命姓
姓氏起源：
滑姓出自姬姓。古代有个叫滑国的国家，是周朝的同姓国，建都于滑（今河南睢县西北），又迁都于费（今河南偃师西南），后来被晋国所灭。其后代子孙以国名命姓，称为滑姓。
郡望：
（1）下邳：东汉时将临淮郡改为下邳国，南朝宁时又改为郡。相当于今江苏省西北地区。
（2）京兆：即首都长安的直辖区。相当于今陕西省西安至华县一带。
（3）安陆：古代县名。战国时属楚国。汉时置县，属江夏郡。在今湖北省安陆县地。

堂号：

跻鹊堂：跻是并驾齐驱之意，跻鹊，意思是医术与扁鹊一样好。明朝时，滑寿写的文章很有风致，尤其乐府写得好。后来学医，他参考名医张仲景、刘守真、李明三家，融合贯通，治病时手到病除，对针灸尤其在行，医学著作很多。

迁徙分布：

滑氏望族居于下邳郡，就是今江苏邳县下邳故城。

历史名人：

滑涣（生卒年不详）：唐宪宗朝的权臣，他内结宦官，干预国事，后来遭李吉甫诛杀，抄出家财数千万，一下使默默无闻的滑氏，自此为世人所知。

滑寿（1304—1386）：元朝末年的医学家，他不仅精通《素问》、《难经》，而且融通张仲景、刘守真、李明之三家学说，所以给人治病有"奇验"，他还著有《读伤寒论抄》等医书多种。"所至人争延，以得诊视决生死为无憾"。他更以"无问贫富皆往治，报不报弗较也"的崇高医德，受到时人的赞誉。

197. 裴

姓氏： 裴

祖宗： 伯益

分类： 以改姓后氏

姓氏起源：

裴姓出自嬴姓，为伯益之后。伯益的后裔有个叫飞廉的，他的裔孙被封于蕏邑（今山西闻喜县东），称为蕏氏，至六世孙为蕏陵，他在周僖王时被封为解邑（山西临猗西南）君，他就去掉邑字，改加衣字，表示已经离开了蕏邑，称为裴姓。

郡望：

河东郡：秦时置郡。相当于今山西省黄河以东夏县一带。

堂号：

（1）绿野堂：唐朝时督国公裴度建有绿野堂别墅。

（2）督国堂：唐宪宗时，淮蔡节度使不听朝廷的命令。朝廷派了许多军队去平叛，都大败。大臣提议罢兵。裴度力请征讨。朝廷拜他为门下侍郎同平章事（副宰相），督兵平淮南，擒吴元济，因功封督国公。

迁徙分布：

宋、元、明、清时期，中国社会发生了巨大的变迁。在一次又一次的社会动荡中，裴氏大家族也由隋唐时期活动的中心地区：山西、陕西和河南，向全国各地，特别是南方各省扩散，致使裴氏遍布全国。

历史名人：

裴秀（223—271）：晋代司空、地图学家。他总结前人经验，提出"制图六体"，在世界地图史上占有重要地位。著有《禹贡地图》18篇。

裴度（765—839）：唐宪宗时宰相。他力主消除藩镇。元和十二年，督师破蔡州，唐代藩镇叛乱的局面暂告结束。有"名震四夷"、"天下莫不思其风烈"的赞美。

198. 陆

姓氏：陆
祖宗：陆终
分类：以地为姓
姓氏起源：
相传吴回在帝尧时任火神祝融，他的儿子名终，因为在陆乡一带，所以叫陆终。他的后世有的就以陆为姓，称陆氏。这就是山东陆氏。
郡望：
（1）吴郡：三国吴宝鼎元年置郡，治所在乌程。此支陆氏为陆通的直系后裔，其开山始祖为西汉时的陆烈。
（2）河南郡：汉高祖二年改秦三川郡置郡，治所在洛阳。
（3）颍川郡：秦王政十七年置郡，治所在禹县。此支陆氏为吴郡陆氏的分支，其开山始祖为东汉颍川太守陆闳。
堂号：
（1）忠烈堂：南宋左丞相陆秀夫誓死不降元，立益王于福州。元兵杀来的时候，陆秀夫从容拔剑将妻子、儿子驱逐下海而死，然后自己也投河自尽。
（2）黜霸堂：汉朝时陆贾跟随刘邦灭秦建汉。他的口才相当好，两次出使南越。还曾写了一本《新语》送给高祖，大意是崇王黜霸。
迁徙分布：
陆姓分布极为广泛，是中国一百个大姓之一，占全国汉族人口的0.31%，在一百个大姓中排第七十位。其主要分布在江苏、广西、广东、浙江、上海等地，这五个省、市、区的陆姓人口占全国汉族陆姓人口的65%。
历史名人：
陆游（1125—1210）：山阴人，南宋时著名诗人。曾在朝廷任官，在政治上坚决抗金，主张充实军备。晚年退居家乡，收复中原的信念始终不变。一生中创作了很多诗歌，现存仅有9000多首，内容极为丰富，抒发政治抱负，反映人民生活疾苦，批判当时统治集团的屈辱求和，风格雄浑豪放，表现出渴望恢复国家统一的强烈感情。《关山月》、《书愤》、《农家叹》、《示儿》均为传世名作。
陆羽（733—804）：复州竟陵人，唐代著名的茶道专家，为人诙谐风趣，闭门著述，不愿为官，一度靠做零工维持生计，与女词人李季兰友谊颇深。一生的嗜好就是喝茶，是当时品茶的最高权威。人称"茶神"。

199. 荣

姓氏：荣
祖宗：荣援
分类：以邑为氏

姓氏起源：
（1）远古黄帝时代，有个音乐家叫荣援，为黄帝铸造了12个铜钟。荣援就是荣姓的始祖。
（2）上古周成王有个卿士受封于荣邑（在今河南巩县一带），称为荣伯，他的子孙便以邑为姓，相传姓荣。

郡望：
（1）上谷郡：治所在今河北省保定、易州一带。
（2）乐安郡：汉千乘郡，南朝宋始置乐安郡，隋置棣州，唐改乐安郡，故址在今山东省惠民县南70里，下辖广饶、惠民、高青等县。

堂号：
（1）上谷堂：以望立堂。
（2）乐安堂：以望立堂。
（3）任城堂：以望立堂。

迁徙分布：
荣姓是当今较常见的姓氏，分布很广，约占全国汉族人口的0.01%，尤以吉林省多此姓，约占全国荣姓人口的33%。

历史名人：
荣启期（前571—前474）：春秋时期的学者。孔子游泰山，见启期鹿裘带索，鼓琴而歌，便上前问他："为何而乐？"，他回答说："我乐最多。天生万物，人为贵，我得为人，一乐也；男女之别，男尊女卑，我得为男，二乐也；人生有不见日月不免襁褓者，我行年九十矣，三乐也。贫者士之常，死者人之终，居常以待终，何不乐也！"孔子听后表示佩服。

荣德生（1875—1952）：名宗铨。江苏无锡人。早年与其兄宗敬经营钱庄，清光绪二十六年（1900年）起，先后在无锡、上海、汉口等地开设保兴、福新、茂新面粉厂和振新、申新纺织厂。至民国十一年（1922年），有面粉厂12个，纱厂4个，后申新增至9个厂，成为中国最大的民族资本家之一。民国7年至民国10年先后当过江苏省议员和北洋政府国会议员。国民党政府时期，历任工商部参议，中央银行理事，全国经济委员会委员等职。中华人民共和国成立后历任中国人民政治协商会议全国委员，华东军政委员会和苏南行政公署副主任等职。

200. 翁

姓氏：翁
祖宗：周昭王
分类：以邑为氏
姓氏起源：
根据史料记载，周昭王的庶子食采于翁山（在今浙江省定海县东，也有说是广东省翁源县的），他的子孙后来就以邑名为姓，世代相袭，形成了翁姓。
郡望：
（1）临川郡：三国时吴国置郡，在今江西省抚州至南城一带。
（2）钱塘：也写作钱唐，是一个古县名。秦代时置郡，在今浙江省杭州市。
堂号：
（1）资善堂：宋朝时期的翁甫，在资善堂当教授，监守登闻鼓院。对于皇帝所提出问题的回答，都会让皇帝感到称心如意。
（2）赐鱼堂：唐代时候的翁洮，被任命为员外郎，后来隐居不愿意做官了。皇帝想召他回朝廷做官，他于是作了《枯鱼诗》作为回答，皇帝看了诗以后，知道他绝对不会复出了，于是赏赐给他很多曲江鱼。
迁徙分布：
翁姓的望族居住在钱塘（今浙江杭县）。
历史名人：
翁承赞（859—932）：字文尧，唐代莆田县人（1956年后属福清），乾宁年间（894—898）进士。唐末累官秘书郎、右拾遗。五代后梁时官至左散骑常侍、御史大夫，后授闽国门下侍郎同平章事，晋爵晋国公。曾咏梅花诗："忆得当年随计吏，马蹄终日为君忙。"

翁肃（生卒年不详）：字彦恭，宋代崇安人，官至朝散大夫，与翁彦约、翁彦深、翁彦国三兄弟及翁延庆、翁蒙之同姓同乡同朝，皆居高官，时称"六桂同芳"。

201. 荀

姓氏：荀
祖宗：郇伯
分类：由"郇"所改
姓氏起源：
荀姓源于姬姓。周文王姬昌的第十七个儿子被封于郇（今山西省临猗县），建立郇国，为伯爵，史称郇伯。其后代子孙遂以国名"郇"为氏，后去邑旁加草头为荀姓。
郡望：
河南郡：汉高祖时置，在今河南省洛阳市。

堂号：

作冠堂：黄帝有臣子叫荀始，创作冠（帽子）。

兰令堂：战国时荀卿是起襄王的老师，后来有人在襄王面前说他的坏话，他就跑到楚国做乐兰陵令。他厌恶当时政治污浊，遂研究孔子、墨子等学问，创性恶之说。著有《荀子》一书传世。

迁徙分布：

荀姓源于姬姓。上古周朝时候，周文王有一个儿子被封到郇邑（今山西省临猗县一带）为爵，称为郇伯。郇伯在郇邑建立郇国。后来他的子孙便以郇为姓氏，并且将郇去耳字旁加草字头，成为荀姓。还有一支荀姓的起源是源自远古黄帝时期。传说黄帝之子有25人，有姓名者14人，得姓12个，而荀姓就是其中之一。关于荀姓还有一个说法：春秋时晋国有个大夫名叫逝敖，被分封在荀邑（今山西省新绛县东北），他的儿子以地名为姓氏，叫荀林父。荀林父的后代就都姓荀。在古代，荀姓的望族大多出自于河内。荀氏后来又分为荀氏、中行氏和智氏三支。

历史名人：

荀况（约前313—前238）：战国时思想家、教育家。赵国人学者尊之，称为荀卿。他批判总结了先秦诸子的学术思想，对古代唯物主义有所发展。认为"人定胜天"。同时还认定人性生来是"恶"的，要有"师法之化、礼义之道"才可以为善，因此教育不可或缺，《荀子》第一篇就是《劝学》；在经济上他提出强本节用、开源节流等主张。他的散文说理透辟，结构谨严。其门下最著名的弟子有韩非、李斯等人，西汉经学多出于荀门传授。著有《荀子》一书。

荀慧生（1900—1968）：艺名白牡丹，现代著名京剧表演艺术家。民国十六年《顺天时报》举行首届旦角名伶评选，他以《丹青引》一剧获选为前四名，与梅兰芳、程砚秋、尚小云并称中国四大名旦。

202. 羊

姓氏：羊
祖宗：羊舌突
分类：以邑名为氏

姓氏起源：

羊姓出自姬姓。春秋时，晋靖侯的儿子公子伯侨有孙子名突，晋献公时封为羊舌大夫，子孙称羊舌氏。羊舌突有五个儿子，其中大儿子羊舌赤，字伯华，二儿子羊舌肸，字叔向，都是晋国贤臣。春秋后期，羊舌氏被其他晋卿攻灭，有子孙逃在国外，改姓羊，称羊氏。

郡望：

《郡望百家姓》中有记载：羊氏望出泰山郡、西汉郡。在今山东省泰安县一带。

堂号：

种璧堂：汉代羊公，名伯雍，施舍茶汤三年。有一人喝了以后从怀中掏出一升石子，对羊公说："你种了这石子，可以得到美玉，还可以得到漂亮的妻子。"羊公就把石子种了下去，果然长出玉来。邻居徐氏有一女儿很漂亮，没有订婚，因为她要讨一双白璧做彩礼才许亲。羊公知道了，便跑到种石子的地方去挖。果然得到五双白璧，欢天喜地送到徐家。徐氏一见就许了婚。结婚后，生了10个儿子都很有才。羊公后来做了宰相。

迁徙分布：
羊姓望族居泰山（今山东泰安东南）、京兆（今陕西长安东）。

历史名人：
羊祉（生卒年待考）：后魏光禄大夫，是晋代散骑常侍羊琇的第六代孙，羊琇以后，世代为卿相。

羊公（生卒年待考）：汉代名人，曾设义浆三年，方便行人。一日遇一人饮讫，从怀中掏出一升石子，对羊公说："你种了这石子，可以得到美玉，还可以得到漂亮的妻子。"羊公就把石子种了下去，果然长出玉来。后来以所种处得白璧为聘，娶北平徐氏女，后生了十个儿子，都很俊美，官职达到卿相。

203. 於

姓氏： 於

祖宗： 於则

分类： 以封地为氏

姓氏起源：
据《世本》记载，黄帝时有臣子名於则，发明了用麻编织的鞋子履，结束了古人光着脚的历史，因功大被封于於（今河南内乡），称为於则。於则的子孙后代以封地为姓，称为於氏。通常认为，於则是於姓的始祖。

郡望：
（1）黎阳郡：西汉时设置黎阳县，北魏改设黎阳郡。治所在今河南省中部浚县东北一带，与晋代顿丘郡的地址大致吻合。
（2）京兆郡：即首都长安直辖区，在今陕西省西安市至华县一带。
（3）广陵郡：东汉时置。在今江苏省扬州市一带。

堂号：
救民堂：明朝时候於仲宽，为永新知县。那时南乡龙仁和为乱，带兵的将军要把南乡人杀光，好报他的战功。仲宽坚决反对。南乡人很感激他，生了男孩多用仲宽的姓当儿子的名，永远记念。

迁徙分布：
於姓中国人的始祖於则被封于内乡，有一个於村，与商地近，就是史记上的楚、商於地，后代以於为氏，望族出于广陵、京兆。於氏始祖於则最初封于内乡，所在地在今河南省境内。而根据《世本》记载，这个家族的子孙主要繁衍于广陵。望族居广陵郡，就是今江苏省江都县一带。於氏后人尊於则为於姓的得姓始祖。

历史名人：

於琳（生卒年待考）：宋朝人。为本州防城保甲，尽忠职守。建炎初，陈通叛乱，於琳随浙东安抚使讨伐陈通，战败被俘，陈通欲刺面降之，於琳骂不绝口，宁死不屈而遭杀害。

於敖（生卒年待考）：明朝人。正德年间进士。嘉靖年间，驻汾州，分守冀南。当时强宗内乱，胡房外侵，军民慌乱不安，莫知所措。於敖指挥军民赶筑外城及四方堡垒，加强防御，盗贼不敢犯。官至巡抚都御史。

204. 惠

姓氏：惠
祖宗：惠连
分类：以谥号为氏

姓氏起源：

惠氏是黄帝的后代。远古时，黄帝之孙叫颛顼，颛顼之孙叫吴回，吴回有个儿子叫陆终，陆终的第二子叫惠连，其子孙便以祖上的名字"惠"命姓，称惠姓。

郡望：

（1）琅玡郡：秦始皇时置。相当于今山东省南部诸城、临沂、胶南一带。

（2）扶风郡：汉武帝时置右扶风，为三辅之一。在今陕西省长安县西。

堂号：

景言堂：宋朝时，常熟知县惠畴，勉励农民勤于农事，发动人民学文化，表扬奖励好人，惩罚坏人，把地方治理得很好。他建了一座阁子，丞相在上面题上"景言"两个字作为对他的旌表。

迁徙分布：

据有的学者认为，惠姓是上古时期陆终的第二子惠连的后代。如果依照这种考证，惠姓历史悠久。在过去两千多年期间，惠氏的活动地区主要是长江以南的江、浙一带，长久以来在历史上成名的惠氏名人，也几乎全是江、浙人氏。古代的扶风，在今陕西平东南，全国惠氏老家便在这里。望族居扶风郡（今陕西省扶风县一带）。

历史名人：

惠士奇（1671—1741）：清代人。他的父亲惠周惕、他和他的儿子惠栋，三世都是清代著名的经学家。惠士奇康熙年间中进士，任广东学政，以经学倡导，士风大振。因病辞官后，在家研究经史，晚年尤精于经。古音古字，皆分别注疏，援引诸史百家之文，以为佐证。著有《易说》、《春秋说》、《琴笛理数考》。

惠生（生卒年不详）：后魏高僧。孝明帝时，奉太后命与敦煌人宋云往西域求典，遂至印度而还，得大乘经典170部，著有《使西域记》。

205. 甄

姓氏：甄
祖宗：舜帝
分类：以官名或封地为氏
姓氏起源：

(1) 甄姓以官名为姓，源于舜帝。上古的时候，舜帝品德高尚，处处以身作则。他听说东夷部落的烧陶技术落后。于是就到东夷部落去烧陶。在舜的指点之下，东夷部落很快掌握了烧陶的主要技术，而且成了著名的陶器产地。由于经济的发展，东夷部落的所在地很快发展成为一个城邑，这就是甄城。舜的子孙有的留在甄城做甄官，掌管制陶业。后来甄官的后代便以这一官名为姓，称为甄姓。

(2) 甄姓以封地为姓。上古部落首领皋陶的儿子仲甄在夏朝做官，后来被分封到甄，他的子孙于是根据祖先的封地和字，将自己的姓氏定作甄。

郡望：

中山郡：战国时期设置中山国。秦代时改为鹿郡。汉高帝时在此设置中山郡，治所在卢奴，即今河北省正定县。汉景帝以后改为中山国。

堂号：

(1) 还金堂：梁朝时期的甄彬家庭贫困，曾经把一束苎麻典当，后把苎麻赎回来的时候发现里面夹着一块重有五两的黄金。他马上将黄金送回了当铺。皇帝知道后，为了表彰他的诚实，将他任命为益州录事参军兼郫县令。

(2) 中山堂：因为甄氏的郡望为中山，所以得此堂号。

迁徙分布：

甄氏望族居住在中山。

历史名人：

甄立言（545—?）：唐代医学家、太常丞。是当时很有名望的医学家，著作有《本草音义》、《古今录验方》。

甄鸾（535—566）：北周司隶校尉、汉中太守。擅长于精算。制天和历法，于天和元年（566年）起被采用颁行。著作有《五经算术》等。

206. 麹

姓氏：麹
祖宗：鞠谭
分类：由"鞠"姓所改
姓氏起源：

麹姓源于汉代，鞠姓所改。西汉哀帝尚书令鞠谭由于受东平王刘云"瓠山立石"案件牵连被削职为民，公元四年王莽执政时被强迁西海郡，由此开始了"避难湟中、

因居西平，改鞠为麴"的隐姓埋名生活。如今麴姓已基本消失，麴姓简化为曲。

郡望：

汝南郡：汉高帝时置郡，治上蔡（今河南上蔡一带）。相当于今河南中部偏南和安徽淮河以北地区。

堂号：

惠政堂：唐朝时有望江令麴信陵，他关心百姓福利，有惠政。大旱时祈雨即应，百姓为他建了生祠。诗人白居易作《秦中吟》歌颂他。

迁徙分布：

麴姓以汝南（今属河南）为郡望，但在两晋南北朝时，主要生活在今甘肃兰州、酒泉、榆中等。北朝至唐有高昌国王室为麴氏，入唐后内附为官。宋代以后在云南也有分布。如今主要分布在河北、四川、北京等地。目前麴姓人口没有进入全国前三百位。

历史名人：

麴允（？—316）：晋代左仆射。与游氏时代为豪门大族。西州民谚曰："麴与游，牛羊不数头。南开朱门，北望青楼。"因军功，官至左仆射。

麴伯稚（生卒年待考）：隋代高昌国国王。与隋代华容公主结婚，促进了中原汉人与边疆少数民族的团结。高昌国，在今新疆吐鲁番地区。

207. 家

姓氏： 家

祖宗： 家父

分类： 取祖名为姓

姓氏起源：

周孝王的儿子叫家父，后来周幽王即位时，家父在朝中做官，他看到周幽王爱喝酒，爱女人，把国家大事丢在一边，很不满意，就作了一首叫《节南山》的诗讽刺他。家父忠诚正直，他的子孙以他为荣，就取家字为姓，世代相传。另一支家姓，源自春秋时鲁国的一个公族，他是鲁庄公的孙子，叫家驹，他的子孙也取祖上名字为姓，世代姓家。

郡望：

(1) 京兆郡：即首都长安直辖区，相当于今陕西西安至华县一带。

(2) 南安郡：东汉中平五年（188年）分汉阳郡置，治狄道（今甘肃陇西渭水东岸）。相当今甘肃陇西东部及定西、武山等地。

堂号：

家姓的主要堂号有京兆堂、南安堂。

迁徙分布：

家姓早期主要生活在中原一带，后逐渐向周边地区迁移，汉唐之际在陕西、甘肃等地形成郡姓望族，以京兆郡、南安郡为郡望。宋代以后在四川眉山等地形成主要聚居区。如今在江苏、上海、山西等地有少量分布。

历史名人：

家父（生卒年不详）：家氏，名父，西周诗人。周幽王时（前781—前771）贵族。《诗经·小雅·节南山》末章云："家父作诵，以究王讻"，可信《节南山》一诗乃家父所作。旧说此诗是刺幽王宠信太师尹氏，尹氏任人唯亲，使朝政昏乱，百姓遭殃。它揭露了权臣炙手可热的气焰，表现了诗人忧国忧民的情怀，更对统治阶级奉为最神圣的"天"发出了一连串责难，"昊天不佣，降此鞠讻；昊天不惠，降此大戾"，"不吊昊天，乱靡有定"，"昊天不平，我王不宁"，反映了西周末年统治思想的动摇，是《小雅》中一首较好的贵族讽刺诗。

家勤国（生卒年不详）：宋代学者。庆历、嘉祐间与从兄安国、定国同从刘巨游，与苏轼、苏辙为同门友。愤怨王安石久废《春秋》学，著《春秋新义》。熙宁、元丰间朝臣纷更；元祐时，司马光当政废除新法，勤国忧郁不安，作《室喻》，苏轼、苏辙读之敬叹。

208. 封

姓氏：封

祖宗：炎帝

分类：炎帝的后裔

姓氏起源：

（1）封姓出自姜姓，是炎帝后裔。炎帝裔孙名钜，曾为黄帝之师。夏朝时，封钜的后代于封父（今河南封丘封父亭），为诸侯国，后人曾经称他为封父，实际上是以地名为人名。周代，封父之国灭亡，其国人分两姓，一为封姓，一为封父姓。

（2）北魏时，有复姓是贲氏改姓封，其后世子孙亦称封氏。

郡望：

渤海郡：封氏望出渤海郡。西汉置，在今河北省、辽宁省的渤海湾沿岸一带。治所在浮阳，在今河北省沧县东关。

堂号：

平卢堂：唐朝时封敖历任平卢兴元节度使，平寇有功。皇帝命他替皇帝写一个《告慰边疆将士》的圣旨。其中两句"伤居尔体（伤虽然在你们身上），痛在朕躬"（但我却亲身感到疼痛）深受好评。

迁徙分布：

如今，全国封姓主要分布在陕西、山东、重庆、江苏、广西、河北、湖南、广东，这八省（区、市）大约占封姓总人口的80%；其次分布在贵州、四川等地。

历史名人：

封衡（约116—220）：三国时魏国道士。据《后汉书》记载，他入山修道150余年，还乡时，像20多岁的人。著作有《养气术》、《隐形法》、《卫生经》等。

封孚（337—407）：南燕名臣。初仕慕容宝，后入南燕，仕慕容超，外总机事，内参密谋，谦虚博约。晚节尤忼直。

209. 芮

姓氏：芮
祖宗：芮伯
分类：以封地为氏
姓氏起源：
芮姓源于姬姓，是以国名作为姓氏的。为周卿士芮伯之后。周武王时，封有同姓芮国（今陕西大荔县朝邑城南），芮伯在周成王时任司徒，子孙世袭周朝卿士。周厉王时芮良夫见周厉王和荣夷公千方百计搜刮民财，曾加以劝阻，还写了《桑柔》一诗来讽谏。芮国在春秋时被秦穆公攻灭，芮伯的子孙便以封地为姓，称芮氏。芮姓望族居扶风（今陕西咸阳东）、平原（今山东平原县南20里）。
郡望：
（1）平原郡：西汉初年置郡。在今山东省北部平原县一带。
（2）扶风郡：汉代置右扶风，三国魏改为扶风郡。在今陕西省长安县西。
堂号：
桑柔堂：周厉王时，芮良夫为士卿，厉王无道，宠信奸臣荣夷公。芮良夫作《桑柔》诗讽刺厉王。大意是追究奸臣怂恿厉王做坏事，使国家危亡。这首诗被载入《诗经·大雅》。厉王恼了，竟把良夫流放到彘。结果厉王被直臣逼得逃亡，死到彘。
迁徙分布：
芮姓主要分布在今陕西省长安县西一带。
历史名人：
芮及言（生卒年待考）：宋代上高县知县，字子及。莅政精勤，尝书所坐屏后曰："少饮酒，饱餐饭，勤出厅，公事办。"官三载，始终如一。
芮麟（生卒年待考）：明代知府，字志文，宣城人。由国子生累官台州知府，明于政体，吏民信服。谪戍边，遗之金，无所受。以慈惠称。后起为严州知府。

210. 羿

姓氏：羿
祖宗：后羿
分类：以先祖名为氏
姓氏起源：
羿氏出自有穷氏，以人名为氏。相传，夏朝著名的弓箭手后羿是夏代东夷族有穷氏部落的首领。他当了部落首领后，不断积蓄力量，一度推翻夏代统治，夺得太康的王位。但由于他喜欢狩猎，不理民事，在位不久即被家臣杀死。他的后代就用他的名字"羿"作为自己的姓氏，称羿氏。

郡望：

（1）济阳郡：晋惠帝时将陈留郡分置济阳郡。在今河南省兰考县一带。

（2）齐郡：西汉初年将临淄郡改为齐郡。在今山东省临淄县一带。

堂号：

苏民堂：苏是得救，死了再救活的意思。相传尧在位时，天上有十个太阳同时出现，植物枯死，猛兽长蛇为害。羿射去九日，并射杀猛兽长蛇，拯救了老百姓，受到人民的爱戴。

迁徙分布：

羿姓主要分布在辽宁、湖北、北京、山西、安徽、台湾等地区。

历史名人：

羿忠（生卒年待考）：明代湘阴人，洪武（1368—1398）初年为遂宁知县，有异政。

211. 储

姓氏： 储

祖宗： 储子

分类： 以父名为氏

姓氏起源：

春秋时期，齐国有个大夫叫储子，他的后代便以父名为姓，相传姓储。

郡望：

（1）河东郡：秦置河东郡，治所在今山西省夏县。

（2）颍阳郡：春秋时为鹿上，战国时为巨阳，秦代属颍州郡，汉为细阳，魏晋为宋县，隋为颍阳，唐、宋并入汝阴，元属颍州，明改隶凤阳府。

堂号：

（1）盛著堂：此堂为江苏省宜兴市官林镇储氏总祠的堂号。宗祠共3座，均在储巷村，"盛著堂"储氏系从山东河东郡迁来，世代繁衍，后人建祠祭祀，族人以"五凤齐飞"（指储氏上代曾有一家五人同时及第）激励子孙好学上进求取功名。

（2）学政堂：此堂为江苏省南通市海安县西洋村储氏家祠堂号。有从华字向后详细家谱。

迁徙分布：

如今，储姓主要分布于安徽，其次分布于江苏、上海、湖南、浙江、天津、陕西等地。

历史名人：

储珊（生卒年待考）：字朝珍，南直隶颍州（治今安徽省阜阳）人，明弘治十二年（1499年）进士，十七年（1504年）任新乡县（河南省）知县。正德六年（1511年）八月知州储珊主修《颍州志》脱稿，共6卷。

储欣（1631—1706）：字同人，清朝宜兴人。自幼好学，精通经史。早年无意仕

途，以制艺为业。直到60岁，始领康熙乡荐，一试礼部不遇，遂闭门著书。著有《春秋指掌》30卷，《在陆草堂集》6卷。选编《唐宋十家文全集录》51卷。

212. 靳

姓氏：靳

祖宗：靳尚

分类：以姓为氏

姓氏起源：

战国时期，楚国尚大夫食采于靳，被称为靳尚，其子孙因以姓，相传姓靳。

郡望：

西河郡：唐置河西郡，现在云南省蒙自县。

堂号：

(1) 西河堂：以望立堂，亦称安阳堂、平定堂、离石堂。

(2) 辽东堂：以望立堂，亦称扶余堂、襄平堂、辽阳堂、凌东堂。

迁徙分布：

靳氏族人早期主要活动在中原地区和江汉地区，汉、唐时期在西河郡形成望族。宋朝初期主要分布在北方地区，南宋以后在全国各地逐渐分布开来。如今，靳姓在全国分布较广，尤以河南、河北等省为多。

历史名人：

靳尚（？—前311），战国楚臣。郢（今湖北江陵纪南城）人。怀王十八年（前311年），秦派张仪诱使怀王绝齐，怀王发觉受骗，欲杀张仪。他接受张仪厚赂，通过怀王宠姬郑袖进言，张仪得以释归。他自请监视张仪，随同去秦，途中被魏人张旄杀死。

靳辅（1633—1692）：字紫垣。清朝辽阳人。他专主筑堤束水，使河尽归故道。卒谥文襄。终年59岁。其著作有《治河书》、《靳文襄奏疏》。

213. 汲

姓氏：汲

祖宗：康叔

分类：以居地为姓

姓氏起源：

周朝时，有位王族叫康叔，受封于卫邑，建立了卫国。后来卫国有个君主叫卫宣公，卫宣公将他的公子安排在"汲"那个地方居住。就在今河南省卫辉市。汲公子的后代，就以居地为姓，世代姓汲。

郡望：

(1) 濮阳郡：古县名，春秋时卫轩都，在今河南省濮阳县。又郡名，晋代置。今为山东省濮州县。

(2) 清河郡：汉代置郡，今河北省清河至山东省临清一带地区。

(3) 西河郡：汉代置郡，今山西、陕西二省之间黄河沿岸一带。

堂号：

(1) 东海堂：汉朝汲暗，景帝时为太子洗马。武帝时为东海太守。把东海治理得人民富裕，地方太平。召为主薄督尉，朝廷夸他是社稷之臣。

(2) 此外，汲姓的主要堂号还有"清德堂"等。

迁徙分布：

汲氏主要分布在河南、山东一带以及河南周口市鹿邑县生铁冢乡。

历史名人：

汲固（生卒年待考）：北魏梁城人，后魏孝文帝（471—499 在位）时兖州从事，兖州刺史李式因事入狱，时式子宪刚满月，式谓众曰："今无程婴、许臼此类人也？"固曰："古今岂殊？"遂藏宪。搜捕时，汲以婢子代之，自抱宪逃往他乡，获赦后方归。兖州刺史为表彰其节义，任其为主簿。时因勇救刺史李式始满月的婴儿，被世人所称道。

汲黯（？—前112）：汉武帝时大臣，滑县人。据《史记》记载，以性倨少礼、好游侠、尚节而著称的名士，为官以清静治民。景帝时为太子洗马（官名、太子出行，则为前导），在朝廷上以严整见称。武帝时，为谒者，往视河内为灾，以便发仓粟赈民，出为东海太守，因清静治民而使该郡大治，故名声响亮，而得皇帝器重，将其召回朝廷，拜为主爵都尉，被称为社稷臣。不过，他却"本性难移"，由于一再地犯颜直谏，而得罪了皇帝。

214. 邴

姓氏： 邴

祖宗： 邴豫

分类： 以封地名为姓

姓氏起源：

邴姓始于春秋，以封地名为姓，是晋大夫邴豫的后代。邴是春秋时的一个城邑，故城址在今河南成武县东。晋国大夫邴豫的封地就在邴，他的后代遂用祖先的封地"邴"作为自己的姓氏。后来也有的省文去掉邑字旁，以"丙"为姓，称丙氏。

郡望：

(1) 鲁国：西汉初年（前206年）将秦朝原有的薛郡改为鲁国。三国魏及晋代改为鲁郡。相当于今山东省曲阜、泗水一带。

(2) 平阳郡：三国魏正始八年（247年）将河东郡分出一部设置平阳郡。在今山西省临汾县西南。

堂号：

操尚堂：后汉邴原，尚操守（行事以节操为第一）。黄巾兵起，邴原率全家迁移至

北海，住在郁州山中。孔融想推荐他当官，他不干，又躲到辽东。到辽东因慕他的名而来的，一年里有几百家。后来邴原做了五官将长史，他闭门自守，非公事不出。

迁徙分布：

邴姓望族居于鲁国郡，就是现在的山东省滋县西。

历史名人：

邴辅（生卒年待考）：赵国栎阳人。自幼喜欢读书，长大后多才多艺，尤其长于工艺制作。那时正处于战乱年代，许多宫殿房屋、古代建筑都被毁于战乱之中。战后，邴辅招募了一批有经验的工匠，仿照旧式样为赵国恢复建成豪华的宫殿房屋，一时名扬天下，成为当时著名的建筑学家。

邴原（生卒年待考）：东汉名士。字根矩，北海朱虚（今临朐东南）人，有勇略雄气，黄巾军起义，避居辽东，曾先后依附孔融、公孙度，后归曹操，官至丞相征事、五官将长史。死于随曹操征吴中。史评："躬履清蹈。"

215. 糜

姓氏： 糜

祖宗： 未知

分类： 以职业为姓

姓氏起源：

糜是一种农作物。古书《姓氏寻源》和《姓氏略考》上说，糜平生于种庄稼的族人。夏代时候，有人以种植庄稼为特长。那时，人们的食物来源，有的靠打猎，有的靠采集野果，有的靠牧养牛羊，而种植庄稼在当时是非常先进的生产活动，因为每年有可靠的收成。所以种糜的族人富裕而昌盛，而后代就以职业为姓。

郡望：

（1）东海郡：秦朝的时候置郡，治所在今山东省境内。

（2）汝南郡：汉高祖置，在今河南省中部偏南和安徽省淮河以北地区。

堂号：

糜姓的望族大多出自东海（汉置东海郡，辖境相当于今山东原兖州府东南，至今江苏邳县以东至海，及山东滋阳以东至海一带）。

迁徙分布：

糜姓的望族大多出自东海（汉置东海郡，辖境相当于今山东原兖州府东南，至今江苏邳县以东至海，及山东滋阳以东至海一带）。

历史名人：

糜信（生卒年待考）：三国吴国人，经学家，官乐平太守。其著作有《春秋谷梁传注》十二卷、《春秋说要》十卷、《春秋汉议》等。

糜竺（生卒年待考）：字子仲，东海朐人，糜竺世代经商，因此家童宾客近万人，资产以亿计。后来徐州牧陶谦聘用他为别驾从事。等到陶谦去世之后，糜竺奉陶谦的遗命，迎接刘备继任徐州牧。糜竺的妹妹嫁与刘备，就是那个长坂坡将阿斗托付给赵云后，投井自尽的糜夫人。

216. 松

姓氏：松
祖宗：未知
分类：避难改姓
姓氏起源：
松姓的起源与统一六国的秦始皇有莫大的关系。根据《史记·秦本纪》和《名贤氏族言行类稿》上的记载，原来，秦始皇统一天下后，不可一世，曾经前呼后拥，浩浩荡荡亲登泰山，等办完立石、封祠祀一连串的为自己歌功颂德的"例行公事"后，不料在下山途中突然间下起倾盆大雨，而山上却没有一个可以遮风挡雨的地方，于是秦始皇就跑到松树下躲雨。不久风息雨停，始皇认为这棵大树护驾有功，就当场赏封该树为"五大夫"。此后就有人以"五大夫"——"松"为姓氏。至于松姓的开山始祖则无从考究。松氏望族居东莞郡（今山东莒县）。

郡望：
（1）东莞郡：西汉时期有东莞县，治所在今山东沂水。
（2）泰山郡：西汉高祖七年（前200年）设泰山郡，其时辖地在今山东省泰安县一带。

堂号：
（1）东莞堂：以望立堂。
（2）泰山堂：因松氏源出泰山，因以立堂。

迁徙分布：
松姓最初主要分布在山东省沂水县一带。

历史名人：
松筠（1752—1835）：字湘浦，清蒙古正蓝旗人。廉直坦易，脱略文法，不随时俯仰，屡起屡蹶。嘉庆年间官至武英殿大学士，卒谥文清，他一生疾恶如仇，在和珅面前从来不屈服，所以就被久留边远地区任职，"在藏凡五年"。他笃信佛教，尤其喜欢拜拂，每次入寺院，总要留些书法，他最喜欢写大虎字，著有《品节录》、《绥服记略》、《伊犁总统事略》等书。

217. 井

姓氏：井
祖宗：井伯
分类：以人为姓
姓氏起源：
姜子牙建立了齐国，而姜子牙的后代中，有人到虞国去当了大官，被虞国的国君

封为井邑的首领，又被封为伯爵，于是被人们称为井伯。井伯的子孙有的姓井，井伯又有个后代叫井奚，后来到秦国去当了大官，被秦穆公封为百里邑的首领，人称百里奚。百里奚的后代也以封地为姓，世代姓百里。所以井姓和百里姓的老祖宗是一个。

郡望：

（1）南阳郡：春秋战国时期称南阳的地区颇多。今河南省南阳市。

（2）扶风郡：周朝时期置郡，其时辖地在今陕西省兴平县、咸阳市一带地区。

堂号：

（1）扶风堂：以望立堂。

（2）南阳堂：以望立堂。

迁徙分布：

如今，井氏在全国分布较广，以辽宁、陕西等省为多。

历史名人：

井勿幕（1888—1918）：初名泉，字文渊，陕西蒲城县三合乡人，生于1888年2月12日，是中国最早的同盟会员之一。

井在（生卒年待考）：字存士，顺天文安人。生卒年均不详，约清圣祖康熙初前后在世。顺治十六年（1659年）进士。初任平阳府推官，精敏独特，决狱多平反。令永安时，除李唐宗与刘尽忠之谋逆。再迁兴县，因事罢归。归后，日以诗文自娱。著有铁潭诗集六卷，文集二卷，合河署诗集一卷，篼潭集四卷，天文纂要八卷，讲约六谕解一卷（均清史列传），并行于世。

218. 段

姓氏： 段

祖宗： 共叔段

分类： 以人为姓

姓氏起源：

段姓源于姬姓，是春秋时期郑武公的儿子共叔段的后代。春秋时，郑武公的妻子武姜生大儿子庄公的时候难产，生二儿子叔段的时候却很顺利，因此她喜欢叔段而不喜欢庄公。郑武公病重时她请求郑武公废长立幼，让叔段继承王位，郑武公没有答应。庄公当了郑国国君后武姜又请求把制作为叔段的封地，庄公不答应，而把京城封给了叔段，叔段与姜氏勾结，不断扩张自己的势力，并准备袭击庄公，庄公知道后立即派兵讨伐叔段。叔段大败，逃到共，称为共叔段。他的子孙后来分布各地，有的姓段，有的姓共叔，还有的以共作为姓氏。这就是所说的河南段氏。后代就以段为姓。

郡望：

（1）京兆郡：汉太初元年改右内史置京兆尹，治所在长安。三国魏将辖区改称京兆郡。

（2）武威郡：汉间在原匈奴休屠王地置郡，治所在武威。此支段氏的始祖为西汉段贞。

（3）扶风郡：汉武帝太初元年置右扶风，为三辅之一。三国时改为扶风郡，治所在槐里。西晋移至池阳。

堂号

君轼堂：战国时期魏国的段干木不肯做官，魏文侯却认为他很能干，于是亲自登门拜访，段干木跳墙躲了起来，不肯与之相见。文侯依然很尊敬他，每次从他的门前经过时都要站在车的横木上肃立，并说："段干木是贤人，我能不轼吗？"

迁徙分布：

如今，段姓主要分布在四川、山西、河北、云南等省。

历史名人：

段干木（约前476—前396）：战国初魏国人，姓段干，名木。求学于子夏，受魏成子推荐，受到过魏文侯的礼敬。魏文侯相当崇敬他。

段安节（生卒年待考）：唐齐州临淄人。成式子。自幼喜欢音乐，能唱歌，对音律颇有研究。代表作有《乐府杂录》，记载开元以后的乐部、乐器、节目、演员等。

219. 富

姓氏： 富

祖宗： 富辰

分类： 以祖先为氏

姓氏起源：

富姓，根据不同记载，有八种起源。有姬姓说、满族说、蒙古族说，等等。但公认的始祖是富辰，史称他为春秋第一忠臣。富辰本为周宗室，因其封地在富，所以人称富辰，其子孙就以封地为姓，奉富辰为富姓始祖。

郡望：

（1）齐郡：汉置齐郡，今山东省淄博市。

（2）济阴郡：汉景帝中元六年（144年）置济阴国；汉元帝初元年（48年）改为济阴郡。治所在今山东省定陶县一带。

（3）陈留郡：秦始皇置陈留县，汉代改置陈留郡。在今河南省开封地区。

堂号：

富姓的主要堂号有"知止堂"等。

迁徙分布：

富氏最早发祥于今山东中西部地区，早期主要在山东、河南一带居住繁衍。汉、唐时期，富氏族人在齐郡形成郡姓望族。宋朝以后，因战乱、仕宦等原因，逐步扩散到浙江、江苏等江南广大地区以及陕西、辽宁等地。满族富氏是当今富氏家族中最为庞大的一支。早在明朝中期以前，今日富氏的先人在迁徙中，曾经居住在今吉林省伊通县境内的阿什河、斡泯河流域。富察氏是以地命名的姓氏。富察氏宗族在明朝以前的迁徙足迹，他们氏族的原始居住地在黑龙江中下游地区。氏族随着历史上女真人的数次大规模迁徙而逐步南迁。在漫长的历史岁月里，迁徙途中遗留下多处氏族居住过

的遗址，在《宗族谱》书中所记注的茧悠城即是其中的一处。

历史名人：

富玖（生卒年待考）：五代画家，工画佛道，画有《弥勒内院图》、《白衣观音》、《文殊地藏》、《慈恩法师》等像传于世。

富恕（生卒年待考）：元代著名诗人，画家。字子微，吴江人。自号林屋山人。元季世乱，弃家为道士。好学，工诗，善画。尝绘《仙山访隐图》一卷，遂昌郑元祐为之记。

220. 巫

姓氏： 巫
祖宗： 巫彭
分类： 以职称为姓
姓氏起源：

据《姓氏考略》记载："黄帝臣巫彭作医，为巫氏之始。""殷有巫咸，巫贤，汉有冀州刺史巫健，又有巫都，著《养性经》也。"从上看出，巫氏的始祖，是源于中国传统医学的世家。开族始祖是巫彭。巫彭是黄帝轩辕氏的大臣，曾奉黄帝之命与相君"处方盛饵，渊瀚刺治，而人得以尽年"，成为中国医学的开创人。上古以来的巫氏家族源远流长，在过去的漫长时间里，主要繁衍于平阳一带，即今山东省邹城市一带，这个地方本来是周代初期邾国之地，后来变成鲁国的一个邑。由此可知，长久以来巫姓中国人的老家，是在今山东。望族居平阳郡（今山西省临汾县西南）。从《姓氏考略》追索，巫氏的始祖，是黄帝大臣巫彭。

郡望：

平阳郡：三国时魏分河东郡置治所在平阳，相当于今山西省霍县以南的汾河流域及其以西地区。

堂号：

巫姓的主要堂号有"平阳堂"等。

迁徙分布：

从上古开始的巫氏家族，几千年来，主要在平阳繁衍。也就是说，古之平阳是巫氏族人的原始源地。历史上，古之平阳有多处。巫姓族人的源地平阳，指的是今山东邹县。春秋时，为邾国之地，后变成鲁国的一个邑，秦时置为邹县。巫姓世居于此，代代相袭。以后播迁至全国的巫氏后人，皆以山东为祖地，这不无道理。从山东而江苏而渡过辽阔的长江，巫氏先人是很早便到达南方的闽、粤一带开基的，因此福建和广东两省的巫氏，也是源系于山东邹县。巫姓先人于明代初迁至江苏，然后从江苏南下，移居闽、粤，把巫姓带到了东南沿海一带。这种情形，可以在明代历史上找出许多具体的证据来，其中最为显著的莫过于巫子秀和巫子肖两位名人的事迹。延续到清朝时，又有巫姓人氏从广东渡海迁台，在台湾开基立业，繁衍滋长。台湾的巫姓，位于马姓之后，汪姓之前，为台湾的第七十三个大姓。台湾的巫氏始祖，来自广东于清朝前期由粤迁台。严格地说，他们都是上古神医巫彭的后裔。

历史名人：

巫咸（生卒年待考）：他是一位不凡之人。《归藏》记载："昔黄帝将战，筮于巫咸。"《列子·黄帝》记载："有神巫自齐来，处于郑，命曰巫咸，知人生死存亡，期以岁月，旬句如神。"从记载的业绩可看出他确是一位神巫，料事如神。不仅如此，且精通医道。说他做过尧的医生："能祝延人之福，愈人之病，祝树树枯，祝鸟鸟坠。"这位巫咸，真可谓集医、筮两道于一身了。

巫妨（生卒年待考）：他是上古时代一位身兼医、筮两道的著名人物，写下《小儿颅脑经》，可据以卜天寿，也可用以判病疾。他传之子孙，再由他的世代子孙相互传授，是中国最早的一部幼儿科医学专著。

221. 乌

姓氏：乌

祖宗：少昊

分类：以官为氏

姓氏起源：

乌姓出自金天氏，是以官职命姓。相传少昊作东夷部族首领时，以鸟名任命职官，有乌鸟一职。族徽为大乌，其族中有鸟乌氏，负责掌管高山丘陵，其后人便去鸟字姓乌，称乌氏。金天氏少昊，即黄帝曾孙帝喾之子，名挚，故乌姓亦为黄帝后裔。

郡望：

（1）颖川郡：乌姓望族居颖川（今河南长葛、许昌一带）、汝南（今河南汝南东南60里）、鄱阳（今江西鄱县）。

（2）汝南郡：汉高帝置，在今河南省中部偏南和安徽省淮河以北地区。

（3）鄱阳郡：汉末孙权设鄱阳郡，治鄱阳县，就在今江西省鄱阳。

堂号：

懿穆堂：唐朝乌重胤，开始为陆平将兼左司马。因剿贼有功，升节度使，封张掖郡公。三年中大小百余战，将贼剿平，升检校司空，进为邠国公。死后谥号为懿穆。部下士兵20余人割股祭他。

迁徙分布：

乌姓望族居颖川（今河南省禹州市一带）、汝南（今河南省汝南东南60里一带）、鄱阳（今江西省鄱阳县一带）。

历史名人：

乌氏倮（生卒年待考）：秦朝人，以畜牧为业，欲以其畜易物，戎王以十偿之。始皇令倮比封君（接受封邑的贵族），与其他大臣一起上朝。

乌枝鸣（生卒年待考）：春秋齐国大夫，戍守宋国。宋国华氏作乱，昭公二十年（前613年），华登奔吴，于次年发吴兵救华氏，枝鸣主张诱敌，与敌短兵相接，以勇取胜。齐君从之，乃胜。

222. 焦

姓氏：焦

祖宗：神农氏

分类：以国为姓

姓氏起源：

焦姓源于上古神农氏，以国为姓。周武王立国之后，封神农氏后代裔孙于焦（今河南陕县焦城），建立焦国，其后以国为姓，遂为焦氏。

郡望：

（1）中山郡：战国时为中山国，被赵国所灭。秦代为巨鹿郡的领地。汉高帝初年（前206年）设置中山郡。汉景帝后改为中山国。相当于今河北省北部地区。

（2）广平郡：汉景帝中元初年（前149年）置郡。在今河北省南部永年县一带。

（3）冯翊郡：汉武帝时置郡，相当于今陕西省大荔县一带。

堂号：

（1）三诏堂：源出江苏省镇江市名山焦山处士焦光的家世，自东汉焦光结庐隐居此处，平生饥不苟食，寒不苟衣，故焦山便是以焦光为名的。在这里，可看到上游八九里，矗立江流转折处，江中心号称浮玉的名胜区焦山。东汉时，焦山大宅的姓焦主人，因汉灵帝三度下诏请去做官而拒绝，名传千古的焦光后裔，就以"三诏堂"作为堂号。

（2）此外，焦姓的主要堂号还有"饮仙堂"、"中山堂"等。

迁徙分布：

汉朝末年，焦光避乱居扬州一带，因名焦山。后来在河边结庐隐居。

历史名人：

焦延寿（生卒年待考）：字赣，汉代梁地人，官小黄县令，颇有政绩。专攻《易经》，自称得孟喜之传，曾传授给京房，于是汉代《易》遂有京氏之学。汉元帝（前48—前33在位）时被封为三老。

223. 巴

姓氏：巴

祖宗：后照

分类：以国为姓

姓氏起源：

巴姓是以国为姓。周代有巴子国，开始被封的国君是子爵。巴子国辖境相当于现在四川的旺苍，周慎靓王五年（前316年）并于秦。巴子国国君的后代，就用原来的国名"巴"作为自己的姓氏，称巴氏。《世本》云："巴子国，子孙以国为氏。"

郡望：

（1）高平郡：西晋时将汉代原有的山阳郡改为高平郡。治所在昌邑。在今山东省巨野县一带。

(2) 渤海郡：西汉始置，治所在浮阳（今河北省沧县一带）。辖地在今天河北省、辽宁省的渤海湾沿岸一带。

堂号：

(1) 双卿堂：战国时巴国将军巴蔓子，因巴国发生内乱，出使楚国，要求楚国出兵平乱，答应楚国，乱平后，割给楚国三座城。楚国出兵平了巴国乱后，向巴国要城，巴蔓子对楚国使者说："城不能割，请拿我的头谢楚王。"说罢，自刎而死。使者带了巴蔓子的头见楚王。楚王对巴蔓子的忠君爱国，非常佩服，就用葬王卿的礼节葬了巴蔓子的头。巴国也用葬王卿的礼节，葬了巴蔓子的尸身。

(2) 此外，巴姓的主要堂号还有"高平堂"等。

迁徙分布：

巴氏已有两千年以上的历史，最早居住的武落钟离山，一般都认为在今湖北长阳县境内。直到今天，长阳县清江中仍有武落钟离山，山中有赤、黑二穴。所谓巴氏等五姓，应该为五个氏族部落。所谓五姓之子争为君长，实质上就是五个氏族贵族争夺酋长的职位。这个故事反映了早期巴人尚处于"酋邦"阶段的历史事实。巴氏务相（"务相"也即"巫咸"）取得酋长职位后，即率领巴人向西迁徙。他们首先溯清江而上，来到盐阳（大致在今湖北恩施附近）。盐水有神女，她对禀君说："此地广大，盛产鱼盐，愿与君共享此地。"禀君不肯。神女于是每晚都来与禀君同宿共枕，白天化作飞虫，与众飞虫群飞，掩天蔽日，大地无光。这样一连过了十天，禀君派人送给神女一缕青丝，作为定情礼物，并且留下话说："将青丝带系在脖子上，表示我们时刻相依相伴，我将不会离开你。"神女很高兴地接受了，将青丝带系在脖子上。于是禀君乘神女不备，站在阳石之上，弯弓搭箭，瞄准系有青丝的飞虫，一箭将神女射死了，天空重新得到光明。禀君于是在夷城（今湖北省恩施附近）定居下来。这则神话故事说明巴人向西发展过程中，曾与当地部落有过接触和冲突，并最终取得胜利。在禀君时代以后，巴族的势力迅速增强，活动的区域相当广泛。在最北面，巴族到达了陕西南部汉中、安康一带，今天的大巴山就名源于巴人。在东边，巴族似乎一度控制过汉水中上游地区；在南面，巴族仍保留了清江上游的老根据地。到了商代后期，活动在汉水流域的巴人已经和中原地区的商人发生联系，并且一度成为臣服于商王朝的"子爵国"。但是在公元前12世纪，由于殷商统治者的暴虐，巴人转而向西迁徙。

历史名人：

巴泰（？—1690）：清朝汉军镶蓝旗人。以善战著称，因功封一等子爵。官至中和殿大学士。

巴慰祖（1744—1793）：清代书画家。官候补中书。通文艺，精古今文字。

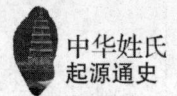

224. 弓

姓氏：弓
祖宗：挥因
分类：以官职为姓
姓氏起源：
弓氏是以官职名称为姓。相传黄帝有个儿子叫挥因制造弧弓（即弓箭），被封于张，其后遂为弓氏和张氏。后来主管制造弓弩的官叫弓正。其子孙后代也以弓为姓，称弓氏或以"弓正"为氏。
郡望：
太原郡：秦庄襄王四年（前246年）初置。相当今山西省太原市一带。
堂号：
光禄堂：汉朝弓祉，官光禄勋。
迁徙分布：
弓姓在大陆和台湾都没有列入百家姓前一百位。据《郡望百家姓》记载：弓氏望出太原郡，秦庄襄王四年（前246年）初置，相当今山西省太原市一带。
历史名人：
弓翊：三国时人，官博陵太守，后裔繁衍甚多，其中很多人步入仕途。
弓元（生卒年待考）：明代人，进士第，官至御史，廉政清洁，有操守，政绩显著。

225. 牧

姓氏：牧
祖宗：力牧
分类：以名为姓
姓氏起源：
源于上古，以名为氏。相传上古黄帝在做了天子以后，经常为了没有能干的贤臣来辅助他巩固王位、治理国家而发愁。有一天，他做了个梦，梦见有一场大风把地上的污垢刮得干干净净。接着又梦到有一个人拿着只有千钧之力的人才能拉得动的强弩，驱赶着千万头牛羊。黄帝梦醒后觉得很奇怪，他想了很久才恍然大悟："风是象征着号令，是执政者；垢字去掉土就是后，这就是说，有人姓风名后，能职掌国政。千钧之弩是象征有力者；驱赶牛羊千万头，是说他能够牧（治理）民行善。这就是说有人姓力名牧，可以辅助治理天下。于是黄帝立即下令寻访，不久以后果然在海边找到了风后，在大泽中找到了力牧。黄帝用他们两个作为他的相，天下果然得到大治。力牧因为帮助黄帝治理天下，立了大功，于是他的后代便以他的名字为姓，称为牧氏。
郡望：
弘农郡：汉武帝鼎四年置郡，相当于今河南省内乡以西、陕西省及华山以南的地区。治所弘农，在今河南省灵宝县北部。

堂号：
善治堂：黄帝有臣叫力牧，最善于治理天下，他帮助黄帝把天下治理得很好。

迁徙分布：
牧姓望族居住在弘农（今天的河南省灵宝县）。

历史名人：
牧仲（生卒年待考）：又名牧中。春秋时期鲁国有名的贤人。与同样是名贤的乐正求关系很好。他们都是孟献子的好朋友。

牧相（生卒年待考）：明代广西参议，余姚人，与理学大家王阳明同时是王华的学生，后来考中了进士，被授为南京兵科给事中，直言，敢于犯上。

226. 隗

姓氏： 隗
祖宗： 夏朝帝王
分类： 以国名为姓

姓氏起源：
隗氏出自夏朝帝王后代。汤灭夏桀后，建立商朝，封夏朝王族的后代到隗做首领，并让他们建立了大隗国，其国君称大隗。大隗国一直延续至春秋时期，是楚国的同姓国，公元前634年，被楚所灭。其后子孙以原国名为姓，称隗姓。

郡望：
(1) 余杭郡：原为秦代会稽郡所辖之余杭县，隋代置余杭郡。在今浙江省境内杭山一带。
(2) 西河郡：战国时魏国初置，汉代沿之。在今陕西、山西两省之间黄河沿岸一带。

堂号：
江石堂：三国时有个叫隗相的，对母亲非常孝顺。他的母亲不愿吃江边的水，嫌脏，必须得是江心的水才喝。于是，隗相就每次撑小船到江心汲水，但江流太急，小船又没有依靠，每次汲水都很困难。可是有一天，江心中突然生出一块大石，隗相的小船倚到石边，再不愁水急浪大了。人们都说是隗相的孝心感动了上天，所以称"江石堂"。

迁徙分布：
隗姓主要分布在今浙江省境内杭山一带。

历史名人：
隗嚣（？—33）：东汉西州名将。王莽末期，据陇西起兵，初附刘玄，任御史大夫；旋归光武，封西州上将军。

隗禧（生卒年待考）：三国时魏国郎中。他少年时勤奋好学，以砍柴为业，每日担负经书去砍柴，在闲暇时间阅读，遂成为饱学之士。后被拜为郎中。他既明经，又通

星象，为当时学林所仰，撰有《诸经解》数十万言。

227. 山

姓氏：山
祖宗：烈山
分类：以族为姓
姓氏起源：
远古时候，炎帝是农业氏族的首领。炎帝的后代中，有一支部落首领叫烈山，因为他善于带领族人烧荒开田。那时，遍野森林，人们为开垦土地，就将山上的树林烧尽，然后掘地播种，当时是种先进的方法。烈山族的后代，据说就以山字为姓，世代相传。

郡望：
（1）河南郡：汉高祖时置郡。在今河南省洛阳市一带
（2）河内郡：楚汉之际置郡。在今河南省武陟一带。

堂号：
浑璞堂：晋时山涛，竹林七贤之一。曾在赵国任丞相，入晋后为吏部尚书。他在朝中清廉俭约，刚正无私，选拔的人才都是当时俊杰。他曾经谏议"州郡的武备不能减"，皇帝称为"天下名言"。王戎称赞他是"浑金（浑是纯正的意思，浑金是赤金）璞玉（没有经过雕琢的玉）"。

迁徙分布：
山姓主要分布在河南省洛阳市、武陟县一带。

历史名人：
山涛（205—283）：字巨源，晋代吏部尚书，为"竹林七贤"之一。西晋河内怀县人。早孤，家贫。虽居高官显贵，却生活俭约，俸禄薪水，散于邻里，时人谓为"璞玉浑金"。武帝时任尚书之职，凡甄拔人物，各有题目，称"山公启事"。

228. 谷

姓氏：谷
祖宗：非子
分类：以国为氏
姓氏起源：
谷姓为黄帝后裔，传至舜时，被赐姓为嬴。嬴氏后代有叫非子的，被周王封于秦谷，后来成为秦国和谷国（在今天的湖北谷城），秦为公爵，谷是伯爵。春秋时谷国的后代便开始以谷为氏。

郡望：
上谷郡：公元前222年秦国灭赵国后置郡上谷。相当于今河北省西北部，治所在

今河北省怀来县东南。

堂号：

恩威堂：汉朝谷郎官太中大夫。交南这个地方发生叛乱，谷郎于是率军征讨，恩威并用，取得了很好的效果，很快平息了这场叛乱。于是谷郎被拜为九真太守（在今天的安南河内一带）。

迁徙分布：

谷姓的望族居住在上谷（即今河北保定、易州、宣化一带）。

历史名人：

谷永（？—9）：长安人，西汉大臣。少时为长安小吏，博学经书，工于笔札。元帝时被举为太常丞。后历任光禄大夫、凉州刺史、太中大夫等职，官至大司农。今存文二十余篇，多为奏议、对策。

谷郎（生卒年待考）：桂阳耒阳（今属湖南）人，西汉大臣。幼失母，事继母如亲母。官太中大夫，后因安抚南州叛乱立下大功，升九真太守。

229. 车

姓氏： 车

祖宗： 车区

分类： 以祖名为姓

姓氏起源：

远古黄帝时，有个为黄帝看星象的大臣名叫车区，是个受人尊重的巫卜，具有很高的地位。他的子孙便以祖先名字为姓，世代相传姓车。

郡望：

天水郡：西汉朝元鼎三年（前441年）置郡，治所在平襄（今甘肃通渭），其时辖地在今甘肃省通渭县、秦安县、定西县、清水县、庄浪县、甘谷县、张家川县及天水市西北部、陇西东部、榆中东北部一带地区。东汉朝永平十七年（74年）改为汉阳郡。三国时期曹魏仍改为天水郡。西晋时期移治到上邽（今甘肃天水），北魏时期仍改回为天水郡，其时辖地在今甘肃省天水市、秦安县、甘谷县等市县一带地区。

堂号：

天水堂：以望立堂。

迁徙分布：

如今，车姓在全国分布较广，尤以四川、山东、甘肃等省多此姓，约占全国汉族车姓人口的55%。

历史名人：

车成（生卒年待考）：东汉初梁郡（今河南商丘）人。兄弟二人均为赤眉军所执，成叩头乞以身代弟死，因均得释。

车胤（约333—约401）：南平人，东晋大臣。初辟从事，后迁征西长史，以博学显于朝廷。累迁丹阳尹、吏部尚书，后因得罪专权的司马元显，而被逼自杀。

230. 侯

姓氏：侯
祖宗：唐叔虞
分类：以爵位为姓
姓氏起源：

我国历史上三千多年前的晋国，是周成王小弟唐叔虞的封国。而侯氏正是出自晋国的公族。春秋时期晋国的公族晋哀侯和他的弟弟被晋武公所杀，他们的子孙便迁居他国，而且以祖先的爵位为姓，是为侯姓。

郡望：

（1）上谷郡：战国燕时开始置郡，秦朝时治所在怀来东南。相当于今河北保定、易州、宣化一带。

（2）丹徒县：秦置丹徒县，即今江苏省丹徒县。此支为上谷郡分支，其开山始祖为东汉大司徒侯霸的后代。

（3）河南郡：汉高祖二年改秦三川郡置郡，治所在洛阳。此支侯氏为北魏时鲜卑族侯奴氏、古口引氏等后裔形成。

堂号：

救赵堂：战国时候，秦国要攻打赵国，赵国于是向信陵君求救。信陵君没有兵符，不能指挥军队，于是拿着金币就找到侯嬴，侯嬴是一位71岁的隐士，职位是魏国大梁看门人，家里很穷却坚决不要信陵君的金币，他给信陵君出了一计，让如姬偷来了兵符。侯嬴又介绍了自己的朋友屠夫朱亥参与用兵，信陵君得到了晋国的兵马，打败了秦国，救了赵国。

迁徙分布：

当代侯姓的人口已达300余万，侯氏主要分布在河南省，其次分布于辽宁、安徽、湖南、广东、四川、山东、黑龙江。全国形成了北部豫冀晋、南部湘粤、东北地区三块高比率侯姓区域。

历史名人：

侯方域（1618—1654）：今河南商丘人，清代著名文学家，曾与方以智、陈贞存慧、冒襄齐名，称为明末"四公子"。入清后入河南应试，中副榜。其诗、古文、字学韩愈、欧阳修。清孔尚任的名剧《桃花扇》即以侯方域与李香君的恋爱故事为题材。

侯芝（1768—1830）：江苏上元人，清代著名女文学家，侯学诗之女。她写的许多词流传于世，其中以《再生缘》最为著名。

231. 宓

姓氏：宓
祖宗：宓羲
分类：以字为氏
姓氏起源：
宓姓源于上古的伏羲氏，与伏姓的源流是一样的。在古代，宓字和伏字通用，伏姓也叫宓姓。伏羲，古代的时候作宓羲，又作庖羲。他的后代有宓和包两个姓。所以说伏姓和宓姓实际上是一个姓。汉代人伏生，也叫作宓生。
郡望：
（1）太原郡：秦朝的时候置郡。在今山西太原市一带。
（2）平昌郡：南朝的宋将顿邱郡改成徐州平昌郡。相当于今河南省中部。治所在顿邱。
堂号：
鸣琴堂：春秋时，孔子的弟子宓不齐为单父宰。不齐是一个很仁爱的人，而且他非常有才智，他每天只弹琴作乐，看来不像他的同学巫子期治单父表现的勤劳。但是单父仍然被他治理得很好。人们夸奖他是"鸣琴而治"，所以叫作"鸣琴堂"。孔子夸奖他有"王佐之才"。
迁徙分布：
宓姓望族居住在太原（今山西太原）、平昌（今山西安丘县西南）。
历史名人：
宓妃（生卒年待考）：上古时期伏羲的女儿，溺死于洛水，相传为洛水之神。
宓不齐（生卒年待考）：春秋时期鲁国单父侯，也称为宓子贱，是孔子的学生。曾经担任过单父宰，当时他鸣琴而不下堂治，但是一样把单父治理得很好。孔子称他为君子，后来被追封为单平侯。

232. 蓬

姓氏：蓬
祖宗：蓬球
分类：以草为姓
姓氏起源：
蓬姓是以植物名为姓。西汉时有个人叫作蓬球，太始年间他上山伐木，突然闻到一种很香的味道。他于是顺着这个味道寻找，找到一个奇怪的地方，那里有一片金碧辉煌的建筑，进去一看，里面有四个绝代佳人正在大厅内弹琴奏乐。蓬球心里很害怕，连忙退了出来，回头一看，又什么都不见了。他立即回家，发现日子已经过去很久了，时间已经到了建平年间，他已经不知不觉在山上度过了九十个年头。回到家里，以前

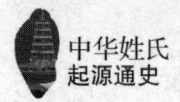

的房屋都变成了废墟，杂草丛生。于是他指草为姓，称为蓬氏，他的子孙沿袭，也称为蓬姓。

郡望：
（1）长乐郡：地址有两处。一处是北魏以及隋朝设置在今河北冀县的长乐郡。另一处是唐代时设置的长乐郡，在今福建省境内。
（2）北海郡：汉朝设置。在今山东境内。

堂号：
（1）长乐堂：以望立堂。
（2）腾越堂：以望立堂。
（3）北海堂：以望立堂，亦称昌乐堂。
（4）永昌堂：以望立堂，亦称勐缅堂。
（5）梧州堂：以望立堂，亦称苍梧堂、新广堂、广信堂。

迁徙分布：
蓬氏的望族居住在北海（今山东省境内）和长乐（今河北省境内）。

历史名人：
蓬萌（生卒年待考）：字子庆。后汉时期北海人。在当地担任亭长的职位。因为家里贫困，于是到长安做生意，到了长安以后，听说王莽为了专权，将自己的儿子都杀掉了。于是他对眼前的社会失去了信心。他对亲友说："三纲已经不存在了，我再不离去也要受到灾难了。"于是他将亭长的衣服帽子挂在城门，就带着家人渡海而去。一直到光武中兴的时候，人们才知道他编庐隐居在崂山，他在那里认真修炼，感化了那里的人。朝廷知道他的去向后，多次召他做官，他都没有答应。

233. 全

姓氏： 全
祖宗： 未知
分类： 以官职为姓

姓氏起源：
全氏源于西周，以官职为姓。据《鲐琦亭集·全氏世谱》载，全姓出泉姓，西周时有泉府之官。按周礼属于地官，掌管货币交流和集市贸易。古称钱币为泉，全府官的后人以职官为姓，遂为泉姓。因泉与全同音，故有的改泉为全，称全氏。

郡望：
（1）京兆郡：首都长安直辖区，在今陕西省西安至华县一带。
（2）钱塘郡：南北朝时代的陈祯明元年（587年）置钱塘郡。隋开皇九年（589年）废钱塘郡置杭州。

堂号：
钱侯堂：三国时全琮，父亲给他几千斛米到集市上去卖，他全部救济了穷人。全琮后来做了奋威校尉，领东海太守，加绥南将军，封钱塘侯，官终大司马左军师。

迁徙分布：

全氏先人在汉朝时期主要分布于浙江钱塘地区，是当地的望族，后繁衍到东吴时期，便已经遍布吴地（今江浙地区）。唐朝时，部分全燮后裔朝鲜全氏族人回返祖国，大大增加了全氏一族。到了元、明、清诸朝时期，维吾尔族乞台萨理一族、蒙古族杭噶坦氏、布古鲁特氏、布忽纳惕氏以及满清"黄金家族"爱新觉罗·济尔哈朗一族中又有多人改汉姓为全氏，使全氏真正成为一个多民族的大家族。

历史名人：

全柔（生卒年待考）：三国时吴国钱塘人，东汉灵帝时举孝廉。董卓之乱时，他弃官归乡。后孙权入吴，他起兵投奔孙权，被任为丹阳都尉，后为桂阳太守。

全谦孙（生卒年待考）：字贞忠，元代鄞人。他与其弟全晋孙一起在陈坝门下学习，喜好研究杨简之学。全谦孙之父全汝梅、兄全鼎孙、弟颐孙及全鼎孙之子全耆，三代人都置义田赡宗人，时人皆谓之"义田六老"。

234. 郗

姓氏： 郗

祖宗： 苏忿生

分类： 以封邑命姓

姓氏起源：

郗姓出自姬姓，是黄帝后裔。黄帝之子玄嚣，其后代有个名叫苏忿生的，周武王时官至司寇，负责诉讼事宜，有清正之声。苏忿生支庶子受封于郗地（今河南沁阳县），其后人遂以封邑命姓，称为郗姓。

郡望：

（1）山阳郡：西汉时的山阳郡在今山东省独山湖周围金乡县一带。东晋时的山阳郡，在今江苏省清江、淮安一带。

（2）高平郡：西晋时将汉代原有的山阳郡改为高平郡。治所昌邑，在今山东省巨野县一带。

堂号：

文成堂：晋时有郗鉴，博览经籍，耕田吟诗，不愿接受朝廷征召。后来封安西大将军，迁车骑将军。皇帝临死托他辅佐幼主，他为了保卫新立的少帝，平了约峻之难，晋升太尉，封南昌县公，卒后谥文成。

迁徙分布：

郗氏主要分布在山东省高青、博兴、广饶一带。

历史名人：

郗鉴（269—339）：字道徽，古山阳金乡人。晋书载：少孤贫，博览经籍，躬耕陇亩，吟咏不倦，以儒雅著名，不应州命。时逢饥荒，州中之士因平日佩服他的人品德性，于是就给予资助。郗鉴就把这些朋友赠送的东西，分给乡亲孤老，有很多人因得到他的接济而活了过来。元帝初，诏为龙骧将军、兖州刺史。明帝初，拜安西将军、

兖州刺史，都督扬州江西诸军，镇合肥。随后迁车骑将军，都督徐（州）兖（州）青（州）三州军事。咸和初，领徐州刺史，时逢祖约、苏峻反叛，一时威胁社稷存亡，郗鉴率军平定，遂官至太尉，封南昌县公。死后葬于微山湖东岸郗山。

235. 班

姓氏：班
祖宗：若敖
分类：以人为氏
姓氏起源：
班姓源于芈姓，是春秋时期若敖的后代。若敖的儿子名叫斗伯比，斗伯比的儿子名叫令尹子文。相传令尹子文是吃虎乳长大的，因为虎的身上有斑纹，他的后代于是就用"斑"作为他们的姓氏。因为"班"和"斑"通用，后来就改成了"班"。
郡望：
扶风郡：汉武帝时设置右扶风，在今陕西省长安县的西部。
堂号：
（1）定远堂：汉朝的时候班超出使西域有功，被封为定远侯。
（2）汉书堂：汉代班彪的儿子班固、女儿班昭，父子三人一同写成了《汉书》。
迁徙分布：
班氏的望族居住在扶风（今陕西省咸阳县东）。
历史名人：
班彪（3—54）：字叔皮。后汉扶风安陵人。性格慎重，好古。20余岁时，因为避难跟从隗嚣，写了《王命论》想感化他，但是隗嚣始终不为所动。班彪于是转而躲避到河西，为窦融出谋划策，帮助汉王朝兴起。汉光武帝初的时候举茂才，拜徐令，后来因为疾病而辞去了官职。他因为才华很高，于是专心研究史籍。他采前史遗事，旁贯异文，后来作传数十篇。用来补充《史记》太初以后的缺节。后来又担任了望都长。卒于官，终年51岁。

班固（32—92）：字孟坚，为后汉班彪的儿子。他的父亲班彪写《汉书》，没有完成就死去了，班固于是回到家里，继续他父亲的事业，被人告发他在私自修改国史，被捕入狱。他的弟弟班超为他上书辩白，他才得以获释。明帝任命他为兰台令史，后来被迁为郎，典校秘书，终于写成了《汉书》。从永平到章帝建初中，前后经历20余年，只有《八表》及《天文志》没有写完。建初四年章帝让儒生博士讨论《五经》的异同，班固应诏写成《白虎通德论》。和帝永元元年窦宪出征匈奴，以固为中护军。四年，帝与宦官合谋杀死了宪，班超也被洛阳令捕入狱，永元四年（92年）死于监狱之中。终年60岁。

236. 仰

姓氏：仰
祖宗：仰延
分类：以祖上为姓
姓氏起源：
（1）仰氏出自上古虞舜为帝时的大臣仰延之后。仰延精通音乐，当时瑟为八弦，他改造为二十五弦，为一大发明。仰延的后人，以祖上的字为姓，遂成仰姓。
（2）仰姓源于嬴姓，为秦惠帝之子公子印之后。印，古为仰字的右半部。其支庶子孙以祖字为姓，加一人旁，遂成仰姓。仰姓望族居汝阳（今河南汝南县东60里）、钱塘（今浙江杭州）。
郡望：
（1）汝南郡：汉高祖置郡。在于今河南省中部偏南和安徽省淮河以北地区。
（2）河南郡：西汉时始置郡。在今河南省洛阳市一带。
（3）钱塘县：秦代始置郡。在今浙江省杭州市西。
堂号：
乌竹堂：宋朝时仰忻，力学笃行。年50，执母丧，尽孝。自己背土筑坟，并且在墓旁建屋守墓，墓旁生白竹，竹上栖乌。历史上说有"慈乌白竹"之瑞。
迁徙分布：
仰姓主要分布在河南省中部偏南和安徽省淮河以北地区。
历史名人：
仰忻（生卒年待考）：宋代孝子，字天贶，永嘉人。力学笃行，年五十余岁丧母，自己背土筑坟，并且在墓旁建屋守墓，墓旁生白竹，竹上栖有乌鸦，有"慈乌白竹"之瑞。
仰延（生卒年待考）：上古舜帝时的大臣，精通音乐，将当时八弦瑟，改造增为二十五弦。这是一大发明。

237. 秋

姓氏：秋
祖宗：少昊
分类：以祖名为姓
姓氏起源：
秋姓起源于上古，相传为黄帝后裔少昊的后代。少昊为帝喾之子，黄帝裔玄孙。少昊后裔至春秋时，有鲁国大夫仲孙湫，其裔孙有个叫胡的，世称湫胡，在陈国当卿士，其支庶子孙以祖父之字去水为秋姓，称为秋氏。
郡望：
（1）天水郡：西汉初置郡。在今甘肃省天水、陇西以东地区。

(2) 陇西郡：战国时期秦昭襄王二十八年（前279年）置郡，因在陇山之西而得名，治所在狄道（今甘肃临洮），其时辖地在今甘肃省东乡县以东的洮河中游、武山以西的渭河上游、礼县以北的西汉水上游及天山市东部，包括今甘肃省兰州市、临洮县、巩昌县、秦州市一带。

堂号：

(1) 天水堂：以望立堂。

(2) 陇西堂：以望立堂。

(3) 鉴湖堂：清末革命先烈秋瑾，号鉴湖女侠。与徐锡麟相约起义，事泄牺牲。称当代女杰。

迁徙分布：

秋氏主流发源于今山东中西部地区，后迁播扩散至河南、陕西、甘肃等地，并在天水郡（今甘肃天水）形成郡姓望族。

历史名人：

秋瑾（1875—1907）：清末女革命家、诗人。通经史，工诗词，善骑射击剑。1904年，离夫别子，东渡日本留学。次年，参加同盟会，任评议员、浙江分会主盟人。提倡男女平等，宣传妇女解放，鼓吹民主革命。后回绍兴在大通学堂女学任教，与徐锡麟组织光复军，准备起事。但事泄，徐锡麟在安庆发难，失败。清政府兵围大学堂。她率少数师生武装抵抗，失败被捕，英勇就义，年仅32岁。其《鹧鸪天·夜夜龙泉壁上鸣》为："祖国沉沦感不禁，闲来海外觅知音。金瓯已缺总须补，为国牺牲敢惜身！嗟险阻，叹飘零，关山万里作雄行。休言女子非英物，夜夜龙泉壁上鸣。"

238. 仲

姓氏： 仲

祖宗： 黄帝

分类： 以祖名为氏

姓氏起源：

仲姓源于上古高辛氏，为黄帝后裔。黄帝有曾孙，号高辛氏，有"八才子"，号称"八元"，与颛顼之子"八恺"齐名，高辛氏的"八元"中，有仲堪、仲熊两兄弟的后代子孙，以祖上的名字的"仲"字为姓，遂成仲氏。

郡望：

(1) 乐安郡：东汉将原有的千乘郡改为乐安郡，在今山东省高青、博兴、广饶一带。

(2) 中山郡：汉高祖置郡。在今河北省正定市。

堂号：

(1) 乐安堂：以望立堂。

(2) 中山堂：以望立堂。

迁徙分布：
仲氏主要分布在山东省高青、博兴、广饶一带。
历史名人：
仲仁（生卒年待考）：北宋画家、高僧，会稽人。住衡州华光山，号华光长老。善画梅，用水墨浑写，创为墨梅，亦画山水平远小景，代表作为《华光梅谱》。
仲长统（179—220）：东汉哲学家，字公理，高平人。好学，敢直言，官至尚书郎。他提出"人事为本，天道为末"的论点，否认"天命"，著有《昌言》一书传世。

239. 伊

姓氏： 伊
祖宗： 伊尹
分类： 以地为姓
姓氏起源：
伊尹之后。商朝大臣伊尹，曾居在伊川，他的后世子孙，以其居住地名"伊"为姓。伊尹后来佐商汤灭夏，商初辅佐四代五王，氏上古有名得贤相。历史上的伊川，在今河南的伊河一带。伊尹之后，有莘氏之女采桑伊川，以地为姓。
郡望：
（1）陈留：秦始皇置陈留县，汉代改置陈留郡。在今河南省开封地区。
（2）河南郡：汉高祖置郡。在今河南省洛阳市一带。
（3）山阳郡：西汉时的山阳郡在今山东省金乡县一带；东晋时的山阳郡在今江苏省淮安一带。
堂号：
任圣堂（任，信也）：伊尹相汤，伐桀救民，以天下为己任。孟子称他是"圣之任者也"（圣人中最讲信的。把解放天下为自己的事）。
迁徙分布：
伊姓起源于河南伊水流域，早期在中原地区活动，汉唐时在今山东、山西均有伊氏踪迹，以陈留郡（今河南开封）为郡望。宋代以来，在今山东、河北、天津、北京、江苏、福建、广东、云南及东北地区皆有伊氏分布。如今伊姓虽然人口不多，但分布极广，尤以河北为多。
历史名人：
伊尹（约前1630—前1550）：商朝大臣、伊姓始祖，辅佐商汤，佐商灭夏，综理国事，连保汤、外丙、中壬三朝，佐四代五王，是上古有名的贤相。
伊秉绶（1754—1815）：清代书法家、乾隆进士，字组似，号默卿，福建宁华人。官至扬州知府。何绍基写诗称颂其书法说："丈人八分出二篆，使墨如漆楮如筒。行草也无唐后法，悬崖溜雨如荒藓。"有《留春草堂诗集》。清代永昌知府、嘉庆进士宋湘赠伊秉绶联为：鹏化四溟归碧落；鹤栖三岛接青霞。

240. 宫

姓氏：宫
祖宗：孟倚子
分类：以封地名为姓

姓氏起源：

（1）宫姓源于姬姓，以封地名为姓。春秋时，鲁国有孟倚子，其儿子韬，封于南宫（今河北省南宫县），其后世子孙遂以封地名"南宫"为姓。后又分化为南、宫二姓。

（2）宫姓也源于姬姓，以国名为姓。春秋时，虞国有大夫叫宫之奇，是周初所封同姓国燎国国君的族人。因为燎国被晋国灭掉。

郡望：

（1）河东郡：秦初置河东郡。在今山西省黄河以东夏县一带。

（2）太原郡：秦庄襄公四年（前246年）置郡。在今山西省太原市一带。

堂号：

忠谏堂：春秋时候，晋国拿了良马和美璧向虞国借路去攻打虢国。虞大夫宫之奇向虞国国君谏道："如果嘴唇被割去，牙齿就必然会暴露而受寒冷。虢国好比我们的嘴唇，我们千万不能借给他人路去割我们自己的嘴唇。"虞君不听，收了晋国的马和璧，借给了他们道路。宫之奇便率领他所有的族人逃出虞国，不愿等着当亡国奴。晋国灭了虢国班师，顺道把虞国也灭了。

迁徙分布：

《宫姓史话》上宫里和辛宫里即因宫之奇居住过而得名。公元前655年冬季，虞国又被晋灭，宫之奇再次避难，率领族人东奔曹国（今山东省定陶县西南），在他逝世后又回葬于平陆县虞里乡辛宫里。自此时直至金元之前，宫姓一族在史书上没有系统的记录，其迁徙路线和居住地区都不明晰。有迹象表明，在宫之奇和族人东迁过程中，宫姓后裔在山西、河南、河北、安徽一线区域内枝开叶散，迁播开来。中国现在几支大的宫姓族支，都是从这里起源的。

历史名人：

宫钦（生卒年待考）：元朝人，至大初为东阿令，以威严著称，清正廉洁。当时年遇饥荒，他带头将自己的薪俸济饥，得到富裕人家的响应，互助互济，全县无人饿死。当地有一群无恶不作的坏人，屡教不改，宫钦下令，限期归正，逾期不改者，在这些恶人的院墙上，涂以黑色，以示其辱，后皆化为善良。他调离东阿县后，当地人民立碑记念他，流芳千古。

宫国苞（1739—1768）：清代诗画家。擅写兰竹，工诗，与丹徒张石帆称"江上两诗人"。曾与叶兆兰等人创办"芳香诗社"，为当时有名的诗社。

241. 宁

姓氏：宁
祖宗：季窑
分类：封地名为姓
姓氏起源：

宁姓源于封地，上古周朝时，卫国有位公族叫卫成公，卫成公将其儿子季窑封于宁邑（今河南修武县）。他的子孙便以封地名为姓，世代相传姓宁。

郡望：

齐郡：西汉先为临淄郡，后改为齐郡，治所在今山东省淄博市。

堂号：

宁姓的主要堂号有"齐郡堂"、"达孝堂"、"笃亲堂"、"成德堂"等。

迁徙分布：

如今，宁氏族人在全国分布较广，尤以吉林、陕西、湖南、山西、河北、河南等省为多。

历史名人：

宁俞（生卒年待考）：卫国大夫，就是大名鼎鼎的卫武子，贤明忠勤，于卫文公有道之时，无事可见，当卫成公无道之日，却不避艰险，被孔子赞美为"邦有道则智，邦无道则愚，其智可及也，其愚不可及也"。

宁戚（生卒年待考）：春秋初期卫国人，修德不用而商贾，宿于齐国的东门之外。有一天，率先称霸诸侯的齐桓公夜出，听到他的饭牛歌，从歌词中，知道他的贤德，就命管仲迎拜为齐国的上卿，表现得非常高明，后来还进一步继管仲为齐相，千古垂名。

242. 仇

姓氏：仇
祖宗：仇牧
分类：以先祖名为氏
姓氏起源：

仇氏为春秋时宋国大夫仇牧之后。仇牧为在蒙泽（在今河南商丘东北）被杀的宋缗公报仇而讨伐宋万。宋万在自家宅门外与仇牧展开一场恶斗，仇牧被宋万摔死。仇牧的后代便以他的名字仇为姓，称仇氏。

郡望：

（1）南阳郡：秦代始置。汉承秦制，仍设南阳郡，治所在今河南省南阳市一带。

（2）平阳郡：三国时魏分河东郡置治所在平阳，相当于今山西霍县以南的汾河流域及其以西地区。

堂号：

仇姓的主要堂号有"方正堂"、"德化堂"、"南阳堂"。

迁徙分布：

仇姓主要分布于江苏、山东、浙江、湖南、内蒙古、四川，这六省区的仇姓大约占仇姓总人口的64%，其次分布于上海、甘肃、天津、贵州、山西、河北等地。

历史名人：

仇览（生卒年待考）：汉桓帝延熹年间河南考城人，字季智，高节懿行，备受后世景仰。他当蒲亭长时，村中有一人叫陈元，独自与母亲同住。一日，这位母亲来见仇览，控告她的儿子陈元不孝，仇览却很惊讶地说："我不久前才经过你们家，看到陈元把房子整理得很整齐，田地也能按时耕耘，想必是个勤奋的人，我觉得他不会是恶人，一定是因为没有人教育他！你守寡又辛苦地抚养他，现在年老了，正是要依靠儿子，何必为一时的争吵愤怒，而陷你的儿子为不孝之人呢？"陈元的母亲听了，感动地泪流满面而回去。不久，仇览亲自到陈元家，与其母子一起吃饭，告诉陈元如何行孝，并说明孝顺而感得的福报，及不孝的过失。陈元后来竟然成为一个孝子。

仇台（生卒年待考）：东汉人，笃于仁信。人多归附，居于东海之滨，以"百家济海"之故，建国号百济，遂为百济国王，一度为东邑强国。

243. 栾

姓氏： 栾

祖宗： 唐叔虞

分类： 封邑地为姓

姓氏起源：

栾姓出自姬姓，是黄帝后裔，是用封邑作为姓氏的。西周时期，周文王的儿子唐叔虞被封在晋，建立晋国，他的后代有靖侯。晋靖侯的孙子名宾，被封于栾邑（今河北栾城一带）。世称栾宾。他的后代于是便以封邑地为姓氏。世代为晋国卿士，逐渐成为栾姓望族。

郡望：

（1）河西郡：战国时期魏国置郡，相当于今山西、陕西两省之间的黄河沿岸一带。

（2）魏郡：汉高帝置郡。治所在今河北省临漳县西南。

堂号：

重义堂：汉代的栾布和彭越交朋友，彭越为盗；栾布被人卖作奴隶，后来在燕国当了大将，被汉兵俘虏。这时彭越已经在汉当了梁王，于是就把栾布赎了回来，跟着自己做大夫。后来彭越被汉高祖杀掉了，把他的头挂在洛阳，命令任何人不许收尸。栾布却公开地收了他的尸体，将他埋葬，还痛哭了一场。汉高祖认为栾布重义气，就拜他为都尉。文帝时候，栾布做了燕相，封为郦侯。又称为"郦侯堂"。

迁徙分布：

栾姓的望族居住在西河（今山西离石县）。

历史名人：

栾布（约前238—前145）：西汉梁人。少年的时候受雇于酒家，后来被抢去做了奴隶。后来成为梁王大夫。汉高祖杀彭越，下令不许收尸，栾布冒着被杀的危险哭着把彭越这个好朋友葬了，被官吏判处死刑。栾布说："彭越是我的好朋友，他因为一点小事就遭到杀害，这里的大臣们着急自己和彭越一样因为小事就遭杀。我也一样，到不如趁早杀了我吧。"汉高祖听了以后，觉得他讲的没错，又因为佩服他的勇气与义气，免了他的罪，封他为都尉。文帝时候，栾布做了燕相，封为郦侯。中元五年逝世，燕、齐都为他立社，号栾公社。

244. 暴

姓氏： 暴
祖宗： 暴辛公
分类： 以国名为姓
姓氏起源：
上古商朝时候，有个暴国。是商朝一个叫"辛"的大臣，受封为暴那个地方做首领，然后建立了暴国。暴国就在今河南省原武县那一带。"辛"还同时受封为公爵，于是被称为暴辛公。暴辛公的后代以国名为姓，世代相传。

郡望：
（1）魏郡：汉高祖时置郡。相当于今河北省魏县、河南省浚县、山东省冠县之间地区。
（2）河东郡：秦时置郡。治所在安邑县（今山西省夏县西北）。相当于今山西省境内黄河以东地区。

堂号：
（1）耿介堂：明朝时暴昭为大理司务、刑部右侍郎、左都御史、刑部尚书。为官耿直，是非清，原则明，有高尚的气节。
（2）定阳堂：源自北齐时有暴显被封为定阳王。

迁徙分布：
暴姓主要分布在山东省冠县之间地区。

历史名人：

暴显（约502—568）：北齐时大将军，马上功夫极好，骑马射箭百发百中。又勇敢善战，立下许多战功，被朝廷任为骠骑大将军。后来又封为定阳王。

暴昭（？—1402）：明朝初年名臣，潞州（今山西省长治）人，洪武年间由国子生授大理司务，曾任刑部右侍郎、左都御史、刑部尚书，"耿介有峻节，以清俭知名"。建文初年充任北平采访使，得知燕王朱棣欲起兵谋反的消息，密报建文帝，请预先做好准备。燕王反，他掌管平燕布政司，驻守真定。筹谋燕之计，后终被篡位成功的燕王诛杀。

245. 甘

姓氏：甘
祖宗：甘盘
分类：以祖上为姓
姓氏起源：
商朝时，高宗武丁曾就学于甘盘，后武丁为商王，遂用甘盘为相。甘盘的后代子孙以祖上的名字为姓，遂成甘姓。
郡望：
(1) 渤海郡：西汉时置郡，相当于今河北省、辽宁省的渤海湾沿岸一带。
(2) 丹阳郡：汉武帝元狩二年（前121年）置郡，相当于今安徽省宣城地区。
堂号：
五城堂：战国时期，秦国甘罗12岁被派出使赵国。赵王郊迎。通过甘罗的外交活动，赵国割了五城给秦，秦国封甘罗为上卿，并把他爷爷甘茂当左丞相的田都赐给甘罗。
迁徙分布：
如今，甘姓是较常见姓氏，分布很广，今北京、河北景县、山东平邑、龙口、内蒙古乌海、山西太原、江西金溪、崇仁、湖南汨罗、广东新兴、广西田林、云南陇川、河口、四川合江、湖北红安、峨边等地均有分布。
历史名人：
甘公（生卒年待考）：名德，本是鲁国人，战国时为齐国史官，掌管天文，善说星宿。张耳败走，欲奔楚归项羽。甘公说："汉王入关，五星聚东井，楚虽强，后必归汉。"故张耳与甘公同归汉朝。甘公著有《天文星占》8卷、《长柳占梦》20卷，均已佚。

甘宁（？—220）：字兴霸。三国时临江人。先依刘表，后归吴。陈计于孙权，先取黄祖，尽获其士众。又从周喻破曹操，攻曹仁，拜西陵太守。曹操出濡须，宁为前都督，衔枚出破敌，敌惊退。时称江表虎臣，官至折冲将军。

246. 斛

姓氏：斛
祖宗：康公
分类：以器具为氏
姓氏起源：
斛姓源于姜姓，为炎帝之后。战国时，田氏代齐之后，原来齐国的国君康公被放逐到海岛上，生活十分艰苦，居洞穴，食野菜，以酒器斛作釜锅，用以烹煮食物。因此，其支庶子孙后来便以酒器斛为姓，称为斛氏。

郡望：

辽西郡：战国时燕国初置，秦汉两代沿之。在今河北省乐亭县以东、辽宁省大凌河以西地区。

堂号：

惠楚堂：斜滔为楚州刺史时，有惠政。

迁徙分布：

斜姓为极罕见姓氏，汉唐时以辽西郡为郡望，说明在当时河北有斜姓族人。如今在浙江缙云、开化及台湾等地有零散分布。

历史名人：

斜滔（生卒年待考）：五代吴越国官吏。曾任内牙都指挥使、处州（今浙江省丽水市）刺史。初为大将军胡进思党羽。天福十三年春节，胡进思发动政变，废吴越国国王钱弘倧，立钱弘俶为吴越国国王。后来有人进谗言，称斜滔为胡进思党羽，参与谋反。然而，钱弘俶并未深究此事，斜滔被贬为处州刺史。斜滔在任期间，为官清正廉明，有惠政于民，受到当地百姓的爱戴。不久，吴越国并归于大宋王朝，宋朝廷对斜滔的政绩予以表彰。

247. 厉

姓氏： 厉

祖宗： 齐厉公

分类： 以国名为氏

姓氏起源：

厉姓以封国名为姓氏。周朝时，有个诸侯国厉国（在湖北省随县西北厉山），春秋时，改名为随国。原厉国君主的后代支子以原国名为姓，成为厉姓的一支。

郡望：

（1）范阳郡：三国魏文帝黄初七年（226 年）将涿郡改为范阳郡，在今河北省涿县及北京市昌平县、房山县一带。

（2）南阳郡：秦代始置，汉承秦制，仍设南阳郡，郡治宛，下辖三十六县。东汉以其特殊的政治地位而呈现出经济、文化大都会的面貌。

堂号：

半树堂：宋朝厉元吉，号"半树"，做乌程尉，后回家隐居。元朝访问宋朝旧臣，元吉跑到湖里、海里，去藏，到了白头才回家，坚决不做侵略者的官。

迁徙分布：

据《古今姓氏书辩证》记载，厉国的所在地在湖北省义阳县县北之厉乡，人民以国为姓。后世的学者考证，古代厉国所在地，就在今湖北省随县北面厉山之下的厉乡。厉氏的发源之地，正是厉乡。望族居南阳郡（今河南省南阳县）。

历史名人：

厉仲方（1159—1212）：字约甫，原名仲祥，宋朝时东阳人，师事叶适，素留意于

事功之学。他文武双全，在朝廷的武学考试中获得第一名。他任领卫官，出知安丰军，进召授左领卫中郎将，镇守建康，并在安丰种桑垦地，军实甚众。他又发明了一种战车，上面有射箭的机关，很适合实战，后来被部队使用，大败金兵。

厉鹗（1692—1752）：字太鸿，号樊榭，清朝时钱塘人。康熙举人，乾隆初召试鸿博，不遇，遂潜心看书著书。所见宋人集最多，而又求之诗话说部山经地志，著有《宋诗纪事》、《南宋院画录》、《辽史拾遗》、《东城杂记》、《湖船录》等，皆博洽详瞻，诗幽新隽妙，自成一家。词亦冷峭独绝，著有《樊榭山房文集》。

248. 戎

姓氏：戎
祖宗：未知
分类：以国或族为姓
姓氏起源：

（1）戎姓以封国为姓氏。周朝时有戎国，为齐国附庸，源于姜姓。戎国灭亡之后，其公族后裔以国名为姓，遂为戎氏。

（2）戎姓出自少数民族。商朝以后有戎族，其中有允姓山戎，居于燕北，其后裔有不少人以族名为姓，形成戎姓的又一支。

郡望：

（1）江陵郡：原为春秋时楚国郢郡，汉置江陵县，南齐改置江陵郡，在今湖北省江陵县及川东一带。

（2）扶风郡：汉武帝时设置右扶风，在今陕西省长安县的西部。

堂号：

柳丘堂：秦末时，戎赐借连敖的引荐跟随了汉高祖刘邦。因破三秦有功，升为都尉。消灭项羽之后，他被封为柳丘侯。

迁徙分布：

如今，戎姓为较罕见姓氏。辽宁省清原、内蒙古乌海、湖北省利川、山东省东明、河南省偃师等地有分布。

历史名人：

戎赐（生卒年待考）：辅助汉高祖刘邦开创天下时的功臣，定三秦、破项籍，都有他的功劳。刘邦统一天下后，升任其为都尉，又封柳丘侯。

戎昱（744—800）：唐朝荆南人，至德年间以文学登进士，卫伯玉辟为从事。当时，京兆尹李鸾欲将女许配给他为妻，但要他改姓李。古时视改姓如亡命，所以他坚决拒绝这样做。德宗初年历任辰、楚二州刺史。

249. 祖

姓氏：祖
祖宗：祖父
分类：以父字为氏

姓氏起源：

上古商朝时，有祖甲、祖乙、祖丁三位帝王，他们的子孙以王父字为姓，相传姓祖；另有祖已、祖伊二位宰相，他们的子孙亦以父字为姓，相传姓祖。

郡望：

（1）涿郡：春秋战国时期初为燕国涿邑，秦朝时期属于上谷郡。汉高祖刘邦六年（前201年）设立涿郡，辖涿（今河北涿州），领二十九县，其中良乡县、西乡县和阳乡县北部在今北京市房山区境，其时辖地在今河北省博野县、涿州市一带地区。

（2）京兆：也称之为京兆郡、京兆尹，实际上不是一个郡，而是中央政府所在的地域行政大区称谓。

（3）范阳郡：秦朝时期置郡，其时辖地在今河北省定兴县一带。

堂号：

祖姓的主要堂号有涿郡堂、京兆堂、范阳堂。

迁徙分布：

今山东省寿光县、夏津县，北京市海淀区，湖北省英山县，上海市，天津市，河北省乐亭县、福宁县、献县、深县、新乐县、抚宁县、定兴县、衡水市、易县、秦皇岛市、保定市、涿州市、涞水县，江苏省南京市、苏州市枫桥支英村、徐州市铜山县、淮安市、盱眙县侍涧村、宿迁市泗洪县、南通市海门县、昆山市、阜宁县，河南省南阳市南召县、开封市、商丘市、卫辉县、固始县、新乡市，安徽省池州市、安庆市、望江县、萧县、枞阳县、巢湖市庐江县、蚌埠市、滁州市、宿州市，四川省广元县，吉林省吉林市永吉县、四平市、通化市，宁夏回族自治区，重庆市长寿县，湖南省的浏阳市，福建省德化县、浦城县，贵州省贵阳市、威宁县、毕节市，广东省东莞市东城区，甘肃省张掖市，辽宁省沈阳市、盘锦市兴隆台区、北镇县，香港特别行政区，澳门特别行政区，台湾省，新加坡、泰国、马来西亚、印度尼西亚、越南、老挝、缅甸、美国、英国等地，皆有祖氏族人分布。

历史名人：

祖冲之（429—500）：字文远，南朝宋范阳遒人，为南北朝时期南朝著名的科学家。精研数学、天文和机械制造方面都有很大成就。在前人研究的基础上，他第一个把圆周率计算到小数点后第七位3.1415926到3.1415927之间，这在当时世界上是最精密的。他还提出密率值的计算，比欧洲早了1000多年。数学著作有《缀术》和《九章术义注》，均失传。他根据数理，研究天文历法，编制出一部比较准确的《大明历》。他制造了千里船、水碓磨，改造了指南车。

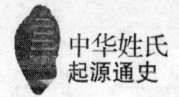

250. 武

姓氏：武
祖宗：武丁
分类：以谥号为氏
姓氏起源：

据《武班碑》记载，为商王武丁之后，汉代武班即是。据《风俗通义》记载，春秋时宋戴公之子司空，死后谥号为"武"，史称宋武公，其子孙以其谥号为氏，亦称武氏。

郡望：

（1）太原郡：战国秦庄襄王四年置郡。秦时相当于山西五台山和管涔山以南、霍山以北地区。北魏复为郡，相当于今阳曲、交城、平遥、和顺间的晋中地区。

（2）沛郡：汉高祖改泗水郡置郡。相当于今安徽淮河以北、西淝河以东，河南夏邑、永城及江苏沛、丰等地。东汉时改为国。

堂号：

鬻薪堂：鬻薪是卖柴。宋朝武行德，家里很穷，以卖柴为生。晋祖镇守弁门，到郊外游玩，看到行德卖柴，对他的相貌很惊讶，又见他担的柴特别重，就把他留在帐下当了侯虞。后来作战时行德被契丹俘房，他杀了契丹的官，占据了河阳，不久归顺了汉，当了河阳尹，入宋，官太子太傅。

迁徙分布：

武姓最早的发祥地在今河南省，其后在此地得到不断繁衍，并迅速向邻近的山东及江苏等省迁徙。至汉时，山东武氏一直是一个兴旺、显赫的家族。出自此地的武姓，后繁衍至今河南、安徽、山西等地。魏晋南北朝时期，武姓大举南迁成为江苏一大望族。其中在北方有一支武氏迁入今山西。唐代出了一个武则天，使武姓达到极为昌盛的时期，遍及全国。

历史名人：

武则天（624—705）：中国历史上唯一一位女皇帝，名曌。籍贯并州文水（今山西文水东），生于利州（今四川省广元市）。唐高宗李治的皇后，唐中宗李显、唐睿宗李旦之母，高宗去世后，武则天相继废掉两个儿子中宗和睿宗，自称圣神皇帝，690年建周代唐，在位21年。创造了"曌"这个字，意为"日月当空"，并改国号为"周"，史称"武周"。执政期间，颇多政绩，如善用人才，开创殿试，重视农业，加强边防等。但其任用酷吏，时有冤案。705年去世，中宗遂复唐。她死后留下的用早期的契丹文字刻的乾陵"无字碑"，不仅吸引千百年来人们的纷纷猜测，而且为失传的女真文字留下了一份极其珍贵的文字史料，也是武则天"无字碑"的一大贡献。

251. 符

姓氏：符
祖宗：公雅
分类：以官名为氏
姓氏起源：
符姓源于官名，春秋时期，鲁顷公的孙子公雅，在秦国任符玺令的官职，他的子孙便以官名为姓，相传姓符。
郡望：
琅邪郡：秦置琅邪郡，今山东省诸城市。
堂号：
琅琊堂：出自战国时期的符氏家族。西汉至隋唐他们一直在山东省的诸城、临沂、胶南等地繁衍为望族。这些地方，过去属琅琊郡境内，所以，散布于各地方的符氏人家，为了纪念祖先的出处，世代沿用"琅琊"堂名。至唐代，符璘被封为义阳王，故海南各支堂号为"义阳堂"。
迁徙分布：
符姓分布在中国 2000 个县市中的约 500 个县市中，在中国约有 300 个符家村宗族聚居地，遍布在中国的东南西北。海外符姓分布在新加坡、马来西亚、泰国、澳大利亚、美国等 70 多个国家和地区，海外仅马来西亚符氏家族就已发展到 12 万人。所以说符姓是世界上分布最广的姓氏之一。
历史名人：
符彦卿（898—975）：字冠侯，宋朝宛丘人。出身武将世家。他 13 岁能骑射，25 岁当了吉州刺史，讨王都于定州，大破辽兵于嘉山，击退围阳城的辽兵，封魏王。

252. 刘

姓氏：刘
祖宗：刘累
分类：以先祖姓名为氏
姓氏起源：
刘累，尧之裔孙。早年，刘累曾向豢龙氏董父学豢龙之术。约公元前 1879 年，夏孔甲帝时，天降龙于今河南省临颖县豢龙城东南角龙荡沟处。孔甲派刘累到此养龙，长达 7 年之久。因刘累养龙有功，孔甲封他为御龙氏。后因一雌龙死，累把龙肉加工成美食，送给孔甲吃，孔甲享用后，感到味道鲜美，又向刘累求食，刘累怕死龙事发，孔甲追究问罪，便于约公元前 1873 年，迁徙到河南省鲁山县隐居，隐匿了原来的名字，改称"丘"，人称"丘公"，称隐居的地方为"邱公城"。后孔甲知道，不再追究，丘公改为刘累，刘累族人遂复姓为刘氏，中华刘姓遂繁衍生息。

郡望：

(1) 彭城郡：西汉时设立，当时将楚国改为彭城郡，后又改为彭城国，治所在彭城。此支刘氏是汉高祖的后代。

(2) 沛郡：西汉置郡，治所在相县。相当于今安徽、河南等地。

(3) 弘农郡：西汉置郡，治所在弘农。此支刘姓开基始祖为汉时刘贾。

(4) 河间郡：汉初置郡，治所在乐城。此支刘姓开基始祖为东汉章帝之子河间王刘开。

堂号：

彭城堂：这是刘氏使用最普遍的堂号，因为彭城刘氏其源出西汉皇族，时间较早，人口、支脉较多，影响较大，因此被刘氏看作是郡望堂号的正宗。

迁徙分布：

刘氏最早发源于河北唐县，而始姓刘氏却在今陕西省境内。公元前300多年前开始向河南及江苏传播。战国时晋大夫会有子留居秦国，称刘氏，其十世孙在魏国任职，魏灭后迁至大梁，生子刘清辗转到今江苏等地。后来刘氏建立东、西汉两朝，统治天下，于是其孙分布于天水、中山、南阳、彭城、东平等十四处之多。汉末三国之际，中原的刘氏为避"董卓之乱"不断向四方迁徙，主要是向东南投奔孙吴和向西南进入四川投奔蜀汉。魏晋南北朝时期刘氏大举南迁，在江南影响很大。唐代和宋代，刘姓已遍布大江南北，盛于全中国，直至今日。

历史名人：

刘备（161—223）：中山人，三国时蜀汉的建立者，汉中靖王刘胜的裔孙。东汉末年曾投靠曹操、袁绍、刘表等人。后得诸葛亮辅佐，采用联吴抗曹策略。于建安十三年大败曹操于赤壁，节节胜利。二十一年称帝，建都成都，国号汉，与曹魏、孙吴呈鼎足之势。其父子两代称王达43年。

刘邦（前256—前195）：即汉高祖，沛县人。秦末时陈胜起义，他在沛县聚众三千人响应。后受楚怀王之命与项羽分兵入关，公元前206年攻占咸阳，被项羽封为汉王，与项羽展开五年之久的楚汉战争之后得胜，建国称帝，国号汉，定都洛阳，后迁都长安，史称西汉。

253. 景

姓氏：景

祖宗：景差

分类：以父名为氏

姓氏起源：

战国时期，有个诗人名叫景差，景差和屈原都是楚国公族的后代，景差的后代便以父名为姓，相传姓景。

郡望：

晋阳郡：秦置晋阳县，赵国都城置晋阳郡。不久又改名太原郡，属太原郡辖。今山西太原市。西汉初年曾经在此设置太原国，晋阳为太原国都。不久兼置并州，东汉时期，撤掉了并州，归属冀州，分置恒山、西河二郡。

堂号：

晋阳县：秦置晋阳县，属太原郡，今山西太原市。

迁徙分布：

景姓为现行较常见姓氏。分布很广，今北京，河北尚义、景县、山东平度、昌乐、平邑，内蒙古乌海，山西太原，湖北老河口，广西田林，云南泸水、陇川，四川合江等地均有分布。汉族、傣族、傈僳族、阿昌族有此姓。

历史名人：

景阳（生卒年待考）：战国时楚将。齐、魏、韩三国攻燕，燕使太子求救于楚，楚王命景阳为将救燕。景阳不赴燕而迁攻魏之丘，取之以与宋，三国恐惧，乃罢兵，燕国得解围。景阳这种战略，被载于《战国策》。

254. 詹

姓氏： 詹

祖宗： 周宣王支子

分类： 以封号为氏

姓氏起源：

詹姓源于姬姓，是周文王之后。周宣王时，其支子封于詹（今地不详），建立詹国，为侯爵，史称詹文侯，其后世袭为周大夫。文侯在幽王时任少师，见幽王宠爱褒姒，玩物丧志，遂辞职返回自己的封地。后来幽王烽火戏诸侯，导致亡国之祸，自己也命丧黄泉。而詹文侯虽然是幽王的庶兄，却明哲保身，毫发无损，其子孙也得以成功逃过一劫。因詹文侯首封于詹，故后世子孙尊其为詹姓得姓始祖。

郡望：

（1）渤海郡：汉代设置，治所在浮阳（今河北省沧州），后移治南皮（今河北省南皮东北）。

（2）河间郡：汉河间国，北魏置郡，治所在乐城（今河北省献县），后移治今河北省河间西南。

（3）南阳郡：秦国设置，为秦国夺取楚国之地而设，治所在宛县（今河南南阳市）。

堂号：

詹姓的主要堂号有"河间堂"、"奎光堂"、"洁身堂"、"继述堂"、"敦睦堂"、"敦复堂"、"永思堂"、"墩崇堂"等。

迁徙分布：

如今，詹姓在全国分布较广，其分布以广东、江西、湖北、台湾、福建等省为多，上述五省之詹姓约占全国詹姓人口的60%。

历史名人：

詹体仁（1143—1206）：字元善。宋朝浦城人。隆兴年间进士，为太常少卿。很能识别人才。他推荐的30余人为官者，皆为贤能之士，个个名扬于世。

詹天佑（1861—1919）：字眷诚。广东南海（今广州）人。清同治十一年（1872年），以幼童留学美国，为中国所派的第一批留学生，光绪七年（1881年），毕业于耶鲁大学，习工程。曾任教于福州船政局、广东博学馆、广东海图水陆师学堂，又先后充潮汕铁路等工程师。光绪三十一年（1905年）至宣统元年（1909年），以总工程师主持修建京（北京）张（张家口）铁路，为我国自建的第一条铁路，采用新工程技术，减少缩短了工程数量和工期，并培养了我国第一批铁路工程师。后任汉粤川铁路督办，著有《京张工程纪略》图。

255. 束

姓氏： 束
祖宗： 疎广
分类： 以祖名为姓
姓氏起源：

从《晋书·束晳传》记载考证，战国时代，齐国有疎氏，西汉太傅疎广即为其后裔。王莽末年，疎广的曾孙孟达，对王莽篡政不满，莽"立新"后，孟达自东海避难，迁居今河北省大名县境内的沙鹿山，遂将"疎（古"疏"字的异体字）"去左偏旁改为"束"，自此出现了束姓。望族居南阳郡（南阳郡为战国时秦昭王三十五年，即公元前272年设置，相当于今河南省熊耳山以南、湖北省大洪山以北地区。治所在宛县，即今河南省南阳市），故束氏后人奉疎广为束姓的得姓始祖。

郡望：

河南郡：汉置河南郡，今河南省洛阳市。

堂号：

束姓的主要堂号有"河南堂"、"南阳堂"、"补经堂"等。

迁徙分布：

如今，束姓在全国皆有分布，尤以江苏、安徽等省较多。

历史名人：

束长孺（生卒年待考）：兰陵（今山东枣庄东南）人。徽宗崇宁二年（1103年）为宣德郎充陕西路提举学事司管勾文字。

束清：（生卒年待考），江苏丹徒人。明朝清官。性廉介，明洪武初年任万载知县，清廉而俭约，遇到有人交不起租赋，他甚至变卖自己的衣物代人交租，深受百姓爱戴。

"民右逋租自鬻衣带以代偿，其爱民如此。"

256. 龙

姓氏：龙
祖宗：董父
分类：因祖上荣耀而姓
姓氏起源：
黄帝有个曾孙叫董父，传说他最能养龙和驯龙，于是被称为豢龙氏。他的后代很以为荣耀，就以龙为姓，世代相传。
郡望：
（1）河南郡：汉置河南郡，今河南省洛阳市。
（2）武陵郡：治所在义陵（今湖南溆浦南）。
（3）天水郡：西汉时治所在平襄（今甘肃通渭西北），西晋时治所在上邽（今天水市）。
（4）武阳郡：治所在贵乡（今河北大名东北）。
（5）太原郡：治所在晋阳（今山西太原西南）。
（6）武昌郡：治所在今武昌。
堂号：
经德堂：清朝龙起端著《经德堂文集》，他的书房叫"经德堂"。
迁徙分布：
龙氏主要分布在湖北、湖南省境、河南、山西、河北、山东之间地。
历史名人：
龙汝元（？—1859）：清直隶宛平（一作大兴，今均属北京市）人，字春舫。行伍出身，曾从河南巡抚英桂镇压太平军，历任游击、参将。咸丰八年（1858年）升大沽协副将，助僧格林沁加强天津海防。次年英法联军挑起第二次大沽之战，他坚守北岸前炮台，手燃巨炮，重创敌舰，卒中炮阵亡。
龙启瑞（1814—1858）：清广西临桂（今桂林）人，字辑五，号翰臣，道光状元，授翰林院修撰。太平天国起义爆发后，在籍开办团练。后历任江西学政、江西布政使。著有《经德堂诗文集》、《小学高注补正》等。

257. 叶

姓氏：叶
祖宗：沈尹戌
分类：以邑地为姓
姓氏起源：
春秋时期，楚庄王有一曾孙叫戌，任沈县尹，有称沈尹戌。其后代就有人以沈为姓。沈尹戌后来任楚国左司马，他为人正直，疾恶如仇，深得楚人敬重。楚昭王封他

的儿子沈诸梁在叶（今河南叶县南旧城），称为叶公。叶公曾平定白公胜的叛乱以复惠王，有功于楚，得封南阳，更获赐为公，后委其事于子，而退休于叶。其后人便以邑地为姓氏，称为叶氏。由此可见，沈、叶本为同宗。是为河南叶氏。

郡望：

南阳郡：战国时秦昭王置郡。治所在宛县（今河南南阳市）。

堂号：

崇信堂：宋朝时有翰林学士叶梦得，在朝廷南渡的时候，任江东安抚使，领兵分据江津，使金兵不得渡江。朝廷升他为观文殿学士，调他担任福建安抚使。他打败金兵50多次，官至崇信节度使。叶姓还以"南阳"为堂号。

迁徙分布：

目前，叶氏经历了数千年的繁衍，足迹已遍布天下。尤以福建、台湾、广东、江苏、江西等地人数最多，分布最密集。海外则以新加坡、马来西亚、菲律宾最多，叶氏华人，已经遍布全球很多地方。

历史名人：

叶适（1150—1223）：宋代著名的唯物主义哲学家、思想家。在哲学、史学、文学方面都有成就。是南宋"永嘉学派"集大成者，其著述自成一家。主张"通商惠工，以国家之力扶持商贾，流通货币"，反对传统的只重农业、轻视工商的政策。代表作有《习学记言》、《水心先生文集》等。

叶挺（1896—1946）：中国人民解放军创始人之一。1924年加入中国共产党。抗日战争爆发后，任新四军军长。1941年皖南事变中被国民党当局扣押，坚贞不屈，写下著名的《囚歌》。于1946年3月获释。4月8日由重庆去延安途中，因飞机失事，不幸遇难，时年50岁。

258. 幸

姓氏： 幸

祖宗： 幸臣

分类： 以祖宗为姓

姓氏起源：

据清代学者张澍的《姓氏五书》记载，幸氏是幸臣的后代，以祖上为荣而取之为姓形成的。

郡望：

（1）雁门郡：战国时期赵国置郡，秦汉沿用，治所在善无（今山西右玉），其时辖地在今山西省河曲、五寨、宁武、代县一带。东汉时期移治到阴馆（今山西代县），此后多以雁门为郡、道、县建制戍守。雁门关之称，始自唐朝初期，因北方突厥崛起，屡有内犯，唐朝驻军于雁门山，于制高点铁裹门设关城，戍卒防守。

（2）渤海郡：西汉置，在今河北、辽宁的渤海海湾沿岸一带。

（3）南昌郡：亦称南昌府、豫章郡，今江西省南昌市。

(4) 下邳郡：东汉时改临淮郡置国。治所在下邳（今江苏睢宁西北）。南朝宋时改为下邳郡。辖地北至江苏新沂、邳县，南至安徽嘉山，东至江苏涟水、淮安和清江市。

堂号：

(1) 雁门堂：以望立堂。

(2) 渤海堂：以望立堂。

(3) 豫章堂：以望立堂，亦称南昌堂。

迁徙分布：

如今，幸氏裔孙繁衍于世界各地，其中，有江西于都，南康唐西乡数千人；湖南醴陵县、邵阳市武岗县、隆回县千多人；四川达川市东岳乡、德阳市中江县、云阳县、万县五桥区、盐亭县、长寿县、富顺县回龙乡数千人；广西桂林、岑溪县、灵山县、平南县，广东兴宁、珠海、罗定、博罗、河源、番禺，贵州遵义、贵阳、毕节，云南镇雄等均有幸氏宗亲，马来西亚数百人，印尼千多人。

历史名人：

幸灵（生卒年待考）：晋术士。豫章建昌（今江西永修县）人。少有惊人的言行，善卜筮，为人治病，驱鬼解难，深得乡里敬重。

幸南容（746—819）：唐学者、教育家。江西高安人。德宗贞元九年与柳宗元同登穆寂榜进士。官至太常卿、国子监祭酒、太子宾客。逝后赠渤海郡公、开国子谥。对文学、史学、哲学都有研究，柳宗元有《送幸南容归使联句诗序》云："渤海幸君，既登于太常之籍，又膺邯郸之召，北会元戎，直道自达，吾侪器其略；南聘天朝，相礼述职，公卿多其仪。"

259. 司

姓氏： 司

祖宗： 司怪

分类： 以祖字为姓

姓氏起源：

(1) 神农为上古部落首领时，有一位专事占卜的大臣名司怪，其后代子孙以司为姓，称司氏。

(2) 春秋时，郑国有大夫名司成，其子孙以祖字为姓。为司氏一支。

郡望：

顿丘郡：晋武帝置，在今河南省浚县一带。

堂号：

淮右堂：宋朝时期舒州团练司超，屡立战功，他熟悉淮右江山的险易，所以打起仗来百战百胜。

迁徙分布：

如今，司氏族人在全国分布较广，尤以山东、安徽、河南、陕西四省为多。

历史名人：

司居敬（生卒年待考）：元朝时恩县（今山东平原县等地）人，生活简朴，为人耿直。至元末为邹县尹。他勤政爱民，常到各地查询民情。当地县民当时最大的困难，是要把田赋运到胶州交纳，路途遥远，往返困难。他曾三次上书，要求改运滕县，终于得到允许。后来又了解到许多人想读书，但没有学校，于是他建造学宫，广设学田，把自己的藏书也捐给学宫。他离职后，县民为他刻石，歌颂他的功德。

司允德（生卒年待考）：字执中，元朝时东阿人。自幼失父，伺候母亲以孝见称。他勤奋读书，由太学生累官翰林国史院修撰。母卒筑庐墓侧守孝，有鸣鹤百余只，翔舞上空，久而始去。后立瑞鹤亭于墓侧，以资纪念。

260. 韶

姓氏：韶
祖宗：未知
分类：以歌曲名为姓
姓氏起源：

相传舜为部落首领时，他的乐官作了一首名叫《韶》的曲子，优美动听。舜臣乐官的后代子孙以其祖上所作曲名为姓，称韶姓。

郡望：

太原郡：秦国置郡，今山西省太原市。

堂号：

韶姓的主要堂号有"太原堂"等。

迁徙分布：

韶氏族人大多以太原为郡望，说明历史上的山西太原曾经是韶氏族人聚集和发迹之地，韶氏与大多数姓氏居民一样，繁衍于中原地区，后来因战乱等原因逐渐迁徙到大江南北。当代，韶氏族人只在陕西境内有极少量零星分布。

历史名人：

韶护（生卒年待考）：陕西省岐山人，明朝官员，在洪武年间做朝廷的官。那时明朝刚取得天下，好些事情都有待人们从头做起。韶护为官，非常用心尽力，力求办好办快，当时人们都赞扬他，朝廷于是升了他的官职。后以勤恪敏达、事无疑滞而由户部主事改任星山典史，继又擢升为按察佥事。

261. 郜

姓氏：郜
祖宗：郜君
分类：以国名为姓
姓氏起源：

郜姓源于姬姓，以国名为姓。周文王的第十五个儿子受封于郜（今山东成武县东南），建立郜国。春秋时郜国被宋国吞没，郜君的后世子孙就以原来的国名为姓，称郜氏。郜姓又写作告。

郡望：
（1）京兆郡：即首都直辖区。在今陕西省西安市至华县一带。
（2）安定郡：汉代设置，治所在高平（即今宁夏固原），辖境相当今甘肃景泰、靖远、会宁、平凉、泾川、镇原，宁夏中卫、中宁、同心、固原等地。

堂号：
集古堂：清朝郜坦治《春秋》学，以《左氏春秋传》为主，广采杜预和宋、元各家之说，著《春秋集古注》一书。

迁徙分布：
郜氏主要分布在西安市至华县一带。

历史名人：
郜知章（生卒年待考）：元代著名诗人。家世业儒，通经史，善作诗，与司业王嗣能齐名，世称"王郜"。

郜琏（生卒年待考）：清朝人。官至台州参军。好游山水，尝画芭蕉，传至日本，海外珍之。还善于鼓琴，令人悦耳动听。

262. 黎

姓氏： 黎
祖宗： 尧的后代
分类： 以国为氏

姓氏起源：
黎氏为帝尧后代。据《元和姓纂》记载，商末为周文王所灭的黎国，在周武王分封诸侯时，被封给帝尧的后裔，赐爵为侯，并且仍然沿用黎国的名称。春秋时黎国迁都于山西黎城县东北的黎侯城，后为晋国（在今山西西南部）所灭，其子孙后以国为氏而姓黎。又据《路史》记载，古黎国被周文王勘平，武王克商后，封商汤后裔于黎国，后有黎侯丰舒，其子孙有黎氏、犁氏。这一支出自帝尧后裔的黎姓人家，史称黎姓正宗，后来成了整个黎氏家族中最为主要的组成部分。为山西黎氏。

郡望：
（1）京兆郡：即首都直辖区。在今陕西省西安市至华县一带。
（2）九真郡：公元前3世纪末，南越赵佗置郡。公元前111年入汉，相当于今越南清化、河静两省及义安省东部地区。
（3）宋城郡：隋时此地为睢阳，是宋朝的治所，宋时改睢阳为宋城，为今河南省商丘县南。

堂号：
（1）黎氏堂号主要有"载酒堂"。宋朝时，黎子云兄弟家贫好学。苏东坡曾去访问他们兄弟，子云和弟弟也经常载酒（带着酒）去拜访苏轼，向他请教。苏轼在他们兄弟的大门上题了一块匾叫"载酒堂"。

(2) 另外还有"京兆"、"九真"、"宋城"等堂号。

迁徙分布：

黎姓主要分布于广东、广西两省区，大约占黎姓总人口的46%，其次分布于江西、四川、湖南、安徽、海南、贵州、重庆、湖北，这八省市又集中了44%。广东居住了黎姓总人口的29%，为黎姓第一大省。全国形成了粤桂为中心向四周扩散的分布状。

历史名人：

黎庶昌（1837—1896）：贵州遵义人，清末散文家，曾为曾国藩僚属，与张裕钊、吴汝纶、薛福成并称："曾门四弟子"。历任驻英、法、德、日四国参赞，又为出使日本大臣。论文推衍曾国藩之说，尊崇桐城派，著有《拙尊园丛稿》，编有《读古文辞类纂》。

黎恂（1785—1863）：贵州遵义人，清代文学家，淡于荣利，专心治学，尤长于诗。著有《蛉虫斋诗文集》、《读史纪要》、《千家诗注》、《北上纪程》等，他还主修了《大姚县志》。

263. 蓟

姓氏： 蓟

祖宗： 黄帝

分类： 以封地国名为姓

姓氏起源：

蓟姓出自姬姓，轩辕氏黄帝的后裔，以封地国名为氏。据《路史》记载，周武王姬昌击败纣王，灭了商朝，建立周朝，周武王立国后，敬仰先贤的功德，封黄帝之后于蓟（今北京市西南角广安门一带）做诸侯，称为蓟侯，建立蓟国，后为燕国所灭。原蓟国君主族人便以国名为姓，称蓟氏，世代相传，遂成蓟姓，为蓟氏的正宗。

郡望：

内黄郡：汉置内黄郡，治所在今河南省内黄县。

堂号：

蓟姓的得姓，经考证有3100年历史。望族居于内黄郡（今河南省内黄县西北部）。

迁徙分布：

今江苏省常州市武进区、湖北省钟祥市、湖南省攸县、山西省汾阳市、河南省东北地区等，皆有蓟氏族人分布，其中河南蓟氏还是当地望族，据其家谱记载，其始祖便是来自河北省蓟县。

历史名人：

蓟子训（生卒年待考）：汉代建安年间名士。汉代时许多人相信佛家的道理，也有许多人相信道家的宣扬，当然儒家思想更为丰富。而蓟子训，是善于宣扬自己有神技异术的一位名士，当时京城里许多人对他的道术深信不疑。而且蓟子训又善于待客，家里一办筵席有几十桌，客人几百，可以享受酒脯佳肴的款待，都是社会名流官场要人，人们都以到他家做客为荣耀，又越发宣场他的神异本领，故蓟子训的大名在京师以及北方各地已是无人不知，无人不晓。

264. 薄

姓氏：薄
祖宗：炎帝后裔
分类：以国为氏
姓氏起源：
薄姓是以国为姓。上古时有薄国（在山东曹县东南，又称亳），相传是炎帝后裔的封国，薄国的后代子孙以国名为姓，称薄姓。
郡望：
(1) 雁门郡：战国时，赵武灵王置雁门郡，秦、汉沿之。相当于今山西省代县一带。
(2) 谯郡：东汉建安年间将沛郡分出一部分，设置谯郡，治所在谯县（今安徽省亳州）。相当于今安徽、河南二省之间地区。
堂号：
格物堂：格的意思是能穷致事物之理。明朝时薄珏著有《格物测地论》。
迁徙分布：
如今，薄氏在全国分布较广，尤以山东等地为多。
历史名人：
薄姬（？—前155）：即薄太后，名薄姬，汉高祖刘邦的嫔妃。刘邦的第四子刘恒之母。刘恒即皇位后，尊其母为太后娘娘。娘娘怀文帝后，却遭恶妇吕后的极端仇视，汉高祖刘邦也听信吕后谗言，将薄姬诬贬于荒野，薄姬逃到河曲黄河孤岛上避难，此岛故名娘娘滩。相传娘娘来到此岛后，到附近另一黄河岛上生了汉文帝刘恒，此岛故名太子滩。经过两千余年的沧桑岁月变化，汉娘娘英名至今留存在黄河滩上。
薄珏（生卒年待考）：明代兵器制造专家。崇祯年间，流寇欲劫掳安庆，巡抚张国维调薄珏入城制造铜炮，防御流寇，又制造了千里望远镜，以观察流寇的远近，后又制作水车、水镜、地雷、地弩、火铳等兵器，当流寇进犯安庆府时，城内兵民固守，发挥了各种武器的作用，大败流寇。其著作有《浑天仪图说》、《格物测地论》等。

265. 印

姓氏：印
祖宗：子印
分类：以祖字为姓
姓氏起源：
印姓出自姬姓。周武王封同姓族人于郑，建立郑国，为公爵。郑穆公有儿子，字子印，其子孙在郑国为卿大夫，以祖字为姓，为印氏。郑大夫印段，字子石，即子印之孙，其后人世代沿袭为印姓。

郡望：

冯翊郡：汉武帝置"左冯翊"为三辅之一。三国魏改为冯翊郡，治所在今山西省大荔县。

堂号：

御侮堂：宋朝印应飞，官户部侍郎，淮东总领，知镇江府。元兵围鄂，应飞率师往救，围遂得解。能抵御外侮，故名"御侮堂"。

迁徙分布：

如今，印姓主要分布在江苏和浙江一带。

历史名人：

印应雷（生卒年待考）：宋朝通州人，知温州。州卒作乱，人心惶惶。应雷不用武力而用计谋，假借宴请，将为首者斩首，余党皆散。兵乱被平息，百姓免受战乱之灾，十分佩服。

印宝（生卒年待考）：字廷用，明朝六合人，成化年间举人，授重庆通判，升知澧州，终黄州府同知。他做事干练果断，治标治本，讲究实效，以干练著称于时。

266. 宿

姓氏： 宿

祖宗： 伏羲氏

分类： 以国名为姓

姓氏起源：

宿姓出自风姓，为上古伏羲氏后代。周武王灭商建立周朝后，追封前代圣王的后人，其中远古伏羲氏的后人被封于宿（今山东省东平县东），并建立宿国。其公族后代遂以国名为姓，称宿姓。

郡望：

（1）东平郡：汉、晋时在古梁国之地置东平国，南朝宋时改为东平郡。相当于今山东省东平、泰安一带。

（2）河南郡：秦朝时期名为三川郡。

（3）上党郡：战国时期韩国置郡，秦国灭韩国后承之，治所在壶关（今山西长治），其时辖地在今山西省长子县。西汉朝时期移治到长子（今山西长子），其时辖地在今山西省境内沁水东部地区即今山西省长治市一带。

堂号：

（1）东平堂：以望立堂。

（2）河南堂：以望立堂。

（3）上党堂：以望立堂，亦称壶关堂。

（4）太原堂：汉朝时有宿仓舒，7岁时遇到了荒年，他怕父母饿死，就要求父母把他卖给了王家。王家仍然让他姓宿。后来宿仓舒做了上党太守，回家乡寻找母亲。经过太原南廊时，恰巧与母亲相遇，遂迎母归养。

迁徙分布：

宿姓源于风姓。宿姓可以追溯到黄帝时期的伏羲氏。伏羲氏是那时有名的氏族部落首领，他的部落文化很发达，传说中汉字、八卦都是伏羲所造的。后来到周朝时，周武王为了表示对伏羲氏的景仰，就封伏羲氏的后代在宿国（今山东省东平县东南），他的子孙便以国名为姓氏，称为宿氏。现如今在河北唐山滦南县麻各庄村分布有宿姓，听老辈人说是从山东乞讨来到这里定居的。

历史名人：

宿石（生卒年待考）：后魏吏部尚书。自幼聪明能干，为人忠义。他13岁时就在朝中做官，受到大小官员的赞扬。后来被王室看中，将他选为驸马，娶了上谷公主，升做吏部尚书，并被封为太原王。

宿进（生卒年待考）：明朝人。正德年间官至刑部员外郎。他为人忠耿，疾恶如仇。当时刘瑾专权，他曾三次弹劾，没有结果，后来刘瑾图谋不轨，张永参奏，才把刘瑾处死。这时，宿进除了弹劾依附刘瑾的大臣王敞等人外，并建议对因反对刘瑾而死的人要从优抚恤，揭发刘瑾罪行的人要给予奖励，因此得罪了武帝，被廷杖革职。

267. 白

姓氏： 白
祖宗： 季连
分类： 以封邑为姓

姓氏起源：

白姓出自颛顼帝芈姓后裔。相传颛顼帝的后裔陆终娶鬼方氏为妻，生下六个儿子，其中第六个儿子叫季连，赐姓芈。季连的后裔熊绎在荆山一带建诸侯国，定都丹阳。740年，荆君熊通自封为武王。他的儿子于689年迁都郢，改国号楚。楚平王时，太子建因做晋军袭郑国的内应而被杀，太子建的儿子熊胜便逃到吴，投奔伍子胥。楚平王的孙子惠王即位后，楚令子西把熊胜招回国，任巢大夫，封在白邑，称为白公胜。可晋国伐郑，子西出兵救郑，白公胜因子西言而无信，发动政变，杀死子西，囚禁惠王，并着手改革朝政以争取民心，但以失败告终。他自杀后，其子孙便以祖辈封邑为氏，称白氏，也有以"白公"、"白侯"为氏的。

郡望：

（1）太原郡：战国秦庄襄王四年置郡。秦时相当于今山西五台山和管涔以南、霍山以北地区。

（2）南阳郡：战国秦昭王35年始置郡。汉时相当今河南熊耳山以南叶县、内乡间和湖北大洪山以北应山、陨县间地。

堂号：

治生堂：战国时白圭乐观时变。他曾经说："人弃我取，人取我予，吾治生犹伊、吕之治国，孙吴之用兵。"所有天下论治生的，推白圭做祖师。

迁徙分布：

白氏主要分布于河南、河北、陕西、山西四省，大约占白姓总人口的50%，其次

分布于四川、黑龙江、甘肃、青海、内蒙古、云南，这六省区又集中了 26% 的白姓人口。河南居住了白姓总人口的 16%，为白姓第一大省。全国形成了豫冀、秦晋两大块白姓的聚集区。

历史名人：

白居易（772—846）：唐代杰出诗人，贞元进士，历任秘书省校书郎、左拾遗及左赞善大夫。在文学上他积极倡导现实主义和朴素文风。所著《与元九书》诗论，为我国文学批评史上的重要文献。诗文朴实无华，广为流传。

白朴（1226—1306）：元代著名的戏曲家。所作杂剧今知有 16 种，现存《墙头马上》、《梧桐雨》、《东墙记》3 种，都是描写爱情的作品，其中前 2 种最有名。

268. 怀

姓氏： 怀

祖宗： 叔虞

分类： 以邑名为氏

姓氏起源：

上古时候有两个地方都叫怀邑，在周朝初年，周武王将一位叫叔虞的王族分封于怀邑。后来，叔虞又被改封为晋邑的首领。而叔虞的族人中，后人就取封地的怀字作为姓。

郡望：

河南郡：秦朝时名三川郡，汉高祖改为河南郡。治所在雒阳（今河南洛阳）。辖 22 县。辖境大致相当于今河南省孟津、偃师、巩义、荥阳、原阳、中牟、郑州、新郑、新密、临汝、汝阳、伊川、洛阳等县市。

堂号：

怀姓的主要堂号有"湖南堂"等。

迁徙分布：

今江苏连云港灌南新安镇，现居住约千人村落。在今山东滨州，河北也散居一些怀姓。安徽省阜阳市苏屯乡怀楼、怀周庄等大都姓怀。

历史名人：

怀素（737—799）：俗姓钱，字藏真；永州零陵人（今湖南长沙）。著名唐朝书法家、僧人。自幼出家为僧，法号怀素，书史上称他为"零陵僧"或"释长沙"。怀素是中国历史上杰出的书法家，他的草书称为"狂草"，用笔圆劲有力，使转如环，奔放流畅，一气呵成，和张旭齐名。后世有"张颠素狂"或"颠张醉素"之称。可以说是古典的浪漫主义艺术，对后世影响极为深远。他也能作诗，与李白、杜甫、苏涣等诗人都有交往。好饮酒，每当饮酒兴起，不分墙壁、衣物、器皿，任意挥写，时人谓之"醉僧"。他的草书，出于张芝、张旭。唐吕总《读书评》中介绍道："怀素草书，援毫掣电，随手万变，宋朱长文《续书断》列怀素书为妙品。评论说：'如壮士拔剑，神彩动人。'"

怀应聘（生卒年待考）：秀水（今浙江省嘉兴）人，清朝时的文士，好文学，文章诗词都好，写了一部好书叫《冰斋文集》，刊发流传后人而知名。

269. 蒲

姓氏：蒲
祖宗：苻洪
分类：以植物为姓
姓氏起源：
蒲姓来源于一种称为蒲草的植物。东晋时期征北大将军、冀州刺史苻洪的家中有一个水池，里面长了茂盛的蒲草。很多人看到以后都感到奇异，于是人们就把他家称为蒲家。得到蒲姓。

郡望：
河东郡：秦朝时期置郡，在今山西省黄河以东夏县一带。

堂号：
揖让堂、帝师堂：舜帝时，18岁的蒲衣是舜帝的老师。舜帝要把天下送给他，他不接受，后来就消失了。

迁徙分布：
蒲姓的望族居住在河东（今天的山西省境内）。

历史名人：
蒲元（生卒年待考）：三国时期蜀国人，是刘备的大臣。是一个铸造刀的能人。相传那时的西南少数民族很善于铸造刀，蒲元就是其中的一位佼佼者，他为诸葛亮铸造了3000把刀，他说汉水不能使刀很锋利，于是派人去蜀江取水。水取来以后，他告诉取水人说这水要是不纯就不能用，取水人说是纯水，蒲元用刀划了一下水就断定其中有八升不是蜀水，取水人马上承认了。后来重新取回蜀水，打造的刀子果真锋利无比。

蒲松龄（1640—1715）：字留仙，又字剑臣，号柳泉居士，世称聊斋先生。清朝文学家，临淄人。年少时就以文章闻名，但是后来屡试不中，71岁的时候才考上贡生。一生穷困潦倒，教书度日。他一生创作了很多文学作品，有诗、词、赋、戏曲、小说等，每种都有杰出的代表作。其中数短篇小说集《聊斋志异》最为有名，这部小说采用了浪漫主义的手法，通过讲述奇异的鬼怪故事，揭露了封建礼教和科举制度的腐朽、封建统治的黑暗，深刻反映了封建社会末期的现实生活，被看作是古代文言小说的高峰。

270. 邰

姓氏：邰
祖宗：后稷
分类：以国名为氏
姓氏起源：
周部族的始祖叫后稷，姬姓，名弃，为姜嫄所生。姜嫄姓有邰氏，为炎帝之后，

嫁给帝喾。相传，有邰姑娘姜嫄，未出嫁前，生活在有邰氏部落（在今陕西省武功境内）里。有一天，她与同伴到野外去玩，看到田野上有一个巨大的脚印，姜嫄出于好奇心，将自己的脚踩上去比大小，谁知这一踩就心有所动。回去以后就怀孕了，生了一个男孩。这个孩子生下来就没有父亲，她怕人笑话，就把他丢弃在小巷里。令人惊异的是，动物们见了这个小孩，都备加爱护，绕道而行。姜嫄又把他丢弃到结冰的河上，成群的鸟都飞来围在他的周围，用羽毛为他保暖。姜嫄见这小孩大难不死，意识到他将来一定会有出息，于是就改变主意把他抱回家抚养。因为开始就把他遗弃，所以就给他取个名字叫弃。弃从小就喜欢种植各种植物，长大以后成了种庄稼的能手。后来帝尧任命他为农官后稷。在他的管理下，天下农业连年丰收。帝尧非常高兴，就封他为有邰氏的国君，邰就是弃的后人。按照传说惯例，人们把弃视为灶稷神（即庄稼神）。弃的后代，就用国名邰作为自己的姓氏，故邰氏后人奉后稷为邰姓的得姓始祖。

郡望：

平卢郡：治所在今山东省青州市。

堂号：

（1）翼亲堂：翼亲意思是像翅膀一样护着母亲。明朝邰茂质事亲至孝。他母亲怕雷，每到打雷，茂质就用自己的身子像张开的翅膀一样护着母亲。母亲死后，每次雷鸣，茂质就用大伞遮盖母亲的坟墓。

（2）思源堂：思源意思是临清老家不得回，宜城青山父母不得祭奠。故祠堂西北向。

迁徙分布：

《通志·氏族略》："大利稷（三字姓）之为邰。"邰姓望族居平卢（今山东益都）。

历史名人：

邰茂质（生卒年待考）：明代著名孝子，慈利人。其母怕雷，每逢雷雨，茂质便以身护母。其母去世后，每遇雷雨，便赴母墓护之，雷止才归家，茂质闻雷护母，后为"二十四孝"之一。

邰格之（生卒年待考）：明代制墨家。安徽休宁人，墨工出生，是休宁派的创始人，也是成套丛墨——集锦墨的创始人。现存有"文玩"、"世宝"、"蟠螭"等款墨。

271. 从

姓氏： 从

祖宗： 精英

分类： 以先祖封邑名称为姓

姓氏起源：

从姓源于姬姓，出自周平王幼子姬精英的封国，属于以国名为氏。在《名贤氏族言行类稿》中指出，自古以来，"从"是个比较少见的姓氏，多是由古老的枞氏"去木留从"而来的。东周平王姬宜臼的小儿子名叫姬精英，被封在枞邑（今安徽桐城），建有枞国，为侯爵，史称"枞侯"。在枞侯的后裔子孙中，有以先祖封邑名称为姓氏者，称枞氏，后有去"木"偏旁为从氏者，世代相传至今。

郡望：

东莞郡：西汉时期有东莞县，治所在今山东沂水。东汉末建安初年（196年），分琅琊郡、齐郡置城阳郡，治所在今山东省沂水县东北，领八县。晋朝晋武帝泰始元年（265年）改置为东莞郡，置于晋陵（今江苏常州）东南一带，南北朝时期的南齐末年废黜，其时辖地在今山东临朐、沂水、蒙阳、沂源、莒县一带。今世所称的"东莞"，皆指建制置于唐朝的广东省东莞市。

堂号：

（1）东莞堂：以望立堂。

（2）清廉堂、双烈堂：明朝初期，从所向由玉山令升刑部主事，由于他清明廉洁，所以叫清廉堂。他年老退休后，燕王朱棣率军破城，他和儿子从士默同时遇难。一门双烈，后人因以为堂。

迁徙分布：

今河南省驻马店市、周口市郸城、新蔡县、信阳市光山县、南召县、平舆县、许昌市，河北省玉田县、遵化市、枣强县，安徽省芜湖市繁昌县、芜湖县、郎溪县、泾县、庐江县、宿州市、灵璧县、砀山县、定远县、霍邱县、凤台县，山东省临沂市蒙阴县、沂南县、聊城莘县，陕西省山阳县、咸阳县、高陵县，江苏省泗洪县、高邮县、金坛县，湖北省阳新县、通山县、潜江市、随州市、枣阳县、监利县、钟祥县等，以及福建、广东、四川等地，皆有从氏族人分布。其中，山东无棣县、天津市的回族从姓和山东文登之丛姓为同祖同宗，和汉族从姓没有任何关系。

历史名人：

从贞（生卒年待考）：明代名臣，繁昌人。居官清廉，萧然如寒士。管领漕运时，爱惜士卒，时称名臣。

从龙（生卒年待考）：明代知县，字云峰，安陆人。成化中以举人知麻哈州。当时民俗皆被发左衽，经从龙治理五年，遂成衣冠人物之俗。

272. 鄂

姓氏：鄂

祖宗：鄂侯

分类：以国为氏

姓氏起源：

鄂氏是以国名为姓。黄帝的姞姓子孙封在鄂国（今河南南阳市北），夏商时为诸侯国。商末，鄂侯在朝中为大臣，与西伯姬昌、九侯并列为三公。商纣看中了九侯的女儿，娶为妃子。但九侯的女儿性情端庄，不愿陪伴纣王做那些荒淫无耻的勾当，纣王一怒之下，杀死了九侯父女，还把九侯做成肉酱。鄂侯见九侯死得冤枉，便同纣王拒理力争，结果也被杀死。后来鄂侯的子孙后代以国名为姓，称为鄂姓。

郡望：

武昌郡：221年三国吴孙权分江夏、豫章、庐陵三郡之地，设置武昌郡。不久改

名江夏郡。两晋太康初年又改为武昌郡。相当于今湖北省武汉至江西省九江一带地区。

堂号：

（1）安平堂：汉代时沛人鄂千秋，从汉高祖定诸侯有功。在汉高祖大封功臣的时候，一时位次不好决定。鄂千秋说：萧何是万世功，应居第一。这意见很称刘邦心意，因此封鄂千秋为安平侯。

（2）此外，鄂姓的主要堂号还有"进贤堂"等。

迁徙分布：

鄂氏主要分布在湖北省武汉至江西省九江一带地区。

历史名人：

鄂尔泰（1677—1745）：满洲镶蓝旗人。康熙举人，授侍卫。雍正时任云南、贵州、广西三省总督，平定诸苗，前后数十战。世宗尝说自信不如信鄂尔泰之专，鄂授保和殿大学士、军机大臣。

鄂穆图（1614—1661）：清代大学士。尝燕马通读书，好为诗，开满洲文学之先河，著作有《北海集》。

273. 索

姓氏： 索

祖宗： 商汤

分类： 未知

姓氏起源：

商殷的七公族之一，汤王后代。据《元和姓纂》记载，商朝的王公贵族有七支，形成七姓公族。商朝灭亡后，周朝建立。周武王把周公旦的长子伯禽封在鲁（今山东境内），建立鲁国，并且把殷商七族中的六族迁徙到鲁国，这六姓分别为徐姓、条姓、萧姓、索姓、长勺姓和尾勺姓。周武王灭纣索氏出了不少力，后来定居在鲁国成为名门望族。

郡望：

（1）敦煌郡：西汉朝元鼎六年（前111年），汉武帝刘彻将敦煌郡从酒泉郡分出来置郡，治所在今甘肃省敦煌，其时下辖敦煌县、龙勒县、效谷县、广至县、渊泉县、冥安县等六个县，是为敦煌设治之始。

（2）武成郡：隋改定阳郡置，治定阳（今山西吉县）。

（3）武威郡：西汉置郡，相当于今甘肃黄河以西、武威以东地区。

（4）冯翊郡：秦朝时期置郡，汉武帝太初元年（前104年）设置同名行政区左冯翊，与右扶风和京兆尹合称"京畿三辅"，其时辖地在今陕西省大荔县一带。

堂号：

（1）武成堂：以望立堂。

（2）武威堂：以望立堂。

（3）敦煌堂：以望立堂。

（4）冯翊堂：以望立堂。

迁徙分布：

今内蒙古自治区赤峰市、呼和浩特市、包头市、辽宁省大连市、山西省繁峙县、河南省安阳市林县、三门峡市、洛阳市涧西区、焦作市武陟县、汤阴县、商丘市、漯河市郾城县、开封市杞县、焦作市、偃师市府店镇、陕西省西安市咸阳、宝鸡市、河北省沧州市、黄骅市、保定市、邯郸市磁县、饶阳县、湖北省荆州市、枣阳市、沙市、公安县、十堰市郧县、江苏省徐州市新沂、邳县、泗洪县、淮安市、灌南县、四川省巴中市、筠连县筠连镇、广元市旺苍县、山东省泰安市东平县、东营市、临沂市苍山县、济阳县、青岛市即墨市、滨州市邹平县、滕州市、东阿县、济南市章丘县、日照市、淄博市、山西省翼城市、忻州市、朔州市、介休市、辽宁省鞍山市、辽阳市、甘肃省庆阳市宁县、吉林省洮南县、德惠县、黑龙江省林口县、哈尔滨市、逊克县、北京市门头沟区、上海市、天津市、重庆市、新疆维吾尔自治区、青海省、台湾省、香港特别行政区等地，皆有索氏族人分布。

历史名人：

索靖（239—303）：西晋书法家。字幼安。敦煌龙勒（今甘肃敦煌）人。曾任尚书郎、雁门和酒泉太守、左卫将军。博通经史，勤于学问，著有《索子》、《草书势》。擅隶书、行书，对章草用功尤深，无墨迹传世，今流传有《月仪帖》、《出师颂》、《七月廿六日帖》等刻帖。以《月仪帖》最有名。

索元礼（？—691）：唐酷吏。胡人，籍贯不详。武则天临朝，拟废除异己，他承旨上书告密，擢为游击将军。在洛州设置机构，审理"谋反者"，施行各种酷刑，还令受刑人广泛牵涉无辜，使被陷害而致死者多达数千人，受武则天之赏赐。后来俊臣、周兴等纷纷仿效，制造极为严重恐怖气氛。后武则天为平除民愤，又将他逮捕治罪。

274. 咸

姓氏： 咸

祖宗： 咸丘黑

分类： 以祖名为氏

姓氏起源：

（1）咸姓出自高辛氏。帝喾为部落首领时，其下有臣子咸丘黑，是咸姓始祖。

（2）咸姓出自巫者。商代有贤臣名咸，因为以卜祝巫事为职业，故称咸巫，其后代以祖先名字为姓，称咸氏。

郡望：

（1）汝南郡：汉高祖时置。治所上蔡，相当今河南省中部上蔡县一带。

（2）江陵郡：这里指韩国江陵市，原本为古秽国，是高句丽的阿瑟罗，后属新罗国。

堂号：

（1）汝南堂：以望立堂。

（2）阳根堂：以望立堂，也称江陵堂。

（3）含象堂：咸冀为唐朝开元年间十八学士之一，朝廷在含象亭上画了他的像。

像旁有御赞。

迁徙分布：

今北京市东城区，山东省潍坊市景芝咸家庄、德州市平原县、惠民县、烟台市、青岛市莱西县大河源村、潍坊市安丘县景芝镇、诸城市昌城镇、东阿县咸集村、临沂市平邑县、蒙阴县、泰安市、枣庄市、滕州市，河南省周口市太康县朱口镇咸庄、新乡市，江苏省盐城市大丰市、徐州市睢宁县，黑龙江省大兴安岭市、甘南县，吉林省四平市、四平市、白山市、长春市农安县，广西壮族自治区平南县，宁夏回族自治区泾源县、隆德县，安徽省亳州市，辽宁省葫芦岛市绥中县、沈阳市，重庆市，河北省沧州市，日本、俄罗斯的莫斯科等地，皆有咸氏族人分布。

历史名人：

咸唯一（生卒年待考）：明代鸿儒。他勤奋学习，精通五经。元朝末年，隐居不仕。洪武初以明经荐授本县训导。因战乱多年，导致大部分人失学，他大力宣传提倡读书，讲解伦理，剖析经义，使读书求学的社会风气得到较快的恢复和发展。

咸冀（生卒年待考）：唐朝开元学士。开元年间共有十八位学士以学问、品行、诗文、谈论等方面出名，称为"开元十八学士"，咸冀就是其中之一。

275. 籍

姓氏： 籍

祖宗： 伯

分类： 以官为氏

姓氏起源：

籍姓源于姬姓，以官职为氏。春秋时期，晋国有个公族叫作伯黡，是晋襄公的孙子（一说是晋国大夫荀林父的孙子），在朝廷里面专门负责管理晋国典籍的事情。伯黡的学问很好，他的后代中有的用籍作为姓氏，称为籍氏，是今籍姓的起源。

郡望：

广平郡：汉景帝中元元年（前149年）分邯郸郡置郡，治所在广平（今河北鸡泽东南）。相当于今河北任县南和、鸡泽、曲周、永年及平乡西北肥乡东北一部分地。东汉废入巨鹿郡，三国魏初复置郡。

堂号：

广平堂：以望立堂。

迁徙分布：

目前，籍氏在国内的分布主要有：山西6000人左右、山东2000人左右、陕西3000人左右、河北3000人左右、河南5000人左右、北京1000人左右、天津2000人左右、东北三省3000人左右，其他在重庆、江苏（常州），以及福建、内蒙古、新疆、青海、广东、台湾等省、市、自治区均有零星分布，总人口在42000人左右。

历史名人：

籍孺（生卒年待考）：西汉时大臣，籍孺和闳孺，本来都没有什么才能，只是以婉佞贵幸，公卿皆因关说。二人的际遇很受人羡慕，以致惠帝之时，为能获得皇帝的垂青，侍中等官在穿戴打扮上都向他俩看齐，帽子上插着羽毛，脸上涂着脂粉。

籍馨芳（生卒年待考）：明朝著名孝子。他父亲去世后，他悲痛万分，便住在墓边，守孝三年。

276. 赖

姓氏：赖
祖宗：神农氏的后裔
分类：以国为氏
姓氏起源：

赖姓出自姜姓，为炎帝神农氏后裔。相传炎帝后裔有四支，属于古羌族的四个氏族部落。其中一支是烈山氏。古时烈与厉通，又音赖、故烈山氏、厉山氏、赖山氏皆同。古时的烈山氏居住在山西汾水流域，后有一支东迁，于商代在河南厉乡县建赖国，依附于商朝。周武王伐商时，赖人南迁，后来接受周武王的子爵封号，为赖子国。春秋鲁昭公四年，楚灵王灭之，其族人迁至鄢地，其后裔以国为氏，称赖氏。是为湖北或河南赖氏。

郡望：

（1）颖川郡：秦王政十七年置郡。相当于今河南登封、宝丰以东，尉氏、郾城以西，密县以南，叶县、舞阳以北县地。此支赖氏，其开基始祖为叔颖。

（2）南康郡：晋太康三年置郡。东晋移治赣县，相当于今江西南康、赣县、兴国、宁都以南地。此支赖氏，为赖光之后。

（3）河南郡：汉高祖二年改秦三川郡置郡。相当于今河南省黄河以南洛水、伊水下游，双洎河、贾鲁河上游地区及黄河以北原阳县。

堂号：

秘书堂：唐代赖棐，从小聪明，7岁会写文章。20岁通九经百家之言。乾元中，中了进士，拜崇文馆校书郎。他不愿干，退居乡里，人们把他的家叫作"秘书里"。

迁徙分布：

赖氏早期聚居在鄢陵一带，主要是在今河南境内繁衍发展，后在颖州郡、河南郡、河内郡形成望族。由于任官、战乱等原因，颖州赖氏有一支迁于江南，分布于今江西、福建、湖南、浙江、江苏、广州等地。

历史名人：

赖文光（1827—1868）：广西人，汉族客家人，太平天国将领，封遵王。1864年天京失陷后，赖文光把本部太平军与捻军合并，成为捻军首领之一，后来捻军一分为二，赖文光成为东捻军首领，1868年兵败被清军俘杀。

赖布衣（生卒年待考）：原名赖风冈，字文俊，自号布衣子，故也称赖布衣，又号称"先知山人"，江西省定南县凤山冈人。生于宋徽宗年间（1101—1126）。曾任国师，后受奸臣秦桧陷害，流落民间，足迹踏及全国，以风水术扶危济困，助弱抗强，留下了许多神话般的传说，广州、英德、香港等城市都是由赖布衣堪定选址，著有《催官篇》一书传世，后世尊其为中国风水第四祖师。

277. 卓

姓氏：卓

祖宗：公子卓

分类：以祖字为氏

姓氏起源：

卓姓源于芈姓，是春秋时期楚国王族的后裔。楚威王有个儿子名叫公子卓，其后代以祖字为姓，称为卓氏。

郡望：

(1) 南阳郡：战国时秦置郡。治所在宛县，在今河南省南阳市。

(2) 西河郡：战国时魏国初置。治所在今山西省汾阳县。

堂号：

(1) 褒德堂：后汉卓茂，是当时学识最渊博的人。为人宽厚、仁爱、恭敬，最初在丞相府当吏（小官），负责宫里的给事，后升密令，关心百姓像疼爱自己的儿子，举善而教（遇到好人好事就立即举出来做大家的榜样）。没用几年，把社会风气治理得很好。汉武帝升他做太傅，封褒德侯。

(2) 忠孝堂：宋代户部尚书卓得庆，元兵逼城，得庆与二子规、权并死于难，黄仲元铭其墓，称为忠孝父子墓，卓姓后世子孙以此为荣，遂以忠孝为堂号，纪念这位先人。

迁徙分布：

如今，卓姓在全国分布较广，尤以四川、福建、广东、陕西等省多此姓。

历史名人：

卓文君（生卒年待考）：西汉文学家。临邛（今四川邛崃）人。卓王孙女。善鼓琴，通音律。丧夫后家居，与司马相如相恋，一同逃往成都。不久又同返临邛，自己当垆卖酒。她的故事流行民间，旧小说、戏曲曾取为题材。

卓人月（1606—1636）：明末清初戏曲作家。仁和（今属浙江）人，字珂月。崇祯贡生。善诗文词曲。与孟称舜友善。其著作有《蟾台集》、《蕊渊集》、《瘖歌词》等及杂剧《花舫缘》。

278. 蔺

姓氏：蔺

祖宗：蔺相如

分类：以邑为氏

姓氏起源：

据《元和姓纂》记载，春秋时期晋国公卿韩厥的玄孙名字叫康，在赵国做官，食采于蔺这个地方，就以邑命氏，称为蔺氏。康的裔孙蔺相如为赵国上卿，他的子孙在秦国做官，跟随司马错伐蜀，因而家族就迁居到成都。望族出于中山、华阳。据《广韵》记载，东周时晋穆公的儿子成师被封于韩，韩献子（韩厥）的玄孙康，食采于蔺地，从此世有蔺氏。因此，蔺氏是韩氏分支出来，以邑为氏的，得姓于2000多年前战国时期。蔺氏家族发源于中山郡（河北）、华阳郡（四川）一带，后来以这两个地方为中心，逐步向全国各地扩迁和繁衍。

郡望：

（1）中山郡：汉时置郡。战国时属中山国。相当于今河北省北部。

（2）华阴郡：古代县名。春秋时为晋国之地，汉代时置华阴县（因在华山之北故名华阴）。故城在今陕西省华阴县东南。

堂号：

完璧堂：战国时，赵国得到了"和氏璧"。当时秦国很强大，骗赵国说，愿意拿15个城市来换这块"和氏璧"。赵国觉得很为难：给璧怕秦国不给城；不给璧，又怕秦国兴兵来夺。于是派蔺相如带着和氏璧到秦国去。秦王接过和氏璧后，只交给大臣们传看，丝毫不提交城的事。蔺相如知道秦王根本没有意思交城，于是对秦王说："你们只知道夸璧好，却不知道璧上还有个瑕疵呢！"秦王就把璧交给相如，要他指出瑕疵在哪里。相如接到璧后，马上抱起倚着柱子说："赵王派我来送璧前，斋戒沐浴了3天，表示对秦的尊重。大王接璧在手后，却只知道叫人传看，实在是欠郑重。现在璧在我的手中，你们如果想要，大王也需斋戒沐浴3天，然后行交接之礼。否则，我就把璧在柱上碰碎，然后撞头而死。"秦王没办法，只好让蔺相如把璧带回驿馆。相如回驿馆后，暗地派随从从小道把璧送回赵国。3天后，他到秦廷办交接礼。他对秦王说："我见大王无意将城交给我们，因此已派人将璧送回赵国了。您要杀就请杀吧！"秦王认为杀了蔺相如只会徒伤两国和气，就以礼送相如回赵国。

迁徙分布：

蔺氏家族起源于中山郡（河北）、华阳郡（四川）一带，后来以这两个地方为中心，逐步向全国各地扩迁和繁衍，例如在今河南省洛阳市的偃师市山化乡蔺窑村，就有1500多蔺氏族人生息。

历史名人：

蔺相如（前329—前259）：战国时赵国上卿，今山西柳林孟门人，一说山西古县蔺子坪人，官至上卿，赵国宦官头目缪贤的家臣，战国时期著名的政治家、外交家。据《史记·廉颇蔺相如列传》记载，他的生平最重要的事迹有完璧归赵、渑池之会与负荆请罪这三个事件。

蔺道人（约790—850）：长安（今陕西西安）人。唐代医僧。一作蔺道者。原名佚，道者出家云游，于会昌间（841—846）曾结庵于宜春修道，因尝治愈一彭翁子坠地折颈伤肱，其医术遂广为人知，求医者甚众。道者厌其烦，以其秘方授予彭翁，其术遂行于世。此方为后人刊刻，书名为《仙授理伤续断秘方》，为中医现存最早之骨伤科专书，现有多种刊本行世。

279. 屠

姓氏：屠
祖宗：蚩尤
分类：以封地为氏

姓氏起源：

(1) 屠姓源于九黎族，为蚩尤后代。相传，上古时代，黄帝与炎帝两个部族联合起来，在涿鹿与九黎族大战，擒杀了九黎族的首领蚩尤。遂将其部族人收入自己的部落。其中一部分人愿意归顺的，就迁到邹、屠两地定居，形成邹、屠二姓，均以居住地名为姓。邹、屠二地均在今山东境内。

(2) 屠姓源于子姓，为商朝王族后裔。商朝建立之后，分封同姓诸侯，其中一支封于絃国。絃国灭亡后，其族人遂以国名命姓，为絃姓，后来又去邑为屠，称屠氏。

(3) 屠姓是以职业技术命姓。古人有屠宰为业者，其后便姓屠，称屠氏。

郡望：

(1) 陈留郡：秦始皇置陈留县，汉代改制陈留郡。在今河南省开封地区。

(2) 广平郡：汉景帝置。在今河北省南部永年县一带。

堂号：

屠姓的堂号主要有：陈留堂、广平堂。

迁徙分布：

今浙江省温州市乐清县、宁波市象山区、奉化市、绍兴市嵊州县、嘉兴市、宁海市、台州市黄岩区、吴兴县、鄞县、杭州市萧山区、桐乡市、湖州市德清县、广水市、诸暨市、兰溪县，安徽省六安市霍邱县、宁国市，江苏省苏州市西山区、淮安市、盐城市、扬州市、常州市武进区、镇江市丹阳市、邳州市睢宁县、江阴市、徐州市，山东省济宁市、菏泽市、东平市、枣庄市，陕西省延安市吴起县、西安市户县，河南省商丘市、南阳市内乡县、新乡市、永城市、郑州市、开封市，江西省赣州市，广西壮族自治区，北京市，上海市，贵州省镇远县、六盘水市、都匀市，甘肃省的兰州市，四川省宜宾市，湖南省长沙市、永州市，河北省保定市，湖北省孝感市，黑龙江省齐齐哈尔市，香港特别行政区，台湾省，澳门特别行政区，马来西亚的吉隆坡，泰国，缅甸，新加坡，美国，巴西等地区和国家，皆有屠氏族人分布。

历史名人：

屠隆（1543—1605）：字纬真，一字长卿，明朝戏剧作家、文学家，浙江省鄞县人。历官吏部主事，有异才。常招名士饮酒赋诗，游历大山名川，而政务不误，著作颇丰。著有《昙花记》、《修文记》、《彩毫记》等。其中《彩毫记》写李白生平，刻画诗人气质较成功，但掺有神仙虚妄色彩。

屠侨（1481—1556）：字安卿，明代吏部尚书，滽再从子也，正德六年进士，授御史巡视居庸诸关。武宗遣中官李嵩等捕虎豹，侨力言不可，世宗时，历左都御史。卒赠少保，谥简肃。

280. 蒙

姓氏：蒙
祖宗：蒙双
分类：以封地为氏
姓氏起源：
蒙姓源于高阳氏。夏朝建立以后，颛顼的后代被封在蒙双（有说法为双蒙），他的后代于是将封地的名作为姓氏，成为蒙姓和双姓。
郡望：
安定郡：汉武帝时期设置，相当于今甘肃省平凉地区的一部分和宁夏西部。
堂号：
献典堂：春秋时期，楚国复国以后，楚昭王决定重新治理国家，壮大楚国的势力。但发现楚国以前的一切典章制度都没有了，这时楚国大夫蒙谷又为楚王制定了一整套新的典章制度献给楚王，使楚国的治理有了新的标准。
迁徙分布：
蒙姓的望族居住在安定（今天的甘肃固原）。
历史名人：
蒙恬（？—前210）：秦朝著名将领。他的祖先为齐国人，自从他的祖父开始，他的家庭就世代为秦朝的名将。他的主要功绩是抗击匈奴。秦国统一六国以后，他率兵30万人击退了匈奴，收复了河南地区，并且奉命修筑长城，长达万余里。在他守卫边疆的数余年，匈奴都不敢进犯。他同时还是毛笔的发明者，他用枯木作为笔管，鹿毛为柱，羊毛作为被。这种笔又叫作"苍毫"。
蒙毅（？—前210）：秦朝上卿，在朝廷中势力很大，经常作为皇帝的参谋，其他将臣都不能和他相比。

281. 池

姓氏：池
祖宗：公子池
分类：以居住地为氏
姓氏起源：
（1）池姓源于嬴姓，始成于战国时候的秦国。战国时，秦国有个王族名叫公子池，他是秦国的大司马。他的家族繁盛，其后代就以他的名字为姓，遂成池姓。
（2）池姓是以居住地为姓。《风俗通》记载："氏于地者，城、郭、园、池是也。"古代城墙称作城或垣，城外护城河称为池。有世居于护城河畔的人，便以池为姓。成语"城门失火，殃及池鱼"，说的就是用护城河的水去救火，水中的鱼因此遭殃。
郡望：
（1）西平郡：后汉建安年间（196—219）将汉代的金城郡分置西平郡。在今河南省西平县一带。东晋末年，为秃发乌孤所占，称西平王，以此为都。

（2）陈留郡：秦王嬴政二十六年（前221年）置陈留县，汉代置陈留郡。在今河南省开封地区。

堂号：

同安堂：明朝池裕得，同安人，以进士闻名遂安县，推断明决，后升任太常寺少卿。

迁徙分布：

池姓主要分布于我国的南方福建、广东以及云南、江苏等地。

历史名人：

池裕得（生卒年待考）：号明洲。明朝同安人，嘉靖年间进士，作为遂昌县令，他为官清廉，办事公正，通达事理，能够以理服人。他所到一处，调查民情，一旦发现问题，能及时解除民间疾苦，因此深受人民群众的爱戴。累迁太常寺少卿。

池生春（1798—1836）：字剑之。清朝楚雄人。道光年间进士，官至国子监司业。他为人慷慨大方，言行举止悉合礼仪，以不欺人为本。善于书法。其著有《入秦日记》、《直庐记》、《诗文剩稿》等。

282. 乔

姓氏： 乔

祖宗： 桥氏

分类： 以山命名的姓氏

姓氏起源

乔氏源于姬姓，为桥姓所改，是一个以山命名的姓氏。据《元和姓纂》及《万姓统谱》记载，相传中原各族的共同祖先黄帝死后葬于桥山（在今陕西省黄陵县城北），子孙中有留在桥山守陵看山的，于是这些人便以山为姓，称为桥氏。至于桥氏改为乔氏，是在南北朝时的魏。据桑君编纂的《新百家姓》记载，东汉时有太尉桥玄的六世孙桥勤在北魏任平原内史，北魏末年魏孝武帝不堪忍受宰相高欢的专权和压迫逃了出来，桥勤随孝武帝一起投奔到宇文泰建立的西魏。一天，宇文泰心血来潮，叫桥勤去掉桥的木字边，变成乔，取"乔"的高远之意。桥勤不敢不从，从此改桥为乔，世代相传下去，这就是陕西乔姓的由来。史称乔氏正宗。

郡望：

（1）梁国：汉高祖五年设梁国，治所在睢阳。相当于今河南商丘、虞城、民权等地。宋朝改为梁郡，移至不邑，北魏又恢复了以前的治所。

（2）顿丘郡：汉朝初期置顿丘县，其时辖地在今河南清丰西南一带地区。顿丘郡始建于西晋泰始二年（266年），治所在顿丘（今河南清丰），下领四县，其时辖地在今河南省清丰、濮阳、内黄、南乐、范县等地。南北朝时期的北齐曾废黜。唐朝至五代十国时期，曾以顿丘为澶州治所。

堂号：

（1）文惠堂：宋朝乔行简，历任淮西转运官，参知政事。多次向朝廷上疏论时政。

被拜为右丞相，封"鲁国公"。死后谥为"文惠"。

（2）另外还有"梁国"堂号。

迁徙分布：

乔姓是现在常见的姓氏，分布很广，今北京，上海，河北尚义，山东平邑、龙口，内蒙古乌海，山西太原，新疆塔城，安徽泾县，广东新会，广西田林，云南泸水，四川合江、河南项城等地皆有分布。

历史名人：

乔行简（1156—1241）：南宋大臣。浙江东阳人，光宗绍熙进士，理宗时曾任参知政事，兼同知枢密院事，进知枢密院事、右丞相、左丞相，晚年至平章军国重事，并被封为鲁国公。其代表作有《周礼总说》、《孔山文集》。

乔吉（1280—1345）：元代散曲家、戏曲作家，太原（今属山西）人，后居杭州（今属浙江），散曲风格清丽，内容则多消极颓废，明清人多以他同张可久并称为元散曲两人家。

283. 阴

姓氏： 阴

祖宗： 管修

分类： 以官为氏

姓氏起源：

阴姓可追溯至周朝。阴氏的得姓，大约有2300年的历史，是一个古老的姓氏。根据《元和姓纂》记载，阴姓是周文王的第三子管叔鲜的后代，管仲就是管叔鲜的后代，管仲是距今2600多年的历史名人，他的第七代孙管修，到楚国任阴大夫的官，因此，子孙就以官为姓而姓阴，望族居于南阳。河南是阴氏的一个主要繁衍中心，阴氏家族在河南是一个大家族，后世子孙陆续向全国各地迁移，南北朝时，在甘肃的武威显赫一时。

郡望：

（1）南阳郡：今河南省南阳市。

（2）始平郡：西晋时期置郡，治所在槐里（今陕西兴平），其时辖地在今陕西省兴平市一带地区。

堂号：

（1）南阳堂：以望立堂。

（2）始平堂：以望立堂。

迁徙分布：

今甘肃省武威市、兰州市、庆阳市，河北省邯郸市广平县阴庄、固安县、乐亭县、保定市容城县、徐水县、邢台市、冀州市，山西省介休县、平遥市常村、芮城县陌南镇湾里村（原名阴家湾），山东省肥城市桃园、莱州市阴家村，河南省卫辉市后河、郑州市柳林镇沙门村、新乡市长垣县、洛阳市洛宁县，安徽省马鞍山市、芜湖市，江苏省镇江市句容县，江西省宜春市奉新县，湖南省永州市，福建省三明市宁化县，贵州

省思南地区，四川省内江县，黑龙江省等地，最重要的还有河北宁晋北楼下村等皆有阴姓人士居住。

历史名人：

阴铿（511—563）：南朝陈文学家。字子坚，武威姑臧（今甘肃省武威）人。其高祖袭迁居南平（在今湖北荆州地区），其父亲子春仕梁，为都督梁、秦二州刺史。铿幼年好学，能诵诗赋，长大后博涉史传，尤善五言诗，为当时所重，仕梁官湘东王萧绎法曹行参军；入陈为始兴王陈伯茂府中录事参军，以文才为陈文帝所赞赏，累迁晋陵太守、员外散骑常侍。约在陈文帝天嘉末年去世。原有文集3卷行世，今存《阴常侍集》1卷，有《六朝诗集》本，又名《阴常侍诗集》1卷。著有《二酉堂丛书》本、《丛书集成初编》本。

284. 鬱

姓氏： 鬱

祖宗： 鬱华

分类： 以先祖名字为氏

姓氏起源：

上古时期，有一位叫鬱华的人，学识渊博，很有才能，大禹便称他为师，虚心向他学习本领，这位鬱华就是鬱氏的先祖。因为先祖在上古就有崇高的地位，所以鬱氏家族在当时很兴盛，后来，传说在这个姓氏家族中出了个神奇人物，叫鬱林，还修炼成了仙人，其后裔子孙遂以其名字为姓氏，称鬱林氏，古音读作 wèi。在战国时期，楚国诗人宋玉在《高唐赋》中提到："鬱氏出自鬱林氏复姓。"那位成仙的鬱林，其实原本就是鬱华的后代，而他的后裔子孙以先祖成仙之事为荣，曾将他的姓名合在一起作为姓氏，一度变为复姓鬱林氏。

现在的汉字"鬱"字被写成"郁"字，但在以前《百家姓》中，两个字是两种姓氏。由于两字的发音相同，而且鬱字笔画太烦琐，于是渐渐地被鬱氏族人简化写成郁氏。

郡望：

（1）太原府：也称太原郡。

（2）高平郡：原为高平县（今宁夏固原）。

（3）黎阳郡：黎阳县设置于西汉初期，北魏的时候改黎阳县为黎阳郡。在今河南省中部。

堂号：

（1）太原堂：以望立堂。

（2）高平堂：以望立堂。

（3）黎阳堂：以望立堂。

迁徙分布：

如今，鬱氏（郁氏）族人在全国分布较广，尤以江苏、上海、浙江等省市为多。

历史名人：

鬱继善（生卒年待考）：宋朝医学家。对医学既有实践，又有理论研究，熟读古代医书，结合实践加以精深的思考，取得很好疗效。

285. 胥

姓氏： 胥
祖宗： 胥臣
分类： 以先祖名字为氏
姓氏起源：

胥氏出自春秋时期晋国公族大夫，属于以先祖名字为氏。春秋时期，晋国有个贵族就分封在华胥（今陕西蓝田），在他的后裔子孙中，后来以先祖封邑名称为姓氏，称华胥氏，后省文简改分衍为单姓胥氏、华氏，世代相传至今。晋国有个大夫叫胥臣，他的儿子叫胥甲，胥甲的儿子叫胥克，胥克的儿子叫胥童。这是胥姓的一支正式形成，世代相传，是今天胥姓的一个主要来源。

郡望：

(1) 太原府：也称太原郡。
(2) 吴兴郡：周朝始置县，三国时期吴国宝鼎元年（266年）置郡，治所在乌程（今浙江吴兴），取吴国兴盛之意，其时辖地在今浙江省临安至江苏省宜兴一带。
(3) 琅琊郡：也称琅琊国、琅岈郡、琅玡郡，今山东省诸城市。

堂号：

胥姓主要堂号有"琅琊堂"、"名节堂"、"眘琊堂"等。

迁徙分布：

胥氏早期在山西活动，以后扩展到东部沿海地区，汉唐之间以琅琊、吴兴为郡望，在今山东、浙江形成重点分布区。宋代以来在山西、陕西、湖南、重庆、江苏等地均有分布。

历史名人：

胥臣（？—前622）：字季子，春秋时晋国大夫。官司空，又称司空季子，尝从晋文公出奔，后以使命过冀，见冀缺锄草农具，其妻赠送之，相待如宾，乃举于文公。文公以为下军大夫。

胥偃（生卒年待考）：字安道。宋朝长沙人。极为赏识欧阳修的才华，不但把欧阳修召置门下，而且把女儿嫁给他。胥偃未做官时，家有良田数十顷，做官以后，把田地全部分给族人。做官期间，慎持大体，史称恬正。

286. 能

姓氏：能
祖宗：熊挚
分类：以避难改姓
姓氏起源：

能姓源于春秋时期的楚国王族熊姓。周成王时期，有一个大臣叫熊绎的，因为有功，以子男爵受封，这就是楚国的开始。熊绎的儿子名叫熊挚，本来应该被立为楚国的君主，但是由于他有残疾，不能立为王，于是就把他封在夔（今湖北省姊归县东），为附庸国，称为夔子。鲁僖公二十六年，楚国以夔国不祭祀祖先为理由，灭掉了夔国。这一国的人本来姓熊姓，为了避免被株连，于是去掉四点，改为能姓。

郡望：

（1）太原郡：战国时期置郡。治所在晋阳，今山西省太原市一带。

（2）华阴县：本来是春秋时的晋地。汉高祖八年改名为华阴县，因为在太华山的北面，所以叫这个名字。故城在今陕西省华阴县东南。

堂号：

淄青堂：唐朝时期，能元皓为淄青的节度使。他开始的时候从属于安禄山，后来安禄山反，归唐。

迁徙分布：

能姓的望族居住在太原（今天的山西太原）。

历史名人：

能元皓（生卒年待考）：唐朝柳城人。是安禄山大将的部下，为一名武将。虽然识字不多，但是勇猛善战，善用兵。安禄山造反，自称为武皇帝以后，升迁能元皓为淄青节度使。安禄山的儿子安庆绪杀死安禄山，自立为帝以后，能元皓见大事已去，于是在大唐兵到来的时候，安庆绪跑到邺城求救于安禄山的部将史思明；能元皓率部将归降。乾元二年，史思明杀死安庆绪，在范阳称燕帝，并再度攻下洛阳。两年以后，史思明被他的儿子史朝义杀害。广德元年，史朝义在唐军的追杀中自杀。从此结束了历经八年的安史之乱。

能图（生卒年待考）：清朝满洲正红旗人。顺治帝的时候任内院笔帖式，翻译辽、金、元三史书。累官左副都御使，加太子少保。名声与史书都流芳千古。

287. 苍

姓氏：苍
祖宗：苍林
分类：以祖先为姓
姓氏起源：

苍姓起源于远古，为黄帝后代，黄帝有二十五个儿子，其中有一个叫作苍林，苍林的后代就跟随他的祖先以苍为姓。

郡望：
武陵郡：即今湖南省常德市地区。

堂号：
（1）武陵堂：以望立堂。
（2）咸阳堂：以望立堂。
（3）创文堂：出自上古时黄帝史官仓颉，据说仓颉出生时很奇特神圣，有四目能观鸟兽之迹，遂按鸟兽之形态创造象形文字，以取代结绳记事的旧法。"仓颉造字"一说久而流传，仓氏人家遂以"创文"为堂号，一直沿用至今。

迁徙分布：
今山东省东营市、临沂市临沭县，河南省开封市、平顶山市、郑州市中牟县，广东省广州市、上海市、江苏省宿迁市泗阳县、徐州市新沂市、盐城市、无锡市宜兴市、泰州市、浙江省宁波市、台州市、嘉兴市桐乡县、香港特别行政区、台湾省花莲县等地，皆有苍氏（仓氏）族人分布。

历史名人：
苍葛（生卒年待考）：周朝时期阳樊人，襄王以阳樊温原攒茅之田与晋，阳樊不服，晋师围之。苍葛大呼道："德以柔中国，刑以威四夷。宜吾不敢服也，此谁非王之亲姻，其俘之也，乃出其民。"

苍颉（生卒年待考）：又作"仓颉"，是古代神话人物，相传为黄帝史官，文字发明家，观鸟兽之迹，体类象形而制字，以代结绳之政，后世奉为神。古籍也有将苍颉作"仓颉"的，《汉书·艺文志》及东汉延熹五年制苍颉庙碑，均明书"苍颉"。壁画中苍颉形象为六目（传说为四目）老翁，浓眉深目，躬身谦和，使人感到智慧无穷。

288. 双

姓氏： 双
祖宗： 颛顼帝的裔孙
分类： 以地名为姓

姓氏起源：
以地名为姓，与蒙姓同出一宗。远古时期，颛顼帝的裔孙受封于双蒙城，其后代有的以双为姓，形成双姓；有的以蒙为姓，形成蒙姓。

郡望：
天水郡：双氏望出天水郡，西汉初置，相当于今甘肃省天水、陇西以东地区。

堂号：
和易堂：宋朝时，双渐为汉阳知事，为官和气，易于接近，有古时循吏的风度。

迁徙分布：
双姓主要分布在西北一带。

历史名人：

双渐（生卒年待考）：曾跟从朱熹（紫阳先生）学习，庆历年间举进士而仕官，官汉阳知府。博学能文，为政平和，对百姓很宽松和气，深受吏民爱戴，称他有古代循吏（奉职守法的官吏）之风。

双泰贞（生卒年待考）：南北朝时宋随郡（今湖北随州市）任，有能力，武功好。当时南北分治对立，天下不安，辅国公沈攸之坐镇荆州，召集才俊。泰贞为了侍奉母亲，受召不去。有一天，泰贞前往江陵经商，被攸之拘留，要他当队副。第二天，泰贞逃走，攸之派二十余人追捕，被泰贞杀死几个，其余人不敢接近，就绑架了他的母亲。他知道后，便去见攸之。攸之知道他是个孝子，非但没有定罪，而且赏他万贯钱，授以队主之职。后来他在战场上果然表现得智勇双全。

289. 闻

姓氏： 闻
祖宗： 少正卯
分类： 赐姓

姓氏起源：

闻姓源于复姓闻人氏，是春秋时期少正卯的后代。少正卯是春秋末叶鲁国人。他博学多识，很有名气。他的有些主张与孔子不合，曾聚众讲学，同孔子唱对台戏，使得孔子的不少弟子都跑到少正卯处听讲。后来孔子利用职权杀了少正卯。因少正卯是当时声誉很大、远近闻名的人，被誉为"闻人"，所以他的后代支庶子孙有的便改为闻人氏。后有一部分闻人复姓改为单姓闻，称为闻姓。

郡望：

吴兴郡：三国时吴置。

堂号：

超卓堂：超卓就是特别高超的意思。明朝时候，闻良辅才能和德行都特别高超。初为监察御史，后来升大理少卿，出使暹罗，权操虎节（古时出行官员所拿的表示身份的符节。山国用虎节，土国用人节，水国用龙节），官至广东按察使。

迁徙分布：

闻姓主要分布在浙江省临安至江苏省宜兴一带。

历史名人：

闻启祥（生卒年待考）：明朝人。自幼聪慧，好读书，以文章著称，居家不仕。后来有人几次推荐他做官，他坚辞不赴，誓作平民终身。

闻一多（1899—1946）：现代著名诗人、学者、爱国人士。曾留学美国，学美术、文学。早年参加新月社，先后在青岛大学、清华大学等校任教。著有《红烛》、《死水》等诗。后来参加反对独裁、争取民主的斗争，1946年7月15日在昆明被国民党特务暗杀，时年47岁。全部著作由朱自清等编成《闻一多全集》。

290. 莘

姓氏：莘
祖宗：祝融
分类：以国为氏
姓氏起源：
（1）莘氏即是辛氏，因为它们的发音相近。
（2）以封国为姓，夏朝的初期，夏王启封高辛氏的儿子挚于莘（还有说封启的儿子于莘的），建立了莘国，它的望地在今陕西省合阳县东南，后来莘国灭亡以后，他的后代便以国名作为自己的姓氏。称做莘氏。
（3）以国名为姓。古代的时候有莘国，商汤就娶了莘氏的女儿，后代就以莘作为自己的姓氏。
（4）莘氏为古帝祝融后代。《潜夫论》记载道："祝融之子分为八姓：己、董、秃、彭、姜、曹、斯、莘等。莘就是其中的一个姓。
郡望：
天水郡：西汉时开始在此置郡。相当于今甘肃省天水、陇西以东的地区。治所在平襄，相当于今甘肃省通渭县西北。
堂号：
枣强堂、环州堂：明朝时期，莘野开始做儒学的训导，后来升任为枣阳县知县。他为官体贴百姓，为民做主，深得百姓的爱戴，被认为是好官。著有《环州集》。
迁徙分布：
今甘肃、山东、四川、安徽、浙江是莘氏族人主要的分布区域。
历史名人：
莘野（生卒年待考）：字叔耕，明朝时期归安人。博学多才，记忆力强，善于写文章。洪武初年开始由明经做儒学的训导，后来升任为枣阳县知县。廉政爱民，政绩显著，被百姓认为是好官。著有《环州集》。
莘氏女（生卒年待考）：据《史记·周本记》载："帝纣囚西伯于里闳夭之徒患之，乃求有莘氏美女……因殷嬖臣而献之纣。纣大悦，曰：'此一物足以释西伯，况其多乎！'及赦西伯。"

291. 党

姓氏：党
祖宗：夏禹
分类：以封为氏
姓氏起源：
党氏来源，根据《名贤氏族言行类稿》记载，是春秋时期晋国大夫姬氏后代。《姓氏考略》记载，鲁大夫有党氏，是周的公族的后代。党氏是上古圣君夏禹的后裔，

支裔世居党项，遂姓党氏。根据《韵府郡玉》记载，夏禹氏的后代中，唐代有党芬、党进。而《广韵》则记载，党氏原来是西羌姓氏，姚秦有将军党耐虎。党氏有西羌的血统，早在汉朝的时候，就有一支位于今青海省境内的西党，党项族就是部落的后裔，根据史书的记载是夏禹的支裔，故党氏后人奉夏禹为党姓的得姓始祖。

郡望：

冯翊郡：汉武帝时设置左冯翊，三国时期魏国将其改为冯翊郡。相当于今陕西省大荔县。

堂号：

忠武堂：宋朝党进，因为征伐太原而有功劳，所以他被任命为忠武军节度使。他身形魁梧，忠心老实。

迁徙分布：

党姓的望族居住在冯翊（今天的陕西省境内）。

历史名人：

党还醇（生卒年待考）：字子贞，明朝时期三原人。天启年间进士，知休宁县令。他勤于工作，处处为民着想，政绩很好。崇宁间，清兵攻击，他守住城堡，英勇抵抗，但是最后因为援兵没有及时赶到，城被攻破，他自己也因公牺牲。

党崇雅（1584—1666）：明末清初宝鸡人。天启年间进士，官至户部侍郎。崇祯年间，李自成起义，因为党崇雅在朝廷上的言论失当，被定为从贼罪，被革职。明亡清初，顺治年间授予他原来的职位，累升到国史院大学士，加太保。兼太子博。后来因为年老体衰而退休。

292. 翟

姓氏： 翟

祖宗： 黄帝

分类： 以国为姓

姓氏起源：

翟姓源于祁姓，为黄帝后代。上古时候，北方有翟族（后称翟国）。翟国是远古时黄帝后裔建立的。传至古代春秋时，翟国灭于晋国，后来晋国又灭于韩、赵、魏三国，到战国时，这三国又先后灭于秦国。在这长期战乱中，翟国人都以原国名为姓，逃奔迁居各地。由于各地方言不同，翟姓形成了两种读音，居于北方者读"dí"，迁居南方者读"zhái"。

郡望：

（1）汝南郡：西汉高祖刘邦四年（前203年）置郡，治所在上蔡（今河南上蔡），当时其时辖地在今河南省颍河、淮河之间、京广铁路西侧一线以东、安徽省茨河、西淝河以西、淮河以北，包括偃城县、上蔡县、平舆县、项城县一带地区，治所在上蔡（今河南上蔡）。东汉时期（25—220）移治至平舆（今河南平舆）。

（2）南阳郡：战国时秦国置郡。相当于今河南省南阳市一带。

堂号：

（1）传诗堂：汉朝时翟辅，四世皆传授《诗经》，征拜教郎，迁侍中，策试第一，官拜尚书。安帝宠信外戚，翟辅极力上谏。宠臣虽然厌恶他，但又怕他，所以又叫"宠畏堂"。

（2）忠孝堂：源自明万历年间，江南镇抚大将军翟国儒赴云南边疆平叛为国捐躯，祠堂被御赐"忠孝堂"。

迁徙分布：

如今，翟氏在全国分布较广，尤以河北、山东为多，这两省翟氏占全国翟氏人口的45%以上。

历史名人：

翟公（生卒年待考）：西汉时人。初为廷尉，宾客盈门；被贬后，门庭冷落；后复职，宾客又欲前往。翟公于是在大门张贴告示说："一死一生，乃知交情。一贫一富，乃知交态。一贵一贱，交情乃见。"

翟义（？—7）：汉朝人，为翟公之孙。20岁时即任南阳都尉，后升任弘农河内东郡太守。平帝死后，王莽摄政，称"摄皇帝"，翟义起兵讨伐王莽，立刘信为帝，自号大司马柱天大将军。移檄郡国，国人达10余万。后被王莽击败，被杀，夷灭三族。

293. 谭

姓氏： 谭

祖宗： 姒姓

分类： 以国为氏

姓氏起源：

谭姓源于姒姓。相传尧时中原洪水泛滥，尧派鲧治水，鲧采用堵的方法，结果失败了。帝舜即位后任用鲧的儿子禹治水。据说鲧的妻子梦食薏苡，醒来后有了身孕，生下了禹。禹治水成功后，舜赐姒姓于禹。周初大封诸侯时，姒姓的一支被封于谭国（今山东省章丘县西），爵位为子。谭国国势一直不盛，不久就沦为齐国的附庸。到了春秋初期，齐桓公称霸诸侯，于周庄王四年（前683年）吞并了谭国。谭国国君之子逃亡到莒国（今山东莒县）。而留在故国的子孙就以国为氏，称谭氏，史称谭氏正宗，是为山东谭氏。

郡望：

（1）济阳郡：晋惠帝时分陈留置郡，治所在洛阳。相当于今河南兰考东境、山东东明南境。齐郡：西汉时改临淄郡置郡，治所在临淄（今属淄博市）。相当于今山东淄博市和益都、广饶、临朐等县地。

（2）弘农郡：西汉元鼎四年（前113年）置郡。置所在弘农（今河南灵宝北）。相当于今河南以南，宜阳以西的洛、伊、淅川等流域和陕西洛水、杜川河上游、丹江流域。

堂号：

善断堂：唐宪宗时，谭忠为燕的牙将，受燕的派遣出使魏。恰恰这时朝廷派大军

越过魏国去伐赵。魏牧田季安要兴兵，谭忠说："不可！如果兴兵，就是对抗朝廷，魏的罪就大了。"季安采纳了他的话，按兵不动。谭忠又说服燕牧刘济出兵帮朝廷伐赵，连克赵城饶阳、束鹿。魏和燕都受到朝廷表彰，大家都佩服谭忠善断。

迁徙分布：

谭氏起源于山东。汉代巴南（今川东、鄂西南部）少数民族中也有谭姓。巴南谭氏有可能是谭国遗民逃到巴南，融入当地民族形成的。谭氏早期主要在山东省境内繁衍发展，后因战乱、自然灾害、官职调迁等原因离开故土，向各地迁徙。汉代时，谭氏已分布于河南、山西等地。南北朝时谭氏开始迁入广东，唐末时迁入江西。五代时，福建泉州人谭峭在嵩山从事辟谷养气炼丹之术。他提出要"均其食"，幻想一种"无亲、无疏、无爱、无恶"的"太和"社会。从宋代起，谭姓人物渐多见于史册，分布地更广，集中于江南地区、江苏、浙江、安徽及湖南、湖北、四川等地。大约从清代开始，闽、粤谭氏部分族人迁徙至东南亚，侨民于新加坡等国。

历史名人：

谭嗣同（1865—1898）：字复生，号壮飞，湖南浏阳人，改良派政治家、思想家，其父为巡抚。谭嗣同不仅饱读经书，而且遍历南北各省，足迹踏至新疆、台湾等全国各地。游历中他对祖国大好河山留连忘返倍加热爱，对列强蹂躏奴役下的民众灾难倍感痛心疾首。面对满目疮痍日趋衰落的中华民族，他冥思苦索着挽救良策，终于从西方自然科学与社会政治学说中找到了变法图强的道路，形成了变法维新思想。这一思想自中法战争萌芽，至中日甲午战争后迅速发展。甲午战争后，愤中国积弱不堪，在浏阳倡立学社。1896年入资为候初知府，在南京候缺，著《仁学》成稿。1897年，协助湖南巡抚陈宝箴、按察使黄遵宪等设立时务学堂，筹办内河轮船、开矿、修铁路等新政。次年又倡设南学会，办《湘报》，宣传变法。八月以徐致靖荐，被征入京，任四品衔军机章京，参与戊戌变法。九月政变发生，与林旭、杨锐、刘光第、杨深秀、康广仁等同时遇害，史称"戊戌六君子"。谭嗣同来到世上仅仅33个春秋，但他用鲜血与生命去实现自己的抱负。时间虽短，他留给后人的东西却十分丰富。一部《仁学》中留下了其深邃而又进步的哲学思想，在中国哲学史上占有一席之地。变法虽败，但其不屈不挠以生命唤醒国民的精神永存。

294. 贡

姓氏： 贡

祖宗： 子贡

分类： 以父字为姓

姓氏起源：

贡姓源于端木姓：春秋时期，在孔子门下求学而道艺精通的72人中，有个叫端木赐，字子贡。他原是卫国人，善于经商，是孔子弟子中最富裕的。他又善于辩论，做事很能干，当过鲁国的宰相。但他"富贵而能谦恭守礼"，故他的家族很昌盛。于是他的后代，一部分以父名为姓，相传姓端木；一部分以父字为姓，相传姓贡。

郡望：

广平郡：汉景帝中元元年（前149年）分邯郸郡置郡，治所在广平（今河北省鸡泽东南）。相当于今河北省任县南和、鸡泽、曲周、永年及平乡西北、肥乡东北一部分地区。

堂号：

秀野堂：源自南宋贡祖文镇守秣陵时，岳飞刚刚取得项城大捷，就遭到朝中主"和"派奸佞秦桧等人以"莫须有"罪名的陷害，岳飞及长子岳云被关押在临安大理寺监狱里，岳飞一家老小也被发配到当时尚未开化的蛮夷之地岭南。当时任秣陵关总镇的贡祖文表示愿意用全家四人（夫妇二人及两个儿子）的性命担保释放岳飞、岳云，并星夜兼程前去营救。但时值寒冬腊月，风雪交加，又加路途遥远，交通不便，等贡祖文由秣陵辗转赶至临安时，岳飞父子已经惨遭奸佞毒手。贡祖文悲愤之余为保护岳飞后代，冒着全家生命危险，从临安将岳飞当时仅十二岁的三子岳霖带回来隐匿于秣陵总镇军部。又恐怕日久生变，于是上书朝廷，以体弱多病为由辞官隐退，并将全家由宣城迁至今天的江苏省丹阳县延陵乡柳茹村（秀野堂）居住。岳霖也埋名隐姓为贡，与贡祖文的两个儿子贡铁、贡贤一起习文练武，过着植柳养鱼的淡泊生活。直到宋孝宗即位（1162年），岳飞21年前的沉冤才得以昭雪，贡祖文适时献出了当时已32岁的岳霖。孝宗为表彰贡祖文的忠肝义胆，特赐他"旌表忠义"御匾一块。

迁徙分布：

今江苏省扬中市、苏州市、常州市武进区、泰兴市、镇江市丹阳市、盐城市滨海县、江阴市、南京市句容县、无锡市、六合市，安徽省宿州市、宣城市、来安县、蚌埠市怀远县、淮南市凤台县、天长市，河北省廊坊市、广平市，湖北省麻城市、十偃市、黄冈市，浙江省汤溪县、金华市兰溪县，河南省商丘市、浚县、信阳市、商城县，内蒙古自治区赤峰市，重庆市开县，广东省广州市，辽宁省沈阳市，吉林省，上海市，江西省，北京市，台湾省，美国等地，皆有贡氏族人分布。

历史名人：

贡禹（前127—前44）：西汉大臣、博士，前汉琅琊人。官至御史大夫，他曾因年岁收成不好、郡国贫困而上书抨击朝廷奢侈过度，建议减轻徭役赋税。汉元帝听从他的建议，采取了一些措施赈济贫民。

贡奎（1269—1329）：字仲章。元朝宣城人。天性颖敏，10岁能属文。长益博综经史。仕元为斋山书院山长。著有《云林小稿》、《听雪斋记》、《青山漫吟》、《倦游录》、《豫章稿》、《上元新录》、《南州纪行》等共120卷。

295. 劳

姓氏： 劳

祖宗： 未知

分类： 以山为氏

姓氏起源：

劳氏起源于汉代，是一个以山为氏的姓。在今山东省青岛市东面的海面上，有一

个有名的风景胜地——崂山。崂山在古代的时候称为劳山。居住在崂山的人一直自为体系，很少与外界的人交往。相传在秦始皇时期，方士徐福带领着5000童男童女出海访仙，就是从崂山上的船。居住在崂山的人一直到西汉时才开始与外界的人交往，也就是从这时开始，他们成为了汉王朝的百姓。汉王朝在这个时候赐他们为劳姓。世代相传。

郡望：

（1）武阳郡：隋代的时候将魏州改为武阳郡，唐代的时候又改为魏州。相当于今河北、山东、两省之间的地区。

（2）松阳县：在今浙江岁昌县。

（3）渤海郡：西汉置。在今河北省、辽宁省的渤海海湾沿岸一带。

堂号：

（1）武阳堂：以望立堂。

（2）松阳堂：以望立堂。

（3）渤海堂：以望立堂。

迁徙分布：

劳氏望族居住在武阳（今河北大名县东部）、松阳（今浙江松阳县东）。

历史名人：

劳泉（生卒年待考）：清代诸生，字平甫，仁和人。他和劳革两人专攻历史书，在当时很有名气，人称"二劳"。

劳钺（生卒年待考）：字廷器，明代进士，江西德化人。历任江浦、临江、山阳三县，政绩很好，深得百姓的爱戴。后来迁任湖州太守。

296. 逄

姓氏： 逄

祖宗： 炎帝的后裔

分类： 以国名为姓

姓氏起源：

逄姓源于姜姓，上古炎帝的后裔。炎帝的子孙中有人名叫陵，商朝初年受封于逄（今天的所在地不详），建立了逄国。也称为逄伯郡。到西周武王时，逄国灭亡，改其地为齐，改封给姜太公，逄国的后人以原来的国名作为姓氏，称为逄氏。

郡望：

（1）谯郡：东汉时期置郡。在今安徽、河南两省之间的地区。

（2）北海郡：汉景帝中元二年（前148年）置郡，相当于今山东省境内。

堂号：

计复堂：越王勾践从吴国回来，想报亡国之仇。大夫逄同建议说："吴国现在德少功多，必定很骄傲。我们要是想灭吴雪耻，必须结交齐国，放弃楚国，跟邻近的国家友好，表面上对吴国友好。这样一来，吴国必然麻痹大意，我们利用它这个弱点，才能灭亡它。"勾践采用了逄同的计策，果然恢复了越国的强盛，灭亡了吴国。

迁徙分布：
逄氏望族居住在谯郡（今天的安徽亳县）、北海（今天的山东昌东县）。

历史名人：
逄丑父（生卒年待考）：据《春秋谷梁传》和《左传》记载：鲁国的季孙行父秃，晋国大将郤克眇，卫的孙良夫跛，曹国公子首偻，他们于公元前590年冬十月，同时被齐国邀请去做客。当他们到齐国后，每人都有齐国派的侍者，季孙行父由齐国的秃顶侍者招待，郤克由齐国的独眼者侍奉，孙良夫由齐国的跛痢者陪同，曹公子由齐国的佝偻者侍伴，齐国国君齐顷公之母肖太后同叔子在高处观看笑而讥之，客人非常不高兴地回国。晋国大将郤克认为这是齐国有意侮辱诸国，也是他本人的奇耻大辱，为雪此恨，次年（前589年），联合鲁、卫、曹三国军队，集战车八百乘，步兵六万，战于鞍（北马鞍山），这就是历史上著名的"齐晋鞍之战"。经过一场鏖战，"齐师败绩，逐之，三周华不注"。齐顷公乘坐的战车被树干绊住，骖乘逄丑父与齐君换装易位，晋国大将韩厥赶至，行臣礼，逄丑父"令"齐君去华泉取饮，齐顷公借机而逃。

297. 姬

姓氏： 姬
祖宗： 黄帝
分类： 以国名为姓

姓氏起源：
传说黄帝降生在一条称作"姬"的河边，于是形成了姬姓。周朝的贵族是黄帝的后代，所以周文王又叫作姬昌。周武王叫作姬发。而周朝结束之后，周朝的王族后代就便以国名为姓，开始改为姬姓。因此，周氏和姬姓是同族人。

郡望：
南阳郡：战国时期秦国置郡。相当于今河南省南阳地区。

堂号：
寿丘堂：因为黄帝是姬姓的始祖，而黄帝又是生于寿秋，所以有这个堂号。

迁徙分布：
姬姓的望族居住在南阳（今河南南阳）。

历史名人：
姬昌（前1152—前1056）：商朝末年周族的领袖。商纣王时代为西伯，纣王听信了大将崇侯虎的谗言，把姬昌招来囚禁于河北汤阴北。他的大臣散宜生等人向纣王敬献美女、宝贝、玉石才将姬昌放了出来。姬昌回到岐山领导周族人民发展生产，训练军队，任用贤才，联合了一些受到商统治者奴役压迫的族部小国，组成反商的联盟。攻灭了黎（今山西长治西南）、崇（今河南篙县北）等国。定都奉邑（今西安市西南），又调解了虞、芮两国的争端，使两国归附。他在位50年，奠定了周灭商的基础。姬昌死后，他的儿子武王（姬发）灭了商，建立了周朝，并追封其父为文王。

298. 申

姓氏：申
祖宗：伯夷
分类：以国名为姓

姓氏起源：
伯夷，名允，商末孤竹国（今河北省卢龙西）君长子，商先族旁支后人。父死时，遗命立三子叔齐为嗣君，弟兄互让，相偕去周，投西伯姬昌（即周文王）。西伯死，武王举兵伐纣，他和叔齐叩马而谏，以为父丧用兵，是不孝、不仁。武王严词拒之，后经牧野之战，商纣自焚，商王朝土崩瓦解。伯夷和叔齐避逃至首阳山（在今山西省永济南），不食周粟而死。但其后代仍留居周王朝，成王即位后，便封伯夷的后代在申建立申国。春秋初，申国被楚文王所灭，其后子孙以国为氏，称申姓。他们尊伯夷为申姓的得姓始祖。

郡望：
琅琊郡：山东省东南部诸城、临沂、胶南一带。

堂号：
忠孝堂：春秋时，白公胜叛，把左司马申鸣的父亲抓去威胁申鸣。申鸣说："我原是父亲的儿子，现在是王的臣，怎么能不做忠臣呢？"于是不顾父亲安危，一战而杀了白公胜。

迁徙分布：
如今，申姓在全国分布甚广，尤以河南、山东多此姓，两省申姓约占全国汉族申姓人口的43％。

历史名人：
申包胥（生卒年待考）：姓公孙，封于申，所以号为申包胥。春秋时做楚国大夫。与伍员即伍子胥有很好的交情。伍子胥因为父兄被害逃往吴国的时候曾对包胥说："我必复楚国。"包胥回答他道："子能复之，我必能兴之。"后伍子胥以吴军攻楚，入其都，包胥跑到秦廷求救，不吃不饮在秦廷上哭了七天七夜，秦国终于被感动了，派了500辆战车去营救楚国，打败了吴军，楚昭王于是得以保国，要奖赏包胥，包胥逃而不受。

申不害（约前385—前337）：战国时韩国京人。他在韩国朝廷中做了长达15年的宰相，以很高明的领导才能把韩国的政治、外交处理得井井有条，使韩国虽然处于一个战乱连年的年代但国家却没有受到任何的干扰和袭击，因而变得国富民安。他学术上的思想源于黄老，主张刑名，和韩非子一起被称为"申韩"，是法家的始祖，其著作有《申子二篇》。

299. 扶

姓氏：扶
祖宗：扶登
分类：以人为氏
姓氏起源：
相传夏禹为天下之王的时候，他的手下大臣有一个叫扶登的，通常被认为是扶姓的始祖。他的子孙也跟随姓扶。
郡望：
（1）京兆郡：据《郡望百家姓》记载，望出京兆郡，及首都直辖区。相当于今陕西西安市至华县一带。
（2）河南郡：秦朝时期名为三川郡。
堂号：
翼汉堂：汉代廷尉扶嘉的母亲在汤溪的边上遇见龙而生了他。汉高祖还是汉王的时候遇到了嘉，嘉劝汉王定三秦。高祖看到嘉的思想出发点是为了辅佐汉室，于是就赐他姓扶。
迁徙分布：
扶姓的望族居住在今河南洛阳县一带和今陕西长安东部。
历史名人：
扶猛（生卒年待考）：字宗略。北周上甲黄土人。在梁朝做官的时候是南洛北司二州刺史。魏时做了罗州刺史。跟随着贺若敦南讨信州，到了白帝城，为百姓着想，不采取强攻的方式，而是抚慰百姓。于是人民都高兴地归附了。使地方的人民生活不受到损失，而且安定治理。因为他的功劳被授为开府仪同三司，封为临江县公。
扶克俭（生卒年待考）：字共之，光山人，明朝时期文士。万历年间进士，是朝廷的御史，所管辖的地区有辽东、山东等地。因为揭发他人而被害入狱过，后来复职，为民造福，政绩很好。谥号为忠毅。

300. 堵

姓氏：堵
祖宗：洩寇
分类：以封地为氏
姓氏起源：
堵姓源于姬姓，出自春秋时郑国，以封邑名为氏。春秋时期郑国有大夫洩寇，是执政大臣之一，与叔詹、师叔被称为"三良"。因他被封于堵邑（今河南省方城一带），所以又称为洩伯、洩堵寇、堵叔。他的后代子孙就以封邑名"堵"为姓，称堵姓。

郡望：

河南郡：汉高祖时置郡，相当于今河南省洛阳市一带。

堂号：

知兵堂：明朝时堵允锡以户部郎中出任长沙太守，率乡兵剿灭山贼。后来授湖北巡抚，贼人李锦有 30 多万众，被允锡打得投降。从此军威大振，人们都夸他知兵。

迁徙分布：

如今，江苏无锡、上海、山东滕州、湖南常德、安徽固镇、河南原阳，皆有为数不稀的堵姓人分布。其中河南新乡原阳有堵庄（1000 多人）、堵寨（600 多人）两个村；无锡江阴有个堵家村，约有 300 户人家。全国各地另有零星分布。

历史名人：

堵简（生卒年待考）：元代诗人、画家。通经史，工诗画，元末为江浙行省检校官。平章时，庆童领兵复松江，堵简为参谋，后兵败，为贼所擒，不屈而死。

堵霞（生卒年待考）：清代女诗书画家。进士伊令女，诸生吴音室。博通经史，能诗善画，她的画玲珑优美，尤其是小楷写得神妙秀气。

301. 冉

姓氏： 冉

祖宗： 冉季载

分类： 封邑名为姓

姓氏起源：

冉姓为周文王姬昌的后裔。文王第十子季载，武王封之于冉（今四川茂县），称冉季载，以有令名于天下而辅佐成王。其后世子孙以封邑名为姓，去邑旁为冉姓。

郡望：

(1) 东鲁郡：泛指今山东济南、泰安、兖州等地。

(2) 武陵郡：汉高祖置，治所义陵，在今湖南省溆浦县南。

(3) 魏郡：汉代置郡，治所在邺县（故城在今河北临漳西南），辖境相当今河北武安以南，涉县以东，山东冠县以西，河南滑县以北地区。

(4) 琅琊郡：也称琅琊国、琅岈郡、琅玡郡。春秋时期的齐国有琅琊邑，在今山东胶南县琅琊台西北，有越王勾践迁都至此之说。

堂号：

(1) 武陵堂：以望立堂。

(2) 琅琊堂：以望立堂。

(3) 魏郡堂：以望立堂，也称临漳堂。

(4) 南面堂：孔子弟子冉雍，气量宽宏，沉默重厚，孔子夸他有人君风度，"可使南面"。

迎圣堂：孔子弟子冉求，性谦逊，多才多艺，大败齐师，将流亡在外 14 年的孔子迎回鲁国。

迁徙分布：

如今，冉姓在全国分布较广，尤以四川、重庆两地多此姓，约占全国汉族冉姓人口的49%，另贵州、河北亦多此姓，上述四地之冉姓约占全国汉族冉姓人口的79%。

历史名人：

冉季载（生卒年待考）：周文王第十子，周武王的弟弟。周武王伐纣灭商，建立周朝后，封弟季载于冉。因他有驯行，周公就举他为周司空，辅佐周成王，有令名于天下。

冉求（前522—前489）：即冉有，字子有，春秋时鲁国人，是孔子的学生。因为冉求做了季孙氏的家臣，帮助季孙氏发展新兴地主阶级的势力，所以孔子对他极其不满，声称冉求不再是他的学生，要他的学生"鸣鼓而攻之"。

302. 宰

姓氏： 宰

祖宗： 宰孔（宰周公）

分类： 以官职为姓

姓氏起源：

宰姓源于姬姓，是一个以官职名作为姓氏的姓。据《元和姓纂》和《姓解》记载，春秋时期有周公旦的后裔周公孔在周朝担任太宰，故被称为宰孔、宰周公。他的后代以祖上的官职作为姓氏，称宰氏，成为宰氏的一支主要源流。宰姓始祖：宰孔（宰周公）。据《元和姓纂》记载："周大夫宰孔，周公之后，以官为姓。宰予，仲尼弟子。"《姓解》上指出："周卿士宰孔之后……"还说："当时周天子的太宰的后裔之中，也有以宰为姓的。"由此可见，头一个以宰为姓的人，是周朝时宰孔的周公子孙，他们在距今两千多年前"以官为氏"而姓了宰。源自周大夫宰孔的宰氏，由于是周公之后，发祥于当时的鲁国，即今山东省境内。著名的孔子弟子宰予，便是春秋时代的鲁国人。出自太宰的一支宰氏，据《姓解》上说是"望出西河"，古代的西河，在今山西省的西北部。故宰氏后人尊宰孔为宰姓的始祖。

郡望：

西河郡：相当于今陕西、山西两省之间的黄河沿岸地区。

堂号：

临淄堂：孔子的门下出了很多栋梁之材，其中有一个叫宰我的，做了临淄宰。

迁徙分布：

宰姓主要分布在山西省离石县一带。

历史名人：

宰孔（生卒年待考）：名孔，周朝大夫，任周王室太宰，周公之后，也称之为周公孔、宰周公。或谓即周公忌父，或谓周公忌父弟。为宰姓始祖。

宰予（前522—前458）：中国儒学者，春秋时期鲁国人，字子我，又名宰我，是孔子的得意门生，列于孔门言语科，口才特别好，而勿厚于德，和子贡一样因为辩才而有名。有一次他问孔子说："一个人死了父母以后要求守孝三年，这时间是不是过于

长了。君子三年不习礼仪,礼仪一定会遭到破坏的;三年不奏乐,音乐也肯定会溃散。依我之见,守孝的时间一年也就够了。"孔子反问:"父母去世一年以后就一切恢复正常,你能心安理得吗?"宰予说:"能。"孔子说:"你要是能安心就那样做。君子在为父母守孝的时候,即使吃美食也不会觉得甘美,听音乐也不会觉得好听,所以才不忍心那样做呀。"宰予退了出去。孔子说:"宰我实在是太不仁义了。小孩子生下来三年后才开始能稍微离开父母的怀抱;所以子女为父母守孝三年是天下共同遵行的道理呀。"看到宰我在白天睡觉,孔子又说:"朽木不可雕也。"后来宰我出任齐国的大夫,参与反对齐简公的叛乱,他的全家因此被杀害,孔子认为这很不值得,称"以言取人,失之宰予"。宰予在唐开元年间被封为"齐侯",宋又封"临淄公",后又改称为"齐公"。宰予曾任齐国临淄大夫,是孔门"七十二贤"之一。

303. 郦

姓氏:郦

祖宗:郦涓

分类:以地为氏

姓氏起源:

郦姓是个古老的姓氏,为黄帝后裔,发祥地在中原地区。根据《元和姓纂》记载,夏禹封黄帝的后裔于郦邑(今河南省内乡县郦城村),名叫郦涓,他的族人以后就"以地为氏",称为郦氏。后来,族人迁居于新蔡郡,即河南省新蔡县。

郡望:

郦姓望族居新蔡(今河南固始县东)。晋惠帝将汝阴郡分出新蔡郡。在今河南省新蔡县一带。

堂号:

广野堂:西汉郦食其,落魄时为里门监,为汉高祖定计下陈留,又下齐70余城,封广野君。

迁徙分布:

诸暨郦氏迁徙路线:河南内乡→河南新蔡(固始)→陕西骊山(临潼)→河南陈留(开封)→河北涿州→河北郦亭→江苏维扬(扬州)→浙江会稽(长子);浙江兰溪(次子)、浙江诸暨(三子)、浙江台州(幼子)。其中,浙江诸暨郦氏发展到江苏丹阳、镇江、常州,山东青州,安徽安庆,上海市区,湖南耒阳,广东肇庆,浙江义乌、衢州、杭州,四川成都,香港、台湾地区和美国等地。

历史名人:

郦涓(生卒年待考):黄帝八世孙,禹治水成功后,建立夏朝,尊崇华夏始祖黄帝,封其后人西涓于郦邑(今河南内乡),建立郦国,改称郦涓,是为内乡始祖,成为中华郦氏宗族最早源头。

郦道元(470—527):字善长,生于魏孝文帝延兴二年壬子(472年)。为官期间,采取严厉手段,打击邪恶势力,但因此得罪权贵。孝昌三年丁未十月(527年11月),雍州刺史萧宝夤在长安发动叛乱,北魏朝廷任命道元为关右大使,被萧宝夤叛军杀害,终年五十六岁。道元勤奋好学，广泛阅读各种奇书，经过多年辛苦，终于写成名垂青史的著作《水经注》，记录河流1252条，全书达30万字，共40卷，开创了我国古代"写实地理学"的历史，在世界地理学发展史上也占具重要的地位。

304. 雍

姓氏：雍
祖宗：雍伯
分类：以国为姓
姓氏起源：
雍氏源于姬姓，是三千多年前周朝王室的后裔，得姓始祖是周文王的第十三个儿子雍伯。周成王即位之后，雍伯被封为雍国，成为周天子的诸侯。古代雍国的所在地就是在现在的河南省泌阳县东北与修武县接境的地方。根据《通志·氏族略》记载，雍读去声，原来是雍伯受封之国，雍伯的后裔称为雍氏。而《名贤氏族言行类稿》上也指出，周文王的第十三个儿子雍伯的后代以国为姓，称为雍氏。

郡望：
（1）京兆郡：即首都长安直辖区。相当于今陕西省西安市至华县一带。
（2）平原郡：始建于西汉高祖时期的西汉初年（前206年），治所在今山东省平原县西南。辖境相当于今山东省平原、陵县、禹城、齐河、临邑、商河、惠民、阳信等地。东汉以后，或为国，或为郡。北魏时期废黜。隋、唐两朝时期曾以德州为平原郡，治安德，即今山东省陵县。
（3）颍川郡：战国时期秦国灭韩国后，以所得韩地于秦王嬴政十七年（前230年）置颍川郡。之所以名为颍川郡，是因为有一条河，名为颍水，其上游支系流经郡中大部分地区。郡治设在阳翟（今河南禹州），其时辖地在今河南省许昌市、长葛县、登封市、宝丰县以东，尉氏县、鄢陵县以西，密县以南，叶县、舞阳市以北一带的广大地区。南北朝时期东魏朝武定年间（543—550）治所移至颍阴（今河南许昌），北齐则改为长社县。隋朝初期曾废黜颍川郡。唐朝时期复改为长社，后又曾改许州为颍川郡。

堂号：
（1）京兆堂：以望立堂。
（2）平原堂：以望立堂。
（3）颍川堂：以望立堂。

迁徙分布：
今北京市，东北一带，湖南省沅江市新华乡、江西省萍乡市萍西镇，云南省陆良县芳华镇，甘肃省临洮县、康乐县，内蒙古自治区呼和浩特市，上海市，山东省济南市，云南省昆明市，四川省泸州市、渠县、成都市、南充市、蓬安县、广元市、南部县，广西壮族自治区桂林市，贵州省的遵义市，江苏省南京市、沛县、淮安市、宝应县、如皋市，宁夏回族自治区银川市、中卫市、平罗县，安徽省和县、台湾省。陕西省西安市东郊等地，皆有雍氏族人分布。

历史名人：

雍陶（789—873）：字国钧，成都人。他是唐代后期的重要诗人，尤以写山水名噪一时，被称为"山水诗人"。雍陶少年时家境贫困，因蜀中战乱，颠沛流离，羁旅他乡。他曾考试落第，写有《自述》诗："万事谁能问，一名犹未知。贫当多累日，闲过少年时。灯下和愁睡，花前带酒悲。无谋常委命，转觉命堪疑。"叙述了他当时穷困潦倒和悲观失望的心清。他又曾把自己的诗文写成卷轴投送给当时的宰相裴度。唐文宗大和八年（834年）登进士第，为当时名辈所推重。唐宣宗大中六年（852年）授国子毛诗博士。在长安，他与张籍、王建、贾岛、无可、徐凝、章孝标等友善，以琴樽诗翰相娱，时相唱和赠答。这些人中有的是当时名士，有的因怀才不遇而后归隐，他们对雍陶有非常大的影响，虽然雍陶曾出任简州（今四川省简阳）和雅州（今四川省雅安）刺史，但后来雍陶却辞官隐居庐山，养疴傲世，与尘世隔绝而终。

305. 郤

姓氏： 郤

祖宗： 郤宛

分类： 以封地为姓

姓氏起源：

郤姓源于姬姓，以封地为姓。春秋时，晋献公征伐翟人，公族子弟叔虎奋勇当先，带领晋军攻破翟人营垒，打败了翟人。事后晋献公把郤邑（山西泌水下游一带）封给他，建立郤国，为子爵，称郤子。他的后代遂以封地为姓，称郤氏。郤氏在晋国世袭卿位，后来被晋厉公灭族，有子孙逃到楚国，楚昭王时郤宛任左尹，其子孙后代沿袭祖姓为郤姓。

郡望：

（1）济阳郡：战国时期为魏国城邑，西汉时期改置为济阳县，治所在今河南省兰考县东北部。

（2）济阴郡：汉景帝中元六年（144年）置济阴国，汉元帝初元元年癸酉（前48年，一说汉武帝建元三年）改为济阴郡，治所在定陶（今山东定陶），其时辖地在今山东菏泽附近、南至定陶、北至濮城地区。东汉元帝初元元年（前48年）改为济阴郡，辖地在今山东省定陶县一带。

（3）山阳郡：古代山阳郡有二：①汉景帝中元六年（前144年）将梁国分置为山阴国，不久以后的汉武帝建元年间（前140—前135），又将其改为山阳郡，其时辖地在今山东省独山湖周围金乡县一带地区。②东晋朝义熙年间（405—418），晋安帝将广陵郡分置山阳郡，治理山阳附近的地区，其时辖地在今江苏省清江、淮安一带。至隋朝初年（581年），隋文帝又移其治所到今江苏省淮安市一带地区。

堂号：

（1）济阳堂：以望立堂。

（2）济阴堂：以望立堂。

（3）山阳堂：以望立堂。

迁徙分布：

郤姓人口虽不多，但山西、河北、陕西、黑龙江、内蒙古、北京、江西、湖北、上海、江苏、安徽、浙江、贵州、云南、广东、广西等地皆有分布。

历史名人：

郤犨（？—前573）：春秋时晋国大夫，有辩才。与郤锜、郤至组成春秋中期晋国权臣集团。三人皆晋国郤氏家族成员，时人称之三郤，又作三郄。

郤缺（？—前597）：春秋时晋国大夫。耨于冀，其妻饷之，相敬如宾。文公闻其事，用为下军大夫。

306. 璩

姓氏： 璩

祖宗： 蘧伯玉

分类： 以避难改姓

姓氏起源：

璩氏的先祖为春秋战国时卫国大夫蘧伯玉，河南长垣县伯玉村人，传二十七世至"瑗"，曾任唐光禄大夫，居豫章（今江西省南昌市），于唐朝天宝年间蒙冤遭参，为避祸将其全家分三姓各自逃亡，即易"蘧"姓为"璩"、"瞿"和"渠"，音同字异，仍为一家。而"璩"字是"蘧"字去草头，去走之，意在愿后人不做官、不坐车，做布衣平民，耕读传家；加王旁，意为不忘先祖"伯玉"。因此"璩"姓虽为小姓，亦不失源远流长。北宋钱塘儒生编撰之《百家姓》，最初所载只有411姓，而第306姓即为"璩"姓。蘧伯玉事卫三公（献公、襄公、灵公），因贤德闻名诸侯。据《淮南子·卷二十·泰族训》称："故臧武仲以其智存鲁，而天下莫能亡也；璩伯玉以其仁宁卫，而天下莫能危也。"故璩氏后人尊蘧伯玉为璩姓的始祖。

郡望：

（1）黎阳郡：古代县名。西汉时置，相当于今河南省浚县以东一带地区。

（2）豫章郡：楚、汉之际置豫章郡，治所在豫章，今江西南昌。

（3）汲郡：西晋朝泰始二年丙戌（266年）置郡，治所在汲县（今河南汲县），其时辖地在今河南省汲县，不久即废。宋朝时期辖地在今河南省卫辉县。

堂号：

（1）黎阳堂：以望立堂。

（2）豫章堂：以望立堂，亦称南昌堂。

（3）汲郡堂：以望立堂。

迁徙分布：

琚氏、蘧氏、璩氏、瞿氏、渠氏五姓族人主要分布在河南、湖南、安徽、福建、山西、湖北、浙江、河北、山东、江西、浙江、江苏等省。

历史名人：

璩伯昆（生卒年待考）：明朝桐城人，那里是学者荟萃之地，而璩御史后来去广东和江西做官时，就很重视文化教育。

璩贞女（生卒年待考）：女，益阳（今湖南桃江）人。明朝初期著名民间刺绣艺术家。人们只知其姓，不知其名，因终生未嫁，旧志上称她为贞女，她还建有著名的桃花江古桥。

307. 桑

姓氏：桑
祖宗：公孙枝
分类：以先祖名字为氏
姓氏起源：

（1）桑姓出自秦国。春秋时期秦国公族有叫公孙枝，在秦穆公执政时期担任秦国的大夫，他最著名的贡献，就是向秦穆公荐举了原虞国的大夫虞奚。在公孙枝的后裔子孙中，有以先祖名字为姓氏者，称子桑氏，后省文简化为单姓桑氏，世代相传至今，史称桑氏正宗。

（2）桑姓出自金天氏，为少昊后代。少昊又称为金天氏。后来因为居住在穷桑，并且在他居住在穷桑的时候登上了帝位，所以又号穷桑氏。他的子孙的一部分以他的号作为姓氏，称为穷桑氏，后来简化为桑氏。

（3）相传，神农氏娶了桑氏作为自己的妻子，他们的后代于是有以桑为姓的，称作桑氏。

郡望：

（1）黎阳郡：黎阳县设置于西汉初期，北魏的时候改黎阳县为黎阳郡。在今河南省中部。

（2）河南郡：汉高祖时设置。在今河南省洛阳市一带。

堂号：

（1）河南堂：以望立堂。

（2）黎阳堂：以望立堂。

（3）枢密堂、淮翼堂：明朝时，桑世杰被封为秦淮翼元帅，连克镇江以东诸州县，任行枢密院事。

迁徙分布：

桑氏的望族居住在河南（今河南洛阳东北）、黎阳（今河南省境内）。

历史名人：

桑弘羊（前152—前80）：汉臣，洛阳人。出身在商人家庭，自幼有心算才能，13岁入侍宫中。自元狩三年（前120年）起，终武帝之世，历任大司农中丞、大司农、御史大夫等职，与担任大农丞的大盐铁商东郭咸阳、孔仅二人深得武帝宠信。元狩年间后，在桑弘羊的参与和主持下，先后实行了盐、铁、酒官营、均输、平准、算缗、告缗，统一铸币等经济政策。此外，还组织了60万人屯田戍边，防御匈奴。这些措施都在不同程度上取得了成功，暂时缓解了经济危机，史称当时"民不益赋而天下用饶"。桑弘羊以此赐爵左庶长。武帝后元二年（前87年），桑弘羊由搜粟都尉迁任御史大夫，与霍光、金日䃅、上官桀四人同受遗诏辅佐昭帝。始元六年（前81年），昭帝召集各地贤良文学至长安，会议盐铁等国家大事。贤良文学反对盐铁官营和均输平准等与民争利的政策，力主改弦更张，桑弘羊与之展开辩论。由于桑弘羊的坚持和封建国家财政方面的需要，当时除废止酒类专卖改为征税外，盐铁官营等各项重要政策仍沿袭不变。次年，桑弘羊因与霍光政见发生分歧，被卷入燕王旦和上官桀父子的谋反事件，被处死。

308. 桂

姓氏：桂
祖宗：季桂
分类：以音为氏
姓氏起源：
桂姓源于姬姓，为周王胄后裔。据《桂氏家乘序》记载，周王的后裔姬季桢曾经任过秦国的博士。秦始皇焚书坑儒的时候，姬季桢被杀害了。姬季桢的弟弟季桂为了逃避株连的命运，就按自己名字的读音将姬季桢的四个儿子更改姓名。老大叫桂奕，居住在幽州守坟墓；老二叫昋突，迁居济南朱虚；老三叫炅奖，居住于齐国历山；老四叫炔奘，移居河南阳城。于是有了桂、昋、炅、炔四个同音的姓。桂姓就是老大桂奕的后代。上面所说的四个姓，字虽然不同，但是音却是相同的，为同宗同源。五代的时候，四姓为了躲避战乱，南渡到广信、上饶等地区。

郡望：
（1）天水郡：西汉初置郡。相当于今甘肃省天水、陇西以东的地区。
（2）幽州郡：汉武帝所置的十三州之一。东汉的时候治所在蓟，即今北京市大兴县；晋代州治在涿，即今河北省境内。唐天宝年间为范阳郡。
（3）燕郡：在史书上没有这个郡名。今河北省北部，周代为燕国，又称作北燕。
（4）郁林郡：即秦朝时期的桂林郡。

堂号：
（1）天水堂：以望立堂。
（2）幽州堂：以望立堂。
（3）北燕堂：以望立堂。
（4）桂林堂：以望立堂。
（5）民祀堂：宋朝时有桂卿，原在南唐做银光禄大夫上柱国，晋司空、清边总辖使。入宋以后，加检校国子监祭酒，兼殿中侍御史。做了两个朝代的官，清廉爱民，百姓建庙奉祀他。

迁徙分布：
桂姓的望族居住在天水（今甘肃省通渭县西南）。

历史名人：
桂彦良（1321—1387）：名德，号清溪。明朝慈溪人。元乡贡进士，为包山书院山长。改平江路教授，罢归。章士诚、方国珍打算任用他，但随后都没有实行。洪武年间被征为公车，授太子正字。帝经常出御诗叫他对诗，他每一次都能对得很工整。后

来被升迁为晋王府左傅，帝曰："江南大儒，唯卿一人。"于是改升为左长史。曾经上书太平十二策。帝又称他为通儒。因老还乡。死后追谥为文裕。代表作为《清溪》、《清节》、《山西》、《老拙》等。

309. 濮

姓氏： 濮
祖宗： 舜的后代
分类： 以地名为姓
姓氏起源：
（1）濮姓源于有虞姓，为舜的后代。虞舜为炎黄部落首领时，其子孙散封于濮地，其后代遂以地名为姓，形成濮姓。
（2）濮姓源于高阳氏，为颛顼的后代。颛顼帝裔孙陆终之后，有另居于濮者，其后以地名为姓。
郡望：
（1）鲁国：西汉初年将秦朝原有的薛郡改为鲁国，三国魏及晋代改为鲁郡。
（2）濮阳：古县名。春秋时卫国都城，因地在濮水之北，故名。秦汉为濮阳县，属东郡。在今河南濮阳县。晋代析济阴郡之一部分之濮阳郡。隋代改为濮州。在今山东省濮州县。
堂号：
搏钪谔腥：元朝大德年间，因水灾年荒，乡民苦饥。濮鉴本是一农民，较富有，他捐出1000多担粮食赈灾，救活了很多人。
迁徙分布：
濮姓望族居于鲁国郡，即今山东滋县西部。
历史名人：
濮澄（1582—?）：字仲谦，明末清初金陵派竹刻创始人，刻竹技法与嘉定"三朱"迥异，不耐精雕细琢，往往只就其天然形态，稍加凿磨即已成器。匠心独运，以自然天趣见胜，名声噪甚。张岱《陶庵梦忆》说："南京濮仲谦，古貌古心，粥粥若无能者，然其技艺之巧，夺天工焉……然其所以自喜者，又必用竹之盘根错节，以不事刀斧为奇，则是经其手略刮磨之，而遂得重价。"宋荔裳《竹罂草堂歌》中有为仲谦赋："白门濮生亦其亚，大璞不斫开新硎。"所谓"大璞不斫"，是说能略施刀凿以见自然之趣。这与一般竹刻不同，须有很高的艺术修养才能为之，故能继承此法的人不多。清后期，文人学者都以仲谦的"大璞不斫"和浅刻为高古独绝，最为推崇，故文人竹刻都继承仲谦浅刻一脉，但也各有发展。浅刻技法适宜于刻扇骨、臂搁、竹杖之类。而这些品类亦正是文人所喜爱和常用者。

310. 牛

姓氏：牛
祖宗：微启
分类：以字为姓
姓氏起源：
牛姓源于子姓，为商朝开国帝王汤的后裔。始祖为宋微子启。周朝建立以后，封商朝皇族微启于宋地（今河南商丘），建立宋国。微子之后有人名牛父，官宋国司寇（掌管刑狱）。宋武公时，游牧民族长逖人进攻宋国，牛父率军抵御，不幸战死。他的儿子便以他的字为姓，称牛氏。

郡望：
陇西郡：战国时秦国置郡。相当于今甘肃省东乡以东及陇西一带。

堂号：
（1）陇西堂：实际上和牛姓望族郡号通用，陇西是牛姓繁衍发展中心，后世牛姓人不论走到哪里，只要打出这个堂号，便会相认是同宗，最初都来自"陇西"，相互交谈，倍感亲切，有事相助，尽心尽力。
（2）太史堂：唐朝牛凤及，撰写《唐书》。牛凤及是牛弘的曾孙，官至中书门下侍郎，撰写《唐书》，110卷。因一生主要功绩是修国史，故堂号叫"太史堂"。既然是纪念性的专用堂号，自然有歌功颂德之意。

迁徙分布：
牛姓主要分布在甘肃省东乡以东及陇西一带。

历史名人：
牛邯（生卒年待考）：狄道人，东汉名将，官护羌校尉，后擢太中大夫。才气勇力俱全，雄威边陲，后擢大中大夫。
牛金（生卒年待考）：三国时南阳人，曹仁麾下部将，官至魏后军将军，在军很有威望。司马懿害怕"牛随马后"，取代了他们的权力和地位，牛金将军惨遭司马懿毒酒暗杀。

311. 寿

姓氏：寿
祖宗：周章
分类：以祖先为姓
姓氏起源：
寿姓起源于春秋时期，出自姬姓。周太王子仲雍的曾孙名周章，居于吴。周武王克商以后，遂封其地，建立吴国，为周朝附庸。周章十四世孙寿梦主吴时，国势强大，称吴王，为诸侯国，与各国争抗，故春秋时吴国自寿梦始。寿梦的支庶子孙，有的以祖先名字为姓，形成寿姓。

郡望：

(1) 京兆郡：即首都长安直辖区。相当于今陕西省西安市至华县一带。

(2) 会稽郡：秦始皇二十五年（前222年）于原吴、越地置郡，治所在吴县（今江苏苏州），辖境包括有江南、浙江省大部及皖南一部。

(3) 彭城郡：彭城郡原为西汉时期的楚国所置。汉宣帝地节元年（前69年）以楚国改置彭城郡，治所在彭城县（今江苏徐州）。

堂号：

洁素堂：晋代寿良，治《春秋》三传，《左传》、《公羊传》、《谷梁传》。澡身洁素（时刻清洗自己的错误缺点，保持洁白干净），官太平府太守，撰秦国内史。李宓向朝廷推荐他，武帝征为黄门侍郎、梁州刺史，迁散骑常侍、大长秋。

迁徙分布：

今浙江省杭州市、诸暨市、绍兴市、温州市、嘉兴市、余杭市，上海市金山区，河南省鹤壁市浚县、开封市，湖北嘉鱼县、咸宁市，四川省绵阳市、会东县，安徽省界首市，内蒙古自治区包头市、集宁市，江苏省无锡市、徐州市、扬州市、寿州市、常州市，重庆市江北区、綦江县、奉节县，黑龙江省，台湾省台北市、高雄市，澳大利亚的悉尼市等地，皆有寿氏族人分布。

历史名人：

寿良（生卒年待考）：汉代兖州太守。字文淑，成都人。他不仅专研《春秋三传》，贯通五经，面且能够澡身浴德，在宦途上春风得意，曾官至梁州刺史，以历官有治著称。

寿宁（生卒年待考）：元代高僧，字无为，上海人。居静安寺，寺有名迹八处，因作《静安八咏》。并汇诸家之作，编著《静安八咏诗集》。

312. 通

姓氏： 通

祖宗： 伏羲的后代

分类： 以改姓为氏

姓氏起源：

通姓源于彻姓。秦汉时期，上蔡（今河南省上蔡西南）的乡间有一个读书人，见多识广，相传是伏羲的后代，后来被帝王知道后委以重任，让他担任丞相，并封他为彻侯。他的子孙后代以彻为姓，成为彻氏。到了西汉武帝时期，因为要避武帝刘彻的讳，所以改姓为通，成为通姓的一个来源。

郡望：

河西郡：通氏望出河西郡。战国时期魏国置郡。相当于今陕西、山西两省之间的地区。

堂号：

直忠堂：后汉时期，巴肃因对待朝廷忠诚而闻名。他痛恨宦官败坏朝廷的风气，于是与窦武、陈蕃一起密谋诛杀宦官。事情败露后，他被列入党锢。巴肃于是到县衙投案自首，县官佩服他的忠诚，要放弃官位和他一起逃亡。巴肃却对县官说："做大臣的，有阴谋就不能隐瞒朝廷，有罪就不应该逃避刑法。"结果他被朝廷判为死罪，惨遭杀害。历史上将他称为忠义之臣。

迁徙分布：

通姓的望族居住在西河（今山西省离石县）。河南省潢川县也有聚集性分布（以踅孜镇最为集中）。

历史名人：

通辨（生卒年待考）：元朝时期的高僧，雄县人。7岁时就拜礼真空为师，学习浮图法。皇庆初，万山和尚奉旨大做斋会，请通辨演法。忽然从法座放大光明，通辨圆寂了。当时白光四射，得到舍利子无数。

通琇（1614—1675）：号玉琳。清朝时期的高僧。江苏江阴人，19岁的时候出家为僧，居住在武康报恩寺。顺治年间被召见过三次，让他来说法，并且赐号为大觉禅师。他在要求回到天目山以后，又被加封普济能仁国师。康熙年间圆寂。

313. 边

姓氏： 边

祖宗： 子边

分类： 以王父字为氏

姓氏起源：

（1）商代有诸侯国边国（今地不详），为伯爵，称边伯，其后以边为氏。至周王朝时，有大夫名为边伯。

（2）出自子姓。周朝时，宋国国君的儿子名城（一名御戎），字子边，其后世子孙便以边为姓，成为边姓一支。

郡望：

（1）陈留郡：秦王政二十六年（前221年）置陈留县，汉代置陈留郡，在今河南省开封地区。

（2）金城郡：汉元始六年（前81年）置金城郡，相当于今甘肃省兰州以西、青海省青海湖以东地区。治所在允吾（今甘肃省永靖县西北）。隋大业及唐天宝、至德年间又曾改兰州为金城郡。

堂号：

腹笥堂：后汉边韶，字孝先，以文学知名，教了几百学生。边韶有一次白天睡着了，学生私自嘲笑他说"边孝先，腹便便，懒读书，但欲眠。"边韶回答说："边为姓，孝为字，腹便便，五经笥。思经事，寐与周公同梦，静与孔子同志，师而可嘲，出何典籍？"嘲笑他的学生羞愧得无地自容。后来边孝先官做到尚书令，最后当了陈国宰相。

迁徙分布：

边姓主要分布在甘肃省兰州以西、青海省青海湖以东地区。

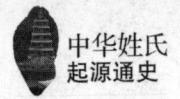

历史名人：

边韶（生卒年待考）：后汉凌仪人，字孝先，以文学知名，教了几百学生。他常常白天睡觉，学生私自嘲笑他说："边孝先，腹便便，懒读书，但欲眠。"边韶回答说："边为姓，孝为字，腹便便，五经笥。思经事，寐与周公同梦，静与孔子同志，师而可嘲，出何典籍？"嘲笑他的学生羞愧得无地自容。桓帝时，边孝先官至尚书令，其著作有《诗颂碑铭书策》15卷。

边镐（生卒年待考）：南唐升州人，李景时以行营招讨洪抚饶信筠等州都虞侯，攻取建州，王延政降，诸将皆争功，镐独无一言。寻平湖南马氏，进武安军节度。镐御下无法，行师唯以活人为务，时称边菩萨。会有孙朗之乱，竟丧楚地，坐削官。后周师至，镐起为将，军溃被执。世宗命为右千牛卫上将军，及割淮南请盟，乃归镐，景置而不用，后卒于金陵。

314. 扈

姓氏： 扈
祖宗： 有扈
分类： 以国为氏

姓氏起源：

据《风俗通》记载，夏朝有扈氏的后代，它是以国为氏的姓氏。另据《通志·氏族略》记载，扈氏源于姒姓，是夏时的诸侯，夏时为崇扈，秦时改为雩，国亡后子孙就以国为姓，称为扈氏。而根据《史记》记载，我国扈氏家族，是当年与夏启奋战的"有扈"后裔。有扈是当时的一个国家，位于今陕西省雩县的北部。他们被夏禹征服之后，就变成了中华民族的一分子，并且入境随俗，逐渐"以国为氏"，便姓了扈。

郡望：
京兆郡：即首都长安直辖区。相当于今陕西省西安市至华县一带。

堂号：
京兆堂：以望立堂。

迁徙分布：
扈氏主要分布在今陕西西安东一带。

历史名人：

扈辄（？—前233）：赵国大将，受业于儒学，早年随廉颇、庞煖征战，素为赵国佞臣郭开所重用，接管魏国所割让的邺郡三城。赵王迁二年（前234年），秦国大将桓齮攻邺，扈辄出兵拒之，双方大战于东崤山，扈辄兵败。桓齮乘胜追逐，遂拔邺，连破九城，扈辄退保宜安，向赵国告急。不久桓齮攻克赵国的平阳（今河北临漳县西）、武城（今山东武城县西），扈辄战死。

扈载（919—954）：字仲熙，幽州安次人（今河北），著名五代后周文学家。少好学，以文章驰名。后周广顺初（951年）登进士第，拜校书郎，为史馆编修，再迁监察御史。曾编次历代兴亡治乱之迹，撰写《运源赋》。又出游相国寺，见庭竹可爱，作《碧鲜赋》，题于寺壁。周世宗闻之，派太监前往抄录，览而称善，擢为水部郎中，知制诰,迁翰林学士。与堂兄扈蒙同掌诏诰,时称"二扈"。不久病卒。原著有集二十卷,已佚。

315. 燕

姓氏:燕
祖宗:燕君
分类:以国为姓
姓氏起源:
燕姓源于姬姓,为黄帝后代。黄帝有后名弃,为周朝始祖。周武王灭商后,封召公奭于燕,建立燕国,建都于蓟(今北京市),历史上为与延津一带的燕国相区别,称作北燕。召公派大儿子去管理燕国国政,自己留在国都镐京辅政。召公大儿子的后代世袭燕君共四十三代,后燕国被秦所灭,燕国公族子孙遂以原国名为姓,称燕姓。
郡望:
(1)上谷郡:公元前222年秦国灭赵后置上谷郡,治所为沮阳(今河北省怀来县东南)。
(2)范阳郡:三国时魏改涿郡为范阳郡。相当于今河北省涿县及北京市昌平县、房山县一带。
堂号:
召贤堂:战国时燕昭王想要振兴燕国,就以优厚的待遇向天下招贤。他拜郭隗为老师,为他筑黄金台,于是许多贤士从四面八方奔赴燕国,燕国于是得到振兴。
迁徙分布:
燕姓主要分布在今河北省涿县及北京市昌平县、房山县一带。
历史名人:
燕达(生卒年待考):字逢辰,北宋开封人。为儿时,与侪辈戏,辄为军陈行列状,长老异之。既长,容体魁梧,善骑射。以材武隶禁籍,授内殿崇班,为延州巡检,戍怀宁砦。夏人三万骑薄城,战竟日不决,达所部止五百人,跃马奋击,所向披靡。擢廓延都监,数帅兵深入敌境,九战皆以胜归。啰兀之弃走,遣达援取戍卒辎重,为贼所邀,且战且南,失亡颇多。神宗以达孤军遇敌,所全亦不为少,累迁西上阁门使、领英州刺史,为秦凤副总管。讨破河州羌,遂降木征。迁东上阁门使、副都总管,真拜忠州刺史、龙神卫四厢都指挥使。

316. 冀

姓氏:冀
祖宗:唐尧
分类:以国命姓
姓氏起源:
冀姓是以国命姓。相传为唐尧后代,在西周时有被封在冀国(今山西河津县一

带）的，后来，冀国被虞国所灭，冀国的公族后代遂以原国名命姓，称冀姓。

郡望：

（1）西汉时从巨鹿、上谷之地分出渤海郡，相当于今河北省、辽宁省的渤海湾一带。

（2）唐代东北靺鞨族等建立渤海郡国，相当于今松花江以南至渤海地区。

堂号：

革弊堂：革弊意思就是革除不好的政策法令。明朝时冀绮任户部主事，后来又任应天府府尹，后改为京兆尹。为官期间，他到民间了解情况，凡是不利于民的政令全部革除。

迁徙分布：

冀氏主要分布在松花江以南至渤海地区。

历史名人：

冀如锡（1613—1686）：清代刑部主事。以进士授刑部主事，康熙年间升为监察院左都御史，以所谏多切中时弊闻名。他殚心研究理学，以躬行实践为务。晚年尤爱钻研《周易》，学以致用，持己接物。通过象征"天、地、风、雷、水、火、山、泽"八种自然现象的八卦形式推测自然和人事的变化；以阴阳二气的交感作用为产生万物的本源。这是我国古代具有哲学思想的占卜术。

冀俊（生卒年待考）：北周骠骑大将军。为人沉着谨慎，善隶书，特工模写。当时文帝常令他模仿魏帝的书法，写成敕书，与真无异。历任襄乐郡守，迁湖州刺史，加骠骑大将军，开府仪同三司，进爵昌乐侯。清正廉洁，所历颇有政绩。

317. 郏

姓氏： 郏

祖宗： 郏张

分类： 以封地为氏

姓氏起源：

郏姓出自春秋时期的郏国。郏国有大夫叫张的，因为他的祖上受封于郏这个地方，于是他的后代便以封地作为自己的姓。世代居住在武陵郡。

郡望：

（1）荥阳郡：三国魏时置郡，相当于今河南省郑州地区。

（2）武陵郡：汉朝时置郡，治所在义陵，相当于今湖南省溆浦县南部。

堂号：

司农堂：宋代的郏侨。非常具有才气，他继承父亲完成了《水利书》的编撰。他的父亲开始是广东安抚机宜，向朝廷进献了《吴中水利论》，朝廷委任他为司农丞。后来皇帝听信了奸臣的话，罢了他的官，他回到家后按自己书中所写的方法兴修了水利农田，一年以后获得了特大丰收。皇帝知道了他的方法是对的，于是恢复了他的官职。

迁徙分布：

郏姓望族居住在今河南境内、武陵（今湖南省溆浦县南部）。

历史名人：

郑敖（生卒年待考）：春秋时楚国王孙，被嗣立为王。因为他季父的公子围掌管军事，所以方便对他下毒手。就在围出使郑国时，郑敖生病了，围在路上听到这个消息，觉得这是个很好的机会，于是很快回到了楚国。公子围趁着入宫探望郑敖病情的机会，杀死了郑敖，并杀死了郑敖的儿子莫和平夏。在位四年的他被公子围夺取了王位，死后葬在郏，称为郑敖。

郑伦逵（生卒年待考）：清代时期著名画家，字兰坡，号"铁兰道人"，江苏长熟人。擅长画山水墨兰，名震一时。现存世的作品集有《白雪山房集》。

318. 浦

姓氏： 浦
祖宗： 姜尚
分类： 以封地为氏
姓氏起源：

据《名贤氏族言行类稿》记载，浦姓是洪州人，以水为姓。而据《姓氏族谱笺释》记载，浦姓采出于浦山氏。晋的新吴侯浦钦渡过江南至豫，为东南浦氏始祖。浦氏发源于涂河流域，在古代，这条河不叫涂河，而叫涂水，浦氏家族的祖先，便由于居住在涂水之边，因而"以水为姓"。

郡望：
（1）京兆郡：即首都长安直辖区。相当于今陕西省西安市至华县一带。
（2）豫章郡：也称为南昌府、南昌郡。

堂号：
（1）京兆堂：以望立堂。
（2）豫章堂：以望立堂。
（3）广平堂：三国时期浦仁裕撰有著名的《广平记章》十五卷，族人因以为堂。

迁徙分布：
浦姓的望族居住在京兆（今陕西长安东）。

历史名人：

浦南金（生卒年待考）：明代唐府教授，字伯兼，嘉定人。嘉靖举人。博学多才，喜好古文，擢升国子助教。死后没有留下一点值钱的遗产。代表作有《诗学正宗》。

浦霖（生卒年待考）：浙江嘉善人，清朝大臣。乾隆三十一年进士，授户部主事，再迁郎中。外授湖北安襄郧道。累迁福建巡抚，移湖南，复迁福建。

319. 尚

姓氏：尚
祖宗：尚父
分类：以王父字为氏
姓氏起源：
尚姓源于姜姓，为姜太公的后裔。姜太公名尚，字子牙，辅佐周武王推翻了商王朝，被封于齐，是为齐太公。太公在周朝为太师，故又称太师尚父，简称师尚父或尚父。他的后代子孙便以他名字为姓，称为尚姓。
郡望：
上党郡：战国时韩国初置上党郡，秦灭韩后袭之。
堂号：
廉介堂：廉是清廉洁白，介是性格行为独特。元代尚野，志趣正大，文词典雅，事继母至孝。为国史馆编修，出为汝州判官，为人清廉洁白，性格行为不同于众。
迁徙分布：
尚氏主要分布在壶关（今山西省长治市北）；西汉时移治长子（今山西省长子县）。相当今山西省沁水以东地区。
历史名人：
尚可喜（1604—1676）：清初辽东人。明朝末年为广鹿岛副将。明朝灭亡后，归服清朝，授总兵官。从征宣化、代州。顺治初从入关，剿李自成，平定湖南、广东，封为"平南王"。
尚小云（1900—1976）：当代京剧四大名旦之一。他擅长演艺胆大、豪放豁达的古代妇女及少数民族妇女。尚派名剧有《梁红玉》、《汉明妃》、《双阳公主》、《墨黛》、《昭君出塞》等。

320. 农

姓氏：农
祖宗：神农氏
分类：以王父字为氏
姓氏起源：
（1）农姓出自神农氏，为炎帝后裔。西周初年，周武王封神农氏后人入朝为农正官，职掌农业生产和祈祷丰年等事务。他的后人便以农为氏。
（2）以官名为氏。远古负责管理农事的官称为农正官。任此官职的人，其后代有的以官名中的"农"字为姓，称为农氏。
郡望：
（1）雁门郡：战国时赵武灵王初置雁门郡，秦、汉因之。
（2）钦州：唐朝睿宗时设，古称安州，有1400余年悠久的历史，当时治所在钦江

(今广东钦县)。

堂号:

(1) 雁门堂: 以望立堂。

(2) 钦州堂: 以望立堂。

(3) 稼穑堂: 相传农氏是神农氏后裔,神农氏教民稼穑(种庄稼),该堂号由此而来。

迁徙分布:

农氏主要分布在雁门郡,相当于今山西省代县一带,该地有雁门关,是长城重镇之一。

历史名人:

农劲荪(生卒年待考):名竹,字劲荪,安徽宣城人,自幼熟读诗书,随父亲在湖北长大(父在湖北做官)。自幼师从太平天国志士学文习武。稍长赴日本留学,后加入同盟会。奉孙中山先生之命回国,在天津开设淮庆药栈,以经商为名,走南闯北,以采购药材为掩护,结识武林英豪。农劲荪与爱国武术家霍元甲交往甚密。后聘霍元甲在其药栈工作。在天津活动期间,帮助霍元甲打退过俄国大力士,与霍元甲成为生死之交。农劲荪是精武体育会的主要创始人之一,在霍元甲逝世以后,担任精武体育会的会长。

321. 温

姓氏: 温

祖宗: 唐叔虞

分类: 以封邑命姓

姓氏起源:

温氏家族起源于山西,共有两支主流,一支传自唐叔虞,一支是谷至后裔。到了南北朝以后,还有不同外来血液加入,温氏来源复杂。根据《广韵》记载,温氏是唐叔虞的后代,受封于河内温,子孙因而以此命氏。而《万姓统谱》上说,谷至食采于温,又号温季,后人因此以温为族姓,望族出于太原。《元和姓纂》则记载,温氏是唐叔虞之后,晋国时家族受封河内之温,后代因而以温命氏。另一支温氏,根据《魏书·官氏志》记载,是由叱温氏、温盆氏、温孤氏等改为单姓温氏的。

郡望:

(1) 平原郡: 西汉时置郡。相当于今山东省北部平原县一带。

(2) 太原郡: 战国时秦置郡,治所晋阳,在今山西省太原市。

(3) 汲郡: 晋代时置。相当于今河南省汲县一带。

(4) 清河郡: 汉高祖时置。相当于今河北省清河至山东省临清一带。

堂号:

(1) 太原堂: 以望立堂。

(2) 平原堂: 以望立堂。

(3) 清河堂: 以望立堂。

(4) 汲郡堂：以望立堂。

(5) 三公堂：唐朝时，温大雅（温彦宏）为礼部尚书，封黎国公。其二弟大临（温彦博）为中书令，封虞国公。三弟大有（温彦将）为中书侍郎，封清河郡公。时称"一门三公"。

迁徙分布：

如今，温姓主要分布于广东、江西两省区，大约占温姓总人口的39%，其次分布于四川、福建、山西、河北、河南、浙江、山东，这七省的温姓又集中了34%。广东居住了温姓总人口的25%，为温姓第一大省。全国已形成粤赣闽、四川和华北三块温姓人口聚集地区。

历史名人：

温平（生卒年待考）：即己平，古温国立国者。因在夏朝少康帝复国时消灭有穷王过程中建立大功而被封到温国，乃以国为氏称温平。唐代温彦博家族墓志记载：有平者，佐夏灭穷，受封于温，因以命氏。其后代尊他为温姓得姓始祖。

温疥（生卒年待考）：史书上最早记载的温姓著名人物。汉功臣，封惸侯。汉王四年，在成皋之战中，破曹咎军。后担任燕相。孙温何，始居太原，继移汲郡、清河。而太原成为望族，后裔遂以太原为郡号。

322. 别

姓氏： 别

祖宗： 别成子

分类： 以谥为氏

姓氏起源：

《姓氏寻源》记载，别姓是别成子之后。按照别义，古诸侯卿大夫长子世为宗子，宗子之次子世为小宗，小宗之次子为别子，不敢姓祖父之姓，而别为一族之宜，以祖父之官爵字谥别为姓氏。《姓氏寻源》所说别成子之后，或即别子之误。由此可见，这个家族当初发源于我国西北地区。

郡望：

(1) 京兆郡：即首都长安直辖区。相当于今陕西省西安市至华县一带。

(2) 天水郡：西汉朝元鼎三年（前441年）置郡，治所在平襄（今甘肃通渭），其时辖地在今甘肃省通渭县、秦安县、定西县、清水县、庄浪县、甘谷县、张家川县及天水市西北部、陇西东部、榆中东北部一带地区。

(3) 巴郡：也称为巴州，位于四川东北部，大巴山南麓，东临达州，南接南充，西抵广元，北连陕西汉中；地貌多为山地和深谷。

堂号：

(1) 京兆堂：以望立堂。

(2) 天水堂：以望立堂。

(3) 巴州堂：以望立堂，亦称阆中郡、巴中郡。

迁徙分布：

如今，别姓主要分布在湖北、河南、山东、四川和台湾以及东北等地区。

历史名人：

别惨（生卒年待考）：唐代陕西省朝邑人。天宝年间安禄山起兵造反时，尚衡举义兵讨贼，署别惨为牙将。

别之杰（？—1253）：宋朝郢州（今湖北省钟祥）人，嘉定年间进士，先后知澧州及德安、江陵知府，湖北安抚使。官至端明殿学士，加兵部尚书，淳祐年间，擢参知政事。为人忠厚，居官清廉，不畏权贵。

323. 庄

姓氏： 庄
祖宗： 楚庄王
分类： 以谥为氏
姓氏起源：

（1）庄姓出自芈姓，为春秋时期楚国王族之后，楚国君王芈旅去世后，谥号为"庄"，即历史上的楚庄王。楚庄王的支庶子孙，以祖上谥号为姓，称为庄氏。

（2）庄姓源于子姓，春秋时宋国国君宋戴公名武庄，其后人即以其字为姓，成为庄姓一支。庄姓形成以后，曾于汉代出现过一次易姓。汉明帝名刘庄，讳庄字。庄姓在汉明帝以后改为严姓。魏晋南北朝时，有的严姓复祖姓仍为庄姓，故历史上有"庄严一家"之说。

郡望：

（1）天水郡：西汉初始置郡。相当于今甘肃省天水、陇西以东地区。

（2）会稽郡：秦初置郡。在今江苏省东南部及浙江西部一带。治所在吴县，在今江苏省苏州市。

（3）东海郡：汉初的东海郡在今山东省郯城一带。

堂号：

（1）南华堂：战国庄周，著有《南华经》。与老子同为道家之祖，世称"老庄"。

（2）武强堂：汉代庄不识（《汉书》作庄不职，兹从《史记》），封武强侯。

迁徙分布：

如今，庄姓在全国分布较广，尤以广东、江苏、浙江、台湾等省为多，上述四省之庄姓约占全国汉族庄姓人口的60%。

历史名人：

庄周（约前369—前286）：即庄子，宋国蒙（今安徽省蒙城，一说今河南省商丘）人，战国时期思想家。做过漆园吏。著书十余万言，往往出以寓言，主张清静无为，在思辨方法上，把相对主义绝对化，转向神秘的诡辩主义。著有《庄子》，唐代改称《南华真经》。

庄辛（生卒年待考）：战国时楚襄王大臣，因襄王宠幸嬖臣不理朝政，屡谏不听，庄辛遂避乱到赵国。后楚国为强秦所破，国都覆没，襄王到城阳（今信阳）避难，派

遣使者召庄辛回国，问救国之道，庄辛回答："亡羊补牢，犹未为晚。去嬖臣，以天下为重，则楚国有救。"襄王闻过思改，委以国政，封庄辛为阳陵君。

324. 晏

姓氏：晏
祖宗：晏安
分类：以封地为氏

姓氏起源：
（1）晏姓来源于姜姓。春秋时期齐国大夫晏弱被分封于晏，也就是今山东省齐河县西北的晏城，所以他以晏作为自己的姓氏。他的后代也沿用晏姓，形成了晏姓的一支。

（2）晏姓来源于陆终氏，为陆终子晏安的后代。传说中古帝颛顼的第五个儿子叫作晏安，他的后代便以晏作为姓氏，并且在春秋时期与高、国、鲍一起成为齐国的四大望族，世代在齐国做官。

（3）晏姓来源于唐尧时期的大臣晏龙。晏龙被认为是晏氏的始祖。

郡望：
（1）齐郡：西汉初年将临淄改为齐郡，治所在东平陵。
（2）太原府：也称为太原郡。
（3）济阳郡：战国时期为魏国城邑，西汉时期改置为济阳县，治所在今河南省兰考县东北部。

堂号：
（1）齐郡堂：以望立堂。
（2）济阳堂：以望立堂。
（3）太原堂：以望立堂。
（4）廉俭堂、久敬堂：春秋时期齐国宰相晏婴，他虽然身居高位，却严格要求自己，力行节俭，很少吃肉，他的妾也不穿帛，他的一件狐裘穿了30年。孔子对他的品行很是赞赏。

迁徙分布：
晏姓的望族居住在齐郡，即今山东临淄一带。晏姓是当今较罕见姓氏，但分布颇广，以湖北、四川、江西等省多此姓，三省晏姓占全国汉族晏姓人口的82%。

历史名人：
晏婴（？—前500）：字仲，谥平，习惯上多称平仲，山东高密人，春秋后期一位重要的政治家、思想家、外交家。晏婴是齐国上大夫晏弱之子。以生活节俭，谦恭下士著称。据说晏婴身材不高，其貌不扬。齐灵公二十六年（前556年）晏弱病死，晏婴继任为上大夫。历任齐灵公、庄公、景公三朝，辅政长达40余年。周敬王二十年（前500年），晏婴病逝。孔丘赞曰："救民百姓而不夸，行补三君而不有，晏子果君子也！"现存晏婴墓在山东淄博齐都镇永顺村东南约350米。晏婴头脑机敏，能言善辩。内辅国政，屡谏齐王。对外他既富有灵活性，又坚持原则性，出使不受辱，捍卫了齐国的国格和国威。司马迁非常推崇晏婴,将其比为管仲。其著有《晏子春秋》8卷250章。

晏殊(991—1055):字同叔,著名词人,临川人。景德初年曾以"神童"之名被真宗赐为进士,庆历中官集贤殿学士、同平章事兼枢密使。他填词擅长小令,承袭南唐风格,多表现士大夫阶层的诗酒生活和悠闲情致,语言婉丽,音调和谐。他的《浣溪沙》中有"无可奈何花落去,似曾相识燕归来"之句,传诵颇广。著有《浣溪沙·一曲新词酒一杯》、《浣溪沙·一向年光有限身》、《珠玉词》等。他喜好贤能,范仲淹、孔道辅、欧阳修等都曾是他的学生。他的儿子晏几道也是北宋著名的词人。

325. 柴

姓氏:柴

祖宗:高柴

分类:以王父字为氏

姓氏起源:

据《元和姓纂》记载:"齐文公子高后,高孙奚以父字为氏,十代孙高柴,仲尼弟子,孙举,又以王父名为柴氏。汉有棘侯柴武,柴文,晋末为平阳太守。"由此可见,柴氏以汉代初为刘邦斩韩信于参合的棘蒲侯柴武开始,追溯到春秋时代的孔子弟子高柴,乃是齐文公的儿子高,得姓已有3100多年的历史。这个姓自古以来,并没有外来姓氏加入,是一脉相传的子孙。

郡望:

(1)安阳郡:西汉时期置县,治所在今河南正阳西南。

(2)平阳郡:历史上的平阳郡有二:①即今山西省临汾市。②即今山东省邹城市。

堂号:

(1)平阳堂:以望立堂。

(2)安阳堂:以望立堂。

(3)寿圣堂:柴氏鼻祖高柴是孔子的弟子,他是个长寿者,活到128岁,史称寿圣,后人因立"寿圣堂"。

迁徙分布:

柴姓在全国分布较广,尤以湖北多此姓,其人口约占全国汉族人口柴姓的13%,另外,山西也多此姓,两省柴姓约占全国汉族柴姓人口的20%。

历史名人:

柴绍(588—638):字嗣昌。唐朝临汾人。凌烟阁二十四功臣之一,高祖(李渊)将第三女平阳公主嫁给他。柴绍出身将门,自幼便以抑强扶弱而闻名,后随李渊起兵反隋,以功封霍国公。太宗贞观初,任华州刺史,灭东突厥,改封谯国公。去世后追赠为荆州都督,谥号为襄。

柴荣(921—959):即五代后周世宗。邢州龙冈人。在位时曾改革弊政,废佛寺佛像。整顿军事,奖励农业生产。先后攻取后蜀的阶、成、秦、凤四州和南唐的江北淮南地区十四州。又北攻契丹,重取莫、瀛、易三州。为北宋之后统一奠定坚实的基础。

326. 瞿

姓氏：瞿
祖宗：瞿父鼎
分类：以地名为姓
姓氏起源：

据《姓氏考略》记载，商代遗留下来的青铜器中，有一件瞿父鼎，见于《博古图》，瞿父是瞿姓的祖宗，瞿姓都是以地名为姓氏的。另外，根据《通志·氏族略》记载，瞿氏是晋东海王越参军瞿庄的后代，是博陵人。又有王僧儒谱说，河东的裴桃的儿子娶了苍梧瞿宝的女儿。还有，据《风俗通》记载，汉代有河南太守瞿茂，梁有镇北将军瞿延，而唐时有绛州刺史瞿积，望族均出自高平、松阳。平江府与温州平阳亦有瞿氏。望族居松阳郡，即今浙江省松阳县西部。瞿氏后人尊瞿父鼎为瞿姓的始祖。

郡望：
（1）高平郡：原为高平县（今宁夏固原）。
（2）京兆郡：即首都长安直辖区。相当于今陕西省西安市至华县一带。
（3）松阳郡：也称为缙云郡、松阳县。

堂号：
（1）松阳堂：以望立堂。
（2）京兆堂：以望立堂。
（3）高平堂：以望立堂。

迁徙分布：
瞿姓望族居松阳郡，即今浙江省松阳县西部。

历史名人：

瞿佑（1334—1427）：字宗吉，号存斋，钱塘（今浙江省杭州）人，明初著名文学家。少时即有诗名，他的诗绮艳柔靡，但终生怀才不遇，仅在洪武年间任教谕、训导、长史之类小官。永乐年间因写诗蒙祸，被贬谪十年。代表作有《香台集》、《咏物诗》、《存斋遗稿》等20多种，还著有小说集《剪灯新话》等。

瞿秋白（1899—1935）：原名瞿双，后改名瞿霜、瞿爽，再后才改名瞿秋白，江苏省常州县人。出生于没落士大夫家庭。1921年在莫斯科加入苏联共产党。1922年转为中国共产党。是中国共产党早期主要领导人，中国无产阶级革命家、理论家、文艺批评家、散文家、翻译家，中国革命文学事业的奠基者之一。在中国共产党早期的重要领导人中，瞿秋白与张太雷、恽代英被后人尊为"常州三杰"，均为中国革命事业立下丰功伟绩，慷慨献身。

327. 阎

姓氏：阎
祖宗：仲奕
分类：以邑为氏
姓氏起源：
　　阎姓是周文王哥哥泰伯的后代。根据《唐书·宰相世系表》记载，周武王封伯父泰伯的曾孙仲奕于阎乡，仲奕的子孙以地为氏，称为阎氏。而根据《名贤氏族言行类稿》上记载，阎姓源于纂姓，为周文王的支裔，周武王封泰伯的曾孙仲奕于阎乡，因而得姓。又有一种说法，认为阎姓是周成王弟弟唐叔虞的后代，公族中有食采于阎邑的，其子孙就以邑为姓。另一支阎氏，根据《通志·氏族略》记载，是春秋时期晋国阎邑大夫的后代，也是以邑为氏。
郡望：
（1）天水郡：西汉元鼎三年置郡。此支阎氏，大概出自周康王之后。
（2）河南郡：汉高祖二年改秦三川郡置郡。此支阎氏，应为唐叔虞之后。
（3）太原郡：战国秦庄襄王四年置郡。此支阎氏，应为唐叔虞之后。
堂号：
（1）太原堂：以望立堂。
（2）河南堂：以望立堂。
（3）天水堂：以望立堂。
（4）右相堂：唐朝阎立本善丹青，拜右丞相。当时姜恪因战功封左丞相。时人有"左相宣威沙漠，右相驰誉丹青"之赞叹。
（5）日月堂：江苏省沛县、丰县阎氏宗祠堂号为"日月堂"，含有阎尔梅及其后裔不扶清、反清复明之意。
迁徙分布：
　　阎姓族人主要分布于河南、山东、河北、山西四省，大约占阎姓总人口的55%，其次分布于安徽、黑龙江、甘肃、陕西、辽宁，这五省又集中了27%。河南省居住了阎姓总人口的16%，为阎姓第一大省。全国的阎姓分布的高比率区在豫鲁冀和陇西。
历史名人：
　　阎次平（生卒年待考）：宋代画家，善画山水、人物，尤工画牛，颇为生动。评者谓其"仿佛李唐，而迹不逮意"。存世经典作品有《牧牛图》等。
　　阎立本（？—673）：唐代最著名的画家，善画人物、车马、台阁，尤精写真，善刻画性格神情，兼能书法。所画太宗像及《秦府十八学士》、《凌烟阁功臣二十四人图》、《外国图》等，为当时称誉。存世《历代帝王》、《萧翼赚兰亭》、《步辇》、《职贡》等图。

328. 充

姓氏：充
祖宗：充闾
分类：以先祖名字为氏
姓氏起源：

充姓源于姜姓，出自春秋时期齐国公族大夫充闾，属于以先祖名字为氏。春秋时期，齐国有一个公族大夫，名叫充闾，他的后代便以祖上名字为姓氏，称充氏。其后裔子孙传到战国时期，有个著名的人物叫充虞，是齐国贵族、孟子的弟子。充氏族人大多尊奉充闾为得姓始祖。

郡望：
（1）太原府：也称为太原郡。
（2）赞皇县：赞皇县地处太行山中段东麓，地势西高东低，位于石家庄市西南部，与高邑、元氏和井陉县相毗邻，建县有1400余年历史，因境内有赞皇山而得名。

堂号：
（1）太原堂：以望立堂。
（2）赞皇堂：以望立堂。

迁徙分布：

充姓的望族大多出自太原郡（今山西省太原市西南）。我国充姓家族人数不多，但均源于二三千年前的充人，渊源悠久。

历史名人：

充虞（生卒年待考）：战国人，跟随孟子学习。孟子崇尚孔子的学说和为人，也经常带着学生游历和讲座学问。

充尚（生卒年待考）：秦朝人，他善于向天神祈祷，向人们转告天神的示意。秦朝时，秦始皇特别相信神怪之术，于是天下人也效仿之。而有些文士，就借巫术占卜来宣讲自己对天下事的看法，他们也知道占卜是一种手段，而借此推测预言一些事情，却能使人相信。

329. 慕

姓氏：慕
祖宗：黄帝后代
分类：慕容姓简化
姓氏起源：

远古时期，有个黄帝后代叫"封"，他到东北部去建立了鲜卑国。他取姓慕容，是意在远离中原之地发扬光大传统文化，"慕二仪（天、地）之德，继三光（日月星）之容"。后来慕容姓又简化为慕姓。

郡望：

（1）平凉郡：周郝王四十三年（前272年），秦昭王灭义渠戎，置陇西、北地、上郡，平凉入秦国的版图，属北地郡。

（2）河南郡：秦朝时期名为三川郡。

（3）涿州：涿州地处京畿，隶属河北省保定市。

（4）吴兴郡：周朝始置县，三国时期吴国宝鼎元年（266年）置郡，治所在乌程（今浙江吴兴），取吴国兴盛之意，其时辖地在今浙江省临安至江苏省宜兴一带。

（5）庆阳府：即今甘肃省庆阳市。

堂号：

（1）平凉堂：以望立堂。

（2）涿郡堂：以望立堂。

（3）庆阳堂：以望立堂。

（4）河南堂：以望立堂。

（5）吴兴堂：以望立堂。

迁徙分布：

慕姓人主要居住在河南、安徽、陕西、山东等地。

历史名人：

慕天颜（生卒年待考）：字拱极，静宁人，清朝文士，由顺治年间举进士而当官，知钱塘县。他读书重在实际应用，明白水利对农业和运输的重要，就倾全力治水，就任江苏巡抚期间，疏通当地河港，疏浚吴淞江、刘河及常熟之白茆港、武进之孟渎河，并请免荒田赋额二百万。造福一方百姓，千古流芳。康熙年间朝廷任命他为漕运总督，管理水运的事务。

慕甲荣（生卒年待考）：字冠栌，清乾隆许州城西慕庄人。潜心经史，留心训古，为文剖析理蕴，精刻沉实。甲寅以拔贡中举，秉铎禹州。著有《述德堂大小塾课先人言》刊刻行世，并著有诗、古文、词藏于家。世称慕夫子。今有《述德堂训蒙》、《述德堂稿》、《述德堂小草》传世。

330. 连

姓氏： 连

祖宗： 惠连

分类： 以祖名为姓

姓氏起源：

连姓源于远古颛顼高辛氏。颛顼的曾孙陆终的第三个儿子名叫惠连，他的后代于是就以他们祖先的字作为姓，于是形成连姓。

郡望：

（1）上党郡：秦代置郡，所在地为今山西沁水以东的地区。《郡望百家姓》和《姓氏考略》中有记载，连氏望出上党郡。

（2）东海郡：也称为郯郡、海州。

(3) 齐郡：西汉时期先为临淄郡，后改齐郡，治所在临淄（今山东淄博），其时辖地在今山东淄博市和益都、广饶、临朐等县地。隋、唐两朝改为青州北海郡。

堂号：

清冻堂：宋朝时，连庶、连痒兄弟两人齐名。连庶很聪明，也很清廉，人们称他为"连底清"。而连痒对事物看得很清晰、透彻，像冰一样透明，处理事物很严肃，像冰一样叫人感到凉飕飕的，人们称他为"连底冻"。清冻堂也有称为双贤堂。

迁徙分布：

连姓望族居住于上党（即今天的山西长治）。

历史名人：

连舜宾（？—1030）：字辅之。宋朝应山人。他年少的时候应乡试举没有考中，于是便回家供养父母，再也不去考试了。他的家庭很富有，而且他的财产很多都用来救济当地的百姓。其他时间他就用来专心教育他的儿子连庶和连痒。他常常对别人说：我不要财产，教育好我的儿子就是最好的财产。后来他的两个儿子都中了进士，都当了县令。两个儿子都很有名气，为官清廉，百姓对他们俩都有很高的评价。

连庶（生卒年待考）：字居锡，安州应山人。宋仁宗年间举进士，调商水尉、寿春令。兴学，尊礼秀民，以劝其俗；开濬淮田千顷，县大治。淮南王旧垒在山间，会大水，州守议取其甓为城，庶曰："弓矢舞衣传百世，藏于王府，非为必可用，盖以古之物传于今，尚有典刑也。"垒因是得存。以母老乞监陈州税。尝送客出北门，见日西风尘，而冠盖幢幢不已，慨然有感，即日求分司归。久之，翰林学士欧阳修、龙图阁直学士祖无择言庶文学行义，宜在台阁。以知昆山县，辞不行。累迁职方员外郎。

331. 茹

姓氏： 茹

祖宗： 郁久闾

分类： 以族名为姓

姓氏起源：

茹姓出自古代柔然部族。北魏时郁久闾建立柔然国，称受罗部真可汗。柔然国也称作蠕蠕、茹茹，源出东胡，为游牧部落，常居于阴山一带。西魏时，柔然部族为突厥所破，遂并入突厥，其部族后人多以族名茹茹为姓，称茹氏。

郡望：

(1) 河内郡：楚汉之际置，相当今河南省境内黄河北岸武陟县一带。

(2) 河南郡：秦朝时期名为三川郡。西汉高祖二年（前205年）改为河南郡，治所在雒阳（今河南洛阳），其时辖地在今河南黄河南部洛水、伊水下游，双洎河、贾鲁河上游地区及黄河北部原阳县一带地区，辖22县，大致相当于今河南省孟津、偃师、巩义、荥阳、原阳、中牟、郑州、新郑、新密、临汝、汝阳、伊川、洛阳等县市。

堂号：

(1) 河内堂：以望立堂。

(2) 河南堂：以望立堂。

迁徙分布：

如今，茹姓为我国少数姓氏之列，是极罕见的姓氏。茹姓主要来源于古代柔然部族、鲜卑族、古代如姓等，目前主要分布在我国浙江、广东地区。

历史名人：

茹皓（生卒年待考）：为魏文帝的著名冠军将军，他不但武艺高强，还知书识礼，聪敏而待人谦和，十分受朝廷的器重，既参与国家大政，又能折节下人，受当时人称赞。

茹瞻（生卒年待考）：字孝博，北齐时东安人。南州举秀才，历官至侍郎。以清朗刚直而见称。据说，当他举秀才之时，皇帝就亲口说过"今日之选，不可无茹生"的话，可见茹瞻的才华。卒于侍御史。

332. 习

姓氏： 习
祖宗： 未知
分类： 以国或地为氏

姓氏起源：

（1）习姓是以国名为姓。中国古代有诸侯国习国，灭国后，其公族有的以原国名命姓，遂为习姓。

（2）习姓是以地名为姓。春秋时期有地名少习，在今陕西商县东180多里，后称为武关，居其地者，有人以地名为习姓。

郡望：

（1）东阳郡：三国时吴置郡。相当于今浙江省金华地区。

（2）襄阳郡：东汉时置郡。相当于今湖北省襄樊市一带。

堂号：

（1）东阳堂：以望立堂。

（2）襄阳堂：以望立堂。

迁徙分布：

习氏，是以地为氏的姓氏。少习原是一个地名，在析县东之武关，望族出自襄阳。古代有诸侯国习国，习国被灭后，其国人以国为氏，而称为习氏。古代的习国，所在地在今陕西省丹凤县武关附近少习山一带。望族居于东阳郡，即今浙江省金华市。

历史名人：

习温（生卒年待考）：东吴襄阳人。自幼爱读圣贤书，识度广大，为官清正廉洁，不以权势自居自傲。曾斥责他的儿子："生于乱世，贵而能贫，始可以无患。怎能以侈摩竞赛呢！"

333. 宦

姓氏：宦
祖宗：未知
分类：以官称为氏

姓氏起源：
宦氏出自阉宦以外的仕宦人家，以官称为氏。大明正德年间，由皇帝赐姓于太子太保满门姓宦。宦姓开始盛行。据清代《姓氏五书》载："宦姓当取意于仕宦，不以阉宦为姓，今贵州遵义具有此姓，江苏丹阳、江苏江都亦多。"又《姓苑》记载："宦姓，望族出东阳。"《江阴县志》载："明朝永乐二年进士宦绩，字宗熙。"

郡望：
（1）东阳郡：西汉时置郡，266年（三国吴·宝鼎元年）再分会稽郡置东阳郡，郡治在今浙江省金华分城区，其时辖地在今浙江省金华市一带。
（2）中山郡：中国古代称"中山"者有四：
①战国时期中山国原都城顾（今河北定县），一度为魏国所灭，复国后迁灵寿（今河北平山），周郝王十九年（前296年）为赵国所灭；秦朝时期归属于巨鹿郡。
②公元前206年（汉高祖元年），西汉设置中山郡（今河南登封），汉景帝执政时期改回为中山国，治所在卢奴（今河北定县），其时辖地在今河南省登封市西南部与河北省正定县之间一带，包括今河北定州、安国、唐县、新乐、无极、满城、完县、望都和保定一带；南北朝时期后燕以为都城；581年（隋开皇元年），隋朝废国置郡。
③宋朝时期以定州为中山府，治所在安喜（今河北定州）。
④宋朝时期的香山县；1925年孙中山逝世后，民国政府将其改为中山县，今为广东中山市，孙中山故里在中山市南部的翠亨村。

堂号：
（1）东阳堂：以望立堂。
（2）中山堂：以望立堂。

迁徙分布：
今江苏省镇江市、扬州市运西县、无锡市、金坛市、姜堰县、江都县，重庆市万州分水镇、忠县汝溪镇，湖北省丹江口市凉水河镇、保康县、房县，河南省南阳市，山东省菏泽市，台湾省台中市，安徽省合肥市、芜湖市、宣城市，浙江省杭州市、金华市，四川省达州市，北京市，贵州省遵义市，上海市，黑龙江省等地，皆有宦氏族人分布。

历史名人：
宦绩（生卒年待考）：字宗熙；江阴人，明朝著名大臣。据《江阴县志》记载，1404年（明永乐二年）进士，擅写文章，又负气节，名重一时。

宦懋庸（1842—1892）：字伯铭，号莘斋，别号碧山野史，清朝贵州遵义人。自小苦心向学，时值离乱，未就乡试，先后游幕江浙三十年，与浙江一带学者名流交游。贵州人莫祥芝任上海知县，聘宦佐其幕，钩稽财用出入，并经营盐业商事。1882年

（清光绪八年），京兆选为誊录，愤弃不就。一生学识渊博，晚年再度攻治许、郑之学，著述宏富。著有《六书略平议》、《说文疑证编》、《播变记略》、《论语稽》、《两论蠡测》、《读史记稗言》、《读前汉书私记》、《窭数室备忘录》、《纪程》、《萃斋文集》、《萃斋诗集》、《萃斋诗余》等。

334. 艾

姓氏：艾
祖宗：艾孔
分类：因地名得氏
姓氏起源：
艾姓是因地名得氏。春秋时期，齐国有位大夫名孔，因为住在艾陵（今山东泰安东南），人们就叫他艾孔。他的后代，便以居住地名称的第一字"艾"作为自己的姓氏。故《通志·氏族略》记载：艾氏为"春秋大夫艾孔之后"。
郡望：
（1）陇西郡：战国时秦昭襄王二十七年（前280年）设置，因在陇山之西而得名。相当于今甘肃省东乡以东及陇西地区。治所狄道，在今甘肃省临洮县南。
（2）河南郡：汉高祖二年（前205年）设置，治所在雒阳（今河南省洛阳市东北）。
（3）天水郡：西汉元鼎三年（前114年）置，相当于今甘肃省天水、陇西以东地区。治所在平襄（今甘肃省通渭县西北）。东汉永平十七年（74年）改为汉阳郡。三国魏仍改为天水郡。
堂号：
（1）爱民堂：宋朝吴兴令艾若纳爱人民，恨恶吏。他在桌旁写了一幅座右铭："爱民如恤血，挞吏胜看经；棒折胥吏手，何劳诵《大乘》？"
（2）陇西堂：以望立堂。
（3）河南堂：以望立堂。
（4）天水堂：以望立堂。
迁徙分布：
艾姓在大陆和台湾都没有列入百家姓前一百位。最早出现在上古西夏国王少康的大臣名为汝艾，他在当时是声名显赫的名门贵族，后代就取"艾"为姓。另一个艾姓源于春秋时期。有齐国大夫齐景公的宠臣名为田孔封于艾山（今山东省泰安县），世称艾子或艾孔，他的后代便以地名"艾"字为姓。再有一个说法是北魏时去斤氏的后代也有改为艾姓的。
历史名人：
艾自修（生卒年待考）：明朝邓州（今河南邓州市）人。他和他的兄长艾自新都是明代的著名学者。兄自新精研理学，所著《希圣录》，深得宋儒宗旨。艾自修以其兄研究结果，再加发挥，纂明其要。著有《理学纂要》，得到学术界好评，朝廷旌表为当代贤儒。

艾南英（1583—1646）：字千子，明朝江西东乡人，勤奋好学。天启年间中举于乡，对策有讽刺魏忠贤语，罚停三科。崇祯初诏许会试，不就，后负气入闽，见唐王，陈十万忧疏，授兵部主事，改御史，未几病卒于延平。代表作为《天拥子集》。

335. 鱼

姓氏： 鱼

祖宗： 子鱼

分类： 以祖字为氏

姓氏起源：

鱼姓出自子姓，为商汤后代，以祖字为氏。春秋时，宋襄公的弟弟公子睊字子鱼。宋襄公想当中原霸主，约会齐、楚国在盂会盟，临行前子鱼说："楚人不讲信用，我们应该带军队作警卫。"宋襄公却认为已约好大家都不带军队，不听劝告，结果在会上被楚人扣留。子鱼逃回宋国，组织宋人抵抗，迫使楚王放回襄公。不久宋、楚两国又在泓水交战，子鱼劝襄公趁楚军半渡而击，襄公认为这样做不道德，不同意。等楚军一切准备就绪，弱小的宋军就吃了败仗。战后子鱼批评襄公说："打仗就应当尽一切办法战胜敌人。假如你在作战时要讲仁义，那只有投降了。"子鱼的后世子孙有一支以祖父的字为姓，称鱼姓。

郡望：

（1）雁门郡：战国时期赵国赵武灵王置郡，秦朝、汉朝沿用，治所在善无（今山西右玉），其时辖地在今山西省河曲、五寨、宁武、代县一带。

（2）冯翊郡：秦朝时期置郡，汉武帝太初元年（前104年）设置同名行政区左冯翊，与右扶风和京兆伊合称"京畿三辅"，其时辖地在今陕西省大荔县一带。

堂号：

（1）雁门堂：以望立堂。

（2）冯翊堂：以望立堂。

（3）灵渠堂：唐朝时，荆州刺史鱼孟威，用石头修了铧堤，绵亘40里，用大木做了十八重闸门，船可以顺利通行，便利了百姓。

迁徙分布：

鱼姓在中国分布较少，主要分布在我国西部地区。

历史名人：

鱼侃（生卒年待考）：明朝永乐年间进士，历任开封知府，为人光明正大，铁面无私，秉公执法。当时百姓称他为"包老"，将他比作包公。

鱼崇谅（生卒年待考）：宋朝人。幼能属文，仕后唐为陕州司马，后晋时拜翰林学士，以文章著称。太宗时授金紫光禄大夫，兵部侍郎。

336. 容

姓氏：容
祖宗：仲容
分类：以字为氏
姓氏起源：
容姓源于舜的后裔，出自虞姓。相传舜有八个儿子，都是聪颖精明的，号称"八恺"，其中就有一个叫仲容的，他的后代便以容作为姓氏。
郡望：
敦煌郡：据《郡望百家姓》记载，容氏望出敦煌郡。汉武帝时期将敦煌郡从酒泉郡分置出来。在今甘肃省河西走廊西端。
堂号：
(1) 敦煌堂：以望立堂。
(2) 律历堂：相传上古时期，黄帝的手下有一个叫容成的大臣，传说他创制了中国历史上第一部历法和第一部法律，因而得此堂号。
迁徙分布：
今广东省吴川市兰石镇、谭巴镇、博罗市、惠州市、江门市荷塘镇、佛山市，贵州省遵义市，广西壮族自治区桂林市、广西壮族自治区的河池市金城江区长老乡，香港特别行政区、台湾省、北京市、上海市、安徽省等地，皆有容氏族人分布。
历史名人：
容悌与（生卒年待考）：字行白。明朝时期香山人。个性敦厚，学问渊博，孝敬父母。永乐年间，他在家乡香山担任教谕，母亲得了风瘫，卧床13年，都不能起来活动，他于是日夜侍侯，从来没有厌烦。于是乡人称赞他为"孝行先生"。著有《云岚集》。

337. 向

姓氏：向
祖宗：孙向
分类：以原国名为姓
姓氏起源：
(1) 向姓源出自姜姓，为炎帝神农氏之后。神农氏有后裔孙向，被封为诸侯，其后代子孙以向为姓，遂成向姓。
(2) 向姓源出自祁姓，为帝尧的后裔，以国为姓。周代有向国，故址在今山东莒县南部。后来国灭，向国国君的后代就以原国名为姓，成为向姓的一支。
郡望：
(1) 河南郡：汉高祖置，在今河南省洛阳市一带。
(2) 河东郡：古代河东郡有四：一是指今整个山西省。二是秦朝初期（前221

年）置郡，治所在安邑（今山西夏县），其时辖地在今山西省夏县、临汾市、万荣县、永济市、闻喜县一带地区。东晋时期移治到蒲坂（今山西永济蒲州镇）。隋、唐两朝为蒲州河东郡。隋朝时期又分蒲坂，置河东县为治所。明朝被并河东县，划入蒲州。三是唐朝时期有河东道，又设河东节度使，道治在蒲州，节度使治所在太原（今山西太原）。四是宋朝时期有河东路，治所在并州（太原府，今山西太原），其时辖地北以内长城为限，而兼有今陕西东北角。大金国时期分为河东南路、河东北路，南路的治所在平阳（今山西临汾），北路的治所在太原府，其时辖地在今山西省黄河以东夏县一带地区。明朝时期并河东县入蒲州。

（3）山阳郡：历史上的山阳郡有两种说法：①汉景帝中元六年（前144年）将梁国分置为山阴国，不久以后，于西汉建元年间（前140—前135）汉武帝将其改为山阳郡，其时辖地在今山东省独山湖周围金乡县一带地区。②东晋义熙年间（405—418）将广陵郡分置山阳郡，治理山阳附近的地区，其时辖地在今江苏省的清江、淮安一带。至隋朝初年，又移治到今江苏省淮安市。

堂号：
（1）河南堂：以望立堂。
（2）河东堂：以望立堂。
（3）山阳堂：以望立堂。

迁徙分布：
如今，向氏族人在全国分布较广，尤以湖南省为多，约占全国向氏人口的35%左右。

历史名人：
向海明（？—613）：隋末农民起义军领袖。他原为扶风（今陕西凤翔）僧人，自称"弥勒"出世。大业九年（613年）率众起义，追随者数万。后转战于扶风、安定（今甘肃泾川北）之间，自称皇帝，年号白乌。后为隋将杨义臣所败。

向子韶（？—1128）：宋朝开封人，字和卿，元符年间进士。建炎初年任淮宁知府。金人犯境，子韶亲率兵丁和家族子弟守城。城陷战败，子韶不屈而死，谥号忠毅。

338. 古

姓氏： 古
祖宗： 古公亶父
分类： 以祖父称号为姓

姓氏起源：
一般认为古姓源于姬姓，周文王姬昌的祖父是古公亶父，他在担任周族人的首领时，率领族人定居在岐山脚下肥沃的渭河平原。在这里，古公亶父带领族人开荒种地，发展农业，还兴建了坚固的城墙和宫殿，使周国初具规模并逐渐强盛起来。古公亶父勤政爱民，深受百姓的爱戴。周武王建立周朝后，尊古公亶父为周大公。古公亶父其后代一支子孙，为了纪念祖上就以祖父称号为姓，世代相传姓古，故古姓后人尊古公亶父为古姓的始祖。

郡望：

(1) 新安郡：魏时置新安县，今山西省代县。

(2) 新平郡：隋末以北地郡之新平县置新平郡，武德元年改为豳州，开元二十三年（735年），改为邠州，后曾一度改为新平郡。治新平（今陕西省彬县）。

(3) 河内郡：楚汉置郡。相当于今河南省黄河以北、京汉铁路以西地区。西晋移治野王（今河南省沁阳一带）。

堂号：

新安堂：源自北魏吏部尚书、宰相古弼。他世居代州（今山西省代县），《魏书·地形志》载："代州有新安郡"，古弼子孙蕃衍，成为当地旺族，古氏遂以"新安"为堂号。

迁徙分布：

古姓人口在大陆没有列入百家姓前一百位，在台湾排名第七十五位。周族原居住在邰（今陕西省武功县），后来经常受到周围游牧民族的侵袭，居无宁日。后稷的第十二代子孙古公亶父，也就是周武王的曾祖，遂率众人另辟家园。结果在歧山（今陕西省歧山县）定居，古公亶父致力农业、政治各方面的改革。终于建立了强大的周族。他的后人为了纪念他，以他的名号为姓氏，形成了古氏。北魏时吐奚氏的后代也有改姓为古的。古氏在台湾的居住地区，以新竹、苗栗等地为最多，且多采用聚族数古户而居的形式。这类村庄在苗栗西湖、台中东势、屏东潮州、竹东、杨梅等地几乎随处可见。古氏迁台，发生于清康熙年间。康熙六十年（1721年），朱一贵起义以反清复明相号召，称"大明重兴元帅"时，就有古氏从广东五华来台开基，其中义民古兰伯、古芬兴等就居住下淡水港东西二里处。至乾隆年间，又有一支古氏从泉州移台，初居今桃园县龙潭坡，后迁往台北、台东、新竹等地。据清举人丘荷公主编《上杭县志·氏族志》的记载："古氏，新安郡，周太王古公之后，因以为氏。"新安为古姓远祖居地，此远祖就是北魏吏部尚书、宰相古弼。他世居代州（今山西省代县），《魏书·地形志》载："代州有新安郡"，古弼子孙蕃衍，成为当地旺族。上杭古姓，人口不多。民国《上杭县志·氏族志》云："县东安乡有古姓十数户。"这些"安乡"古氏住的村子——马祖滩，现已改属临城黄竹行政村所辖。20来户村民，务农为业。他们由于历史变迁，只知道远祖源于新安郡，其他无谱可依。

历史名人：

古弼（生卒年待考）：后魏时的代州人。为人忠厚，善于骑射。因战功卓著而封为灵寿侯。历位吏部尚书，虽然事务殷凑，但坚持读书不辍。太武帝称赞他为社稷之臣。文成帝即位后，他因被诬告而处死，时人都为他叫冤。

古之奇（生卒年待考）：唐朝人。他写过一篇奇文，名叫《县令箴》，云："政不欲猛，刑不欲宽。宽则人慢，猛则人残。小恶无为，涓流成池。片言可用，毫末将拱。勿轻小道，大车可覆。不恕而明，不如不明。不通而清，不如不清。"文中说到当县官应做些什么，也说到清官还在次要，更重要的是通晓世事、心地仁爱才有益于百姓。

339. 易

姓氏：易
祖宗：易牙
分类：以名为氏
姓氏起源：
易氏为齐大夫易牙之后，以先人的名字作为姓氏。春秋时有齐王的宠臣雍巫，字牙，因采食于易邑，也叫易牙。此人精于烹调技术，但性善逢迎，存有野心。管仲死时曾说易牙"杀子适君"，违反人情，不可重用，但齐王不听。管仲死后，易牙与竖刁、开方共同专权，齐王病了以后，他们趁机作乱，杀掉大批官吏，并将太子赶出皇宫，立公子无亏为国君。后来被其他的大臣所杀。易牙的子孙以易为姓称易氏。是为山东易氏。

郡望：
（1）济阳郡：晋惠帝时分陈留置郡，治所在济阳。相当于今河南兰考东境、山东东明南境。
（2）太原郡：战国时秦庄襄王四年置郡，治所在晋阳。秦时相当于今山西五台山、霍山以北地区。

堂号：
纯孝堂、植栗堂：宋朝时，易延庆为奉礼郎，出任临淮县县令。后因父丧守墓而辞官，服满又任大理丞。后又因母丧回家葬母，他母亲生前爱吃栗子，于是他守墓时在母亲墓旁种了两棵栗子树，后来这两棵树竟然长在一起，成了连理。墓前又生出两棵灵芝。人们都说这是他的孝行感动了上天，称他为"纯孝先生"。

迁徙分布：
如今，易姓主要分布于湖南、四川、湖北、重庆四省市，大约占易姓总人口的76%，其次分布于江西、广西、贵州、河南，这四省大约又占15%。湖南为当代易姓第一大省，占易姓总人口的24%。全国形成了长江中上游的易姓聚集区。

历史名人：
易元吉（生卒年待考）：北宋画家，长沙人。初攻花鸟、草虫、果品，善画獐猴，曾游荆、湖间，深入山区，观察景物，并在长沙开凿池沼，种植花木竹石，养水禽，窥其动静游息之态，故其作品富有生气。治平元年招入宫中，不久死去。存世的作品有《聚猿》、《猴猫》等。

易翼之（生卒年待考）：明代学者，腾越人。正德中知长寿县，因与上司不和而隐归，著有《四书音义汇编》、《春秋经传汇编》、《古今诗评》等。

340. 慎

姓氏：慎
祖宗：禽滑厘
分类：以字为氏
姓氏起源：
（1）慎姓来自禽滑厘的字。春秋时期禽滑厘是墨子的弟子，他的字为慎子。他的后代以他的字作为姓氏，形成慎姓。
（2）慎姓来源于封邑名称。春秋时期楚国太子白公胜的后裔中有的被封在慎邑，他的子孙便以邑名作为姓氏，称为慎姓。

郡望：
（1）天水郡：西汉时期设置，相当于今甘肃省天水、陇西以东的地区。
（2）吴兴郡：周朝始置县，三国时期吴国宝鼎元年（266年）置郡，治所在乌程（今浙江吴兴）。

堂号：
（1）天水堂：以望立堂。
（2）吴兴堂：以望立堂。

迁徙分布：
古时，慎姓的子孙居住在天水（今甘肃省境内）。如今，慎姓人数虽不多，却分布较广，主要分布在安徽、河南、湖南、湖北、河北、甘肃、江苏、浙江等省。

历史名人：
慎到（约前390—约前315）：战国时期法家，越国人。研习黄老的道德之术后得到启示，于是有了自己的学说，他主张"抱法处世"、"无为而治"，从"弃知去己"出发。著作有《慎子》42篇。
慎蒙（生卒年待考）：明朝嘉靖进士，字山泉，归安人。在朝廷任监察御史。著作有《天下名山诸胜一览记》。

341. 戈

姓氏：戈
祖宗：寒浞
分类：以国名命姓
姓氏起源：
戈氏源于夏朝东夷族的寒国。伯明之子名浞，因属寒国人，故史称寒浞。他杀死后羿当了国君，篡夺了夏朝政权，自立为王，封他的一个儿子浇在过国，另一个儿子封在戈国（位于宋、郑之间），为夏王朝附庸国。后来，少康中兴，灭掉戈国。原戈国后代子孙遂以国名命姓，乃称戈氏。

郡望：

(1) 临海郡：《郡望百家姓》中记载：戈氏望出临海郡。三国吴太平二年置郡。相当于今浙江省东部沿海、象山港以南地区。

(2) 景州：在今河北省东光县及景县一带。明代景州戈氏，人才辈出。

堂号：

平寇堂：明朝时，饶平县知县戈尚有，执法平允。饶平距海甚近，海盗常登岸骚扰。戈尚有不发兵剿。县内有一种毒草能杀人，百姓常用它做坏事。戈尚有将这些犯罪的集合起来，宣布"禁止用毒草。已经犯罪的暂不处理，要你们每天拔毒草缴给衙门赎罪"。大家不知要干什么，为了赎罪都踊跃去拔，很快把毒草拔光。戈尚有差人把毒草投到沿海各个井里，一村留一井不投，供民饮用。海盗突然登岸，在沿海井里提水解渴，所有海盗全都中毒而死。从此海盗平了，毒草也拔光了，奸民想利用毒草做坏事也没法做到了。皇帝知道此事后，提升戈尚有为刑部主事。

迁徙分布：

今江西省新干县、湖北省荆州市、武汉市江夏区、上海市、辽宁省义县、山东省济宁市任城区、江苏省苏州市、常州市、无锡市、盐城市、浙江省杭州市、临海市，安徽省合肥市、黄山市、蚌埠市、宣城市。其中广德县一脉旺盛时有戈氏族人过万，县志上记载"广德曾有72戈村"，后因太平天国战乱，人口渐少，现存约2000人。河北省石家庄市无极县、东光县、沧州市、邢台市清河县，新疆维族尔自治区乌鲁木齐市、吉林省敦化市、江西省新干县、湖南省娄底市、衡阳市、云南省文山市、广西壮族自治区桂林市等地，皆有戈氏族人分布。

历史名人：

戈载（1786—1856）：字宝士，一字孟博，号顺卿，又号弢翁，江苏吴县人。父戈宙襄号小莲，著有《韵表互考》、《韵类表》、《字母互考》、《字母会韵纪要》等若干种。戈载世其家学，尤潜心於宋人宫调声律之学。嘉庆十二年（1807年）县学生，选贡士，为大学典簿。"中岁后境日贫乏，始出为汗漫游，依人幕下，佐会计事。"晚乃归里，以词学讲论终老。传世著作有《词林正韵》三卷，《宋七家词选》，词集《翠薇花馆词》多至39卷（词友吴嘉洤谓《翠薇花馆词》凡六十馀卷，见《仪宋堂文二集》卷七《亡友七人传》）。诗集亦有20卷。另有《词律订补》若干种不传。

342. 廖

姓氏： 廖

祖宗： 叔安

分类： 以国为氏

姓氏起源：

廖姓出自己姓，为上古时期廖叔安之后裔。相传帝颛顼有个后裔叫叔安，夏时，因封于廖国，故称廖叔安，其后代以国为氏，称廖氏。

郡望：

(1) 汝南郡：汉高祖四年置郡。相当于今河南颍河、淮河之间、京广铁路西侧一线以东，安徽茨河、西淝河以西、淮河以北地区。东汉时移治平舆。

(2) 巨鹿郡：秦始皇二十五年置郡。东汉移治今宁晋西南。

堂号：

果烈堂：蜀汉廖化，为关羽主簿。关羽败亡，廖化在战场上假装已死，得逃回蜀。拜宜都太守，迁右军车骑将军，领并州刺史，封中乡侯，所以叫"中乡堂"。又因他做事果敢刚烈，又叫"果烈堂"。

迁徙分布：

廖姓主要分布于广东、江西、湖南、四川四省，大约占廖姓总人口的56%。其次在广西、台湾、福建、河南，这四省的廖姓又占了25%。广东居住了廖姓总人口的16%，为廖姓第一大省。全国形成了粤桂湘、四川、闽台三个廖姓聚居中心。

历史名人：

廖燕（1644—1705）：清代文学家，其文恣肆犀利。工草书，状如古木寒石。又能戏曲。著有《二十七松堂集》等。

廖抉（生卒年待考）：东汉学者，习诗画，满腹经纶，精通天文、风角推考之术，在当时的学术界享有盛誉。

343. 庾

姓氏： 庾

祖宗： 庾凛

分类： 以官名为氏

姓氏起源：

(1) 源于官名，远古尧帝时代，有庾大夫（掌管露天粮仓的官名），他的子孙便以官名为姓，相传姓庾。

(2) 上古周朝时，管理粮仓的官员叫庾凛，其后代亦以官名为姓，相传姓庾。

郡望：

(1) 颍川郡：秦王政十七年（前230年）置。相当于今河南省许昌一带地区。

(2) 济阳郡：战国时为魏邑，西汉置县，治所在今河南兰考东北。晋惠帝时，将陈留郡之一部分设置济阳郡，治所在济阳。

(3) 新野郡：古置新野县即今县，西晋末置新野郡，治新野，北周时废。

堂号：

颍川堂：颍川庾姓最早居住在颍川的鄢陵，其可考的最早祖先为东汉末年的庾乘。《后汉书·郭符许列传》记载："庾乘字世游；颍川鄢陵人也。少给事县廷为门士。（郭）林宗见而拔之劝游学宫遂为诸生佣后能讲论以自卑第；每处下坐；诸生博士皆就向由是学中以下坐为贵。后征辟并起号曰'征君'。"

迁徙分布：

如今，广西、湖南、江西、甘肃、山西、陕西、江苏、上海、云南等地尚有庾氏的族裔。

历史名人：

庾后（生卒年待考）：明穆皇后庾氏，讳文君，左将军琛第三女也。后少以珪璋特异，令仪淑美，故中宗为肃宗纳焉。初为世子妃，仁和有礼，深见敬重。太宁元年六月立为皇后，策明穆皇后曰，正位闺房，以着协德之义。赠琛为车骑将军。母邱氏封安阳县君，从母荀氏永宣县君，后生显宗成皇帝。显宗即位，尊后曰皇太后。群臣奏，天子幼冲，宜依汉和熹皇后故事，后辞让数四。不得已，遂临朝摄万机。苏峻作逆，王师败绩，后以忧逼崩。年仅三十三。

庾信（513—581）：字子山，北周文学家，南阳新野人。曾担任北周开府仪同三司，世称"庾开府"，擅长写诗赋、骈文。庾信博览群书，文集六朝大成，唐大诗圣杜甫赞他为："庾信文章老更成，凌云健笔意纵横。"早期作品绮艳轻靡，文章绮丽，与徐陵齐名，为宫廷文学的代表，时称"徐庾体"。晚年之作遂趋沉郁、萧瑟苍凉，对当时社会动乱有所反映，以《哀江南赋》最为著名。今传《庾开府集》、《庾子山集》均为后人所辑。他的父亲庾肩吾也是当时有名的文学家。

344. 终

姓氏： 终

祖宗： 陆终

分类： 以字为氏

姓氏起源：

终姓出自高阳氏，为黄帝孙颛顼后裔。颛顼有子老童，老童生子吴回，吴回生子陆终，陆终的孙子以祖父的字为姓，称为终姓。

郡望：

（1）南阳郡：战国时置郡。治所在宛县，在今河南省南阳市。

（2）济南郡：西汉初年将临淄郡改为齐郡，后又在齐郡之地设置济南郡。在今山东省临淄市一带。

堂号：

（1）南阳堂：以望立堂。

（2）济南堂：以望立堂。

（3）奔商堂：夏桀无道，凿池为夜宫，男女杂处，一月不朝。终古哭谏，不听，终古遂奔商（放弃夏桀，到商汤那里去）。

迁徙分布：

终氏族人早期居住地在河南、湖北、陕西一带，汉朝以后在河南和山东有较大发展，以南阳郡、济南郡为郡望。到了宋朝以后，在山东、河北、北京、安徽、浙江等地有少量分布。

历史名人：

终古：夏朝的著名官员，那时夏桀执政，荒淫败坏，终古多次劝谏，桀王不听，终古知道夏朝将灭亡，就投奔向商汤去了。

终军（约前133—前112）：西汉济南人。少年勤奋读书，以善于说理和写文章著名，谈吐间豪情壮志非常动人，18岁时即向汉武帝上书评论国事。以后又担任谏议大夫。而后他奉命出使南越（今两广地区），表示"愿受长缨，必羁南越王而致之阙下"。即至，南越王愿举国内属。越相吕嘉不从，举兵杀其王及汉使者，死时年仅20多岁，被人称为"终童"。

345. 暨

姓氏：暨
祖宗：彭祖
分类：封地暨为姓
姓氏起源：
彭祖的后代在商代做伯爵，他的后代有被封在暨的，在今江苏省江阳县东莫乡城，也有说法是在常熟县的。他的后代子孙便以封地暨为姓，形成暨姓。
郡望：
（1）余杭郡：本来是秦朝的会稽郡所管辖的余杭县。东汉时又隶属于吴郡。南朝陈在此设置钱唐郡，隋朝时改名为余杭郡。在今浙江省境内。
（2）渤海郡：西汉时期设置。在今河北省、辽宁省的渤海湾一带。
堂号：
关内堂、旌孝堂：晋朝时的暨逊，被封在关内，称为关内侯。他很孝敬父母，于是朝廷为了表扬他的孝行，在他的门前立了一块牌坊旌，所以又叫做"旌孝堂"。
迁徙分布：
暨氏是一个典型的古老汉族姓氏。暨原是上古时的一个地名的一字，这称为诸暨的地方，如今在江苏省江阴县。后来有贵族受封于诸暨，他的子孙便以封地为姓，简称为暨姓。黄帝的后代中有一个叫彭祖，商朝时，彭祖的后代为爵士，且受封于诸暨。开初时因为以封地为姓，形成暨氏。另外一说，春秋时越国有位大夫名叫诸暨郢，在他的子孙中，这个复姓又有分化成诸姓和暨姓两个单姓的，一部分就成了暨姓。还有一说，春秋时，有吴王名夫概，他的子孙中有以概为姓，后来因躲避仇杀被迫改为他姓，其中有的为既姓。而"既"与"暨"两字互为通假，经常混用，所以既氏又可为暨氏。
历史名人：
暨逊（生卒年待考）：晋代广昌长，字茂言，余杭人。以孝行闻名，被封为关内侯。朝廷为了表扬他的孝行，在他的门前立了一块牌坊旌。
暨艳（？—224）：据《名贤氏族言行类稿》提到过一位暨艳。"暨艳，呈郡人，字子休。张温引致之，以为迁曹郎，至尚书，性狷厉，好为清议，见朗署多非其人，欲臧否区别，弹劾否区辑，弹劾百僚，核选三署，率皆贬高就下，降损数等。由是怨愤声积，竟言其专用私情爱赠，不由公理，坐自杀。"

346. 居

姓氏：居
祖宗：先且居
分类：以名为姓

姓氏起源：

居姓源于杜姓。相传周大夫杜伯的儿子在晋国做官，被封在先邑，他的子孙便有以邑为姓，称为先姓。晋文公提拔他的后人先轸为军元帅，职掌国政。先轸曾经率领晋军在崤山一带打败秦军，他的儿子先且居后来继位中军元帅，在彭衙再一次打败秦军。先且居于是变得很有名，他的子孙于是有以他的名字中的"居"字作为姓氏的，称为居氏，世代相传。

郡望：

（1）渤海郡：西汉时置郡。在今河北省、辽宁省的渤海湾一带。

（2）信都郡：战国时期的赵地。汉宣帝时改为信都国。故城在今河北省枣强县东北。

堂号：

（1）湘侯堂：汉代居翁，时任南越桂林监，当他听到汉兵攻破番禺，于是他趁机策动欧骆氏40多万人投降汉，因为这件事情被封为湘成侯。

（2）瞻盦堂：明代的居仁，他的学问很精深，行为也很端正。洪武初年，朝廷因为他的品行征他出来做官，他不去。在家隐居，种竹子，成天读书度日。晚年时期，他自号"瞻盦"。这个号的寓意为看着绿色的竹子自得其乐。

迁徙分布：

今北京市，重庆市，天津市，江苏省南京市、扬州市仪征区、常州市武进区、泰兴市、昆山市、东台市、高邮县、盐城市建湖县、海安市、苏州市、连云港市、宿迁市、南通市、靖江市、江都县，山东省济南市、潍坊市、济宁市、曲阜市、临沂市、枣庄市，陕西省西安市，湖北省武穴市，河北省石家庄市、衡水市故城县、枣强县、秦皇岛市昌黎县，甘肃省兰州市，安徽省当涂市湖阳县、利辛县、马鞍山市和县，浙江省嘉兴市，贵州省毕节市，四川省绵阳市、遂宁县，河南省新乡市、鄢陵县、信阳市，云南省邱北县、建水县，台湾省，意大利等地，皆有居氏族人分布。

历史名人：

居节（约1524—约1585）：字士贞，号商谷，明朝吴县人。擅长书法绘画。他的父亲在织造局任过职，因此他家隶属于织造局。有一次织监孙隆召见他，他不肯去，孙隆很生气，抄了他的家，将他逮捕了。出狱后，他居住在池塘边，以作诗自乐，后来穷困而死。但他写诗水平很高。

居正（1876—1951）：中国当代著名民主革命家、政治家、军事家、法学家。年轻时赴日学习加入中国同盟会，参与组织共进会，辛亥革命武昌起义指挥者之一，辛亥革命元勋。历任南京临时国民政府内政部次长、南京国民政府司法院院长等职。1949年11月去台湾，任国民党监察院监察委员、国民党评议员。著有《辛亥亲历记》、《为什么要重建中国法系》、《辛亥礼记》等书。

347. 衡

姓氏：衡
祖宗：伊尹
分类：以尊号为姓
姓氏起源：
衡姓源于伊姓。商汤有贤臣伊尹，因为在灭夏过程中功劳最大，商汤封他为尹（宰相），并封了个尊号叫"阿衡"。后来伊尹的子孙便以伊尹尊号中的"衡"字命姓，称衡姓。
郡望：
（1）雁门郡：战国时赵武灵王置郡，秦、汉沿之。相当于今山西省代县一带。
（2）汝南郡：汉高祖时置郡，治所上蔡（今河南省上蔡县南）。相当于今河南省中部偏南和安徽省淮河以北地区。
堂号：
阿衡堂：伊尹是商朝的贤相，商汤伐桀灭夏，伊尹之功居多，汤王尊称他为"阿衡"，意思是地位和商汤平衡，不敢以臣待他。
迁徙分布：
今四川省蓬溪县、宜宾市、绵阳市盐亭县、阆中市、西充县、遂宁市、长宁县、凉山地区，湖南省衡阳市，山东省枣庄市薛城县、汶上县、临沂市郯城县，天津市蓟县，河北省秦皇岛市，江苏省南京市、常州市、徐州市邳县、苏州市、扬州市、淮安市，河南省修武县、西平县、封丘县、濮阳市清丰县、郑州市中牟县，甘肃省甘谷县，安徽省马鞍山市、五河县，陕西省汉中、宝鸡市凤翔县，青海省西宁市，湖北省荆门市、襄樊市，黑龙江省双城市，台湾省，香港特别行政区等地，皆有衡氏族人分布。
历史名人：
衡咸（生卒年待考）：汉朝人，当时著名学者五鹿充宗的学生，精通经史，辩才过人。后来当了王莽的讲学大夫。
衡权（生卒年待考）：北伐战争后入伍，民国18年（1929年）任陆军第一军秘书。行宪后，当选为监察院监察委员，监察院国防委员会委员。中华人民共和国成立之前去往台湾，续任"监察委员"。

348. 步

姓氏：步
祖宗：步扬
分类：以邑为姓
姓氏起源：
步姓源于姬姓，是以封邑命名的姓氏。春秋时期，晋国大夫叔虎，他有三个儿子：

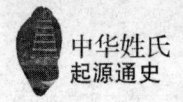

称、芮、义。义后来生了扬,扬被封于步邑。人称步扬。他的后代便以邑为姓,称为步氏。

郡望:
平阳郡:三国魏正始八年将河东郡分出一部分设置平阳郡,治所在平阳县(今山西省临汾县西南)。

堂号:
临湘堂、宽宏堂:三国时期,东吴步涉性格宽宏大量。开始的时候隐居于江东,种瓜自给自足,昼夜读书,勤于钻研,博研艺道,无不精通。孙权知道后拜他为讨虏将军,后又召为主记,迁将军左护军,封为临湘侯。孙权称帝后,封他为骠骑大将军。他前后推荐的人才,提拔埋没的人才,解救受患难的人才很多。他任丞相后,生活中吃的、穿的、用的东西和平常的书生一样。大家都折服于他的威兴,人们都很尊重他。

迁徙分布:
今江苏省南京市六合县、丹阳市、苏州市、丹徒市、扬州市、徐州市,浙江省湖州市武康县、嘉兴市海盐县、嵊州县、绍兴县,河南省的许昌市鄢陵县、洛阳市,河北省石家庄市、承德市、邯郸市大名县、沧州市、保定市、张家口市隆化县、枣强县,山东省章丘市、菏泽市梁山县、成武县、曹县、山东省泰安市肥城县、莱阳市、济宁市邹县、潍坊市寿光县、淄博市淄川区、聊城市茌平县、曲阜市、烟台市莱州区、无棣县,辽宁省沈阳市、朝阳市建平县、阜新市、盘锦市,湖北省的武汉市、宜城市,北京市延庆县,宁夏回族自治区银川市、中卫市永康县、海原县,新疆维吾尔自治区乌鲁木齐市、阿克苏市、昌吉市,吉林省吉林市,四川省广元市市区及元坝区(现改名昭化区)等地,皆有步氏族人分布。

历史名人:
步熊(生卒年待考):字熊叔。晋朝人。爱好占卜术,门徒很多。赵王听到他的名声后,请他来占卜。步熊于是对别人说,赵王的死已经不远了,没有什么好占的。赵王听了以后非常生气,派了将士去杀他,他施了伎俩逃了出来。跑到成都王颖处,颖失败以后,步熊被杀。

步骘(生卒年待考):字子山。三国时期吴国淮阴人。当时遇到天下大乱,他于是迁往江东去隐居避难。每日种瓜糊口,夜里就看书钻研。后来,孙权为讨虏将军,召他为主记,因为他能文能武,又升迁为将军左护军,封为临湘侯,封他为骠骑大将军,屡立战功。他精通兵法,用兵神速,特别在危机的时候,能解围营救。

349. 都

姓氏: 都
祖宗: 子都
分类: 以字为氏

姓氏起源:
都姓出自姬姓,源于春秋时期的郑国。春秋初年,郑国有一个公族大夫公子阏,字子都。他是当时闻名全国的美男子,而且他性格勇猛,力量很大,所以得到郑庄公的欣赏。他死以后，他的子孙便以他的字为姓，称为都姓。

郡望：

黎阳郡：《姓氏考略》和《郡望百家姓》中记载：都氏望出黎阳郡。西汉时设置黎阳县，北魏改设黎阳郡。在今河南省中部浚县一带，与晋代顿丘郡的地址大致吻合。

堂号：

(1) 黎阳堂：以望立堂。

(2) 鸿胪堂：宋朝的都贶，做官做到鸿胪卿，拜锌州转运，提押四川45州，有许多显著且美好的成绩。

迁徙分布：

古时，都氏的望族居住在黎阳（今河南省境内）。如今，都姓在全国分布较广，尤以河南、陕西、安徽、山东、四川等省为多。

历史名人：

都胜（生卒年待考）：明朝宁津人。曾经担任南京羽林左卫指挥捡事。成化初升署都指挥捡事，守备扬州的时候因为平靖叛乱有功，被升迁为参事，协同漕运。后又任过充总兵官、掌漕运等重要的职位。都胜做官一共做了五十年，他所管辖的地方土地肥沃，物产丰富，人民生活富裕，但是他清正廉洁，生活简朴，每天只吃蔬菜，如果有亲戚朋友来访，也不过增加一盘豆腐，因此人们称他为豆腐总兵。深受人们的爱戴。

都穆（1458—1525）：字玄敬。明朝时期吴县人。弘治进士，被授为工部主事。历任礼部郎中，加太仆少卿致仕。都穆精修博学，深受别人的尊敬，虽然年纪大了但仍然好学。曾写过好些方面的著作，业余时还研究金文。存世的著作有《周易考异》、《史外类抄》等。

350. 耿

姓氏： 耿

祖宗： 祖乙

分类： 以人为氏

姓氏起源：

耿姓是以地名为姓。商代有君王名祖乙，他的国都从相迁到邢，后来盘庚又把都城迁到亳。邢在今天的河南省温县东，邢的读音，古代读作耿。盘庚迁都后，一部分商朝的公族没有跟随他南迁，仍然留在了邢。这一部分人就把邢作为自己的姓氏。后来为了与读作邢姓相区别，将这个姓的写法改作耿。

郡望：

(1) 高阳郡：本来是战国时期的高阳郡。北魏时设置青州高阳郡，在今河北省高阳一带。

(2) 扶风郡：汉武帝时设置右扶风，在今陕西省长安县的西部。

(3) 河东郡：秦朝初期设置河东郡。相当于今山西省黄河以东夏县一带地区。

堂号：

怀远堂：后汉耿秉，博晓书记，晓《司马兵法》。明帝拜为驸马都尉。征伐匈奴，

破车师，章帝时拜为辽渡将军。匈奴怀其恩信，又拜征西将军，北击匈奴，大破之。登燕然山，被封为美阳公。他死的时候，匈奴举国痛哭，甚至把头抢破，所以又叫"怀远堂"。

迁徙分布：

古时，耿氏望族居住在高阳（今天的山东临淄西北30里）；如今，耿氏族人在全国分布较广，尤以河北、河南、江苏、安徽、山东、山西、黑龙江、辽宁等为多，这八省之耿氏约占全国耿氏人口的75%以上。

历史名人：

耿秉（？—91）：字伯初。东汉扶风茂陵人。永平十六年，以驸马都尉与奉车都尉窦固等击匈奴。第二年又与窦固一起深入车师，在此地设置了西域都护。永元元年，耿秉作为征西将军，副车楺将军窦宪，联合南匈奴击败北匈奴，追到塞外三千余里。从此以后，北匈奴就一蹶不振。耿秉成为西汉时期著名的将军之一。

耿幼麟（1895—1983）：河北任县人。肆业于河北保定陆军军官学校，曾经在冯玉祥部任团长、师长。抗日战争时期，历任国民政府后勤部西北办事处主任、第三十军副军长、第九战区、六战区、一战区兵站总监部总监。抗日战争胜利后，担任北平第五补给区中将司令。民国三十八年（1949年）9月，受陆军中将。中华人民共和国成立前夕去往台湾。1973年旅居美国。1981年定居北京。为全国政协委员。1983年9月26日在北京病逝。终年88岁。

351. 满

姓氏：满

祖宗：胡公满

分类：以名为姓

姓氏起源：

远古时舜帝，有个后代叫胡公满。周武王建立周朝时，封胡公满于陈地，让他建立陈国，是为了表示对先贤舜帝的尊重。胡公满的后代，有的以国名为姓，姓陈，有的取他的名字的满字为姓，姓满。

郡望：

（1）山阳郡：此郡的地点有两处。一处是汉武帝建元年间设置的山阳郡，在今山东省境内，治所昌邑，相当于今山东金县西北。还有一处是东晋年间从广陵郡分置出来的山阳郡，治所在山阳，相当于今江苏省淮安市。

（2）河东郡：秦朝时期置郡，相当于今山西省黄河以西夏县一带。

（3）汝南郡：汉朝设置，治所在上蔡，相当于今河南省上蔡县西南。

堂号：

昌邑堂、清廉堂：说的是三国时期魏国曹操手下的大将满宠。他意志顽强、英勇善战，跟随着曹操征战，立了很多功。文帝时，在江陵打败了吴国，被封为昌邑侯。他为官一生清廉，年老退休回家的时候家里都没有什么财产，获得人们的称赞。

迁徙分布：

今广东省云浮市新兴县，山东省泰安市、巨野县核桃园镇、金乡县、滕州市、微山县留庄镇、潍坊市昌邑县、德州市、枣庄市、聊城市阳谷县、烟台市蓬莱区、青岛市即墨市、济宁市、四川省南充市、泸州市、成都市、中江市、德阳市、河北省唐山市迁安县、沧州市、辛集市、保定市，湖南省辰溪县、安徽省合肥市、宿州市、六安市、临泉市，江苏省徐州市、广西壮族自治区南宁市、玉林市、贺州市、北海市、桂林市荔浦县、桂平县、兴安县、天津市、上海市、台湾省、内蒙古自治区赤峰市宁城县、黑龙江省哈尔滨市、湖北省宜昌市、孝感市麻阳县、桃源县、河南省台前县、甘肃省兰州市、永登市、辽宁省锦州市黑山区、香港特别行政区等地，皆有满氏族人分布。

历史名人：

满宠（？—242）：字伯宁。三国时期魏国昌邑人。是曹操手下的一员大将。一直跟随曹操征战，立了许多战功。文帝时期，在江陵大战了吴国，取得胜利，因此被封为昌邑侯，拜为伏波将军。太和年间，又因为以前将军的身份代替曹休到扬州都督军事，被拜为征东将军。当时，孙权好多次攻打合肥，都被满宠打败。景初中，因年老返乡，担任太尉，不久逝世。他一生为政清廉，不为自己利益，家中都没有积累财产。

352. 弘

姓氏： 弘
祖宗： 弘演
分类： 以国为姓
姓氏起源：

弘姓是以祖上名字为姓的姓氏。春秋时期，卫国有个大夫叫弘演，是个被国君器重的能人。弘演的后世子孙，就以其名字中的"弘"字为姓，成为弘姓。弘姓家族本来很昌盛，但到了唐代，唐朝皇族中李弘被立为太子，天下要避讳用弘字作为姓名。于是弘姓就都改为李姓。隔了好几代人后，弘姓才被恢复。后来弘姓就成了历史上的罕见姓。

郡望：

（1）太原郡：秦庄襄王四年（前246年）初置，在今山西省太原市一带。

（2）毗陵郡：在春秋时期为吴国季札的封地延陵邑，在汉朝时期改置毗陵县（今江苏常州）。

（3）豫章郡：亦称南昌府、南昌郡。

堂号：

（1）毗陵堂：以望立堂。

（2）太原堂：以望立堂。

（3）豫章堂：以望立堂。

（4）纳肝堂：春秋时狄人攻卫，杀卫懿公。大夫弘演正在出使他国，听到消息后回国，寻找懿公尸体，已被狄人吃掉，只剩了一只肝。弘演将出使情况向那只肝毕恭

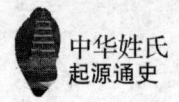

毕敬地作了汇报，然后拿刀破开自己的肚子，将懿公的肝纳入自己腹中，说："我来做懿公的躯体。"说完而死。

迁徙分布：

秦代，真定人（今河北省正定县）赵佗任南海郡龙川县令，后为南海尉，于秦末兼并桂林、南海和象三郡，建立南越国，汉高祖时受封为南越王。此后，赵佗的子孙繁衍于今广东、广西一带。东汉末年，京师遭董卓之乱，洛阳人赵达避难迁居江东。唐高宗总章年间，中原人赵端随陈政、陈元光父子入闽开辟漳州。五代时期，刘䶮在广州建立南汉政权，洛阳人赵光裔、光逢、光胤三兄弟因此而在南海安家；开封人赵廷隐、赵崇韬父子因仕后蜀而在四川成都定居。南宋初，开封人赵用贤随宋高宗赵构南逃，移居江苏常熟，郑州人赵蕃移居江西上饶。南宋灭亡后，宗室赵氏散逃至澎湖、潮阳等地，后在闽、粤一带发展繁衍。从清朝康熙年间开始，闽、粤赵氏陆续有人迁居台湾，后又有不少人移居海外，分布于欧美及东南亚一些国家和地区。

历史名人：

弘演（生卒年待考）：春秋时期卫国大夫，很被国君器重。他奉命远使未归时，狄人突然攻卫，杀懿公，尽食其肉，独舍其肝。弘演归，见而号曰："臣请为表。"因自剖其腹，先出己之五脏，然后纳懿公肝入己腹而死。后来，他成为封建社会忠君的典范。

弘智（1611—1671）：字无可，号墨历，别号药地和尚。自受戒后，谢绝一切尘俗，沉浸书画之中。清世祖顺治九年（1652年）作意在笔外图。著有《通雅》、《炮庄》、《古今性说》、《浮山集》等作品。清康熙十年（1671年）卒。俗名方以智，字昌公，号鹿起，又号密之。安徽桐城人。明万历三十九年（1611年）生，崇祯十三年（1640年）进士，授捡讨。早年参加复社，与陈员慧、吴应箕、侯方域号称"明季四公子"，明亡后出家改弘智名至卒。

353. 匡

姓氏： 匡
祖宗： 句须
分类： 地名命姓

姓氏起源：

春秋时期，鲁国大夫施孝权的家臣句须任匡邑（河南长垣西南）宰，即为匡地的地方长官，其孙以祖父居官地名命姓，遂为匡姓。到北宋初年，为避太祖赵匡胤之讳，改匡姓为主姓。政和年间朝廷认为民姓中有主姓，大为不妥，遂令主姓改为康姓。北宋以后，有的康姓恢复了祖姓，仍为匡氏。

郡望：

（1）太原府：也称为太原郡。今山西省太原市。
（2）晋阳郡：春秋末期，赵简子家臣董安于始筑晋阳城，在今太原西南晋源镇。
（3）任城：今山东省济宁市。

堂号：

（1）太原堂：以望立堂。

（2）晋阳堂：以望立堂。

（3）任城堂：以望立堂，亦称仍国堂、任国堂、邿国堂、济宁堂。

（4）凿壁堂：汉代匡衡，幼时家贫好学，因无钱买油用灯，乃凿壁偷邻居家的灯光读书，终于成了大学问家，累官太子少傅。元帝时为丞相，封乐安侯，所以又称"乐安堂"。

迁徙分布：

明朝时，匡姓大约有12000人。主要集中分布于山东、湖北、江西、浙江、湖南、四川等地；山东为匡姓第一大省，占匡姓总人口的29%。如今，匡氏族人在全国分布较广，尤以山东省为多，其一省之匡氏占全国匡氏人口的一半左右。

历史名人：

匡衡（生卒年待考）：西汉经学家、丞相，元帝时被封为乐安侯。他善于讲《诗》。一次他与别人讲《诗》时，相互驳难，别人被说得哑口无言，只好慌忙地穿上鞋溜走了。当时有"匡说《诗》，解人颐"谚语流传。

匡才（生卒年待考）：元代名将，以军功卓著，晋沂邳河东元帅。后战死。

354. 国

姓氏： 国

祖宗： 子国

分类： 以国为氏

姓氏起源：

春秋时期，郑穆公有个儿子公子发，字子国。子国的儿子公孙侨字子产，在郑国执政三十多年，是春秋时期著名政治家。子产的儿子以祖父的字命氏，称国氏。

郡望：

下邳郡：东汉永平十五年（72年）将临淮郡改为下邳国，南朝宋时改为下邳郡。相当于今江苏省西北部地区。

堂号：

恭俭堂：三国时魏国有国渊，自幼随大儒郑玄读书，郑玄夸他是"国器"（意思是有治理国家的才能）。武帝时辟为司空掾，累迁太仆。恭俭自守，不骄不奢。国氏因以"恭俭"为堂号。

迁徙分布：

今河北省保定市、玉田县、深泽县、邯郸市馆陶县，吉林省松原县、白城县，陕西省华阴市，黑龙江省哈尔滨市、双城市、绥棱县，浙江省宁波市，山东省潍坊市诸城县、泰安市、聊城市、莱州县、淄博市博山区白塔镇国家村、淄博市临淄区齐都镇国家村、沂水县、嘉祥县、济宁市、济南市长清县，辽宁省大连市，贵州省贵阳市，北京市延庆县，天津市，河南省郑州市、汝南县，台湾省，香港特别行政区，美国宾夕法尼亚州，新加坡、印度尼西亚等地，皆有国氏族人分布。

历史名人：

国柱（生卒年待考）：清代楚雄镇总兵，满洲镶黄旗人。雍正年间袭一等子爵。乾隆年间任前锋侍卫。因功升马兰镇总兵。从征缅甸，调楚雄镇总兵。

国侨（？—前522）：春秋时郑国大夫。国侨即公孙侨，字子产。孔子称赞他是"古之遗爱也"。

355. 文

姓氏：文
祖宗：周文王
分类：以谥号为姓

姓氏起源：

文姓源于姬姓，是以谥号命名的姓氏。据《风俗通义》等相关资料记载，商朝末年，居住于渭河流域的周族逐渐强盛起来，商王文丁感到周的威胁，就找借口杀了周人（姬姓）的领袖季历。季历之子姬昌即位后，励精图治，深得国人拥戴，被商纣王封为西伯。因西伯声望太高，纣王又找借口将西伯囚禁，后释放。西伯归周后，以贤臣姜尚为辅佐，先后吞并了虞、芮、黎（今山西长治西南）、崇（今河南嵩县北）等国，并建丰邑（今陕西长安沣水以西）作为国都，形成了"三分天下"的局面，其实力超过商王朝。西伯在位50年，他死后，其子周武王继承了他的遗志，完成了灭商大业，于公元前11世纪建立了周朝，建都于镐（今陕西长安沣水以东），追谥西伯为周文王。文王的支庶子孙中有以他的谥号"文"为姓氏的，称文氏。

郡望：

燕门郡：战国赵武灵王置郡，秦、西汉治所在善无（今山西右玉南）。相当于今山西河曲、五寨、宁武等县以北、恒山以西、内蒙古黄旗海、岱海以南地区，东汉移治阴馆（今山西代县西北）。

堂号：

信国堂、正气堂：宋代文天祥为左丞相，封信国侯，进屯潮阳，元将张弘范掩至，文天祥被俘，拘燕三年不屈，作《正气歌就义》。

迁徙分布：

如今，文姓主要分布于湖南、广西、四川、广东四省区，大约占文姓总人口的51%，其次分布于湖北、江西、重庆、海南，四省市又占了25%。湖南为当代文姓第一大省，居住了文姓总人口的14%。全国形成了湘桂粤、川鄂两块文姓聚集区。

历史名人：

文徵明（1470—1559）：明代书画家，长洲（今江苏吴县）人，诗文书画皆工，尤精于画。他与沈周、唐寅、仇英合称"明四家"，名重于时，子弟甚多，人称"吴门派"。文天祥（1236—1283）：吉州庐陵（今江西吉安）人，1276年任南宋右丞相被派往元军中谈判，后被扣留。脱险后，南下福建与张世杰、陆秀夫联合抗元。1278年被俘，作《过零丁洋》以明志。后被押送至元大都，几经威逼利诱，始终不屈。1283年1月9日遇害。

356. 寇

姓氏：寇

祖宗：苏忿生

分类：以官名为氏

姓氏起源：

（1）上古周朝时，苏忿生为周武王司寇，其子孙以官名为姓，相传姓寇；

（2）古代春秋时，卫康叔为周司寇，支孙以官为姓，亦相传姓寇。

郡望：

（1）冯诩郡：汉置冯诩郡，今陕西省大荔县。

（2）上邽郡：亦称天水郡。本邽戎地，在今甘肃天水市。

（3）河南郡：秦朝时期名为三川郡。今河南省。

（4）上谷郡：战国时期，赵国公子嘉自立为代王，驻军上谷。秦始皇二十五年（前222年）秦国灭赵国后置上谷郡，治所沮阳（今河北怀来），其时辖地在今河北省西北部一带地区。

堂号：

（1）冯翊堂：以望立堂。

（2）上邽堂：以望立堂。

（3）河南堂：以望立堂。

（4）上谷堂：以望立堂。

（5）上党堂：以望立堂。

（6）东海堂：以望立堂。

迁徙分布：

今北京市，陕西省榆林市、铜川市，重庆市渝北区，黑龙江省三江市、绥化市、宁安市、伊春市，湖南省慈利县、张家界市慈利县，四川省广元市苍溪县、绵竹市、达县、高县、南溪县、巴中市、南充市营山县、阆中市、宜宾市、郫县，山东省菏泽市、聊城市阳谷县、莱州市、日照市、淄博市临淄区、平邑县、潍坊市安丘县、利津县、微山湖市、巨野县、滨州市滨城区、威海市、寿光市、诸城市、阳谷县，天津市，河北省泊头市、夏邑县、冀县、抚宁县、河间县、衡水市武强县，辽宁省的凌源县、丹东市岫岩地区、海城市、朝阳市、大连市庄河县、兴城市，青海省的西宁市，吉林省前郭县、汪清县、桦甸市，浙江省衢州市，山西省上谷县、榆次市，陕西省吴堡县、黄陵县、咸阳市三原县、淳化县、宝鸡市、铜川市、礼泉县，河南省许昌市禹州市、郸城县、商丘市、郑州市新郑市、上蔡县、清丰县、新县，湖北省孝感市、钟祥市、遂宁市，福建省德化市，江西省上饶市，内蒙古自治区兴安盟、呼仑贝尔市、赤峰市、包头市，贵州省贵阳市息烽县，江苏省南京市、连云港市东海县，广东省广州市，安徽省颍上县，甘肃省景泰县，台湾省，香港特别行政区，马来西亚的沙巴州，美国，澳大利亚，日本等地，皆有寇氏族人分布。

历史名人：

寇恂（生卒年待考）：字子翼。东汉上谷昌平人。光武帝（刘秀）时拜河内太守，随光武帝出征再到颍川，当地士绅向光武帝说："愿从陛下复借寇君一年。"后因以"借寇"为地方挽留官吏之典故。

寇准（961—1023）：字平仲。宋华州下邽人。太平兴国四年（979年）进士，官至参知政事。景德元年（1004年），契丹入侵，准任同平章事，力排众议，促使真宗亲征，进驻澶州督战，与契丹订澶渊之盟。后为王钦若等所谗罢相。天禧元年复相，封莱国公。又被丁谓等排挤降官。后贬死雷州。终年62岁。仁宗时追赠中书令，谥忠愍。

357. 广

姓氏： 广
祖宗： 广成子
分类： 以先祖名字为氏
姓氏起源：

广姓源于传说，出自古代传说仙人广成子的后代，属于以先祖名字为氏。据著名东汉学者应劭所著《风俗通》记载："广姓，黄帝师广成子之后。"相传，广成子是上古仙人，隐居崆峒山中（今甘肃平凉），广成子为道教"十二金仙"之一，是古代传说中的神仙，他自称养生得以道法，年1200岁而未见衰老，是中国古代剑仙之祖。

郡望：

丹阳郡：丹阳又称润州、丹杨郡，是我国十分古老的地名，所指的地方迭有变动。先秦时期，共有三处以丹阳为名的地方，但一般指豫鄣郡（今江西南昌）。汉朝时期实施郡县制度以后，先后又有许多以丹阳为名的郡和县。丹阳郡始建于西汉朝元狩二年（前121年），是由原豫鄣郡改置，治所在宛陵（今安徽宣城），下辖17县，辖境相当于今安徽省长江以南，江苏大茅山及浙江省天目山脉以西、浙江省新安江支流武强溪以北地区。三国时期孙吴国移治到建康（今江苏南京），以后辖区缩小。到了南北朝的后魏时期，又在河南省项城县的东北置丹阳郡。隋朝灭后南陈国后曾废黜，后隋炀帝又置润州，治所在延陵（今江苏常州），再以蒋州（今江苏南京）为丹阳郡。唐朝时期移治到丹徒（今江苏镇江）。北宋政和年间（1111—1118）升为镇江府。另外，古代楚国原在丹阳，即今湖北秭归一带，楚文王东迁至今湖北枝江，仍名其地为丹阳。还有，秦朝时期的丹阳县，也称为丹杨县，在今安徽省当涂县一带，唐朝时期被并入当涂县。明、清两朝乃至民国、现今的丹阳，只是个县级建制的城市，位于今江苏省溧阳市旁边，紧依长江，隶属于江苏省镇江市。

堂号：

丹阳堂：以望立堂。

迁徙分布：

广姓是中国罕见姓氏，当今分布在山东省兖州市新兖镇广家街、内蒙古乌海、陕西韩城、甘肃酒泉、河南卢氏、湖北武昌、广东澄海、广西田林、云南陇川、马关、四川合江等地。潮汕澄海100多人，主要居住在东里镇。在河北邢台柏乡县龙华乡白楼村也有一支广姓大家族。

历史名人：

广汉（生卒年待考）：宋朝著名赣州通判。有惠政，百姓立碑纪念他。

广嵩（生卒年待考）：六安人。明朝著名楷书吏。明朝洪武年间举楷书吏，专用楷、隶字体誊抄古文书籍的官吏，后任中书令。此后，"中翰"为明、清两朝时内阁中书的别称。

358. 禄

姓氏： 禄

祖宗： 禄父

分类： 以父字为姓

姓氏起源：

商朝的末代王纣王儿子武庚，字禄父，他的后代就以父字为姓，相传姓禄。

郡望：

（1）广平郡：汉置广平郡，今河北省鸡泽县。

（2）临河郡：南北朝时期北齐武平元年（570年）置临河郡，治所在今山西省永和县。隋朝开皇三年（583年）被废黜。

（3）扶风郡：汉置扶风郡，今陕西省咸阳市。

堂号：

（1）广平堂：以望立堂。

（2）临河堂：以望立堂。

（3）孝子堂：明朝时期的孝子逯相，广宗人，诸生。明嘉靖中期，母殁，庐墓三年，躬自负土成坟，时有大水而不浸其庐，远近称异。

（4）颖川堂：东汉时期的逯闳，出任颖川（今河南禹州）太子尚书令，生有五子。其后裔因以为堂号。

（5）荆州堂：东汉时期的逯续，任所州别驾，有三子，长子逯稠后出任荆州刺史（今湖南常德），因号"荆州堂"。

（6）丹徒堂：东汉时期的逯稠生有二子，长子逯肃任丹徒令（今江苏镇江），因号"丹徒堂"。

（7）乐安堂：东汉时期的逯逢，任尚书令右仆射，封乐安侯，生有五子——逯涉、逯表、逯琼、逯昊、逯招，合家融乐，因号"乐安堂"。

（8）谏仪堂：西晋时期逯恢出任谏仪大夫，其后代号"谏仪堂"。

（9）鱼折堂：西晋时期有逯元之，他隐居于鱼折（今浙江龙泉），因号"鱼折堂"。

（10）太尉堂：东晋时期逯阮出任侍中、司空，赠太尉、兴平康伯，生有六子，因号"太尉堂"。

迁徙分布：

今重庆市北仑区、铜梁县、北京市海淀区中关村、朝阳区、天津市、内蒙古自治区赤峰市、山东省菏泽市单县、巨野县、淄博市、聊城市、莱芜市、济宁市嘉祥县、东营市广饶县、潍坊市临朐县、章丘市、临沂市、济南市平阴县、沂南县、济阳市、高青县、东明县、泰安市、威海市、鄄城县、青岛市、河南省安阳市滑县、巩义市、濮阳市、商丘市、郑州市、濮阳市、兰考县、新乡市、开封市、焦作市、汝南县、长垣县、林州、睢县、驻马店市泌阳县、浙江省宁波市、杭州市、宁夏回族自治区固原市、西吉县、吉林省长春市、洮南县、长白山地区、山西省阳泉市、临汾市尧都区、汾西县、晋中市榆次县、运城市、太原市清徐县、清徐县、辽宁省朝阳市、葫芦岛市、绥中市、甘肃省会宁县、天水市秦安县、定西市通渭县、湖南省长沙市、河北省秦皇岛市抚宁县、枣强市、郸城市大名县、成安县、邢台市、石家庄地区藁城市、赵县、张家口市蔚县、湖北省襄樊市、荆州市、十堰市、黑龙江省哈尔滨市、齐齐哈尔市、望奎县、尚志市、大庆市、七台河市、广东省广州市、陕西省西安市、绥德县、青海省乐都县、贵州省贵阳市、新加坡、香港特别行政区等地，皆有禄氏族人分布。

历史名人：

禄氏（生卒年待考）：清朝时云南人，巾帼英雄，是袭镇王府陇庆侯的母亲。雍正年间，陇庆侯因藏匿奸臣被革职，下属臣民气愤，想叛乱谋反，禄氏严加制止。后来乌蒙贼作乱，禄氏召集族人协助官兵剿匪，保卫家乡，使城乡得以保全，受到城乡百姓的赞扬。

禄胜（生卒年待考）：宋时回鹘可汗王。咸平四年（1001年），遣枢密使曹万通至汴京，献玉勒鞍、名马、宾铁剑甲及琉璃器等，并陈境土东至黄河，西至雪山，有小郡数百，甲马颇为精锐，愿朝廷命使统领，缚西夏李继迁以献。特授曹万通为左神武军大将军，优赐禄胜器服。

359. 阙

姓氏： 阙

祖宗： 未知

分类： 以地名为氏

姓氏起源：

（1）阙姓源于地名。古代有县名叫阙巩，居住在这个县的人家就以阙为姓。

（2）阙姓源于封地名。春秋时期鲁国有邑名为阙党。有人被封在这个地方，于是以封地为姓，称做阙姓。

（3）阙姓源于地名。春秋时期孔子居住在阙里，后来这个地方的人就把地名当作自己的姓氏。

郡望：

下邳郡：改自临淮郡，东汉时期将临淮郡改为下邳国，南宋时期又把下邳国改为郡。治所在下邳。

堂号：

铨仙堂：明代安南县县令铨士琦上任几个月以后母亲就逝世了，他于是回家再也不肯出去做官，而是闭门读书，写书。著作有《铨仙草》、《阙野草》等。

迁徙分布：

古时，阙姓的望族居住在下邳（今江苏省境内）。今上海市，台湾省嘉义市民雄县、台北市南港县，福建省永定县、龙岩市、长汀县、上杭县、宁德市霞浦县，江苏省无锡市、徐州市、南京市、宿迁市、泗阳县，广西壮族自治区钦州市、博白县、梧州市、北流县、南宁市，浙江省的杭州市、温州市平阳县，湖南省常德市桃源县、怀化市辰溪县、涟源市，广东省海丰市，河南省周口市沈丘县、新蔡县，陕西省西安市，安徽省的萧县，河北省唐山市，江西省大余县，重庆市梁平县，湖北省宜昌市等地，皆有阙氏族人分布。

历史名人：

阙清（生卒年待考）：明代务本爱民的平凉知府，河南人，弘治举人，知平凉府，天性纯孝，为政爱民，受到百姓的爱戴。

阙岚（1758—1844）：清代著名画家，桐城（今安徽省）人，字文山，一作雯山，号晴峰，客吴门。善画山水、花卉，尤工人物。仙佛像亦甚妙，善写真。

360. 东

姓氏： 东

祖宗： 东不訾

分类： 以祖上名字为姓

姓氏起源：

东姓起源于远古时期，是以祖上名字为姓的姓氏。相传舜有七个朋友，他们的名字是雄陶、方回、续牙、伯阳、东不訾（一作识）、秦不虚、灵甫。东不訾的后裔，有的就用"东"作为自己的姓氏，遂成东姓。《尸子》云："舜士友有东不识,《广韵》作东不訾。"

郡望：

平原郡：西汉初年（前206年）设置，相当于今山东省西北部平原县一带。

堂号：

（1）友舜堂：古时东不识是舜的朋友。

（2）玉林堂：明代东升，博学能文，教子有方，生四子，三人中了进士，人们称他"玉林凤群，科第世家"。

迁徙分布：

今河南省沈丘县，江苏省海门市、通州市，河北省霸州、沧州市青县、邢台市隆尧县、高碑店市、石家庄市赵县，陕西省西安市周至县、澄城县、渭南市华县，天津市静海县、武清区，山东省济南市历城区、沂源市、东阿县、青岛市城阳区，黑龙江省齐齐哈尔市、佳木斯市、大庆市，湖北省恩施土家苗族自治州巴东县，辽宁省铁岭市鞍山区、葫芦岛市、阜新市、营口市，甘肃省兰州市、永登县，青海省互助县，云

南省，北京市，内蒙古自治区通辽市，重庆市，加拿大联邦共和国多伦多市等地皆有东姓的分布。

历史名人：

东郊（生卒年待考）：明朝官御史，巡按应天，行部过常州，会武宗南巡，时遇江彬纵其党，横行州郡。推官张曰韬上书于东郊，东郊命登己舟，在危急时救护了明武宗。

东良会（生卒年待考）：元朝巩昌人，个性耿直，事亲孝顺，教子爱国。任商州总兵时，遇红巾军作乱，他让长子携眷属前往华州居住，次子携眷属前往朝色居住，临行前对两个儿子说："国家把土地交由我管理，义当死守。"红巾军攻城时，他指挥全城将士奋勇死守，直至战死。部属在他忠勇的感召下，个个奋不顾身，虽死伤众多但城未失守，保住了全城人民的生命财产，为州郡地方官员树立了榜样。

361. 欧

姓氏： 欧

祖宗： 欧冶子

分类： 以祖先名字为姓

姓氏起源：

欧氏出自欧冶氏。与区同出于一个源流。春秋时期有匠人叫欧冶子，因为他居住在欧余山，又以冶炼锻造兵器出名，所以以欧冶为姓。欧冶子后来移居到福建的闽侯县冶山，为越王铸造过湛卢、巨阙、胜邪、鱼肠、纯钩等五种利剑。名噪一时。后来又与徒弟为楚王铸造了龙渊、太阿、工布三把利剑。欧冶子的后代以祖先的名字做为姓氏，形成了欧姓。有的去掉欠字为区姓。欧与区音同。

郡望：

（1）平阳郡：历史上的平阳郡有二：①即今山西省临汾市。②即今山东省邹城市。

（2）庐陵郡：庐陵郡始建于东汉朝兴平元年（194年），治所在石阳（今江西吉水，一说在江西吉安）。三国时期孙吴国移治到高昌（今江西泰和），其时辖地在今江西省永新、峡江、乐安、石城以南地区。到了唐朝时期，又改名为吉州。

（3）渤海郡：西汉时期从巨鹿、上谷之地分出渤海郡，治所在浮阳（今河北沧州东关），其时辖地在今河北省、辽宁省之间的渤海湾一带。

堂号：

（1）平阳堂：以望立堂。

（2）渤海堂：以望立堂。

（3）庐陵堂：以望立堂。

迁徙分布：

如今，欧姓在全国分布较广，尤以广东、湖南等省多此姓，上述两省之欧姓约占全国汉族欧姓人口的61%。其余主要分布在山西、江西、吉安、永丰、万载，湖北枝江、荆州、潜江，广东广州、河源、新会，河南新郑，四川绵阳、遂宁，安徽阜阳、滁州，湖南长沙、浏阳、武冈、隆回，贵州，广西滕县、贵港等地。

历史名人：

欧道江（生卒年待考）：长乐人，明代学者，博学多才，四方师事，从游者数千人。

欧冶子（生卒年待考）：春秋时期匠人，因为他居住在欧余山，又以冶炼锻造兵器出名，所以以欧冶为姓。欧冶子后来移居到福建的闽侯县冶山，为越王铸造过湛卢、巨阙、胜邪、鱼肠、纯钩等五种利剑。名噪一时。后来又与徒弟为楚王铸造了龙渊、太阿、工布三把利剑。

362. 殳

姓氏：殳
祖宗：伯陵
分类：赐姓

姓氏起源：

殳姓源于姜姓，出自炎帝神农氏的后裔伯陵之子，属于帝王因功获赐的姓氏。相传，炎帝神农氏的子孙伯陵，同民人吴权的妻子阿女缘妇一见钟情，两人便私下结合了。缘妇后来为伯陵生了三个儿子。第三个儿子名叫殳，是箭靶的发明者，因此，帝尧封他为殳侯，赐他以殳为姓，称殳氏。

郡望：

武功郡：也称为邰国郡、眉邑、郿城、眉县，战国时期秦国秦孝公置郡，治所在今陕西省眉县东部一带地区。

堂号：

武功堂：以望立堂，也称为邰国堂、郿城堂。

迁徙分布：

今殳氏族人主要分布在江苏省海门市、南通市、苏州市、昆山市、常州市武进区、盐城市射阳县、常熟市、江阴市，浙江省嘉兴市海盐县、平湖市、海宁市、桐乡市，福建省，上海市金山区，安徽省怀远市、蚌埠市，四川省成都市，甘肃省，云南省，台湾等地。

历史名人：

殳默（生卒年待考）：清朝才女、诗人、书法家，字斋季，小字默姑，九岁能诗，兼精小楷，浙江嘉兴人。江南女子心灵手巧，而殳默自小学习诗书，书法也好，刺绣极美，名盛一时。

殳帮清（生卒年待考）：明朝时有名的孝子。他生活在明朝初年，社会刚安定，讲究忠孝的风气较盛。殳邦清的两个儿子，也受家教而以孝敬闻名。

363. 沃

姓氏：沃
祖宗：沃丁
分类：以祖先名为姓
姓氏起源：

沃姓源出子姓，起于商代，是用祖先的名字作为姓氏。商代的第六世帝王名沃丁，是太甲的儿子。相传，太甲曾因不理朝政而被大臣伊尹放逐，三年后，他悔悟改过，又被接回复位，励精图治，国日强盛。太甲死后，沃丁即位，在位19年，商朝更加强大。沃丁死后，其后世子孙有的就用他的名字"沃"作为自己的姓氏。

郡望：
（1）吴兴郡：三国吴置。相当于今浙江省临安至江苏省宜兴一带。
（2）太原郡：战国时秦国置郡。治所晋阳，在今山西省太原市西南。

堂号：
勤政堂：明朝时，沃頖以监察御史左迁内乡知事。兴利除弊，禁奸保良。公署学校都是他建的。积谷10万石备赈。升荆州知府。

迁徙分布：
今安徽省铜陵市，浙江省宁波市北仑区、杭州市、诸暨市、大榭岛、金华市，上海市，北京市，山东省即墨市，江苏省常州市、扬州市、沭阳县、镇江市丹阳市，江西省南昌市，香港特别行政区，台湾省台北市和美国等地，皆有沃氏族人分布。

历史名人：
沃墅（生卒年待考）：明代温县知县，萧山人。洪武初，民艰于食，沃墅开辟荒芜，树艺桑枣，比代去，民遮道留之。

沃頖（生卒年待考）：明代成化进士，定海人。以监察御史左迁内乡知事。兴利除弊，禁奸保良。公署学校都是他建的。积谷10万石备赈。升荆州知府。

364. 利

姓氏：利
祖宗：老子
分类：以国为氏
姓氏起源：

（1）春秋时期，楚国老子（即老聃，姓李名耳字伯阳）的后代，以得姓始祖李利贞的名字为姓，相传姓利。
（2）利姓来源于封地，楚公子受封于利（今四川广元县境），就以封地名为姓，相传姓利。

郡望：
河南郡：汉高祖置郡。在今天的河南省洛阳市一带。

堂号：
河南堂：以望立堂。

迁徙分布：
利氏是一个多民族、多源流的姓氏群体，人口约 184000 余，占全国人口总数的 0.011% 左右。利姓在大陆和台湾都没有列入百家姓前一百位。利氏有三个来源。春秋时道家创始人老子祖名利贞，其后代中有利氏；周朝时楚国公子的封地在利，因此被称为利氏；北魏时，叱利氏也改称为利氏。有说认为利氏与李氏同宗，因为李氏来源之一是避难时，遇李树解渴的李利贞，他还是春秋时道家创始人老子的祖先，其后代中就有以他的名字利为姓氏的。周朝时，楚国公子的封地在利，因此他的后代就以邑名为姓氏，称为利氏。北魏时，叱利氏后裔也有改称为利氏的。据《路史》记载：老子之后有利氏。老子祖名利贞，后为氏。又据《姓纂》记载："楚公子食采于利，因以为氏。"望出河南。

历史名人：
利元吉（生卒年待考）：字文伯。宋朝盯江人。他是宋代名儒陆九渊的高才生，为官清正廉洁，爱民如子，为百姓做了许多好事，政绩显著。晚年以教书为乐。九渊子持之欲拜为师，元吉谢不敢当。

利本坚（生卒年待考）：明朝英德人。由监生任赣县主簿，调四川安岳县令。为官公正，爱民节用。为众论所推许。

365. 蔚

姓氏： 蔚
祖宗： 蔚翩
分类： 以封邑命姓

姓氏起源：
蔚姓是以地名命姓。周宣帝时，郑国公子翩被封于蔚邑（今山西平遥县或灵丘县），世称蔚翩。他的后代子孙遂以封邑命姓，称为蔚姓。

郡望：
琅邪郡：秦始皇时置郡。相当于今山东省东南部诸诚、临沂、胶南一带。

堂号：
（1）清慎堂：明朝时蔚能，官拜光禄寺卿，后又升礼部右侍郎，仍掌寺事。他任光禄寺卿超过 30 年，清慎守法，从未取过俸禄之外的一丝一毫。先后在光禄寺为官的官员，都不如他清廉。

（2）琅琊堂：蔚氏家族发源于蔚州，后来却主要繁衍于琅琊，即今山东省的中南部地区。蔚姓人家世代相袭"琅琊"堂名。

迁徙分布：
今山东省济南市、东平县、济宁市、莱芜市、烟台市、汶上县、泰安市，内蒙古自治区凉城县、满洲里市、呼和浩特市、通辽市，河南省信阳市新野县、确山县、驻马店市、洛阳市、虞城县、开封市，山西省太原市、朔州市、汾阳市、晋中市平遥县、

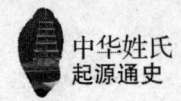

吕梁市文水县、定襄市、交城市，江西省赣州市，吉林省吉林市，天津市，辽宁省大连市，广东省广州市番禺区、佛山市，重庆市江津县，四川省成都市、冕宁县、绵竹市，河北省唐山市丰润区，安徽省芜湖市、宣城市郎溪县、天长市、合肥市、六安市、寿县，甘肃省兰州市、礼县、西和县，黑龙江省肇东市，陕西省宝鸡市、大荔县、勉县、旬阳县、佳县、绥德、陇县，江苏省苏州市、昆山市、盱眙县，北京市东城区，湖北省襄樊市，台湾省台北市，福建省厦门市等地，皆有蔚氏族人分布。

历史名人：

蔚兴（生卒年待考）：宋代武将，跟随宋太宗攻打太原，立有战功。

蔚昭敏（生卒年待考）：宋代保静军节度使。咸平时任镇定高阳关三路先锋。辽兵退趋莫州，他斩敌万余人，拜唐州团练。

366. 越

姓氏： 越

祖宗： 越王欧余

分类： 以国为姓

姓氏起源：

越姓源于姒姓，为大禹的后代。远古时大禹治水有功，成为禹王。禹王死后，他的儿子启不经"四岳"选举，就继承了父亲的职位，开始以"家天下"的王位世袭制代替了"四岳"选举的禅让制，建立了我国历史上最早的奴隶制国家夏朝。夏朝传了五代到少康时，少康将庶子无余封在会稽主持禹的祭祀，无余的后人建立了越国。春秋时，越国被楚国所灭，越国的公族子孙有的便以原国名命姓，称越姓。

郡望：

晋阳郡：春秋战国时为晋阳邑，秦汉时为晋阳县，是太原郡的治所。在今山西省太原市西南晋源镇。

堂号：

伸知堂：伸知，意思是在别人面前难伸，在知己面前要伸。春秋时，齐国贤人越石父被人陷害，因罪被拘为人劳役。齐国相国晏婴到晋国去，在路上遇到了越石父，就卖掉自己拉车的左骖（车左边的马）把他赎罪释放，又用车载他回家。到家后，晏婴没有向他说一声，就进入内室。过了很久，晏婴尚未出来，越石父请求离去，晏婴感到非常惊异，他说："晏婴虽然德行不好，可是也把您从困厄中解救出来，为什么您这么快就要离去呢？"越石父说："我听说道德高尚的君子，在不知道自己的人面前可以受委屈，但对于知己的人，意志应该得到伸展。我被人拘役为奴仆，那是他们不知道我，您既然因为了解我而把我赎出来，便是我的知己。知己的人对我仍不以礼待，还不如为人奴仆呢！"于是晏婴把他请入内室，待为上宾。

迁徙分布：

今湖南省花垣县，重庆市涪陵区、巴南区，四川省邻水县，山西省忻州市，湖北省武汉市、荆州市，吉林省长春市农安县，河南省商丘市民权县，黑龙江省梅里斯市，广东省广州市等地，皆有越氏族人分布。

历史名人：

越英（1469—1549）：明代泸州知州。他喜欢良善，嫉恶如仇，守正不阿，后弃官而归。他以道义自持，素为乡里所畏服。

越其杰（生卒年待考）：明朝万历年间举人，工诗词文章，又善骑射，文武兼备。天启年间任夔州知府，奢崇明围攻成都，越其杰率兵大破，升为河南巡抚。著有《蓟门》、《屡非》等书。

367. 夔

姓氏： 夔
祖宗： 夔氏
分类： 以人名为氏
姓氏起源：
夔氏是以人名命姓。相传尧帝和舜帝时，有个叫夔的乐正。《吕氏春秋》上有"夔一足"的记载。鲁国国君向孔子请教，问"夔一足"怎样理解？孔子回答说，古时舜帝为用音乐作辅助，使天下安定，于是让夔当乐官，让他主持这方面的工作。夔充分发挥了积极性、创造性，制定了乐律，成绩非常突出，舜帝很高兴地说，有夔这样的能人，一个也就足以办成事了。后来人们误传这位乐官叫夔一足，只有一条腿。夔的后代子孙就以他的名字命姓，称夔姓。夔，原指龙形动物，可能是黄帝族龙图腾的分支。

郡望：
京兆郡：即首都长安直辖区，在今陕西省西安市至华县一带。
堂号：
（1）京兆堂：以望立堂。
（2）相汉堂：汉代时的夔安，才能出众，敏捷干达，十分贤明，为丞相。治、萃涣等为堂号。

迁徙分布：
夔氏目前已经属于罕见姓氏，目前仅在广西壮族自治区的钟山地区、内蒙古自治区的克什克腾旗、台湾省的花莲县等地有少量分布。

历史名人：
夔安（？—340）：东晋十六国时期后赵政权丞相、著名军事家。夔安为东晋十六国时期后赵太祖武帝石虎手下丞相，他聪敏而才能卓越，十分贤明，不仅在行政事务上卓有见地，将后赵国家治理得井井有条，而且在军事指挥上也独树一帜。

368. 隆

姓氏：隆

祖宗：隆邑

分类：以地名为氏

姓氏起源：

（1）隆姓是以地名为姓。春秋时期鲁国有个地方叫隆邑，后来居住在这里或封地在这里的人便以地名为姓，称隆姓。

（2）隆姓出自匈奴部族。西汉时期，北方少数民族匈奴部落有隆姓。

郡望：

南阳郡：战国秦昭王时置郡。在今河南省南阳市一带。

堂号：

翕然堂：明朝时，有隆光祖，嘉靖进士，任仪制郎中。因议事时识大体，顾大局，累升工部侍郎。他因和宰相张居正不和，回家隐居。不久后，又被召回，在吏部任职。凡是被张居正罢官的忠臣，他全部起用。皇帝称赞他清直，又升他为尚书。他又推荐了顾宪成、许孚远等22人。时论翕然（当时的舆论都盛赞他）。卒后谥庄简。

迁徙分布：

隆氏族人早期主要活动在山东一带，汉、唐时在河南地区发展，并以南阳郡为郡望。汉朝时期，有匈奴族人汉化为隆氏者，至今大多分布在西北地区。到了清朝乾隆时期，有一支龙氏族人因避祸改姓为隆氏，主要居住在河北、山东交界处。而满族隆氏则多居于东北地区，苗族则世居于湘西。

历史名人：

隆英（生卒年待考）：明代御史。宣德时中举人，任南宫县令。他勤俭节约，重视农耕，有古循吏风，为官廉介不可夺。他任县官时，从京城来了两个武官，举着大令，要强占农田给军队用。隆英理直气壮地说，本县没有空余地，除了我县衙门大堂前这块草皮，其余都是关系国计民生的农田。结果隆英得胜。

隆光祖（生卒年待考）：明朝人，举为进士而在朝中当官，但与掌握朝政大权的张居正合不来。张居正是位有功但也有过的人物。后来隆光祖重被起用，当了吏部尚书，又重新任命一大批被张居正排挤的官吏。隆光祖还向朝廷推荐了许多人才，都是能为国为民能效劳立功的人物。

369. 师

姓氏：师

祖宗：师君

分类：以祖先名字为氏

姓氏起源：

师姓出自周代，以人名为姓，为师君后代。周朝时，有个叫师君的名人，他的后代就用祖上名字中的"师"字为姓,也称师氏。

郡望:

(1) 太原郡:战国时秦庄襄王置,治所在晋阳,在今山西省太原市。

(2) 琅琊郡:秦始皇置,在今山东省东南部诸城、临沂、胶南一带。

(3) 平原郡:西汉初置,在今山东省西北部平原县一带。

堂号:

授琴堂:授琴是指教弹琴,春秋时,鲁国乐师师襄善弹琴,孔子曾拜他为师学琴。

迁徙分布:

目前,师姓在大陆和台湾都没有列入百家姓前一百位。师姓的第一大省为陕西,大约占全国师姓人口的25%,其次分布于山西、河南、河北、青海等省。

历史名人:

师宜官(生卒年待考):东汉书法家,南阳人。汉灵帝好书法,征天下善书者于鸿都门。应征的数百人中,唯有师宜官的八分字最好。大则一字径丈,小则方寸千言。他在酒馆时,可以写字于壁上以出售。

师逵(?—1427):明代东阿人,字九逵,年少丧父,事母甚孝,曾任吏部尚书。洪武中,他任监察御史,廉不置产,接受的俸禄和赏赐都分给了亲戚朋友,以至于他的八个儿子都没有得到什么财产。明成祖曾说:"北来大臣之中不贪者,唯师逵一人。"

370. 巩

姓氏: 巩

祖宗: 巩简公

分类: 原封邑为姓

姓氏起源:

巩姓源于姬姓,是以地名命姓的姓氏。周朝周敬王有个同族卿士简公受封于巩(今河南巩县),称为巩简公。巩简公一度执掌朝政,他鉴于周王室的历次内乱,大多因为贵族掌权而引起的,于是他便录用从各诸侯来的人士,而不再任用王族子弟为官。这项措施,引起了王族子弟的不满。后来王子朝作乱,将他杀害。他的子孙便以封邑名"巩"命姓,称巩氏。

郡望:

山阳郡:据《郡望百家姓》和《姓氏略考》中记载,巩氏望出山阳郡。其详地有二处:①汉景帝中元六年(约前144年)将梁国分置为山阴国,不久以后,于建元年间(前140—前135)汉武帝将其改为山阳郡。它所处的位置是在今山东省独山湖周围的地区。②东晋义熙年间(405—418)将广陵郡分置山阳郡,治理山阳附近的地区。它所在的位置是今江苏省怀安县。

堂号:

厚斋堂:宋代巩荣,官至大理寺卿,先做过严州知州,而后又直秘阁,升迁为司

谏郎。他为人沉静、处事公平、刚正不阿、学识广博，从来没有因人谋事，并且推行用办文化教育和对待知识分子的方法管理官吏和执行政策。因此，凡是他到过的地方的人们都对他称赞不已。著有《厚斋集》。

迁徙分布：

今河南省内黄县、永城县、西平县、平顶山市、唐河县、许昌市、濮阳市、巨野县，山东省济南市章丘县、荷泽市曹县、郓城县、新泰市、蒙阴县、聊城市、淄博市桓台县、高唐县、滕州市、邹平县、费县，江苏省南京市、丰县、沛县，安徽省泗县、太和县，河北省南宫市、海兴县、献县、秦皇岛市，贵州省遵义市，辽宁省大连市，陕西省宝鸡市、户县、瑕县，黑龙江省哈尔滨市，山西省宁武县，内蒙古自治区呼和浩特市，甘肃省陇西市、正宁县，云南省昆明市，浙江省金华市，山西省榆次市陆台县，北京市等地，皆有巩氏族人分布。

历史名人：

巩信（生卒年待考）：宋朝安封人。曾经做过荆湖都统。他为人沉着冷静，智勇双全。后来加官进爵，升为江西招讨使，隶属文天祥部下。他初到都统府时，文天祥拨给他义士1000名，他婉言谢绝，到了江西之后自己招兵买马，集兵三千余数，亲自训练，作好战备。不久，元兵南下，他亲率兵马与元军交战于石岭一带，身受重伤后，便投崖而死，以身殉国。

巩珍（生卒年待考）：明朝应天人。明朝永乐三年（1405年）间，明成祖为了发展对外关系，首次派郑和下西洋，巩珍便跟随船队出洋，三年间到了二十多个国家，他将在各地的所见所闻记录下来，撰成《西洋番国志》。书中记述了各国的风土人情以及中国与亚非各国人民友好关系史上重要的一笔。这本书不仅引人入胜，也对中国的航海史及中国文化史做出了重要贡献。

371. 库

姓氏： 库

祖宗： 库氏

分类： 以官命为氏

姓氏起源：

库姓源于库狄氏。北周时有库狄氏，后改为库姓。《后汉书》载有金城太守库均。《后汉书·注》载："羌中有库姓，音舍。"王先谦《集解》记载，库，即"库"之俗音，但读音不作 kù，而作 shè，与"舍"音同。《风俗通》记载：古守库大夫，因官命氏。库姓今已无存。库字于隋朝初年改为库，读音与库（kù）相同，因出于鲜卑和羌族，讹书为库，隋朝以后通库字，库姓也就并入了库姓。

郡望：

松阳：汉回浦县地，东汉建安四年析置松阳县，隋开皇九年有析松阳县地置括苍县，以其地有括苍山而得名，在今浙江省东南部遂昌县一带。

堂号：

辅仪堂、金城堂：汉库均为金城太守，被封为辅仪侯。

迁徙分布：

今黑龙江省哈尔滨市、绥化市肇东市、辽宁省沈阳市、大连市、甘肃省兰州市、青海省西宁市、河北省衡水市、唐山市、沧州市肃宁县、献县、衡水市、陕西省咸阳市旬邑县、山东省临沂市平邑县、德州市陵县、河南省许昌市襄城县、漯河市郾城县、濮阳市南乐县、驻马店市西平县、南阳市方城县、信阳市、安徽省合肥市、江苏省的连云港市、苏州市、浙江省丽水市、湖北省武汉市新洲区、黄冈市武穴市、黄梅县、荆门市京山市、孝感市、麻城市、江西省景德镇市乐平县、四川省绵阳市、重庆市的云阳县、广东省广州市、广西壮族自治区柳州市、北京市、上海市、天津市、香港特别行政区、台湾省等地，皆有库氏（厍氏）族人分布。

历史名人：

库钧（生卒年待考）：汉朝人。著名金城太守，库氏得姓鼻祖之一。立有功劳，受封为辅义侯。他与当时的名人窦融交情很好，窦融当大司空的官。他俩全起出入，弹琴作诗，又都长得端庄，深受人们赞誉。

372. 聂

姓氏： 聂
祖宗： 丁公
分类： 以封地为姓
姓氏起源：

聂姓是以封地命名。春秋时期齐国丁公封其支庶子孙于聂城（今天的山东省境内，一说是河北省清丰县北）。为齐国的附庸，成为聂国。他的代以原封地"聂"作为姓氏。

郡望：

（1）新安郡：相当于今浙江省西北部以及安徽省东南部、新安江流域一带。

（2）清河郡：汉高祖五年（前202年）置郡。相当于今河北省清河至山东省临清一带地区。

堂号：

（1）河东堂：以望立堂。现居青海省民和县松树乡一带有一小部分聂氏家族。

（2）新安堂：以望立堂。荆林聂族、升山聂族等堂号。

（3）悯农堂：唐代进士聂夷中，很同情农民，写有《悯农诗》："二月卖新丝，五月春新谷。医得眼前疮，挖却心头肉。"此诗脍炙人口。

迁徙分布：

聂氏的望族居住在河东（今天的山西夏县北）。

历史名人：

聂政（？—前397）：战国时韩国轵人，侠客。韩哀侯时，严仲子与相侠累争权受挫，遂闻名拜访，献巨金为其母祝寿，并恳求代为报仇。他以老母在，不许。母病故后，仗剑直闯相府，刺杀侠累后自杀。

聂夷中（837—？）：河东郡（今山西省永济）人，唐末诗人。咸通进士，曾官华

阴县尉。出身寒苦，仕途失意，诗篇中多有关怀民生疾苦和讽喻时世之作，语言朴素流畅，言近意远。其代表作为《咏田家》、《公子行》。

373. 晁

姓氏：晁
祖宗：王子朝
分类：以祖上名字为姓
姓氏起源：

晁姓源于姬姓。是以祖上名字命名的姓氏。是周景王小儿子朝的后代。周景王的太子早死，景王最宠爱小儿子王子朝，于是打算立他为太子。但是事情还没有办完，景帝就心脏病突发身亡。景王的另一个儿子丐早就想得到王位，于是他乘这个机会暗中勾结晋国的君臣作为外援，景帝一死，他就要和王子朝争夺王位。这时，执政的卿士单氏和刘氏拥立了另一个王子猛作为国君，称为周悼王。王子朝发动周都部分贵族和失去官位的旧贵族的子弟起兵，赶走了悼王。这时晋国出面干涉，派兵送悼王归国复位。不久以后，悼王暴病而死，王子丐继位，称周敬王。第二年，王子朝在贵族尹氏的支持下再次起兵赶走了敬王，自立为王。三年以后，周敬王在晋军的帮助下复位。王子朝带着周朝的典籍逃到楚国。王子朝的子孙后代后来便以朝为姓，称为朝氏。晁是朝的古字，因而又写作晁氏。晁与朝古代的时候音同意通，都有早晨的意思。

郡望：

（1）京兆郡：即国都直辖区。汉武帝太初元年设置京兆，相当于今陕西省西安市以东至华阴县一带。

（2）南阳郡：秦昭王三十五年置郡，相当于今河南省南阳市一带。

（3）颖川郡：秦王政十七年设置，以颖水得名。相当于今河南省许昌县一带的地区。治所在今河南省禹县。

堂号：

学书堂：汉代晁错，为太学掌故，文帝派他跟伏生学习《尚书》。人称他为智囊。景帝时他是御史大夫。

迁徙分布：

晁氏的望族居住在颖川（今河南长葛、许昌一带）、京兆（今陕西长安以东）。

历史名人：

晁崇（生卒年待考）：字子业，辽东襄平人。家世史官。崇善天文术数，知名于时。为慕容垂太史郎。从慕容宝败于参合，获崇，后乃赦之。太祖爱其伎术，甚见亲待。从平中原，拜太史令，诏崇造浑仪历象日月星辰。迁中书侍郎，令如故。天兴五年，月晕，左角蚀将尽，崇奏曰："占为角虫将死。"时太祖既克姚平于柴壁，以崇言之征，遂命诸军焚车而反。牛果大疫，舆驾所乘巨牛害数百头亦同日毙于路侧，自余首尾相继。是岁，天下之牛死者十七八，麋鹿亦多死。

晁懿（生卒年待考）：晁崇弟，明辩而才不及崇。以善北人语内侍左右，为黄门侍郎，兄弟并显。懿好矜容仪被服僭度，言音类太祖。左右每闻其声，莫不惊悚。太祖知而恶之。后其家奴告崇与懿叛，又与亡臣王次多潜通，招引姚兴，太祖衔之。及兴寇平阳，车驾击破之。太祖以奴言为实，还次晋阳执崇兄弟并赐死。

374. 勾

姓氏：勾

祖宗：勾芒

分类：以官职为姓

姓氏起源：

远古时期有个人名叫重也，他在部落中当的官叫勾芒，他的后代以这个官职为荣，就以勾马芒为姓，世代相延，后来又加以简化，改成勾姓。

郡望：

（1）平阳郡：历史上的平阳郡有二：①即今山西省临汾市；②即今山东省邹城市。

（2）渤海郡：西汉时期从巨鹿、上谷之地分出渤海郡，治所在浮阳（今河北沧州东关），其时辖地在今河北省、辽宁省之间的渤海湾一带。

堂号：

（1）平阳堂：以望立堂。

（2）渤海堂：以望立堂。

（3）未知堂：重也的后代为纪念他而设。

迁徙分布：

今吉林省长春市、梅河口市、四平市，辽宁省盘锦市大洼县、黑山县、大连市、葫芦岛市、抚顺市、凌源市，河北省石家庄市、景县、定兴县、衡水市、大城县、沧州市、保定市易县、唐山市、阜平县、廊坊市香河县、徐水县、秦皇岛市、天津市，山东省东明市、庆云县、青岛市即墨市、济南市、淄博市临淄区、日照市，北京市大兴区、石景山区、通州区，山西省朔州市朔城区、大同市、忻州市、太原市，四川省的绵阳市盐亭县、泸州市古蔺县、三台县、射洪县，河南省南阳市卧龙区、周口市、新乡市、濮阳市、平顶山市、社旗县、驻马店市，黑龙江省齐齐哈尔市、哈尔滨市、肇东市，湖北省麻城市、枣阳县、武汉市，内蒙古自治区赤峰市敖汉旗、阿荣旗，重庆市涪陵区、长寿区，广西壮族自治区百色市、柳州市，甘肃省的宁县、庆阳市，新疆维吾尔自治区哈密市，贵州省的大方县、遵义市道真县，江西省吉安市，江苏省南京市六合县等地，皆有勾氏族人分布。

历史名人：

勾涛（1083—1141）：字景山，宋代成都新繁人。崇宁二年进士第，调嘉州法椽、川陕铸钱司属官。建炎初，通判黔州。田佑恭兵道境上，涛白守，燕劳之，佑恭感恩厉下，郡得以无犯。湖湘贼王辟破秭归，桑仲、郭守忠攻茶务箭窠砦，将犯夔门。夔兵素单弱，宣司檄佑恭捍御，涛帅黔兵佐之，贼溃去。宣抚张浚奏涛知巴州，不赴。翰林侍读学士范仲荐，召见，论五事，除兵部郎中。七年，迁右司郎官兼校正。日食，上言。八月，迁起居舍人，以足疾，命阁门赐墩待班。九月，兼权中书舍人。

勾井疆（生卒年待考）：姓句井，名疆，字子疆，春秋末年卫国人，孔子门人。唐

朝开元二十七年（739年）封"淇阳伯"。宋朝大中祥符二年（1009年），又封"滏阳侯"。明朝嘉靖九年（1530年），再封"先贤"。其后代去"句"字，改为井氏，在井氏族谱名人录中有记载。

375. 敖

姓氏：敖

祖宗：太敖

分类：以祖名命姓

姓氏起源：

敖姓源于上古，是古帝颛顼老师太敖的后代。太敖，一作大敖。太敖的子孙便以祖上的名字命名他们的姓氏，于是形成了敖姓。

郡望：

（1）谯国郡：东汉建安年间将沛郡分出一部分设置了谯郡。相当于今安徽、河南两省之间的地区。治所在谯县。

（2）鲁郡：也称为鲁国、鲁国郡。今山东省。

堂号：

（1）谯国堂：以望立堂。

（2）鲁国堂：以望立堂。

（3）寀庵堂：宋代有叫敖陶孙的，从小不受约束，胸怀大志。当时的奸臣韩侂胄当权，大儒朱熹遭贬。陶孙正游学太学，他首先作诗为朱熹送行。赵汝愚死在被贬的地方，他又写诗哭赵。韩侂胄听到后非常生气，于是下令逮捕敖陶孙，陶孙改名换姓逃掉了。后来陶孙中了进士，做了温州通判，著有《寀庵集》。

迁徙分布：

如今，敖氏族人在全国分布较广，尤以江西、福建、四川、重庆、贵州、山东、河南、陕西、山西、台湾等地为多。今云南省昆明市、曲靖市富源县，湖北省黄冈市、麻城市、襄樊市，四川省南充市蓬安县、绵阳市、铜梁县，江西省德兴县、新干县、新余县，重庆市，浙江省乐清市，福建省邵武市光泽县，湖南省邵阳市，陕西省汉阴县，内蒙古自治区科尔沁左中旗等地，皆有敖氏族人分布。

历史名人：

敖山（生卒年待考）：字静之。明朝时期莘县人。成化进士，由翰林院编修升任山西提学副使。后因疾病辞官还乡。工诗文，诗才雄爽，文章豪放，与当时的王越齐名，人称江北二杰。晚年时专心研究数学。其著有《石绫传》、《灿然稿》、《先天手册》。

敖家熊（？—1908）：字孟姜。浙江平湖人。早年在嘉兴创办稼公社及竹木小学堂。并组织祖宗教。清光绪二十九年（1903年）入上海爱国学社学习。曾编写《新山歌》一书，宣传革命。次年加入光复会，并且出资与魏兰等人组织温台处会馆，这是革命党人的一个秘密联系机关。光绪三十三年（1907年）与秋瑾共谋在大通师范学堂起义，事情泄露后逃跑。光绪三十四年（1908年）在嘉兴被仇敌杀害。

376. 融

姓氏：融
祖宗：高阳氏的后代
分类：以颛顼为姓
姓氏起源：
融姓起源于上古，是颛顼帝高阳氏后代。颛顼的后代有祝融氏，帝喾为部落首领时，祝融为五行神之一的火正，后尊为火神。祝融部族原居于中原，后迁江南，与少数民族杂居，其中有芈姓，后来建立楚国，祝融氏后人分为祝姓和融姓两支，故史称"祝、融二姓同宗"。

郡望：
（1）南康郡：晋代从庐陵郡分置南康郡。相当于今江西省南康、赣县一带地区。
（2）高阳郡：战国时期为高阳邑，东汉桓帝时期置郡，治所在高阳（今河北高阳），其时辖地在今河北省高阳县一带。
（3）融州：以融江起名，即今广西壮族自治区融水苗族自治县、融安县一带，位于广西北部，今属柳州市所辖。

堂号：
（1）南康堂：以望立堂。
（2）高阳堂：以望立堂。
（3）融江堂：以望立堂。
（4）古皇堂：《白虎辟儒通义》中，以伏羲、神农、祝融为三皇，早于黄帝，故融姓又称"古皇"。

迁徙分布：
今北京市，河北省廊坊市，江西省南康县、赣县，湖南省会同县，河南省南阳市，广西壮族自治区融水苗族自治县，陕西省西安市等地，皆有融氏族人分布。

历史名人：
暂无。

377. 泠

姓氏：泠
祖宗：泠伦
分类：泠氏所改
姓氏起源：
泠姓源于上古，以技为姓。为泠氏所改。相传黄帝有一个乐官叫作泠伦，是我国古代音律的发明者。黄帝让他制定音律，他从大夏的西边一直走道昆仑山北，才在山后发现了一种适宜做律管的竹子，他采伐了一些笔直且厚薄均匀的竹子，先做成一根根三寸九分长的管，将它吹出的声音定为黄钟律。然后按比例制作了十二根长短不同的管，带到昆仑山下，根据凤凰的叫声进行矫正。据说，公凤凰能叫出六种声音，雌凤凰能叫出另外六种声音。这十二种声音正好与他制作的十二根管子吹出的声音相同。泠伦将十二乐律的奇数音叫作"律"，偶数音叫作"吕"。和起来便叫作律吕。十二律正好是一个八度的音程。接着泠伦又制作了是两口编钟，使它们同宫、商、角、徵、羽相配合。这些完成以后，他于仲春二月乙卯的那一天，当太阳出现在奎方位时，由泠伦指挥，演出一场盛大的乐舞。乐舞的名字叫《咸池》。黄帝赐他以名为姓，称为泠氏。泠又写作冷。所以世世代代的掌管宫廷音乐的人称为"伶人"。后来又成为演员的名称。泠伦的后代子孙称为泠氏，后来写错，误传为冷，称为冷氏。

郡望：
(1) 京兆郡：即首都长安直辖区，在今陕西省西安市至华县一带。
(2) 新蔡郡：古代吕国的地盘。春秋时期蔡平侯从上蔡迁都到下蔡，也称为新蔡。汉朝设置新蔡县。隋代改名为蔡州。在今河南省新蔡县。
(3) 临安郡：古县名。秦代余杭县地。晋武帝时改为临安。即今浙江省杭州市。

堂号：
半部堂：五代后周时，赵普助赵匡胤发动"陈桥兵变"建立宋朝。宋太祖赵匡胤于是封赵普为宰相。他又提出了"杯酒释兵权"的方法削减了地方武装，巩固了中央集权，想方设法，把天下治理得很好。宋太祖就问："爱卿！你怎样把国家治得这么好的？"赵普回答说："我不过是靠了半部《论语》罢了！"赵普死后，家人整理他的书箱，果真什么宝贝也没有，只有他活着的时候常读的一部《论语》。

迁徙分布：
今江西省武宁市、九江市，湖南省道县、益阳市、邵阳市新宁县、浏阳市、岳阳市，辽宁省大连市、阜新市、丹东市、岫岩县、胶南县、本溪市、鞍山市、沈阳市、旅顺市、庄河市、海城市、盖州市，山东省临清市、东明市、胶州市、烟台市招远县、潍坊市高密市、青岛市、龙口市、海阳县、荣成市、蓬莱市、长清县、嘉祥县、长岛县、平度县、苍山县、临沂市，江西省上高县、宜丰县、奉新县、修水县、高安县、苍山县、武宁县，河南省新乡市、光山县、周口市、商丘市，重庆市垫江县、江津县，贵州省黔西南、贞丰县，广东省，吉林省吉林市、长春市、通化市，河北省沧州市，湖北省武汉市、安县、襄樊市谷城县、孝感市，江苏省镇江市、丹阳市、扬州市、盐城市阜宁县、丹徒市、苏州市、仪征市、宿迁市、淮安市，四川省的双流县、达县、泸州市、资州市、眉山市、安岳县、乐至县、遂宁市、成都市、广元市，广西壮族自治区桂林市，黑龙江省齐齐哈尔市，安徽省阜阳市、太和县、安庆市，贵州省凤冈县，新疆维吾尔自治区库车市等地，皆有冷氏族人分布。

历史名人：
冷世光（生卒年待考）：字宾王，宋朝时常熟人，绍兴进士，曾经担任过宁国、龙游等县知县。南宋著名的教育家朱熹很赏识他，经常委他以重任。后来曾担任监察御史、中侍御史。他为官清廉公正，为了正义，不惜得罪高官重权，当时的人称之为冷面御史。著有《奏议弹章》、《东堂类稿》等书。

冷谦（生卒年待考）：字启敬，道号龙阳子。明朝时期武林人。洪武初年，因为擅长于音律而被任命为太常协律郎。元朝末年他已近百岁，在看过李将军作画后很感兴趣，于是学画。永乐年间出去远游，后来就再也没有回来过。

378. 昝

姓氏：昝
祖宗：祭伯
分类：为祭姓所改
姓氏起源：
（1）昝姓是以地名为姓。春秋时期周国有地名为昝的，居住在此地的人家就将地名作为姓氏，形成昝姓的一支。
（2）昝姓为他姓所改。上古时期有昝㜏部落，部落里的人以部落的名字为姓。
（3）昝姓是为祭姓所改。南北朝时期，居住在齐地的祭姓人认为祭姓不吉利，于是将祭姓改为昝姓。
（4）昝姓是以城名为姓。古代的纪国有城名为昝。后来这个城被齐国夺取，此城的人遂以昝为姓。

郡望：
（1）渤海郡：西汉时期设置。在今河北省、辽宁省的渤海湾沿岸一带。
（2）鲁郡：也称为鲁国、鲁国郡。今河南省。

堂号：
（1）渤海堂：以望立堂。
（2）鲁国堂：以望立堂。
（3）直博堂：春秋时期晋国大夫昝祐，是一个直而且博的人，就是说他既正直，又有渊博的知识。有一次，范宣子与和大夫争田，范宣子想去打和大夫。于是找到昝祐请教。昝祐用自己的端正纠正了对方的狡辩，用自己渊博的知识讲道理。结果范宣子采纳了他的建议，增加了给和大夫的田，两人重归于好。

迁徙分布：
今北京市，河南省禹州市、商水县、永城县、巩义县、桐柏县、温县、驻马店市、信阳市、鹿邑县、尉氏县、漯河市、洛阳市，江苏省宿迁市、邳州市、新沂市、徐州市沛县，台湾省台北市，云南省昭通市，天津市红桥区，内蒙古自治区包头市、鄂尔多斯市，山东省淄博市临淄区、济南市、阳谷县、日照市、高密县、章丘市、青岛市、枣庄市，新疆维吾尔自治区昌吉市，辽宁省大连市、沈阳市、鞍山市、朝阳市、阜新市，安徽省阜阳市、巢湖市、滁州市、蚌埠市、淮南市、淮北市濉溪县、砀山县，贵州省六盘水市、贵州省威宁县，山西省吕梁地区，陕西省延安市、神木县、西安市户县、榆林市定边县，云南省曲靖市宣威市，吉林省伊通满族自治县，河北省唐山市、保定市蠡县、顺平县、秦皇岛市卢龙县，浙江省杭州市，黑龙江省伊春市，宁夏回族自治区中卫市等地，美国加利福尼亚洛城市，皆有昝氏族人分布。

历史名人：
昝祐（生卒年待考）：春秋时期晋国大夫。他既正直，又有渊博的知识。有一次，范宣子与和大夫争田，范宣子想去打和大夫，于是找到昝祐请教。昝祐用自己的端正

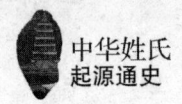

的态度纠正了对方的狡辩，用自己渊博的知识讲道理。结果范宣子采纳了他的建议，增加了给和大夫的田，两人重归于好。

訾顺（生卒年待考）：西汉人，成帝时，抓捕到谋反的尉氏人樊并而立功，因功被封为楼虚侯。

379. 辛

姓氏：辛
祖宗：禹王的后代
分类：以地为氏

姓氏起源：

辛姓出自莘姓，又出自姒姓，是禹王的后代。禹王的儿子启，建立夏朝，封其支子于莘（今陕西合阳东南）建立莘国。居其地者，遂以地名取姓为莘氏，后因莘、辛音相近，遂去草头为辛姓。

郡望：

（1）陇西郡：战国时秦昭襄王置郡。因在陇山之西而得名。相当于今甘肃省东乡以东及陇西一带。治所狄道，在今甘肃省临洮县南。

（2）雁门郡：战国时期赵国赵武灵王置郡，秦朝、汉朝沿用，治所在善无（今山西右玉），其时辖地在今山西省河曲、五寨、宁武、代县一带。

堂号：

（1）陇西堂：以望立堂。

（2）雁门堂：以望立堂。

（3）双贞堂：晋朝辛勉，博学，有贞国之操（为国家保持节操）。官侍中，跟着皇帝到了平阳。刘聪要拜辛勉为光禄大夫，叫他叛晋归刘。辛勉坚决拒绝。刘聪用毒酒逼他说："你不答应，就要你自杀。"辛勉端起酒杯要喝，被刘聪一把拉住说："算了，我特意试你的。"从此，刘聪佩服他的贞节，给他筑了房子，按月给他送米送酒。晋人辛恭靖，从小有肚量，有才干，后为河南太守。羌姚兴攻陷河南，俘虏了辛恭靖，羌姚兴想请他做官。辛恭靖厉色说："我宁愿做国家的鬼，不做羌贼的臣！"羌姚兴把他关到监狱里三年，结果辛恭靖越狱到晋国。晋帝表彰了他的节操，拜他为咨议参军。

迁徙分布：

如今，辛姓在全国分布较广，尤以山东、辽宁、吉林、黑龙江四省为多，上述四省之辛姓约占全国汉族辛姓人口的71%。辛姓是当今中国姓氏排行第139位的姓氏，人口较多，约占全国汉族人口的0.09%。

历史名人：

辛弃疾（1140—1207）：南宋词人，原字坦夫，改字幼安，号稼轩，齐州历城人。孝宗时以大理少卿出为湖南安抚使，治军有声，仕至龙图阁待制。性豪爽，尚气节。雅善长短句，纵横慷慨，与苏轼并称。有《稼轩长短句》、《美芹十论》。

辛延年（前220—？）：东汉诗人，作品仅存《羽林琅》一首，为汉诗中优秀之作。

380. 阚

姓氏：阚
祖宗：阚止
分类：以封地为姓
姓氏起源：
春秋时期，齐国有个大夫名止，受封于阚地（在今山东汶上县境），人们就称他为阚止，他的后代便以封地为姓，世代相传姓阚。
郡望：
（1）天水郡：天水在西汉时称上县，属陇西郡，汉武帝时置天水郡，天水属大水郡所辖；东汉时天水郡改为汉阳郡；三国时为蜀魏相争之地。以后归属虽有变化，但天水之名始终未变。
（2）会稽郡：秦王政二十五年（前222年）以故吴越地置会稽郡，郡治吴（今苏州）。原越地称大越，隶会稽郡。秦始皇三十七年（前210年）东巡至会稽，更名大越曰山阴，山阴县名始此。
堂号：
阚姓的堂号主要有"齐鲁堂"、"孝谨堂"等。
迁徙分布：
据《姓氏考略》记载：音瞰。齐邑，鲁昭公在乾侯取阚是也。齐大夫食采者氏焉。望出天水、会稽。新中国成立前后，有部分阚氏族人外迁之东北及山西一带。河南阚氏族人的一支随国民党军迁往台湾省桃源县散居，安徽阚氏族人的一支则随国民党军迁往台湾省嘉义市散居。
历史名人：
阚泽（约170—243）：字德润。三国时吴国山阴人。少时家贫，帮人抄书为业，每抄完一篇，朗读一遍，追师论讲，究览群籍。后来不但成为学者，而且精通历法数学，并举孝廉。进拜太子太傅。每次朝廷大议，经典所疑，都请教于他。以儒学勤劳，封为都乡侯。
阚骃（生卒年待考）：字玄阴，后魏时敦煌人，自小聪颖好学，博通经传，三史群言，经目则诵，在学界很出名，时人谓之宿读，后来在朝中做尚书官。他注王朗《易传》，又撰《十三州志》行于世。官秘书考课郎中时，给文吏30人，典校经籍，刊定诸子3000余卷。留下宝贵的文化遗产，为中国文化史的整理做出了贡献。

381. 那

姓氏： 那
祖宗： 未知
分类： 以地名为姓
姓氏起源：

那姓源于春秋时期，是以地名为姓。春秋时，楚武王灭掉权国（今湖北当阳东南），改置为县。公元前676年，权县尹斗缗率领权人暴动，被楚武王镇压下去。楚武王把权人迁往那（湖北荆门县东南那口城）处，有些人后来就以地名"那"为姓，称那氏。那姓望族居丹阳（今安徽宣城）、京兆（今陕西长安东）、天水（今甘肃通渭县西南）。

郡望：

（1）丹阳郡：即秦代的鄣郡。汉武帝元狩二年（前121年）更名为丹阳郡。相当于今安徽省宣城地区。

（2）天水郡：西汉初置，相当于今甘肃省天水、陇西地区。

堂号：

（1）丹阳堂：以望立堂。

（2）天水堂：以望立堂。

循法堂：明代的那嵩，世为知府。嵩沿袭祖职为沅江土官，严格遵照国家法令，循法无过。

迁徙分布：

今辽宁省新宾县、沈阳市、盖县、岫岩、大连市、西丰县，吉林省安图县，山西省孝义市，江苏省江阴市，浙江省金华市，四川省德阳市、剑阁县，天津市、北京市、上海市，新疆维吾尔自治区伊犁市，云南省大理白族自治州等地，皆有那氏族人分布。

历史名人：

那鉴（生卒年待考）：明朝时云南土官。嘉靖中他杀其侄知府那宪，夺其印，密约交趾蛮族叛乱。后被朝廷招安，不久又再次叛乱，兵败后自杀。

那彦成（1763—1833）：字韶九，号绎堂，清朝满州人。他是乾隆年间进士，历任乾隆、嘉庆、道光三朝，官至直隶总督，加太子太保衔，剿办山陕、楚及滑县匪乱尤有功。他工诗能书，遇事有执持，卒谥文毅。

382. 简

姓氏： 简
祖宗： 简氏
分类： 以谥号为姓
姓氏起源：

（1）简姓源于姬姓，是周文王姬昌后代，以谥号为姓。春秋时，晋国有大夫狐鞫居，他的祖先是唐叔虞（周武王之子，武王为文王之子）的支裔，因曾经居住在犬戎部落，所以姓狐。狐鞠居的族人狐射姑与太傅阳处父不和，鞠居为他刺杀阳处父，结果被赵盾处死。狐鞠居的封邑在续，死后谥为续简子，世称续简伯，他的子孙后代便以其谥号为姓，称简姓。

（2）简姓源于耿姓，为三国时蜀国简雍之后。简雍本姓耿，幽州人读"耿"与"简"同音，遂变为简姓。

（3）简姓源于检姓。汉代时有句章尉检其明，因避讳而改姓简。

郡望：

（1）范阳郡：三国魏时改涿郡为范阳郡。相当于今河北省涿县及北京市昌平县、房山县一带。

（2）涿郡：春秋战国时为燕国涿邑。秦代属于上谷郡。汉代时置涿郡，即今河北省涿县。

堂号：

德感堂：宋朝时有简士杰任清江司礼参军。范大成请他入幕府，改任蒲圻知县。他在做县官的时候，不设科条，只重教化，百姓都不愿犯罪。后被升为贺州知州。

迁徙分布：

简姓在春秋时代，以河北省的范阳和涿郡为繁衍中心。晋统一天下后，简氏因离乱南迁，散居南海、靖安、新喻、东管、马平、四川等地，后又逐渐迁至广东、福建、台湾、香港等地。

历史名人：

简文会（生卒年待考）：南汉尚书右丞。南汉是五代十国时的政权，君主叫刘䶮。简文会自幼聪颖，勤奋读书，精通经史，善于作诗。刘䶮初开进士科，简文会参考中了第一名，成为中国历史上第一个状元。

简雍（生卒年待考）：三国时蜀国人。他自少年时就与刘备交好，后来刘备围攻成都，他入城劝刘璋归顺，于是被刘备拜为昭德将军。

383. 饶

姓氏：饶

祖宗：长安君

分类：以封邑为氏

姓氏起源：

（1）饶姓源于姜姓。战国时期，赵国悼襄王封长安君于饶（今河北饶阳一带），长安君的后代子孙以祖上封邑为姓，称为饶姓。

（2）饶姓源于姜姓。战国时期，齐国有大夫封于饶（今山东青州市境内）。其子孙遂以封邑为姓氏，称为饶姓。

郡望：

（1）平阳郡：三国时魏置，治所在平阳（今山西省临汾县西南）。

（2）临川郡：三国时吴置，在今江西省南城东南；西晋移治到今江西抚州市西。

堂号：

（1）惠风堂：惠风就是春风，温暖宜人。汉朝时饶威为鲁阳太守，推行政事像和暖的春风，深得民心。

（2）朋来堂：孔子曰："有朋自远方来，不亦乐乎？"宋朝时饶鲁，脾气行为端正谨慎，治学问注重实践。别人屡次推荐他做官，皆推辞不干。四方来聘他讲学的，天天不断。他专门建了一座"朋来馆"用来招待远路来找他学习的人。

迁徙分布：

饶氏主要以江西为中心，分布在湖北、福建、广东、湖南、浙江、河南、安徽、四川、云南等地，这些地方的饶姓，绝大多数都是历代从江西迁徙繁衍而来的。

历史名人：

饶延年（生卒年待考）：宋代学者。为陆九渊弟子，陆九渊夸他胸襟开阔。以经学著称，隐居不仕，轻财好义，乡人德之。

饶节（1065—1129）：宋代高僧。挂锡灵隐，晚年主持襄阳之天宁寺。著有《倚松老人集》。陆游称其为"诗僧第一"。

384. 空

姓氏：空

祖宗：空桑

分类：以地名为氏

姓氏起源：

空姓是为空桑氏所改而来。空桑，是一个古代地名，在今河南开封陈留镇南部。商朝有大臣伊尹生于空桑，他的儿子于是就叫作空桑，后来他的后代便以空桑作为姓氏，随着历史的演变，改为空姓。

郡望：

（1）宫邱郡：据《郡望百家姓》记载，空氏望出宫邱。在今山东省淄博市北部。也有说在今山东省昌乐县东南的。

（2）顿邱郡：也称为平昌郡，据《宋书·州郡志》记载："顿邱，二汉属东郡，魏属阳平，晋武帝泰始二年（266年），分淮阳置顿邱郡，县属焉。"其时辖地在今河南省清丰县。南朝时期的宋国将顿邱郡改成徐州平昌郡，治所在顿邱，其时辖地在今河南省中部地区。唐朝至五代十国时期，曾以顿丘为澶州治所。

堂号：

（1）宫邱堂：以望立堂。

（2）顿邱堂：以望立堂。

（3）平昌堂：以望立堂。

（4）营邱堂：以望立堂。

（5）易水堂：同营邱堂。

迁徙分布：

空氏望族居住在宫邱郡（在今山东省淄博市北部。也有说在今山东省昌乐县东南的)、顿邱（今河南省境内）。
历史名人：
空同氏（生卒年待考）：相传为赵襄子之夫人。
空空儿（生卒年待考）：唐人传奇《聂隐娘》中登场的怪盗，按其年代应在唐后期，然书中借用来做为安禄山手下的高手，增加一点小说的趣味性。且此名未必不似风魔小太郎之号为世袭之可能。

385. 曾

姓氏： 曾
祖宗： 夏禹的后裔
分类： 以"鄫"去邑旁为氏
姓氏起源：
曾姓来源比较纯正，据史料查证，主要出自姒姓，为夏禹的后裔。相传帝舜时，鲧的妻子因梦食薏苡而生禹，故帝舜便赐予禹姒姓。据《世本》、《元和姓纂》及《姓氏考略》所载，相传夏禹的第五世孙少康中兴了夏室后，曾把自己最小的儿子曲烈封于一个叫"鄫"的地方，在今山东省苍山县西北。少康的这一房子孙所建的国历经夏、商、周三代，相袭了近两千年，一直到春秋时代，即公元前 567 年才被莒国所灭。这时候，怀着亡国之痛的太子巫出奔到邻近的鲁国，并在鲁国做了官。其后代用原国名"鄫"为氏，后去邑旁，表示离开故城，称曾氏，就此世时代代承袭下来，一直流传到今天。曾氏家族长久以来未曾被外族或外姓冒姓的记录，现在曾姓的中国人，都是一脉传自太子巫，系出上古圣君夏禹，名副其实的 4000 年前是一家。所以，对于同姓联婚，曾氏家族一向严格禁止。

郡望：
（1）天水郡：西汉元鼎三年（前 114 年）初置郡，治所在平襄（今甘肃通渭县西北）。相当于今甘肃通渭、秦安、定西、清水、庄浪、甘谷、张家川等县及天水市西北部、陇西东部、榆中东北部地。西晋移上邽（今天水市）。北魏相当今天水、秦安、甘谷等市县地。
（2）庐陵郡：东汉时置郡，治所在石阳（今江西吉水东北），三国吴移治高昌（今江西泰和西北）。相当于今江西永新、峡江、乐安、石城以南地区。

堂号：
三省堂：孔子弟子曾参非常注意修身，每天从三方面检查自己：为人做事有没有尽到心；和朋友交往有没有失信；老师教的东西有没有复习好。"三省堂"即由此得名。
此外，曾氏还有堂号"鲁阳"。

迁徙分布：
曾据后人曾略居于抚州南丰（今江西广昌县东），是为抚州房。西晋永嘉二年（308 年），曾氏有一支迁居会稽（今浙江绍兴）。此外，曾氏族人还迁居于韶州（今广东韶关）、虔州（今江西赣州）、交州（今广州）、蜀郡（今成都）、豫章（今江西南

昌)、吴郡（今江苏苏州）、河内（今河南沁阳）、南阳（今属河南）、江夏（今湖北鄂城）、襄阳（今属湖北）等地。唐末，曾氏开始迁往福建。清代，福建人曾赐锡移居台湾台南，此后，闽、粤曾氏不断有人迁居台湾，进而又有迁居海外者。目前，曾氏为台湾第16大姓，在全国大姓中排第38位。

历史名人：

曾巩（1019—1083）：北宋文学家，字子固，南丰（今属江西）人，被称为南丰先生。嘉祐进士，尝奉诏编校史官书籍，官至中书舍人，曾为王安石所推许。散文平易舒缓，长于叙事说理，讲究章法结构，为"唐宋八大家"之一，有些文章对当时在位者的因循守旧表示不满，主张在"合乎先王之意"的前提下对"法制度数"进行一些改易更革。著有《元丰类稿》。另《隆平集》也题为所作。

曾子（前505—前435）：即曾参，春秋末期鲁国南武城（今山东费县）人，他是孔子的弟子，以孝著称。相传《大学》是他所著，被后世儒家称为"宗圣"。

386. 毋

姓氏： 毋

祖宗： 毋句

分类： 以先祖名字为氏

姓氏起源：

毋姓源于尹祁姓，出自远古时期尧帝臣子的毋句，属于以先祖名字为氏。尧，中国古代传说中的圣王，姓尹祁，号放勋。因封于唐，故称"唐尧"，《尚书》和《史记》都说他名叫放勋。后代又传说他号陶唐，姓伊祁氏，故亦称为唐尧。当尧为部落首领时，其属下有位臣子名毋句，他创造了著名的乐器"磬"，因此受到尧帝的赞赏。

在毋句的后裔子孙中，多以先祖的名字为姓氏，称毋句氏，后省文简改为单姓毋氏、句氏，其中有毋氏族人因字讹误将"毋"写为"母"，因称母氏，与尹祁姓毋氏同宗同源，皆世代相传至今，是非常古早的姓氏之二。尹祁姓毋氏（母氏）皆尊奉毋句为得姓始祖。

郡望：

（1）巨鹿郡：也称为钜鹿郡，秦始皇二十五年（前222年）置郡，治所在巨鹿（今河北平乡）。

（2）河东郡：秦时置郡。相当于今山西省黄河以东夏县一带。

堂号：

（1）巨鹿堂：以望立堂。

（2）河东堂：以望立堂。

迁徙分布：

今河南省焦作市博爱县、沁阳县、禹州市，山西省晋城市、河津市、翼城县、平遥市，陕西省华山县、宝鸡市、西安市长安县，广西壮族自治区桂林市、横县等地，皆有毋氏族人分布。有趣的是，今河南豫西灵宝市近郊有一座保存完整、仍有居民使用的古老堡寨杨公寨，传说是北宋抗辽英雄杨六郎建立的军寨，但如今居民中却没有一家姓杨，绝大部分都姓毋，人数占灵宝全市毋氏的70%。

历史名人：

毋稚（生卒年待考）：晋代巴郡江州人，学冠四科（德行、言语、政事、文学），历官涪陵、汉平令、夜郎太守。

毋昭裔（生卒年待考）：龙门人，后蜀时候的才子，他的学问极为广博，精通四书五经，代表作为《尔雅音略》，这是与五经之中诗经有关的著作。诗经是孔子选编的诗歌集。毋昭裔还喜欢藏书，好学不倦。蜀主孟昶教太子读书。

387. 沙

姓氏： 沙

祖宗： 神农氏

分类： 以先祖名号为氏

姓氏起源：

沙姓源于姜姓，出自神农氏炎帝之后代，属于以先祖名号为氏。炎帝为部落首领时，其下有个臣子叫夙沙氏。周简王姬夷十五年（前571年），"齐侯伐莱，莱人使正舆子赂夙沙卫以索马牛，皆百匹，齐师乃还"，这位得到了牛、马就退兵的齐国大夫夙沙卫，就是夙沙氏的后裔子孙，后来成为太子姜光的少傅。

在夙沙氏的后裔子孙中，后有以先祖名号省文简化改为单姓沙氏者，世代相传至今，是最早的沙氏，非常古早的姓氏之一。

郡望：

（1）汝南郡：汉高祖时置郡。治所上蔡，在今河南省上蔡县西南。

（2）东莞郡：西汉时期有东莞县，治所在今山东沂水。

堂号：

（1）汝南堂：以望立堂。

（2）东莞堂：以望立堂。

（3）济民堂：明时沙玉，当涉县知县，顾虑到老百姓没有恒产（固定的财产），就设宴请富农，亲自同他们订借款合同，借来钱交贫民买耕牛农具，督促百姓治病，男劳力种一亩菜备荒。结果涉县百姓家家不愁吃穿。在庄稼熟的时候，他亲自下乡督促昼夜收割。还没割完，飞蝗大至，邻县的庄稼都被吃光，涉县得到保全。

迁徙分布：

今山东省烟台市牟平县、登州市、单县、禹城县、威海市、无棣县（海丰县）、乳山县、枣庄市台儿庄、沂水市、苍山县、潍坊市、吉林省长春市、永吉市、四川省凉山州西昌市、辽宁省营口市盖州、大连市、沈阳市法库县、铁岭市、瓦房店市、东港市、湖南省常德市桃源县、张家界市、益阳市、陕西省西安市、汉中市城固县、江苏省姜堰市、靖江市、南通市、如皋市、南京市、江阴市、昆山市、高邮市、宝应县、徐州市丰县、邳县、盐城市、常州市武进区、扬州市江都县、海门市、苏州市、安徽省宿州市、合肥市肥西区、浙江省金华市、温州市永嘉县、宁波市、台湾省、江西省奉新县、瑞昌县、泰和县、河南省镇平县、广东省兴宁市、龙川市、惠州市惠东县、

湖北省武汉市、上海市、天津市、北京市、香港特别行政区，云南省楚雄州大姚县、安宁县，黑龙江等地，皆有沙氏族人分布。

历史名人：

沙玉（生卒年待考）：明代涉县知县，劝民备耕抢收，涉民丰衣足食。尝于禾稼熟时，督民昼夜收获，未毕，飞蛾大至，临邑禾尽，涉民得保全。

沙世坚（生卒年待考）：北宋勇将，有文武韬略，河北涉县人，曾任东莞太守；1127年护宋高宗南渡，知梧州；广西苗民大起义，改知宜州，平义军十万，击杀首领莫文察，广西河池有"白土平蛮碑"一尊，即其所勒。为江浙沙氏世迁祖，沙神芝、沙元炳均为其后。

388. 乜

姓氏： 乜
祖宗： 未知
分类： 以封邑名称为氏

姓氏起源：

乜姓源于姬姓，出自春秋时期卫国大夫，属于以封邑名称为氏。春秋时期，有卫国大夫食采于乜城（今河南清丰南乜城），称乜公，世代相袭。到了先秦时期的秦昭襄王嬴则（嬴稷）五十三年（卫怀君三十一年，魏安釐王魏圉二十三年，前254年），卫国君主卫怀君觐见魏国，却被魏安釐王杀死，随后趁势灭了卫国。秦昭襄王五十五年（魏安釐王二十五年，前252年），魏安釐王让卫国复国，立他自己的女婿卫元君即位，卫国就此成了魏国的傀儡，而卫国的乜城却早就归了魏国。此后直到秦二世嬴胡亥元年（前209年），卫元君之子卫角君被秦二世废为庶人，卫国成为历史上最后一个被彻底灭亡的姬姓诸侯国。卫国在被魏安釐王灭亡之后，乜公世家也失去了自己的城邑，其后裔子孙便以故封地为姓氏，称乜氏，世代相传至今，史称乜氏正宗。

郡望：

（1）晋昌郡：西晋至北周时期分敦煌郡置晋昌郡，治所在今甘肃安西，其时辖地在今甘肃省安西县、玉门市一带。其地在隋朝时期均属敦煌郡，唐朝时期又拆出瓜州晋昌郡。另有一处晋昌郡是在南北朝期间的后梁设于今陕西省石泉县一带。

（2）赵郡：汉高祖刘邦四年（前203年），刘邦将原来秦王朝的邯郸郡改为赵国，治所在邯郸（今河北邯郸）。东汉建安年间（196—219），汉光武帝刘秀又改其为赵郡，其时辖地在今河北省中部赵县、邯郸一带地区。

堂号：

（1）晋昌堂：以望立堂。
（2）赵郡堂：以望立堂。
（3）太师堂：乜先为蒙古瓦剌部的太师，由此立堂。

迁徙分布：

据《郡望百家姓》记载：乜氏望出晋昌郡。又据《姓氏考略》记载：望出晋昌、赵郡。晋昌郡：西晋至北周时的晋昌郡在今甘肃省安西县东南；又一处晋昌郡（南朝齐）在今陕西省石泉县一带。赵郡：汉高帝四年（前203年）将原来秦代的邯郸郡改为赵国，治所在邯郸（今河北省中部）。东汉建安年间（196—219）改为赵郡。相当于今河北省中部赵县、邯郸一带地区。

历史名人：

乜富架（？—1492待考）：苗族；都匀人（今贵州都匀）。明朝时期著名苗民起义领袖。明弘治五年（1492年）农历10月，贵州都匀苗族酋长乜富架率领苗族人民起义，他自称都顺王，一度占据了梗滇、蜀道。乜富架，原为明朝初期大将军蓝廷玉属下战将乜昌的后裔，后融入苗族，成为贵州地区苗族大土司。至明弘治年间，因不堪忍受明朝地方官府对苗族地区的横征暴敛，遂带领儿子号召苗民起义。明孝宗朱祐樘诏令大将军成溥任总兵官，率兵八万前往征讨。成溥兵分五路刻期并进，诛富架父子，斩首万计。苗民起义遂被残酷地镇压下去了。

乜克力（生卒年待考）：藏族（一说维吾尔族）；肃州人（今甘肃酒泉）。明朝时期著名藏族酋长。明弘治八年（1495年）农历12月辛酉，巡抚甘肃佥都御史许进、总兵官刘宁率大军进入哈密，土鲁番（高昌）的统治者蒙古族人逃遁，遂班师回朝。是年，爪哇、占城、乌斯藏等纷纷向明朝入贡。当时，肃州乜克力也代表属下诸部携贡品至肃州关塞要求入贡，却被明孝宗朱祐樘莫名其妙地拒绝了。

389. 养

姓氏：养
祖宗：公子吴
分类：以邑为氏
姓氏起源：

（1）养姓出自姬姓，是古公亶父（周太王）的后代。太王之子秦伯吴，其后建立吴国。春秋时期，吴国公子掩馀、烛庸叛吴逃到楚国，楚王把他们封在养（今河南沈丘县东南）。这两个公子的后代遂在养邑定居，以封地名"养"为姓，称养姓。

（2）养姓源于春秋，是神射手养由基的后代。周代有养国，后来被楚国灭掉，春秋时为楚大夫神射手养由基的封邑。他的后代子孙有养氏和养由氏。养由基能在百步之外射穿做标记的柳叶，并曾一箭射穿七层铠甲。晋楚鄢陵之战中，楚共王左眼被晋将魏錡射中，共王叫来养由基，给他两支利箭，命他复仇，养由基一箭射死魏錡，拿着剩下的一支箭向共王复命。因此，时人称他为"养一箭"。

郡望：

（1）山阳郡：汉时置郡。历史上的山阳郡有两种说法：①汉景帝中元六年（前144年）将梁国分置为山阴国，不久以后，于建元年间（前140—135）汉武帝将其改为山阳郡，其时辖地在今山东省独山湖周围金乡县一带地区。②东晋义熙年间（405—418）将广陵郡分置山阳郡，治理山阳附近的地区，其时辖地在今江苏省清江、淮安一带。至隋朝初年，又移治到今江苏省的淮安市一带。

（2）南阳郡：春秋战国时期称南阳的地区颇多。今河南省南阳市。

堂号：
（1）山阳堂：以望立堂。
（2）南阳堂：以望立堂。
（3）方正堂：方正是指汉代不须考试而是被选举的功名，要选品行端方，行为正直，学问又好的人。后汉养奋，博古通籍，全郡的人都很尊重他。本来是布衣，选他为"方正"。汉和帝时不是旱就是涝，养奋对皇帝说："这是因为国家的政治有毛病，干逆了天气，阴阳不和而造成的。你要除掉一切不好的政令。"言多切宜，一时称为"名儒"。

迁徙分布：
养氏主要分布在山东省金乡县西北。

历史名人：
养由基（生卒年待考）：春秋时楚国名将，是我国古代著名的神射手。当时，还有一个善射箭的人，名叫潘党，能每箭射中箭靶的红心。养由基对他说："这还不算本事，要能在百步之外射中杨柳叶子，才算差不多了。"潘党不服，当即选定柳树上的三片叶子，并标明号数，叫养由基退到百步之外，按顺序射去，养由基连射三箭，果然第一箭中一号叶，第二箭中二号叶，第三箭中三号叶，箭镞全都正中叶心。这就是古代"百步穿杨"或"百发百中"成语典故的由来。

养奋（生卒年待考）：东汉郁林人，字叔高，博通古籍，为一时名儒，以布衣举方正。方正是指汉代不须考试而是被选举的功名，要选品行端方，行为正直，学问又好的人。和帝时，因天气不正常，或涝或旱，策问他时，他便说："天有阴阳，阴阳有四时，四时有政令。春夏则予惠布施宽仁，秋冬则刚猛盛威行刑。赏罚杀生各应其时，则阴阳和，四时调，风雨时，五谷升。今则不然，长吏多不奉行时令，为政举事干逆天气，上不恤下，下不忠上，百姓困乏而不恤哀，众怨郁积，故阴阳不和，风雨不时，灾害缘类。水者阴盛，小人居位，依公营私，谗言诵上。雨漫溢者，五谷有不升而赋税不为减，百姓虚竭，家有愁心也。"所说多直率，切中时弊，一时称为"名儒"。

390. 鞠

姓氏： 鞠

祖宗： 姬鞠

分类： 以先祖姓名为氏

姓氏起源：
鞠姓出自姬姓，是黄帝的后裔。黄帝有后名曰弃（后稷），是周朝的始祖，弃之子不窋有个儿子叫陶，生下来时手上的掌纹很像古文"鞠"字，因此起名叫鞠陶。鞠陶后来做了周人的首领，他的后代便以他的名字命姓，称鞠姓。

郡望：
汝南郡：汉高帝时置郡，治所是上蔡（今河南省上蔡县一带）。

堂号：
清河堂：鞠常原是五代时南汉乾祐进士。到了宋朝开宝年间，赵普为宰相，提拔鞠常为著作郎，后来又作了清河令。

迁徙分布：

今辽宁省盘锦市、沈阳市，江苏省如皋市、金坛市、泰兴市、苏州市、张家港市、淮安市，吉林省长春市农安县、八面城、德惠市，贵州省遵义市正安县，河南省漯河市、邓州市，河北省秦皇岛市，内蒙古，山东省东阿市、文登县、潍坊市、济南市长清区、泰安市邱家店、诸城市、滕州市、青岛市、即墨市、文登县、龙口市、乐陵县、海阳县、五莲县，台湾省台北市，四川省乐山市、万源县、攀枝花市，江西省九江市、南昌市、吉水县，重庆市垫江县，安徽省阜阳市，香港特别行政区，湖北省麻城市，湖南省武冈县，内蒙古自治区赤峰市，黑龙江省牡丹江市、哈尔滨市、大庆市肇州县，云南省文山县等地，皆有鞠氏族人分布。

历史名人：

鞠咏（生卒年待考）：北宋官吏，开封（今河南省开封市）人。自小勤奋好学，后来举为进士当官，他遇事敢言。担任三司盐铁判官时，河北、京师旱灾，他曾奏请出太仓米10万石以赈灾民。

鞠常（生卒年待考）：字可久，密州高密人。祖真，黄县令。父庆孙，申州团练判官，有诗名。常少好学，善属文。汉乾祐二年擢进士第，裁二十一，释褐秘书省校书郎。周广顺中，宰相范质奏充集贤校理，出为郓州观察支使，历永兴军节度掌书记、伊阳令。显德四年，诣阙进策，召试，复授猗氏令，迁蔡州防御判官，复宰介休、魏县。开宝中，赵普为相，擢为著作佐郎。时任此官，惟常与杨徽之、李若拙、赵邻几四人，皆有名于时。常应举时，著有《四时成岁赋》万余言，又名为《春兰赋》，颇存兴托。后为清河令。

391. 须

姓氏： 须

祖宗： 伏羲

分类： 以国为氏

姓氏起源：

（1）须姓出自风姓。春秋时期有风姓国叫须句国（在今山东东平县西北），是太昊伏羲氏后代，国人称为须句氏，后来改称须氏。

（2）须姓出自华姓。商代有个小国叫密须国（今甘肃灵台县西），其国君的后世子孙以国名中的"须"字为姓，称须氏。

（3）须姓以地名为姓。春秋时期，卫国有古邑名叫须（今河南滑县东南），后人以邑名为姓，称须氏。

郡望：

（1）琅邪郡：秦始皇时置。相当今山东省东南部诸城、临沂、胶南一带。

（2）渤海郡：三国时魏置。在今河北省皮县北。

堂号：

（1）琅琊堂：以望立堂。

（2）渤海堂：以望立堂。
（3）陆量堂：汉朝时有须无封陆量侯，四代世袭。

迁徙分布：

今山东省诸城市、临沂市、胶南市、东平市，江苏省无锡市、常州市、常熟市、江阴市，上海市宝山区、普陀区等地，皆有须氏族人分布。

历史名人：

须用纶（生卒年待考）：明朝万历年间进士，崇祯年间授青州知府。为人廉洁公正，风节凛然。当时府中兵饷告急，征收各种杂费充作军饷，不用民间钱财，百姓都感激他的德政。

须贾（生卒年待考）：战国时魏国中大夫。秦相范雎微行敝衣见须贾，须贾以一绨袍赠之。

392. 丰

姓氏： 丰
祖宗： 郑穆公
分类： 以王父字为氏

姓氏起源：

郑穆公有个儿子叫公子丰，在郑僖公时任大夫。他的子孙后代以"王父字"为氏，称为丰氏。而历史上的郑国是周文王所建，所以，丰姓源自于姬姓，望出松阳。丰施、丰卷就是他的孙子。

郡望：

（1）京兆郡：即首都长安直辖区。相当于今陕西省西安市至华县一带。
（2）松阳县：在今浙江岁昌县。

堂号：

（1）京兆堂：以望立堂。
（2）松阳堂：以望立堂。
（3）尚义堂：宋朝时候，丰有俊先后为扬州府和镇江两处的知府。他勤政爱家，最讲义气。他朋友的女儿被人拐卖到青楼。由俊花重金赎回，给她选了一个最好的读书人为婚，还打发她出了嫁，一直把她当自己的女儿看待。

迁徙分布：

今河北省邢台南宫市、天津市武清县、河北省尚义县、景县、沧州市、大城县、邯郸市，河南省信阳市、开封市、新乡市延津县、商丘市、郑州市，安徽省黄山市祁门县、太和县、亳州市、淮北市、六安市、桐城市、合肥市，山东省平邑县、平度县、龙口市、昌乐县、鱼台市、费县、曹县、曲阜市、聊城市、日照市、烟台市、胶州市、临清市、临沂市，内蒙古自治区乌海市，江西省婺源县、瑞昌市常丰县、丰城市、井岗山市、上饶市、南昌市，江苏省丹阳市、南京市、苏州市、镇江市、扬州市，浙江省金华市、衢州市遂昌县、兰溪县，陕西省咸阳市礼泉县、户县、西安市，广西壮族自治区田林县，云南省陇川县、河口市，辽宁省北票市、上海市、北京市、山西省朔州市山阴县、应县、临汾市浮山县，湖南省长沙市、常德市、永兴县、汨罗县，湖北省黄冈市团风县、武汉市、监利县、汉川市、襄樊市，重庆市渝中区，四川省合川县等地，皆有丰氏族人分布。

历史名人：

丰存芳（？—1276 待考）：宋代太平州倅，端宗景炎初，元兵至，知州孟知缙谋以城降，存芳谏不断。缙引元兵屠其家，丰存芳不屈。同死十八人。

丰坊（1492—1563 待考）：明代书法家、吏部主事，鄞人，字存礼，后更名道生。博学工文，家有万卷楼，藏书万卷。著有《易辨》等著作。

393. 巢

姓氏： 巢
祖宗： 巢父
分类： 以地名为氏
姓氏起源：

巢氏发源于巢湖，是以地为姓的姓氏。巢湖在安徽省境内，自古以来就是我国的名川大泽之一。根据史料记载，巢湖在距今三四千年前的殷、周时期，是巢国的所在地。春秋末期，巢国被吴国所灭，巢国的后裔，也就依照当时的习惯，以故国号为氏而姓了巢。巢氏的来源还有另一种说法，过去一部分姓氏学者把巢氏的源流推溯到上古时期的有巢氏。有巢氏是教人们构木为巢定居，有功于民族进化，这在《韩非子·五蠹》及其他古籍上均有记述。《姓谱》上记载，巢姓是有巢氏的后代，或者说是巢国的后代，尧时有巢父，夏殷时有巢国。根据《姓氏考略》记载，巢姓是以国为氏，望族出于彭城。巢姓的始祖以树为巢，而寝其上，号曰巢父，他的后人就以巢为姓。

郡望：

彭城：西汉地节元年（前69年）将楚国改为彭城郡。治所在彭城，相当今江苏省徐州市一带。

堂号：

（1）彭城堂：以望立堂。

（2）辞禅堂：尧帝时有高士巢父，隐居山林，以树为巢，不谋世利。尧帝以天下让他，他坚辞不受，遂名"辞禅堂"。

迁徙分布：

今湖南省湘阴市汨罗县、常德市、益阳地区，江西省万载县、宜丰县、九江市的都昌县，安徽省宿松县，江苏省的南京市、扬州市、江阴市、高要县、常州市武进区、苏州市、镇江市丹阳市、宜兴市、溧阳市、泰州市、淮阴市，河北省昌黎县，广东省新会市、深圳市、从化市，香港特别行政区，山西省平陆县、运城市，福建省莆田市，山东省潍坊市昌乐县，河南省漯河市，天津市等地，皆有巢氏族人分布。

历史名人：

巢父（生卒年待考）：帝尧时隐士。山居不营世利，在树上筑巢而居，时人号曰巢父。上古时禽兽多而人民少，于是人民就在树上筑巢居住以避野兽。传说尧帝以天下

让给巢父，巢父不肯受，又让给许由，许由同样不肯受。

巢谷（约1026—1099）：宋代进士。他中进士后，弃其家学，改而学习古兵法。游秦、凤、泾原间，会赦乃出。后苏辙、苏轼贬谪岭南，巢谷徒步前往拜访，见辙。又欲望海南访轼，行至新州病死。

394. 关

姓氏：关
祖宗：关龙逄
分类：以官为氏
姓氏起源：

（1）颛顼德后裔董父为帝舜养龙，被封为豢龙氏。上古豢、关二字同音通用，所以后来又写作关龙氏。夏帝桀暴虐荒淫，用酒做池。酒糟堆成小山，他在旁边通宵畅饮，不理政事。有个贤臣名叫关龙逄的前去劝谏，触怒了夏桀，结果被囚禁起来杀死。关龙逄的后代后来改姓关，称关氏。

（2）关姓是以官名为姓。春秋时期，周大夫尹喜在函谷关任关令。相传老子西游出关时，为尹喜写下《道德经》五千言，尹喜将此书传播于世以后，也追随老子成仙了。尹喜的后人以他的官名为姓，也称关氏。

郡望：

（1）陇西郡：战国时秦昭襄王二十七年（前280年）置郡。相当于今甘肃省东乡、临洮一带。

（2）东海郡：有二处。①汉代东海郡在今山东省郯城一带。②东魏及隋唐时代的东海郡，相当于今江苏省东海县以东、淮水以北地区。

堂号：

（1）陇西堂：以望立堂。

（2）东海堂：以望立堂。

（3）忠义堂：宋朝时，丰有俊先后任扬州府和镇江两处侯。督荆州，为前将军。东吴孙权偷袭荆州，关羽腹背受敌，壮烈殉汉。谥壮缪，封武安王，明朝时又追封为"协天护国忠义大帝"。所以关氏又称"忠义堂"。民国3年，明令与岳飞合祀武庙，称"武圣人"。

迁徙分布：

如今，关氏族人在全国分布较广，尤以河南省为多，约占全国关氏人口的40%。

历史名人：

关羽（约160—200）：三国时蜀国别部司马，字云长，山西解县人。善画，爱左氏传。与张飞随刘备，亲如兄弟，下邳之战，为曹操所俘，礼之甚厚，斩颜良，诛文丑，以报曹操之恩，封汉寿亭侯，挂印封金回归刘备。后守襄阳，屡败曹仁，水淹七军，威名大震。孙权用吕蒙计，破荆州，杀关羽父子。宋以后，民间以关圣帝君祀之。

关汉卿（约1220—1300）：宋代末期人，号已斋叟。约生于金末，卒于宋亡

(1279年)之后。他是元代戏曲奠基人,伟大的现实主义作家。安国(今属河北)人,一说大都人。一生所作杂剧60余种,现存《窦娥冤》、《救风尘》、《拜月亭》、《望江亭》等13种。塑造了窦娥、赵盼儿、王瑞兰、谭记儿等多种典型妇女形象。这些形象流传至今而不朽。

395. 蒯

姓氏: 蒯
祖宗: 蒯得
分类: 以封地为氏
姓氏起源:
蒯姓来源有二支:
(1) 蒯姓,根据《古今姓氏辩证》的记载,商代有一个蒯国,所在地在今河南省洛阳县西部的蒯乡,蒯国人后来以国名为姓,称蒯氏。
(2) 蒯姓,根据《风俗通》记载,是春秋时期晋国大夫蒯得的后代。春秋时,蒯地成为晋国大夫蒯得的封邑,他的子孙即以蒯为姓,至今已有两千多年的历史。

郡望:
襄阳郡:东汉建安十三年(208年)置郡。

堂号:
(1) 襄阳堂:以望立堂。
(2) 辅国堂:南宋时蒯恩官拜龙骧将军。他胆力过人,伐广固,斩徐道复,袭金陵、伐蜀、讨司马休之,战功累累,封新宁县男。武帝北伐时,留他在京保卫太子,命朝士与他相交。他更加谦虚谨慎,对待部下官兵宽厚仁爱。历官辅国将军,淮陵太守。

迁徙分布:
今湖北省襄樊襄城区、宜城县、安陆县、武汉市,上海市,天津市,北京市,重庆市,安徽省巢湖市、合肥市、寿县、六安市、芜湖市、安庆市,江苏省徐州市、丹阳市、苏州市、盐城市滨海县、淮安市、宜兴市、沭阳县、扬州市江都区,河南省郑州市、虞城县、洛阳市、商丘市、濮阳市、永城市,山东省潍坊市、济宁市、枣庄市、菏泽市成武县,湖南省常德市桃源县、衡阳市、益阳市,山西省朔州,内蒙古自治区呼和浩特市,江西省彭泽县,贵州省贵定县,广东省怀集市、潮洲市,美国,德国等地,皆有蒯氏族人分布。

历史名人:
蒯通(生卒年待考):汉代人。当刘邦和项羽争夺天下时,他活跃于政界,为人出谋划策,以口才好和计谋高闻名天下。
蒯良(生卒年待考):字子柔,南郡延中庐人,是蒯越之兄,其人足智多谋,兄弟二人辅助刘表,佐其成业。蒯良精通天文,极善相马。讨董诸侯联盟解散后,孙坚暗得国玺归南,刘表因袁绍通知此事,于孙坚归程上截击之,两家结怨。后孙坚跨江击刘表,蒯良用兵设伏,遣吕公射杀孙坚。后来孙策欲以黄祖换取孙坚尸首,蒯良又劝

刘表乘胜下江东，然而刘表不纳其言，坐失良机。

396. 相

姓氏：相
祖宗：帝相
分类：以封地为氏
姓氏起源：

（1）相姓出自姒姓，为夏朝王族后代。夏朝有帝相，其后裔支庶子孙，有的以祖上的名字为姓，称相氏。

（2）相姓出自子姓，为商朝王族后代。商王河禀甲原居于相，后又迁都，留居相地者便以地为姓，称相氏。

郡望：

（1）西河郡：战国时魏置。

（2）巴郡：战国时秦国取巴子国之地置巴郡。

堂号：

（1）西河堂：以望立堂。

（2）巴郡堂：以望立堂。

（3）讽德堂：后秦人相云，善讽。姚兴好佃猎，有时损害农作物，无人敢谏。相云作了一首《德猎赋》，大意是猎者也要讲道德，绝对不能伤害庄稼。对这一讽刺作品，姚兴读了，大加赞赏，赐了相云金帛。姚兴的行为也有所收敛。

迁徙分布：

今湖北省襄樊市、长阳市、恩施土家族苗族自治县，辽宁省营口市、沈阳市、辽阳市，上海市，北京市，内蒙古自治区呼和浩特市，四川省江北县，山东省青岛市、巨野县、日照市东港区、临朐县、滕州市、邹城市、胶南市，山西省运城市、莒县，江苏省泗洪市、扬州市宝应县、无锡市、连云港市东海县、灌南县、赣榆县、灌南县、淮安市，云南省元阳县，河北省大城县、沧州市，浙江省绍兴市上虞县、湖州市，香港特别行政区，台湾省莲花县，广东省的普宁地区，广西壮族自治区北海市，吉林省四平市，河南省洛阳市新安县，陕西省西安市等地，皆有相氏族人分布。

历史名人：

相威（1240—1284）：元朝国王速浑察的儿子。喜请士大夫，听读经史，论古今治乱，以及直臣尽忠，良将制胜等事，以故临大事决大议。博学多闻，言必中节。因伐宋有功，授征西都元帅，拜江淮行省左丞相。

相世芳（生卒年待考）：明朝人。正德年间进士，历官刑部郎中。为人沉着，刚毅正直，知识渊博，以文章著称。嘉靖年间，因直言谏议，被戍延安13年始诏还，终身无怨言。

397. 查

姓氏：查
祖宗：齐顷公
分类：以封地为姓

姓氏起源：

查姓源于姜氏，出自春秋时期炎帝后裔齐国公之子的封地，属于以封邑名称为氏。春秋时期，齐国君主齐顷公姜无野执政时期（前598—前582在位），他赐封自己的一个儿子到楂邑（今山东济阳），该地盛产山楂。在其后裔子孙中，就有以先祖的封邑名称作为姓氏者，称楂氏。后来又将木字偏旁省去，遂成为查氏，世代相传至今。查氏族人大多尊奉齐顷公为得姓始祖。

郡望：

（1）齐郡：西汉初年将临淄郡改为齐郡，在今山东省临淄县一带。

（2）海陵郡：周称海阳，汉初名海陵，西汉武帝元狩六年（前117年），置海陵县。东晋义熙七年（411年），升为海陵郡。隋文帝开皇元年，废郡称县。唐高祖武德三年（620年），称吴陵县，以县置吴州。扬吴设制置院。南唐升元六年（937年），升海陵县为泰州，泰州之名由此始。

（3）济阳郡：汉济阳县在今河南兰考东北，西晋在此曾置济阳郡，南迁后废。济阳县在唐初并入冤句县。

堂号：

（1）清容堂：宋代时有一个叫查深的，隐居读书。当地的郡守把他推荐给朝廷，要他出来做官，他不干。郡守又怕浪费了他的才华，于是就在郡城的西部给他盖了一栋房子，命名为"清容堂"，让他在那里教全郡的学生读书，号为"清容先生"。

（2）海陵堂：据《万姓统谱》记载：望出齐郡，五代时南唐有查文徽，文徽孙道如，徙家海陵，至今查氏为望族。查氏发祥于山东地区。春秋时，楚国大夫封邑在查，其后代子孙称查氏。在距今1000年以前的五代南唐以后，在今江苏泰县一带，繁衍成当时的名门望族。

迁徙分布：

查姓的望族居住在海陵（今天的江苏省泰县）、齐郡。

历史名人：

查文徽（885—954）：南唐休宁人。侍后主李煜，官至枢密副使。讨伐平建州王延政的时候立了大功，于是升迁为建州留侯。当时，吴越的军队占据了福州，文徽于是带领着他的军队攻克了福州。入城以后，他安抚百姓，但是不幸被陷在埋伏之中，被俘虏。后来被遣送回去，改任了工部尚书。文徽的三代都是做官的，他的儿子元方是建州的观察判官，他的孙子查道，是宋真宗的龙图阁待制。

查士标（1615—1698）：清代著名的书画家。安徽休宁人，长期居住在扬州，擅长画山水，与孙逸、汪云端、僧弘仁等书画家一起被称为"海阳四家"。他的书法超妙入神，《艺舟双楫》将他的行书列入佳品之上。

398. 后

姓氏：后
祖宗：句龙
分类：以官职为姓
姓氏起源：
相传炎帝的后代共工有个儿子叫句龙，黄帝时当任后土，死后被封为灶神，他的后代便以后为姓。
郡望：
《郡望百家姓》中记载：后氏望出东海。有二处：汉初置东海郡，在今山东省郯城县一带。另有一处为东魏及隋唐时代的东海郡，相当于今江苏省东海县以东，淮水以北地区。
堂号：
裕政堂：明时陕西布政司参议后敏，放宽政策，采取富民政策，使人民康乐。裕政是宽、开拓、富民的政治。他为人忠厚和乐，爱民如子，深受人民爱戴。
迁徙分布：
后姓主要分布在山东省郯城县一带。
历史名人：
后安（1377—1457）：藏族，后朵儿只班之子，袭锦衣卫佥事，调大宁卫。洪武二十三年（1390年），奉天征讨有功，升指挥同（似缺一"知"字）。二十六年（1393年），掌本卫，事征交河，阵亡。后法王（后班丹扎释），藏族，又名后班丹扎释，生于明朝（1377年），十五岁时出家为僧，属岷州地区家世显赫的后土司家族之人，在西藏、安多藏区享有盛誉，深受信教群众爱戴。二十八岁时到南京朝见永乐皇帝，即留在京城任职。1457年明代宗景泰八年、明英宗天顺元年圆寂，享年80岁。
后能（生卒年待考）：藏族，后安之子，其父阵亡，由其袭职指挥同知，升指挥使。宣德三年（1428年），征松潘羌夸有功，升陕西都指挥佥事。正统元年（1436年），奉勅镇守岷州。

399. 荆

姓氏：荆
祖宗：熊绎
分类：以国号为姓
姓氏起源：
荆姓源于芈姓。西周初年，楚国先君熊绎被封在荆山一带（今湖北西部），国号为荆，直到春秋初才改为楚国。楚文王以前的荆君有庶出子孙以国号为姓，称荆氏。
郡望：
广陵郡：原为战国时楚国广陵邑。东汉时改为广陵郡。在今江苏省扬州一带。

堂号：

（1）广陵堂：以望立堂，亦称江都堂。

（2）邠庆堂：宋朝的将领荆嗣，累立战功。宋太宗攻太原及幽州，他皆率先陷阵，拜都指挥使。宋真宗时，为邠庆、环庆副部署，嗣起行伍。他一生经150余战，未尝败北。

迁徙分布：

今黑龙江省兰西县、齐齐哈尔市、五大连池市、哈尔滨市，河南省洛阳小浪底市、巩义市、郑州市、延津市、焦作市武陟县、新乡县、开封市、南阳市、漯河市舞阳区、平顶山市，山东省莒县、龙口市、聊城市莘县、淄博市桓台县、蓬莱市、临沂市、枣庄市、莱阳市、潍坊市高密、东营县、菏泽市、金乡县、临清县、聊城市、威海市石岛、日照市岚山区，吉林省的长春、延边地区、白城市，河北省沧州市、泊头市、黄骅市，山西省阳泉市、平陆县、临猗县、永济市、太原市、石鹿县、朔州市，陕西省安康县、杨凌县、洛川县，辽宁省沈阳市、抚顺市、丹东市、鞍山市，江苏省徐州市、镇江市、沛县，宁夏回族自治区银川市，重庆市合川县，湖南省辰溪县，湖北省麻城市，安徽省涡阳县，内蒙古自治区，上海市，北京市，香港特别行政区等地，皆有荆氏族人分布。

历史名人：

荆轲（？—前227）：战国时期著名刺客。也称庆卿、荆卿、庆轲。战国末期卫国人，汉族，喜好读书击剑，为人慷慨侠义。后游历到燕国，被称为"荆卿"（或荆叔），随之由燕国智勇深沉的"节侠"田光推荐给太子丹，拜为上卿。秦国灭赵后，兵锋直指燕国南界，太子丹震惧，与田光密谋，决定派荆轲入秦行刺秦王。荆轲献计太子丹，拟以秦国叛将樊于期之头及燕督亢（今河北涿县、易县、固安一带，是一块肥沃的土地）地图进献秦王，相机行刺。太子丹不忍杀樊于期，荆轲只好私见樊于期，告以实情，樊于期为成全荆轲而自刎。公元前227年，荆轲带燕督亢地图和樊于期首级，前往秦国刺杀秦王。临行前，许多人在易水边为荆轲送行，场面十分悲壮。"风萧萧兮易水寒，壮士一去兮不复还"，这是荆轲在告别时所吟唱的诗句。荆轲来到秦国后，秦王在咸阳宫隆重地召见了他。荆轲在献燕督亢地图时，图穷匕见，刺秦王不中，被杀。

荆浩（约850—?）：五代后梁画家，沁水（今属山西省）人。他擅画山水，常常携带笔墨摹写山中古松，画云中山顶时，能画出四面峻厚的气势。著有《笔法记》，对中国山水画的发展具有非常重要影响。

400. 红

姓氏： 红

祖宗： 熊红

分类： 祖名为姓

姓氏起源：

红姓源于芈姓，出自春秋时期楚国公族子孙，属于以先祖名字为氏。春秋时期，

楚国君主姓熊,而在楚国公族子孙中,有一位公子叫熊挚,字红,因此又称其为熊挚红、熊红,他受封于鄂(今湖北),称鄂王。熊挚红是荆国早期君主楚熊渠的次子。楚熊渠有三子:长子熊康(熊毋康)、次子熊红(熊挚红)、少子熊执疵。由于长兄熊康早逝,因此楚熊渠决定由熊挚红继位荆国君主。但老三越章王熊执疵不服,遂发动了政变,杀了兄长熊挚红,之后自立为荆国之君,还改名为熊延。熊挚红被杀之后,其后裔子孙中有以先祖之字为姓氏者,称红氏,世代相传至今,是非常古老的姓氏之一。

郡望:

(1)昌平郡:西汉时期置军都县及昌平县,属上谷郡。

(2)河内郡:楚汉之际置,治所在怀县(今河南武陟西南),相当于今河南黄河以北,京汉铁路(包括汲县)以西地区。

(3)河南郡:秦朝时期名为三川郡。今河南省洛阳市。

堂号:

(1)河南堂:以望立堂。

(2)昌平堂:以望立堂。

(3)河内堂:以望立堂。

迁徙分布:

红氏是一个多民族、多源流的古老姓氏,但人口总数在中国的大陆和台湾省都没有列入百家姓前300位,在宋版《百家姓》中排序为第400位门阀,主要以昌平郡(今北京昌平)为望居。春秋时期,楚国的皇室子孙中,有公子挚,又叫熊红。他的后代为了显示祖上的皇系身份,就取祖上的名字为姓氏,称为红氏。另一说,西汉初年,汉高祖刘邦封自己的同母弟弟刘交为楚元王,刘交之子刘富被封为休侯,后来改封为红侯,封于红(今安徽省萧县西的红亭)。他的子孙后来便以封地名为姓氏,称为红氏。汉代时有个地方名为"红",在今江苏省肖县西南附近,居住者多以红为姓。发祥于楚国的红氏家族,按照历史位置,在今山西省境内。望族居昌平郡(今北京市昌平县东)。

历史名人:

红尚朱(生卒年待考):红氏或许是长期人丁不旺,红姓中人一向不太知名,仅在明英宗正统年间出现过一位官拜郧西县丞的红尚朱。这位红尚朱,为山西省阳曲人,长期以来,红氏家族,也主要以今山西地区为繁衍中心。此外,红姓名人还有明末的农民起义军将领红军友、红娘子。

401. 游

姓氏: 游

祖宗: 公子偃

分类: 以先祖名字为氏

姓氏起源:

游姓源于姬姓,出自春秋时期郑国国君郑穆公之子公子偃,属于以先祖名字为氏。春秋时期,周厉王姬胡的儿子姬友,被其兄周宣王姬静封于郑邑,之后建立了著名的郑国。郑国君主传至郑穆公姬子兰（前627—前606在位），他有个儿子叫姬偃，字子游，史称公子偃。到了公子偃的孙子游皈，便以祖父之字"游"命氏，称游氏，世代相传至今。《元和姓纂》云："《左传》，郑穆公子偃字子游，之后以王父字为氏。"

郡望：
（1）广平郡：汉景帝时置郡。相当于今河北省南部永年县一带。
（2）冯翊郡：汉武帝时置左冯翊，为"三辅"之一，三国魏时改为冯翊郡。

堂号：
（1）美秀堂：春秋时，有游吉（游皈的二儿子）貌美才秀，举止文雅，熟于典故。他继名相子产之后任郑国宰相，为政宽和。
（2）仁和堂：北魏游明根任大鸿胪，处身仁和，接物礼让。故称"仁和堂"。

迁徙分布：
游氏族人迁徙外地甚多，海外有新加坡、马来西亚等东南亚地区，以及中国香港、台湾等地区，在中国大陆有重庆市、江西省赣州市、遂川市、黎川市、龙南县、定南县、崇义县，广东省河源市，浙江省遂昌市，福建省永定市、三明市、龙岩市、武平市、漳埔市、宁化市、明溪县等地。在台湾省，游氏族人以福建诏安移居者为多，现在多分布在台北县、市、宜兰县、桃园县、彰化县等地。

历史名人：
游酢（1053—1123）：宋代学者。师从程颐，刻苦读书，学问渊博。元封年间中进士，再为太学博士。他与杨时初次拜见程颐时，程颐闭目而坐，二人站在门外而不离去。等程颐发觉时，门外已雪深三尺。这就是"立雪程门"成语典故的由来。

游寿（1894—1911）：安南华侨，愤恨清廷腐败，立志革命，素为孙中山所赏识。宣统三年（1911年4月27日）广州起义时，随黄兴攻两广督署牺牲，年仅17岁，葬于广州黄花岗，为72烈士之一。

游日章（生卒年待考）：明代廉州知府。嘉靖进士，在临川任了五年知县，清正廉洁，爱民如子，后任廉州知府。其著有《骈语雕龙》。

402. 竺

姓氏： 竺
祖宗： 竺次
分类： 以王父字为氏

姓氏起源：
提起"竺"这个字，大家会联想到古代的天竺国，实际上我国的竺氏也的确来自天竺国。他们跟中国的关系根深蒂固，大约已有两千年的悠久历史。所谓"天竺"，就是印度的古称，亦作天笃、身毒等名。竺姓中国人，因为来自古老的印度，所以他们的文化背景也是深厚无比，丝毫都不比土生土长的姓氏逊色。头一个自印度到中国来开基的竺姓始祖，就是汉宣帝时以谒者身份来华的竺次。这可从《汉书·西域传》考

证。但我国另一部姓氏古籍《姓苑》上说："竺本姓竹，至汉枞阳竹晏改为竺。"依照《姓苑》的考证，我国的竹氏源流，据《名贤氏族言行类稿》记载："孤竹君，姜姓，殷汤封之辽西，令支至伯夷、叔齐，子孙以竹为氏焉，东莞。"

郡望：

（1）东海郡：也称为郯郡、海州。汉代的东海郡，在今山东省郯城一带。东魏及隋唐的东海郡，相当今江苏省东海县以东、淮水以北地区。

（2）东莞郡：西汉时期有东莞县，治所在今山东沂水。

堂号：

（1）东海堂：以望立堂。

（2）东莞堂：以望立堂。

（3）枞阳堂：汉时，竺晏为枞阳侯。又因竺氏本姓竹，由竺晏才改姓竺的，故以其爵为堂号。

化乡堂：宋时竺大年是沈焕的入室弟子。性格行为既严肃又庄重。长于说《礼》，乡人都受他的感化。

迁徙分布：

竺姓望族居东海郡，在今山东兖州东南。

历史名人：

竺法深（生卒年待考）：晋代僧人。名潜，或称道潜，字法深。俗姓王，琅邪郡（治所在今山东省临沂市北）人。18岁便出家，师从富有才且久负盛名的名僧刘元真，慢慢克服了一般士族子弟习见的浮华性格，深刻钻研了般若学的佛学理论，加上相貌堂堂，谈吐风雅，在京城长安已小有名声。至24岁时，独自登坛讲学，所讲《正法华经》、《大品般若经》，义理深奥，剖析明白，前来听讲受业者常济济一堂，多达五六百人。

竺道生（355—434）：南北朝时僧人。俗姓魏，原籍钜鹿（河北省平乡县）人，而寄居彭城（江苏省铜山县）。大约十岁，即依名僧竺法汰出家。曾随僧伽提婆研习有部之学，并受学鸠摩罗什深得般若之旨。高僧传本传谓其"常以入道之要，慧解为本。故钻研群经，斟酌杂论，万里随法，不惮疲苦"。因而得以摄受涵泳空有两宗的学说，以建构独特的思想。

403. 权

姓氏： 权

祖宗： 武丁

分类： 以国为氏

姓氏起源：

权姓源于子姓与华姓。权氏原为殷商中兴名主武丁的后裔。根据《唐书·宰相世系表》记载，商代武丁的子孙，被封于权，后代以国为姓。而《通志·氏族略·以国为氏》上记载，权氏原是颛顼帝之后，子姓，是商武帝后裔，后被楚武王所灭，子孙改为权姓。另外，权国灭亡后，楚武王任命斗缗到这里当令尹，后来这里部分楚国华姓就改为权姓。秦灭楚国后，权姓子孙迁于陇西，定居在天水。因此，权姓这个姓氏，根据考证，有两支来源，一支是商汤的子姓后裔，另一支则出自上古颛顼帝所传的楚国芈姓。两支权姓有一个共同点，就是最初都是由于一个叫"权"的地名得姓。殷商时期，名主武丁曾经把自己的一位裔孙封于权，成为当时殷天子附属的诸侯国。后来权国被楚国所灭，权姓变成了楚国的一个大姓。到了战国末期，楚国被秦国所灭，楚国许多大姓被强令迁移到陇西，于是，他们就在现在的甘肃天水一带定居下来，然后再以天水为中心繁衍，逐渐分布于全国各地。根据考证，3000多年前权国的位置，就在今湖北省当阳县的东南部。而后世权氏家族的第二支的来源，在《左传》、《韵会》、《名贤氏族言行类稿》等古籍上均有记载。

郡望：

（1）天水郡：西汉初置郡，治所在平襄（今甘肃通渭），其时辖地在今甘肃省通渭县、秦安县、定西县、清水县、庄浪县、甘谷县、张家川县及天水市西北部、陇西东部、榆中东北部一带地区。

（2）河南郡：秦朝时期名为三川郡，今河南省洛阳市。

堂号：

（1）天水堂：以望立堂。

（2）河南堂：以望立堂。

（3）贞孝堂：贞是对国之贞，孝是对亲之孝。唐时权皋，原在安禄山幕中做事。他发觉安禄山要谋反，怕祸及父母，就装病携亲离职而去。刚渡江，安禄山就起兵了。唐玄宗曾召他做监察御史，恰逢权母重病，客居洪州，权皋坚辞不受。后被拜起居舍人，又被召为著作郎，权皋都以侍母为因固辞。人们见他一心侍母，都佩服他对国家贞，对父母孝。他死后被谥为"孝贞"。

迁徙分布：

今陕西省宝鸡市、渭南市澄城县、西安市长安县，江苏省徐州市铜山县，山东省济南市、临沂市、菏泽市、德州市，四川省宜宾市屏山县、成都市、苍溪县、绵阳市、广元市、重庆市合川区，山西省的晋城市，河北省大名市、束鹿县、保定市，青海省乐都县，河南省南阳市、漯河市、洛阳市孟津县、商丘市、兰考县、开封市、濮阳市范县，湖北省十堰市，安徽省淮北市、六安市、合肥市肥西县、宿州市萧县，甘肃省张掖市高台县、天水市、庆阳县、陇南市，广西壮族自治区，辽宁省沈阳市，湖南省新宁县、临湘市，浙江省磐安县，北京市，上海市，天津市，江西省永丰县、吉安市，内蒙古自治区等地，皆有权氏族人分布。

历史名人：

权德舆（759—818）：字载之，天水略阳（今甘肃秦安东北）人，唐代诗人。他以文章进身，由谏官升礼部尚书同章平事，参与朝政，有《权文公集》。

权怀恩（生卒年待考）：唐臣。京兆万年（陕西西安）人。高宗时为万年县令，赏罚分明。《旧唐书》称其"为政清肃"。高宗称之为"良吏"。历任庆、莱、卫、邢、宋五州刺史；后为益州大都督府长史至死。

404. 逯

姓氏：逯
祖宗：不详
分类：以邑为氏

姓氏起源：

根据《风俗通》记载，逯是一个地名，在距今两千多年前的春秋战国时代，秦国就有一个以逯为名的邑。当时有一位大夫被封食采于逯这个地方，于是，他的子孙后来便"以邑为氏"而姓逯。关于逯姓的来源，在许多姓氏古籍上都有记载。春秋战国时期秦国的所在地，主要是在今甘肃和陕西一带，当时的逯邑，也在这个地区。另外，根据《路史》上记载，楚国的公族中也有逯氏。

郡望：

（1）广平郡：汉景帝刘启中元元年（前149年）分邯郸郡置郡，是由邯郸郡分置，治所在广平（今河北鸡泽），其时辖地在今河北省任县、南和、鸡泽、曲周、永年及平乡西北、肥乡东北一部分地区，后改为广平国。东汉时期废其郡并入巨鹿郡。三国时期曹魏明帝曹睿太和元年（227年）复置广平郡，辖境有所扩大。广平郡在隋朝文帝杨坚开皇初年（582年）被废黜。

（2）临河郡：南北朝时期北齐武平元年（570年）置临河郡，治所在今山西省永和县。隋朝开皇三年（583年）被废黜。

堂号：

（1）广平堂：以望立堂。
（2）临河堂：以望立堂。
（3）孝子堂：明朝时期的孝子逯相，广宗人，诸生。明嘉靖中期，母殁，庐墓三年，躬自负土成坟，时有大水而不浸其庐，远近称异。

迁徙分布：

今重庆市北仑区、铜梁县，北京市海淀区中关村、朝阳区，天津市，内蒙古自治区赤峰市，山东省菏泽市单县、巨野县、淄博市、聊城市、莱芜市、济宁市嘉祥县、东营市广饶县、潍坊市临朐县、章丘市、临沂市、济南市平阴县、沂南县、济阳市、高青县、东明县、泰安市、威海市、鄄城县、青岛市，河南省安阳市滑县、巩义市、濮阳市、商丘市、郑州市、清丰县、兰考县、新乡市、开封市、焦作市、汝南县、长垣县、林州、睢县、驻马店市泌阳县，浙江省宁波市、杭州市，宁夏回族自治区固原市、西吉县，吉林省长春市、洮南县、长白山地区，山西省阳泉市、临汾市尧都区、汾西县、晋中市榆次县、运城市、太原市东于县、清徐县，辽宁省朝阳市、葫芦岛市、绥中市，甘肃省会宁县、天水市秦安县、定西市通渭县，湖南省长沙市，河北省秦皇岛市抚宁县、枣强市、郸城市大名县、成安县、邢台市、石家庄地区藁城市、赵县、张家口市蔚县，湖北省襄樊市、荆州市、十堰市，黑龙江省哈尔滨市、齐齐哈尔市、望奎县、尚志市、大庆市、七台河市，广东省广州市，陕西省西安市、绥德县，青海省乐都县，贵州省贵阳市，香港特别行政区等地，新加坡，皆有逯氏族人分布。

历史名人：

逯中立（生卒年待考）：明朝文士，为人正直，敢作敢为，有胆有识。他举为进士后入仕，官给事中，虽然因为打抱不平被朝廷贬官，但人们都称赞他胆识过人。

逯钦立（1911—1973）：山东巨野人。字卓亭，笔名祝本。研究有关古典文学。著有《屈原离骚简论》、《陶渊明集》，辑有《先秦汉魏晋南北朝诗》。散著见重庆《读书通讯》、南京《学原》等刊。

405. 盖

姓氏： 盖
祖宗： 王欢
分类： 以封邑为姓
姓氏起源：

盖姓源于姜姓，出自战国时期齐国公族大夫王欢的封地，属于以封邑名称为氏。战国时期，齐国有一个公族大夫叫王欢（王子欢），他因功受封于盖邑（瞱邑，今山东沂水）。在王欢的后裔子孙中，有以先祖封邑名称为姓氏者，称盖氏，世代相传至今，史称盖氏正宗。盖氏族人大多尊奉王欢为得姓始祖。该支盖氏正确读音为 gě。

郡望：

（1）渔阳郡：秦时置郡。治所在今北京市密云县西南。

（2）洛阳：战国时秦襄王置洛阳县，以在洛水之阳而名，属三川郡。西汉时为河南郡治。东汉建为都城。三国魏及后来的西晋、北魏、五代后唐皆建都于此。隋唐五代中梁晋汉周及北宋亦以洛阳为陪都。

（3）安阳郡：西汉时期置县，治所在今河南正阳西南。

（4）汝南郡：西汉高祖刘邦四年（前203年）置郡，治所在上蔡（今河南上蔡），其时辖地在今河南省颍河、淮河之间、京广铁路西侧一线以东、安徽省茨河、西淝河以西、淮河以北，包括偃城县、上蔡县、平舆县、项城县一带地区，治所在上蔡（今河南上蔡）。东汉时期（25—220）移治至平舆（今河南平舆）。

堂号：

（1）渔阳堂：以望立堂。
（2）安阳堂：以望立堂。
（3）洛阳堂：以望立堂。
（4）汝南堂：以望立堂。
（5）崇贤堂：唐朝时，盖文达、盖文懿兄弟二人都是名儒，人们见他一门多士，称二盖。盖文达博览群书，尤其精于三家《春秋》，由文学殿学士升谏议大夫，拜崇贤学士。盖文懿为国子监助教，晓譬密征，远近敬仰，拜国子博士。

迁徙分布：

今山东省潍坊市峡山区、莱阳市、东营市广饶县、垦利县、滕州市、乐陵市、威海市、德州市宁津县、青岛市，辽宁省沈阳市、大石桥市、盘锦市、瓦房店市、抚顺市、辽阳市，吉林省长春市、敦化市、扶余县，黑龙江省大庆市、佳木斯市，四川省

乐山市、贵州省的毕节市、江苏省苏州市、丰县、淮安市楚州区、扬州市宝应县，天津市滨海区、河北省泊头市、行唐县、承德市、枣强县，陕西省富平县、北京市、湖北省黄石市、上海市、安徽省亳州市、香港特别行政区、台湾省等地，皆有盖氏族人分布。

历史名人：

盖延（？—39）：东汉虎牙将军。身长8尺，弯弓300斤。彭宠为太守时，任营尉。后与吴汉归光武，拜偏将军，从平河北。光武即位，封盖延为虎牙将军。

盖方泌（1768—1838）：清朝人。以拔贡任陕西州判。嘉庆年间，任商州知府。时匪徒屡扰商州，方泌募兵出击，群匪逃窜，不敢再入商州境，使当地百姓安居乐业，以功升迁台湾知府。所至有声望，史称良吏。

406. 益

姓氏：益
祖宗：伯益
分类：出自祖名
姓氏起源：

益姓来源于嬴姓。上古颛顼高阳氏的后裔中有叫伯益的，被推举为嬴姓各族的首领，并且被赐姓为嬴。他的子孙中便有用祖上的名字作为姓氏的，也形成了益姓的一支。

郡望：

（1）冯翊郡：汉武帝时设置左冯翊，三国时期魏国将其改为冯翊郡。相当于今陕西省大荔县。

（2）益都郡：古益都，实际上不是郡制，一直是县制，即今山东省的寿光县。

（3）成阳郡：成阳是先秦时期的古县名。在今山东省境内。

堂号：

（1）冯翊堂：以望立堂。

（2）益都堂：以望立堂。

（3）成阳堂：以望立堂，亦称城阳堂。

（4）怀远堂：元朝的益智是一个很有智谋的人，善于治理政务。曾经做过怀远将军、曲靖宣慰使等官职，对于他的治理，百姓很信服。

迁徙分布：

益氏一族最早源出嬴姓，望族居冯翊、益都、成阳诸郡。如今益氏族人主要分布在山东、江苏、浙江、西藏、青海、甘肃等省区。

历史名人：

益畅（生卒年待考）：南宋峨嵋人，幼年时好学，绍兴年间考中进士。

益智（生卒年待考）：元朝名将，有勇有谋，胸怀大略，朝廷任他为怀远大将军。他管理军队和民政都有周到谋划，有预见。部下人起先或者不明白他的用意，而随着事情进展，便知道了益智的远谋，无不佩服。

407. 桓

姓氏：桓
祖宗：小白
分类：以桓为氏

姓氏起源：

桓姓出自姜姓。齐襄公的弟弟有一个儿子叫小白，在齐襄公被杀害以后，他从莒国进入齐国，成为齐国的君主，后来他成为春秋五霸之一，死后谥号为"桓"，历史上称为齐桓公。他的这一支子孙于是以桓作为自己的姓氏。

郡望：

（1）谯郡：东汉建元年间的时候，将沛郡分出了一部分设置了谯郡，相当于今安徽、河南两省之间的地区。治所在谯县，也就是今安徽的亳县。

（2）怀远县：怀远县地处安徽省北部，位于淮河中游，在淮北平原的南端。

堂号：

（1）谯国堂：以望立堂。

（2）怀远堂：以望立堂。

（3）龙亢堂：东汉经学大师桓荣，字春卿；谯国龙亢人（今安徽怀远龙亢镇），东汉建武十九年（43年），汉光武帝刘秀请桓荣入宫教授太子刘庄，从此恩遇日隆。桓荣与子郁、孙焉教五位帝王经书，被誉为"三代御先生，五位帝王师"，官至少傅，汉明帝时封关内侯，龙亢桓氏由此出名。

（4）匡晋堂：晋朝桓氏有十一个将军（桓石秀、桓石虔、桓尹、桓冲、桓雄、桓云、桓涛、桓温、桓霍、桓谦、桓振）来匡扶汉室。

迁徙分布：

今辽宁省葫芦岛市、阜新市、北票县、鞍山市，河南省许昌市、商丘市柘城县，云南省大理白族自治洲，山西省临汾市尧都区，山东省青岛市、东营市，河北省沧州市、献县，安徽省龙亢县、滁州市全椒县，江西省奉新县，上海市的嘉定区，陕西省铜川市，湖北省宜昌市秭归县，黑龙江省北安市，吉林省怀德县、四平市双辽县、长春市、扶余县，青海省，宁夏回族自治区银川市，江西省宜春市奉新县，江苏省扬州市宝应县、丹阳市等地，皆有桓氏族人分布。

历史名人：

桓荣（约前24—17）：古代桓氏素有"荣由稽左，志在尽忠"之谓，说的是汉代有桓荣，世居谯国龙亢（安徽省怀远西）人，官少傅，赐车乘号，谓诸生曰"今日所蒙，稽左之力也"；晋朝时有桓冲官荆州刺史，尽忠王室。

桓修（？—404）：又作桓脩，桓冲之子，晋朝人，桓荣之十一世孙，官护军将军，爵"长沙侯"。后徙居丹阳张官渡桓家村，桓修成为丹阳桓姓始祖。唐朝时，桓荣之十九世孙桓彦范，任至宰相，挟正敢言，为武三思所谮，因受诬谋逆而惨遭极刑。睿宗即位后，为其昭雪冤案，赐谥"忠烈"。

桓温（312—373）：字元子，晋朝龙亢人。明帝女婿。开始时是荆州刺史，定蜀，

攻打前秦，打败姚襄，所以他的权势越来越大，官至大司马。太和四年的时候北伐，和燕慕容打了一战，以失败告终。回到建康以后，专心于朝政的工作。废了奕帝，立了简帝。他曾经说："既不能流芳百世，不足复遗臭万年邪。"阴谋废晋自立王朝，事情还没有成功就死去了。终年61岁。

408. 公

姓氏：公
祖宗：公为
分类：以帝王赐封爵号为氏
姓氏起源：

公姓源于姬姓，出自上古周朝时期鲁国君主鲁定公的两个侄子，属于以帝王赐封爵号为氏。世代族居山东蒙阴的公氏家族就起源于姬姓周公旦的后代。根据《通志氏族略》以及《左传》等记载：周公旦之子伯禽建立鲁国，其后代有鲁昭公，他把王位传给弟弟姬宋，是为鲁定公。后来鲁定公把鲁昭公的两个儿子衍和为，都封公爵，世称公衍、公为。

公衍、公为的后代子孙便以祖上爵位为姓，遂成公姓。由此，鲁地成为中华公姓最早的起源地。春秋时期，鲁国的君主鲁定公姬宋将他哥哥的两个儿子，一个叫姬为，另外一个叫姬衍，都封为公爵，时人称之为公为、公衍。春秋后期，鲁定公的哥哥即位，是为鲁昭公，其时国政大权都落在季孙氏、孟孙氏和叔孙氏三大家臣手里，国君成为听他们摆布的傀儡。于是鲁昭公想趁季孙氏家族内讧之时将其灭掉，就和两个儿子公衍和公为一起联合了一批人攻打季氏家。不料，孟孙氏和叔孙氏都来支援季氏，三家合力反而将鲁昭公打败了。鲁昭公只好带着公衍和公为逃往齐国，从此，公衍和公为在齐国流亡生活，在其后裔子孙中，有以先祖爵号为姓氏者，称公氏，世代相传至今。公氏族人大多尊奉公为、公衍为得姓始祖。

郡望：
（1）括苍郡：隋朝时期置括苍郡，其时辖地在今浙江省丽水市一带地区。
（2）蒙阴县：因在蒙山之阴而得名。周朝时期名称为蒙邑、堂阜邑、艾邑，分属于鲁、齐两国。西汉初期始建县，隶属兖州泰山郡。

堂号：
（1）括苍堂：以望立堂，也称为栝州堂。
（2）蒙阴堂：以望立堂，也称为蒙邑堂、堂阜堂、艾邑堂。

迁徙分布：
公姓望族居山东蒙阴及浙江括苍郡境内（今浙江省丽水市）。

历史名人：

公勉仁（1450—1516）：官至山西巡抚、都察院右副都御史。公勉仁号西埠，字尚德。公勉仁，生于齐地（今山东省蒙阴县境内）。蒙阴，自古隶属江北蛮荒之所，受齐气影响深远，齐风自古"兀傲雄肆"，尚侠义，生于此的公勉仁自幼受齐地尚武文化与鲁地诗书礼仪文化影响，自幼秉性耿直、凛凛有气节，为官不喜附权贵。著有《东山集》，现仅存清《蒙阴县志》中记载的《舟中野望》七律一首。蒙阴野店镇上东门村，原建有都宪石坊一座，即公勉仁的石坊。

公跻奎（生卒年待考）：为公鼐的曾祖父，公勉仁之侄，公景仁之子，原名志厚，号中山，1535年（明嘉靖十四年）中进士，初授工部郎中，出守山西潞安，后升任湖广按察副使，后调广西，讨平反叛，累立战功。著有《中岩诗草》行世，今天尚能读到他吟咏"蒙阴八景"的律诗八首。

409. 万俟

姓氏：万俟
祖宗：万俟丑奴
分类：以部落名称为姓

姓氏起源：
万俟本来是鲜卑族部落名称。北魏朝是由道武帝拓拔珪创建，拓拔珪原是鲜卑君主的后代，在战乱中长大，他成年后，不失时机地召集父王的旧部，占地称王，扩展势力。东晋时，万俟部落随拓拔氏进入中原，后来就以部落名称作为姓氏。北魏君位传六王后，由献文帝拓拔弘继承，他的三弟之后，就是万俟氏的始祖。

郡望：
（1）兰陵郡：晋代时从东海郡分出一部分置郡。
（2）开封府：战国时属于魏国。汉时置县。

堂号：
（1）开封堂：以望立堂。
（2）兰陵堂：以望立堂。
（3）建昌堂：北齐时有万俟洛，他为人慷慨有气节，以勇锐著称。河套之战，以孤军挡敌锋利，战功显赫。被封为建昌郡公。万俟氏因此号"建昌堂"。

迁徙分布：
万俟氏族人早期居住在西北地区与山西一带，后随北魏王朝迁入河南、河北、山东诸地区，并在山东形成万俟氏聚集地，以兰陵郡为郡望。今安徽、北京、辽宁、福建等地皆有万俟氏族人分布。

历史名人：
万俟卨（1083—1157）：宋代宰相，南宋奸臣，开封阳武人。他承秦桧之意弹劾岳飞，并编造假罪名置岳飞父子和张宪于死地；后又与秦桧争权，被罢黜。秦桧死后，他重任宰相，继续推行投降政策。

万俟咏（生卒年待考）：字雅言，里居不详。哲宗元祐间，即以词著名。绍圣中废科举，以三舍法取士，遂绝意进取，纵情歌酒，自号大梁词隐。每制一腔，哄传京中。徽宗崇宁年间召试补官，为大晟乐府制撰。高宗绍兴五年（1120年），补下州文学。其词多颂谀、风月之作，注重音律，构思新颖，风格淡婉工雅，其中《长相思》，《诉衷情》等词皆有名。原著《大声集》已佚。近人赵万里辑得其词29首。

万俟丑奴（？—530）：山西省高平镇人，北魏末关陇人民起义领袖。匈奴族人。

初为胡琛部属。琛死，代统其部众。建义元年自称天子，建元神兽。后兵败被杀。

410. 司马

姓氏：司马
祖宗：程伯休父
分类：以官为氏

姓氏起源：

据《通志·氏族略》记载，追源溯流，司马氏的得姓始祖是周宣王执政时期官拜司马（管辖军政和征战的官职）的程伯休父，因他屡次征战有功，而被赐姓为司马，其后世子孙即"以官为氏"而姓了司马。程伯休父是殷、周朝时期一个诸侯，是上古颛顼帝之后祝融氏重黎的子孙所传。程伯休父的子孙，一部分"以官为氏"而姓了司马；一部分依照惯例"以国为氏"而姓了程。因此司马氏系出程氏，和程氏一族是一家人。司马氏的得姓，大约在 2700 年前。司马氏后人奉程伯休父为司马氏的得姓始祖。周宣王时，重黎之后程伯休父，官至司马，掌国家军队，佐政辅国，权势重大，程伯休父克平许方，立下大功，周王室允许他以官职为姓，其后遂成司马氏。

郡望：

（1）河内郡：古以黄河以北为河内，以南、以西为河外。

（2）偃师县：偃师首阳山镇为西晋皇陵所在地。河南省偃师市历史文化悠久，为夏、商、东周、东汉、曹魏、西晋、北魏等七朝古都。汉、魏时期，洛阳古城就位于今偃师市城西约 15 公里处，与洛阳市、孟津县毗连，是我国保存较好的一座古城遗址，也是我国最大的古代都城遗址。

（3）温县：是司马氏历史上的望族居地。今河南省焦作市。

堂号：

（1）河内堂：以望立堂。

（2）偃师堂：以望立堂。

（3）温县堂：以望立堂。

（4）太史堂：汉朝司马谈、司马迁父子都封太史公，司马迁继续其父司马谈写成《史记》。宋朝司马光著《资治通鉴》。

迁徙分布：

如今，司马氏仍为复姓中的大姓，分布较为广泛，在河南省洛阳市、偃师市、温县，陕西省韩城县，山西省涑水县，安徽省宿松县，湖南省湘潭市、湘乡市、湘阴市，北京市、上海市、天津市、河北省、内蒙古自治区、香港特别行政区、台湾省等地，皆有司马氏族人分布。

历史名人：

司马光（1019—1086）：汉朝史学家、北宁大臣，字君实，陕州夏县人。宝元进士，官至天章阁待制兼知谏院。英宗时，进图龙阁直学士，献《通志》八卷，命设局续修。神宗初，任翰林兼侍读学士。《通志》赐名《资治通鉴》，是我国著名的编年史著作。

司马迁（前145—前87）：西汉史学家、文学家，字子长，夏阳人，太史令司马谈之子。初任郎中，元封三年继父任太史令，尽阅史官所藏旧史，又遍解，触怒汉武帝而下狱，受宫刑，出狱后，任中书令。仍发奋著书，历十二年，于征和二年，撰成我国第一部纪传体通史，时称《太史公书》。三国后，通称为《史记》。全书上起黄帝，下迄汉武帝，总括3000余年史事，计130篇，526000余字。

司马相如（前179—前118）：字长卿，蜀郡成都人（今四川成都）。著名西汉辞赋家。少好读书击剑，汉景帝时期，为武骑常侍。汉景帝不好辞赋，他称病免官，来到梁国，与梁孝王的文学侍从邹阳、枚乘等同游，著《子虚赋》。梁孝王死，相如归蜀，路过临邛，结识商人卓王孙寡女卓文君。卓文君喜音乐，慕相如才，相如以琴心挑之，私奔相如，同归成都。家贫，后与文君返临邛，以卖酒为生。二人故事遂成佳话，为后世文学、艺术创作所取材。司马相如文笔很好，写《子虚赋》，后来汉武帝看到后非常喜欢，他又给汉武帝写了《上林赋》，于是被升任中郎将。司马相如后来还出使过西南地区，对融洽中原和西南少数民族的关系做出过贡献。司马相如的作品很有文采，还富有音乐感，为汉朝的辞赋形式树立了典范。为此，他还写有《喻巴蜀檄》、《难蜀父老》等文。后来司马相如被指控出使时受贿，被免官。过了一年，又召会为郎，转迁孝文园令，常称疾闲居。司马相如有消渴疾（糖尿病），后不治病逝。司马相如的文学成就主要表现在辞赋上。《汉书·艺文志》著录"司马相如赋二十九篇"，现存《子虚赋》、《上林赋》、《大人赋》、《长门赋》、《美人赋》、《哀秦二世赋》六篇，另有《梨赋》、《鱼□赋》、《梓山赋》三篇，但仅存篇名。收入《文选》的《子虚赋》、《上林赋》是司马相如的代表作品。这两篇赋内容前后衔接，《史记》将它们视为一篇，称为《天子游猎赋》。

411. 上官

姓氏：上官
祖宗：子兰
分类：以封邑为氏
姓氏起源：

上官姓氏源自于华姓，是以官职命名的复姓。从《元和姓纂》和《唐书·宰相世系表》上记载可知，上官氏的得姓始祖，是春秋时代楚国庄王的少子子兰。这位公子兰，官拜上官大夫，以官为氏而姓了上官。一说"上官"为地名，在今河南省滑县东南，其公族中人以封邑为氏。秦灭六国后，迁徙楚国公族大姓于关中，上官氏则被被迁往陇西上圭。《唐书·宰相世系表》记载，汉时，为充实关中人口，朝廷曾下令将许多大姓迁往关中，基中上官氏被迁往陇西上圭。上圭，也就是今天的甘肃天水，这也正是源自楚国公族的上官氏在天水成为望族的缘由。唐时，上官氏已出现于中原的河南地区，并在河南的陕州出人头地。太宗贞观年间的文学家上官仪，就是陕州人。唐末纷扰，逼得中原民众大举南迁，上官氏的先人也受影响，很快就在今福建的邵武生根开花结果了。上官名人，唐有才女上官婉儿。

郡望：

天水郡：西汉时置郡。相当于今甘肃省天水、陇西以东地区。

堂号：

(1) 天水堂：以望立堂。

(2) 孝友堂：宋代时有上官怡。他的母亲害了疟疾。母亲病时，上官怡从早到晚在床前伺候，尝汤药，驱蚊蚋，一个多月不曾睡觉。母亲死后，他极尽哀毁。二哥又相继死去，他奉养寡嫂，抚育孤儿，敬爱兼笃，人们夸他"既孝于亲，又友于兄弟"。

迁徙分布：

今广西壮族自治区玉林市，江西省南昌市、萍乡市、奉新县、吉安市、遂州市、宁都市、吉水市、临川县、赣州市上饶县，福建省三明市尤溪县、清流县、大田县、宁化县、沙县、邵武市、漳州市平和县、龙岩市长汀县、厦门市、南平市光泽县、武夷山市、泉州市安溪县，山东省荷泽市、金乡县、临沂市，贵州省遵义市，广东省普宁市、东莞市、贺县、汕头市、五华县、东兴市、珠海市、韶关市始兴县、深圳市，河南省三门峡市渑池县、信阳市光山县、仙居县、唐河县、滑县，湖北省的荆门市、长阳市、沙市、恩施市，湖南省沅江市、浏阳市，陕西省榆林市定边县、扶风县、乾县，江苏省常州市、南京市六合区、泗洪县，浙江省温州市昆阳县、苍南县、宁波市奉化县、阳城市、临海市、宁海市、遂昌县、缙云县，黑龙江省哈尔滨市，重庆市，北京市、上海市、天津市、香港特别行政区、台湾省等地，皆有上官氏族人分布。

历史名人：

上官桀（？—前80）：汉朝人，武帝时任太仆。武帝临终时，任上官桀为左将军，与霍光同受遗诏辅佐少主，封为安阳侯。后来上官桀密谋欲废昭帝，但事情败露，被诛族灭。

上官仪（约608—664）：字游韶，唐朝诗人，尤其善于作五言诗，在技巧上独树一帜，许多人都很赞赏，也有人模仿他的这种五言诗。当时这种写法称为"上官体"。上官仪举为进士后做官，但因反对武则天而冤死狱中。

上官婉儿（664—710）：上官仪之孙女。上官仪父子因反对武则天执政被杀，婉儿与母亲被配入宫廷。婉儿辩慧能文，习吏事，武后爱之，拜婕妤（女官名），秉机政。她14岁起就为武则天草拟诏令。中宗李显即位后，她被立为昭容，掌管文学音乐，经常为皇后和公主作诗，为韦后及武三思所信任。韦后夺权失败后，被斩于旗下，时年46岁。

412. 欧阳

姓氏： 欧阳

祖宗： 勾践

分类： 以封地山名

姓氏起源：

关于欧阳一姓，《路史》"欧条"上记载："越王无疆次子，封乌程余山之阳，后有欧氏、欧阳氏。"而《唐书·宰相世系表》上也有记载，并提出欧阳一姓出自姬姓的观点。欧姓和欧阳氏一样，都是春秋时代越王勾践的后裔。原来，越王勾践于"卧薪尝胆，雪耻复国"之后，其次子蹄被封于乌程余山之阳，号称欧阳亭侯，不久，越王无疆在楚国的大军压境下失国，于是，蹄之后世子孙就以欧阳为氏，称为欧阳氏。而欧阳余山，据考证就是现在浙江省吴兴县的东方。得姓历史2300年左右。

郡望：

（1）渤海郡：据《郡望百家姓》记载，欧阳氏望出渤海郡。西汉时置郡。

（2）鄱阳郡：本为春秋楚之番邑，秦朝时期置番县。西汉时期改名为番阳，三国时期孙权设鄱阳郡，治鄱阳县，辖境为今江西省东北部地区。

（3）庐陵郡：庐陵郡始建于东汉朝兴平元年（194年），治所在石阳（今江西吉水，一说在江西吉安）。三国时期孙吴国移治到高昌（今江西泰和），其时辖地在今江西省永新、峡江、乐安、石城以南地区。到了唐朝时期，又改名为吉州。

堂号：

（1）渤海堂：以望立堂。

（2）鄱阳堂：以望立堂。

（3）庐陵堂：以望立堂。

（4）画荻堂：宋朝欧阳修，从小就死了父亲，家里很穷，上不起学堂，但是母亲非常希望他能成为对国家有用的人才，于是决定自己教他，买不起纸张，母亲就以地作纸，以荻当笔，教他识字。经过刻苦的学习，欧阳修终于成为著名的文学家和对朝廷有用的人。

（5）六一堂：欧阳修号六一居士，即"藏书一万卷，集录三代以来金石遗文一千卷，有琴一张，有棋一局，常置酒一壶。……以吾一翁，老于此五物之间，是岂不为六一乎？"其后代将家族的堂名称为"六一堂"。

迁徙分布：

如今，欧阳姓主要分布在江西省彭泽县（彭泽县欧阳为欧阳"奕"后代，生七子，遂为彭泽县欧阳氏七庄，有10000人以上）、江西省南昌市、新建县、萍乡、新余、吉安、永丰、万载、赣州、会昌、安远、湖北省枝江、荆州、潜江、广东省广州、江门、河南省新郑、四川省绵阳、南充营山县、达州开江、遂宁、安徽省阜阳、滁州、湖南省长沙、永州宁远县、涟源（石旗头）、浏阳、隆回（六都寨、司门前、石桥铺）、洞口、溆浦，贵州省、广西壮族自治区藤县等地。湖北省枝江欧阳氏族为欧阳修长子欧阳发的后代。

历史名人：

欧阳询（557—641）：唐朝唐州临湘人，入唐官至弘文馆学士，善书法，初学王羲之，八体尽能。后又做过太子率更令，故世称其书体为率更体。流传的碑刻有《九成宫醴泉铭》等。参与编纂《艺文类聚》一百卷。

欧阳修（1007—1072）：字永叔，自号醉翁、六一居士。宋朝人。天圣八年中进士甲科，官至参知政事。因议新法与王安石不和，退至颖川。博学多才，以文章闻于世。纂有《毛诗译本》、《新五代史》、《集古录》等，与宋祁合修《新唐书》。后人辑有《欧阳文忠集》。

欧阳予倩（1889—1962）：名立袁。湖南浏阳人，演员、戏剧家。清朝光绪三十三

年入日本明治大学商科学习,光绪三十四年改入早稻田大学文科学习。辛亥革命后回国参加新剧同志会、春柳剧社,倡导新剧运动。中华人民共和国成立后,任中央戏剧学院院长、中国文学艺术界联合会副主席、中国戏剧家协会副主席及中国舞蹈工作者协会主席。他是中国戏剧运动倡导者和话剧的开拓者之一。1962年逝世。著有回忆录《自我演剧以来》、论文集《一得余抄》以及多个剧本。

413. 夏侯

姓氏:夏侯
祖宗:夏禹
分类:以爵号为氏
姓氏起源:

从《姓谱》和《唐书·宰相世系表》两书中的记载可以清楚地了解到夏侯氏的历史渊源。夏侯氏和单姓的夏氏本是一家,只是夏氏为兄、夏侯氏为弟罢了。春秋时期的杞国被楚国并灭之后(约前445年),杞简公的弟弟佗逃往鲁国,鲁悼公因为他是夏禹的后裔,封他为爵侯,于是称他为夏侯氏。其后世子孙便以夏侯为姓。得姓历史应该是距今2400年左右。

郡望:

(1)谯郡:东汉建安末年从沛郡分出一部分设置谯郡,治所在谯县(今安徽省亳州)。

(2)鲁郡:也称为鲁国、鲁国郡。西汉朝初将秦朝原来的薛郡改为鲁国,治所在鲁县(今山东曲阜)。

堂号:

(1)谯国堂:以望立堂,也称为亳州堂。

(2)鲁郡堂:以望立堂,也称为鲁国堂、任城堂、汶阳堂。

(3)汝阴堂:西汉时有夏侯婴,自幼年起就与汉高祖刘邦是好朋友。刘邦在沛起兵,任夏侯婴为太仆。夏侯婴随刘邦击项羽,入蜀,定三秦,立下大功,封为汝阴侯。夏侯氏因以"汝阴"为堂号。

迁徙分布:

今江西省南昌市、赣州市兴国县、新余市分宜县、吉安市吉水县,安徽省天长市、合肥市、亳州市、阜阳市,江苏省金湖县、洪泽市,浙江省的富阳市,山东省济南市、淄博市、临沂市、潍坊市、曲阜市、泗水县,北京市,陕西省西安市,台湾省台北市,河南省郑州市上街区,广东省惠州市,澳大利亚墨尔本市、日本等地,皆有夏侯氏族人分布。

历史名人:

夏侯玄(209—254):三国魏人。弱冠为散骑黄门侍郎。曹爽辅政,玄为爽姑子,任魏征西将军,掌管雍凉州军事。司马懿杀爽,玄亦被废黜。后与中书令李丰、光禄大夫张缉谋杀司马师,事泄被杀,夷三族。临斩东市,颜色不变,举动自若,从容受刑。

夏侯湛（约243—约291）：晋代散骑常侍。幼有盛才。文章宏富，善构新词，容颜俊美，曾与潘岳同车接茵，京都谓之连璧。

夏侯胜（生卒年待考）：西汉时人。少随夏侯始昌学今文《尚书》。宣帝立，大将军霍光令他用《尚书》授太后。后因与黄霸同时下狱，在狱中授黄霸《尚书》。遇赦出狱后，任太子太傅。受诏撰写《尚书说》、《论语说》。他曾以《尚书》授其侄夏侯建，故《尚书》有大、小夏侯之学。

414. 诸葛

姓氏：诸葛
祖宗：葛伯
分类：以封邑名为氏
姓氏起源：
（1）相传伯夷的后裔葛伯的封国灭亡后，原居于琅邪郡诸县之葛氏有一支迁徙至阳都，因阳都已有葛姓，遂称后迁来的葛姓为诸葛氏。
（2）春秋时齐国有熊氏之后有复姓詹葛，后改为诸葛氏。
（3）秦末陈胜吴广起义时，有大将葛婴屡立战功，却被陈胜听信谗言杀害。西汉文帝封葛婴的孙子为诸县侯，其后代遂以诸葛为姓，称诸葛氏。

郡望：
琅琊郡：也称为琅琊国、琅玡郡、琅玡郡，今山东省诸城市。

堂号：
（1）三顾堂：东汉末时，刘备三顾诸葛亮于茅庐之中，后拜诸葛亮为丞相。
（2）卧龙堂：诸葛亮起初隐居南阳，自比管仲、乐毅，他居住的地方叫卧龙岗，人称"卧龙先生"。

迁徙分布：
诸葛姓在大陆和台湾没有列入百家姓前一百位。诸葛的起源说法不一。早在商朝，相传伯益的后裔葛伯，被封为诸侯，灭亡后，后世有一支迁居诸城（今山东省诸城），后迁至阳都（今山东省沂水县），当地已有葛姓，故后来的葛姓取"诸葛"二字为他们的姓氏。秦代葛婴（陈涉大将）在农民起义中屡立战功，却因谗言所害，遭杀身之祸，而后世汉武帝刘邦为其不平，隧赐其子孙为诸县侯，由此，后人取"诸"及"葛"字，合姓"诸葛"；再一说，有"詹葛"一姓，在齐国人的语系里，"詹"与"诸"两音不分，时间长久后，误传为"诸葛"。诸葛复姓望族居琅邪郡。秦始皇时置郡。相当于今山东省诸城市、临沂市、胶南县一带。

历史名人：
诸葛亮（181—234）：三国时蜀国著名的政治家、军事家。东汉末年，隐居邓县隆中（今湖北襄阳西），留心世事。刘备三顾茅庐，他向刘备提出了占荆（今湖南、湖北）、益（今四川）两州，联合孙权、对抗曹操，统一全国的建议（即"隆中对"），从此成为刘备的主要谋士。帮助刘备取得赤壁之战的胜利，占领荆、益两州，建立蜀汉政权。刘备称帝，他任丞相。刘备死后，受遗诏辅佐后主刘禅。建兴元年，以丞相

封武乡侯,兼领益州牧。他志在攻魏以复中原,乃东和孙权,南平孟获,而后出师北伐,六出祁山,与魏相攻战者累年,后病死于五丈原(今陕西勉县西南)军中,葬定军山,终年54岁。著有《诸葛武侯集》,《出师表》为其名篇。

诸葛瑾(174—241):字子瑜,诸葛亮之兄。初为孙权长史,转中司马。孙权派遣诸葛瑾使蜀通好刘备,与诸葛亮俱公会相见,退无私面。后刘备伐吴,有人言其密遣亲人通蜀。孙权说:"子瑜之不负孤,犹孤之不负子瑜也。"孙权称帝,拜诸葛瑾为大将军、左都护、领豫州牧。

415. 闻人

姓氏:闻人
祖宗:少正卯
分类:以世称名号为氏
姓氏起源:

闻人姓出自复姓闻人氏,是春秋时期少正卯的后代。少正卯是春秋末叶鲁国人。他博学多识,很有名气。他的有些主张与孔子不合,曾聚众讲学,同孔子唱对台戏,使得孔子的不少弟子都跑到少正卯处听讲。后来孔子利用职权杀了少正卯。因少正卯是当时声誉很大、远近闻名的人,被誉为"闻人",所以他的后代支庶子孙有的便改为闻人氏。后有一部分闻人复姓改为单姓闻,称为闻姓。

郡望:

(1) 河南郡:秦朝时期名为三川郡。今河南省洛阳市。

(2) 吴兴郡:周朝始置县,三国时期吴国宝鼎元年(266年)置郡,治所在乌程(今浙江吴兴),取吴国兴盛之意,其时辖地在今浙江省临安至江苏省宜兴一带。

堂号:

(1) 河南堂:以望立堂。

(2) 吴兴堂:以望立堂。

(3) 中山堂:汉朝时有中山中尉闻人通汉。后仓曾说《礼记》数万言,写成著作《后氏曲台记》,后教授给闻人通汉。通汉以太子舍人身份,在石渠阁(阁名,汉人关时所得秦国图籍皆藏于此,汉朝是名儒讲经的地方)讲学。

(4) 超卓堂:超卓就是特别高超的意思。明朝时候,闻良辅才能和德行都特别高超。初为监察御史,后来升大理少卿,出使暹罗,权操虎节(古时出行官员所拿的表示身份的符节。山国用虎节,土国用人节,水国用龙节),官至广东按察使。

迁徙分布:

闻人氏族人早期主要居住在山东地区,汉、唐时期逐渐西移河南洛阳,五代之后开始南下江苏、浙江等地,并以河南郡为郡望。宋朝以后,闻人氏族人在浙江余姚、金华、嘉定等地有少量分布。今浙江省宁波市余姚市、杭州市萧山区、嘉兴市、金华市,江苏省宜兴市、无锡市、南通市,湖北省武汉市,山东省德州市夏津县,上海市,陕西省,安徽省六安市、临泉县、太和县、蚌埠市固镇县,台湾省台中市,美国旧金山市等地,皆有闻人氏族人分布。

历史名人：

闻人梦吉（1293—1362）：元朝人。其父説曾在王柏门下学习。梦吉受学家庭，手抄《其七经传疏》，闭户 10 年，洞究奥旨。泰定时在乡里中贡生，被荐为校官，累迁泉州教授。至正中授福建等处儒学提举，辞不赴。

闻人诠（生卒年待考）：明朝人，王守仁的学生，嘉靖年间进士，授宝应知县，升为御史。出巡山海关，修筑长城近千里。校刻《五经》、《三礼》、《旧唐书》行世。

416. 东方

姓氏： 东方
祖宗： 伏羲
分类： 以官名为氏

姓氏起源：

（1）东方姓出自上古伏羲氏。伏羲氏裔孙中有个叫羲仲的，出于震位（震位在八卦中主东方），世代执掌东方青阳令。他的后裔便以东方命姓，称东方氏。

（2）东方姓源于张姓，是汉代文学家东方朔的后代。东方朔本姓张，他的父亲张夷在他出生以前就去世了，母亲田氏生下他三天后也死了，他由邻居抚养成人。因为他出生时正值东方天亮，所以起名叫东方朔。他的后裔便以东方为姓，称东方氏。

郡望：

（1）济南郡：西汉时，把齐郡之地分出一部分来置济南郡。

（2）平原郡：西汉时置郡。始建于西汉高祖时期的西汉初年（前 206 年），治所在今山东省平原县西南。

堂号：

（1）平原堂：以望立堂。

（2）四何堂：汉代时东方朔性诙谐，善辞赋。有一次，皇帝在社日（祭祀灶神的日子）把祭肉赐给众大臣。大臣们还没有到，东方朔自己就先割了一块拿回家去了。皇帝命他自责，他拜曰："受赐不待诏，何无礼也；拔剑自割，何壮也；割之不多，何廉也；归遗细君，又何仁也。"（我这个人呀，受了皇帝的恩赐，而不等皇帝圣旨割给我，多么不讲礼貌呀！拔剑自己割肉，多么有魄力呀！虽然是自己割的，但并没有多割，多么清廉呀！回家把肉给妻子吃，多么仁爱呀！）皇帝笑曰："令卿自责，乃更自誉。"（我命你自己责备自己，你竟自己夸奖起自己来了。）随即又赐给他一份肉。东方氏因以号"四何堂"。

迁徙分布：

宋朝后，东方氏一族已经非常稀少。如今在北京、山西、山东、台湾、等地有少量分布。

历史名人：

东方朔（前 161—前 93）：西汉大臣、文学家（本姓张）。汉武帝时，东方朔上书自荐，自称博学多能、才貌出众，可以做大臣。武帝看了很惊奇，便任命他官职，后官至太中大夫给事中。他为人幽默机智，又有点玩世不恭，宫中皆称他为"狂人"，但

在一些重大问题上,他又敢于直谏,所提意见往往切中要害。关于他的传说很多,由于人们很少知道他的身世,所以有人说他是"岁星下凡"。相传他曾对同僚说:"除了大王公以外,天下没有人知道我是谁。"他死后,汉武帝知道了这句话,就把大王公召来询问。大王公很惊讶,说:"我也不知道呀!"武帝想了一想,问道:"那么你有什么特长吗?"大王公回答说:"我喜欢观察星象、推算历法。"武帝又问:"这些年星象有什么异常吗?"大王公答:"其他的星都很正常,唯独岁星(木星)有十八年不见,最近才重新出现。"汉武帝叹息道:"这就是了。东方朔陪伴我十八年,竟然一直不知道他是岁星下凡。"东方朔出入宫廷,文学修养很好,通晓世事,常借说笑话来劝谕皇上,深受人们赞赏。据说他矮小,所以后人画东方朔都画成矮个。

东方虬(生卒年待考):唐朝史官、诗人,唐代武后时任左史,工诗。东方虬常说,自己百年后可与西门豹作对。陈子昂在《寄东方左史修竹篇书》中,称东方虬《孤桐篇》"骨气端翔,音韵顿挫。可惜《孤桐篇》已经失传。东方虬存诗四首,《春雪》和《昭君怨三首》。《全唐文》收录东方虬《尺蠖赋》等文三篇。《元和姓纂》和《旧唐书·宋之问传》记载有东方虬事迹。武后游洛南龙门时,命随从文官赋诗,东方虬最先完成,武后便赐他锦袍。

417. 赫连

姓氏: 赫连
祖宗: 赫连勃勃
分类: 改姓

姓氏起源:

从《通志·氏族略》上考证赫连氏是匈奴右贤王刘去卑的后人。赫连勃勃建立夏国后,自称云赫连天,因此以赫连为氏。这方面的说法在《夏录》中也提到过。而《晋云》上则详细说明了赫连勃勃改姓的经过。据史料记载,当初赫连氏在南北朝五胡乱华时期,原来是胡人,跑到中国来,并当了皇帝。同时他选用这个姓是绞尽脑汁的。而且他们的始祖赫连勃勃在诏书中明确规定,只有他的正统嫡系子孙才得相袭此姓,其余支庶,只能以"铁伐"为氏。这个家族,都是匈奴的后裔,不过在共同的传统文化大熔炉中,经过漫长的锻炼和融合,大家早已分不出彼此了。望族居渤海郡(今河北沧县一带)。

郡望:

(1)盛乐郡:西汉时期置郡,其时辖地在今山西省祁县以东广大地区,郡治在盛乐(今内蒙古和林格尔)。

(2)渤海郡:西汉时置郡。相当于今河北省、辽宁省渤海湾沿岸一带地区。

堂号:

(1)盛乐堂:以望立堂。

(2)渤海堂:以望立堂。

(3)乐川堂、仁恕堂:北周有赫连达,是赫连勃勃之后,刚硬有胆量。他年少时随贺拔岳征伐有功,赐为长广乡男爵。后来又迎接宇文泰匡,收复秦、陇、弘农,战于沙苑，皆有功。武帝时拜大将军、夏州总管。他廉俭仁恕，进爵仁恕，进爵乐川郡公卒。赫连氏因以"乐川"、"仁恕"为堂号。

迁徙分布：

赫连氏望族居渤海郡（今河北沧县一带）。

历史名人：

赫连韬（生卒年待考）：唐代才子，福建省漳浦人，有不羁之才。与莆田的陈黯、王肱、萧枢、林贤及福州陈蔇、陈发、詹雄齐名，合称为"闽中八贤"。

赫连勃勃（381—425）：十六国时期夏的创建者。南匈奴后裔，刘渊的同族。在位约19年。北魏明元帝曾改其名为屈子，意为卑下。原为铁弗部，勃勃称王后，以为帝王"徽赫与天连"，因而改姓为赫连氏。父刘卫辰，率部服属于苻坚，屯驻代来城（今内蒙古杭锦旗东），为北魏所灭。勃勃逃亡到后秦，受到姚兴的宠遇。任为安北将军、五原公，镇朔方（今陕西省延安）。407年，勃勃自称天王、大单于，国号大夏。据有河套之地，南境抵三城（今陕西省延安）和高平（今宁夏固原）。勃勃体格魁伟，雄略过人，而凶暴好杀。善于用兵，多次向西进攻南凉，向南进攻后秦，俘掠大量人口牲畜。413年，营建首都，蒸土筑城，铁锥如能刺进一寸，即杀工匠一并筑入。他说自己将要统一天下，君临万邦，因定城名为统万（今内蒙古乌审旗南白城子）。东晋将领刘裕灭后秦南归后，勃勃乘机南下，418年攻克长安，作为南都，自称皇帝，关中郡县都投降。425年赫连勃勃死，子赫连昌继位。427年，北魏攻取统万，次年，赫连昌被擒。431年夏亡。

418. 皇甫

姓氏： 皇甫

祖宗： 皇父鸾

分类： 以祖父字为姓氏

姓氏起源：

（1）皇甫姓出自西周。西周太师（高级武官）皇甫的后代以"皇甫"为姓，称皇甫氏。

（2）皇甫源于子姓，是春秋时宋国公族的后代。西周后期宋戴公有个儿子叫公子充石，字皇父，宋武公时任司徒。当时有长狄鄋瞒部落进攻宋国，皇父领军反击，打退了长狄任，但皇父和两个儿子也不幸战死沙场。后来皇父的孙子南雍陲以祖父的字为姓氏，称为皇父氏。其六世孙皇父孟子，生子皇父遇。秦国灭宋时，皇父遇逃至鲁国。西汉中期，皇父遇嫡系子孙皇父鸾，自鲁迁居陕西茂盛陵，把姓氏中的"父"字改为"甫"字（古代二字同音通用），遂成皇甫氏。

郡望：

（1）京兆郡：即首都长安直辖区，为汉代"三辅之首"。相当于今陕西省西安市至华县一带地区。

（2）安定郡：汉武帝西汉朝元鼎三年（前114年）置郡，治所高平（今宁夏固原）。

堂号：

（1）京兆堂：以望立堂。

（2）安定堂：以望立堂。

（3）威远堂：后汉时有皇甫规，用兵非常具有韬略。羌人侵犯陇西，皇甫规打报告要求由自己率兵抵抗。梁冀忌妒他，他只好借口有病回家，几乎被梁冀陷害而死。他在家中用《诗经》、《礼记》教学生，当时都称他为贤人。梁冀死后，朝廷把他召回，拜泰山太守。因为他过去征服西羌有功，又拜他为渡辽将军，在职数年，东北边疆畏威服德，又升尚书，迁弘农太守，转护羌都尉。

迁徙分布：

今四川省泸州市、江苏省南京市、昆山市、徐州市丰县、河南省周口市鹿邑县、焦作市博爱县、南阳市、商丘市柘城县、安阳市林州、内蒙古自治区赤峰市、包头市、辽宁省沈阳市、辽阳市、山东省济南市、烟台市黄县、广东省惠州市、黑龙江省、湖南省张家界市、河北省唐山市、石家庄市、邯郸市魏县、山西省原平市（崞县）、高平市、忻州市、阳泉市、运城市盐湖区、浙江省杭州市桐庐县、陕西省宝鸡市、西安市、吉林省长春市、延边市、云南省昆明市、曲靖市罗平县、陆良县、北京市、上海市、天津市、重庆市、韩国的庆尚北道永川市等地，皆有皇甫氏族人分布。

历史名人：

皇甫冉（717—770）：唐朝天宝时状元。性聪敏，十岁即能文，张九龄呼为小友。与弟曾皆负诗名。其著有《皇甫冉集》。

皇甫涍（1497—1546）：明代诗人。好学工诗，与兄冲及弟汸、濂，皆有才名，时称皇甫四杰。官至浙江按察金事。其后同里人张凤翼、燕翼、献翼并负才名，吴人因有"前有四杰，后有三张"之说。

皇甫嵩（？—195）：东汉太尉。少好诗书，习弓马，灵帝时任北地太守，领冀州牧，拜太尉，封槐里侯，时号名将。

419. 尉迟

姓氏： 尉迟

祖宗： 不详

分类： 以部落名命姓

姓氏起源

尉迟是以部落名命姓。前秦时期苻坚攻灭鲜卑拓跋部族，建立代国。后来拓跋邦复国，改国号为魏，史称北魏。与此同时，鲜卑族中又崛起一支尉迟部落，号尉迟部，如同中华之诸侯国。后来尉迟部随孝文帝进入中原，被命以族名尉迟为姓，称尉迟氏。

郡望：

太原府：也称为太原郡。战国时秦国置郡。相当于今山西省太原市。

堂号：

（1）太原堂：以望立堂。

（2）忠武堂：唐朝时有鄂国公尉迟敬德，战功累累。有奸臣说他要造反，太宗问他，他回答说："臣从陛下身经百战，今之存者，皆锋镝之余也。天下已定，乃更疑臣反乎？"说罢，就脱光衣服往地下一扔，要太宗数数他身上的伤疤，太宗流着泪抚摸着，安慰他。他卒后谥忠武。

迁徙分布：
尉迟复姓望族居太原，战国时秦国置郡，相当于今山西省太原市。

历史名人：
尉迟敬德（585—658）：唐朝人。隋朝末年，从军高阳，以武勇著称。曾随刘武周起事，后降唐，从太宗击败王世充、窦建德、刘黑闼等，武德初秦王李世民引为右府参军，屡立大功，是李世民亲信之一。玄武门之变，助李世民夺取帝位。太宗欲妻以女，敬德说："臣妻虽陋，相与共贫贱久矣。臣虽不学，闻古人富不易妻，此非臣所原也。"帝乃止，以功累封鄂国公。

尉迟胜（生卒年待考）：唐朝于阗王珪长子。少嗣位，天宝年间来朝，玄宗以宗室女妻之，授右威卫将军。与高仙芝击破萨马播仙，加银青光禄大夫。至德初命其弟曜领国事，自率五千兵赴安禄山之乱，萧宗待之甚厚。广德年间拜骠骑大将军、于阗王，令回国，尉迟胜固请留宿卫。加开府仪同三司，封武都王。

420. 公羊

姓氏： 公羊
祖宗： 公孙羊孺
分类： 以王父字为氏
姓氏起源：

公羊复姓源于姬姓，出自先秦时期鲁国的公孙羊孺之后，属于以先祖名字为氏。据《尚友录》记载，公羊氏家族是先秦时期鲁国的公孙羊孺之后，"以王父字为氏"而得姓。春秋时期，鲁国有一位名望很高、才学出众的人物，叫公孙羊孺。在公孙羊孺的后裔子孙中，有取先祖姓名中的"公、羊"二字为姓氏者，称公羊氏、公孙氏、羊孺氏等。用公羊氏为姓氏的，是战国时期的公羊高，相传他是著名的《春秋公羊传》作者。不过，也有学者认为《春秋》三传之一的《公羊传》，起初只是口头流传，到西汉景帝执政时期才由公羊高的玄孙公羊寿和齐国人胡母生（字子都）将其"著于竹帛"而成书流传后世。后来，有一部分公羊氏族人与其他冠有"公"字的复姓如公良氏、公建氏、公明氏、公孙氏等省文简改为单姓公氏，这些复姓多是王公贵族的后代。

郡望：
顿丘郡：始建于西晋泰始二年（266年）置，治所在顿丘（今河南省清丰西南）下领四县，辖境相当于今河南清丰、濮阳、内黄、南乐、范县等地。北齐废。

堂号：
（1）顿丘堂：以望立堂。
（2）春秋堂：战国时，齐国人公羊高是孔子弟子卜子夏的学生，他钻研《春秋》，著《春秋公羊传》。他的玄孙公羊寿与弟子都禄把书稿整理出版成书。至汉代，何休又

作《解诂》，使《公羊春秋》一书得以流传。公羊氏遂以"春秋"为堂号。

迁徙分布：

依照《尚友录》的记载，公羊氏家族当时的繁衍中心在顿丘，即今河北省清丰县西南一带。

历史名人：

公羊高（生卒年待考）：战国时齐国名儒，为卜子夏高徒，作《公羊传》也叫《春秋公羊传》或《公羊春秋》，专门阐释《春秋》，最初只有口头流传，到汉初，他的玄孙公羊寿，邀集了研究公羊高的学者，辑录成《春秋公羊传》。何休又作《解诂》十一卷。多发明《春秋》微言大义，大张三世（据乱世、升平世、太平世）之说。《公羊传》是今文，盛行于汉武帝、汉宣帝之时。成为儒学"十二经"之一。自王莽时，古文大盛，《公羊传》渐少人研究。到清代后期，庄存与、刘逢禄、龚自珍、魏源、康有为等主张复兴今文学，借用《公羊传》"微言大义"来说经，议论时政，对当时学术界影响很大。

公羊寿（生卒年待考）：公羊高之玄孙。他与胡母生（子都）一起将《春秋公羊传》著于竹帛。《公羊传》有东汉何休撰《春秋公羊解诂》、唐朝徐彦作《公羊传疏》、清朝陈立撰《公羊义疏》。《公羊传》的主要精神是宣扬儒家思想中拨乱反正、大义灭亲，对乱臣贼子要无情镇压的一面，为强化中央专制集权和"大一统"服务。《公羊传》尤为今文经学派所推崇，是今文经学的重要典籍，历代今文经学家都常用它作为议论政治的工具。它也是研究战国、秦、汉之间儒家思想的重要史料。

421. 澹台

姓氏： 澹台
祖宗： 灭明
分类： 以湖名为姓

姓氏起源：

（1）春秋时灭明南游长江流域，居于澹台湖，遂以湖名命姓，取名澹台灭明，其后遂以澹台命姓，称澹台氏。

（2）澹台氏是春秋时鲁国孔子弟子澹台灭明的后代。灭明居于澹台山（今山东嘉祥县南），故以地名取为澹台姓，其子孙因为澹台氏。

郡望：

（1）太原府：也称为太原郡。战国时秦国置郡。相当于今山西省太原市。

（2）濮阳郡：濮阳古为帝丘；春秋时期卫国轩都，因地在濮水之北，故名，地在今河南省濮阳西南，古黄河南岸。秦、汉之际为濮阳县，属东郡，其时辖地在今河南省濮阳县。

堂号：

（1）太原堂：以望立堂。

（2）濮阳堂：以望立堂。

（3）斩蛟堂、毁璧堂：孔子有弟子澹台灭明，道德高尚，走路不走小路，非因公事，不见官。子游十分欣赏他。有一天，他带了千金文璧渡河。船到河心时，突然起了大浪，两条蛟夹着船不让走。澹台灭明说："我这个人，只能够用仁义的方法取走我的东西，决不能用势力威胁我而抢劫我的东西！"说罢，就拔出剑来将两蛟斩死。蛟死后，浪也平了。澹台灭明把璧扔到河里，谁知投了3次，璧又跳到船上3次，他最后把璧毁掉走了。澹台氏因以"斩蛟"、"毁璧"为堂号。

迁徙分布：

今山西省运城市河津市、榆次市，河南省商丘市、孟州市，河北省冀州市、邢台市、张家口市、衡水市、临西县，山东省泰山市、曲阜市、宁阳市、高密市、聊城市、蓬莱市，内蒙古自治区呼和浩特市、包头市，江苏省苏州市，安徽省凤阳市、六安市，湖北省孝感市、当阳市，上海市，北京市，陕西省咸阳市，香港特别行政区，台湾省，澳门等地，皆有澹台氏族人分布。

历史名人：

澹台灭明（前512—?）：春秋末年鲁国武城（今山东省平邑县南）人。姓澹台，名灭明，字子羽，孔子七十二弟子之一。其相貌丑陋，但为人公正，非公事不见卿大夫，受到孔子的推崇。据《史记·仲尼弟子列传》记载，说他"行不由径，非公事不见卿大夫"。后来游学于江淮，弟子多达300人，名扬各诸侯国。因其貌丑，孔子开始曾以为才薄，当发现其优点后，则自称"以貌取人，失之子羽"。唐开元二十七年（739年）追封"江伯"。宋大中祥符二年（1009年）加封"金乡侯"。明嘉靖九年（1530年）改称"先贤澹台子"。

澹台敬伯（生卒年待考）：东汉名士，又名澹台恭，会稽人。向薛汉为师学习《韩诗》，为薛汉最知名的弟子之一。薛汉的弟子中，以澹台敬伯与杜抚、韩伯高等最为著名。

422. 公冶

姓氏： 公冶

祖宗： 季冶

分类： 以先祖之字为姓氏

姓氏起源：

公冶复姓源于姬姓，为季氏后代。鲁国季姓是鲁桓公的儿子季友的后代。季友的兄长就是鲁庄公，鲁庄公死时立季友的儿子为国君，可是这位国君不幸遇害，季友也逃亡了，等季友回国时，又立他的小儿子为国君，就是鲁僖公。季姓公族中的季冶，字公冶，当了鲁国的大夫，他的后代子孙便以祖上的字命姓，称公冶氏。

郡望：

鲁郡：也称为鲁国、鲁国郡。西汉朝初将秦朝原来的薛郡改为鲁国，治所在鲁县（今山东曲阜）。三国时期的曹魏及晋朝改为鲁郡，其时辖地在今山东省曲阜、泗水、滋阳一带地区。南北朝时期的北齐又改为任城郡。另外，隋朝时期有个鲁州鲁郡，唐朝时期有个兖州鲁郡，其间虽然都辖有曲阜，如隋朝时期曾改鲁县为汶阳县，继而恢复曲阜原名，而治所均在兖州。唐朝时期鲁国郡在今山东省的滋县。

堂号：

（1）鲁国堂：以望立堂，也称为鲁郡堂。

（2）博通堂：孔子有弟子公冶长，通鸟语。一天，他听到鸟叫："公冶长，公冶长，南山有个虎驮羊，你吃肉，我吃肠。"于是公冶长认为是老虎咬死了一只羊，就赶到南山去看个究竟。谁知到了南山，竟是一个人在那里被杀。这时，恰巧县衙捕快赶到，把他当作杀人疑犯抓了起来。县令讯问情况，公冶长说他受了鸟骗。县令为了试探他，就命人把米用盐煮了喂给笼中的鸟吃，然后把鸟提到公冶长面前。小鸟边吃边叫，县令问："这小鸟叫的是什么？"公冶长说："小鸟说米里有盐。"县令知道他是被冤枉的，于是便释放了他。

迁徙分布：

公冶氏族人早期分布在山东地区，汉朝以后以鲁郡为郡望。如今仅在山西省境内有零散分布。

历史名人：

公冶长（前519—前470）：字子长，春秋末期齐国人，春秋末期孔子七十二贤弟子之一。在《论语》的二十篇章中，有一篇名为"公冶长"，首载孔子论公冶长之为人。据说公冶长不但以贤而著称，而且通晓鸟语，多才多艺，深为孔子所赏识。

423. 宗政

姓氏： 宗政
祖宗： 刘德
分类： 以官职称谓为氏

姓氏起源：

据考证，"宗政"是由"宗正"所改，宗正本来是一种官名，为九卿之一，专门掌管皇室亲属的事宜。这种官职，从秦始皇开始，历代相袭，仅在名称上有所不同。《通志·氏族略》上记载"汉楚元王交之孙刘德为宗正"，由此可知，刘德因任宗正之官，其后世子孙"以官名为姓"，称宗正氏，后称宗政氏。得姓至今已经有两千多年的历史了。

郡望：

（1）京兆郡：即首都长安直辖区。相当于今陕西省西安市至华县一带。

（2）彭城郡：彭城郡原为西汉时期的楚国所置。

堂号：

（1）京兆堂：以望立堂。

（2）彭城堂：以望立堂。

（3）安西堂：后魏宗政珍的孙子，官安西将军、光禄大夫。后魏孝昌时为都督，讨平乐汾州叛贼。

（4）忠简堂：宋朝时期的抗金名将宗泽，本为宗政氏家族后裔，文武全才，在抗金战争中屡战皆捷。他多次向朝廷奏本要求回京收复失地，被奸臣压抑，未达到目的，忧愤而死。谥忠简。

迁徙分布：
今江苏省徐州市、河北省唐县等地还有少量的宗政氏族人分布。
历史名人：
宗政珍孙（生卒年待考）：南北朝时期北魏著名将领、安西将军、光禄大夫。
宗政辨（生卒年待考）：唐朝人，官殿中少监（从四品）。

424. 濮阳

姓氏： 濮阳
祖宗： 不详
分类： 以地为氏
姓氏起源：
据《姓氏考略》记载，濮阳的先祖居于澶州，后以地为氏，望出广平。同样《通志·氏族略》上亦有"濮阳氏，其地在澶州，后汉外黄令牛述，以濮阳潜为主簿"的记载。古代的澶州，在今河南省濮阳市南方。"濮阳"是一个具有悠久历史的地名，在两千多年前的战国便已出名，这个地方位于今河南省南隅黄河的西北。相传上古的颛顼帝陵为我国的著名古迹之一。颛顼帝的后世有居住于此地的，因而以地为氏，称濮阳氏。
郡望：
（1）博陵郡：今河南的濮阳市，古称澶州。
（2）平陵县：春秋时齐国有平陵邑，汉代时置东平陵县，晋代改为平陵县，属于青州济南郡。
堂号：
相吴堂：三国时濮阳兴任会稽太守，他和琅琊王孙权的交情很好。孙权做了东吴皇帝后，封他为外黄侯，拜丞相。濮阳氏因此以"相吴"为堂号。
迁徙分布：
如今在江苏省海门市、安徽省广德县等地有少量分布。
历史名人：
濮阳兴（？—264）：三国时吴国的文官。字子元，少有士名，孙权时使蜀，做过会稽太守。吴国君主孙权的第六儿子，名叫孙休。濮阳兴和孙休是好友，后来孙休即位，称景帝，就任用濮阳兴做丞相，封外黄侯。永安中休卒，万或劝兴迎立程侯皓，加侍郎，领青州，俄为或所谮，徙广州，道追杀之，夷三族。
濮阳成（生卒年待考）：明朝武将，沉毅有远志，累立战功，朝廷封他世袭金山卫百户，为武德将军。
濮阳瑾（生卒年待考）：明朝文士，因科举成绩优良而被任为地方官，在山东宁阳县任县丞，政尚宽平，赈饥有功，远近赖以全活。

425. 淳于

姓氏：淳于
祖宗：淳于公
分类：以国名命姓

姓氏起源：

淳于复姓源于姜姓，以国名命姓，是炎帝后代。周武王灭商后，把原夏朝斟灌国姜姓封在州邑（今山东安丘县），建立州国，因位居公爵，世称州公。春秋时期有州公实，亡国于杞，州国公族定居于淳于城（今安丘县东北，原为州国都城），后来复国，名淳于国，仍为公爵，成为春秋时期的小国之一。亡国后，其族人以原国名命姓，称淳于氏。到唐代中期，唐宪宗名李纯，淳于姓的"淳"字与"纯"字同音，遂在避讳之列，乃去淳为于姓。五代以后，有于姓恢复祖姓，仍复姓淳于。

郡望：

(1) 淳于复姓望族居齐郡（今山东临淄）、河内。

(2) 河内郡：楚汉之际置郡。相当于今河南省境内黄河北岸一带地区，治所怀县，在今河南省武陟县西南。

堂号：

德感堂：后汉时有淳于恭，清净不慕荣利。他的哥哥被盗贼虏去，将要被烹，他要求替哥哥死，盗贼很感动，把他们兄弟二人都放了。淳于恭在家不愿出门，朝廷拜他为议郎之侍中。

迁徙分布：

今在山东省龙口市，重庆市南川县、万盛区、渝北区、北碚区、綦江县、彭水县，四川省泸州市、广元市苍溪县、盐亭县、绵阳市、达州市、仓溪县，安徽省宿州市，湖南省长沙市湘阴县，河南省郑州市，吉林省延边朝鲜族自治州，北京市等地，皆有淳于氏族人分布。

历史名人：

淳于髡（前386—前310）：战国时齐国文士。博学多闻，知识丰富，口才好，善于答辩，说话幽默滑稽。当时诸侯并侵，百官荒乱，淳于髡游说于各诸侯国之间，说之以隐，并见听从，以为诸侯主客。

淳于诞（470—529）：后魏时蜀汉人。他的父亲兴宗为南安太守。他十二岁时随父亲前往扬州，但在路上其父被盗贼所害，他倍感哀伤，誓要奋发，倾资财结交宾客，半月内遂得复仇，破贼樊文炽等。官终梁州刺史。

淳于意（约前205—?）：汉代名医。少喜医术，后为人治病，决生死多验，号为"神医"。《史记》记载了他的25例医案，称为"诊籍"，是中国现存最早的病史记录。

426. 单于

姓氏：单于
祖宗：单于
分类：以国号为姓
姓氏起源：

据《姓氏寻源》和《汉书·匈奴传》的记载，单于氏源自少数民族的匈奴。历史上的匈奴最高统治者称为"撑犁孤涂单于"，并以其名为国号。匈奴语中的"撑犁"意为"天"，"孤涂"意为"子"，"单于"意为"广大"。这样的一个伟大意义所代表的人物，当然，后代子孙就有以单于为姓，称为单于氏了。望族居千乘郡（今山东高苑县北一带）。这一姓氏出现于后周时期，得姓至今有一千多年的历史。历史上以单于为姓的名士并不多见，主要原因，可能是受大汉族主义思想的影响，认为用外来种族的姓氏在社会上没有地位且受到歧视。就连《中国名人大辞典》也没有收到一个此姓氏人。但据考证，也并没有绝迹，现今山东的历城、益都一带，自古以来就有不少姓单于的人家，这也可能是宋本《百家姓》上出现单于一姓的原因吧。

郡望：

（1）千乘郡：春秋时齐国有封邑名为千乘，因齐景公狩猎于境内的青田而得名。西汉时置郡，治所乐安（在今山东高苑县北25里）。东汉时改为乐安国。

（2）朔方郡：汉武帝时卫青破匈奴，取河南地，遂置朔方郡，辖河套西北部及后套地区，治朔方县（今内蒙古自治区杭锦旗北）。东汉废朔方县，移郡治于临戎（今磴口北）。

堂号：

（1）千乘堂：以望立堂，亦称乐安堂。
（2）朔方堂：以望立堂。
（3）驭民堂：古代，北方少数民族的首领称单于，他驾驭一方人民。

迁徙分布：

单于氏主要分布在湖北一带。

历史名人：

头曼单于（？—前209）：著名匈奴族首领，在位时间待考。

冒顿单于（？—前174）：名冒顿，头曼之子。著名秦末汉初时期匈奴族首领，在位时间36年（前209—前174）。

427. 太叔

姓氏：太叔
祖宗：太叔仪
分类：以祖上名字为姓
姓氏起源：

(1) 太叔氏出自姬姓，为卫国开国始祖康叔后代。春秋时，卫国国君卫文公姬毁的第三个儿子叫姬仪。在古代，兄弟以伯仲叔季为次序来排名，姬仪因为排行老三，所以人称叔仪，又因为他是王族之后，所以世称太叔仪。他的后代子孙以祖上的名字命姓，称太叔复姓。

(2) 太叔氏出自姬姓。春秋时，郑庄公名叫寤生，他的弟弟叫作段，被封在京，世称京城太叔，其后代子孙遂以祖先封号命姓，称太叔复姓。

郡望：

东平郡：西汉宣帝甘露二年（前52年），改大河郡为东平国。南朝宋改为郡，治所在无盐（今山东东平）。辖七县，包括今山东济宁、东平、汶上、梁山、泰安等地。南北朝时期的北齐废黜。北宋宣和年间（1119—1125）以郓州为东平府，治所在须城（今山东东平）。明、清两朝为州，民国时期废州改为县。

堂号：

(1) 东平堂：以望立堂。

(2) 明鉴堂：明鉴的意思是像镜子一样看得清，看得远。春秋时期，卫献公被驱逐出国后，派人与宁喜谈判，要求回国，宁喜答应了他。太叔仪说："宁先生对待国君，还不如下棋的棋子呢。下棋的人如果举棋不定，就不会胜利，何况你把国君当棋子，今天驱逐他，明天答应他回来，摇摆不定。看来宁先生的败亡是不可避免的了。"不久后，宁喜果然被杀。人称太叔仪明鉴。太叔氏因号"明鉴堂"。

迁徙分布：

太叔氏主要分布在今山东省东平、泰安一带。

历史名人：

太叔仪（生卒年待考）：古代春秋时期，卫国有一位周朝的王族后代叫姬仪，姬仪排行第三，也就是卫文公姬毁的第三个儿子。古时，兄弟辈排行次序，老大称伯，老二称仲，老三称叔，老四称季。姬仪为老三，就称作叔仪。而姬姓源自周朝王族（周文王叫姬昌，周武王叫姬发），于是外人称呼叔仪时为表示尊敬，就称他太叔仪。太叔仪的子孙，以先辈的身份为荣耀，世代姓太叔。

太叔段（生卒年待考）：春秋郑国人。郑武公少子，庄公弟。母爱而欲立为太子，武公不许。在古代，太叔这样的尊称是被普遍采用，称呼王公贵族中排行第三的子弟，而也可能被子孙延用演变成姓氏。见于古书记载的春秋时郑国有一位京城太叔，他也是周朝姬姓王族的后代，名叫段，受封于京城。他的后代就取京城太叔中的"太叔"两字为姓。

428. 申屠

姓氏：申屠
祖宗：申侯
分类：以封邑名称为氏

姓氏起源：

(1) 申屠氏为上古舜帝的后代。初为胜屠氏，后因古代"胜"与"申"两字同音，故俗称申屠氏。

(2) 申屠氏源于姜姓，为炎帝裔孙四岳的后代。夏朝时，四岳之后被封于申，为侯爵位，世称申侯。西周末年周幽王是个荒淫无道的昏君，他先娶申侯的女儿为王后，后来又宠幸美女褒姒，废掉申后和太子宜臼，改立褒姒所生的伯服为太子。申侯对此大为不满，便联合鄫国和游牧民族犬戎一起攻打周幽王。敌兵压境，周幽王赶紧点燃烽火，召唤各国诸侯前来援救，可是等来等去，一路援军也没有来。原来，褒姒虽美，却难得开口一笑。为此周幽王立下重赏：凡能够使褒姒开口一笑者赏赐千金。有小人就出了个馊主意，叫周幽王点起烽火戏弄诸侯。周幽王依计而行，果然引得各国诸侯来时急如星火，去时败兴而归，乱哄哄，闹嚷嚷，倒也使褒姒笑过几次。可是一来二去，诸侯们也学乖了，所以到后来来的诸侯越来越少了，这次真的情况紧急，各国诸侯却以为周幽王又在做游戏，所以都不肯来了。结果周幽王和伯服被犬戎杀死，褒姒也被掳走。于是申侯同鲁侯、许侯等拥立宜臼为王，就是周平王。为了酬谢申侯的援立之功，周平王把申侯的小儿子封在屠原（今陕西合阳县东）。居于屠原的申姓人，就以申屠命姓，称申屠氏。

(3) 古代有申徒氏误传为申屠氏。

郡望：

(1) 京兆郡：即首都长安直辖区。

(2) 西河郡：战国时魏国置郡。

堂号：

(1) 京兆堂：以望立堂。

(2) 西河堂：以望立堂。

(3) 固安堂：汉朝时申屠嘉力大无穷，能脚踏强弩把它张开。随汉高祖抗击项羽，累官都尉，历淮阳太守，文帝时迁御史大夫，封固安侯。申屠氏因此号"固安堂"。

(4) 瓶隐堂：传说申屠有涯是宋朝时期的著名隐士。有一次，申屠有涯携带着一瓶酒乘舟，喝醉了酒大吐，众人便把他赶到岸上。他说："蚩蚩（忙乱之样）同舟人，不识同舟龙。"说完，就跳进瓶中不见了，当时人们惊称其为"瓶隐"。此后"瓶隐"成为申屠氏家族的一个堂号。

迁徙分布：

今浙江省杭州市、新安市建德县、东阳市、桐庐县、兰溪县、富阳市、永康县，江苏省苏州市、北京市、上海市、天津市、台湾省、辽宁省、安徽省、香港特别行政区等地，皆有申屠氏族人分布，以浙江分布最为广泛。

历史名人：

申屠嘉（？—前155）：汉代都尉。文帝时拜丞相，封固安侯。为人廉直，不受私人拜托。幸臣邓通戏殿上，嘉欲杀之，为文帝赦免。景帝时，晁错用事，嘉欲借晁错穿凿宗庙垣事杀错未成，愤恨吐血而死。

申屠刚（生卒年待考）：后汉人。性情方直，常慕史鱼、汲黯之为人。平帝时，举贤良方正，因对策忤上意罢归。光武帝时征拜侍御史，后任尚书令。帝欲出游，刚以陇蜀未平，不宜宴安逸豫，劝谏不听，以头抵舆轮，使车不得行。后数次以谏忤旨，贬为平阴令，终官太中大夫。

申屠致远（？—1298）：元朝人。世祖南征时，被经略使乞实力台荐为经略司知事。军中机务，多所谋划。累官淮西江北道肃政廉访司事。所至有风裁。他清修苦节，耻事权贵，聚书万卷，名"墨庄"。著有《忍斋行稿》、《杜诗纂例》、《集古印章》等。

429. 公孙

姓氏： 公孙
祖宗： 黄帝轩辕
分类： 以贵胄身份称谓为氏

姓氏起源：

公孙复姓起源很多。春秋时期，各国诸侯不论爵位大小，多喜欢称公。按照周朝制度，国君一般由嫡长子继位，即位前称为太子，其他的儿子便称为公子，公子的儿子则称公孙。他们的后代便有不少人便以公孙为姓，因此，公孙并非一族一姓的后人。最初出现公孙氏是在上古时期。《路史》记载："神农用母弟勖，嗣少典国君，世为诸侯，后以公孙为姓。轩辕帝初名公孙，后改姬。"《广韵》记载："古封公之后，皆自称公孙，故其姓多，非一族也。"《通志》记载："公孙氏，春秋时诸侯之孙，亦以为氏者，曰公孙氏，皆贵族之称。或炎黄姓公孙，因以为氏。"

郡望：

（1）扶风郡：周朝时期置郡，其时辖地在今陕西省兴平县、咸阳市一带地区。

（2）高阳郡：北魏时期另置青州高阳郡，辖地在今山东省淄博市临淄区西北部一带，隋朝开皇初年（581年）被废黜。

堂号：

（1）扶风堂：以望立堂。

（2）高阳堂：以望立堂。

（3）白马堂：后汉公孙瓒被封为讨虏将军，屡次打败胡虏，除辽东属国长史。常乘白马，乌桓怕他，互相告语："我们要避开白马长史。"

（4）忠义堂：春秋时公孙杵臼和程婴都是赵朔的门客。赵朔为屠岸贾所杀，朔妻遗腹生一子。杵臼和程婴设计保存赵氏孤儿：杵臼把自己的儿子藏在山中，派程婴向屠岸贾回报说是赵氏孤儿。屠岸贾就把公孙杵臼的儿子当成赵氏孤儿和公孙杵臼一起杀了。程婴保护着赵氏孤儿长大成人，终于报了赵朔被杀之仇。人称公孙杵臼舍掉自己的儿子和自己的命存主人之孤，既忠且义。

迁徙分布：

公孙氏望族居高阳郡（今山东临淄）、扶风郡（今陕西咸阳）。今山东、云南两省还有公孙氏族人分布。

历史名人：

公孙轩辕（前 2717—前 2599）：黄帝姓公孙（一说为姬姓），名轩辕，号轩辕氏、有熊氏和归藏氏，被尊奉为"中华始祖"。根据《史记·五帝本纪》记载："黄帝者，少典之子，姓公孙，名轩辕。……黄帝居轩辕之丘。"华夏族的缔造者，五帝之首，有些说法被列为三皇之一，是公认的中华民族的祖先。

公孙侨（？—前 522）：公孙侨复姓公孙，名侨，字子产，又字子美，郑称公孙。春秋时期郑国的政治家和思想家。子产具有人本主义的思想，强调人事，但也不否认鬼神。提出"天道远，人道迩，非所及也"。在子产看来，人道先于天道，天道可以存而不论，人道则不能不察。被清朝的王源推许为"春秋第一人"。

430. 仲孙

姓氏： 仲孙
祖宗： 庆父
分类： 以先祖名字为氏

姓氏起源：

（1）仲孙源于姬姓。春秋时鲁桓公姬允次子名叫庆父，因排行老二，故世称共仲。他的子孙便以仲孙为姓，称仲孙氏。庆父乱鲁之后，弑父君主，畏罪出逃，改姓为孟孙氏，但留居于鲁国的他的支庶子孙仍为仲孙氏，世代沿袭为仲孙姓。

（2）仲孙源于姜姓，春秋时期，齐国有仲孙氏。

郡望：

高阳郡：历史上的高阳郡有三：①战国时期为高阳邑，亦称高阳乡，在今河南杞县西北部，秦朝末期郦食其自称"高阳酒徒"，其"高阳"即指该地区。②东汉桓帝时期（147—167）又置高阳郡，治所在高阳（今河北高阳），其时辖地在今河北省高阳县一带。晋朝泰始初期置高阳国，治所在博陆（今河北蠡县），时辖四县，辖境包括今保定、清苑、高阳、博野、蠡县等地。③北魏时期另置青州高阳郡，辖地在今山东省淄博市临淄县西北部一带。隋朝开皇初年（581 年）废黜。

堂号：

（1）高阳堂：以望立堂。

（2）干礼堂：春秋时鲁国大夫仲孙获，陪着鲁昭公到访楚国。他因病不能相礼，就把礼讲给昭公听。他将死的时候，召集各位大夫说："礼是人的骨干，没有礼就不能立在世上为人。"仲孙氏因号"干礼堂"。

迁徙分布：

仲孙氏主要分布在今山东临淄西北一带。

历史名人：

仲孙湫（生卒年待考）：春秋时齐国人，事桓公为大夫。当时鲁国发生灾荒，齐桓公派仲孙湫以"慰问"的名义去侦察情况，回来之后，齐桓公问他："现在是否可以攻打鲁国？"仲孙湫说："不可以，因为鲁国有难，不可攻打它，只可更加爱护和帮助它！"齐桓公听后很是佩服仲孙湫的远见。

仲孙蔑（生卒年待考）：即孟献子，春秋时鲁国人。他为人勤俭，体察民情。常曰："畜马乘，不察于鸡豚。伐冰之家，不畜牛羊。百乘之家，不畜聚敛之臣。"主张俭用和发展生产。时称贤大夫。

431. 轩辕

姓氏： 轩辕
祖宗： 黄帝
分类： 以先祖名字为氏

姓氏起源：

据文献记载，轩辕一姓起源于五千年以前，其始祖是中华民族的共同祖先黄帝。据考证：一说如《史记·索隐》上所记载，认为是黄帝居轩辕之丘而有轩辕氏；一说是为黄近作轩冕之服，而被人尊称为轩辕氏。总之，两者都有可能，或兼而有之。一句话，如《汉书·古今人表》记载所言"轩辕，即黄帝也"。轩辕氏出自黄帝，其后代中有以轩辕为姓，这是无疑的。而"轩辕之丘"在今河南省新郑县的西北。由此可见，河南新郑一带跟每个炎黄子孙有着深厚的渊源关系。

郡望：

（1）上党郡："上党"在字面意思指山上的高地，"上与天为党也"，故名。上党地名最早见于春秋时期的晋国，此后赵魏韩三家分晋，都占据了上党地区的一部分，战国时期韩国置郡，但是具体的郡置如今已经难以考证。

（2）淮南郡：汉朝曾置淮南国，治所在六安（今安徽六安），后改为郡，迁治至寿春（今安徽寿县）。

（3）汝南郡：西汉高祖四年（前203年）置郡，治所在上蔡（今河南上蔡），当时其时辖地在今河南省颍河、淮河之间、京广铁路西侧一线以东、安徽省茨河、西淝河以西、淮河以北，包括偃城县、上蔡县、平舆县、项城县一带地区，治所在上蔡（今河南上蔡）。

（4）睢州：今河南省商丘市睢县。

（5）东平州：今山东省东平县。

（6）开封府：古称大梁、梁、汴，又称汴梁，简称汴，河南省辖市。

堂号：

（1）上党堂：以望立堂。

（2）淮南堂：以望立堂。

（3）汝南堂：以望立堂。

（4）睢州堂：以望立堂。

（5）太霞堂：唐朝时有轩辕集居罗浮山为道士，年过百岁仍容颜不老，坐在暗室中，目光射数丈。著有《太霞》十二篇。唐武宗召见他询问长生不老的法术。轩辕集说："绝声色，薄滋味，哀乐一致，德施无偏，尧舜禹汤之所以寿也！"

（6）榆西堂：长城东起榆关（山海关），西至嘉峪关，全长12000多公里。由此而分塞外与中原，故以居住地为堂号。该地轩辕氏谦和达理、秉性正直、笃实纯厚、淡泊敬诚。

迁徙分布：

今河南省新乡市、郑州市上街区、商丘市睢县、许昌市、新郑市、西华县、鹿邑县、太康县、扶沟县，广东省江门市，山东省的临沭县、聊城市冠县、济宁市嘉祥县、郓城县、东平市，辽宁省葫芦岛市龙港区、朝阳市，安徽省长丰、亳州市、寿州市，天津市静海区，河北省玉田县，江苏省淮阴市泗洪县，新疆维吾尔自治区乌鲁木齐市，台湾省、香港特别行政区，日本、美国、新西兰、澳大利亚、英国、奥地利等地，皆有轩辕氏族人分布。

历史名人：

轩辕（前2717—前2599）：上古帝王。即黄帝轩辕氏，少典与附宝之子。轩辕以首先统一中华民族的伟绩而被载入史册。他播百谷草木，大力发展生产，始制衣冠，建造舟车，发明指南车，定算数，制音律，创医学等，在此期间有了文字。曾战胜炎帝于阪泉，战胜蚩尤于涿鹿，诸侯尊为天子，后人称之为中华民族的始祖。

轩輗（？—1464，待考）：字惟行，一字惟慎；河南鹿邑人。著名明朝大臣。明朝永乐二十二年（1424年）进士，授行人司副。明宣德六年用荐改御使，明正统五年晋升为浙江按察使。

轩万春（生卒年待考）：字彦绩；辽西人氏，祖籍京东玉田。著名晚清秀才、书法家。师承皇象、钟繇，工真、草、隶、行，其笔法朴质古情，沉着痛快，文而不华，质而不野。其书法下笔着意变化；收笔处回锋藏颖。善藏锋，注意顿挫中宫收紧，由中心向外做辐射状，纵伸横逸，如荡桨、如撑舟，气魄宏大，气宇轩昂。

432. 令狐

姓氏： 令狐

祖宗： 毕万

分类： 以邑为氏

姓氏起源：

所谓令狐，本是春秋时代的一个地名。这个地方的位置，根据《水经·冻水注》的记载"令狐即猗氏地"，即今山西省猗氏县的西部。那么，这个地名又是怎样变成复姓的呢？根据《唐书·宰相世系表》记载，原来，春秋时代曾经一度称霸诸侯的晋国，在公元前376年，被其大夫韩、赵、魏三家瓜分。当时瓜分晋国的魏氏，是传自周文王的儿子毕公高，毕公高的裔孙毕万，首先在晋国官拜大夫，声势一天比一天盛，到了毕万的曾孙魏颗，由于跟秦国打仗立了大功，被晋君别封于令狐，并且传到其子魏颉时，"以邑为氏"而姓的令狐。至今已有2300多年的历史。

郡望：

（1）太原郡：今山西太原市。

（2）弘农郡：弘农郡始建于西汉武帝元鼎四年（前113年），治所在弘农县（今河南灵宝函谷关城），其时辖地在今河南省内乡以西、宜阳以西的洛、伊、淅川等流域和陕西省洛水、杜川河上游、丹江流域及华山以南的地区。

堂号：

（1）太原堂：以望立堂。

（2）弘农堂：以望立堂。

（3）泣墓堂：后魏令狐仕，兄弟四人，早年丧父，泣墓十载。他事母至孝，乡里无不称赞。

（4）博施堂：博是广泛的意思。令狐仕兄弟勤俭持家，用自家勤劳换来的财物广泛地施舍给穷苦人家。

迁徙分布：

令狐姓早期活动于山西的临猗等地，汉唐之间在山西、陕西、甘肃等地有较大发展，在山西影响最大，并以太原郡为郡望。宋代以后，令狐氏逐渐凋零。如今在山西运城、平陆、万荣以及四川、贵州、台湾等地有少量分布。

历史名人：

令狐邵（生卒年待考）：字孔叔，太原人，三国时期魏国弘农太守。父仕汉，为乌丸校尉。建安初，袁氏在冀州，邵去本郡家居邺。九年，暂出到武安毛城中。会太祖破邺，遂围毛城，城破，执邵等辈十余人，皆当斩。太祖阅见之，疑其衣冠也，问其祖考，而识其父，乃解放，署军谋掾。仍历宰守，后徙丞相主簿，出为弘农太守。所在清如冰雪，妻子希至官省；举善而教，恕以待人，不好狱讼，与下无忌。是时，郡无知经者，乃历问诸吏，有欲远行就师，辄假遣，令诣河东就乐详学经，粗明乃还，因设文学。由是弘农学业转兴。至黄初，征拜羽林郎，迁虎贲中郎将。

令狐楚（766—837）：唐朝大臣、诗人，字壳士，宜州华原人。他考中进士后入仕，曾担任中书侍郎、尚书、仆射等官职，政绩卓著。他还常与名诗人白居易、刘禹锡唱和，李商隐也出自他的门下，但他本人所作的好诗并不多。他的儿子令狐绹也同样中进士后入仕，后官至丞相。唐朝时令狐姓一族出了不少名人。

433. 钟离

姓氏： 钟离

祖宗： 州犁

分类： 以封邑名称为氏

姓氏起源：

（1）钟离源于嬴姓。周代时，伯益的后人有封国钟离国（在今安徽临淮关一带），春秋时钟离国被楚国所灭，国人遂以原国名命姓，称钟离氏。

（2）钟离是以地名命姓。春秋时宋国公族后代伯宗在晋国做官，为三郤所害，他的儿子伯州逃到了楚国的钟离（今安徽凤阳东北）定居，他的后代子孙遂以居住地命姓，称钟离氏。

郡望：

（1）会稽郡：秦始皇二十五年（前222年）于原吴、越地置郡，治所在吴县（今江苏苏州），辖境包括有江南、浙江省大部及皖南一部。

（2）颖川郡：战国时秦国置郡。相当于今河南省许昌一带地区。

（3）竟陵郡：秦、汉时期的竟陵县在今湖北省潜江市西北。

堂号：

（1）会稽堂：以望立堂。

（2）颖川堂：以望立堂。

（3）竟陵堂：以望立堂，亦称钟祥堂、石门堂。

（4）四德堂：春秋楚国、郑国交战时，楚国钟仪被郑国俘虏献给了晋国。晋国公（景公）在军府见到了他，便问："那个被绑着，戴着楚国帽子的人是谁？"钟仪说："楚国的俘虏。"晋景公又问："你姓什么？"钟仪说："我父亲是楚国的大臣。"晋景公命令手下的人给钟仪松了绑，叫他弹琴，他便弹了一首楚国的音乐。晋景公又问："楚王是一个怎样的人？"钟仪说："楚王做太子的时候，有太师教导他、太监伺候他。清早起来以后像小孩子一样玩耍，晚上睡觉。其他的我不知道。"范文子对晋景公说："这个楚国俘虏真是了不起的君子呀。他不说姓名而说他父亲，这是不忘本；弹琴只弹楚国的音乐，这是不忘旧；问他君王的情况，他只说楚王小时候的事，这是无私；只说父亲是楚臣，这是表示对楚王的尊重。不忘本是仁，不忘旧是信，无私是忠，尊君是敬。他有这四德，给他的大任务必定能办得很好。"于是晋景公以对外国使臣的礼节待他，叫他回楚国谈判和平。

迁徙分布：

今河北之尚义、山东之平邑、山西之太原、江西之金溪、广西之田林、海南之保亭、贵州之从江、云南之景谷及泸水、四川之合江等地皆有钟离氏族人分布。万人以上的县市有：广东紫金、兴宁、梅县、新会，江西瑞金、于都，福建上杭，湖南醴陵、宁乡等地。

历史名人：

钟离春（生卒年待考）：战国时人，她是中国历史上有名的丑女。额头前凸，双眼下凹，鼻孔向上翻翘，头颅大，发稀少，颈部的喉结比男子的还要大，皮肤黑红。她虽然样子难看，但志向远大，学识渊博。当时执政的齐宣王政治腐败，国事昏暗，性情暴躁，喜欢吹捧。钟离春为了拯救国家，冒着杀头的危险，当面一条条地陈述了齐宣王的劣迹。并指出若再不悬崖勒马，就会城破国亡。齐宣王听后甚是感动，把钟离春看作是自己正身、齐家、治国的一面镜子。后来，这位身边美女如云的国王，竟把钟离春封为王后。

钟离眛（？—前200）：秦末人，是项羽身边的大将，素与韩信交好。项羽死后，投奔楚王韩信。刘邦得到消息，韩信谋反，同陈平商议，要韩信逮捕钟离眛。有人告诉韩信，如果把钟离眛斩首，去见刘邦，自然无患。于是韩信召钟离眛商议，钟离眛说："刘邦不攻打楚国，是因为我在楚国，如果你捕我献媚，今日我死，明日你亡。"说罢，拔剑自刎。韩信带着钟离眛的头去见刘邦，刘邦即令武士逮捕韩信。韩信说：

"狡兔死，良狗烹，飞鸟尽，良弓藏，敌国破，谋臣亡，天下已定，我固当烹。"

434. 宇文

姓氏：宇文
祖宗：普回
分类：汉化改姓为氏

姓氏起源：

起源于辽东，为南单于之后。魏晋时期，北方鲜卑族有宇文氏部落，自称是炎帝神农氏后裔，从祖先葛乌菟起世袭为鲜卑东部大人（十二部落首领）。后来有普回袭任大人，他在打猎时拾到一颗玉玺，上刻"皇帝玺"三字，自以为是天授神权，于是号称宇文氏（当地人呼天为"宇"，呼君为"文"，意即"天子"）。东晋时，宇文氏进据中原，号称宇文国，以宇文为姓，称宇文氏。

郡望：

（1）赵郡：东汉时置郡，治所在邯郸（今河北邯郸）。
（2）太原府：也称为太原郡。

堂号：

（1）赵郡堂：以望立堂，也称为邯郸堂。
（2）太原堂：以望立堂。

迁徙分布：

今河北省行唐县、张家口市、石家庄市，陕西省兴平市、乾县、咸阳市，辽宁省大连市，山东省的烟台市，河南省栾川县、洛阳市、安阳市，江苏省南京市，安徽省无为县，浙江省杭州市，山西省榆次市、太原市尖草坪区、长治市，广东省，湖北省，江西省，湖南省，台湾省，北京市，天津市，重庆市，上海市，香港特别行政区等地，皆有宇文氏族人分布。

历史名人：

宇文肱（？—526）：北朝北魏将领。武川（今属内蒙古）人。鲜卑族，宇文泰父。魏明帝时，破六韩拔陵起义，肱聚兵攻杀破六韩拔陵部将卫可孤。迁居中山。后率众归鲜于修礼军，被魏军击败，战死。北周追尊为德皇帝。

宇文测（489—546）：北朝西魏将领。字澄镜，宇文泰族子。测性沉密，少笃学。起家奉朝请、殿中侍御史、安东将军。尚宣武帝女阳平公主，拜驸马都尉。从孝武帝西入关，进爵为公。西魏文帝大统四年（538年），拜侍中。六年，坐事免。不久，除骠骑大将军、大都督、行汾州事。八年，加金紫光禄大夫，转行绥州事。十年，征拜太子少保。十二年十月，卒于位。

435. 长孙

姓氏：长孙
祖宗：长孙顺
分类：汉化改姓为氏
姓氏起源：

关于长孙氏的来源有两种说法：一是如《通志·氏族略》和《旧唐书·长孙无忌传》上记载，长孙氏出自北魏皇室的沙莫雄，因沙莫雄是南部大人，号反正跋氏，又是拓跋圭的长子，拓跋圭建立北魏称帝后，沙莫雄就赐他的儿子嵩为长孙氏；二是《汉书·艺文志》上记载有长孙顺，认为在北魏之前早有长孙氏，但源流无从考证。总之，长孙氏的得姓历史多在2000年上下，少在1500年左右。

郡望：
（1）淄川郡：淄川之地在夏、商时期为青州之域。
（2）济阳郡：战国时期为魏国城邑，西汉时期改置为济阳县，治所在今河南省兰考县东北部。
（3）河南郡：秦朝时期名为三川郡。

堂号：
（1）济阳堂：以望立堂。
（2）河南堂：以望立堂。
（3）淄川堂：以望立堂，也称为青州堂。
（4）霹雳堂：隋朝时期，长孙晟18岁即为司卫上士。突厥南侵时他向皇帝口陈形势，手画山川，定其虚实，了如指掌，拜车骑将军兼受降使者。突厥人很怕他，听到他的弓弦声，就说是霹雳，故长孙氏的堂号有"霹雳堂"之称。

迁徙分布：

据《郡望百家姓》记载：长孙氏望出济阳郡。晋惠帝时将陈留郡之一部分置济阳郡，在今河南省兰考县一带。

历史名人：

长孙晟（551—609）：字季晟。隋朝洛阳人。自幼习武，年18为司卫上士，高祖一见嗟异。开皇中突厥南侵，晟口陈形势，手画山川，定其虚实，皆如指掌。遂拜为车骑将军兼受降使者，敌称他的马声与弓声为"霹雳闪电"，闻风丧胆。终为右骁将军。卒谥献。

长孙无忌（597—659）：字辅机，晟子。唐朝洛阳人，唐太宗皇后之兄。博涉文史，有谋略。从太宗李世民定天下，功居第一迁吏部尚书，封为齐国公，又徙赵国公、太子太师，后为高宗时辅政大臣，进授太尉，兼修国史。因被武后所陷，削爵流黔州，自杀。撰有《唐律疏议》。

长孙俭（492—569）：本名庆明。北周洛阳人。少方正有操行。时四方骚动，俭从左卫将军攻破宿勒明达等，以功赐爵索虞侯。文帝甚敬之，表授荆州刺史、东南道行台仆射。黎民树碑刻颂。又诣阙留，后征授大行台尚书，兼相府司马。封昌宁公，升

大将军，镇荆州。以病还为夏州总管卒。

436. 慕容

姓氏：慕容
祖宗：高辛氏
分类：以部落首领名号称谓为氏
姓氏起源：

（1）慕容氏源于鲜卑族，出自汉朝时期鲜卑中部大人慕容，属于以官职称谓汉化为氏。传说，在东汉桓帝执政时期，鲜卑民族分为中、东、西三部，其中中部首领大人叫柯最阙，居慕容寺，后因以为姓氏，称慕容氏。

（2）慕容氏源于高辛氏，出自秦汉时期鲜卑族慕容，属于以部落首领名号称谓为氏。据《通志·氏族略》记载，慕容氏出自中古时期，世代居于东北地区，秦、汉之际被称作"东北夷"，自称是帝喾（姬夋）高辛氏的后代。这个"东北夷"是古代东胡民族中的一个分支，在汉高祖刘邦元年（前206年）秦、汉之际，东胡被匈奴击散，之后该支族人迁徙栖息于以鲜卑山为核心的一带地区，即今内蒙古自治区西拉木伦河与吉林省洮儿河之间，该部族首领在东汉时期建立了一个"鲜卑国"，因此号称鲜卑族。传说，这位鲜卑国主自称是"慕二仪之道，继三光之容"，因此以"慕容"为称号，称慕容单于，意在远离中原之地发扬光大王族传统，其鲜卑国在后来被称作鲜卑慕容部，部族人等因称慕容氏，此后世代相传。

（3）慕容氏是鲜卑族主要部落之一。三国时期，鲜卑族首领莫护跋率领族人迁居辽西，曾随同司马懿征讨割据辽东的公孙渊，立下战功，被封为率义王。莫护跋在荆城以北（今河北省昌黎县境内）建立国家。据说当时北方的汉人流行戴步摇冠（一种带有悬垂装饰物的帽子），莫护跋见了也很喜欢，也做了一顶，整天戴在头上。鲜卑人见了他这种打扮，都称他为"步摇"，因当地语言"步摇"同"慕容"读音相近，所以传到后来就成了"慕容"。莫护跋的后人便干脆以此作为部落的名称。西晋时，慕容廆占领燕北、辽东一带，自称鲜卑大单于，他的儿子慕容皝后来建立前燕国，从此正式以慕容为姓。东晋十六国时，慕容氏在北方先后建立了前燕、后燕、西燕、南燕等国，前后历时70多年。

郡望：

（1）敦煌郡：汉代时从酒泉郡中分出一部分置郡。相当于今甘肃省河西走廊以西一带地区。

（2）雁门郡：战国时赵武灵王置郡。秦、汉沿之。相当于今山西省代县一带地区。

堂号：

（1）敦煌堂：以望立堂。

（2）雁门堂：以望立堂。

（3）辽东堂：慕容廆占领燕北、辽东一带，自称鲜卑大单于，归属于晋朝，晋朝太兴初年封他为"辽东公"，慕容氏因此以"辽东"为堂号。

迁徙分布：

今江苏省苏州市、河南省焦作市温县、开封市、叶县、许昌市、南阳市镇平县、平顶山市、中牟县，广东省广州市、高要市、新会市、台山市、中山市、珠海市、东莞市、高州市、吴川市、信宜市、化州市、电白市、阳江市、南海市、番禺市、顺德市，辽宁省沈阳市、朝阳市、营口市、丹东市凤城区，山东省龙口市、烟台市栖霞县、荣成市、蓬莱市、莒县，广西壮族自治区南宁市、龙川县，甘肃省庆阳市，陕西省西安市、吴堡县、绥德县，湖南省邵阳市绥宁县、浏阳市，黑龙江省哈尔滨市、鹤岗市，河北省涿州市、邯郸市，安徽省蒙城市、利辛县，云南省大理白族自治州，贵州省六枝市，内蒙古自治区赤峰市、乌海市，四川省的成都市，山西省太原市，湖南省邵阳市，吉林省吉林市，重庆市江津县，北京市、上海市、台湾省、香港特别行政区，新加坡等地，皆有慕容氏族人分布。

历史名人：

慕容恪（？—366）：鲜卑族，字玄恭，前燕主慕容皝之子；昌黎棘城（今辽宁义县）人。著名东晋十六国时期前燕政治家、军事家。慕容恪是前燕王慕容皝的第四子，慕容恪"幼而谨厚，沈深有大度"。因其母高氏不被宠爱，所以一直不为慕容皝所注意。

慕容隆（？—397）：鲜卑族；昌黎棘城（今辽宁义县）人。十六国时期后燕著名将领。慕容隆是后燕开国皇帝慕容垂之子，慕容垂一生后代很多，诸子当中比较有名的有段后所生的慕容令、慕容宝，但段后在前燕时即被可足浑氏（前燕帝慕容俊皇后）害死。另一个皇后也姓段，为了区别二人，史书上将前者称为先段后，将后者称为后段后，后段后生子慕容朗、慕容鉴。慕容垂的一些爱姬生子有慕容麟、慕容农、慕容隆、慕容柔、慕容熙等，慕容隆就是其中之一。

437. 鲜于

姓氏： 鲜于
祖宗： 箕子
分类： 以国名、封邑名合并为氏
姓氏起源：

商纣王有个叔叔被封在箕（在山西太谷县东），称为箕子。在纣王即位不久，箕子见他开始使用象牙筷子时，就叹息道："用了象牙筷，就要用玉杯来配，然后就会追求其他的珍奇物品，这就是奢华享乐的开端呀！国君一讲究享乐，国家怎么能搞得好呢！"后来纣王果然越来越荒淫残暴。箕子多次进谏，纣王听得不耐烦，干脆把他关起来。周武王灭商以后，放出箕子，并向他请教如何才能得到商民的拥护，箕子认为应当施行仁政，用安抚的手段来争取民心。武王要封箕子为官，但是箕子不愿做周的臣子，就出走到辽东，建立了朝鲜国。箕子的子孙中有个叫仲的，有封地在于，他将国名"鲜"字和封邑名"于"字合成"鲜于"二字为姓，称鲜于氏。

郡望：

（1）太原郡：战国时秦国置郡，治所在晋阳（今山西省太原市）。

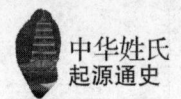

(2) 渔阳郡：战国时燕国置郡，秦汉沿之。治所在渔阳（今北京市密云县西南）。

堂号：

（1）太原堂：以望立堂。

（2）渔阳堂：以望立堂。鲜于氏，从朝鲜重归故国，自汉以后，便一直以河北的渔阳郡为繁衍中心，故以"渔阳堂"为堂号。一直至今天，仍然世代沿用着"渔阳"这个堂号。

迁徙分布：

今湖北省武汉市、宜都市、仙桃市、天门市、枝江市、十堰市、宜昌市、公安县，四川省南部县、南充市营山县，广东省广州市、深圳市，辽宁省沈阳市，江苏省苏州市、上海市、北京市、重庆市南川县等地，皆有鲜于氏族人分布。

历史名人：

鲜于辅（生卒年待考）：东汉人，为刘虞从事。公孙瓒破刘虞，鲜于辅率州兵，迎请刘虞之子刘和。与袁绍将麴义共同击破公孙瓒。后率众归曹操，拜度辽将军，封都亭侯（注：鲜于辅，一说北京人）。

鲜于侁（1018—1087）：字子骏，鲜于赤之子，宋代阆中人。文彦博《送子骏朝议归阙诗》："为有仙才生阆苑。"侁于仁宗时进士及第，历任通判绵州，利州转运使判官，京东西两路转运使，知扬州，拜左谏议大夫，集贤殿修撰，知陈州。

鲜于天（生卒年待考）：宋代著名科学家，幼时能日诵千言，表现出非凡的才能。他精通天文、历数、地理、方技。其学问渊博，为当时名儒争相求教的大学问家。

438. 闾丘

姓氏： 闾丘

祖宗： 闾丘婴

分类： 以邑为氏

姓氏起源：

《尚友录》上记载"邾国闾丘氏食邑于此"说明闾丘是"以邑为氏"的。闾丘，原本是春秋时邾国的一个地名。当时在周天子统治的封建制度之下，有人被封食采于此，所以，这一家族的后代子孙，就"以邑为氏"，而姓了闾丘。另外，《世本》上指出，齐国的闾丘婴之后世子孙，也以"闾丘"为姓，称为闾丘氏。得姓至今已有两三千年的历史。古代邾国在今山东省邹县的东南。望族居顿丘郡（今河北清丰县西南）。

郡望：

（1）顿丘郡：汉朝初期置顿丘县，其时辖地在今河南清丰西南一带地区。顿丘郡始建于西晋泰始二年（266年），治所在顿丘（今河南清丰），下领四县，其时辖地在今河南省清丰、濮阳、内黄、南乐、范县等地。南北朝时期的北齐曾废黜。唐朝至五代十国时期，曾以顿丘为澶州治所。

（2）邾国：一称邹国、邾国郡，商、周时期古国名，其时领地在今山东邹县一带。春秋时期楚国灭邾国，迁其国君至今湖北黄冈一带，遂称其地为邾邑。秦朝时期在该地设邾县，东晋朝末期被废黜不再。

堂号：

（1）邾郡堂：以国立堂。

（2）顿丘堂：以望立堂。

迁徙分布：

闾丘氏族人早期活动于山东地区，汉、唐之际在今河南省北部形成望族，以顿丘郡为郡望。唐、宋时期，陕西、河南均有闾丘氏族人的活动踪迹。如今北京、上海和日本等地有少量闾丘氏族人分布。

历史名人：

闾丘先生（生卒年待考）：著名春秋时期齐国隐士。齐桓公在社山打猎，他和十二位父老慰劳桓公，桓公为他们免租免役，他未加致谢，且要桓公赐以富贵寿考，说："选良吏，平法度，臣得寿矣；赈之以时，臣得富矣；令少敬长，臣得贵矣。"桓公听取其主张，与管仲谨修政教，终成霸业。

闾丘卬（生卒年待考）：著名战国时期齐国大夫。年18岁时，在路上拦住齐宣王，以家贫亲老，要求担任小吏。齐宣王认为他年纪小，不许。闾丘卬遂指出尺有所短，寸有所长，年轻者和年老者各有其优点和不足，还强调齐宣王身边有谗人，最终被齐宣王所用。

439. 司徒

姓氏： 司徒

祖宗： 虞舜

分类： 以官职命姓

姓氏起源：

（1）司徒姓氏出自姬姓，为舜帝后代。尧帝为炎黄部落首领时，舜为尧的司徒官，执掌和管理土地事务，故又名土司。舜的后代子孙有的以其职官命姓，称司徒氏。

（2）春秋时，卫国大夫夏丁氏夏戊的儿子期任司徒，其后也称司徒氏。司徒是上古官名，相传尧、舜时已经设置，主管教化民众和行政事务。夏、商、周时期，朝廷都设有司徒官，为六卿之一，称为地官大司徒，职位相当于宰相。春秋时列国也多设有这个职位，有以官职命氏的，就成为司徒氏。

郡望：

赵郡：汉高祖时将原来秦朝的邯郸改为赵国，治所在邯郸（今河北邯郸）。东汉建安年间改为赵郡。

堂号：

（1）赵郡堂：以望立堂，也称邯郸堂。

（2）藏名堂：唐朝时，司徒映任太常卿。太和年间，他弃官回家，隐迹藏名，当道屡次推荐他，他坚辞不再做官。司徒氏因号"藏名堂"。

迁徙分布：

如今在广东省广州市、开平市、平远市、中山市、江门市、英德市、梅县，浙江

省奉化市、宁波市瑾县、临安市、余杭市、江苏省南京市、丹阳市、江阴市、高邮市、陕西省西安市、海南省、上海市、北京市、香港特别行政区和加拿大、美国等地，皆有司徒氏族人分布。

历史名人：

司徒映（生卒年待考）：唐朝人。太和元年时（827年），唐文宗即位，深知两朝之弊，励精图治，任司徒映为太常卿。出宫女3000余人，放五坊鹰犬，省冗食1200余人，政号清明。不料数年后，宦官擅权，钩心斗角，奢侈浪费，腐败回潮，文宗仁而少断，制之不得其术，遂成甘露之变。司徒映目睹此情此景，毅然决定辞官还乡，不再在朝廷做不清明的官。

司徒诩（894—959）：五代时南汉人。厉永年间任项城县令，有政绩，汉初升为礼部侍郎。周世宗即位后，留意雅乐，议欲考其正音，而诩为足疾病所苦，居多告假，遂命以本官致仕。

440. 司空

姓氏： 司空
祖宗： 夏禹
分类： 以先祖官职称谓为姓

姓氏起源：

（1）司空姓氏源于姒姓，为大禹的后代。尧为部落首领时，禹官至司空，其后代子孙有的以职官命姓，称司空氏。

（2）司空姓氏出自陶唐氏，为尧的后代。春秋时期，只有晋国设置有司空官，其他各诸侯国均未设此官。尧的后代隰叔及其孙士蒍，都曾在晋国任过司空，其后代子孙遂以祖上职官命姓，称司空氏。"司空"这个官职，是从尧帝以来就设有的，但历代的职务有所不同。如尧、舜、禹时代的司空，主管治理水土；西周时代的司空，主管建筑工程，制造车服器械，监督手工业奴隶，为六卿之一；到汉成帝绥和元年改御史大夫为大司空，后去"大"字，称司空，主管囚徒。在西周以前还未发现有人用"司空"这个官名作为姓。直到春秋时，晋国有个大夫叫士蒍，他担任"司空"官职以后，其子孙始以官名为姓，世代相传姓司空。

郡望：

顿丘郡：晋武帝时置郡，其时辖地在今河南清丰西南一带地区。

堂号：

（1）顿丘堂：以望立堂。

（2）耐辱堂：唐朝时，司空图任礼部郎中，为避乱隐居中条山王官峪，建了一座"休休亭"，自号"耐辱居士"。当时凡是贼兵所过的地方，人民倍受残暴，但寇兵独不入王官峪，附近人都跑到那里避难。司空氏因号"耐辱堂"。

迁徙分布：

司空姓在大陆和台湾地区都没有列入百家姓前一百位。司空是古代的一个官名，相传帝少昊时就已设置，专管水利土木工程建设。据说大禹就担任过帝尧时的司空。

这个官职因其为民生所不可或缺，后世一直沿用。更在周朝，被列为六卿之一，可见其重要性。相传在帝尧时，大禹任司空，治水有功。他的子孙中便有以司空为姓。在春秋时，又有隰叔的孙子在晋国任司空，他的后代也有因此而姓司空的。

历史名人：

司空图（837—908）：唐朝河中（山西省永济）人，咸通年间进士，累官礼部郎中，因避战乱隐居中条山王官峪。朱温篡唐后，召司空图为礼部尚书，他坚拒不就。唐哀帝被朱温弑后，司空图绝食而死。著有《诗品》24卷，以四言韵语咏述诗的24种境界，对后世诗评具有很大影响。

司空曙（720—790）：唐朝诗人，洺州广平（今河北省永年东南）人，官至虞部郎中。他擅长写五言律诗，内容多为送别酬答和羁旅漂泊，为"大历十才子"之一。

司空颋（生卒年待考）：唐僖宗时举进士不第，后入梁任太府少卿，旋即降晋，当时都虞侯张裕多过失，司空颋屡绳之以法，后被张裕所诬，庄宗族杀之。

441. 丌官

姓氏： 丌官
祖宗： 不详
分类： 以官名为氏

姓氏起源：

关于丌官一姓，《孔子家语·本姓解》记载，孔子年十九，娶于宋之丌官氏。《鲁先贤传》云：孔子妻丌官氏。《元和姓纂》也有丌官氏。《姓氏寻源》记载：丌与笄同，掌笄官之后。笄即簪子，用来插住绾起的头发或弁冕。《仪礼·士昏礼》云："女子许嫁，笄而醴之，称字。"这是指"发笄"。又《仪礼·士冠礼》云："皮弁笄，爵弁笄。"这是指弁笄，即男子贵族所用的笄。周代礼制中有掌管"笄"的笄官职，亦为世袭，后裔则官为氏，姓"丌官"。学者研究丌之字义与"笄"字相通，在古代，插笄为一种礼仪，所谓"女十五而笄"，不是随便就可以使用的，因此，从先秦时期到列国诸侯都设有掌笄之官，专门董理公族的男女及笄之礼。而丌官氏，便是当时掌笄官的子孙。

郡望：

（1）陇西郡：秦置陇西郡，治狄道（今甘肃省临洮南）。曹魏移治襄武（今陇西南）。隋唐为渭州陇西郡。

（2）天水郡：汉天水郡治平襄（今甘肃省通渭西北）。东汉一度改为汉阳郡，移治冀县（今甘谷东南）。魏恢复天水原名。西晋移治上邽（今甘肃省天水市）。隋唐天水郡即秦州。

堂号：

丌官（亓）姓的主要堂号有"陇西堂"、"天水堂"等。

迁徙分布：

据《郡望百家姓》记载，亓姓望出陇西（今甘肃省临洮南）、天水（今甘肃省天水市）。

历史名人：

亓官氏（生卒年待考）：这里指春秋时孔子的夫人。鲁襄公二十二年（前551年），孔子生于鲁国陬邑昌平乡（今山东省曲阜城东南）。因父母曾为生子而祷于尼丘山，故名丘，字仲尼。孔子三岁时，叔梁纥卒，孔家成为施氏的天下，施氏为人心术不正，孟皮生母已在叔梁纥去世前一年被施氏虐待而死，孔子母子也不为施氏所容，孔母颜征在只好携孔子与孟皮移居曲阜阙里，生活艰难。孔子17岁时，母颜征在卒。孔子19岁娶宋人亓官氏之女为妻，一年后亓官氏生子，鲁昭公派人送鲤鱼表示祝贺，孔子感到十分荣幸，故给儿子取名为鲤，字伯鱼。鲁哀公十年（前485年），孔子夫人亓官氏去世。宋代追封她为郓国夫人，被儒家后世尊为圣母。如今孔庙中的寝殿，是供奉孔子夫人亓官氏的专祠。孔子夫人在史书上称为"亓官氏"。民国八年（1919年），山东省曲阜孔庙举办祭孔大典，还专门恭请亓氏（即明代之前的亓官氏后裔）门人参加，并奉为上座，作为舅亲，孔家后裔始终未忘千古亲情。

442. 司寇

姓氏： 司寇
祖宗： 苏忿生
分类： 以官职为氏

姓氏起源：

所谓"司寇"是掌管刑狱、纠察的官职。据《通志·氏族略》记载，司寇氏是卫灵公子之子公子郢之后，郢之子孙担任卫司寇，后以官为氏而得姓。又据《通志·氏族略》记载，司寇氏源于春秋时代的卫国。周武王时封苏忿生为司寇官，其后子孙"以官命氏"而姓了司寇，称司寇氏。至今已有2500年的历史。当时，他们在北方的河南、河北等地繁衍。

郡望：

（1）顿丘郡：汉朝初期置顿丘县，其时辖地在今河南清丰西南一带地区。

（2）平昌郡：即顿邱郡。据《宋书·州郡志》记载："顿邱，二汉属东郡，魏属阳平，晋武帝泰始二年（266年），分淮阳置顿邱郡，县属焉。"其时辖地在今河南省清丰县。南北朝时期的南朝宋国（公元5世纪），将顿邱郡改成徐州平昌郡，治所仍在顿邱，其时辖地在今河南省中部地区。

（3）冯翊郡：秦朝时期置郡，今陕西省大荔县一带。

（4）河南郡：秦朝时期名为三川郡。今河南省洛阳市。

堂号：

（1）顿丘堂：以望立堂，亦称澶州堂。

（2）平昌堂：以望立堂，实同顿丘堂。

（3）冯诩堂：以望立堂。

（4）河南堂：以望立堂。

迁徙分布：

如今，司寇氏族人在北京、上海、辽宁、河南等地有少量分布。

历史名人：

司寇布（生卒年待考）：著名战国时期周王室大夫。他曾对周君说："君使人告齐王，以周最不肯为太子也，臣为君不取也。函冶氏为齐太公买良剑，公不知善，归其剑而责之金。越人请买之千金，折而不卖。将死，而属其子曰：'必无独知。'今君之使最为太子，独知之契也，天下未有信之者也。臣恐齐王之为君实ตา果而让之于最，以嫁之齐也。君为多巧，最为多诈。君何不买信货哉？奉养无有爱于最也，使天下见之。"即告诉周君，即便要立周最为太子，也要故意装出不愿意的样子。这就是"司寇布巧言谕周主"的由来。

司寇恂（生卒年待考）：后自简为寇恂，字子翼；上谷昌平人（今北京昌平）。著名东汉王朝开国将领，"云台二十八将"之一。

443. 仉

姓氏： 仉
祖宗： 未知
分类： 以音讹改字为氏
姓氏起源：

仉姓源于姬姓，出自春秋时鲁国大夫党氏之后，属于以音讹改字为氏。据传说，仉氏主要出自春秋时鲁国大夫党氏之后。古代党氏的"党"字读 zhǎng 音，故党氏中有一支以 zhǎng 为姓氏，成为后来的掌氏。后掌氏族人中又分衍出以 zhǎng 音为姓氏的仉氏，即仉氏起源于党氏。著名"亚圣"孟子的母亲即为仉氏，以择邻教子出名。今山东省沂水县杨庄镇党家山村距传说中的孟母村仅四公里之遥，党家山村的东面三公里处即仉林村。

不过，据《孟子世家族谱·世谱》中记载："亚圣祖系出自鲁桓公允，允生庄公同，同有弟三：长庆父为孟孙氏，庆父四传庄公速，速七传激，字公宜，激娶仉氏，魏公子仉启女，于周烈王四年（前372年）四月二日己酉生轲，字子车、又字子舆。"因此，有学者认为孟母仉氏乃魏公子仉启的女儿，虽然关于魏国公子仉启无考，但推测仉氏是山西并州人。

郡望：

（1）鲁郡：也称为鲁国、鲁国郡。

（2）琅琊郡：也称为琅琊国、琅玡郡、琅玡郡。春秋时期的齐国有琅琊邑，在今山东胶南县琅琊台西北，有越王勾践迁都至此之说。

（3）敦煌郡：西汉朝元鼎六年（前111年），汉武帝刘彻将敦煌郡从酒泉郡分出来置郡，治所在今甘肃省敦煌，其时下辖敦煌县、龙勒县、效谷县、广至县、渊泉县、冥安县等六个县，是为敦煌设治之始。

堂号：

（1）鲁郡堂：以望立堂。

（2）琅玡堂：以望立堂。

（3）敦煌堂：以望立堂。

迁徙分布：

今山东省新泰市、寿光市、济南市商河县、德州市夏津县、武城县、滨州市、青岛市胶南县、昌邑县、邹平县、沂南县、河北省石家庄市、沧州市盐山县、黄骅市、衡水市、枣强县、秦皇岛市、承德市、唐山市、吉林省长春市、榆树市、江苏省盐城市、连云港市东海县、阜宁市、苏州市、黑龙江省哈尔滨市、饶河市、辽宁省沈阳市、上海市、北京市、天津市等地，皆有仉氏族人分布。

历史名人：

仉氏（生卒年待考）：在此单指战国时期孟母仉氏，即伟大的思想家、儒家的主要代表孟子（孟轲）的母亲。仉氏知书识礼，她为了使孟子得到好的环境教养，曾迁居三次，成语"孟母三迁"就是典出她教子有方的故事。后来，孟子果然没有辜负母亲的期望，成为孔子学说的继承人。孟子的母亲史书上称为"仉氏"。

仉公（生卒年待考）：明朝人，洪武年间，他在高苑县任书记官，对百姓有爱心，宽厚待人，政绩好，后来升为河南道御史。但官场上明争暗斗很多，仉公性直率，常受挫折。到永乐年间，他又被降职到常山县当县官，这时他政治经验更丰富，把常山县治理得很好，深受百姓爱戴。

444. 督

姓氏： 督
祖宗： 华督
分类： 以先祖之名为姓
姓氏起源：

源于子姓，出自春秋时期宋戴公之孙华督的后裔，属于以先祖名字为氏。春秋时期，宋戴公子挠有一个孙子名叫子督，字华父，因此又称"华督"，为宋国贵族、太宰。他的父亲就是著名的贤臣正考父，辅佐宋戴公、宋武公、宋宣公三代国君，地位越高，行为越检点，廉洁到"饘粥以糊口"。宋宣公子力在周平王姬宜臼四十二年（宋宣公十九年，公元前729年）逝世的时候，把君位让给弟弟子和，是为宋穆公。宋穆公执政时期，政通人和，孔子的祖先孔父嘉时任大司马。在华督的后裔子孙中，有以先祖之字为姓氏者，称华氏，也有以先祖之名为姓氏者，称督氏，形成了督氏、华氏二氏，皆世代相传至今。子姓督氏、华氏同宗同源，皆尊奉华督为得姓始祖。

郡望：

巴郡：也称为巴州，位于四川东北部，大巴山南麓，东临达州，南接南充，西抵广元，北连陕西汉中；地貌多为山地和深丘。

堂号：

巴郡堂：以望立堂。

迁徙分布：

督姓出自古代春秋时期风云人物华督，华督的后代中，有的姓华，有的姓督，都为了纪念华督这位先祖。华督原来是宋国的贵族，他抢了孔父嘉的妻子，娶来做自己的妻室，而孔父嘉是孔子的祖父，因为娶了个年轻美丽动人的妻子，而被华督视为眼中钉。后来，华督又借势废去宋国原来的国君宋殇公，拥立新君为王，自己当上宰相。督姓还有另一支，是以地名为姓形成的，时期大约也在春秋战国。那时有个燕国，燕国有个富饶的地方叫督亢。燕国的王子请一位勇士去刺杀秦王，这位勇士叫荆轲，荆轲假装将督亢的地图献给秦始皇，意思是愿意帮秦始皇取得这个富饶的地方，而其实地图中藏了匕首，是用来杀死秦始皇的，结果事败被杀。居住在督亢地的居民，有的以地名督字为姓，称督氏。督姓望居巴郡（今四川省）。

历史名人：

督瓒（生卒年待考）：著名汉朝五原太守。为人正义，有才德，政绩颇显。尽管宦海沉浮，为官甚是清廉。

445. 子车

姓氏： 子车
祖宗： 子车奄息
分类： 以先祖名字为氏

姓氏起源：

子车氏是春秋时秦国公族子车氏之后。当时，秦穆公有个出名的大夫叫子车奄息。子车奄息的后代子孙就以子车为姓，称子车氏。但后来，秦穆公死后，将他喜欢的子车奄息、子车仲行和子车钳虎这三个贤臣杀了殉葬，子车奄息、子车仲行的后代子孙就多改姓单姓车了。

郡望：

天水郡：西汉时置郡。相当于今甘肃省天水、陇西以东地区。

堂号：

天水堂：以望立堂。

迁徙分布：

据《左传注》记载可知，子车氏得姓于春秋时代秦国大夫的一个姓氏，至今已有 2600 多年的历史。秦国当时位于甘肃礼县东北、张家川东、陕西宝鸡、凤翔东南一带。据《诗经·秦风·黄鸟》一书记载，秦穆公死，曾以子车奄息、子车仲行、子车钳虎三人殉葬，引得国人赋黄鸟之诗以哀悼。这个复姓，后来已经不见，根据学者判断，可能是他们的后世子孙改为车姓或其他姓氏的缘故。子车姓望居天水（今甘肃省天水市）。

历史名人：

子车奄息（？—前621）：春秋时秦国子车氏三良之一。孔子著《诗经·黄鸟》挽诗曰："交交黄鸟，止于棘。谁从穆公？子车奄息，维此奄息，百夫之特。临其穴，惴惴其栗。彼苍者天，歼我其良人！如可赎兮，人百其身。"此《黄鸟》挽诗意思说：黄雀叽叽，酸枣树上息。谁跟穆公去了？子车家的奄息。说起这位奄息，一人能把百人敌。走近了他的坟墓，忍不住浑身哆嗦。苍天啊苍天！我们的好人一个不留！如果准我们赎他的命，拿我们一百个换他一个。

子车仲行（？—前621）：春秋时秦国子车氏三良之一。孔子著《诗经·黄鸟》挽诗曰："交交黄鸟，止于桑。谁从穆公，子车仲行。维此仲行，百夫之防。临其穴，惴惴其栗。彼苍者天，歼我其良人！如可赎兮，人百其身。"此《黄鸟》挽诗意思说：黄雀叽叽，飞来桑树上。谁跟穆公去了？子车家的仲行。说起这位仲行，一个抵得五十双。走近了他的坟墓，忍不住浑身哆嗦。苍天啊苍天！我们的好人一个不留。如果准我们赎他的命，拿我们一百个换他一个。

子车针虎（？—前621）：春秋时秦国子车氏三良之一。孔子著《诗经·黄鸟》挽诗曰："交交黄鸟，止于楚。谁从穆公，子车钳虎。维此钳虎，百夫之御。临其穴，惴惴其栗。彼苍者天，歼我良人！如可赎兮，人百其身。"此《黄鸟》挽诗意思说：黄雀叽叽，息在牡荆树。谁跟穆公去了？子车家的钳虎。说起这位钳虎，一人当百不含糊。走近了他的坟墓，忍住浑身哆嗦。苍天啊苍天！我们好人一个不留。如果准我们买他的命，拿我们一百个换他一个。

446. 颛孙

姓氏：颛孙

祖宗：颛孙

分类：以王父字为氏

姓氏起源：

从《风俗通》和《尚友录》上的记载可得出，颛孙氏是春秋时代的陈国公族，推算起来，上古圣君虞舜妫姓的后裔颛孙，从陈国到晋国去做了官，其后世子孙"以王父字为氏"而姓颛孙，为颛孙氏。春秋时期陈国位于今河南省淮阳一带，这里应是颛孙氏家族的老家。据考证他和4000多年前的颛顼帝高阳氏，并没有血缘关系。颛孙氏得姓至今只有2600多年的历史。

郡望：

丹阳郡：丹阳又称润州、丹杨郡，是我国十分古老的地名，所指的地方迭有变动。颛孙氏郡望的丹阳，就是今安徽宣城。

堂号：

丹阳堂：以望立堂。

迁徙分布：

今山东省济宁市兖州市、邹城市、汶上县、聊城市，安徽省宿州市萧县、蚌埠市，河南省商丘市，江苏省徐州市、苏州市，山西省运城市万荣县，湖南省沅陵县，陕西省西安市，北京市等地，皆有颛孙氏族人分布。

历史名人：

颛孙师（前503—？）：字子张，春秋时陈国人。后来到鲁国去拜孔子为师。那时孔子有三千个弟子，他是很年轻的一个，比孔子小了48岁。古书上说，他长相端正，谈吐举止宽容文雅，待人接物友善从容，总之仪表很出众。不过孔子更重学问，所以他没有排入七十二贤者。唐代赠"陈伯"，开元八年（720年）从祀。宋咸淳二年（1266年）封"宛丘侯"，再封"陈国公"为列哲位，称先贤。

447. 端木

姓氏：端木
祖宗：端木赐
分类：以王父字为氏

姓氏起源：

《元和姓纂》记载，端木姓是孔子弟子端木赐的后代。端木赐字子贡，在孔子众多弟子中，他有口才而能料事，又善于生财，所以，家累千金。在春秋政坛上，端木赐也是一位重要人物，历任鲁、卫诸国宰相，曾经游说吴国，出师敌齐以存鲁。端木赐是当时的卫国人，根据史书考证，他便是端木氏家族的始祖，其后世子孙"以王父字为氏"而姓端木。至今已有2500年以上的历史。古代的卫国在今河南淇县一带，全国端木氏家族便发祥于这里。端木氏的后裔繁衍很广，不过，其后曾省文为端氏，或避仇改称为木氏，所以，削弱了这个家族的阵容，因而名人很少见。

郡望：

（1）鲁郡：西汉初年将秦国原有的薛郡改为鲁国。在三国魏及晋代时改为鲁郡。
（2）广平郡：汉景帝刘启中元元年（前149年）分邯郸郡置郡，是由邯郸郡分置，治所在广平（今河北鸡泽），其时辖地在今河北省任县、南和、鸡泽、曲周、永年及平乡西北、肥乡东北一部分地区，后改为广平国。
（3）颖川郡：战国时期秦国灭韩国后，以所得韩地于秦王嬴政十七年（前230年）置颖川郡。
（4）浔阳郡：西晋永兴元年置浔阳郡，治所在浔阳（今江西九江）。
（5）荥阳郡：秦朝时期置郡，其时辖地在今河南省原阳市。

堂号：

（1）鲁郡堂：以国立堂，也称为鲁国堂。
（2）广平堂：以望立堂。
（3）颖川堂：以望立堂。
（4）浔阳堂：以望立堂。
（5）荥阳堂：以望立堂。

迁徙分布：

今云南省昆明市、通海县，江苏省南京市溧水县、宜兴市、句容市、金坛市、常州市、无锡市、苏州市、六合市、徐州市、上海市、北京市、天津市、浙江省杭州市、丽水市、青田市，河北省沧州市、衡水市、青县、邯郸市邯山区、秦皇岛市，河南省濮阳市南乐县、鹤壁市浚县、郑州市新密市、新郑市、偃师县、登封市、洛阳市伊川县、焦作市、南乐县、安阳市、商丘市，广东省深圳市、清远市，安徽省当涂市、六安市，山东省济南市历城区、济宁市、菏泽市郓城县、聊城市东昌府区、茌平县，吉林省长春市，浙江省杭州市、建德市，陕西省西安市，黑龙江省鹤岗市，香港特别行政区，台湾省和美国，日本等地，皆有端木氏族人分布。

历史名人:

端木赐(生卒年待考):字子贡,是孔子的弟子。在孔子众多的弟子之中,端木赐是最为神采飞扬的一位。他有口才且能料事,又会做生意,所以家累千金。端木赐曾出任鲁、卫等国的宰相,曾到齐国、吴国游说,使齐、吴互相攻战,从而解除了对鲁国的威胁。孔子对这位得意门生十分欣赏,曾比之为"瑚琏"。而子贡对老师孔子也衷心推崇,无以复加。有一次齐景公问端木赐:"孔子之贤若何?"他马上回答说:"圣人也,岂直贤哉。"说孔子不止是贤人,简直就是圣人,并且还说:"赐终身戴天,不知天之高也,终身践地,不知地之厚也!"赐之事仲尼,譬犹渴操壶勺就江海而饮之,腹满而去,又自知江海之深乎!将孔子与天、地以及江海相比。

端木叔(生卒年待考):战国时期端木赐的后代,也是巨富,他曾散尽家财资助宗族国人。直至自己生病时竟无钱买药,后无丧葬之费,段干生称赞他说:"端木叔,达人也。"

448. 巫马

姓氏: 巫马
祖宗: 未知
分类: 以官名为姓
姓氏起源:

所谓巫马,本来是周朝时的一种官名,即掌管治疗马匹的官职。巫马氏正是由这种官职的后人以巫马为姓,称巫马氏。这可以在《姓氏考略》得到印证,书中有关于他们"掌养疾马而乘治之,以官为氏"。的记载。而《通志·氏族略》上有关于巫马氏的子孙,孔子门生之一的巫马施,曾经任单父的宰相的记载。巫马施精心于国事,可从史料记载中知道。巫马施以后,这个复姓就很少见名人出现,也可能是改姓单姓巫的原因吧。

郡望:

(1) 鲁郡:西汉初年将秦国原有的薛郡改为鲁国。在三国魏及晋代时改为鲁郡。

(2) 单父县:春秋时期为鲁国单父邑。秦朝时期置单父县,属砀郡。西汉时期单父县属山阳郡,又别置平乐县,亦属山阳郡。东汉时期单父县改属济阴郡,平乐县省入单父县。又别置防东县,属山阳郡。

堂号:

(1) 鲁郡堂:以国立堂,也称为鲁国堂。

(2) 单父堂:以望立堂。

迁徙分布:

今广西壮族自治区、河北省邯郸市有少量巫马氏族人分布。

历史名人:

巫马施(前521—?):字子旗,孔子的得意门生,比孔子小30岁。据记载,他曾执掌单父(春秋时鲁国的一个邑),由于勤勤恳恳地工作,将该地治理得井井有条。曾在鲁国官为丞相,有治绩。一次,陈司败问孔子说:"鲁昭公懂礼吗?"孔子说:"懂礼。"孔子出去后，陈司败向巫马施作了个揖说："我听说君子是不偏私袒护的，莫非君子也会偏私袒护？鲁昭公娶来吴女做夫人，给她起名叫她孟子。孟子本姓姬，避忌称呼同姓，所以叫她吴孟子。鲁君要是懂得礼仪，那还有谁不懂得礼节呢？"巫马施把这些话转告给孔子，孔子说："我真幸运，如果有了过失，人家一定会知道。做臣子的不能说国君过错的，替他避忌的人，就是懂礼啊。"

449. 公西

姓氏：公西
祖宗：季孙氏
分类：由委孙氏的支系后代改姓
姓氏起源：

公西一姓，据《姓氏寻源》记载，源于春秋时鲁国公族，为委孙氏的支子后裔。公西氏，在春秋时代也是鲁国的一个公族，出自权高名重的季孙氏，算起来也是周文王的姬姓后裔。从《姓氏寻源》追溯，在孔子的众多门徒中，姓公西的不少，其中数公西赤的名气最大，也最有成就。公西氏鼎盛于鲁，是现在山东境内的一大名门。

郡望：

顿丘郡：汉朝初期置顿丘县，其时辖地在今河南清丰西南一带地区。顿丘郡始建于西晋泰始二年（266年），治所在顿丘（今河南清丰），下领四县，其时辖地在今河南省清丰、濮阳、内黄、南乐、范县等地。南北朝时期的北齐曾废黜。唐朝至五代十国时期，曾以顿丘为澶州治所。

堂号：

顿丘堂：以望立堂，也称为清丰堂。

迁徙分布：

公西姓望出顿丘郡。如今，在今河南省浚县一带还有少量公西氏族人分布。

历史名人：

公西赤（前509—?）：春秋末年鲁国人。姓公西，名赤，字子华，也称为公西华。在孔子弟子中，以长于祭祀之礼、宾客之礼著称，且善于交际，曾"乘肥马，衣轻裘"，到齐国活动。唐开元二十七年（739年）追封"邵伯"。宋大中祥符二年（1009年）加封"钜野侯"。明嘉靖九年（1530年）改称"先贤公西子"。

公西蒧（生卒年待考）：字子上（应误，《孔子家语》作字子尚。"蒧"，通点，故又作公西点），孔子弟子。太史公曰：学者多称七十子之徒，誉者或过其实，毁者或损其真，钧之未睹厥容貌，则论言弟子籍，出孔氏古文近是。宋封"徐城侯"。

公西舆如（生卒年待考）：字子上，春秋末期鲁国人。孔子弟子，唐赠"重邱伯"，宋封"临朐侯"。

450. 漆雕

姓氏：漆雕
祖宗：漆雕开
分类：以部落名称为氏
姓氏起源：

（1）漆雕是周代吴国公族中分化出来的一支部落，部落人以部落名命姓，称漆雕氏。

（2）春秋时鲁国孔子弟子中有个叫漆雕开的。孔子劝他去当官，实现孔子治国平天下的理想。但漆雕很谦虚，说自己的才能还不足以治理天下。后来漆雕这个复姓就简化成单姓漆了。

郡望：

（1）蔡郡：秦国时把蔡、沈二国之地置为三川郡。汉代时改为汝南。隋唐改为蔡州，相当于今河南省汝南县。

（2）鲁郡：西汉初年将秦朝原有的薛郡改为鲁国，三国魏及晋代改为鲁郡。相当于今山东省曲阜、泗水一带地区。

堂号：

（1）蔡州堂：以望立堂，也称为汝南堂、豫州堂。

（2）鲁郡堂：以望立堂，也称为鲁国堂。

（3）三贤堂：春秋时期的孔子有三千弟子、七十二贤人，其中有漆雕氏之漆雕开、漆雕哆、漆雕徒父。唐、宋、明等诸朝对他们均有封赐。为纪念漆雕氏三贤人，漆雕氏故以"三贤"作为堂号。

迁徙分布：

漆雕姓今在宜宾县是大姓，主要分布于谱安、横江、双龙、复龙一带，在宜宾市区及宜宾县城均有此姓。后来，漆雕演变成了漆姓。漆雕姓望居蔡郡（相当于现在河南省汝南县）、鲁郡（相当于今山东省曲阜）。今湖北省潜江市熊口镇也有分布。

历史名人：

漆雕开（前540—?）：字子若，又称子开，春秋末年鲁国人，一说蔡国人，孔子弟子。他为人谦和而有自尊，博览群书。他为论有理，深受好评。他比孔子小十一岁，孔子对他几乎像兄弟一般了。那时孔子学生和墨子常有争议，有一次墨子说，漆雕开是个残疾。孔子反驳说，但品德一点都不伤残。可见是非常维护漆雕开的。漆雕开有学问，能办事。据《孔子家语·弟子解》说他"习《尚书》，不乐仕"。有一次孔子叫他去做官，说："子之齿可以仕矣，时将过。"他回答说"吾斯之未能信"，表示不愿做官。孔子听后很高兴。唐开元二十七年（739年）追封"滕伯"。宋大中祥符二年（1009年）加封"平舆侯"。明嘉靖九年（1530年）改称"先贤漆雕子"。

漆雕哆（生卒年待考）：字子敛，春秋末年鲁国人，孔子弟子。唐开元二十七年（739年）封"武城伯"。宋大中祥符二年（1009年）封"濮阳侯"。明嘉靖九年（1530年）封"先贤"。

漆雕徒父（生卒年待考）：字子文，春秋末年鲁国人，孔子弟子。唐开元二十七年（739年）封"须句伯"。宋大中祥符二年（1009年）封"高菀侯"。明嘉靖九年（1530年）封"先贤"。

451. 乐正

姓氏：乐正
祖宗：不详
分类：以官名为氏
姓氏起源：
所谓乐正，就是管理乐师与乐器的官。乐正本来是周朝时的一种官职，在朝廷上，深受皇帝重视。《元和姓纂》和《尚友录》上皆有"周官乐正，以官为氏"。的记载。由此可知复姓乐正便是传自周朝，得姓至今已有2600多年的历史。
郡望：
天水郡：西汉朝元鼎三年（前441年）置郡，治所在平襄（今甘肃通渭），其时辖地在今甘肃省通渭县、秦安县、定西县、清水县、庄浪县、甘谷县、张家川县及天水市西北部、陇西东部、榆中东北部地一带地区。东汉朝永平十七年（74年）改为汉阳郡。三国时期曹魏仍改为天水郡。西晋时期移治到上邽（今甘肃天水），北魏时期仍改回为天水郡，其时辖地在今甘肃省的天水市、秦安县、甘谷县等市县一带地区。
堂号：
天水堂：以望立堂。
迁徙分布：
乐正氏望出天水郡，西汉初置郡。相当于今甘肃省天水、陇西以东地区。
历史名人：
乐正子春（生卒年待考）：春秋时鲁国人。为曾子弟子。曾下堂伤足，数月不出，独有忧色。人问之，曰："君子顷步勿敢忘孝，今予忘孝之道，是以有忧色者也。"
乐正子长（生卒年待考）：宋代即墨人。传说他在鳌山遇到了仙人，得到长生不老药"巨胜赤散丸"，他吃了这种药，活到180岁还很年轻，还面如童颜。后来登上劳山仙去。

452. 壤驷

姓氏：壤驷
祖宗：壤驷赤
分类：以先祖名字为氏
姓氏起源：
壤驷姓的开山鼻祖是壤驷赤，在《孔子家语》曾有孔子弟子壤驷赤的记载。壤驷氏是源于春秋时期的秦国。秦在当时位于现在甘肃礼县东北、张家川东、陕西宝鸡、凤翔东南一大片地方。壤驷氏也就发祥于这里。《英贤传》上指出，壤驷是复姓。这个

复姓，根据《姓氏考略》记载，自从壤驷赤之后，改复姓为单姓壤，所以，复姓壤驷氏极为少见。而单姓壤姓之后，望出上邽，即今甘肃省天水县西南一带。可见壤姓当时是以这里为繁衍中心的。

郡望：
(1) 天水郡：也称为上邽郡。
(2) 秦郡：晋朝时期置郡，初治冀县（今甘肃甘谷），后移治到上邽（今甘肃天水）。民国时期改为度州，州治为天水县。
(3) 京兆郡：汉代置郡，即首都长安直辖区，为"三辅"之首。

堂号：
(1) 天水堂：以望立堂，也称为上邽堂。
(2) 秦郡堂：以望立堂，也称为甘谷堂、上邽堂。
(3) 京兆堂：以望立堂。

迁徙分布：
壤驷姓之后，望出上邽，即今甘肃省天水县西南一带。可见壤驷姓当时是以这里为繁衍中心的。

历史名人：
壤驷赤（生卒年待考）：字子徒，春秋末期秦国上邽（今甘肃省天水市秦城区）人。孔子弟子，为七十二贤人之一。身通六艺，以诗礼化被西垂。与颜、曾、闵、冉诸贤同为孔子入室弟子。陇上儒学三贤之一。唐代封"北征伯"，宋朝封"上邽侯"，明代称"先贤"，秦州（今甘肃省天水市）文庙设有壤驷赤祠。

453. 公良

姓氏： 公良
祖宗： 公子良
分类： 以祖名为氏

姓氏起源：
周朝时，陈国有个公子叫良，人们称他为公子良。公子良的子孙便以"公良"二字作为自己的姓氏，称公良氏。公子良就是公良复姓的始祖。

郡望：
(1) 陈留郡：西汉时置郡，治所在今河南省开封市东南。
(2) 东郡：东郡始建于秦始皇五年（前242年），取原魏国之地置东郡，包括河北大名府、山东东昌府及长清县以西一带地区。

堂号：
(1) 陈留堂：以望立堂。
(2) 东郡堂：以望立堂。

迁徙分布：
今河南省商丘市民权县、宁陵县、开封市尉氏县、延津县、长垣县、杞县、睢县一带地区，江苏省淮安市盱眙县，台湾省岛内，以及越南等地，均有少量公良氏族人分布。

历史名人：

公良孺（生卒年待考）：孔子弟子，春秋时期的陈国人，他不但是孔子的得意门生，还曾在孔子周游列国时救过孔子的性命。孔子在离开陈国时路过浦国，去会见一个姓公孙的人，因为孔子说出了自己的政见，得罪了许多权贵，被一些人围攻，后被浦人扣留。在如此危急时，公良孺号召他的族人来帮助孔子。公良孺驾着五乘私车跟过来说："划吾从夫子遇难于国，今又遇难于此，吾与夫子又再罹难，宁我斗死！"于是拔剑而出，与众人一道，准备同浦人大战，浦人害怕，就放了孔子，一个个都被吓跑了。公良孺的此番表现，岂不是孔子主张的"勇者无惧?"

454. 拓拔

姓氏：拓拔

祖宗：拓跋力微

分类：汉化改姓为氏

姓氏起源：

据《魏书·序纪》记载，拓跋氏历史是从拓跋毛开始的。他为"远近所推，统国三十六，大姓九十九，威振北方，莫不率服"。所谓统国三十六，大姓九十九，大约都是一个氏族部落联盟中的氏族部落。拓跋毛后，五传到了拓跋推寅时候，正值东汉初年，拓跋氏开始从原来的居地向南移动。"南迁大泽，方千余里，厥土昏冥沮洳"。七传到了拓跋邻，以所在地荒遐，又谋南迁，因年老，传位于子拓跋诘汾，率部南移。

"山谷高深，九难八阻，于是欲止。有神兽，其形似马，其声类牛，先行导引，历年乃出，始居匈奴之故地。"神兽之说，是拓跋氏早期的神话传说。拓跋诘汾死，子拓跋力微立。在《魏书·序纪》里面记载，拓跋力微被称为始祖，他在位58年，活了104岁。在拓跋氏历史上，力微是有贡献的，因此他被称为始祖。

郡望：

（1）颖川郡：秦王政十七年置郡。以颖水得名，治所在今河南禹县。相当于今河南登封、宝封以东，尉氏以西，密县以南，叶县、武县以北的地区。

（2）雁门郡：战国时赵国置郡。相当于今山东省代县一带。

堂号：

（1）颖川堂：以望立堂。

（2）雁门堂：以望立堂。

迁徙分布：

拓跋姓望居颖川郡（战国时秦国置郡，相当于今河南省禹州一带地区）、雁门郡（战国时赵国置郡，相当于今山西省代县一带地区）。

历史名人：

拓跋珪（371—409）：北魏道武帝，北魏（386—534）王朝的建立者，386—409年在位。鲜卑族拓跋部人。先世曾建立代国，为苻坚所灭。淝水战后，他乘机复国，

初称代，不久改称魏。皇始二年（397年）攻破后燕都城中山（今河北省定县），拥有黄河以北地区，成南北朝对峙之势。次年建都平城（今山西省大同）。他使鲜卑人分地定居，从事耕种；任用汉族地主官僚，加速鲜卑社会发展。晚年政事苛暴，为次子拓跋绍杀死。

拓跋嗣（392—423）：北魏明元帝，409—423年间在位。在位15年，礼爱儒生，好学史传，采集经史，隆基固本，内和外辑，可以称得上是北魏开国以来的一位仁厚的守成之主。对内巩固王朝统治，对外趁刘裕病死时进攻宋国，费了不少气力，取得了河南的一些地方，在付出相当大的代价后，算得上是取得了南北朝战争的第一次胜利。由于长途作战劳顿，拓跋嗣回到平成就病死了。可以说他是北魏重要的但又是过渡性的皇帝。终年32岁。

455. 夹谷

姓氏：夹谷
祖宗：女真
分类：以部落名称汉化为氏
姓氏起源：
据《姓氏考略》记载，夹谷这个复姓出于金代，女真加古部，后讹为夹谷。1115年，女真族完颜部领袖阿骨打称帝，国号金，年号收国，建都会宁（今黑龙江阿城南）。1125年，灭辽，次年灭北宋。先后迁都燕京（今北京）、开封。夹谷氏的得姓至今只有800多年的历史，是姓氏中历史最短的。

郡望：
抚城：也称为古抚州，夹谷氏望出抚城（金元明时期已无"郡"制）。金代的抚城即为抚州，相当于今河北省张北县一带地区（张家口以北）。

堂号：
抚州堂：以望立堂，亦称抚城堂。

迁徙分布：
如今，上海、沈阳等地有人姓夹谷复姓。

历史名人：
夹谷衡（1149—1199）：本名阿里不，山东西路三土猛安益打把谋克人。金代大定进士，补东平府教授。调范阳簿，选充国史院编修官，改应奉翰林文字，颇受世宗赏识。承安时拜平章政事。

夹谷谢奴（生卒年待考）：金太祖帐前的猛将，曾在大禹镇大败宋兵，官至昭议节度使。他的学问很好，通女真、契丹及汉语言文字。太祖时，任左翼护卫。夹谷谢奴的儿子夹谷查剌，在出任德昌军节度使时，是位好官，治有勤绩，边境以安，道不拾遗，而且蕃部畏服。

456. 宰父

姓氏：宰父
祖宗：宰夫
分类：以职官名命姓
姓氏起源：

宰父姓氏是以职官名命姓，源于周代。在《周礼》中，有官名叫宰夫，属于天官，负责掌管王朝的法令，公卿官吏的职位升降及平时的考核都由宰夫来管。由于古代"夫""父"二字音相近，后来"宰夫"就转为"宰父"。宰父官的后代，有的就以祖上的职官名命姓，称宰父氏。春秋时期，孔子有弟子宰父黑，即为此姓始祖。

郡望：

鲁郡：西汉初年置鲁国，三国魏及晋改为鲁郡。相当于今山东省曲阜、泗水一带地区。

堂号：

鲁郡堂：以望立堂，亦称鲁国堂。

迁徙分布：

宰父姓在大陆和台湾地区都没有列入百家姓前一百位，为罕见姓氏之一。因此姓氏祖先为孔子弟子，故先人多在山东曲阜，其中一部分闯关东时辗转迁徙至东北，定居至今。目前在山东、山西、北京、黑龙江有零散分布。

历史名人：

宰父黑（生卒年待考）：孔子弟子。姓宰父，名黑，字子索，春秋末年鲁国人。唐开元年间封"乘丘伯"，宋朝再封为"祁乡侯"。

457. 谷梁

姓氏：谷梁
祖宗：未知
分类：以居邑名称为氏
姓氏起源：

（1）谷梁氏源于农耕作业，出自粮食种植业，属于以物品名称为氏。古代有一些部落，农业相对发达，他们以能种出优质的谷子为骄傲，古代将穀（谷）子称为梁，所以善于种植梁的氏族首领就用谷梁命姓，他的后代子孙遂以谷梁为姓，后来穀字简化为谷字、粱字演变成梁字，遂称为谷梁氏。

（2）谷梁氏源于地名，出自古代谷梁城，属于以居邑名称为氏。居住地先民以地名为氏。古代有个叫古博陵的郡（相当于今河北省安平、安国等县），在郡中有个城市叫谷梁城，居住在那里的人遂以地名命姓，称谷梁氏。因为在古代"穀"是"谷"的繁体字，同音通用，故又称谷梁氏。在春秋以后，谷梁复姓就慢慢演变成单姓谷或单姓梁了。

郡望：

（1）下邳郡：秦朝时期在今江苏睢宁西北一带设下邳县。

（2）西河郡：古代该郡所指不一。春秋时期卫国西境沿黄河一带称西河，即今浚县、滑县等地。战国时期黄河在今安阳东，故安阳可称西河。

堂号：

（1）下邳堂：以望立堂。

（2）西河堂：以望立堂。

迁徙分布：

谷梁姓望居下邳郡，东汉永平十年（72年）时将临淮郡改为下邳国，南朝宋时改为下邳郡，治所在下邳（相当于现在江苏省睢宁县西北一带地区）即今江苏省西北部地区；西河郡，汉代元朔四年（前125年）置郡，相当于今陕西、山西两省之间黄河沿岸一带地区。

历史名人：

谷梁赤（生卒年待考）：战国时期鲁国人，子夏弟子，为《春秋谷梁传》作者。其说最初只有口说流传，至西汉时才写成《春秋谷梁传》。《春秋谷梁传》也称为《谷梁春秋》或《谷梁传》，为今文经学派著作，起于鲁隐公元年（前722年），终于鲁哀公十四年（前481年），体裁与《公羊传》相近，以问答形式解经，侧重传《春秋》之"义理"，持论比《公羊传》平正，是研究古代儒家思想的重要史料。

458. 晋

姓氏： 晋

祖宗： 唐叔虞

分类： 以国为氏

姓氏起源：

根据《文韵》记载，晋国本是唐叔虞后代，后代以晋为氏，称为晋氏。根据《元和姓纂》记载，周武王第十三个儿子叔虞受周成王封于唐，称为唐叔虞，他的儿子燮父即位之后，把国都迁到太原南面的晋水之滨，改国号为晋，传到二十代，子孙就以国为姓。古代晋国，西周时的位置在今山西翼城西乡宁闻喜东北，翼城东南。春秋时晋文公当政之后，改革内政，扩充军队，先后消灭了楚、秦等国，继齐桓公之后成为中原霸主。后来晋国政权逐渐旁落，战国初年，赵、魏、韩三家分晋，晋静公被赶到屯留（今山西屯留县）居住，他的子孙就以晋为姓。这在《姓氏考略》有所记载。

郡望：

（1）平阳郡：历史上的平阳郡有二：①即今山西省临汾市。②即今山东省邹城市。

（2）虢郡：亦称虢国、虢州。

堂号：

（1）平阳堂：以望立堂。

（2）虢国堂：以望立堂，也称为虢州堂、虢郡堂、弘农堂、灵宝堂。

迁徙分布：

今安徽省全椒县、山东省淄博市、聊城市、莱芜市、菏泽市曹县、陕西省韩城市、贵州省赤水县、湖北省襄樊市、四川省成都市、江苏省南京市、广东省东莞市等地，均有晋氏族人分布。

历史名人：

晋鹗（生卒年待考）：宋朝的州官，他到房州做州官时，遇上兵乱，百姓闹饥荒，他令军队垦荒种田，至秋大熟丰收后，仓廪富足，遂将粮食分给百姓，免其徭役。他还修建学校，让百姓的小孩也有书读。而且还召集铁、木匠，为百姓改良和修理农具。

晋爵（生卒年待考）：明朝文官，又能带兵，文武双全，性格刚正，后来讨厌官场，就回乡去了。

晋文公（前697—前628）：名重耳，春秋时晋国国君，献公次子。骊姬之乱，重耳出奔，在外十九年，历经狄、卫、齐、曹、宋、郑、楚、秦诸国。惠公死，怀公即位，不得人心。遂借秦穆公力归晋，得即君位。重用狐偃、赵衰等人，整顿内政，增强军力，使国力复强。平周王室王子带乱，迎周襄王复位，以尊王为号召，树立威信。城濮之战大败楚、陈、蔡三国军，会诸侯于践土，遂成霸主。在位九年。

459. 楚

姓氏： 楚

祖宗： 楚文王

分类： 以国名命姓

姓氏起源：

（1）楚姓是以人名为姓。春秋时，鲁国有个人叫林楚，他的子孙后代便以其名命姓，称楚姓。

（2）楚姓源于芈姓，以国名命姓。传说上古颛顼帝的后裔陆终娶鬼方氏女嬇为妻，生下六个儿子，其中第六个儿子叫季连，赐姓芈。40年，荆君熊通自封为武王，他的儿子于公元前689年迁都于郢（今湖北江陵），改国号为楚，称楚文王。春秋战国时楚国为"战国七雄"之一。公元前223年，楚国被秦国所灭。楚国的公族后代就以国名为姓，称楚姓。

郡望：

（1）江陵郡：原为春秋时楚国郢都。汉代设置江陵县，为南郡治所。南齐时改置江陵郡，相当于今湖北省江陵县及川东一带。

（2）新平郡：汉代为漆平县所属之地，建安年间置新平郡，故城在今陕西省邠县。

堂号：

楚姓的主要堂号有"秉德堂"、"江陵堂"、"刚介堂"、"紫芝堂"、"听雪堂"等。

迁徙分布：

自宋朝至今1000年中，楚姓人口增加率呈V形的态势。在全国主要集中分布于河南、河北、四川、湖南，这四省大约占楚姓总人口的73%，河南省为楚姓的第一大省，

约占全国楚姓总人口的40%。其次分布于江苏、陕西、黑龙江、山东、安徽等地。

历史名人：

楚儿（生卒年待考）：唐代人，字润娘，辨慧能诗。曾为妓，后从良，嫁于万年县捕盗官郭锻，并不幸福。

楚衍（生卒年待考）：开封胙城（今河南省延津）人，宋朝天文学家。少通四声字母。尤得《九章》、《缉古算经》、《缀术》诸算经之妙。明相法及《聿斯经》，善阴阳、星历之数。自陈试《宣明历》，补司天监学生，迁保章正。仁宗天圣初造新历，授灵台郎，制《崇天历》。进司天监丞。后又造《司晨星漏历》，官终管勾司天监。

460. 阎

姓氏： 阎

祖宗： 仲奕

分类： 以邑为氏

姓氏起源：

阎姓是周文王哥哥泰伯的后代。据《唐书·宰相世系表》记载，周武王封伯父泰伯的曾孙仲奕于阎乡，仲奕的子孙以地为氏，称为阎氏。而根据《名贤氏族言行类稿》记载，阎姓出自纂姓，是周文王的支裔，周武王封泰伯的曾孙仲奕于阎乡，因而得姓。又有一种说法，认为阎姓是周成王弟弟唐叔虞的后代，公族中有食采于阎邑的，其子孙就以邑为姓。另一支阎氏，根据《通志·氏族略》记载，是春秋时期晋国阎邑大夫的后代，也是以邑为氏。

郡望：

(1) 天水郡：西汉元鼎三年置郡。此支阎氏，为周康王之后。

(2) 河南郡：汉高祖二年改秦三川郡置郡。此支阎氏，为唐叔虞之后。

(3) 太原郡：战国秦庄襄王四年置郡。此支阎氏，为唐叔虞之后。

堂号：

(1) 太原堂：以望立堂。

(2) 河南堂：以望立堂。

(3) 天水堂：以望立堂。

(4) 右相堂：唐朝阎立本善丹青，拜右丞相。当时姜恪因战功封左丞相。时人有"左相宣威沙漠，右相驰誉丹青"之赞叹。

(5) 日月堂：江苏省沛县、丰县阎氏宗祠堂号为"日月堂"，含有阎尔梅及其后裔不扶清，反清复明之意。

迁徙分布：

阎姓主要集中分布于河南、山东、河北、山西四省，大约占阎姓总人口的55%，其次分布于安徽、黑龙江、甘肃、陕西、辽宁，这五省又集中了27%。河南省居住了阎姓总人口的16%，为阎姓第一大省。全国阎姓分布的高比率区在豫鲁冀和陇西。

历史名人：

阎姬（？—126）：汉代河南荥阳女子，于东汉安帝时贵为皇后，统御六宫。安帝驾崩后，与其弟阎显废立太子，她临朝听政，其兄阎显任车骑将军，共掌国家大权，不久事败而被诛。

阎象（生卒年待考）：袁术的主簿。手执玉玺的袁术要称帝时，他引用周文王虽拥有三分之二的天下还向殷称臣的故事进行劝谏，却未被采纳。

461. 法

姓氏：法
祖宗：法章
分类：以祖姓为氏
姓氏起源：
法姓源于战国时期。战国时，齐国成为田姓之国，以代姜姓、田姓本为妫姓，是禹王之后。齐国君主襄王名法章，秦国灭齐后，子孙为避免仇杀，不敢姓田，乃以其祖法章之名为姓，遂成法姓。法姓望族居扶风（今陕西咸阳东）。

郡望：
扶风郡：周朝时期置郡，其时辖地在今陕西省兴平、咸阳一带地区。

堂号：
法姓主要的堂号有。扶风堂、锦晖堂、天锡堂等。

迁徙分布：
法姓主要分布在陕西省长安县之西。望族居扶风（今陕西省咸阳东）。

历史名人：
法若真（1613—1696）：清代顺治进士、诗书画家，字汉儒，号黄石，又号黄山，山东胶州人。官职达到江南布政使。有《黄山诗留》。

法能（生卒年待考）：宋代高僧，吴县人。善画罗汉，尝作《五百罗汉图》，积年而就。秦观为之题记。

法真（100—188）：东汉学者，字高卿，博通内外图典，为关西大儒。顺帝前后四征不就。时号玄德先生。

法正（176—220）：三国时蜀国尚书令，眉县人，有奇画策算，外统者，内为谋主，为刘备股肱之臣，拜护军将军。

462. 汝

姓氏：汝
祖宗：汝侯
分类：以封地为姓
姓氏起源：
汝姓源于姬姓，出自东周平王幼子之封邑，属于以居邑名称为氏。据唐代名相张九龄的《姓源韵谱》："周平王少子封于汝州，其后有汝氏。"古时，中原有一条河叫汝水，就在现今河南省，至今仍叫汝河，汝氏的先祖，就生活在汝河两岸。西周之际，

周平王姬宜臼将国都从镐京（宗周）迁到洛阳（成周），开始了东周的王朝。之后周平王将功臣和王族分封为各地的首领，其中有他最小的儿子姬武封于淮河北岸主要支流之一的汝水流域（今河南汝阳、汝州一带，抵至宝丰），同时封其为侯爵，时人称之为"汝侯"。在汝侯的后裔子孙中，有以先祖封地名称或爵号为姓氏者，称汝氏，世代相传至今。

郡望：

（1）天水郡：也称为上邽郡。今甘肃省天水市。

（2）渤海郡：历史上的渤海郡在地域上有两个称谓，另一为渤海国。西汉时期从巨鹿、上谷之地分出渤海郡，治所在浮阳（今河北沧州东关），其时辖地在今河北省、辽宁省之间的渤海湾一带。

堂号：

（1）天水堂：以望立堂。

（2）渤海堂：以望立堂。

迁徙分布：

今河南省信阳市固始县、汝南县，安徽省利辛县、淮北市，甘肃省天水市、平凉市，新疆维吾尔自治区乌鲁木齐市，陕西省富平县，北京市，黑龙江省七台河市、大兴安岭地区，江苏省苏州市、吴江市，浙江省杭州市、嘉兴市，山东省济南市平阴县、聊城市东阿县，湖北省武汉市，云南省普洱市（思茅市）宁洱县（普洱县）、陆良县和非洲尼日利亚等地，皆有汝氏族人分布。

历史名人：

汝郁（生卒年待考）：后汉和帝时为鲁相。字幼异，陈国人。年五岁，母病不能饮食，汝郁常抱持啼泣，不肯饮食。母怜之，强为餐饭，欺言已愈。郁察母颜色不平，辄复不食。宗亲共奇异之，因字幼异。为相时，以"德惠化人"，许多流浪无归的农民都到他管治的地方去定居，而为时人所称道。

汝为（生卒年待考）：宋朝人，曾冒死当使者到金国去。后来又被奸臣秦桧所逼，逃到四川去隐居了。

463. 鄢

姓氏： 鄢

祖宗： 求言

分类： 以国名为姓

姓氏起源：

相传帝颛顼的元孙陆终的第四个儿子名求言，封在郐国，在今河南省新郑县西北的一地，当地居名时称会人。会人中有后代在西周时被封在鄢（今河南省鄢陵县北），建立鄢国。春秋时鄢国被郑国灭掉，鄢君的子孙仍以国名为姓氏，称为鄢氏。

郡望：

（1）范阳郡：唐幽州范阳郡，本涿郡，天宝元年（742年）改置。治蓟县（今北京市城西南）。又为方镇名，本为幽州节度使，天宝元年亦改为范阳。宝应元年（762年）改幽州节度使，并兼卢龙节度使。又幽州本有范阳县（原涿县，唐改）。大历四年（769年），与固安等县扑克幽州析出，置涿州，以范阳县为治所。

（2）太原郡：秦汉太原郡治所在晋阳，在今太原市西南。

堂号：

（1）太原堂：以望立堂。

（2）范阳堂：以望立堂。

迁徙分布：

鄢姓望居范阳郡（三国魏改涿郡为范阳郡，在今河北省涿县及北京市昌平县、房山县一带）、太原郡（秦置，汉为太原国，后又改为太原郡，治所晋阳，在今山西省太原市西南）。

鄢姓还有一支流源，现宁夏泾源县惠台乡，有百来户人家，据悉在1871—1875年间从今陕西省彬县某地因战乱来此。此地代表人物鄢正国（约1980年左右任宁夏泾源县县长）。在辽宁省新民市、内蒙古牙克石市、黑龙江省齐齐哈尔、山东省青岛市、新疆喀什地区、阿克苏地区、库尔勒地区、乌鲁木齐市、伊犁地区等也有常住鄢姓居民。此外，在湖北、湖南、四川、云南、广东、广西等南方地区皆有广泛分布。

历史名人：

鄢高（生卒年待考）：明朝正德年间，为县官。他为人正直，对地方上的有权人和有势人，通通不买账，他们要盘剥百姓，鄢高宁可得罪他们，也不让百姓吃亏。由于他得罪了许多人，就被贬职去做小官了，可老百姓都赞扬他，说他的好处。

鄢桂枝（生卒年待考）：明四川大足人。嘉靖中举人。授翼城知县，多惠政，邑以大治。擢剑州知州。禁民私卖田与丽江民。

464. 涂

姓氏：涂

祖宗：涂钦

分类：以地为姓

姓氏起源：

江西有条河，叫涂河。涂姓的先祖就生活在涂河西岸。古时候有以地名为姓的习惯，涂河流经安徽、江西两省，至今那里还有许多人姓涂。另有一支涂姓，起源很早，上古的大禹，就娶了一个叫涂山氏的部落领袖的女儿为妻。而有些学者认为，是涂山氏这一族的人，后来迁居到涂河两岸，才形成了南方的涂姓。

郡望：

（1）豫章郡：也称为南昌府、南昌郡。

（2）南昌郡：即今江西南昌。

（3）宜黄郡：即今江西宜黄县。

堂号：

（1）豫章堂：以望立堂。

(2) 南昌堂：以望立堂。

(3) 宜黄堂：以望立堂。

迁徙分布：

2000多年来，涂姓和其他姓氏一样，从发源地的淮河中、下游一带，迁徙到全国各地。据了解，目前涂姓主要分布在安徽、河南、湖北、湖南、江西、浙江、福建、广东、广西、四川、重庆、贵州、云南、山西、河北、辽宁、吉林、黑龙江、内蒙古、宁夏、新疆、西藏、台湾等31个省、市、自治区，其中尤以江西省（原豫章郡）最为集中。

历史名人：

涂大经（生卒年待考）：宋臣。抚州宜黄（今属江西）人，为宋高宗南渡后绍兴年间的金榜进士。性格慷慨大方，羡慕古人高风亮节。因请朝廷恢复元祐年间之政，被列为邪党，罢去官职。

涂溍生（生卒年待考）：宋经学家。抚州宜黄人，三试礼部不第，授山长。精通《易》学。以《四书断疑》、《易义矜式》等易学专著而受到后人的推崇。

465. 钦

姓氏： 钦

祖宗： 钦高一

分类： 以帝王赐改姓为氏

姓氏起源：

钦姓源于蒙古族，出自南宋时期蒙古钦察汗国使臣钦高一，属于帝王赐改姓为氏。两宋时期，中国北方有一钦察汗国，原为克普恰克汗国，有四支族众十一个部落，后在宋嘉定十二年（成吉思汗十三年，1219年）被成吉思汗的蒙古军攻占，在原地建立了钦察汗国，亦称金帐汗国。其后，钦察汗国有使臣持节出使南宋王朝。当时南宋宁宗皇帝赵扩见其使臣气度雍雍、丰姿凛凛，大喜，就以其国名首音赐姓钦氏，易其名为钦高一，并留之为侍御之官，安置其族居于河南许昌。

郡望：

(1) 河间郡：也称为河间府。早期河间郡的统辖范围在今河北献县、交河、阜城、武强一带。

(2) 吴郡：东汉朝永建四年（129年），东汉王朝分会稽郡置吴郡，治吴县（今江苏苏州），辖区包括建德以下钱塘江两岸，故今浙江省杭州市亦在吴郡之内。

(3) 钦州：唐朝睿宗时设，古称安州，有1400余年悠久的历史，当时治所在钦江（今广东钦县）。

(4) 武安县：以武安邑为名。

堂号：

(1) 河间堂：以望立堂。

(2) 吴郡堂：以望立堂，也称为苏州堂。

(3) 钦州堂：以望立堂，也称为象郡堂、百越堂。

(4)武安堂：以望立堂。
迁徙分布：
钦姓是当今罕见的姓氏，人数不多，居处分散，今辽宁省之清原、山东省之平度、沾化，山西省之太原、运城，河南省之许昌，陕西省之韩城、渭南，湖北省之武昌，贵州省之从江等地皆有此姓。望居河间郡（汉高祖置，在今河北省中部河间县一带）、吴郡（东汉时置郡，治所在今江苏省吴县）。
历史名人：
钦德载（生卒年待考）：吴县（今江苏省）人，宋末元初名人，为都督计议官，宋亡后，不降元，隐居碧岩山中，自号寿岩老人。
钦恭（生卒年待考）：著名明朝官吏。因文才出众，被任命为瓯宁县令（今福建建瓯）。
钦拱极（生卒年待考）：明弘治十五年（1502年）生，字子辰，号虹江。嘉靖二十九年（1550年）进士。授工部都水司主事，迁虞衡司员外郎，擢都水司郎中。吏部承严嵩意，出公为广东高州知府。嘉靖三十四年遭父丧归里，家居执丧惟谨，绝口不言朝事。以后，严嵩为相，公不愿仕进，以正四品知府加一级致仕。又十余年而卒，其时当在隆庆年间。公有传入《苏州府志·循吏传》、《吴县志·循良传》。并入沧浪亭"五百名贤祠"。

466. 段干

姓氏： 段干
祖宗： 段干木
分类： 以先祖名字为氏
姓氏起源：
段干氏源于姬姓，本自段氏，出自春秋时期郑国国君郑武公之二子姬叔段，属于以先祖名字为氏。段氏起源于姬姓，姬姓的始祖是黄帝。黄帝打败蚩尤后，为他的二十五个儿子中的十二个分封了不同的姓氏，其中就有姬姓。黄帝的嫡系后裔长期以来保持着"姬"姓。黄帝的第三十一世嫡孙为郑武公姬掘突，他是春秋时期郑国的第二代君主。郑武公的妻子武姜生长子庄公时难产，生二儿子姬叔段时却很顺利，因此她喜欢叔段而不喜欢庄公。郑武公病重时，武姜请求郑武公立姬叔段为太子，被郑武公拒绝。后来姬叔段与姜氏合谋，准备袭击郑庄公。郑庄公获悉后派兵讨伐，结果姬叔段大败，逃到一个叫共的地方，所以叔段又叫共叔段。共叔段的后代为了记念祖先，便将姬姓改为段氏。段氏传到第六世孙，即为著名的贤者段干木。段干木原是晋国人，姬姓段氏，名木，郑国姬叔段的第六世孙，孔子的再传弟子，老师就是七十二贤之一的子夏。"三家分晋"之后，他成为魏国人，由于住在魏国的城邑段干（今山西夏县），所以人们称他为"段干木"。

郡望：
（1）扶风郡：周朝时期即置郡，其时辖地在今陕西省兴平、咸阳一带地区。
（2）鲁郡：也称为鲁国、鲁国郡。

堂号：

（1）扶风堂：以望立堂。

（2）鲁郡堂：以望立堂，也称为鲁国堂。

迁徙分布：

段干姓望族居于扶风郡（今陕西省咸阳县东）、鲁郡（今山东省滋县西一带）。

历史名人：

段干木（前475—前396）：魏国人，李宗后代。段干木原是晋国人，后来到魏国，住在魏国的城邑段干，所以人们称他为段干木。段干木曾求学于孔子的弟子子夏。他很有才能，却不愿为官。魏国国君魏文侯曾经登门去拜访他，想授给他官爵。他却避而不见，越墙逃走了。从此，魏文侯更加敬重他。每当乘车路过他家门时，就下车扶着车前的横木走过去，以表示对段干木的尊敬。有人问魏文侯为什么要下车？魏文侯说，段干木是个有贤德的人，他不为权势而坏了君子的道德。住在陋巷而驰名千里，我怎么能不下车表示对他的尊敬呢？

段干崇（生卒年待考）：即段干子，魏国人。著名战国时期魏国大夫。在《史记·魏世家》中有记载。战国时期，魏国与秦国之间爆发了"华军之战"，双方均不胜不败。但魏侯怕秦国的强势，就派遣段干崇出使秦国，割出自己的一部分土地以求和平。史书记载：华军之战，魏不胜秦。明年，将使段干崇割地而讲。

467. 百里

姓氏： 百里
祖宗： 百里奚
分类： 以先祖名字为姓

姓氏起源：

（1）百里出自姬姓，以封地为姓。周朝时，有姬姓虞国人，入秦后，授予百里作采邑，其后代子孙就以封地名为姓，称百里氏。

（2）百里是以人名为姓，乃春秋时秦国大夫百里奚的后代。周初，周武王封周太王古公亶父的二儿子虞仲的子孙在虞国（在今山西平陆县北）。春秋时，虞仲有个后人叫奚，因住在百里乡，又称百里奚，他在虞国任大夫。公元前655年，虞国被晋国所灭，百里奚和虞君都当了晋国的俘虏，成了奴隶。此时，秦穆公向晋献公求亲，晋献公就把女儿嫁给他，同时把百里奚也作为陪嫁的奴仆之一送往秦国。百里奚不甘心做奴隶，就在半路上逃跑了，可不久又被楚人捉去，成了楚国的奴隶。秦穆公是个有雄心壮志的国君，一直在收罗人才。他听说百里奚是个有才干的人之后，决心把他追回来。他怕用重金去赎会引起楚国对百里奚的重视，就按照当时奴隶的身价，用五张羊皮把他作为逃奴赎回来。秦穆公同百里奚交谈后，对他大加赞赏，封他为大夫。百里奚的后代子孙就以他的名字命姓，称百里氏。

郡望：

（1）新蔡郡：晋惠帝时，将汝阳郡分出一部分置新蔡郡。相当于今河南省新蔡县一带地区。

（2）京兆郡：京兆，即首都直辖区，为汉代京畿的行政区划名，为"三辅"之首。本来，秦朝设置内史官，掌治京师（在今陕西咸阳一带）。汉景帝时分置左、右内史。汉武帝时改右内史为京兆尹，下辖十二县。相当于今陕西省西安市以东至华县一带地区。晋代改称雍州京兆郡。

堂号：
（1）新蔡堂：以望立堂。
（2）京兆堂：以望立堂。

迁徙分布：
百里姓望居新蔡郡（相当于今河南省新蔡县一带地区）、京兆郡（相当于今陕西省西安市以东至华县一带地区）。

历史名人：
百里奚（前700—前621）：春秋时秦国大夫。也称为百里子或百氏，名奚，字里，又字井百、子明。春秋时宛（今南阳）人，一说虞国（今山西省平陆北）人。少时家境甚贫，颠沛流离，后出游诸国，到齐国，不被任用；又至周，仍不被任用；后被虞公任用为大夫，晋灭虞后被俘，作为陪嫁之臣被送往秦国，因秦穆公以媵臣待之，出走至宛，为楚人所执。后秦穆公闻其贤，用五张黑牡羊皮将其赎回，授以国政。称为五羖大夫。任秦大夫七年后，与蹇叔等共同辅佐穆公建立了霸业。相传他死后，秦国"童子不歌谣，舂者不相杵"，以示对他尊重和哀悼。

百里嵩（生卒年待考）：汉代徐州刺史。字景山，封丘人。相传当时天旱，百里嵩行仗所过之处，便有雨水降下，号"刺史雨"。

468. 东郭

姓氏： 东郭
祖宗： 齐桓公
分类： 以地为氏

姓氏起源：
东郭姓氏源于姜姓，为齐国公族之后。古代外城称郭。春秋时，齐桓公有子孙住在都城临淄外城的东门一带，称为东郭大夫。其后代便以居住地命姓，称东郭氏。

郡望：
（1）济南郡：汉朝时期高祖刘邦设有济南国。
（2）东郡：东郡始建于秦始皇五年（前242年），取原魏国之地置东郡，包括河北大名府、山东东昌府及长清县以西一带地区。

堂号：
（1）济南堂：以望立堂。
（2）东郡堂：以望立堂，也称为武阳堂。

迁徙分布：
东郭氏望出济南郡。西汉时在齐郡之地分置济南郡。相当于今山东省临淄一带地区。

历史名人：

东郭牙（生卒年待考）：春秋时齐国大臣，他为人正直，脾气犟，看到不对的事，不管君王高兴与否，就直言相劝，都是冒着杀头的风险。由于他敢说，为国家和百姓带来许多好处。

东郭延年（生卒年待考）：东汉时道术家，晓"房中术"。《后汉书·甘始传》曾揭出曹操的好奇心理说："甘始、东郭延年、封君达，三人皆方士也，率能行容成（人名）御妇人术。或饮小便，或自倒悬，爱啬精气，不极视大言；甘始、元放（即左慈）、延年皆为操所录，问其术而行之。"

469. 南门

姓氏：南门
祖宗：南门蝡
分类：以先祖名号或官职称谓为氏

姓氏起源：

南门源于子姓，出自商朝大臣南门蝡之后裔，属于以先祖名号或官职称谓为氏。传说，在上古商王朝初期，君主成汤属下有位重臣叫南门蝡，在《鹖子》中提到南门氏的始祖是南门蝡。当年商汤王朝建立之初，汤王属下有七位名臣，分别是庆辅、伊尹、湟里且、东门虚、南门蝡、西门疵、北门侧，其中的南门蝡就是这七位重要佐臣之一。此书认为，东门虚、南门蝡、西门疵、北门侧这四位大臣的职能，绝不仅仅是负责把守王城门郭那么简单，而很有可能是负责各个方向地域的方面军最高长官，否则，四个小小的守门将领不会被列为"重要佐臣"。因此，南门蝡应当被理解为负责商王朝整个南方地区的最高军政事务长官。

在南门蝡的后裔子孙中，有以先祖名号或官职称谓为姓氏者，称南门氏，是非常古老的姓氏之一，后多省文简改为单姓南氏、门氏，皆世代相传至今。南门氏族人大多尊奉南门蝡为得姓始祖。

郡望：

（1）河内郡：晋朝人认为，古以黄河以北为河内，以南、以西为河外。春秋末期楚、汉之际，约在公元前3世纪末置郡，治所在怀县（今河南武陟），当时其辖地在今河南省黄河以北、京汉铁路以西一带地区，包括汲县。

（2）汝南郡：汉高祖时置郡。治所上蔡，在今河南省上蔡县西南。

堂号：

（1）河内堂：以望立堂。

（2）汝南堂：以望立堂。

迁徙分布：

据考证，南门氏最早的得姓是"以官为氏"，发源于河内郡，望族出汝南郡。今河南省的武陟县、汝南县，江苏省的南京市六合区，陕西省的乾县还有少量南门氏族人分布。

历史名人：
暂无

470. 呼延

姓氏： 呼延
祖宗： 不详
分类： 汉化改姓为氏
姓氏起源：
（1）呼延氏源出于匈奴。古代匈奴族呼衍部落以部落名为姓，称呼延氏，为古代匈奴族四大姓之一。东晋时，呼衍部落进入中原后，改为呼延氏。
（2）呼延氏为鲜卑族姓氏之一。
（3）晋代时有稽明楚被赐姓呼延。
郡望：
（1）安定郡：汉武帝时置郡。相当于甘肃省平凉地区的一部分及宁夏西部。治所是高平，相当于今宁夏省固原县。
（2）新蔡郡：晋惠帝时将汝阳郡分出一部分置新蔡郡，相当于现在河南省新蔡县一带地区。
堂号：
（1）安定堂：以望立堂，也称为固原堂。
（2）新蔡堂：以望立堂，也称为下蔡堂。
迁徙分布：
今山西省平遥县、屯留县、雁北地区、石楼县，湖南省，黑龙江省，陕西省西安市长安区、延安市延长县、榆林市、绥德市、宝鸡市、三原市、清涧县、周至县、神木县，江苏省徐州市邳州市、新沂市，宁夏回族自治区盐池县，新疆维吾尔自治区，内蒙古自治区，浙江省常山市、衢州市、兰溪县，四川省成都市、西昌市、汉源县、凉山州，广东省广州市，山东省蓬莱市，河南省焦作市、林州市（林县），甘肃省庆阳市等地，皆有呼延氏族人分布。
历史名人：
呼延赞（？—1000）：宋代骁雄军使。他浑身满刺"赤心杀贼"四字，为国打仗，不计生死，敌皆畏之。淳化时官至康州团练使。有评书《黑虎传》（也叫《呼家将》）写呼延赞之子呼延丕显遭庞文陷害，其后人呼延庆后来大闹京城，报仇雪冤的故事。北宋将领。并州太原（今属山西）人。出生于将门之家。初为骁骑卒，因作战勇敢被提拔为骁雄军使。乾德二年（964年）随王全斌讨伐后蜀，班师后因军功提升副指挥使，太平兴国初年拔为铁骑军指挥使。太平兴国四年（979年），协助崔翰戍守定州，升马步军副都军头。端拱二年（989年），提拔为马军都军头，淳化三年（992年）升任保州刺史、冀州副都部署，改辽州刺史。后官扶州刺史，加康州团练使。

471. 归

姓氏：归

祖宗：归藏君

分类：以国名为氏

姓氏起源：

归姓源于姬姓，为黄帝后裔，属于以国名为氏。相传黄帝在即天子位之前，曾在归藏国当部落首领（今湖北秭归），即大位后，留下一子继任为归藏君。

其后，黄帝之后代归藏君世守归藏国，遂以"归藏"国名为姓氏，称归藏氏，后逐渐省文简改分衍为单姓归氏、藏氏，世代相传至今，皆是非常古老的姓氏。

郡望：

京兆：也称为京兆郡、京兆尹，实际上"京兆"不是一个郡，而是中央政府所在的地域行政大区称谓，"尹"为其太守。

堂号：

京兆堂：以望立堂。

迁徙分布：

今河南省郑州市、南阳市新野县，广西壮族自治区钦州市钦北区、南宁市武鸣县，广东省的广州市，江苏省苏州市、常熟市，浙江省湖州市德清县、海宁市，上海市嘉定区，陕西省乾县，台湾省等地，皆有归氏族人分布。

历史名人：

归融（生卒年待考）：唐氏归崇敬的孙子，也是兵部尚书的高官。归家爷孙三代都被朝廷任命为兵部尚书，当时传为佳话。而且归融当官特别出色，他为人正直，不怕权贵，秉公办事。且写得一手好文章。

归蔼（生卒年待考）：字文彦，后唐吴郡人。曾祖登，祖融，父仁泽，位皆至列曹尚书、观察使。蔼登进士第，及升朝，遍历三署。案：以下疑有阙文。据《旧唐书·昭宗纪》：天祐元年七月，宴于文思殿。朱全忠入，百官或坐于廊下，全忠怒，笞通引官何凝。丙寅，制金紫光禄大夫、行御史中丞、上柱国韩仪责授棣州司马，侍御史归蔼责授登州司户，坐百官傲全忠也。同光初，为尚书右丞，迁刑、户二部侍郎，以太子宾客致仕，卒年七十六岁。

472. 海

姓氏：海

祖宗：海春

分类：以先祖名字为姓

姓氏起源：

海姓起源于春秋战国时期，是卫国灵公姬元的大臣海春的后代。海春，原名春，本来是齐国人，居住在海岸，于是以海为姓，以海春作为自己的名字。他的后代世代相传，于是便有了海这个姓。

郡望：

（1）齐郡：西汉初年将临淄郡改为齐郡，相当于今山东省临淄县一带。

（2）薛郡：秦王政二十四年（前223年）设置，治所在鲁县，也就是今山东省南部一带。汉朝时改为鲁国。

堂号：

（1）齐郡堂：以望立堂，亦称临淄堂。

（2）薛郡堂：以望立堂，亦称鲁县堂。

迁徙分布：

今河南省郑州市、邓州市、平顶山市湛河区、周口市沈丘县、南阳市西峡县、许昌市、濮阳市、南阳市方城县、南阳市淅川县、洛阳市、信阳市固始县，湖南省张家界市、临湘市，贵州省毕节市、织金县，江苏省无锡市、徐州市、苏州市，山西省大同市，山东省临清市、菏泽市东明县，四川省成都市，陕西省咸阳市，辽宁省营口市、阜新市，河北省大厂回族自治县、唐山市，云南省昆明市通海县、宣威市、丽江市、曲靖市陆良县、玉溪市江川县，上海市、北京市、天津市、台湾省、青海省、宁夏回族自治区吴忠市同心县、固原市彭阳县，内蒙古自治区，海南省文昌县，广西壮族自治区鹿寨等地，皆有海氏族人分布。

历史名人：

海瑞（1514—1587）：明代右都御史，字汝贤，一字应麟，号刚峰，广东（海南省）琼山人，回族。任淳安知县时，他抑制豪权，清丈土地，平均徭税，施行"一条鞭法"，颇有政绩。因为对权贵没有给好处，后来被降为兴国判官。后来又因为政绩突出，擢升为户部主事，他准备上书陈述当时社会和朝廷政治的弊端，他知道自己直言坦白的上书会激怒世宗，于是在上书之前就自己买好了一口棺材，和他的妻子诀别，等待着朝廷的怪罪。他上书后，皇帝果然很愤怒，把他投进监狱，定他为死罪。不久以后，世宗死去。穆宗即位，海瑞于是得以出狱。任应天巡抚，推行"一条鞭法"，因受张居正、高拱排挤，谢病而归。张居正死后，擢南京吏部右侍郎，继迁右都御史15年。后来卒于南京右都御史的职位上，谥号忠介，曾平反一些冤案。因而民间有许多关于海瑞的传说。著作有《备忘录》、《元佑党人碑考》等。

473. 羊舌

姓氏： 羊舌

祖宗： 羊舌突

分类： 以邑名为氏

姓氏起源：

（1）羊舌出自姬姓，是春秋时晋国晋靖侯后代。春秋时晋靖侯的儿子公子伯侨有孙子名突，晋献公时被封在羊舌（在今山西洪洞、沁县一带），其后遂以羊舌命姓，称羊舌氏。羊舌族中有四人皆高门大户，世代为晋国大夫，世称羊舌大夫。

（2）羊舌出自季姓。古代有个叫季果的人，有人偷杀了羊，把羊头送他，他不敢

不接受，于是把羊头埋在地下。后来偷窃之事被人发现，季果把羊头掘出来，羊舌还在，所以被免罪，他于是以"羊舌"命姓，子孙遂姓"羊舌"。春秋末时，羊舌氏有改为单姓羊氏者。

郡望：
（1）京兆郡：即首都长安直辖区。汉代时为"三辅"之首。
（2）河东郡：秦时置郡。

堂号：
（1）京兆堂：以望立堂。
（2）河东堂：以望立堂。

迁徙分布：
如今，在辽宁、山西两省及周边地区还有很少量的羊舌氏族人分布。

历史名人：
羊舌突（生卒年待考）：姓姬，名突，春秋时晋国人，羊舌氏的得姓始祖。晋武公子姬伯侨，生姬文，文生姬突。晋献公时封为羊舌大夫，采食于羊舌邑，其子孙因以邑为姓，称羊舌氏。

羊舌赤（生卒年待考）：春秋时晋国中军尉，字伯华，为羊舌突的长子。时称他"铜鞮伯华"。孔子云："国有道，其言足以兴；国无道，其默足以容，盖铜鞮伯华之所行。"即卒，孔子叹曰："铜鞮伯华无死，天下有定矣。"

474. 微生

姓氏： 微生
祖宗： 周文王
分类： 以先祖名字为氏

姓氏起源：
根据《路史》记载的"鲁公族有微生氏"，证明其出身极为高贵，是鲁国公族之后。推溯起来，其祖先是历史上的圣君周文王，因为，鲁国的公族是周文王的后裔。历史上的鲁国，在今山东省曲阜一带，微生氏家族的老家便在这里。

郡望：
鲁郡：也称为鲁国、鲁国郡。

堂号：
鲁郡堂：以望立堂，亦称鲁国堂。

迁徙分布：
如今，在辽宁、山西两省境内有不少微生氏族人分布。

历史名人：
微生高（生卒年待考）：姓微生，名高，春秋时鲁国人，孔子弟子。当时人认为他为人爽直、坦率。孔子曰："孰谓微生高直？或乞醯焉，乞诸其邻而与之。"意思说："人家说微生高这个人直爽、坦率，但是孔子认为大家的话说过分了，他并没有符合这种修养。有人向他要一杯醋，他没有，自己便到别一家去要一杯醋来，再转给这个要醋的朋友。孔子认为这样的行为固然很好，很讲义气，但不算是直道。"微生高是个以直著称的人，他还做了一件很守信的事，把命都送掉了：他跟一个女子在桥下约会，那女的没来，大水却来了，他也不逃走，最后抱着桥柱淹死了。

475. 岳

姓氏：岳
祖宗：伯夷
分类：以官职为姓
姓氏起源：

岳姓源出于姜姓，出自远古颛顼帝之臣伯夷的后代，属于以官职称谓为氏。据《姓氏考略》、《元和姓纂》及《史记》、《姓苑》等记载，上古时期，有一种官职称作"四岳"，专门管祭祀三山五岳。因为远古时人们认为山是神灵，所以四岳官的后代取官职为姓。

郡望：

（1）山阳郡：古代山阳郡有二：①汉景帝中元六年（前144年）将梁国分置为山阴国，不久以后的汉武帝建元年间（前140—前135），又将其改为山阳郡，其时辖地在今山东省独山湖周围金乡县一带地区。②东晋朝义熙年间（405—418），晋安帝将广陵郡分置山阳郡，治理山阳附近的地区，其时辖地在今江苏省清江、淮安一带。至隋朝初年（581年），隋文帝又移其治所到今江苏省淮安市一带地区。

（2）冯翊郡：秦朝时期置郡，汉武帝太初元年（前104年）设置同名行政区左冯翊，与右扶风和京兆尹合称"京畿三辅"，其时辖地在今陕西省大荔县一带。

（3）邺郡：南北朝时期北魏分冀州置相州，治所在邺邑（今河北临漳）。

堂号：

（1）山阳堂：岳氏族人的祖先既然掌管四方诸侯，可见他们出身显赫，源远流长。秦汉以后，岳氏族人主要以山阳地区为繁衍中心。山阳是山东省金乡县的西北，岳氏的老家都是山东，随着历史的变迁，两千多年来，岳氏族人陆续移居各地。不过，他们始终沿用"山阳"的堂名。

（2）冯翊堂：岳氏系出神农后裔，神农生姜水，即以姜为姓，称帝名用火德王，故号炎帝，都城迁曲埠，传七世生节茎，不在帝位。节茎又传七世生垂。垂于尧时做共工水官，生伯夷，伯夷为秩宗，做"四岳"。又因佐禹治水功高，禹封其为吕侯，侯河南汲郡伯。吕侯功高如山岳，旨为"太岳"官，其后裔长子袭父封，逐以国为吕氏；仲子官"太岳"，赐"冯翊"后即以官命岳氏，此得岳氏"冯翊堂"之来由也。

（3）临漳堂：以望立堂，即邺邑堂，也称为彰德堂。

（4）忠义堂：为纪念岳飞而建。在杭州。

迁徙分布：

如今，岳氏族人在全国分布较广，并在世界各地均有分布，国内则以四川、河南两省为多，这两省岳氏人口占全国岳氏总人口的52%以上。

历史名人：

岳飞（1103—1142）：字鹏举，北宋崇宁二年二月十五日（1103年3月24日）生于相州汤阴县永和乡（今河南省汤阴县程岗村）。中国历史上著名战略家、军事家、民族英雄、抗金名将。岳飞在军事方面的才能则被誉为宋、辽、金、西夏时期最为杰出的军事统帅、连结河朔之谋的缔造者。同时又是两宋以来最年轻的建节封侯者。绍兴九年（1139年），被奸相秦桧以"莫须有"的罪名杀害。终年仅39岁。至隆兴元年（1163年），宋孝宗即位后，准备北伐，便下诏平反岳飞，谥武穆。宋宁宗嘉泰四年追封鄂王，改谥忠武，改葬在西湖栖霞岭，即杭州西湖畔"宋岳鄂王墓"，并立庙祀于湖北武昌，额名忠烈，修宋史列志传记。

476. 帅

姓氏： 帅

祖宗： 未知

分类： 以官职称谓为氏

姓氏起源：

帅姓源于官位，出自西周时期官吏师帅，属于以官职称谓为氏。师帅，是西周军制官职称谓。西周时期，军下设师，每师2500兵，周王室拥有六师军队，而在各诸侯国中，除了齐国姜太公拥有五师以外，其他的侯爵国拥有三师，伯爵国拥有二师，子爵国拥有一师，郡侯无师。至春秋以后，周王室疲弱，各诸侯国逐渐自大，无视周礼典制，各自纷纷扩军，如晋国、秦国、楚国、齐国、宋国、鲁国等大国皆扩军至六师。到了战国时期，师的建制已达万人，七雄皆各自拥兵数十师，周王室根本无可奈何。两周时期，师的最高军事长官称"师帅"，后细分有中军帅、上军帅、下军帅、左军帅、右军帅、后军帅等。在师帅、中军帅、上军帅、下军帅、左军帅、右军帅、后军帅等后裔中，皆有以先祖官职称谓为姓氏者，称帅氏，世代相传至今。

郡望：

（1）南阳郡：秦置，以在南山之南，汉水之北也。汉因之，治宛（即今河南南阳）。

（2）河南郡：秦为三川郡，汉置河南郡，治洛阳（今河南洛阳东北30里）。

（3）范阳郡：三国魏改涿郡为范阳郡，相当于今河北涿县及北京昌平、房山一带。

（4）平原郡：西汉置，相当于今山东西北部平原县一带。

（5）太原府：也称为太原郡。

堂号：

（1）平原堂：以望立堂。

（2）灵石堂：以望立堂。

（3）授琴堂：授琴是指教弹琴，春秋时期，鲁国乐师师襄善弹琴，孔子曾拜他为师学琴。

迁徙分布：
如今，帅氏主要分布于湖南、湖北、四川、江西、安徽等地。
历史名人：
帅仍祖（生卒年待考）：清文学家。字宗道，号介亭山人，江西奉新人。帅我长子。康熙间诸生。幼聪慧，十岁能诗，以才华自负。又精岐黄术。性孤介，艰于一第，乃弃举业，键户读书。工诗文，著有《嗜退山房诗稿》二卷、《文稿》三卷。

帅念祖（生卒年待考）：清画家。字宗德，号兰皋，江西奉新人，帅我子。雍正元年进士，改庶吉士，授编修，历官礼部给事中，陕西布政使。以事谪戍军台，没于塞外。工指画花卉，兼写山水。尤以时文鸣一时，务以幽渺之思，摆脱陈因。亦工诗，清刻不俗，与从子家相时有大小帅之称。著有《树人堂诗》七卷。

477. 缑

姓氏： 缑
祖宗： 滑伯
分类： 以封邑名称为氏
姓氏起源：
缑姓源于姬姓，出自西周时期卿大夫的封地，属于以封邑名称为氏。据《通志·氏族略》记载，西周时期，有周公的第八子因功受封于缑邑（今河南偃师），称缑侯。"缑"，是河南洛阳地区偃师县南部的一座山谷，在洛河与谷水（渑水）的交汇处，又叫作"覆釜堆"或"抚父堆"，是通往登封县的必经之地。由于缑侯实际上就是周王室的卿大夫，又是滑国的君主，为伯爵，因此也称滑伯。这在唐朝学者里泰所编的《括地志》中有记载："缑氏，滑伯国也。韦昭云，姬姓小国也。"在历史文献《重修滑县志》中也记载"周公次八子伯爵封于滑，为滑伯。"滑国国都原在滑地（今河南睢县），在东周初期，由于周王室迁至成周，因此滑国后来也迁到费地（今河南偃师缑氏镇），故又称滑国为"费滑"、"缑氏"，邻邦有卫国和郑国。
郡望：
（1）中山郡：古代称"中山"者有四：①战国时期原为顾国的都城（今河北定县）；②西汉汉高祖刘邦初年（前206年）设置中山郡（今河南登封）；③宋朝时期以定州为中山府，治所为安喜（今河北定县）；④宋朝时期的香山县，民国十四年（1925年）孙中山逝世后，民国政府将其改为中山县，今为广东中山市，孙中山故里在中山市南部的翠亨村。

（2）太原府：亦称太原郡。

（3）陈留郡：秦王嬴政二十六年（前221年）置陈留县，汉武帝元狩元年（前122年）改置陈留郡，治所在陈留（今河南开封）。

堂号：
（1）中山堂：以望立堂。
（2）太原堂：以望立堂。
（3）陈留堂：以望立堂。

迁徙分布：

今河南省郑州市封丘县、洛阳市偃师市、安阳市滑县、商丘市西华县、三门峡市、焦作市孟州市，甘肃省天水市麦积山区、北道区、秦安县、庆阳合水县，山东省淄博市、齐河县、曹县，山西省高平市、侯马市，浙江省宁海县，四川省三台县、绵阳市北川县、广元市剑阁县、江油县、乐山市，陕西省西安市北关区、雁塔区、高新区、临潼县、延安市富平县、渭南县、蒲城县，上海市，北京市，宁夏回族自治区，河北省廊坊市永清县、衡水市武邑县，辽宁省沈阳市，湖北省武汉市等地，皆有缑氏族人分布。

历史名人：

缑玉（生卒年待考）：缑氏名人，历来以河南的为最多，他们的原籍，就在缑氏山。唐代有一本古书上记载，在东汉末时，出过一位孝女，叫缑玉，陈留外黄（今河南民权西北）人。《孝子传》上有她的故事。

缑谦（生卒年待考）：明代宪宗成化年间缑氏名人。文武双全，做过辽东总兵官，又因功擢升南京右通政，颇有政声。

478. 亢

姓氏： 亢
祖宗： 未知
分类： 以居邑名称为氏
姓氏起源：

亢姓源于地名，出自春秋时期齐国亢父邑，属于以居邑名称为氏。据《战国策·齐策》记载，春秋时期有个贵族受封于军事要地亢父（今山东济宁任城区南部），世称其为"亢父"。据传，亢父邑是古代东夷族部落的住地，有亢父山，因以为名，是最早的风姓古国之一。亢父远在三皇五帝时期即系唐虞氏故国，有仍氏繁衍生息之地。夏、商时期为仍国，周王朝时期封夏后氏至此为任国、郜国。亢父之地的地势十分狭峻险要，从军事地理上观察，泰山在左，亢父在右，与泰山余脉的梁父山紧夹东西之道，至称阴阳。在战国时期，齐国在其地居高临下建有亢父城，为重要的军事重镇。在南荣氏所撰著的《遁甲开山图》中曾描述其境："泰山在左，亢父在右，亢父知生，梁父主死。"据《战国策·齐策》记载，当时的大纵横家苏秦在谈论亢父之地时对齐宣王田辟疆说："今秦攻齐则不然，倍韩、魏之地，至闻阳晋之道，径亢父之险，车不得方轨，马不得并行，百人守险，千人不能过也。秦虽欲深入，则狼顾，恐韩、魏之议其后也。是故恫疑虚猲，高跃而不敢进，则秦不能害齐，亦已明矣。"

郡望：

（1）武威郡：汉元狩二年（前121年）以原匈奴休屠王地置郡，治所在武威（今甘肃民勤东北）。元鼎后相当于今甘肃黄河以西、武威以东及大东河、大西河流域地区。

（2）太原府：亦称太原郡。

堂号：

（1）武威堂：以望立堂。

（2）太原堂：以望立堂。

迁徙分布：

今北京市、上海市、重庆市、湖北省荆门市、山西省太原市、临汾市尧都区、浮山县、原平县、汾西县、蒲县、襄汾县、翼城县、晋城市、洪洞县、陕西省西安市、商南县、韩城市、河南省洛阳市、开封市嵩县、宜阳县、灵宝市、南阳市淅川县、武陟县、洛宁县、杞县、伊川县、濮阳县、许昌市、禹州市、吉林省吉林市、辽宁省朝阳市喀左县、鞍山市、山东省聊城市开发区、济宁市、青岛市即墨市、栖霞县、湖北省荆门市、甘肃省兰州市、金昌市、定西县、通渭县、临泽县、江苏省苏州市、扬州市、吴县、内蒙古自治区呼和浩特市、卓资县、安徽省合肥市、当涂市、贵州省罗甸县等地，均有亢氏族人分布。

历史名人：

亢仓子（生卒年待考）：春秋战国时期诸子百家之一，有《亢仓子》。亢仓子不仅倡导清静无为的思想观念，而且提出了举贤任能、施行教化、重农耕、举义兵等。

亢青（生卒年待考）：元末明初人，祖籍河南宜阳张深，状元，官刺史。他曾与亢恒（县尹）一道赴东北，教"土人"种植五谷，造福一方，万民感念。至今东北人还称其为"五谷圣人"。

479. 况

姓氏： 况

祖宗： 况长宁

分类： 以封地名为氏

姓氏起源：

况姓出自姚姓。起源于周代，以封地名为氏。在周朝初年，舜（黄帝的第八代子孙）的后人虞公烈被封于况地（今山东省境内），他的后代子孙便以封地名"况"作为姓氏，称为况氏。三国时期，有个名人叫况长宁，他就是况姓的始祖。他的后代就以他为姓。

郡望：

（1）庐江郡：秦朝时期为九江郡，在楚汉之际分出一部分为庐江郡，汉朝时期名为舒。隋朝开皇年间（581—600）置庐江县，治所在舒（今安徽庐江），其时辖地在今安徽省长江以北庐江一带。

（2）瑞州府：瑞州府地处江西省中部偏西北。

堂号：

（1）高安堂：以望立堂。

（2）恩荣堂：湖南新邵况氏（真公系）堂号，因皇帝恩典况真父亲，取以皇恩为荣意作号。

（3）亲睦堂：江西上高大塘况氏堂号。

（4）祠圣堂：江西上宜况氏堂号。

（5）二吾堂：湖北孝感况氏堂号。

(6) 清一堂：湖北武汉况氏堂号。
(7) 龙王堂：重庆巴蜀况氏堂号。

迁徙分布：
况姓望出筠州府（瑞州府）（今江西省高安市）。目前人口较多的是高安，有15000人左右，主要分布在高安（共24个乡镇）的六个镇：龙潭镇，荷岭镇，兰坊镇，灰埠镇和石脑镇以及筠阳镇。其他乡镇零星分布。

历史名人：
况昌伯（生卒年待考）：隋拜谏议大夫，唐贞观时封开国侯，食邑千户，居江右曲江（洪州西山），为豫章（江西）况姓始祖。始纂《况氏谱牒》。编成后，学士房（玄龄）杜（如晦）多以诗赠，奉太宗命，杜若虚为序，御题牒首曰：海内文章伯，水南忠孝家。

况鼎（生卒年待考）：居新建西山太平乡，以忠孝上闻，官拜水南伯。唐宣宗幸其宅，赐"太平堂"匾，又赠门表曰：天下诗书府，山阴将相家。

480. 后

姓氏： 后
祖宗： 後照
分类： 以谥号为氏

姓氏起源：
后姓源于太昊氏，是上古东邑部族首领太昊的孙子後照的后代。明清两代之后，河北、开封多出此姓。又有一说相传炎帝的后代共工有个儿子叫句龙，黄帝时当任后土，死后被封为灶神，他的后代便以后为姓。又有出自姬姓的，西周时鲁孝氏公的儿子公子巩的封邑郈，谥号郈惠伯。他的后代称为郈氏，后来去右边的耳旁为后氏。

郡望：
东海郡：也称为郯郡、海州。《郡望百家姓》记载：后氏望出东海。有二处：①汉初置东海郡，在今山东省郯城县一带。②东魏及隋唐时代的东海郡，相当于今江苏省东海县以东，淮水以北地区。

堂号：
(1) 裕政堂：明时陕西市政司参议后敏，放宽政策，采取富民政策，使人民康乐。裕政是宽、开拓、富民的政治。他为人忠厚和乐，爱民如子，深受人民爱戴。
(2) 东海堂：以望立堂。

迁徙分布：
今北京市，山东省单县，四川省仪陇县、巴中市，宁夏回族自治区固原县，湖南省宁乡县、长沙市、常德市，安徽省宣城县、芜湖市、无为县、泾县、全椒县、淮南市，云南省红河州个旧市、思茅县，江苏省南京市江宁区、南京市溧水区、扬州市兴化县，河南省濮阳县、信阳市商城县，湖北省随州市、武汉市，甘肃省兰州市等地，皆有后氏族人分布。

历史名人：

后稷（生卒年待考）：中国古代周族的始祖。传说是邰氏之女所生，初生时曾被遗弃，故名弃。在尧、舜时（公元前21世纪以前）为农官，封地于邰，号后稷，别姓姬氏。据说他善于种植多种粮食作物，教民耕种。后来周族奉他为始祖，并认为他是最早种稷和麦的人。传说中的尧、舜时代，农业还很原始，后稷对当时农业（种植业）的发展做出过贡献，因而许多古籍如《诗经·生民》、《尚书·舜典》及《史记·周本纪》等都歌颂和记述了他的功绩。所以后来西周时设置的农官，就称为后稷。

后羿（生卒年待考）：又称"夷羿"，相传是夏王朝东夷族有穷氏的首领，善于射箭。当时夏王"启"的儿子"太康"耽于游乐田猎，不理政事，被后羿所逐。太康死后，后羿立太康之弟仲康为夏王，实权操纵于后羿之手。但后羿只顾四出打猎。后来被亲信"寒浞"所杀。神话传说"后羿"是"嫦娥"的丈夫。当时，天上有十个太阳，烧得草木庄稼枯焦，后羿为了救百姓，一连射下九个太阳，从此地上气候适宜，万物得以生长。他又射杀猛兽毒蛇，为民除害。民间因而奉他为"箭神"。

481. 有

姓氏： 有

祖宗： 有巢氏

分类： 以居邑名称为氏

姓氏起源：

有氏源于有巢氏，出自上古复姓有巢氏，属于以居邑名称为氏。据《路史》记载："有氏，古帝有巢氏之后。"上古时，中原地区野兽经常侵扰人类，传说有人发明了在树上建造木屋，可免遭野兽侵袭。大家视其为圣人，尊称其为有巢氏，并拥其为部落首领。关于有巢氏的传说，在先秦时期的古籍中已有记载。庄周在《庄子·盗跖》中说："古者禽兽多而人少，于是民皆巢居以避之，昼拾橡栗，暮栖木上，故命之曰有巢氏之民。"韩非在《韩非子·五蠹》中说："上古之世，人民少而禽兽众，人民不胜禽兽虫蛇，有圣人作，构木为巢以避群害，而民悦之，使王天下，号曰'有巢氏'。"有巢氏是传说中远古发明巢居的人，这一传说反映了原始时代人类由穴居而进入巢居的情况。

郡望：

东海郡：也称为郯郡、海州。

堂号：

（1）东海堂：以望立堂。

（2）平阴堂：以望立堂。

迁徙分布：

有姓望居东海郡（汉代置郡，在今天山东省郯城一带）。

历史名人：

有子（生卒年待考）：春秋末期鲁国人，名有若，字子有，是孔子的得意门生，为七十二贤人之一，小孔子四十三岁，因为他长相很像孔子，又喜欢钻研上古的制度礼

仪，后世尊称有若为有子。有子主要思想体系是跟随孔子，他是孔子的得意弟子，"四贤十二哲"当中他是属于"十二哲"之一，他的学生当中称子的很少，像孔子、孟子，唯有有若称为有子。在《论语》第二段记载有子曰：孝悌为先和为贵。这就是他的思想体系。孔子死后，学生怀念孔子，因有子的学问好，曾请他上堂讲课。他说一个人有没有学问，就看这个人能否对父母尽孝，对兄弟、姊妹、朋友是否友爱。"孝弟"的人有深厚的感情，这种人是不好捣乱的，因为当时他等于一个助教。有子作为孔子的学生受到了历朝历代的尊重，历代的皇帝过年过节祭奉孔子的时候，同时祭奉有子，有子这么出名，怎么有子的后代没听说哪里有呢，以后皇帝就下圣旨在全国各地找姓有的，从明朝的永乐一直到清朝的康熙、雍正年间，查找姓有的，最后到了嘉庆二年才找到姓有的，找到之后皇帝就通知当地的官府，免去一切杂役差徭，而且给予丰富的奉禄。

482. 琴

姓氏： 琴

祖宗： 琴牢

分类： 以先祖名字为氏

姓氏起源：

琴姓源于姬姓，出自春秋时期卫国琴牢之后，属于以先祖名字为氏。在春秋晚期，孔子的门生弟子中有一人叫琴牢，姬姓，字子开，一字子张，所以人们又称他为琴张。据说，琴牢为人很讲义气和友情，他与当时的名人子桑户、孟之反是交情很深的朋友。在琴牢的后裔子孙中，则以先祖名字为姓氏者，称琴氏、牢氏，世代相传至今，史称琴氏正宗。因古代琴师众多，且名已佚，故而琴氏族人大多尊奉琴牢为得姓始祖。

郡望：

（1）天水郡：也称为上邽郡。西汉朝元鼎三年（前441年）置郡，治所在平襄（今甘肃通渭），其时辖地在今甘肃省通渭县、秦安县、定西县、清水县、庄浪县、甘谷县、张家川县及天水市西北部、陇西东部、榆中东北部一带地区。

（2）南郡：始建于战国秦昭襄王二十九年癸未（前278年），汉因之。治所在郢（今湖北荆州），下辖十八县。其时辖地在今荆州、宜昌、宜城、南漳、荆门、华容、远安、当阳、秭归、巴东、恩施、利川、宣恩、枝江等一带地区。隋朝开皇初年（581年）被废黜。

堂号：

（1）天水堂：以望立堂。

（2）南郡堂：以望立堂，也称为郢邑堂。

迁徙分布：

琴姓在秦、汉统一天下之后，以今甘肃天水为繁衍中心，并逐渐向外播迁。明时，在中国最南端的交趾，已有琴氏族人出现——琴彭这位名人足以证明。琴姓望居南郡（今湖北省中部偏南荆州市）。

历史名人：

琴牢（生卒年待考）：古代的琴师，春秋末期卫国人。字子开，一字子张，又称琴张，为孔子最早的门徒。《孔子家语·七十二弟子解》："琴牢，卫人，字子开，一字子张。与宗鲁友，闻宗鲁死，欲往吊焉，孔子弗许，曰：'非义也。'"

琴彭（生卒年待考）：明代好官，永乐年间在地方上任州官，他实行的政策对老百姓、对国家都有好处，人们因此赞扬他。《明史·列传》记载："琴彭，交阯人。永乐中，以义安知府署茶笼州事，有善政。宣德元年，黎利反，率众围其城。彭拒守七月，粮尽卒疲，诸将无援者，巡按御史飞章请救。宣宗驰敕责荣昌伯陈智等曰：'茶笼守彭被困孤城，矢死无贰，若等不援，将何以逃责！急发兵解围，无干国宪。'敕未至而城陷，彭死之。诏赠交阯左布政使，送一子京师官之。"

483. 梁丘

姓氏： 梁丘
祖宗： 梁丘据
分类： 以邑为氏

姓氏起源：

《尚友录》上指出，梁丘起源是以邑为氏。梁丘是春秋时代鲁国的一个邑名，位于今山东省武县东北的梁丘山之南。《春秋》上有关于齐侯遇于梁丘的记载，据考证，这位齐侯便是梁丘氏的开山鼻祖梁丘据。他找到梁丘山这个地方后，便在此地定居住下来，从此以后，他的后世子孙便以梁丘为姓，称梁丘氏。望族居冯翊郡（今陕西夏县）。一直到今天，山东梁丘山的山南，仍有一座梁丘城，虽经长久日晒雨露，石城仍高大完好秀丽。这座山城，便是梁丘家族的发祥之地。复姓梁丘名人少见，可能是后来改单姓的原因。

郡望：

冯翊郡：汉时置左冯翊，为"三辅"之一。相当于今陕西省大荔县一带地区。

堂号：

冯翊堂：以望立堂。

迁徙分布：

梁丘氏族人早期主要活动于山东地区，汉朝以后扩展到陕西，以冯翊为郡望。唐、宋以后，史籍中已鲜见梁丘氏族人的踪迹。如今在辽宁、山东两省还有稀少分布。

历史名人：

梁丘据（生卒年待考）：春秋时齐国大夫，很受齐国君主齐景公的信任。他找到梁丘山这个地方后，便在此地定居住下来，从此以后，他的后世子孙便以梁丘为姓，称梁丘氏，故为梁丘姓的得姓始祖。

梁丘贺（生卒年待考）：西汉大臣，今文易学"梁丘学"的开创者。字长翁，琅琊郡诸（今山东省诸城）人。从京房受《易》，很能领会这本深奥的书，深得老师夸奖。又与施雠、孟喜同学《易》于田何的再传弟子田王孙。后来朝廷让京房先生推荐一名学生到朝廷做官，京房就推荐了梁丘贺。官大中大夫、给事中，至少府。宣帝时，

立为博士。著作已佚,清马国翰《玉函山房辑佚书》辑有《籀以梁丘氏章句》一卷。

484. 左丘

姓氏：左丘
祖宗：左丘明
分类：以地名为姓
姓氏起源：
左丘本来是一个地名,关于其得姓来源,有两种说法:
(1) 根据《氏族博考》记载,认为是因为左丘明居住在左丘,所以称为左丘氏。左丘的始祖左丘明是春秋时期鲁国太史,文才出众,是著名的大文学家,撰写《左传》,也称为《春秋左氏传》或《左氏春秋》,儒家经典之一。
(2) 是因为齐国有一个地名叫左丘(今山东临淄一带),居住在这个地方的子孙后代,便以地名为姓。左丘氏的老家应是在山东临淄。得姓历史至今已有2400年左右。望族居济郡(今山东淄博一带)。

郡望：
齐郡:西汉时期先为临淄郡,后改齐郡,治所在临淄(今山东淄博),其时辖地在今山东淄博市和益都、广饶、临朐等县地。

堂号：
齐郡堂:以望立堂,亦称临淄堂。

迁徙分布：
左丘复姓望族居齐郡。西汉初年将临淄郡改为齐郡。相当于今山东省临淄市一带地区。据传,在美国三藩市、西雅图地区,加拿大的温哥华还有左丘氏复姓华人,祖籍皆为山东淄川,是清朝后期随华人劳工军团泊去北美州的,历传数代,仍能说一些简单的汉语,不过已经不识多少汉字了。另外,左丘氏复姓族人在墨西哥、日本、韩国也存在。

历史名人：
左丘明(约前502—约前422):春秋时鲁国人,史学家。相传他双目失明,曾任鲁太史,大约与孔子是同时代的人。他为春秋作传,成《左氏春秋传》,简称《左传》。因目盲,后人称为盲左。因其世传史职,故能搜罗列国之史以传《春秋》,非如公羊、谷梁之以经生叙述传闻。孔子(孔丘)赏曰:"巧言令色足恭,左丘明耻之,丘亦耻之。匿怨而友其人,左丘明耻之,丘亦耻之。"先儒以为左丘明好恶同于圣人,故孔子作春秋为"素王",左丘明为"素臣",述夫子之志而作传。《国语》也出其手。

485. 东门

姓氏：东门
祖宗：公子遂
分类：以祖号为氏

姓氏起源：

东门姓氏源于姬姓，以居住地命姓。春秋时，鲁庄公有个儿子叫公子遂，字襄仲，在鲁国任大夫。他家在鲁国都城曲阜的东门旁边，人称东门襄仲。当时鲁文公有个宠姬叫敬嬴，同襄仲的关系很好，襄仲就劝鲁文公立敬嬴所生的儿子倭为太子，但受到大夫叔仲的反对。襄仲后来出使齐国，他私下要求齐侯支持倭继承鲁国君位。齐侯正想拉拢鲁国，便答应了。鲁文公死后，襄仲在齐国的支持下杀死了文公正夫人所生的公子恶和公子视，立倭为鲁宣公，由襄仲执掌国政。当时鲁国有季孙氏、孟孙氏、叔孙氏三个家族，称为"三桓"。三桓一直在扩张自己的势力，威胁到鲁君的地位。襄仲竭力维护鲁君，多次企图铲除三桓，却没有成功，因此同三桓成了死对头。襄仲死后，他的儿子公孙归父继任大夫。公元前591年，鲁宣公去世，季孙氏乘机谴责襄仲过去立宣公是"杀嫡立庶"，驱逐了公孙归父。公孙归父逃往齐国，后来以东门作为姓氏，其后子孙遂以东门命姓，称东门氏。

郡望：

（1）济阳郡：战国时期为魏国城邑，西汉时期改置为济阳县，治所在今河南省兰考县东北部。

（2）开封府：古称大梁、梁、汴，又称汴梁，简称汴，河南省辖市。

堂号：

（1）济阳堂：以望立堂。

（2）开封堂：以望立堂。

迁徙分布：

如今，在河南省的信阳市光山县以及黑龙江省这两地，还有极其稀少的东门氏族人分布。

历史名人：

东门京（生卒年待考）：西汉时人，经学家。善相马，与东汉时的将军马援分别向皇帝进献过"名马式一铜马法"用以铸造铜马。这一铜马模型相当于近代马匹外形学的良马标准型。汉武帝诏令立铜马于鲁班门外，改鲁班门名为金马门。

486. 西门

姓氏：西门
祖宗：西门豹
分类：以先祖名命姓
姓氏起源：

战国时，有魏国邺（今河北邻漳县西南邺镇）令西门豹，他的后代子孙有的以其名命姓，称西门氏。后来有的改西门复姓为单姓西氏。

郡望：

（1）梁郡：也称为梁国、梁国郡，始建于西汉高祖刘邦五年己亥（前202年），此之前叫砀郡，治所在淮阳（今河南商丘），下辖八县，其范围包括今河南商丘、虞城、民权及安徽砀山、山东曹县诸地。

（2）魏郡：汉高祖时置郡。治所邺县，在今河北省临漳西南。

堂号：

（1）梁郡堂：以望立堂，亦称梁国堂。

（2）魏郡堂：以望立堂，亦称临漳堂。

迁徙分布：

如今在北京、上海、山东等地，还有极少的西门氏族人零星分布。

历史名人：

西门豹（生卒年待考）：战国时人，魏国君主魏文侯任为地方官，他去做官的地方常有水灾，那里巫婆就说因为河伯发怒，所以有水灾，叫百姓每年把少女投到河里，让河伯娶了亲，就免灾了。西门了解情况后非常生气，他见巫婆骗人钱财，害人性命，就反问巫婆，把你嫁给河伯不是更好吗？就把巫婆丢到河里去。他叫百姓开水渠排水和灌溉，为该地造福千年，老百姓都很感激他。

西门君惠（生卒年待考）：汉代道士，王莽时人，喜爱天文谶记，曾对卫将军王涉说："刘氏当复兴。"后来，果然由刘秀建立了东汉。

487. 商

姓氏：商
祖宗：商容
分类：以国名命姓
姓氏起源：

帝尧继位后，封他的兄弟契（姓子）于商邑（今陕西洛县），后来建立了商国。商国传了十四代君主，到了成汤当商王时，灭了夏朝，建立了商朝。商朝传到商纣王时，有个忠臣叫商容，他就是第一个以商朝国名为姓的人。周武王灭商后，商容和商朝王族子孙以商为姓，称商姓。

郡望：

（1）汝南郡：淮河以北地区，今河南省中部上蔡县及安徽省。

（2）京兆郡：即国都直辖区。三国时魏置郡，治所在长安（今陕西西安），辖地约在今天的陕西秦岭以北，西安以东、渭河以南的地方。

（3）濮阳郡：濮阳郡大致在今河南滑县、濮阳、范县，山东郓城、鄄城一带。

堂号：

商姓的主要堂号有"追远堂"、"衍烈堂"、"三元堂"、"两贤堂"、"敬爱堂"、"好易堂"、"续志堂"等。

迁徙分布：

如今商姓分布主要集中于河北、山东、黑龙江、河南、北京、陕西、辽宁、江苏，这八个省市商姓大约占商姓总人口的74%，其次分布于湖北、安徽、浙江、重庆、天津等地。

历史名人：

商容（生卒年待考）：他是第一位出现于史籍的商姓人士，传说是纣王时官拜大夫，因忠言直谏，被纣王罢官。周武王克商后，商容归周朝，武王钦慕他的为人，曾特别旌表其闾，并嫁以女儿，所传后裔以商为姓。这也是有的学者认为他是后世商姓得姓始祖的原因。

488. 牟

姓氏： 牟

祖宗： 祝融

分类： 以国名为氏

姓氏起源：

牟姓源于姬姓，出自周朝给火神祝融之后的封地，属于以国名为氏。据《姓氏考略》、《元和姓纂》及《风俗通》记载："牟子国，祝融之后，后因氏焉。"祝融为上古时期掌管火的官职，起初为颛顼曾孙重黎所担任。祝融又称火正，因重黎很有功绩，能光融天下，被帝喾命名为祝融。重黎诛伐共工氏时，因没有将共工家族斩尽杀绝而被帝喾诛杀。后帝喾命其弟吴回继任，复居火正，为祝融。吴回生子陆终，承袭火正之职，被称为祝融。在西周初期，周武王将祝融之后封在牟（今山东莱芜辛庄镇赵家泉村），为西周时期的一个小诸侯国，子爵，因称牟子国。春秋时期，齐国强盛，与西部的强邻鲁国不断发生摩擦，牟子国夹在大国之间深受其害，被迫不断向东北方向迁徙。

郡望：

（1）巨鹿郡：也称为钜鹿郡，秦始皇二十五年（前222年）置郡，治所在巨鹿（今河北平乡），西楚霸王项羽在此地大破秦朝军队主力。

（2）平阳郡：历史上的平阳郡有二：①即今山西省临汾市。②即今山东省邹城市。

（3）荥阳郡：秦朝时期置郡，其时辖地在今河南省原阳市。

堂号：

（1）巨鹿堂：以望立堂。

(2) 平阳堂：以望立堂。
(3) 荥阳堂：以望立堂。

迁徙分布：
如今，牟姓在全国分布较广，尤以四川、辽宁等省多此姓，上述二省之牟姓约占全国汉族牟姓人口的72%。

历史名人：
牟长（生卒年待考）、牟纡（生卒年待考）：东汉乐安临济人，父子两博士。父牟长少习《欧阳尚书》。光武建武二年拜博士，迁河内太守。著有《尚书章句》，复征为中散大夫。子牟纡隐居教授，门生千人。后征为博士。

牟融（？—79）：北海安丘人，东汉大臣。明帝时举茂才，任丰地县令三年，县无狱讼。章帝即位后，升太尉（位同宰相），参录尚书事。

489. 佘

姓氏： 佘
祖宗： 人皇氏
分类： 以先祖名号为氏

姓氏起源：
佘姓源于人皇氏，出自远古三皇之一人皇氏的后裔，属于以先祖名号为氏。据1995年《邵东佘氏五修族谱》所记载的"佘氏得姓源流考"中说："据旧谱残卷相与考订，佘姓出自人皇氏之支裔，因以人为氏（称人氏）。后为黄帝作合宫接万灵，黄帝使主祀天神地祇人鬼之事，古以示为氏，因以示为氏（称示氏）。及夏后时失官，遂与不窋同于戎翟之间，聚族而谋曰：'吾欲仍以人为氏，则以远而忘君，仍以示为氏，又恐以远而意亲，不如合人与示而一之，庶君亲两无背乎。'于是遂合'人'与'示'为佘姓，此佘氏得氏命姓之始。"由此世代相传至今。

郡望：
(1) 雁门郡：战国时期赵国赵武灵王置郡，秦朝、汉朝沿用，治所在善无（今山西右玉），其时辖地在今山西省河曲、五寨、宁武、代县一带。
(2) 新蔡郡：原为周朝吕国的地域，即今河南省新蔡一带。
(3) 新郑郡：即今河南省的新郑市。

堂号：
(1) 雁门堂：以望立堂。
(2) 新蔡堂：以望立堂。
(3) 新郑堂：以望立堂。

迁徙分布：
佘姓望居新蔡（今河南省新蔡县一带）、新郑（今河南省中部新郑县）。

历史名人：
佘赛花（934—1010）：女，亦称杨令婆，封号佘太君，北宋名将杨老令公杨继业之妻；河北义安人。她精通韬略。其八子及一孙，多数殉国。在西夏侵扰时，她已百岁高龄，仍身挂帅印，率领杨家十二寡妇征西，集中地体现了杨家将的爱国精神。她以一老妇人而享有高度的威望，是古典作品中少见的人物，在民间广为流传。一说佘赛花生于后唐清泰年间，后汉乾祐二年（949年）与杨业成婚，逝世于宋大中祥符三年（1010年）。清朝康基田在《晋乘搜略卷二十》中记载："乡里世传，折太君善骑，婢仆技勇过于所部，用兵克敌如蕲王夫人之亲援桴鼓然。"人们把她比作蕲王韩世忠亲援桴鼓退金兵的夫人梁红玉，推崇备至。清光绪年间《保德州志》中记载："杨业……事北汉为建雄军节度史，娶折德扆女。"

490. 佴

姓氏：佴

祖宗：佴湛

分类：皇帝赐姓

姓氏起源：

佴姓源于黄帝后裔商汤。至东汉光武帝有左相佴湛为佴氏始祖。得姓原因是：因为皇帝负责设计和制作爵冠，爵冠傍弼珥，皇帝就以此赐姓竖人旁于耳边以为佴氏。宋代文学家所写的《晋山公集》有段记载是"晋代，佴湛的事迹"，说明佴氏得姓至少有1600年的历史。晋代以后，佴氏很少见。家族现在关于姓氏称谓多念"nai"音，也有部分念"nie"、"ni"、"mi"。

郡望：

（1）古滇郡：2000多年前，滇池沿岸有过一个古老的王国，司马迁在《史记》中称之为"滇"，然而就在司马迁将它载入典籍后不久，滇国便销声匿迹了，它曾经达到鼎盛一时的艺术成就也再没有复兴过。

（2）大理国：亦称为古滇国、夜郎国、叶榆州、南诏国。

堂号：

（1）古滇堂：在今云南省境内，据说自古以来，有不少姓佴的人家，在不断繁衍滋长。云南古称滇，所以一直到现在，佴氏家族世代相袭"古滇"堂号。

（2）洱海堂：以望立堂，亦称叶榆堂、南诏堂、大理堂。

迁徙分布：

今江苏省南京市江浦县石桥镇、句容市陈武镇、扬州市波斯村、淮安市金湖县、盱眙县、苏州市、江都市昌松乡、泗阳县，浙江省嘉兴市，上海市，广西壮族自治区桂林市，云南省昆明市佴家湾、大理白族自治州建水县等地，皆有佴氏族人分布。

历史名人：

佴湛（生卒年待考）：据《通志·氏族略》记载，晋有佴湛，被佴氏后人奉为佴姓的鼻祖。

佴祺（生卒年待考）：明万历年间金榜题名，荣登进士。官至御史、直隶巡按等。

491. 伯

姓氏：伯
祖宗：伯益
分类：以先祖名为氏

姓氏起源：

伯姓源于嬴姓，出自夏王朝初年东夷族伯益，属于以先祖名为氏。据史籍《风俗通》记载：伯氏出自嬴姓，伯益之后。伯益，亦称柏翳、大费，本是黄帝的后裔，在舜帝执政时期出任东夷部族联盟的首领，他以调驯鸟兽出名，受赐"嬴"姓，故伯益也是嬴姓的祖先，其后代中有嬴政，即秦始皇。伯益曾辅佐大禹治水，立有大功。大禹得位后，曾想让位给伯益，伯益却推辞不受，还躲避到箕山之阳。夏禹在后继无人的无奈情况下，才把天下传给自己的儿子启，结束了历来的禅让制度。后来，夏启担心伯益会夺取自己的王位，因此杀死了伯益，建立"王天下"的夏王朝，中国正式进入奴隶制社会。

郡望：

河东郡：①指今山西省。②秦置河东郡，治安邑，辖晋西南地区。东晋移治蒲坂（今山西省永济蒲州镇，按即刘裕灭后秦时）。隋唐为蒲州河东郡。隋又分蒲坂置河东县为治所。明并河东县入蒲州。③唐有河东道，又设河东节度使。道治蒲州，节度使治太原（今太原市西南）。④宋有河东路，治并州（太原府，今太原市），辖地北以内长城为限，而兼有今陕西东北角。金分河东南路、河东北路。南路治平阳（今临汾），北路治太原府。

堂号：

（1）河东堂：以望立堂。
（2）伯益堂：有个贤人叫伯益，他就是伯姓的始祖。

迁徙分布：

伯姓望出河东郡（今山西省黄河以东地区）。

历史名人：

伯益（生卒年待考）：名益，嬴姓。著名禹之大臣，伯氏鼻祖之一。

伯牙（生卒年待考）：俞氏。春秋时人。善鼓琴，学琴于成连，三年不成。成连使至东海蓬莱山，闻海水澎湃、群鸟悲号之声，情有所移，心有所感，琴艺大进。琴曲《水仙操》、《高山流水》传为其作品。与钟子期善，能穷其意趣。后子期死，痛世无知音，不复鼓琴。虽是传说中的人物，但人们却宁肯信其有，不肯信其无，因为他的《高山流水》以及他与钟子期的"知音"佳话，也成为千古绝唱。

492. 赏

姓氏：赏
祖宗：赏羽羌
分类：汉化改姓为氏
姓氏起源：

赏姓源于党项族，出自西夏国姓拓跋氏，属于汉化改姓为氏。根据《万姓统谱》记载，赏氏起源于西夏，祖先为赏羽羌，望出吴郡。宋朝时期，党项民族建立了一个政权，国号大夏，据有现在原绥远省境内的鄂尔多斯，原宁夏省境内的阿拉善及甘肃省西北部之地，汉史称"西夏"。赏氏就是西夏国的国姓之一，其先祖叫拓跋·赏羽，但他不是鲜卑族人，而是氐羌人，因而史称其为"赏羽羌"。建立西夏王朝的党项民族，源本就是氐羌民族的一支。虽然西夏政权在宋理宗赵昀宝庆三年（大蒙古国成吉思汗孛尔只斤·铁木真二十二年，1227 年）被蒙古大军所灭，真正的国祚不到两百年（1038—1227），但其国人始终保留了西夏王朝的一支姓氏，即赏氏。西夏灭亡之后，赏氏族人纷纷南下，散居中原、江南各地。日久天长逐渐汉化，融入汉族，从此赏氏也成为汉族的一个姓氏。

郡望：

吴郡：东汉朝永建四年（129 年），东汉王朝分会稽郡置吴郡，治吴县（今江苏苏州），辖区包括建德以下钱塘江两岸，故今浙江省杭州市亦在吴郡之内。南朝陈国时期，改吴郡为吴州。隋朝灭南朝陈国之后，再改吴州为苏州，吴地始有苏州之称，并一直沿袭至今。另外，在三国时期，孙吴政权在宝鼎元年（266 年）另置有一个吴郡，治所在乌程（吴青镇，今浙江湖州吴兴区）。

堂号：

吴郡堂：以望立堂，也称为吴州堂、苏州堂。

迁徙分布：

赏姓望居吴郡（今江苏省苏州市至浙江省杭州市一带）。

历史名人：

赏庆（生卒年待考）：南朝时吴中人（今江苏苏州），曾在江东做幕僚。

赏林（生卒年待考）：吴中人（今江苏苏州）。三国时期的孙吴政权句章（今浙江宁波）略长吏。

493. 南宫

姓氏：南宫
祖宗：南宫括
分类：以先祖名字为氏
姓氏起源：

根据《尚友录》记载，南宫源于姬姓，是文王四友南宫子之后。而《世本》和

《史记·仲尼弟子列传》两书中认为，南宫的得姓，与鲁国的南宫阅，居南宫有关。此外《通志·氏族略》上有"南宫氏是孟僖子之后，或文王四友南宫之后"这一说法。所谓"文王四友南官子"，依照《史记·周本纪》的师古注，指的就是南宫括。据考证，南宫括是周朝文王四友之一的贤士。他是周文王父子兴周灭纣时的一位贤臣。春秋时鲁国贵族孟僖子的儿子，本来叫仲孙阅，由于居住南宫，所以才以南宫二字为氏。据考证，不论是南宫括，还是南宫阅，他们都是黄帝的姬姓子孙。南宫氏的发源地在东鲁郡（今山东省境内），至今已有2000多年的历史。

郡望：

（1）河南郡：今河南省洛阳东30里。

（2）东鲁郡：西汉初年置鲁国，三国魏及晋改为鲁郡。相当于今山东省曲阜、泗水一带地区。

（3）南宫：即今河北省邢台市辖县级南宫市，南宫之地自西汉初期置县始，就一直沿用此名。

堂号：

（1）河南堂：以望立堂。

（2）东鲁堂：以望立堂，亦称鲁国堂、任城堂。

（3）南宫堂：以望立堂。

迁徙分布：

南宫氏望居河南郡（今河南省洛阳东30里）、东鲁郡（西汉初年置鲁国，三国魏及晋改为鲁郡。相当于现在山东省曲阜、泗水一带地区）。

历史名人：

南宫括（生卒年待考）：（古适和括通用，但史籍上都是用适字），又称南宫子，著名西周贤者。周文王的好朋友、贤良之士。他曾大力助周文王兴国灭纣。周文王逝世后，他又帮助周武王打天下，立下了很大的功劳。周武王建立西周王朝后，叫南宫括去把商纣王搜刮百姓财物而建立的鹿台拆了，并把鹿台上的财物分给贫苦老百姓。又叫他去把商纣王的粮仓都打开，将粮食分给受饥的庶民们。南宫括将各项事情都办得非常好，周武王很高兴，曾对群臣说："我有戡乱的大臣八人，南宫括就是其中之一。"

494. 墨

姓氏： 墨

祖宗： 墨如

分类： 以先祖名字为氏

姓氏起源：

墨姓源于姜姓，出自炎帝后裔夏禹老师墨如之后，属于以先祖名字为氏。据《潜夫论》记载："禹师墨如。"传说上古时圣帝舜在位时，大水成灾，经四岳举荐，舜帝任命鲧为水正，负责治理水患。鲧采取堵塞之法，结果越堵水患越大，反倒淹死了很多人。舜依法杀了鲧，又改任鲧的儿子禹治水。那时禹仅只17岁，面对如此重任，他感到责任重大。这时,有个炎帝神农氏的后裔叫姜墨如,他见多识广,就向禹建议采取疏导之法治理水患。姜墨如的建议使禹茅塞顿开,经过13年的艰苦努力,终于平定了水患,禹因此拜墨如为师。

郡望:

梁郡:也称为梁国、梁国郡,始建于西汉高祖刘邦五年己亥(前202年),此之前叫砀郡,治所在淮阳(今河南商丘),下辖八县,其范围包括今河南商丘、虞城、民权及安徽砀山、山东曹县诸地。

堂号:

梁郡堂:以望立堂,亦称梁国堂、淮阳堂。

迁徙分布:

如今,墨氏族人主要生活在陕西、四川一带,而历史上记载的墨氏并不居于该地,当有过一次大规模的墨氏族人转迁过程。

历史名人:

墨子(约前479—前381):姓墨,名翟,春秋战国时思想家、政治家,墨家创始人。相传原为宋国人,后长期住在鲁国。曾学习儒术,因不满"礼"之烦琐,另立新说,聚徒讲学,成为儒家的主要反对派。其"天志"、"明鬼"学说,承袭殷周传统思想形式,但增入"非命"与"兼爱"等内容,反对儒家的"天命"和"爱有差等"说,以为"执有命"是"天下之大害",力主"兼相爱,交相利",不应有亲疏贵贱之别。处世奉行"摩顶放踵,利天下为之"精神。其"非攻"思想,反映当时人民反对战争的意向,其"非乐"、"节用"、"节葬"等主张,为反对贵族"繁饰礼乐"和奢侈享乐生活。又重视生产,强调"赖其力者生,不赖其力者不生"(《墨子·非乐上》),并提出"尚贤"、"尚同"等政治主张,以为"官无常贵,民无终贱","必使饥者得食,寒者得衣,劳者得息,乱则得治"。弟子众多,以"兴天下之利,除天下之害"为教育目的,尤重艰苦实践,服从纪律。墨学对当时的思想界影响很大,与儒家并称"显学"。

495. 哈

姓氏: 哈

祖宗: 未知

分类: 汉化改姓为氏

姓氏起源:

哈姓源于蒙古族,属于汉化改姓为氏。据《清朝通志·氏族略·附载蒙古八旗姓》记载:蒙古族都尔哈氏,世居喀喇沁(今内蒙古喀喇沁旗)。后有满族引为姓氏者,满语为DurhaHala。元末明初,在明太祖朱元璋颁布《禁胡姓诏》时,即改汉姓为哈氏,迁居长葛郡(今河南许昌长葛),世代相传至今,族人众多。明朝著名文学家杨慎在《希姓录》中记载:"有哈永森,今湖北有此姓。"哈永森,就是原蒙古族都尔哈氏族人的后代。

郡望：
（1）长葛县：春秋时期郑国置长葛邑；秦朝时期改为长社县，属颖川郡。
（2）金山郡：即今新疆维吾尔自治区的阿勒泰地区。

堂号：
（1）长葛堂：以望立堂。
（2）金山堂：以望立堂。

迁徙分布：
哈姓望居长葛县（今河南省许昌市长葛县）。

历史名人：
哈散（生卒年待考）：元代回族人，北宋神宗年间进入中国的布哈拉王后裔赛典赤赡思丁的次子。据《续云南通志考》载："哈散，赡思丁次子，流于河西……"早期追随成吉思汗。1203年怯烈部落夜袭成吉思汗营地，因无备溃败，逃到班朱尼河畔，环视左右，只有19人相随，大呼：谁助我完成大业？19人齐声相应与成吉思汗盟誓，誓死相从。哈散为19人"班朱尼河盟誓"成员之一。哈散及其儿子们得到成吉思汗的信任。官至平安路同知、中奉大夫、广东道宣慰使都元帅、左丞相。

496. 谯

姓氏： 谯
祖宗： 姬奭
分类： 以国名为氏

姓氏起源：
周朝时候，有周召公姬奭，是个贤良的人物，他的儿子就被封为"谯侯"，谯侯原名叫"盛"。盛的子孙后代，就以祖上的封号为姓，世代姓谯。盛后来还建立了谯国，所以谯姓则以国为姓。

郡望：
（1）北海郡：汉朝时期景帝中元二年（前148年）分齐郡置郡，治所在北海（一说营陵，今山东昌乐），其时辖地在今山东省潍坊、烟台一带地区。
（2）谯国郡：也称为谯国、谯郡。

堂号：
（1）北海堂：以望立堂。
（2）谯国堂：以望立堂。

迁徙分布：
今陕西省汉中市西乡县，四川省成都市、宣汉市、南充市、广安市、巴中市、阆中市，甘肃省庆阳市镇原县，湖北省麻阳县，贵州省沿河县、山东省齐河县等地，皆有谯氏族人分布。

历史名人：
谯周（200—270）：三国时期蜀国名士。字允南，巴西西充（今四川省阆中市西南）人，精研六经。谯周幼年失父，家贫笃学，做了博学多才的蜀中名儒秦宓的弟子，

22 岁入仕，先后任益州牧、中散大夫、光禄大夫、太子仆、骑都尉、散骑常侍。他一生著述多达百篇，尤其是史学著作，历"两晋"迄于"唐宋"，皆为史家所瞻目。其代表作有《谯子法训》、《论语注》、《五经然否论》、《古考史》、《巴蜀异物志》等。《古考史》全书 25 卷，在唐代即被誉为"能与《史记》并行于世的史书"。今谯周墓位于南充市。

497. 笪

姓氏：笪
祖宗：笪琛
分类：以先祖姓名为氏
姓氏起源：
据《通志·氏族略》记载，笪姓的开山鼻祖乃建平进士笪琛。这个姓氏自古以来便繁衍于我国江南的建州地区，今建州多此姓，其他地区比较少见。所谓建州，是唐代所设的一个郡，所改称建安，指的是今福建省建瓯县一带。笪氏族人多奉笪琛为笪姓的始祖。
郡望：
建安郡：今福建省建瓯，东汉末分侯官县置。孙吴分会稽郡置建安郡，以建安县为治所。福建与浙江分治始此。以后建安郡渐缩小为今在福建省西北部。隋唐以闽州、建州为建安郡。
堂号：
建安堂：以望立堂。
迁徙分布：
笪姓望居建安郡（今福建省建瓯县一带）。
历史名人：
笪琛（生卒年待考）：宋朝进士，福建省建州人，古书上记载着他名字。建州笪氏的开山鼻祖就是笪琛。
笪重光（1623—1692）：字在辛，号江上外史，江苏省句容人。以劾明珠去官。工书善画，与姜宸英、汪士鋐、何焯称四大家。精古文辞，著有《书筏》、《画筌》。其人在当时不仅为四大书画家之一，而且有"官御史，有直名"之誉称。

498. 年

姓氏：年
祖宗：姜小白
分类：以祖父名字为氏
姓氏起源：
姜小白，齐桓公是春秋时期齐国的第十五位君主，姓姜，名小白，齐釐公子，齐襄公弟，公元前 685—前 643 年在位，是首先称霸中原的国君。齐襄公是一个暴虐的君

主，人们怨声载道，人人愤恨。姜小白进宫劝谏，齐襄公不听。他在鲍叔牙的劝说下，出奔到莒国。公元前685年，齐襄公的族弟以公孙无知与大臣连称、管至父串通发动政变，杀了齐襄公，篡夺了王位。一个多月后，雍廪、高傒诸大夫又杀了公孙无知等，准备迎接出奔在鲁国的姜小白哥公子纠回国即位。而国内高氏、国氏等贵族支持姜小白即位。姜小白抄近道首先回到齐都临淄，当上了国君，即齐桓公。齐桓公认为父亲为君只一个月就被杀，这是一个凶兆，为了辟邪，就以祖父名字"夷仲年"中的年字为姓，称年氏，世代相传。

郡望：
怀远郡：即怀远县。

堂号：
（1）怀远堂：以望立堂。
（2）兵严堂：年羹尧治军以军纪严明为最，族人因以为耀，因称"兵严堂"，后避年氏之祸，族人有改陈氏、连氏者。

迁徙分布：
今安徽省蚌埠市怀远县，宁夏盐池市，辽宁省沈阳市，河北省的保定市，天津市，北京市，上海市松江区，青海省西宁市，香港特别行政区，陕西，台湾省等地，皆有年氏族人分布。

历史名人：
年妃（？—1725）：敦肃皇贵妃，年氏，湖北巡抚年遐龄之女。事世宗潜邸，为侧福晋。雍正元年（1723年），封贵妃。雍正三年（1725年）十一月，妃病笃，进皇贵妃。并谕妃病如不起，礼仪视皇贵妃例行。妃薨逾月，妃兄年羹尧得罪死。谥曰敦肃皇贵妃。

年希尧（？—1739）：清朝初年的文官，出身于汉军镶黄旗。凭着与雍正皇帝的亲密关系而官运亨通，但在仕途上并无大的建树。与其政绩平庸相比较，年希尧在科学和艺术上的贡献却不同凡响。他被朝廷派遣至江西景德镇去监督烧瓷器，因为宫廷用的瓷器都由那里烧成。他在景德镇陶瓷业的恢复和创新中，起到承前启后的作用。由他编纂的《纲鉴甲子图》被送往欧洲出版，引起西方汉学家的注意。他是最早接受并宣传西方对数计算方式的中国数学家之一，并热心推动西算与中学的结合。他还精于绘画，将西方的透视技法改编为《视学》在中国出版。而这一切，都跟他同西方传教士的交往和友谊分不开。年希尧对中国瓷业的发展具有非常大的贡献。

499. 爱

姓氏： 爱
祖宗： 爱邪勿
分类： 以王父字为氏
姓氏起源：
据《姓氏考略》记载："唐时，回鹘国相有爱邪勿，赐姓爱，名弘顺。"爱姓来自唐代时的回鹘国。一千多年前的大唐声威远播，也许为了布恩树德，曾经把回鹘国的首相爱邪勿赐姓于爱。当时，这是一份莫大的荣誉，所以，爱邪勿的子孙就以爱为姓，称爱氏。所谓回鹘国便是汉代以来就跟中国关系密切的回纥。回纥是一个种族，本来是匈奴的苗裔，后来归属突厥，与敕勒同族。到了后魏时，这个种族为高车，或称袁纥、乌护、乌纥；隋朝时，又称为韦纥；唐朝时，他们叛离突厥，始称回纥，并且，由于郭子仪平定安史之乱，被大唐皇帝赐号回鹘，拥有内外蒙之地，盛极一时。至于这个种族成为中华民族之一分子，也有一段曲折的经过。原来，他们在内外蒙古称盛没有多久，到唐文宗开成二年，国内大乱，其部属四奔，定居于今新疆东南部之地。宋元之际，他们为蒙古所并，号为畏吾儿，仍然居有天山南路，清代称其地为回疆，至乾隆皇帝时，正式纳入版图。所有的回纥人也自此成为中国人。

郡望：

（1）西河郡：汉代元朔四年（前125年）置郡。相当于今陕西、山西两省之间黄河沿岸一带地区。

（2）伊犁：伊犁得名于著名的伊犁河。今新疆维吾尔自治区。

（3）辽东郡：战国时期燕国置郡，治所在襄平（今辽宁辽阳），其时辖地在今辽宁省大凌河以东一带地区。

堂号：

（1）西河堂：以望立堂。

（2）伊犁堂：以望立堂。

（3）辽东堂：以望立堂。

迁徙分布：

爱氏望族出西河郡、伊犁郡、辽东郡。

历史名人：

爱曾（？—23）：新莽农民起义军领袖。字子路，东平（今属山东）人。与肥城刘诩在卢县（今山东长清南）城头起义，故称"城头子路"。他自称都从事，刘诩称校三老，转战于河、济之间，众达20余万。刘玄政权建立，任东莱太守，诩为济南太守。不久，为部将所杀，所部被刘玄解散。

爱申（？—1127）：金将领。初为虢县镇防军，累功迁军中总领。犯罪当死，留军中效力，受命救秦州城，逐李文秀出秦州，以功迁德顺节度使、行元帅府事。正大四年，元军围城，坚守120个昼夜，城破自杀。

500. 阳

姓氏：阳

祖宗：阳樊

分类：以国为氏

姓氏起源：

大约2500多年前，周景王年间，阳国被邻国齐国吞并，阳国灭亡后，阳国的子孙，为了纪念故国，就以故国为姓而姓了阳。另外，关于阳氏的源流，《姓考》一书曾经指出，阳是古国的名称，周惠王时，齐国人过侵略迁入阳国，阳国亡，子孙就以国为姓。而《通志·氏族略》上记载，阳国与齐国邻近，闵二年，齐人入侵，阳国子孙就以国为氏。此外，《广韵》记载，周景王封小儿子阳樊于阳，他的后裔为了避周时之乱，迁到燕国，以故国命姓氏。

郡望：

（1）沂水郡：即今山东省临沂市沂水县的境域。

（2）陇西郡：今甘肃省陇西县附近一带。

（3）阳都县：汉朝时期县名，隶属于徐州琅琊郡，其时辖地在今山东省沂南县砖埠乡之东的黄疃村一带。汉朝灭亡后即被废黜。

堂号：

（1）沂水堂：以望立堂。

（2）阳都堂：以望立堂。

（3）陇西堂：以望立堂。

迁徙分布：

今山东省泰安市泰山区、新泰市，广西壮族自治区桂林市阳朔区、临桂县、灵川县，甘肃省东乡市、陇西县，河北省玉田县，湖南省道县、醴陵县、攸县，四川省广元市朝天区、巴中市营山县、平昌县、自贡市、宜宾高县，贵州省威宁市，重庆市梁平县，湖北省广水市，江西省赣州市、南康市、上犹县、吉安市安福县，台湾省，香港特别行政区等地，皆有阳氏族人分布。

历史名人：

阳货（生卒年待考）：名虎，字货，春秋时鲁国人。鲁国大夫季平子的家臣，季氏曾几代掌握鲁国朝政，而这时阳货又掌握着季氏的家政。季平子死后，专权管理鲁国的政事。后来他与公山弗扰共谋杀害季桓子，失败后逃往晋国。

阳尼（生卒年待考）：字景文，北魏无终人，少好学，博通群籍，征拜秘书著作郎。尼一生著书数千卷，所造《字释》数十篇，未就而卒。

501. 佟

姓氏： 佟

祖宗： 终古

分类： 以封地为氏

姓氏起源：

我国的佟氏，根据学者考证始于3700年前的夏朝，夏朝的末代君主夏桀时有一位太史终古，乃佟氏的始祖。根据《路史》上记载，夏朝太史终古归顺于商，后代称为佟氏。《北燕录》记载有辽东佟万，以文章知名。佟氏在我国辽东地区是个大族。前清时期，根据族谱记载，他们的先世本是满洲人，由于世居佟佳（佟佳就是今辽宁省境内的佟家江，鸭绿江的支流之一，由于佟姓聚居于此，又称为佟家江或佟佳江），所以才以地为氏，而姓了佟。辽东所有的佟姓人家全部都是满洲人的后裔。因此，辽东的佟氏，应该说有两支，一支是汉人，一支是后来的满裔子孙，这一支佟氏比较兴旺。

郡望：

辽东郡：战国时期燕国置郡，治所在襄平（今辽宁辽阳），其时辖地在今辽宁省大凌河以东一带地区。

堂号：

辽东堂：以望立堂。

迁徙分布：

目前佟姓的第一大省为辽宁，大约占全国佟姓人口的四成。佟姓在全国主要分布于辽宁、黑龙江、河北，这三省集中了佟姓人口的七成；其次分布在天津、北京、吉林、江苏、内蒙古、山东等地。

历史名人：

佟养性（？—1632）：明末开原人。原居开原佟佳，后自开原徙抚顺，归附后金，隶汉军正蓝旗。努尔哈赤以宗女赐为妻，授三等副将。后金天命六年（1621年），从军克沈阳、拔辽阳，叙功晋二等总兵官。天聪五年（1631年）授昂邦章京，总理汉人官民事务。监铸红衣炮四十具，为后金火炮之始。六年，皇太极于城北演武场阅兵，其率所部试炮，披甲列阵，军容严整，治军有方，深得赞许。同年病卒。顺治初，追谥勤惠。

502. 第五

姓氏： 第五

祖宗： 不详

分类： 帝王赐姓改姓为氏

姓氏起源：

第五氏源于田姓。汉高祖刘邦建立汉朝后，为了消灭各地豪强的残余势力，曾经把战国时的齐、楚、燕、韩、赵、魏六国国王的后裔和豪族名门共十万多人都迁徙到关中房陵（今湖北房县）一带定居。在迁徙原齐国田姓贵族时，因族大人众，故改变了原来的姓氏，以次第相区别，分列为第一氏到第八氏。首迁者往第一门，为第一氏；田广之孙田登迁往第二门，为第二氏；田广之孙田癸为第三氏，依次类推，田广的田英最后迁徙，住在第八门，为第八氏。第五氏就是其中的一支。这一支后来出了不少名人，所以作为显姓收到《续百家姓》中。第一至第八等姓，后来都改为单姓"第"，现在保留复姓的很少。

郡望：

（1）陇西郡：战国时秦国置郡。今甘肃省陇西县附近一带。

（2）东郡：东郡始建于秦始皇五年（前242年），取原魏国之地置东郡，包括河北大名府、山东东昌府及长清县以西一带地区。

堂号：

（1）陇西堂：以望立堂。

（2）东郡堂：以望立堂，也称为江鄢堂。

迁徙分布：

如今，复姓第五主要聚居在陕西省咸阳市的魏落村和口五村，这两个村子除了个别的杂姓外，基本都复姓第五。另外在全国各地也散居着很多复姓第五。目前台湾有7家复姓第五，其祖先在今天的魏落村，主要居住在内湖一带。

历史名人：

第五伦（生卒年待考）：字伯鱼，东汉京兆长陵（今陕西省咸阳东北）人。先世为战国田氏，后徙西汉园陵，便以迁徙次序为姓。少年时耿介而好义气。王莽末年，盗贼四起，宗族乡亲争着依付第五伦。第五伦于是在险要之处修筑堡垒，贼人来后，他便率众引弓持矛坚守自卫。先后有铜马、赤眉的军兵数十部围攻他们，都无法攻克。第五伦开始以营垒首领去见郡长官鲜于褒，鲜于褒见到他后，十分欣赏他的才干，征为自己的属吏。后来鲜于褒因过失降职为高唐县令，临行时，握着第五伦的手告别说："只恨与你相知太晚。"东汉初，被京兆尹阎兴召为主簿，后任铸钱掾，领长安市，百姓悦服。建武二十七年，举孝廉，补淮阳国医工长。光武帝召之，有政见，拜会稽太守。虽为二千石官，亲自锄草养马，妻子为炊。受俸禄仅留一月粮，其余皆助百姓之贫者。后任蜀郡太守。所至皆有政声，举荐贫者为属官，多至两千石。章帝初，代牟融为司空，奏请削弱马、窦等外戚权势。第五伦奉公尽节，言事不阿附；性质憨，少文采，任官以贞洁著称。后来任乡里啬夫，均平徭役，调解怨忿，很得乡里人爱戴，当时人们把他比作西汉的贡禹。

503. 言

姓氏： 言

祖宗： 言偃

分类： 以先祖姓名为氏

姓氏起源：

根据《元和姓纂》记载，言姓祖宗是仲尼弟子言偃。《万姓统谱》记载中说到，言偃是距今两千五百多年前的吴人，换言之，我国的言氏家族，发祥于江南地区，历史悠久。

郡望：

（1）汝南郡：汉高祖时置郡。治所上蔡，在今河南省上蔡县西南。

（2）吴郡：东汉朝永建四年（129年），东汉王朝分会稽郡置吴郡，治吴县（今江苏苏州），辖区包括建德以下钱塘江两岸，故今浙江省杭州市亦在吴郡之内。

堂号：

（1）汝南堂：以望立堂。

（2）吴郡堂：以望立堂。

迁徙分布：

今江苏省南京市、昆山市、常熟市、无锡市，浙江省绍兴市新昌县、杭州市，北京市、重庆市、广西壮族自治区柳州市、天等县，湖南省株洲市、茶陵县、湘潭市、长沙市，山西省大同市，山东省邹平县，台湾省台北市，香港特别行政区等地，皆有言氏族人分布。

历史名人：

言偃（前506—前443）：字子游，生于周敬王十四年手贞定至二十六年（前443年）。后人之所以称他为"言子"，是出于对他的尊敬。言偃出生于吴地，成年后到鲁国就学于孔子，从言偃比孔子年轻四十五岁来看，他当是孔子晚年的学生。孔子有弟子三千，贤人七十二，言偃为七十二贤人之一。孔子授徒，设有德行、政事、言语、文学等"专业"。这些"专业"中有优秀学生十名，后人称为"十哲"，他们分别为德行：颜渊、闵子骞、冉伯牛、仲弓；言语：宰我、子贡；政事：冉有、季路；文学：子游、子夏。因言偃名列第九，故后人又称为"十哲人中第九人"。又因言偃是孔子学生中唯一的南方人，所以又被称为"北学中国，南方一人"和"南方夫子"。言偃到孔子处就学，主要学习"礼"。在工作中，言偃比较注意方法，讲究效率。善于处理好上下左右的关系。他说：对待君主过于烦琐，就会招致侮辱；对待朋友过于烦琐，就反而会被疏远。言偃做事相当谨慎，他的同学子贡评价他说：做一件事之前先深思熟虑，所以行动就不出差错。他的老师孔子则评论他：希望有才能就学习，希望有知识就多问，希望有满意的结果就多思考，希望人家帮助就要有准备，这四点，言偃都做到了。这都说明，言偃不仅在文学上出类拔萃，而且是个具有政治才能和领导水平的治国之才。

504. 福

姓氏： 福

祖宗： 福子丹

分类： 以祖名为氏

姓氏起源：

（1）是出自《姓氏考略》上的论调，认为福姓的始祖是春秋时期齐大夫福子丹。

（2）是他姓改成的。其中《唐书·突厥传》一书认为，福氏是唐代百济八姓之一。后来百济国遭灭国后，子孙疏散各地后，其中有一支姓福富顺氏的，跑到了中原地区落户，依照汉人的习惯，把自己的姓氏简化为福氏，从而成为我国福氏的一支组成分子。而福氏的另一支来自明代的张福时。嘉靖年间，世宗帝曾御口亲赞他"清不过福时，勇不过马芳"。所以张福时就改以福为姓，以显皇恩荣誉。福姓又添加了新的血液。

郡望：

（1）百济郡：百济，古人称之为东夷，初以百家济海，因号百济。

（2）辽东郡：战国时期燕国置郡，治所在襄平（今辽宁辽阳），其时辖地在今辽宁省大凌河以东一带地区。

（3）平陵郡：即今山西吕梁地区文水县，因境内有文峪河水而得名。春秋时期属晋国，称平陵县。

堂号：

（1）百济堂：以望立堂。

(2) 辽东堂：以望立堂。

(3) 平陵堂：以望立堂，也称为武兴堂、文水堂。

迁徙分布：

福姓望居百济郡（管辖地区相当于今天的朝鲜半岛）。

历史名人：

福裕（1203—1275）：元初嵩山少林寺高僧，是元代中兴少林寺最有名的方丈。福裕圆寂后，元朝皇帝追封其为"晋国公"，他是少林寺历史上唯一一位被封为国公的僧人。由于福裕为中兴少林寺立下的大功可以和开山祖师相比，故少林寺僧人为其建有裕公塔，并在其塔前立"开山祖师"碑一通，以示纪念。元初，世祖命福裕和尚住持少林，并统领嵩岳一带所有寺院。福裕住持少林时，创建钟楼、鼓楼，增修廊庑库厨，金碧辉煌，殿宇一新，僧徒云集演武礼佛，"众常两千"。后福裕被元帝追封为晋国公。

附 录

附录一 如何利用五行理论起名

以五行理论命名始于秦汉时代。当时，主要是把殷商时代的干支命名法与五行观点配合而命名。在周秦时代，人们除了有"名"外，还要取"字"，因此主要是以天干配五行，取出"名"和"字"来。如楚公子名壬夫，字子辛，即以水配金，则水生于金，刚柔相济。

到了宋代，以五行理论起名更为风行，然而，那时却不重视八字的欠缺，只取五行相生之义用来序辈。宋代应用五行相生命名法如下：

木生火：父名属木，则子名应属火。
火生土：父名属火，则子名应属土。
土生金：父名属土，则子名应属金。
金生水：父名属金，则子名应属水。
水生木：父名属水，则子名应属木。

现代命理学家认为人的姓名也可以由五行划分，比如钟、钱等姓属金，杨、李等姓属木，江、黎等姓属水，耿、炎等姓属火，垣、墨等姓属土；同样名字中用刚、利等字属金，艺、营等字属木，鲜、云等字属水，明、昌等字属火，山、珍等字属土。如果一生中五行偏缺，就要想法通过姓名来进行补足。补足的方法一般是在姓名中直接加上表示五行的字，或者加上含有五行字义的字，或者通过计算姓名用字的"数"（笔画）来与五行相属。这三种方法的前两种较易理解，即如一个姓刘的人姓氏属金，如果命理缺土，就要在取名时选一个带"土"或能与"土"联系起来的字；至于第三种情况，命理学家认为数字也可以用五行区分，其中（1）6属水，（2）7属火，（3）8属木，（4）9属金，（5）10属土。当无法从字面和字义上确定姓名的五行时，就可以用计算姓名笔画数字的方法来确定五行，并因此进行补缺。

命理学家判断人一生中是否五行偏缺的方法主要有相面法、诊断法和推算法等。其中相面法即通过观察体形、举止、气色、声音等来确定五行所属。他们认为，人的气色和体形是有差别的，脸色发青、身材瘦长的人属木形，脸白而方正的人属金形，黑而肥圆属水形，赤而尖露属火形，黄而敦厚属土形。就人的性格而言，清高有仁义之风的人是木形，严肃讲义气的人是金形，圆通有理智的人是水形，急躁但不失礼的人是火形，敦厚守信的人是土形。至于通过诊断来判定人类五行的方法，即用望、闻、问、切等方法确定五脏之气的盛衰，若肝阴不达则缺木，心火过盛则缺水，等等。另外，用推算法来看人的五行命运，主要手段则是算"八字"。

带有明显五行的字有以下部分：

中华姓氏起源通史

(1) 金性字。如：刘、列、刚、创、判、别、利、刻、制、前、荆、剑、副、金、鉴、鑫、针、钧、钮、钱、钴、铁、铜、铭、银、说、销、铿、锁、锋、锡、镇、镜、镖、剑、利、铜、铵、麈、钯、钣、镑、钡、锖、饿、镖、镁、钵、钹、箔、插、镰、钗、镡、铲、钞、铖、铳、锄、钏、锤、镭、错、锉、锝、镫、镝、钿、锦、桃、钓、钉、锭、铤、铥、镀、锻、钝、铎、锷、铒、钡、镤、锋、钆、钙、钢、镐、锆、铬、钩、钴、锢、锅、铪、镐、铧、锾、锪、钦、馒、镓、钾、铰、锲、锦、钜、锯、镌、锩、铜、错、镘、锚、铆、镅、锰、铭、镆、鋚、钼、镎、钠、铌、镊、钕、锘、锫、铍、钋、错、铺、钎、铅、铃、钳、镨、镏、锲、钦、镘、钽、铷、锶、锼、铊、钛、锑、钽、铊、铽、锑、针、鎏、铣、锨、镶、锈、铉、铫、钥、铷、铱、镱、镒、銮、镛、铀、钰、錾、铡、钊、锗、钲、铮、钟、铢、铸、锥、镯、镞等。

(2) 木性字。如：艺、节、芒、芝、芍、芳、芦、劳、芸、芬、花、芹、苏、范、菜、茉、若、茂、苗、英、苑、营、荆、蓄、荞、草、茶、茹、莎、莲、莉、荷、萍、营、黄、菲、萌、菊、萄、萧、落、蒋、薄、蓉、蒙、蓝、荚、慕、蔓、蔡、芷、竹、竺、签、笙、符、策、莜、桉、木、朴、朱、机、权、杠、杜、杖、村、材、可、杉、条、杞、杨、李、杰、杭、林、枝、枢、杯、果、采、松、枚、枫、亲、柱、标、柯、柄、栋、查、相、柏、栅、柳、树、校、柔、栾、样、彬、梧、检、梨、梅、植、森、集、椿、楠、楚、楷、榆、榕、槟、榜、棋、榴、横、椎、橙、案、芭、茇、萉、板、梆、葆、荸、秕、荤、檗、苍、权、柴、苌、椓、柽、芜、筹、橱、楮、杵、橡、床、莼、茨、此、葱、苁、枞、榛、档、稻、蒂、栋、蔸、东、芳、蕨、芥、杆、橄、杭、葛、根、莨、梗、枸、筍、蓏、梧、棺、桂、柜、棍、橦、蒿、核、桁、衡、荭、葫、核、槲、桦、桧、获、荠、蒺、楫、荠、稷、榄、楗、桔、槿、荩、椐、橘、榉、苣、橛、蕨、楠、菌、棵、栲、杧、框、栏、栳、榴、楞、棱、檩、栊、芦、榈、杩、棉、杪、秫、柠、铝、椤、楸、柿、桃、桠、椰、樱等。

(3) 水性字。如：鱼、鲁、鲦、雨、云、雷、雪、雯、震、霞、霖、霏、霞、露、水、永、求、寻、泰、泉、淼、滕、冯、习、冲、冰、冷、况、洗、净、凉、凌、准、凝、汀、江、汉、汕、池、汝、沪、汪、沐、沙、泳、沫、河、湍、泊、泽、泓、波、济、洲、洋、洁、洪、洞、津、润、浪、涛、浦、浩、海、清、鸿、淇、游、湛、湘、漠、源、演、潮、潘、瀚、霭、澳、霸、霆、濒、波、渤、沧、灌、潺、湿、澈、沉、澄、淳、汰、淡、滴、涤、滇、点、淀、冬、冻、溴、渡、兑、洱、泛、浮、溉、泔、港、沟、沽、汩、涫、滚、亥、寒、汗、洄、涸、湖、浒、滑、汇、浍、浑、混、活、霍、激、汲、雾、浃、渐、浅、涧、泽、浇、渊、净、泾、洒、沮、涓、浚、渴、溢、溃、灏、澜、潭、涝、泪、漓、沥、涟、洌、流、泷、满、漫、泖、湄、浓、沤、滂、涉、瀑、漆、沏、泗、渠、壬、渖、渗、澍、霜、澌、漂、汤、淌、滔、洼、湾、沃、污、雾、溪、涎、潇、光、漩、泫、汛、涯、淹、沿、泱、液、溢、滢、漾、泽等。

(4) 火性字。如：光、辉、耀、日、旦、早、旭、旺、昌、明、易、昂、春、显、映、星、昭、晏、晨、错、景、晴、晶、智、火、灯、灿、灵、炎、炜、炬、营、炳、炼、耿、烟、烨、烽、焕、煌、皑、暗、炮、爆、焙、煸、炳、炒、炽、焓、焊、皓、烘、烩、炯、烤、烂、熳、煤、烯、燃、熔、糅、烧、烁、燧、煊、炫、火、焰、炀、烊、煜、灶、燥、焯、灼等。

478

(5) 土性字。如：山、岛、冈、岩、幽、峰、峻、崎、古、矾、研、砚、硕、碧、磊、田、甲、由、男、思、留、富、奋、玛、玮、玫、瑰、去、圣、在、寺、至、尘、地、社、坚、均、坎、辛、坦、坤、城、垒、培、基、堂、增、疆、埃、埯、岜、碑、垒、陛、碥、璨、坨、岔、辰、尘、碜、埕、坻、础、塔、嶝、堤、堵、墩、磴、垛、坊、垓、坩、堝、埂、垢、壕、堠、圾、境、玖、垲、堪、坎、坷、垮、块、垃、塄、琳、圻、坛、垭、琰、圮、场、域、垣、塬、峙、峥等。

附录二 如何利用易经八卦起名

《周易》是中国文化中的一本奇书，它的哲学原理、思维形式对中国文化产生难以估量的影响。关于《周易》之创造有所谓"易更三圣"的说法，一般认为伏羲作八卦，文王作六十四卦并繇辞（即卦多辞），孔子作传。

八卦理论来自《周易》中八种具有象征意义的图形，每个图形用三条线组成，不断的直线"—"代表阳，叫作"阳爻"，间断的直线"- -"表示阴，称为"阴爻。阳爻和阴爻的不同搭配，组成八卦。朱熹之《周易本义》中曾有《八卦取象歌》可便于记忆："乾三连；坤六断；震仰盂；艮覆碗；离中虚；坎中满；兑上缺；巽下断。"八卦分别象征八种自然现象，即：乾象天，坤象地，震象雷，艮象山，离为火，坎为水，兑为泽，巽为风。古人认为，八卦中乾、坤两卦最为重要，是自然界和人类社会一切现象的根源。而八卦中，乾和坤、震与巽、坎与离、艮与兑是四个矛盾对立的形态。今天的韩国国旗的中央为阴阳太极图，四角有四个八卦形。

《周易》试图以八卦概括天下所有的事和物，兹将其要者略述如下：

(1) 乾为天，为君，为父，为日，为玉，为金等。可以表现一切强健阳刚的对象。

(2) 坤为地，为臣，为母，为月，为牛，为女等。可以表现柔弱、顺从等一切的对象。

(3) 震为雷，为动，为龙，为长男，为人足，为运动，为出征等。它表现富于动感的对象。

(4) 艮为山，为止，为狗，为少男，为手，为山径，为石头，为笃实等。它具有稳定的意义。

(5) 离为火，为丽，为雉，为中女，为电，为文彩，为光明。它一般表现光辉灿烂的对象。

(6) 坎为水，为险，为猪，为中男，为耳朵，为车轮，为疾病，为荆棘，为懒惰等。它多表现危险、邪恶等意义。

(7) 兑为泽，为说（悦），为羊，为口，为少女，为巫，为妻妾，为言语。它多表现喜悦、温存的意义。

(8) 巽为风，为入，为木，为股，为鸡，为长女等。它多表示男女情感、随风化雨式的教育等意义。

由八卦两两订迭，则组合为六十四卦，又称别卦，古人以此来象征自然现象和社会现象的发展变化。六十卦的各卦均由上下两卦组成。每经卦三爻，两经卦所组成的别卦共有六爻。自下而上分别为初、二、三、四、五、上。《周易》就是根据爻与爻之间的复杂关系来判断凶吉，它们之间产生了中、当、乘、顺、应等关系，这些关系反映了事物的运动变化过程。这样就变八卦之静止的象为运动的象，从而因而重之，推而广之，引而申之，以穷尽万事万物之理。

既然八卦是古人对自然现象和社会现象认识的一种形式，其观点必然会渗透到人们思想之中。于是，古人开始研究如何应用八卦来解释人名，甚至以此为依据来命名。但由于八卦本身很难使人学会，《周易》文又晦涩难懂，所以命名的方法也不尽相同。

古代人们以八卦命名注重"姓"和"名"的统一，具体命名方式分为以下几步：

第一步：先以姓为上卦，得出姓的属性。

第二步：查寻六十四卦，取意好之卦。

第三步：按该卦规定的笔画找出合意的字命名。

举例来说，一个女孩姓金，将金姓置为上卦，笔画为八，则属坤；坤象征地；然后在六十四卦中任意找一吉卦，如"地天泰初九爻"得知下卦应为乾，名可在一画、九画、十七画、二十五画中找合适的字；譬如在十七画中得到"霞"字，便可命名为金霞。

检验：金霞，上卦为八，下卦为十七，坤、乾的卦象是地、天；将姓名笔画加在一起，以六除之，余数一，得"地天泰初九爻"；查《周易》，为"拔茅茹，以其汇。征吉"。注云："得此爻者，在仕则同寅协秦，而超迁有基；在士则问道尚德，而飞腾有日；在庶俗，是可同志合谋，而财利日增。"以上尽是喜庆之辞，运气应该不错。当然金霞之名不一定对每个人都吉祥，还应包括一些先天方面的信息。

附录三 如何利用五格剖象法取名

五格剖象法就是依据名称组成的笔画数和一定规则建立起来天格、地格、人格、总格、外格等五格数理关系，并运用阴阳五行相生相克理论，来推算人的各方面运势。这种设置的主要根据是易经取象的原则，易经取象把姓名分为天象、地象、人象、外象及总象。《易经·系辞》关于"易之为书也，广大备备，有天道焉，有地道焉，兼才而两之"的道理，就是把宇宙万事万物分为天、地、人三大类别，用以仰观天文、俯察地理，中通万物，究天之际，从而探索宇宙人生之必变、不变、终变的原理，阐明知变、应变、适变的法则。

五格剖象法认为，一个人姓名的数理能对这个人的气质、性格、健康、事业，等有暗示或诱导作用，从而也就预示这个人的命运是否顺畅吉祥。运用五格剖象法推算人生和命运之凶吉，主要是人格数理之凶吉，同时也要看天格、人格、地格三者的搭配和相生相克关系。

五格剖象法的基本内容如下：

（1）从人格与外格的数理关系可推断人生的性格和一生总的情况。

（2）从地格数理可推算人在年轻时期的人生历程及其与子女、部下、朋友和同事的关系。

（3）从总格数理可推断人在中年以后的人生历程。

（4）从天、人、地三格数理关系可推断人的健康状况和生活顺利与否。

(5) 天格与人格之数理关系为成功运,由此可推断人的事业成功率的高低。

(6) 人格与地格之数理关系为基础运,由此可推断人的基础稳妥与否。

(7) 从外格与人格数理关系可推断人的家族亲缘厚薄及本人社交状况的优劣。

按照中国人的风俗习惯,取名时多注重字义,如"长富"、"来富"、"高寿"、"有财"等一类的名字。而在数理学家眼里,一个名字除字义佳、字形佳、字音佳者外,还要数理佳。如有数理学家曾为红颜薄命的香港明星翁美玲的名字做过测试,香港著名影星翁美玲小姐曾在电视连续剧《射雕英雄传》中饰黄蓉而名噪一时。从字义上看,"美玲"意为美丽的金玲,诚为佳名,而查其姓名数理,翁小姐人格、地格均为19数,总格29数理,所以认为是不佳的数理。

司马光,北宋大臣,著名历史学家。宋仁宗末任天章阁,特制兼侍知谏院。他立志撰通鉴,以作为封建统治的借鉴。至元丰七年(1084年)写成,全书294卷,他从发凡注例至删阅定稿均亲自动手。元丰八年,哲宗即位,召他入京主持国政,后为相八月病逝,追封温国公。从姓名剖象看,司马光姓名各格数理均佳,主运16主其人集名望、有德行,为人厚重。三才配置为心身健全,稳妥享福的大吉配置。总格21为首领运数,故其晚年为国家重臣。因其姓名数理优良,故能功成当世,千古留名。

我们再来看一个例子:张作霖为原东北三省军阀,土匪出身,日俄战争前归顺清朝,袁世凯失败后援段祺瑞,后掌握东北三省权,借托直隶军阀,进击北京政府,为上将军。1921年第一次直奉战争惨败,脱离中央政府实行东北三省自治,自为保安司令;后击败国民党,掌握北京政府,自命为安国军总司令兼奉天省长并与北伐军作对。从其姓名剖象看,其人格18,外格17属意志刚坚的成功数理,地格23属气势旺盛,渐进发达而成首领的数理,故其能从土匪终成东三省首领,但其人格对天格的成功运为金克木,而地格对人格的基础运为火克金,不稳妥,故而不同僚,部下离心,他人作梗。按数理分析,他的总格为34。在姓名数理中,34为大凶数,此后张作霖在皇姑屯被日军炸死,也正应验了此一凶兆。

以下是五格剖象法起名时常用到的81数表,供读者取名时参考:

(1) 大展鸿图,信用图,无运不屈,可获成功;

(2) 根基不固,摇摇欲坠,一盛一衰,劳而无获;

(3) 根深蒂固,蒸蒸日上,如意吉祥,百事顺遂;

(4) 坎坷前途,苦难折磨,非有毅力,难望成功;

(5) 阴阳和合,生意兴隆,名利双收,后福重至;

(6) 万宝集门,天降幸运,立志奋发,得成大功;

(7) 独堂生意,气和志祥,排除万难,必获成功;

(8) 努力发达,贯彻意愿,不忘进退,可望成功;

(9) 虽抱奇才,有才无命,独营无力,人财双亡;

(10) 乌云遮月,暗淡无光,空费心力,徒劳无力;

(11) 草木逢春,枝叶粘露,稳健着实,必得人望;

(12) 薄弱无力,孤立无援,外祥内难,谋事难成;

(13) 天赋吉运,能得人望,善用智慧,必获成功;

(14) 忍得苦难,必有后福,是成是败,唯造坚毅;

(15) 谨恭做事，外得人心，大事成就，一门兴隆；
(16) 能获众望，成就大业，名利双收，盟主四方；
(17) 排除万难，有贵人助，把握时间，可得成功；
(18) 经商做事，顺利昌隆，如能慎重，百事亨通；
(19) 成功虽早，慎防亏空，内外不合，障碍重重；
(20) 智高志大，历尽艰难，焦心忧劳，进退两难；
(21) 先历困苦，后得幸福，霜雪梅花，春来怒放；
(22) 秋草逢霜，怀才不遇，忧愁怨苦，事不如意；
(23) 吉日升天，名显四方，渐次进展，终成大业；
(24) 锦绣前程，须靠努力，多用智谋，终成大业；
(25) 天时地利，只欠人和，讲信修睦，即可成功；
(26) 波澜起伏，行变万化，凌驾万难，必可成功；
(27) 一成一败，一盛一衰，惟靠谨慎，可守成功；
(28) 鱼临旱地，难逃恶运，此数大凶，不如更名；
(29) 如龙得水，青云直上，智谋直进，才略奏功；
(30) 吉凶参半，得失相伴，投机以巧，大有风险；
(31) 此数大吉，名利双收，渐进向上，大业成就；
(32) 池中之龙，风云际会，一跃上天，成功可望；
(33) 意气用事，人和必失，如能谨慎，必可昌隆；
(34) 灾能不绝，难望成功，此数大凶，不如更名；
(35) 中吉之数，进退保守，生意安稳，后福成就；
(36) 波澜重叠，常陷穷困，动不如静，有才无命；
(37) 逢凶化吉，吉人天相，风调雨顺，生意兴隆；
(38) 名虽可得，利则难获，艺界发展，可望成功；
(39) 云升月见，虽有劳碌，光明坦途，指日可望；
(40) 一成一败，沉浮不定，知难而退，自获天佑；
(41) 天赋吉运，德望兼备，继续努力，前途无限；
(42) 事业不专，十九不成，专心进取，可望成功；
(43) 雨夜之花，外祥内苦，忍耐自重，转凶为吉；
(44) 虽用心计，事难遂愿，贪功冒进，必招失败；
(45) 杨柳遇春，绿叶发枝，冲破难关，一举成名；
(46) 坎坷不平，艰难重重，苦无耐心，难望成功；
(47) 有贵人助，可成大业，敦厚踏实，地位稳固；
(48) 美化丰实，鹤立鸡群，名利俱全，繁荣富贵
(49) 遇吉则吉，遇凶则凶，惟靠谨慎，逢凶化吉；
(50) 吉凶互见，一成一败，凶中有吉，吉中有凶；
(51) 一盛一衰，浮沉不常，自重自处，可保平安；
(52) 草木逢春，雨过天晴，渡过难关，即获成功；
(53) 盛衰参半，外祥内苦，先吉后凶，先凶后吉；

(54) 虽倾全力，难望成功，此数大凶，最好改名；
(55) 外观昌隆，内隐祸患，克服难关，开出泰运；
(56) 事与愿违，终难成功，欲速不达，有始无终；
(57) 虽有困难，时来运转，旷野枯草，春来花开；
(58) 半凶半吉，浮沉多端，始凶终吉，能保成功；
(59) 遇事猜疑，难望成事，大刀阔斧，始可成功；
(60) 黑暗无光，心迷意乱，出尔反尔，难定方针；
(61) 云遮半月，内隐风波，应有谨慎，自力成功；
(62) 烦闷懊恼，事业难展，自防灾祸，始免困境；
(63) 万物化育，繁荣之象，专心一意，必能成功；
(64) 见异思迁，十九不成，徒劳无功，不如更名；
(65) 吉运自来，能享盛名，把握时机，必获成功；
(66) 黑夜漫长，进退维谷，内外不和，信用缺乏；
(67) 独营事业，事事如意，功成名就，富贵自来；
(68) 思虑周密，计划力行，不失天机，可望成功；
(69) 动摇不安，常陷逆境，不得时运，利润难得；
(70) 惨淡经营，难免贫困，此数不吉，最好改名；
(71) 吉凶参半，惟靠勇气，贯彻力行，始于成功；
(72) 利害混集，凶多吉少，得而复失，难以安顺；
(73) 安乐自来，自然吉祥，力行不懈，终必成功；
(74) 利不及费，坐食山空，如无章法，难望成功；
(75) 吉中带凶，欲速不达，进不如守，可保平安；
(76) 此数大凶，破产之相，宜速改名，以避厄运；
(77) 先苦后甘，先甜后苦，如能守成，不致失败；
(78) 有得有失，华而不实，须防动财，始保平安；
(79) 如走夜路，前途无光，希望不大，劳而无功；
(80) 得而复失，枉费心机，守成无贪，可保平安；
(81) 最吉之数，还本归元，能得繁荣，发达成功。

附录四 如何理解姓名与四柱八字的关系

旧时取名，不少人先要查看四柱八字。此法先要排出一个人出生年、月、日、时的干支。年、月、日、时共四项，称为"四柱"，每柱一个天干一个地支，共八个字，故又称为"八字"，怎样排四柱呢？可以从以下几个方面来加以说明：

（1）排年柱。算命所依据的时间是农历（即阴历）日期，阴历哪一年出生，即以该年的干支作为本人出生的年柱。比如某人1999年3月出生，1999年的干支是己卯，故该年柱是己卯。必须强调一点：上一年与下一年之间的分界线是以立春这一天的时刻划分的，而不是以正月初一这一天划分的。许多人错误地把正月初一前出生之人定为上一年，正月初一后出生之人定为下一年，这样就把人的年柱排错了。因此，查万

年历时,要先弄清农历的立春具体时间。虽然同是农历十二月出生,可是立春前生者,用本年干支,立春后生人用下一年的干支。

(2)排月柱。月柱是用阴历的干支来表示的,出生之月属于哪一个节令,即以该月的干支作为本人的月柱。交节前为上个月,交节后为下个月,因此,虽然同生于一个月内,但因交节前后之区别,排月柱时就有所不同。月与月的分界点是以交节的时刻划分的。这一点与我们通常所说的农历之月不同,为此特将各月节令开列于下:立春正月节;惊蛰二月节;清明三月节;立夏四月节;芒种五月节;小暑六月节;立秋七月节;白露八月节;寒露九月节;立冬十月节;大雪十一节;小寒十二节。

月柱中每月的天干有所不同,虽不像地支那样固定,但也还是有规律可循的,每年开头正月的天干以年干来定,见年上定月歌诀:甲乙之年丙作首,乙庚之岁戊为头,丙辛必定寻庚上,丁壬壬寅顺行流,若问戊癸何处起,甲寅之上好追求。

例如:甲年的正月即为丙寅,顺次推出二月丁卯三月戊辰等等,壬年的正月是壬寅,则二月癸卯,三月甲辰,四月乙巳等等。

(3)排日柱。日柱,即出生那一天的干支,最简便的方法是查万年历,无需推算。因为干支日每六十天一循环,由于大小月,平润年不同的缘故,日干支推算起来相当麻烦,故日干支需查万年历。特别注意:日与日的分界点是以子时来划分的,即晚上的十一点前生人是上一天的亥时,晚十一点后生人即下一天的子时,在预测八字时,许多人没有注意到过了子时,应作为下一天出生排日柱。

(4)排时柱。时柱是用阴历干支来表示出的时辰。上面提到日与月的计算时间是以子时即23点来划分的,一个时辰跨两个钟点,故一天共有十二个时辰:

子时(23点~凌晨1点前);

丑时(1点~凌晨3点前);

寅时(3点~5点前);

卯时(5点~7点前);

辰时(7点~9点前);

巳时(9点~11点前);

午时(11点~13点前);

未时(13点~15点前);

申时(15点~17点前);

酉时(17点~19点前);

戌时(19点~21点前);

亥时(21点~23点前)。

时柱的天干是以"日上起时的口诀"查出的:甲巳还生甲,乙庚丙作初;丙辛从戊起,丁壬庚之居;戊癸何方发,壬子是真途。

例如癸月的子时,子时的天干为壬,即壬子时,顺次而推癸月的丑时即癸丑,寅时即甲寅,作为时柱。通常万年历上没有时辰的干支,故需要预测者以"日上起时"法,得出时柱。

(5)排四柱。预测姓名学,必须将人的八字排出来,分析日干旺衰喜忌。今举一例,某女农历1980年11月20日早上8点,通过万年历可排出其四柱。

年柱：庚申

月柱：戊子

日柱：癸酉

时柱：丙辰

（6）六亲关系与十神。推八字，要以日干为中心，日干就是"我"，其他干支与"我"形成的生克扶抑的系统，构成了一个特定的人命，因此日干又称为"日元"或"自身"，其他各干与"日干"的关系有五种："生我"；"我生"；"克我"；"我克"；"同我"。"生我"者为父母，故名为印绶或印星；"我生"为儿女，故名为食伤；"克我"者为我受制于别人，故名为官杀；"我克"者是人受制于我，故名为财星；"同我"者如兄弟、朋友，故名为比肩，因此有这五种关系引出"十神"。日干的我为阳时，遇阴干则为正，遇阳干则为偏；日干的我为阴时，见阳干则为正，见阴干则为偏，总结为一句话：同性相见为偏，异性相见为正。

（7）日干旺衰。四柱预测中以日干旺衰为取用神的标准。因此，判断日干旺衰是推命的关键一步，也是预测命运的开端。

怎样判断日干的旺衰呢？从四方面分析：得天时，得地利，得生，得助。

"得天时即得令"：依据前面讲的"十干寄生十二宫"表，日干于月支处长生、沐浴、冠带、临宫、帝旺的状态为得天时。

"得地利"：日干在地支中有气有根为得地利。

"得生"：日干得四柱干支中的正偏印之生为得生。

"得助"：四柱中天干与日干比和同类为得助。

以上四种因素分析日干"四得"的力量，综合加减"四得"之力，便定出日干的旺衰。日干旺则克耗时为用神，日干衰则取生扶者为用神，日干不旺也不衰为八字平衡，命中可不取用神，全在行运中需取用神。起名、改名、辨名要依据日干的旺衰，日干旺为金，则姓名中不可再逢五行属金的字，应以五行属火的字作名字，即金旺得火，方成器皿。学好以上八字命理知识，对取名、改名、辨名已登堂入室，初具一定能力。

命理学家认为人们应以"生辰八字"的欠缺，配以五行而命名，也称此为"五行四柱起名法"。"生辰八字"，就是古代星相家以人出生的年、月、日、时为"四柱"，配以天干地支，每项两个字，合"四柱"的干支共为八字。当"算"出生辰八字后，根据其缺欠，取五行中水、火、木、金、土中相应的一个属性的字来补救。如："八字"中欠金，可用"鑫"；"八字"中欠水，可用"淼"字。"中华民国"前主席林森，因其"八字"中欠木，故以木属的"森"字为名。另外，用五行命名时还可以用水、火、金、土做偏旁，视所欠所缺多寡而增减。中国历史上许多名人都用"五行四柱法"起名。